# АНГЛО-РУССКИЙ РУССКО-АНГЛИЙСКИЙ ВИЗУАЛЬНЫЙ МИНИ-СЛОВАРЬ

*Под общей редакцией Жана-Клода Корбея*

## ACKNOWLEDGEMENTS

Издательство QA International выражает благодарность лицам и организациям, предоставившим новейшую техническую документацию для работы над Визуальным мини-словарем.

Canadian Space Agency (Réjean Lemieux, Danièle Laroque, Antoinette Cickello); Claude Arsenault (president, Association des moulins du Québec); Michel Ballarin (soccer coach); Pierre Boulé (president, Confort Expert); Centre de formation professionnelle de Sorel-Tracy (Alain Boucher, Jacques Doyon, Andrée-Anne Martin); Pierre Chastenay (Montréal Planetarium); Ève Christian (meteorologist); Luc Cockenpot (Institut du tourisme et de l'hôtellerie du Québec); Jacques Dancosse (Montréal Biodome); Patrice Desbiens (nuclear engineer); Laval Dupuis (École des métiers de l'équipement motorisé de Montréal); Entreprise Garant (Julie Nolet, Stéphanie Lacroix); Fédération de basketball de France (Julien Guérineau); Quebec Basketball Federation (Daniel Grimard, Isabelle Watier); Fédération d'haltérophilie du Québec (Augustin Brassard); Caroline Gagné (Studio du Verre); Jacqueline Goy (Institut océanographique de Paris); Christian Guibourt (technical director, Badminton Québec); Michel J. Houle (Hewitt); Hydro-Québec (terminology); Robert Lacerte (sports commentator, Radio-Canada); Robert Lamontagne (Université de Montréal); Lozeau (Alexandre Gagné, Frédéric Montpetit); Olivier-Louis Robert (science journalist); Iris Sautier (silk screen printing); Société Radio-Canada, Service linguistique et Direction générale des communications et images de marque (Annie Nociti Dubois, assistant, internal and institutional communications); Gilles Taillon (executive director, Baseball Québec); Pierre Turcotte (agronomist-phytogenetics specialist).

*The Mini Visual Dictionary*, created and produced by
**QA International**
7240, Saint-Hubert Street
Montreal, Quebec, Canada H2R 2N1
T +1 514.499.3000 F +1 514.499.3010
www.qa-international.com
© QA International 2014. All rights reserved.

Original French terminology developed by Jean-Claude Corbeil and Ariane Archambault.

No part of this publication may be reproduced, stored in a retrieval system or transmitted in any form or by any means, electronic, mechanical, photocopying, recording or otherwise, without the prior written permission of the publisher.

Визуальный мини-словарь был создан и издан компанией
**QA International**
7240, Saint-Hubert Street
Montreal, Quebec, Canada H2R 2N1
T +1 514.499.3000 F +1 514.499.3010
www.qa-international.com
© QA International 2014. Все права защищены.

Терминология в оригинальном французском издании отобрана и подготовлена Жаном-Клодом Корбеем и Арианой Аршамбо.

Никакие фрагменты настоящего издания не могут быть переизданы, помещены в поисковую систему или воспроизведены любым способом (в т.ч. с помощью электронных или механических средств, с использованием ксерокопирования, записи и т.д.) без письменного разрешения издателя.

Printed in China
12 11 10 9 8 7 6 5 4 3   20 19 18 17
674 version 4.0.3
Отпечатано в Китае

**Toppan Leefung Printing Limited**
169 Electric Road, 20th Floor Convoy
North Point, Hong Kong, China

---

УДК (038)-111-161.1
ББК 81.2Англ-4
А 64

А 64   **Англо**-русский русско-английский визуальный мини-словарь / Под общей редакцией Жана-Клода Корбея. — М. : Эксмо, 2018. — 624 с. — (Иллюстрированные словари).

ISBN 978-5-699-71460-5

Данный словарь является сокращенной версией полного визуального словаря; в нем английская лексика представлена самым наглядным способом — в виде подписей к подробным и реалистичным иллюстрациям, благодаря чему слова не только просто понять, но и легко запомнить. Словарь разделен на 18 тематических разделов, что способствует быстрому поиску слов. Словарь легко читается, удобен в применении; его можно использовать для перевода слов как с английского, так и с русского языка.

Словарь станет незаменимым справочным пособием для школьников, студентов, лингвистов и филологов, переводчиков и редакторов — для самого широкого круга читателей, изучающих английский язык и стремящихся к эффективному расширению словарного запаса.

УДК (038)-111-161.1
ББК 81.2Англ-4

Дизайн обложки Издательство «Эксмо», 2018

Ответственный редактор *Н. Уварова*. Редактор *Е. Вьюницкая*
Младший редактор *Н. Шестопалова*. Оформление *О. Поповича*

123308, Москва, ул. Зорге, д. 1. Тел. 8(495) 411-68-86.
Сайт: www.eksmo.ru E-mail: info@eksmo.ru

Сертификаты туралы ақпарат сайтта: www.eksmo.ru/certification
Өндірген мемлекет: Қытай. Сертификация қарастырылмаған
Сведения о подтверждении соответствия издания согласно законодательству РФ о техническом регулировании можно получить по адресу: http://eksmo.ru/certification/

Дата изготовления/Подписано в печать 08.09.2017.
Формат 129x166. Печать офс. Бум. мел.
Тираж 5000 экз.

ISBN 978-5-699-71460-5

12+

## ИЗДАТЕЛЬ

QA International, a division of
Les Éditions Québec Amérique inc.
**President and CEO:** Jacques Fortin
**Publisher:** Caroline Fortin

**Editorial Director:** Martine Podesto
**Artistic Director:** Johanne Plante

## РЕДКОЛЛЕГИЯ

**Editor-in-Chief:** Anne Rouleau
**Editorial Assistants:**
 Myriam Caron Belzile
 Jeanne Dompierre
 Catherine Gendreau

## ТЕРМИНОЛОГИЯ

**Terminology Advisor:** Jean-Claude Corbeil
Sophie Ballarin
Carole Brunet
Hélène Mainville
Kathe Roth
Locordia Communications

## ИЛЛЮСТРАЦИИ

**Senior Illustrator:** Anouk Noël
Manuela Bertoni
Marthe Boisjoly
Érica Charest
Jocelyn Gardner
Guillaume Grégoire
Anik Lafrenière
Alain Lemire
Raymond Martin
Jordi Vinals

## ПРОИЗВОДСТВО

**Production Coordinator:** Véronique Loranger
**Print Production:** Salvatore Parisi

## ВЕРСТКА

**Senior Graphic Artist:** Pascal Goyette
Edgar Abarquez
Karine Lévesque
Fernando Salvador Marroquín
Julie Villemaire

## ТЕХНИЧЕСКАЯ ПОДДЕРЖКА

**Senior Programmer:** Gabriel Trudeau-St-Hilaire
Marc-André Benjamin
Alex Gagnon
Ronald Santiago

## ЛИНГВИСТ-КОНСУЛЬТАНТ

Veronica Schami Editorial Services

## ДОПЕЧАТНАЯ ПОДГОТОВКА

Benjamin Dubé
François Hénault

---

**Издательство QA International выражает особую благодарность людям, принявшим участие в работе над этой книгой:**
**QA International would like to extend a special thank you to the following people for their contribution to this work:**
 Jean-Yves Ahern, Danielle Bader, Stéphane Batigne, Jean Beaumont, Sylvain Bélanger, Pascal Bilodeau, Yan Bohler, Mélanie Boivin, Guy Bonin, Catherine Briand, Julie Cailliau, Jessie Daigle, Serge D'Amico, François Fortin, Éric Gagnon, Hélène Gauthier, Mélanie Giguère-Gilbert, Benoît Grégoire, Nathalie Guillo, Claude Laporte, Martin Lemieux, Rielle Lévesque, Émilie McMahon, Philippe Mendes Campeau, Patrick Mercure, Tony O'Riley, Carl Pelletier, Sylvain Robichaud, Michel Rouleau, Claude Thivierge, François Turcotte-Goulet, Gilles Vézina, Kathleen Wynd.

Québec Amérique также выражает признательность Жану-Клоду Корбею и Ариане Аршамбо, отобравшим для Визуального словаря оригинальную французскую терминологию. Они также помогли сформулировать его содержание. Три предыдущих издания Визуального словаря развивались и дорабатывались при их активном участии.
Québec Amérique would also like to acknowledge the contribution of Jean-Claude Corbeil and Ariane Archambault, authors of the original French terminology of the Visual, who were also played a key role in defining the table of contents and overseeing the development and evolution of the three first editions of the publication.

# Введение

### Редакционная политика
Данный словарь посвящен всему тому, что окружает человека в современном мире, и предназначен для самой широкой аудитории. В наш век высоких технологий каждому из нас приходится постоянно пользоваться великим множеством специальных терминов, относящихся к различным областям знания. Этот словарь поможет найти точный и корректный термин в любой профессиональной области или сфере интересов; в нем легко найти незнакомое понятие, уточнить значение слова, выяснить его перевод и назначение. С этим словарем вы усовершенствуете знание иностранного языка и существенно расширите кругозор.

### Структура словаря
Словарь состоит из трех разделов: справочного блока в начале, включающего в себя введение, список тем и содержание; основной части, подробно освещающей каждую тему; и алфавитного указателя в конце. Информация организована по принципу «от общего к частному» и представлена следующим образом: тема – подтема – заголовок – подзаголовок – иллюстрация – терминология.
Наш словарь охватывает 18 ТЕМ, каждая из которых подразделяется на более узкие подтемы. Например, тема «Астрономия» подразделяется на три ПОДТЕМЫ: «Небесные тела», «Астрономические наблюдения» и «Космонавтика». ЗАГОЛОВОК выполняет несколько задач – во-первых, он может быть подписью к иллюстрации уникального объекта или явления. Во-вторых, он может объединять несколько иллюстраций, соответствующих одной теме и представляющих ее во всем многообразии (например, заголовок «Домашние бытовые приборы» объединяет изображения холодильника, морозилки и т.д.). Иногда какой-нибудь класс объектов объединяется под одним ПОДЗАГОЛОВКОМ; при этом каждый объект назван, но детальное описание отсутствует (например, подзаголовок «кресло» объединяет различные виды кресел).
На ИЛЛЮСТРАЦИИ подробно и реалистично изображен объект, явление или феномен, а также наиболее важные его части. Она наглядно представляет каждый использованный термин.

### Терминология
Каждое использованное в словаре слово было тщательно отобрано путем изучения специальной документации в определенной сфере. В некоторых случаях в этих документах одному и тому же объекту соответствовало несколько терминов. В этих случаях мы выбирали слово, которое употреблялось наиболее уважаемыми авторами чаще других.
В АЛФАВИТНОМ УКАЗАТЕЛЕ в алфавитном порядке перечислены все значимые слова. Многие термины были сгруппированы ради облегчения поиска. Например, статьям «строение птицы» и «скелет птицы» в алфавитном указателе соответствует слово «птица» – со ссылкой на соответствующие страницы книги.

### Как работать со словарем
• С содержанием словаря можно ознакомиться с помощью списка ТЕМ на задней сторонке обложки или с помощью подробного содержания в начале книги.
• Можно отыскать нужное вам слово в АЛФАВИТНОМ УКАЗАТЕЛЕ и выяснить, на какой странице оно находится; на указанной странице вы найдете перевод слова на иностранный язык, а с помощью иллюстрации можно проверить, правильно ли вы его поняли.
• Уникальность словаря состоит в том, что благодаря тематической структуре, иллюстрациям и организации материала «от простого к сложному» нужное слово можно найти даже в том случае, если вы имеете лишь смутное представление о его значении. В этом смысле издание абсолютно уникально.

### Об издании
Данное издание является новым, расширенным и существенно дополненным по сравнению с предшествующим вариантом (2002 г.). Все освещенные в нем темы были тщательно проверены на соответствие последним научным данным и технологическим достижениям. Например, раздел «Фотография» был полностью переработан в связи с повсеместным распространением цифровой фотографии. Пришлось переделать часть изображений и использовать новые иллюстрации, чтобы отразить все новейшие научные представления в этой области. Раздел о Солнечной системе был также исправлен в соответствии с изменениями, внесенными в классификацию небесных тел.
Многие подтемы были существенно расширены за счет дополнительных объектов, а также за счет новых, ранее не существовавших или малораспространенных предметов (таких, как смартфон с сенсорным экраном, планшет и т.д.). В словаре появились также диаграммы, поясняющие тот или иной процесс или феномен (например, с их помощью описаны репродуктивная система растений, работа с цифровыми фотографиями). В словарь включены новые подтемы – такие, как система глобального позиционирования (GPS), природный газ, альтернативные источники энергии и современное диагностическое оборудование в медицине. Учитывая широкое распространение средств связи и офисного оборудования и их важную роль в повседневной жизни, разработчики словаря посвятили им по отдельной подробной теме.

**Тема**

Тема раздела указывается всегда на русском языке.

**Заголовок**

Заголовок дан крупно на русском языке, ниже более мелким шрифтом приводится его перевод на иностранный язык. Если к одному заголовку относится несколько страниц, на всех последующих он указывается серым цветом только на русском языке.

**Иллюстрация**

Иллюстрация служит для наглядного изображения и пояснения соответствующей терминологии. В случаях, когда необходимо изобразить внутреннее устройство изображенного объекта, линии разреза выделены голубым — чтобы избежать путаницы.

**Цветные плашки**

Каждой теме соответствует свой цвет. Цветные плашки наверху страницы и сбоку расположены по линии обреза, они помогут быстро найти нужный раздел.

**Подтема**

Темы разделены на подтемы.

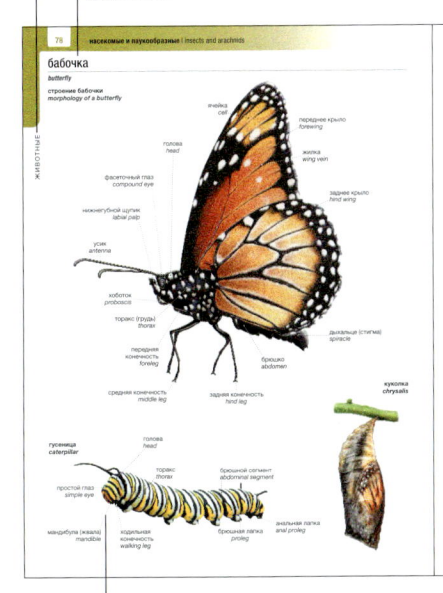

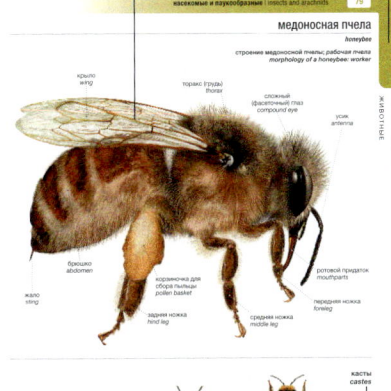

**Пунктир**

Соединяет иллюстрацию и подпись к ней. На тех изображениях, где пунктирных линий с подписями получилось бы слишком много, они заменены выделениями цветом или – в редких случаях – номерами.

**Указание рода**

M – мужской род
F – женский род
N – средний род

Род указывается после слова для тех иностранных языков, в которых он имеет принципиальное грамматическое значение. В случаях, когда термин обозначается сложно-составным словом (т.е. таким словом, которое состоит из нескольких слов и пишется через дефис), указывается род всех слов, входящих в его состав, а грамматический род определяется по первому существительному.

В случаях, когда слово может относиться и к мужскому, и к женскому роду – например, когда речь идет о занятиях и профессиях, – род в словаре указан в зависимости от пола изображенного персонажа.

**Подзаголовок**

Подзаголовок объединяет несколько иллюстраций, представляющих один класс объектов.

# Содержание

**АСТРОНОМИЯ** — 8
- Небесные тела — 8
- Астрономические наблюдения — 13
- Космонавтика — 17

**ЗЕМЛЯ** — 20
- География — 20
- Геология — 33
- Метеорология — 43
- Окружающая среда — 49

**РАСТЕНИЯ** — 56
- Жизнь растений — 56
- Простые растения — 58
- Растение — 61
- Промышленное применение — 72

**ЖИВОТНЫЕ** — 74
- Эволюция жизни — 74
- Беспозвоночные — 75
- Моллюски и ракообразные — 76
- Насекомые и паукообразные — 78
- Костные рыбы — 82
- Хрящевые рыбы — 84
- Амфибии (земноводные) — 85
- Рептилии — 86
- Птицы — 89
- Грызуны и зайцеобразные — 93
- Плотоядные млекопитающие — 94
- Копытные млекопитающие — 99
- Морские млекопитающие — 102
- Приматы — 103

**ЧЕЛОВЕК** — 104
- Человеческое тело — 104
- Анатомия — 108
- Органы чувств — 128

**ПИТАНИЕ** — 136
- Снабжение — 136
- Продукты растительного происхождения — 138
- Продукты животного происхождения — 159
- Бакалейные товары — 171
- Пищевой бизнес — 182
- Кухня — 187
- Столовые приборы — 188
- Кухонное оборудование — 196

**ДОМ** — 210
- Планировка — 210
- Элементы дома — 213
- Структура дома — 215
- Отопление — 219
- Кондиционирование воздуха — 222
- Сантехника — 224
- Электрическое оборудование — 226
- Меблировка и домашнее оборудование — 228

**РАБОТА ПО ДОМУ И САДОВОДСТВО** — 244
- Столярные и плотницкие работы — 244
- Слесарные и строительные работы — 254
- Электрическое оборудование — 255
- Пайка — 256
- Прочие материалы — 257
- Декоративный сад — 258
- Оборудование для садовых работ — 259

**ОДЕЖДА** — 266
- Мужская одежда — 266
- Одежда унисекс — 273
- Женская одежда — 274
- Специализированная одежда — 284
- Головные уборы — 288
- Обувь — 290
- Аксессуары — 293

**ПРЕДМЕТЫ ОБИХОДА И ГИГИЕНЫ** — 294
- Украшения и уход за собой — 294
- Предметы личного обихода — 300

**ИСКУССТВО И АРХИТЕКТУРА** — 310
- Древняя архитектура — 310
- Строительство укреплений — 314
- Западная архитектура — 315
- Архитектура Азии и доколумбовой Америки — 321
- Архитектурные элементы — 322
- Дома — 324
- Изобразительное искусство — 326
- Исполнительские искусства — 327
- Музыка — 332

**СРЕДСТВА КОММУНИКАЦИИ** — 348
- Письменность и печать — 348
- Фотография — 351
- Телевидение — 355
- Стереосистема — 359
- Телефония — 363

**ОФИС** — 366
- Компьютерное оборудование — 366
- Сетевые технологии — 374
- Офис — 376

| | |
|---|---|
| АСТРОНОМИЯ | 8 |
| ЗЕМЛЯ | 20 |
| РАСТЕНИЯ | 56 |
| ЖИВОТНЫЕ | 74 |
| ЧЕЛОВЕК | 104 |
| ПИТАНИЕ | 136 |
| ДОМ | 210 |
| РАБОТА ПО ДОМУ И САДОВОДСТВО | 244 |
| ОДЕЖДА | 266 |
| ПРЕДМЕТЫ ОБИХОДА И ГИГИЕНЫ | 294 |
| ИСКУССТВО И АРХИТЕКТУРА | 310 |
| СРЕДСТВА КОММУНИКАЦИИ | 348 |
| ОФИС | 366 |
| ТРАНСПОРТ | 380 |
| ЭНЕРГЕТИКА | 442 |
| НАУКА | 456 |
| ОБЩЕСТВО | 472 |
| СПОРТ И ИГРЫ | 512 |
| УКАЗАТЕЛЬ | 577 |

## ТРАНСПОРТ — 380
- Автомобильные дороги .... 380
- Автодорожный транспорт .... 384
- Велосипедный транспорт .... 410
- Железнодорожный транспорт .... 414
- Городской рельсовый транспорт .... 418
- Морской транспорт .... 421
- Воздушный транспорт .... 428
- Погрузочная техника .... 436
- Тяжелая строительная техника .... 438

## ЭНЕРГЕТИКА — 442
- Геотермическая энергетика .... 442
- Ископаемое топливо .... 443
- Гидроэлектростанция .... 448
- Ядерная энергия .... 450
- Солнечная энергия .... 452
- Энергия ветра .... 454

## НАУКА — 456
- Химия .... 456
- Физика: электричество и магнетизм .... 458
- Физика: оптика .... 460
- Измерительные приборы .... 464
- Научные символы .... 467

## ОБЩЕСТВО — 472
- Город .... 472
- Юстиция .... 481
- Экономика и финансы .... 482
- Образование .... 486
- Религия .... 488
- Политика .... 490
- Безопасность .... 497
- Медицина .... 501

## СПОРТ И ИГРЫ — 512
- Лёгкая атлетика .... 512
- Спортивные игры с мячом .... 514
- Спортивные игры с ракеткой .... 528
- Гимнастика .... 534
- Водный спорт .... 536
- Единоборства .... 544
- Силовые виды спорта .... 546
- Конный спорт .... 548
- Виды спорта на точность и меткость .... 549
- Велосипедный спорт .... 552
- Авто- и мотоспорт .... 553
- Зимние виды спорта .... 556
- Ролики и скейтбординг .... 565
- Отдых на свежем воздухе .... 566
- Игры .... 572

# Солнечная система

*solar system*

**внешние планеты**
*outer planets*

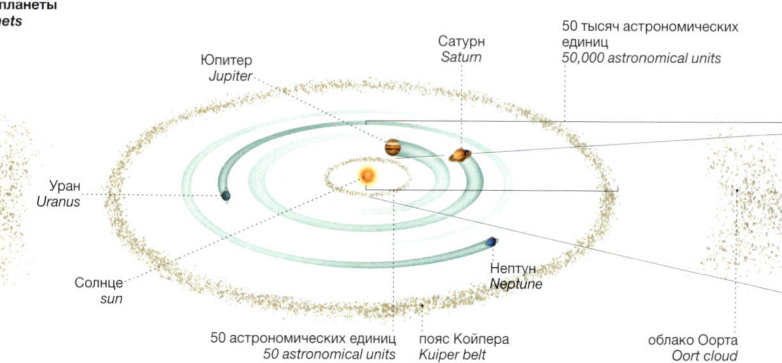

Юпитер / *Jupiter*
Сатурн / *Saturn*
50 тысяч астрономических единиц / *50,000 astronomical units*
Уран / *Uranus*
Нептун / *Neptune*
Солнце / *sun*
50 астрономических единиц / *50 astronomical units*
пояс Койпера / *Kuiper belt*
облако Оорта / *Oort cloud*

# планеты, спутники и плутоиды

*planets, satellites and plutoids*

Солнце / *sun*
Фобос / *Phobos*
Церера / *Ceres*
Луна / *moon*
Деймос / *Deimos*
Венера / *Venus*
Юпитер / *Jupiter*
Меркурий / *Mercury*
Земля / *earth*
Марс / *Mars*
Ио / *Io*
Европа / *Europa*
Ганимед / *Ganymede*
Каллисто / *Callisto*

небесные тела | celestial bodies

АСТРОНОМИЯ

## Солнечная система

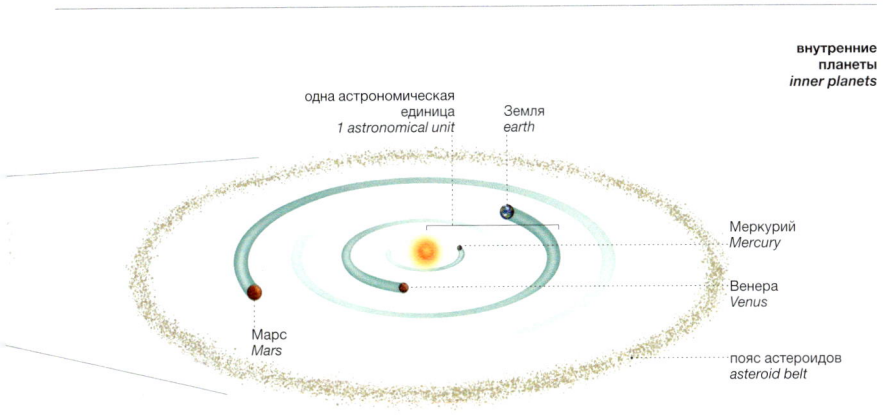

**внутренние планеты**
*inner planets*

- одна астрономическая единица / 1 astronomical unit
- Земля / earth
- Меркурий / Mercury
- Венера / Venus
- Марс / Mars
- пояс астероидов / asteroid belt

## планеты, спутники и плутоиды

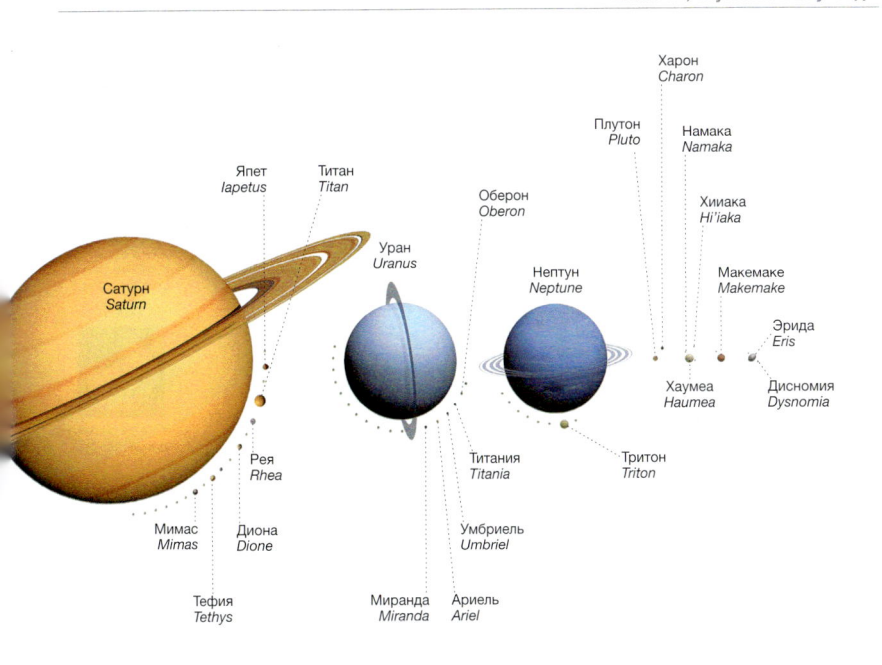

- Сатурн / Saturn
- Япет / Iapetus
- Титан / Titan
- Уран / Uranus
- Оберон / Oberon
- Нептун / Neptune
- Плутон / Pluto
- Харон / Charon
- Намака / Namaka
- Хииака / Hi'iaka
- Макемаке / Makemake
- Эрида / Eris
- Хаумеа / Haumea
- Дисномия / Dysnomia
- Тритон / Triton
- Титания / Titania
- Умбриэль / Umbriel
- Ариель / Ariel
- Миранда / Miranda
- Рея / Rhea
- Диона / Dione
- Мимас / Mimas
- Тефия / Tethys

10 небесные тела | celestial bodies

# Солнце
*sun*

АСТРОНОМИЯ

**структура Солнца**
*structure of the sun*

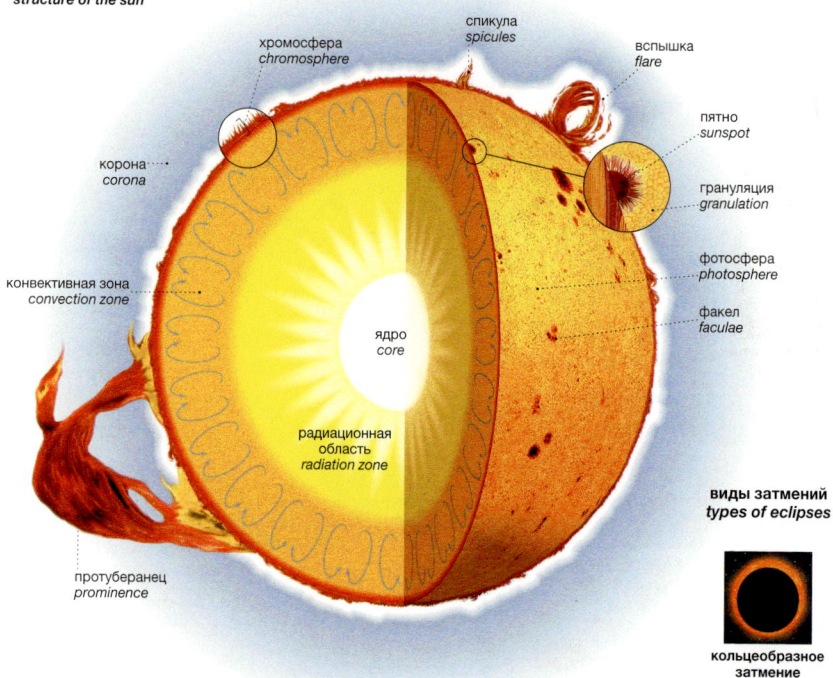

- хромосфера / *chromosphere*
- спикула / *spicules*
- вспышка / *flare*
- пятно / *sunspot*
- грануляция / *granulation*
- корона / *corona*
- фотосфера / *photosphere*
- факел / *faculae*
- конвективная зона / *convection zone*
- ядро / *core*
- радиационная область / *radiation zone*
- протуберанец / *prominence*

**виды затмений**
*types of eclipses*

кольцеобразное затмение
*annular eclipse*

частичное затмение
*partial eclipse*

полное затмение
*total eclipse*

**солнечное затмение**
*solar eclipse*

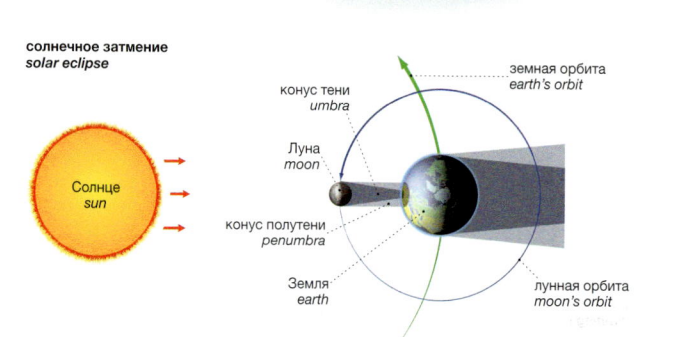

- Солнце / *sun*
- конус тени / *umbra*
- Луна / *moon*
- конус полутени / *penumbra*
- Земля / *earth*
- земная орбита / *earth's orbit*
- лунная орбита / *moon's orbit*

небесные тела | celestial bodies

# Луна
*moon*

**типы затмений**
*types of eclipses*

частичное затмение
*partial eclipse*

полное затмение
*total eclipse*

**лунный рельеф**
*lunar features*

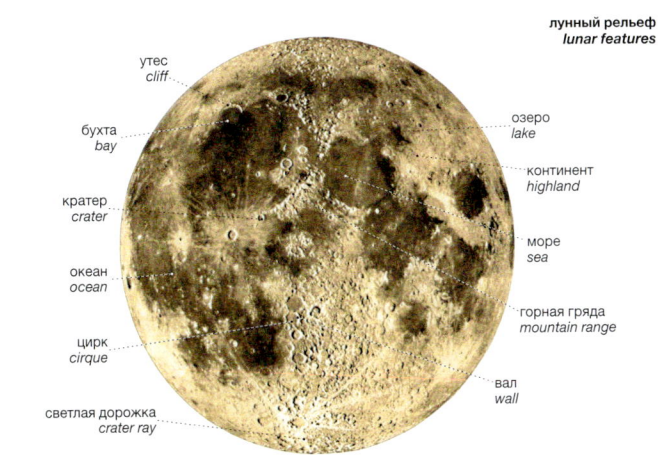

- утес / *cliff*
- бухта / *bay*
- кратер / *crater*
- океан / *ocean*
- цирк / *cirque*
- светлая дорожка / *crater ray*
- озеро / *lake*
- континент / *highland*
- море / *sea*
- горная гряда / *mountain range*
- вал / *wall*

**лунное затмение**
*lunar eclipse*

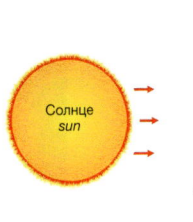

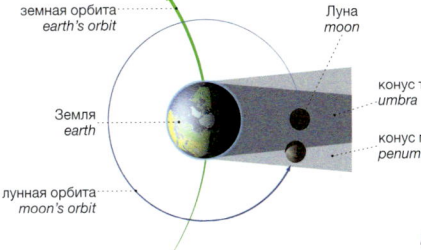

- земная орбита / *earth's orbit*
- Солнце / *sun*
- Земля / *earth*
- лунная орбита / *moon's orbit*
- Луна / *moon*
- конус тени / *umbra*
- конус полутени / *penumbra*

**фазы Луны**
*phases of the moon*

новолуние
*new moon*

растущий месяц
*new crescent*

первая четверть
*first quarter*

растущая Луна
*waxing gibbous*

полнолуние
*full moon*

убывающая Луна
*waning gibbous*

последняя четверть
*last quarter*

спадающий месяц
*old crescent*

АСТРОНОМИЯ

# комета
*comet*

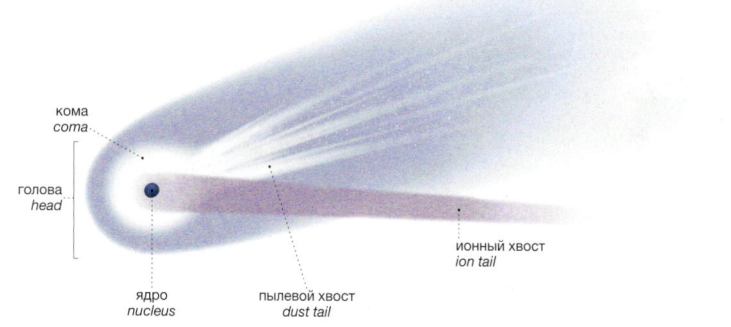

- кома / *coma*
- голова / *head*
- ядро / *nucleus*
- пылевой хвост / *dust tail*
- ионный хвост / *ion tail*

# звёзды
*star*

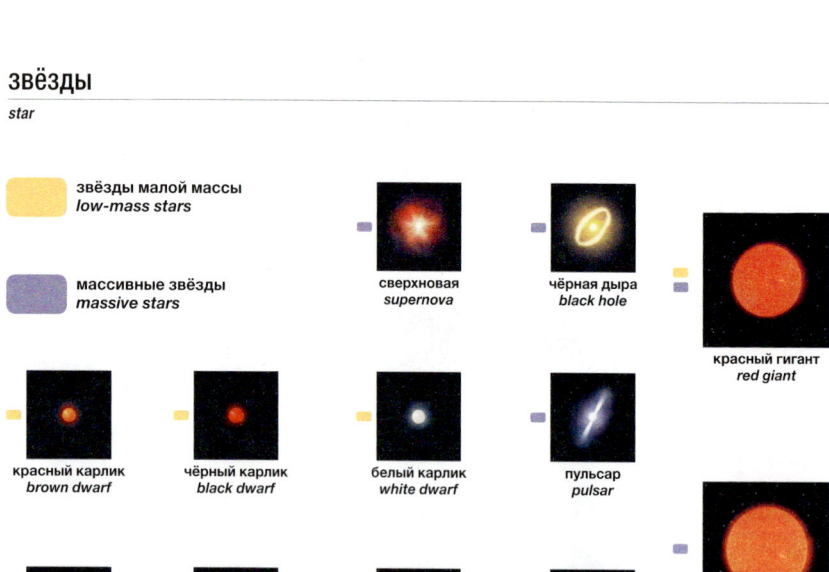

звёзды малой массы / *low-mass stars*

массивные звёзды / *massive stars*

сверхновая / *supernova*

чёрная дыра / *black hole*

красный гигант / *red giant*

красный карлик / *brown dwarf*

чёрный карлик / *black dwarf*

белый карлик / *white dwarf*

пульсар / *pulsar*

сверхгигант / *supergiant*

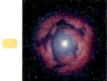

планетарная туманность / *planetary nebula*

новая / *nova*

звезда главной последовательности / *main-sequence star*

нейтронная звезда / *neutron star*

небесные тела | celestial bodies

# галактика

*galaxy*

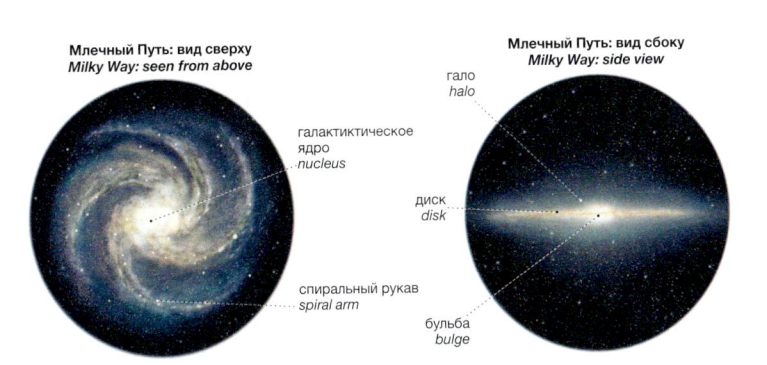

**Млечный Путь: вид сверху**
*Milky Way: seen from above*

**Млечный Путь: вид сбоку**
*Milky Way: side view*

- гало / *halo*
- галактиктическое ядро / *nucleus*
- диск / *disk*
- спиральный рукав / *spiral arm*
- бульба / *bulge*

# астрономическая обсерватория

*astronomical observatory*

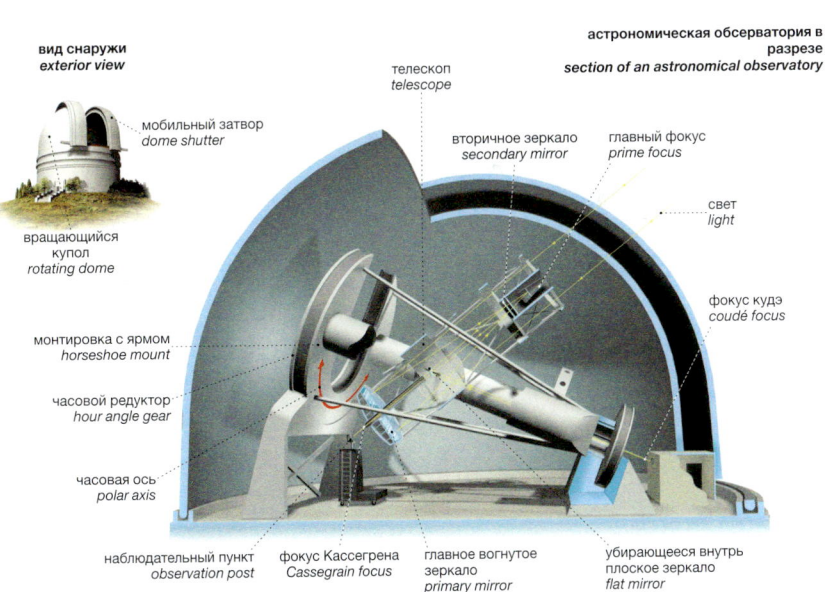

**вид снаружи**
*exterior view*

**астрономическая обсерватория в разрезе**
*section of an astronomical observatory*

- мобильный затвор / *dome shutter*
- вращающийся купол / *rotating dome*
- телескоп / *telescope*
- вторичное зеркало / *secondary mirror*
- главный фокус / *prime focus*
- свет / *light*
- фокус кудэ / *coudé focus*
- монтировка с ярмом / *horseshoe mount*
- часовой редуктор / *hour angle gear*
- часовая ось / *polar axis*
- наблюдательный пункт / *observation post*
- фокус Кассегрена / *Cassegrain focus*
- главное вогнутое зеркало / *primary mirror*
- убирающееся внутрь плоское зеркало / *flat mirror*

АСТРОНОМИЯ

# телескоп-рефрактор
*refracting telescope*

**общий вид**
*general view*

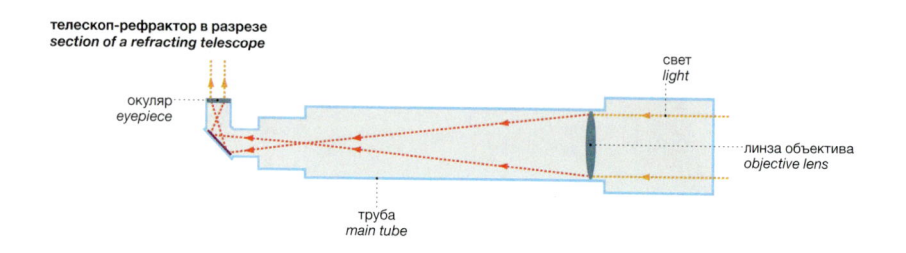

- видоискатель / *finderscope*
- фиксирующая скоба / *cradle*
- труба / *main tube*
- противосолнечный козырёк / *lens hood*
- окуляр / *eyepiece*
- держатель окуляра / *eyepiece holder*
- вогнутый окуляр / *star diagonal*
- ручка наведения / *focusing knob*
- ручка микрометрической регулировки (азимут) / *azimuth fine adjustment*
- ручка микрометрической регулировки (широта) / *altitude fine adjustment*
- вилка / *fork*
- поднос для аксессуаров / *tripod accessories shelf*
- установочный круг склонений / *declination setting scale*
- блокирующий винт (азимут) / *azimuth clamp*
- блокирующий винт (широта) / *altitude clamp*
- установочный круг прямого восхождения / *right ascension setting scale*
- противовес / *counterweight*
- треножник / *tripod*

**телескоп-рефрактор в разрезе**
*section of a refracting telescope*

- окуляр / *eyepiece*
- труба / *main tube*
- свет / *light*
- линза объектива / *objective lens*

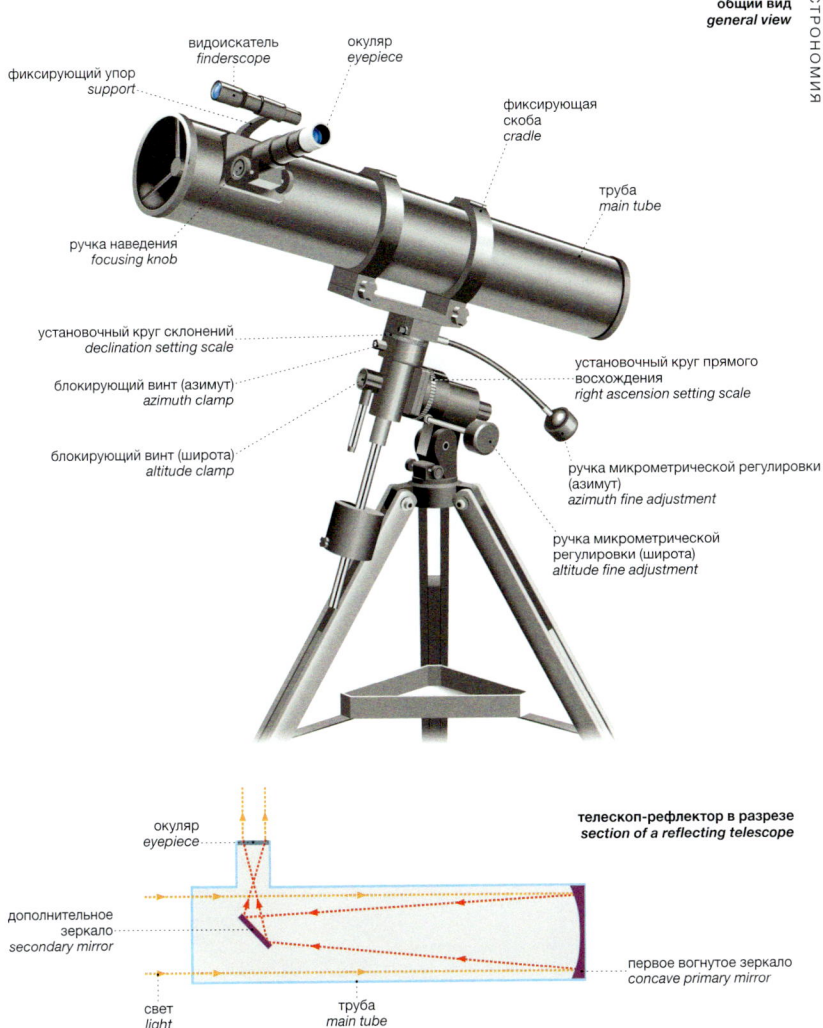

**астрономические наблюдения** | astronomical observation

# телескоп-рефлектор
*reflecting telescope*

**общий вид**
*general view*

**АСТРОНОМИЯ**

- видоискатель / *finderscope*
- окуляр / *eyepiece*
- фиксирующий упор / *support*
- фиксирующая скоба / *cradle*
- труба / *main tube*
- ручка наведения / *focusing knob*
- установочный круг склонений / *declination setting scale*
- установочный круг прямого восхождения / *right ascension setting scale*
- блокирующий винт (азимут) / *azimuth clamp*
- блокирующий винт (широта) / *altitude clamp*
- ручка микрометрической регулировки (азимут) / *azimuth fine adjustment*
- ручка микрометрической регулировки (широта) / *altitude fine adjustment*

**телескоп-рефлектор в разрезе**
*section of a reflecting telescope*

- окуляр / *eyepiece*
- дополнительное зеркало / *secondary mirror*
- свет / *light*
- труба / *main tube*
- первое вогнутое зеркало / *concave primary mirror*

## астрономические наблюдения | astronomical observation

# космический телескоп
*space telescope*

**космический телескоп Хаббла**
*Hubble Space Telescope*

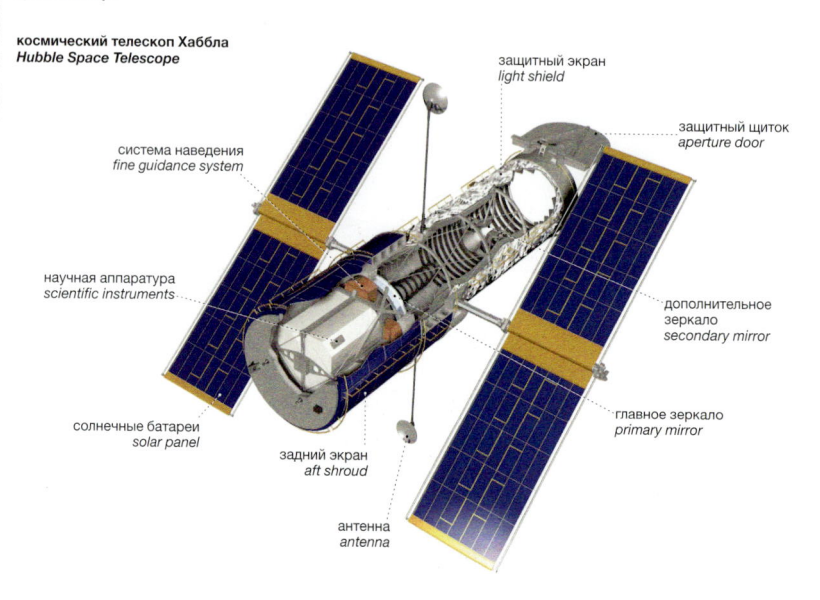

- система наведения / *fine guidance system*
- научная аппаратура / *scientific instruments*
- солнечные батареи / *solar panel*
- задний экран / *aft shroud*
- антенна / *antenna*
- защитный экран / *light shield*
- защитный щиток / *aperture door*
- дополнительное зеркало / *secondary mirror*
- главное зеркало / *primary mirror*

**космический телескоп Джеймса Уэбба**
*James Webb Space Telescope*

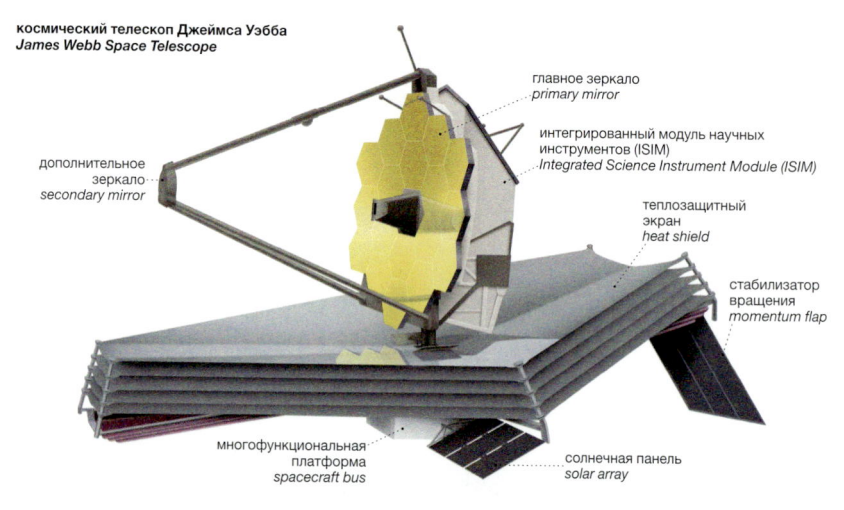

- дополнительное зеркало / *secondary mirror*
- главное зеркало / *primary mirror*
- интегрированный модуль научных инструментов (ISIM) / *Integrated Science Instrument Module (ISIM)*
- теплозащитный экран / *heat shield*
- стабилизатор вращения / *momentum flap*
- многофункциональная платформа / *spacecraft bus*
- солнечная панель / *solar array*

**космонавтика** | astronautics

# космический скафандр

*spacesuit*

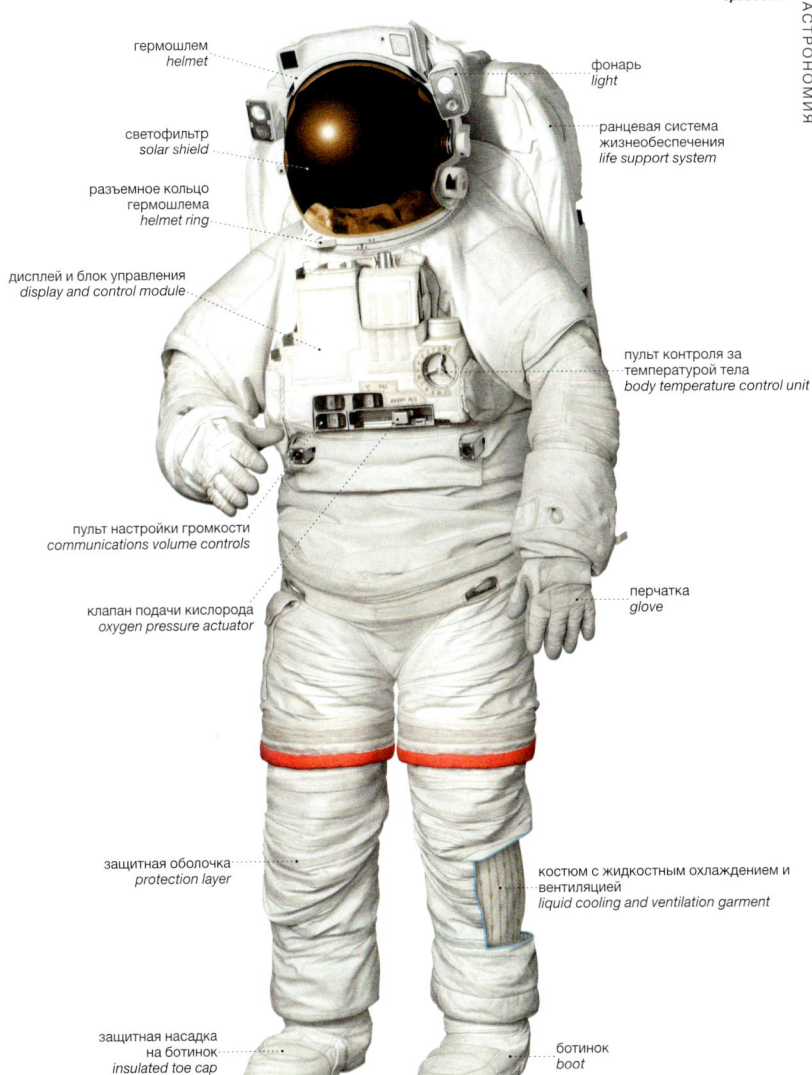

АСТРОНОМИЯ

- гермошлем / *helmet*
- светофильтр / *solar shield*
- разъемное кольцо гермошлема / *helmet ring*
- дисплей и блок управления / *display and control module*
- пульт настройки громкости / *communications volume controls*
- клапан подачи кислорода / *oxygen pressure actuator*
- защитная оболочка / *protection layer*
- защитная насадка на ботинок / *insulated toe cap*
- фонарь / *light*
- ранцевая система жизнеобеспечения / *life support system*
- пульт контроля за температурой тела / *body temperature control unit*
- перчатка / *glove*
- костюм с жидкостным охлаждением и вентиляцией / *liquid cooling and ventilation garment*
- ботинок / *boot*

# международная космическая станция

*international space station*

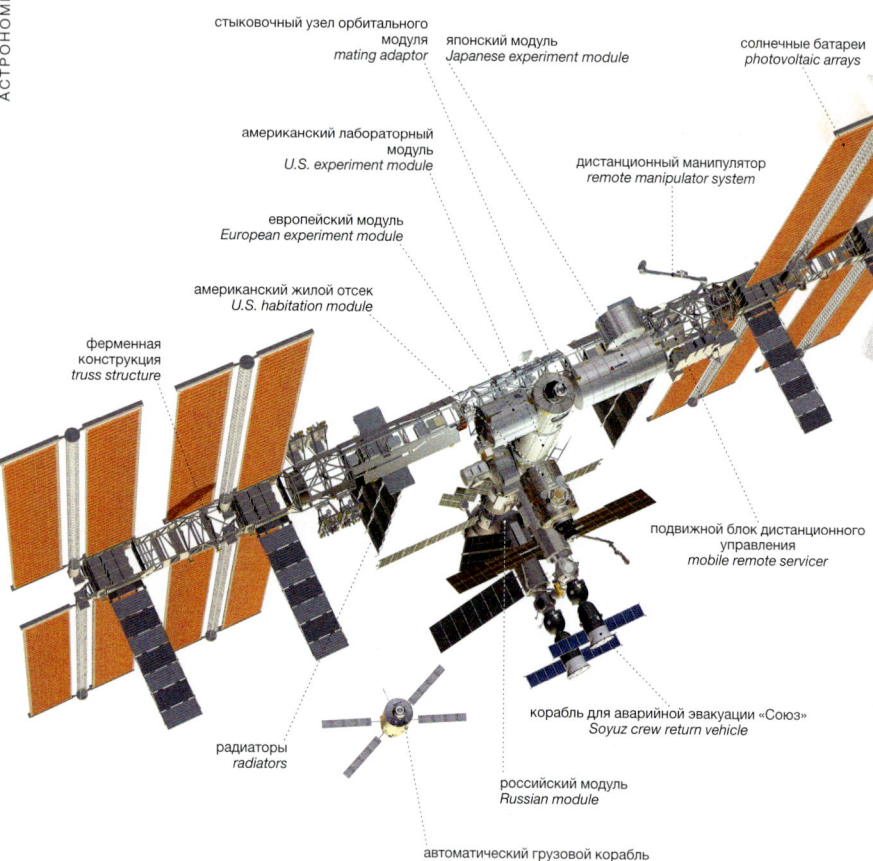

- стыковочный узел орбитального модуля / *mating adaptor*
- японский модуль / *Japanese experiment module*
- солнечные батареи / *photovoltaic arrays*
- американский лабораторный модуль / *U.S. experiment module*
- дистанционный манипулятор / *remote manipulator system*
- европейский модуль / *European experiment module*
- американский жилой отсек / *U.S. habitation module*
- ферменная конструкция / *truss structure*
- подвижной блок дистанционного управления / *mobile remote servicer*
- радиаторы / *radiators*
- корабль для аварийной эвакуации «Союз» / *Soyuz crew return vehicle*
- российский модуль / *Russian module*
- автоматический грузовой корабль (ATV) / *Automated Transfer Vehicle (ATV)*

**космонавтика** | astronautics

# космический корабль
*spaceship*

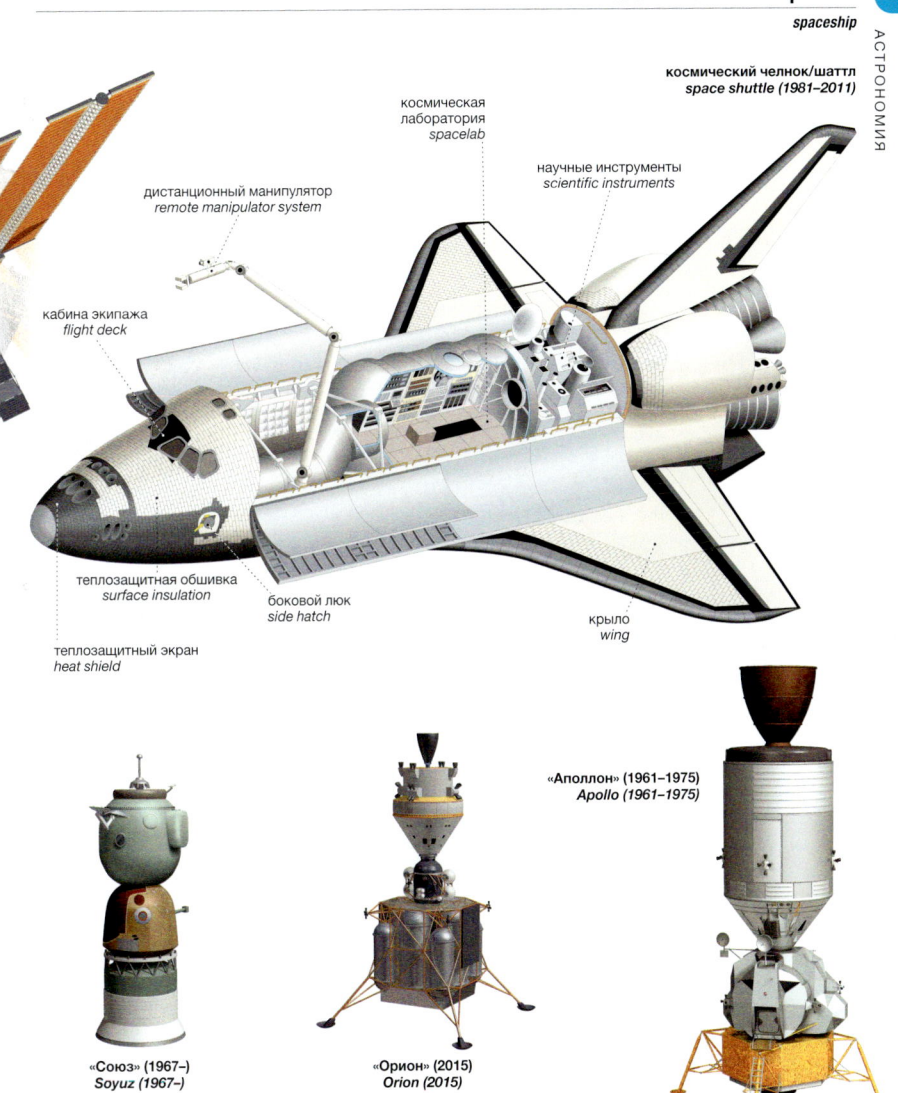

**космический челнок/шаттл** (1981–2011)
*space shuttle (1981–2011)*

- космическая лаборатория / *spacelab*
- научные инструменты / *scientific instruments*
- дистанционный манипулятор / *remote manipulator system*
- кабина экипажа / *flight deck*
- теплозащитная обшивка / *surface insulation*
- боковой люк / *side hatch*
- крыло / *wing*
- теплозащитный экран / *heat shield*

«Союз» (1967–)
*Soyuz (1967–)*

«Орион» (2015)
*Orion (2015)*

«Аполлон» (1961–1975)
*Apollo (1961–1975)*

# география | geography

## система координат Земли
*earth coordinate system*

**картографическая сетка**
*grid system*

- Северный полюс / *North Pole*
- Северный полярный круг / *Arctic Circle*
- западный меридиан / *western meridian*
- Гринвичский меридиан / *prime meridian*
- экватор / *equator*
- тропик Рака / *Tropic of Cancer*
- тропик Козерога / *Tropic of Capricorn*
- восточный меридиан / *eastern meridian*
- параллель / *parallel*
- Южный полюс / *South Pole*
- Южный полярный круг / *Antarctic Circle*

широта / *lines of latitude*

долгота / *lines of longitude*

**география** | geography

### система координат Земли

**полушария**
*hemispheres*

Северное полушарие
*Northern hemisphere*

Южное полушарие
*Southern hemisphere*

Западное полушарие
*Western hemisphere*

Восточное полушарие
*Eastern hemisphere*

ЗЕМЛЯ

## картографические проекции

*map projections*

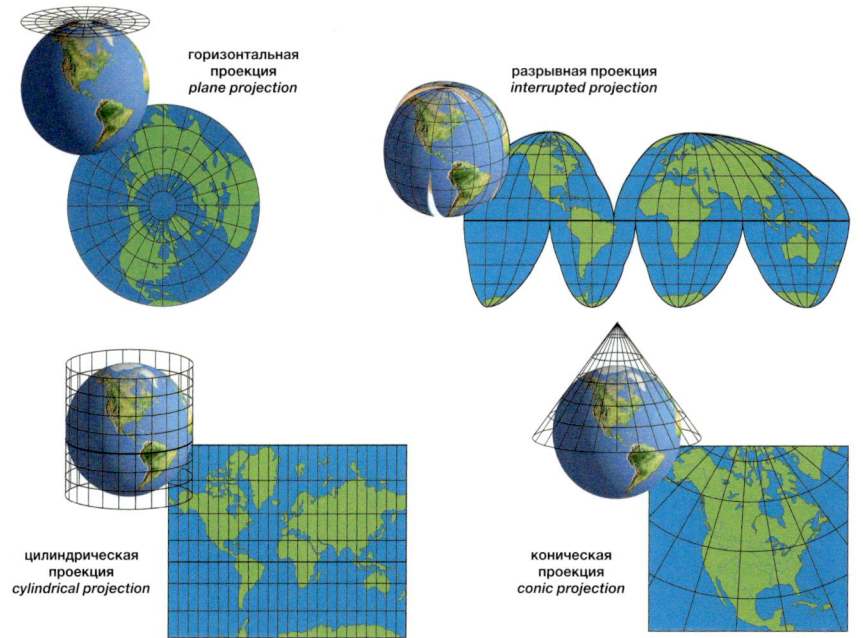

горизонтальная проекция
*plane projection*

разрывная проекция
*interrupted projection*

цилиндрическая проекция
*cylindrical projection*

коническая проекция
*conic projection*

# очертания континентов
*configuration of the continents*

планисфера
*planisphere*

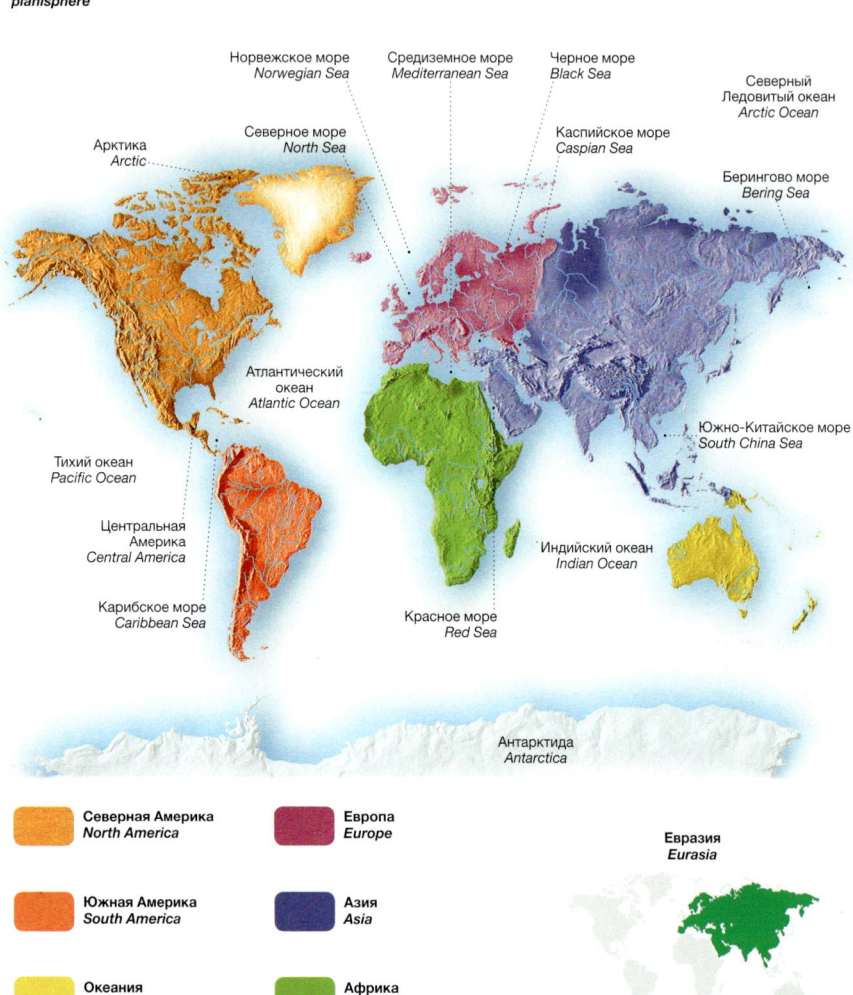

Норвежское море / *Norwegian Sea*
Средиземное море / *Mediterranean Sea*
Черное море / *Black Sea*
Северный Ледовитый океан / *Arctic Ocean*
Арктика / *Arctic*
Северное море / *North Sea*
Каспийское море / *Caspian Sea*
Берингово море / *Bering Sea*
Атлантический океан / *Atlantic Ocean*
Южно-Китайское море / *South China Sea*
Тихий океан / *Pacific Ocean*
Центральная Америка / *Central America*
Индийский океан / *Indian Ocean*
Карибское море / *Caribbean Sea*
Красное море / *Red Sea*
Антарктида / *Antarctica*

- Северная Америка / *North America*
- Южная Америка / *South America*
- Океания / *Oceania*
- Европа / *Europe*
- Азия / *Asia*
- Африка / *Africa*

Евразия / *Eurasia*

# география | geography

## физические карты
*physical cartography*

**подписи на физической карте**
*physical map legends*

ЗЕМЛЯ

- горная цепь / *mountain range*
- бухта / *bay*
- море / *sea*
- пролив / *strait*
- остров / *island*
- горный массив / *massif*
- прерия / *prairie*
- эстуарий / *estuary*
- река / *river*
- озеро / *lake*
- полуостров / *peninsula*
- архипелаг / *archipelago*
- залив / *gulf*
- мыс / *cape*
- река / *river*
- плато / *plateau*
- равнина / *plain*
- океан / *ocean*
- перешеек / *isthmus*

**высота (в метрах)**
*altitude (metres)*

- \> 3 000
- 2 000-2 999
- 1 000-1 999
- 500-999
- 200-499
- 0-199

23

## физические карты

### Арктика
### Arctic

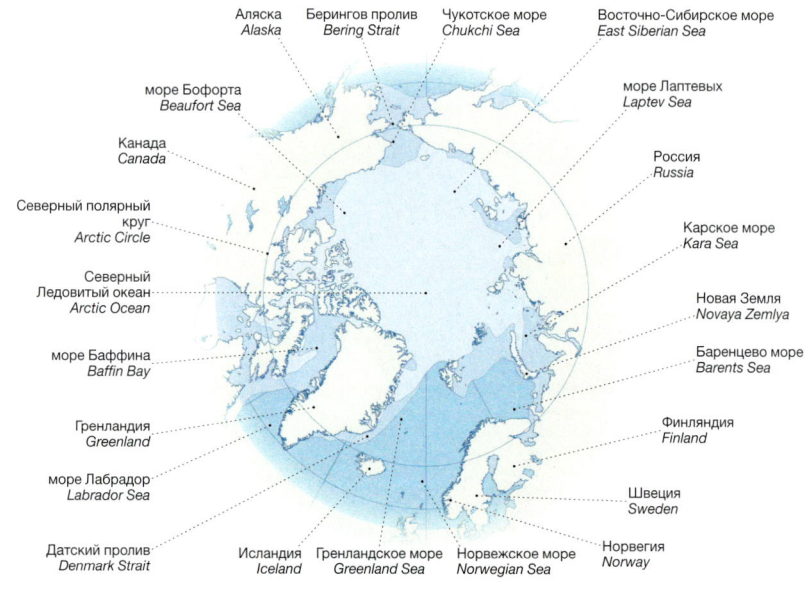

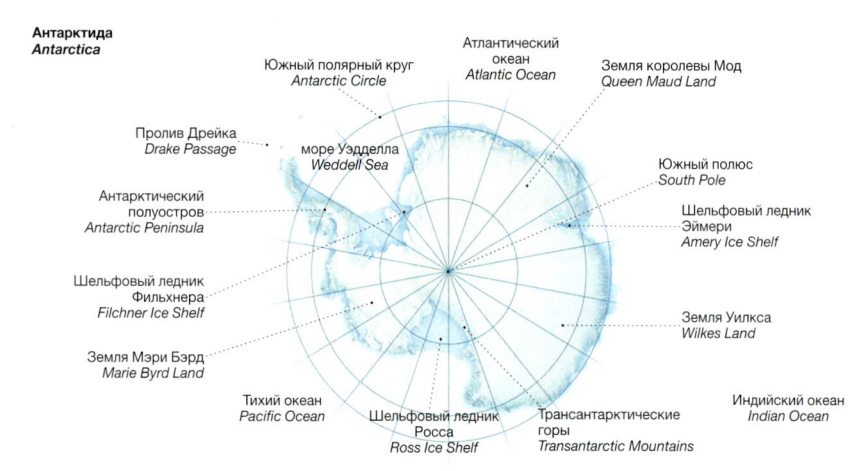

- Аляска / Alaska
- Берингов пролив / Bering Strait
- Чукотское море / Chukchi Sea
- Восточно-Сибирское море / East Siberian Sea
- море Бофорта / Beaufort Sea
- море Лаптевых / Laptev Sea
- Канада / Canada
- Россия / Russia
- Северный полярный круг / Arctic Circle
- Карское море / Kara Sea
- Северный Ледовитый океан / Arctic Ocean
- Новая Земля / Novaya Zemlya
- море Баффина / Baffin Bay
- Баренцево море / Barents Sea
- Гренландия / Greenland
- Финляндия / Finland
- море Лабрадор / Labrador Sea
- Швеция / Sweden
- Датский пролив / Denmark Strait
- Исландия / Iceland
- Гренландское море / Greenland Sea
- Норвежское море / Norwegian Sea
- Норвегия / Norway

### Антарктида
### Antarctica

- Южный полярный круг / Antarctic Circle
- Атлантический океан / Atlantic Ocean
- Земля королевы Мод / Queen Maud Land
- Пролив Дрейка / Drake Passage
- море Уэдделла / Weddell Sea
- Южный полюс / South Pole
- Антарктический полуостров / Antarctic Peninsula
- Шельфовый ледник Эймери / Amery Ice Shelf
- Шельфовый ледник Фильхнера / Filchner Ice Shelf
- Земля Уилкса / Wilkes Land
- Земля Мэри Бэрд / Marie Byrd Land
- Тихий океан / Pacific Ocean
- Шельфовый ледник Росса / Ross Ice Shelf
- Трансантарктические горы / Transantarctic Mountains
- Индийский океан / Indian Ocean

**география** | geography

физические карты

**Северная Америка**
*North America*

ЗЕМЛЯ

- Баффинова земля / Baffin Island
- река Маккензи / Mackenzie River
- Гудзонов залив / Hudson Bay
- Гренландия / Greenland
- Берингов пролив / Bering Strait
- море Бофорта / Beaufort Sea
- Северный полярный круг / Arctic Circle
- залив Аляска / Gulf of Alaska
- Алеутские острова / Aleutian Islands
- Великие озёра / Great Lakes
- остров Ньюфаундленд / Island of Newfoundland
- Скалистые горы / Rocky Mountains
- река Святого Лаврентия / Saint Lawrence River
- Большой каньон / Grand Canyon
- Аппалачи / Appalachian Mountains
- Калифорнийский залив / Gulf of California
- река Миссисипи / Mississippi River
- тропик Рака / Tropic of Cancer
- Мексиканский залив / Gulf of Mexico
- Антильские острова / West Indies
- полуостров Юкатан / Yucatan Peninsula
- Центральная Америка / Central America
- Карибское море / Caribbean Sea
- Панамский перешеек / Isthmus of Panama

## физические карты

**Южная Америка**
*South America*

- река Ориноко / *Orinoco River*
- река Амазонка / *Amazon River*
- Панамский залив / *Gulf of Panama*
- экватор / *equator*
- Анды (Андийские Кордильеры) / *Andes Cordillera*
- озеро Титикака / *Lake Titicaca*
- пустыня Атакама / *Atacama Desert*
- тропик Козерога / *Tropic of Capricorn*
- река Парана / *Paraná River*
- Патагония / *Patagonia*
- Фолклендские (Мальвинские) острова / *Falkland Islands*
- Южная Георгия / *South Georgia*
- Огненная Земля / *Tierra del Fuego*
- мыс Горн / *Cape Horn*
- пролив Дрейка / *Drake Passage*

## география | geography

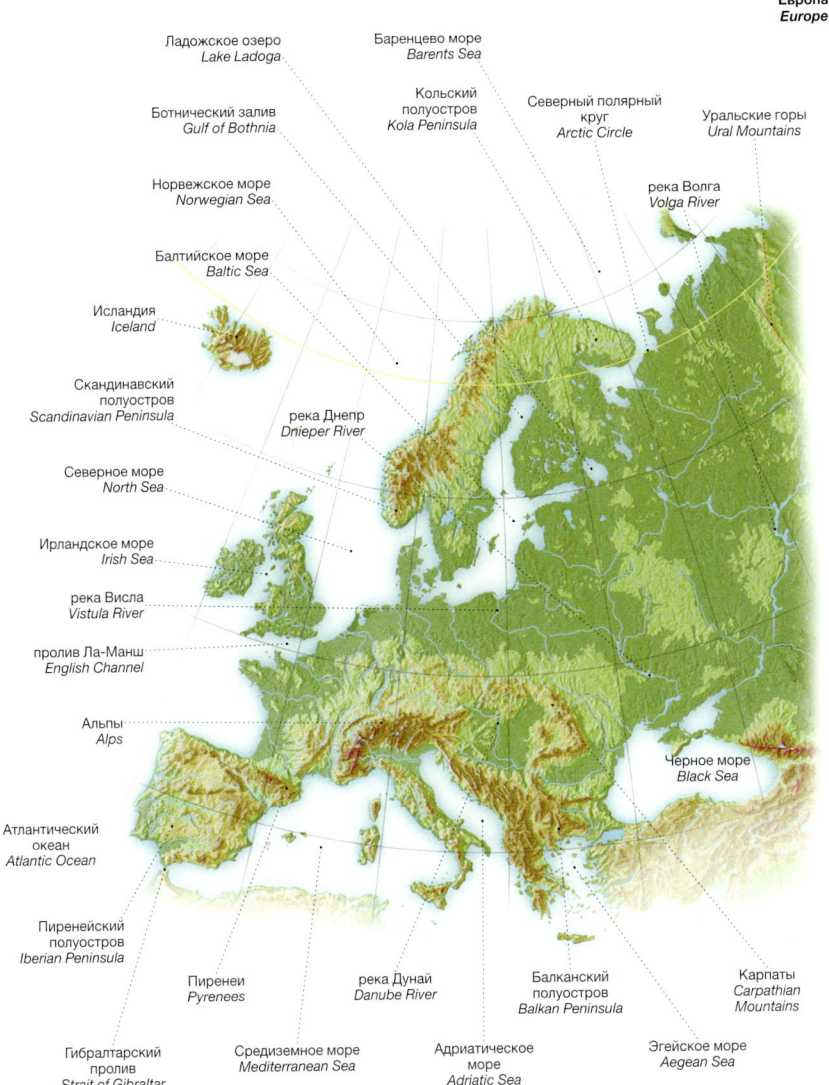

### физические карты

**Европа**
*Europe*

- Ладожское озеро / Lake Ladoga
- Баренцево море / Barents Sea
- Ботнический залив / Gulf of Bothnia
- Кольский полуостров / Kola Peninsula
- Северный полярный круг / Arctic Circle
- Уральские горы / Ural Mountains
- Норвежское море / Norwegian Sea
- река Волга / Volga River
- Балтийское море / Baltic Sea
- Исландия / Iceland
- Скандинавский полуостров / Scandinavian Peninsula
- река Днепр / Dnieper River
- Северное море / North Sea
- Ирландское море / Irish Sea
- река Висла / Vistula River
- пролив Ла-Манш / English Channel
- Альпы / Alps
- Черное море / Black Sea
- Атлантический океан / Atlantic Ocean
- Пиренейский полуостров / Iberian Peninsula
- Пиренеи / Pyrenees
- река Дунай / Danube River
- Балканский полуостров / Balkan Peninsula
- Карпаты / Carpathian Mountains
- Гибралтарский пролив / Strait of Gibraltar
- Средиземное море / Mediterranean Sea
- Адриатическое море / Adriatic Sea
- Эгейское море / Aegean Sea

# география | geography

## физические карты

**Африка**
*Africa*

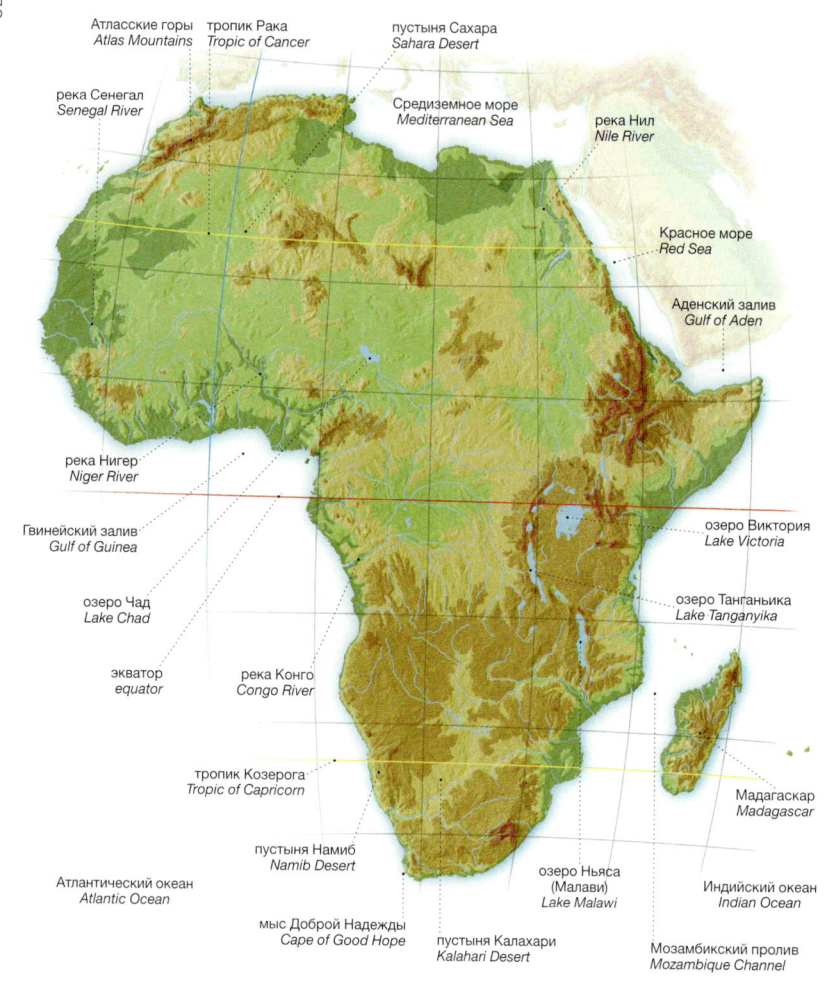

ЗЕМЛЯ

Атласские горы / *Atlas Mountains*
тропик Рака / *Tropic of Cancer*
пустыня Сахара / *Sahara Desert*
река Сенегал / *Senegal River*
Средиземное море / *Mediterranean Sea*
река Нил / *Nile River*
Красное море / *Red Sea*
Аденский залив / *Gulf of Aden*
река Нигер / *Niger River*
Гвинейский залив / *Gulf of Guinea*
озеро Виктория / *Lake Victoria*
озеро Чад / *Lake Chad*
озеро Танганьика / *Lake Tanganyika*
экватор / *equator*
река Конго / *Congo River*
тропик Козерога / *Tropic of Capricorn*
Мадагаскар / *Madagascar*
пустыня Намиб / *Namib Desert*
Атлантический океан / *Atlantic Ocean*
озеро Ньяса (Малави) / *Lake Malawi*
Индийский океан / *Indian Ocean*
мыс Доброй Надежды / *Cape of Good Hope*
пустыня Калахари / *Kalahari Desert*
Мозамбикский пролив / *Mozambique Channel*

**география | geography**

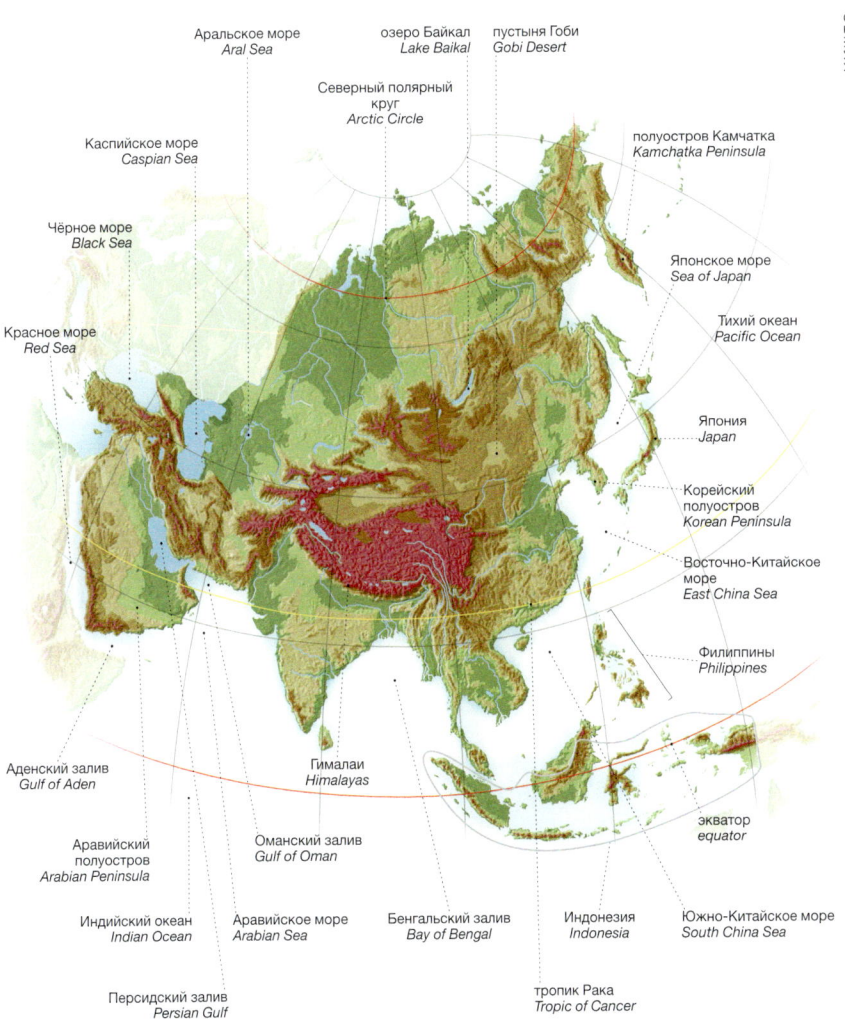

## физические карты

### Азия
### *Asia*

ЗЕМЛЯ

Аральское море / *Aral Sea*

озеро Байкал / *Lake Baikal*

пустыня Гоби / *Gobi Desert*

Северный полярный круг / *Arctic Circle*

полуостров Камчатка / *Kamchatka Peninsula*

Каспийское море / *Caspian Sea*

Чёрное море / *Black Sea*

Японское море / *Sea of Japan*

Тихий океан / *Pacific Ocean*

Красное море / *Red Sea*

Япония / *Japan*

Корейский полуостров / *Korean Peninsula*

Восточно-Китайское море / *East China Sea*

Филиппины / *Philippines*

Аденский залив / *Gulf of Aden*

Гималаи / *Himalayas*

экватор / *equator*

Аравийский полуостров / *Arabian Peninsula*

Оманский залив / *Gulf of Oman*

Индийский океан / *Indian Ocean*

Аравийское море / *Arabian Sea*

Бенгальский залив / *Bay of Bengal*

Индонезия / *Indonesia*

Южно-Китайское море / *South China Sea*

Персидский залив / *Persian Gulf*

тропик Рака / *Tropic of Cancer*

**география | geography**

## физические карты

**Океания**
*Oceania*

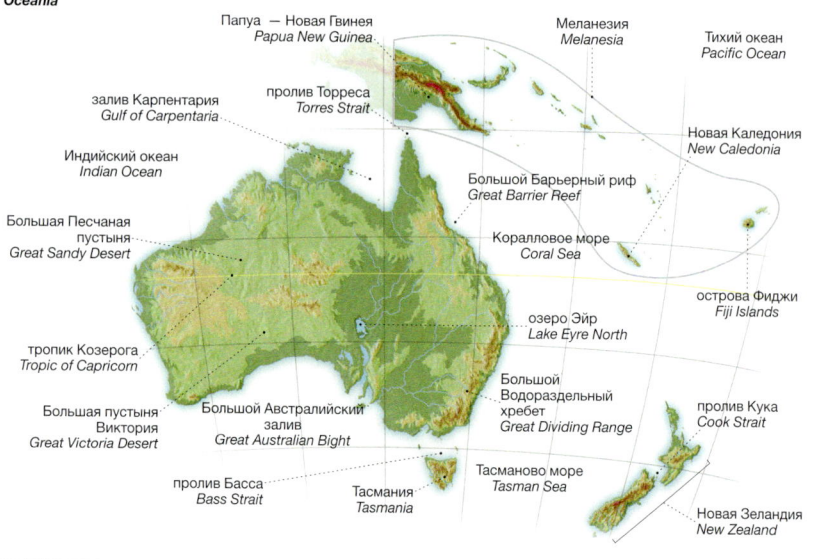

| | |
|---|---|
| Папуа — Новая Гвинея | Papua New Guinea |
| Меланезия | Melanesia |
| Тихий океан | Pacific Ocean |
| залив Карпентария | Gulf of Carpentaria |
| пролив Торреса | Torres Strait |
| Новая Каледония | New Caledonia |
| Индийский океан | Indian Ocean |
| Большой Барьерный риф | Great Barrier Reef |
| Большая Песчаная пустыня | Great Sandy Desert |
| Коралловое море | Coral Sea |
| острова Фиджи | Fiji Islands |
| озеро Эйр | Lake Eyre North |
| тропик Козерога | Tropic of Capricorn |
| Большая пустыня Виктория | Great Victoria Desert |
| Большой Австралийский залив | Great Australian Bight |
| Большой Водораздельный хребет | Great Dividing Range |
| пролив Кука | Cook Strait |
| пролив Басса | Bass Strait |
| Тасмания | Tasmania |
| Тасманово море | Tasman Sea |
| Новая Зеландия | New Zealand |

**подписи на карте города**
*urban map legends*

| | |
|---|---|
| железная дорога | railway |
| вокзал (железнодорожная станция) | railway station |
| мост | bridge |
| пригород | suburb |
| парк | park |
| река | river |
| кладбище | cemetery |
| лес | woods |
| памятник | monument |
| кольцевая дорога | ring road |
| улица | street |
| круговое движение | roundabout |
| автомагистраль | motorway |
| проспект | avenue |
| общественное здание | public building |
| проспект, бульвар | boulevard |
| округ | district |

ЗЕМЛЯ

## география | geography

### физические карты

**подписи на карте автодорог**
*road map legends*

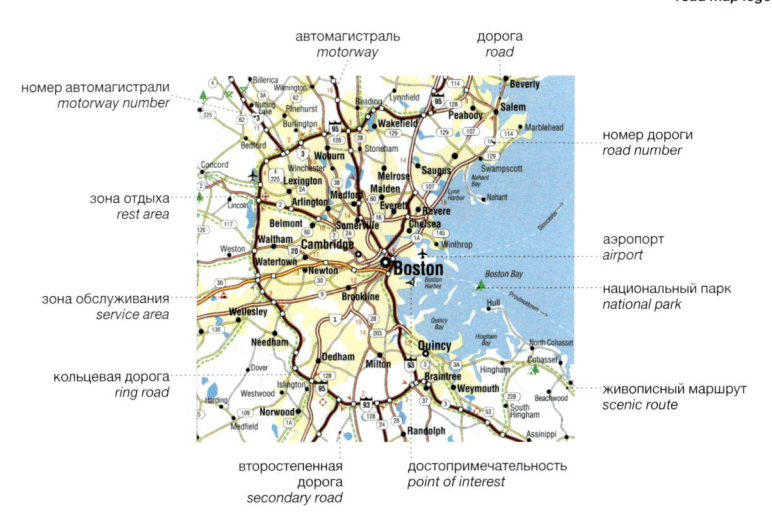

- автомагистраль / *motorway*
- дорога / *road*
- номер автомагистрали / *motorway number*
- номер дороги / *road number*
- зона отдыха / *rest area*
- аэропорт / *airport*
- зона обслуживания / *service area*
- национальный парк / *national park*
- кольцевая дорога / *ring road*
- живописный маршрут / *scenic route*
- второстепенная дорога / *secondary road*
- достопримечательность / *point of interest*

## политические карты

*political cartography*

**подписи на политической карте**
*political map legends*

- внутренние границы / *internal boundary*
- провинция / *province*
- крупный город / *city*
- граница / *frontier*
- столица / *capital*
- штат / *state*
- страна / *country*

ЗЕМЛЯ

# дистанционное зондирование Земли
*remote sensing*

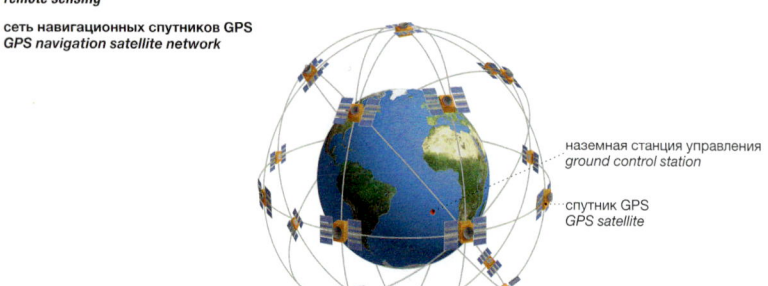

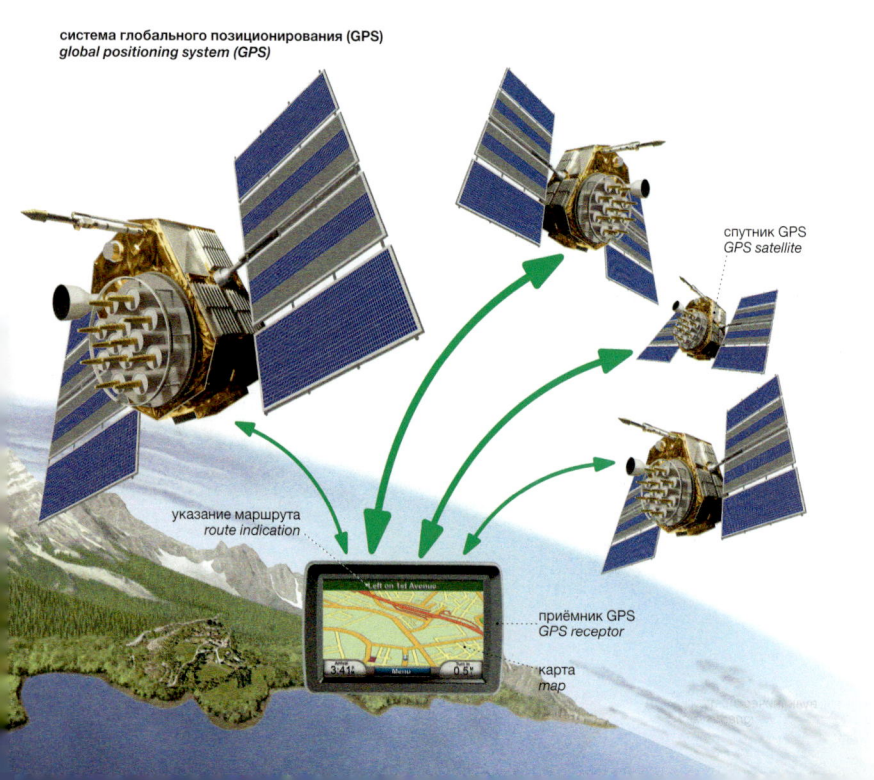

**сеть навигационных спутников GPS**
*GPS navigation satellite network*

наземная станция управления
*ground control station*

спутник GPS
*GPS satellite*

**система глобального позиционирования (GPS)**
*global positioning system (GPS)*

спутник GPS
*GPS satellite*

указание маршрута
*route indication*

приёмник GPS
*GPS receptor*

карта
*map*

геология | geology 33

## строение Земли
*structure of the earth*

**Земля в разрезе**
*section of the earth*

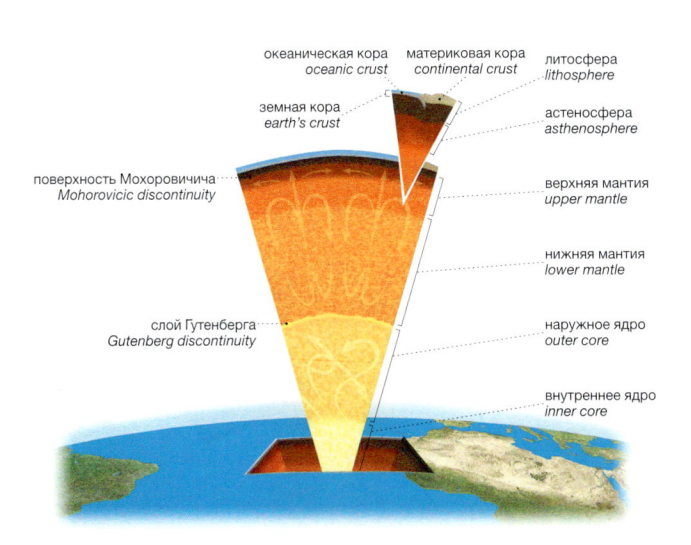

- океаническая кора / *oceanic crust*
- материковая кора / *continental crust*
- литосфера / *lithosphere*
- земная кора / *earth's crust*
- астеносфера / *asthenosphere*
- поверхность Мохоровичича / *Mohorovicic discontinuity*
- верхняя мантия / *upper mantle*
- нижняя мантия / *lower mantle*
- слой Гутенберга / *Gutenberg discontinuity*
- наружное ядро / *outer core*
- внутреннее ядро / *inner core*

**разрез земной коры**
*section of the earth's crust*

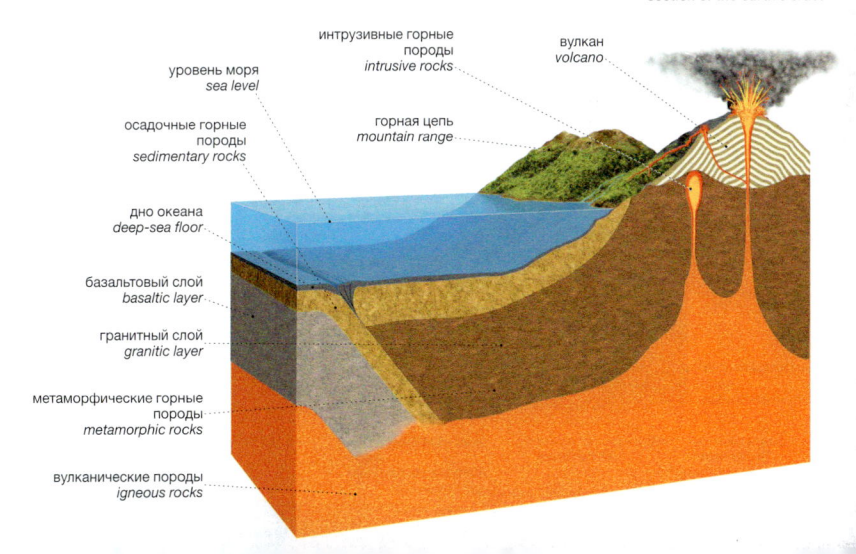

- интрузивные горные породы / *intrusive rocks*
- вулкан / *volcano*
- уровень моря / *sea level*
- горная цепь / *mountain range*
- осадочные горные породы / *sedimentary rocks*
- дно океана / *deep-sea floor*
- базальтовый слой / *basaltic layer*
- гранитный слой / *granitic layer*
- метаморфические горные породы / *metamorphic rocks*
- вулканические породы / *igneous rocks*

ЗЕМЛЯ

## геология | geology

## строение Земли

### дно океана
### ocean floor

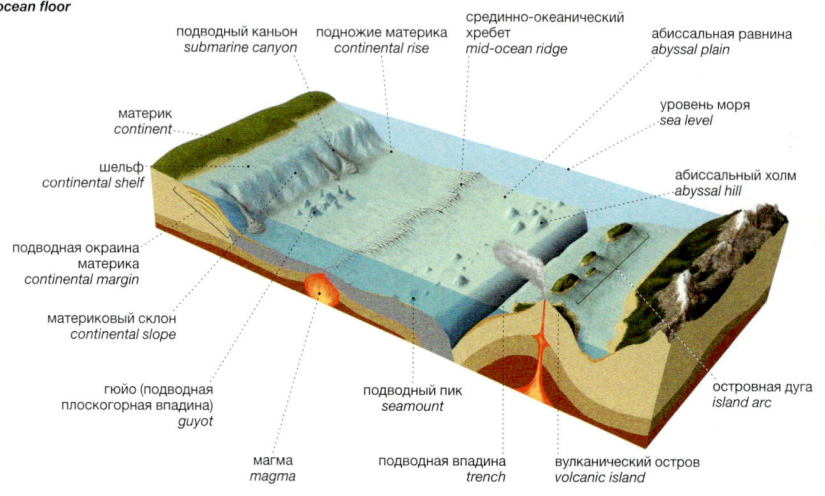

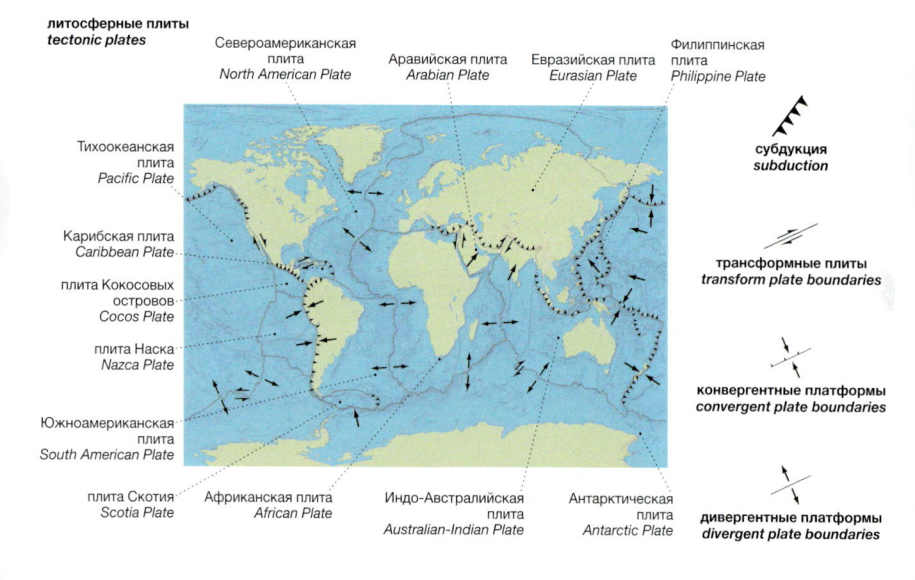

- подводный каньон / submarine canyon
- подножие материка / continental rise
- срединно-океанический хребет / mid-ocean ridge
- абиссальная равнина / abyssal plain
- уровень моря / sea level
- материк / continent
- шельф / continental shelf
- абиссальный холм / abyssal hill
- подводная окраина материка / continental margin
- материковый склон / continental slope
- гюйо (подводная плоскогорная впадина) / guyot
- подводный пик / seamount
- островная дуга / island arc
- магма / magma
- подводная впадина / trench
- вулканический остров / volcanic island

### литосферные плиты
### tectonic plates

- Североамериканская плита / North American Plate
- Аравийская плита / Arabian Plate
- Евразийская плита / Eurasia Plate
- Филиппинская плита / Philippine Plate
- Тихоокеанская плита / Pacific Plate
- Карибская плита / Caribbean Plate
- плита Кокосовых островов / Cocos Plate
- плита Наска / Nazca Plate
- Южноамериканская плита / South American Plate
- плита Скотия / Scotia Plate
- Африканская плита / African Plate
- Индо-Австралийская плита / Australian-Indian Plate
- Антарктическая плита / Antarctic Plate

- субдукция / subduction
- трансформные плиты / transform plate boundaries
- конвергентные платформы / convergent plate boundaries
- дивергентные платформы / divergent plate boundaries

геология | geology

# рельеф Земли
### Earth features

**водоток**
*watercourse*

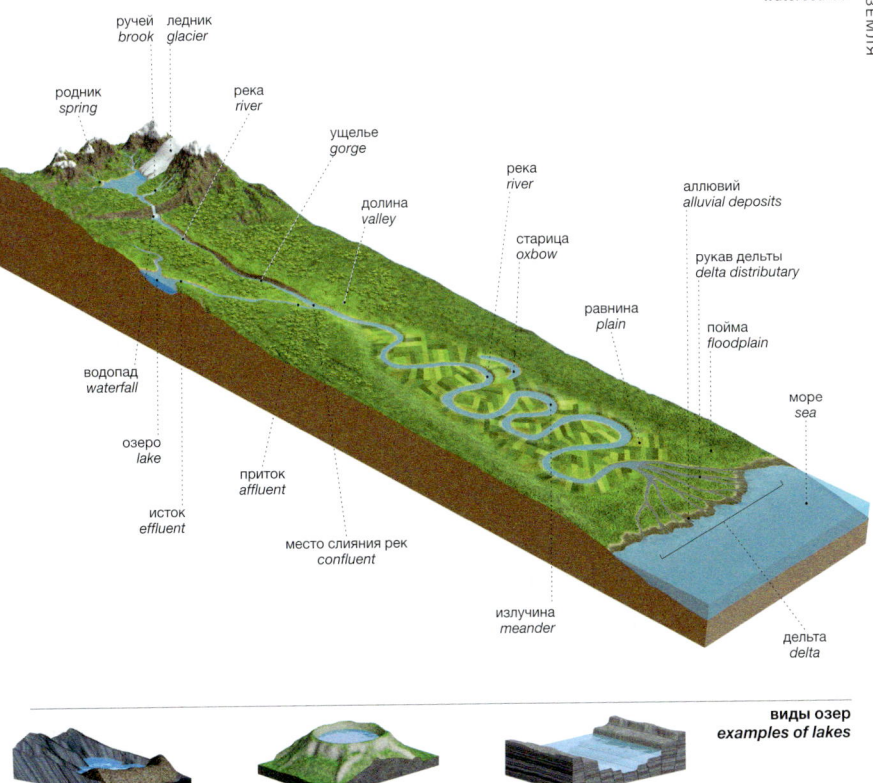

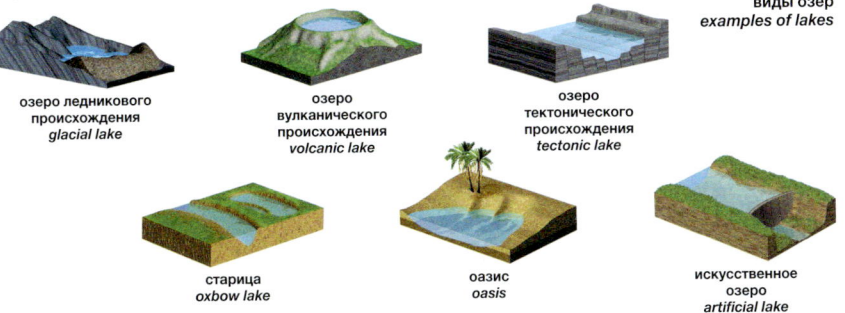

- ручей / brook
- ледник / glacier
- родник / spring
- река / river
- ущелье / gorge
- долина / valley
- река / river
- старица / oxbow
- равнина / plain
- аллювий / alluvial deposits
- рукав дельты / delta distributary
- пойма / floodplain
- море / sea
- водопад / waterfall
- озеро / lake
- приток / affluent
- исток / effluent
- место слияния рек / confluent
- излучина / meander
- дельта / delta

**виды озер**
*examples of lakes*

- озеро ледникового происхождения / glacial lake
- озеро вулканического происхождения / volcanic lake
- озеро тектонического происхождения / tectonic lake
- старица / oxbow lake
- оазис / oasis
- искусственное озеро / artificial lake

# геология | geology

## рельеф Земли

**прибрежная зона**
*common coastal features*

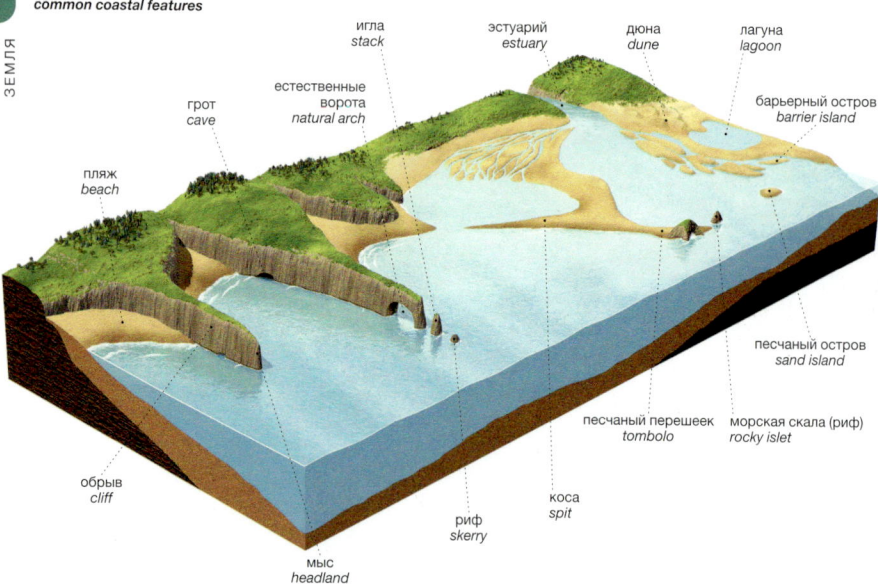

- игла — *stack*
- эстуарий — *estuary*
- дюна — *dune*
- лагуна — *lagoon*
- грот — *cave*
- естественные ворота — *natural arch*
- барьерный остров — *barrier island*
- пляж — *beach*
- песчаный остров — *sand island*
- песчаный перешеек — *tombolo*
- морская скала (риф) — *rocky islet*
- обрыв — *cliff*
- риф — *skerry*
- коса — *spit*
- мыс — *headland*

## разновидности побережий
*examples of shorelines*

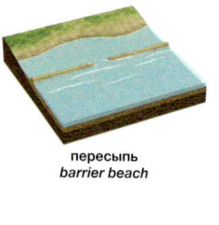

- пересыпь — *barrier beach*
- фьорды — *fjords* 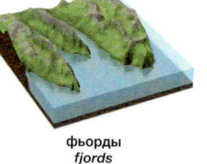
- береговой обрыв — *shore cliff* 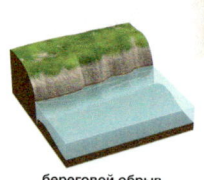
- дельта — *delta* 
- атолл — *atoll* (лагуна — *lagoon*) 
- риа — *rias*

**геология** | geology

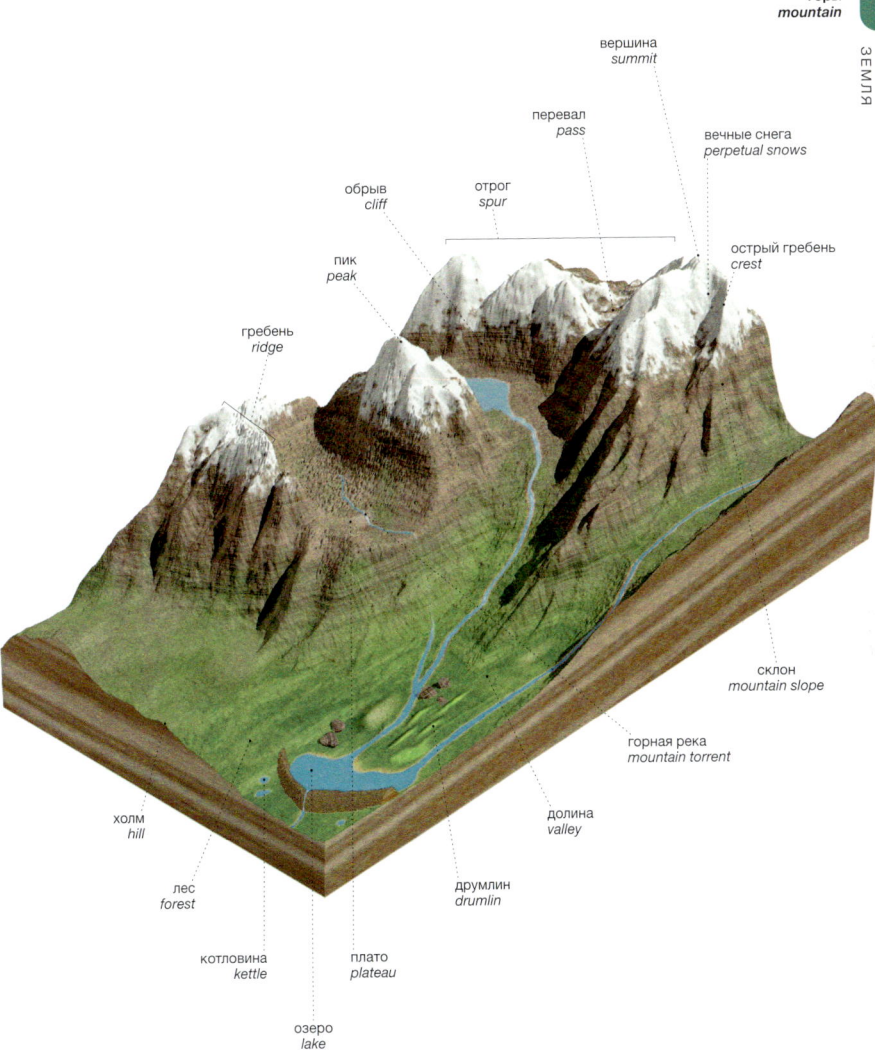

## рельеф Земли
### горы
### mountain

ЗЕМЛЯ

вершина
*summit*

перевал
*pass*

вечные снега
*perpetual snows*

обрыв
*cliff*

отрог
*spur*

острый гребень
*crest*

пик
*peak*

гребень
*ridge*

склон
*mountain slope*

горная река
*mountain torrent*

долина
*valley*

холм
*hill*

лес
*forest*

друмлин
*drumlin*

котловина
*kettle*

плато
*plateau*

озеро
*lake*

**геология** | geology

# рельеф Земли

**ледник**
*glacier*

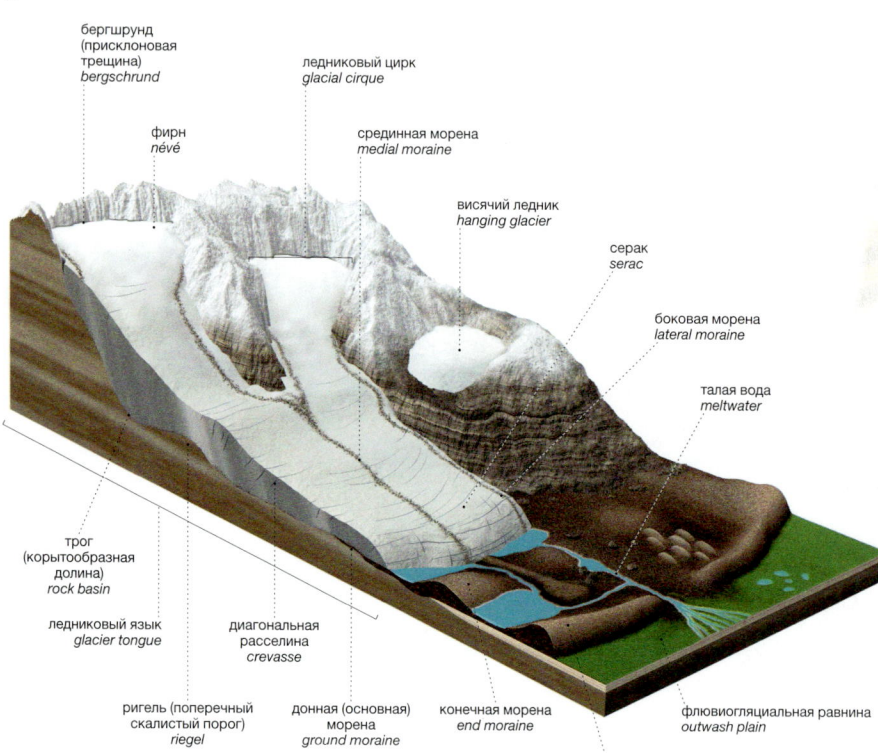

- бергшрунд (присклоновая трещина) — *bergschrund*
- фирн — *névé*
- ледниковый цирк — *glacial cirque*
- срединная морена — *medial moraine*
- висячий ледник — *hanging glacier*
- серак — *serac*
- боковая морена — *lateral moraine*
- талая вода — *meltwater*
- трог (корытообразная долина) — *rock basin*
- ледниковый язык — *glacier tongue*
- диагональная расселина — *crevasse*
- ригель (поперечный скалистый порог) — *riegel*
- донная (основная) морена — *ground moraine*
- конечная морена — *end moraine*
- флювиогляциальная равнина — *outwash plain*
- отложенная морена — *terminal moraine*

**геология | geology**

39

## рельеф Земли

**пустыня**
*desert*

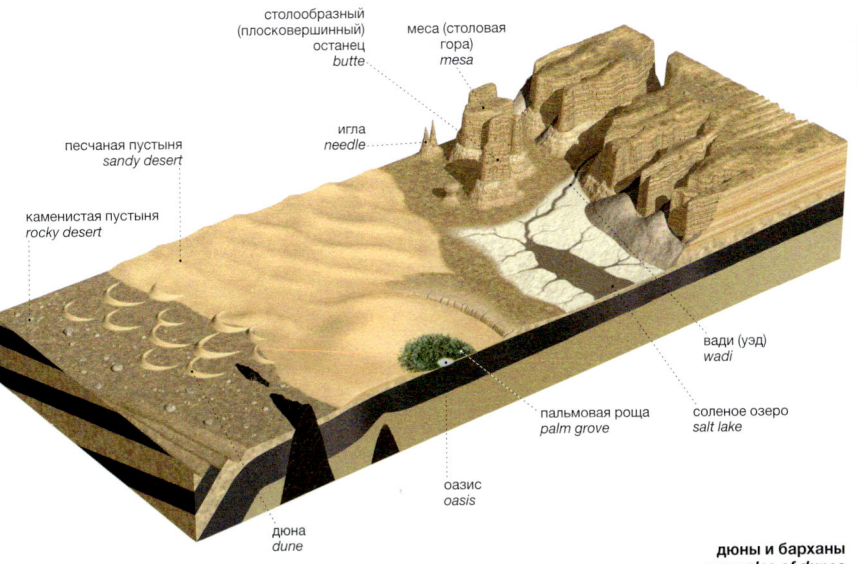

ЗЕМЛЯ

- столообразный (плосковершинный) останец — *butte*
- меса (столовая гора) — *mesa*
- игла — *needle*
- песчаная пустыня — *sandy desert*
- каменистая пустыня — *rocky desert*
- вади (уэд) — *wadi*
- соленое озеро — *salt lake*
- пальмовая роща — *palm grove*
- оазис — *oasis*
- дюна — *dune*

### дюны и барханы
*examples of dunes*

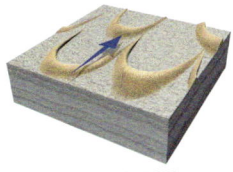

направление ветра — *wind direction*

- серповидная дюна — *crescentic dune*
- пирамидальная дюна — *star dune* 
- параболическая дюна — *parabolic dune* 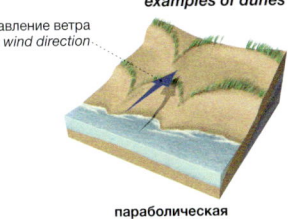
- продольная дюна — *longitudinal dunes* 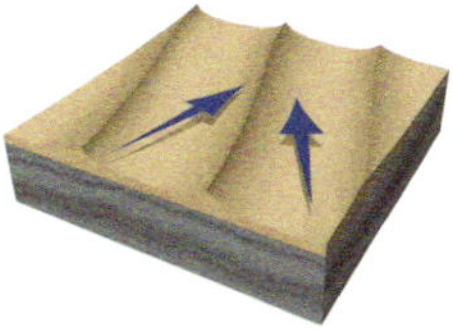
- поперечная дюна — *transverse dunes* 
- дюнный вал (барханная цепь) — *chain of dunes*

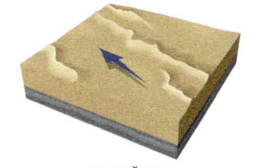

# геологические явления

**geological phenomena**

**вулкан**
*volcano*

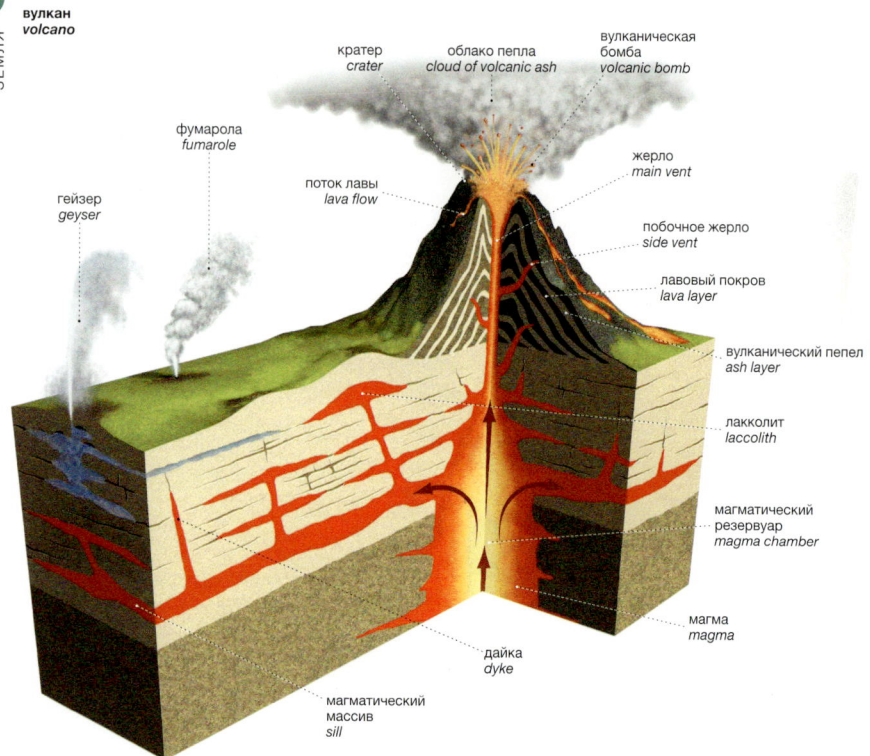

- кратер / *crater*
- облако пепла / *cloud of volcanic ash*
- вулканическая бомба / *volcanic bomb*
- фумарола / *fumarole*
- поток лавы / *lava flow*
- жерло / *main vent*
- побочное жерло / *side vent*
- лавовый покров / *lava layer*
- гейзер / *geyser*
- вулканический пепел / *ash layer*
- лакколит / *laccolith*
- магматический резервуар / *magma chamber*
- магма / *magma*
- дайка / *dyke*
- магматический массив / *sill*

**типы вулканов**
*examples of volcanoes*

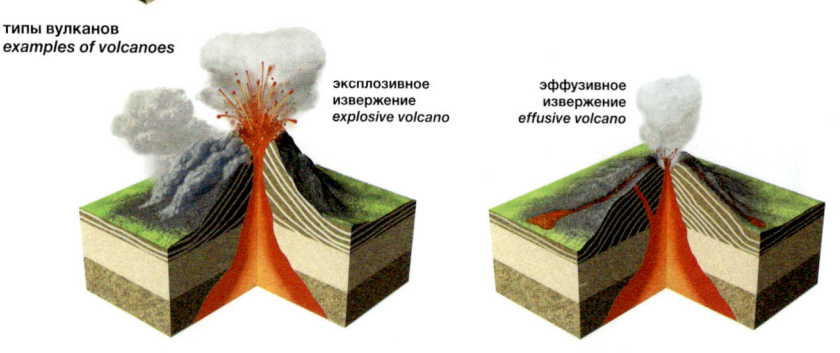

эксплозивное извержение / *explosive volcano*

эффузивное извержение / *effusive volcano*

геология | geology    41

## геологические явления

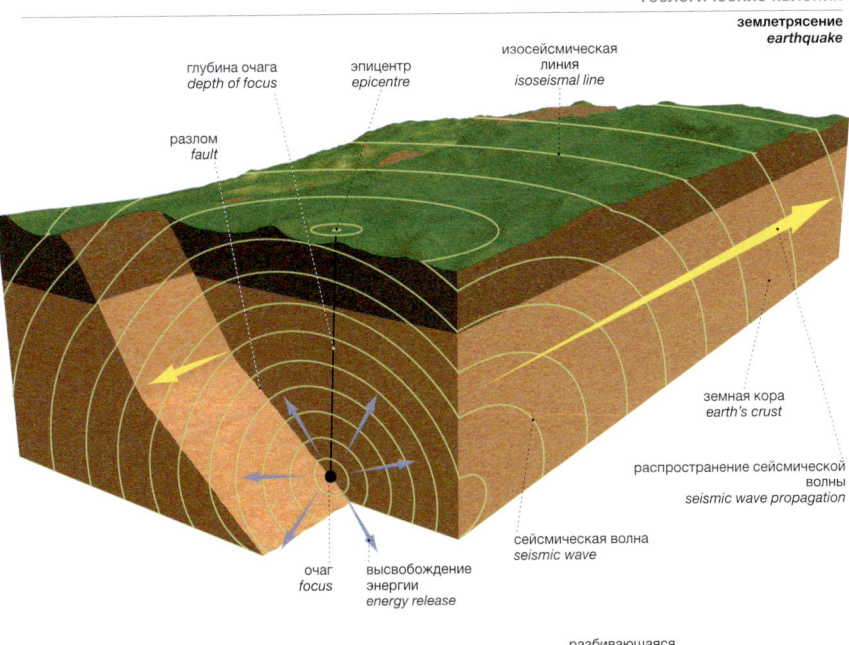

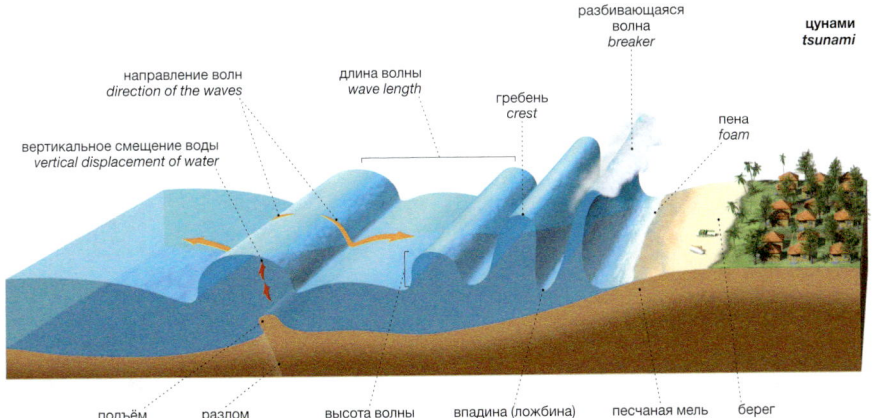

**землетрясение**
*earthquake*

- глубина очага / depth of focus
- эпицентр / epicentre
- изосейсмическая линия / isoseismal line
- разлом / fault
- земная кора / earth's crust
- распространение сейсмической волны / seismic wave propagation
- сейсмическая волна / seismic wave
- очаг / focus
- высвобождение энергии / energy release

ЗЕМЛЯ

**цунами**
*tsunami*

- направление волн / direction of the waves
- длина волны / wave length
- разбивающаяся волна / breaker
- гребень / crest
- пена / foam
- вертикальное смещение воды / vertical displacement of water
- подъём / uplift
- разлом / fault
- высота волны / wave height
- впадина (ложбина) волны / trough
- песчаная мель / sandbank
- берег / shore

## геологические явления

**смещение горных пород**
*landslides*

обвал
*rockslide*

грязевой поток (сель)
*mudflow*

оползень
*creep*

горный оползень
*earthflow*

# минералы

*minerals*

виды распространенных чистых минералов
*examples of common pure minerals*

ртуть
*mercury*

хром
*chromium*

платина
*platinum*

серебро
*silver*

асбест
*asbestos*

алюминий
*aluminium*

свинец
*lead*

уран
*uranium*

золото
*gold*

никель
*nickel*

железо
*iron*

медь
*copper*

олово
*tin*

цинк
*zinc*

титан
*titanium*

**метеорология** | meteorology

## строение земной атмосферы
*profile of the earth's atmosphere*

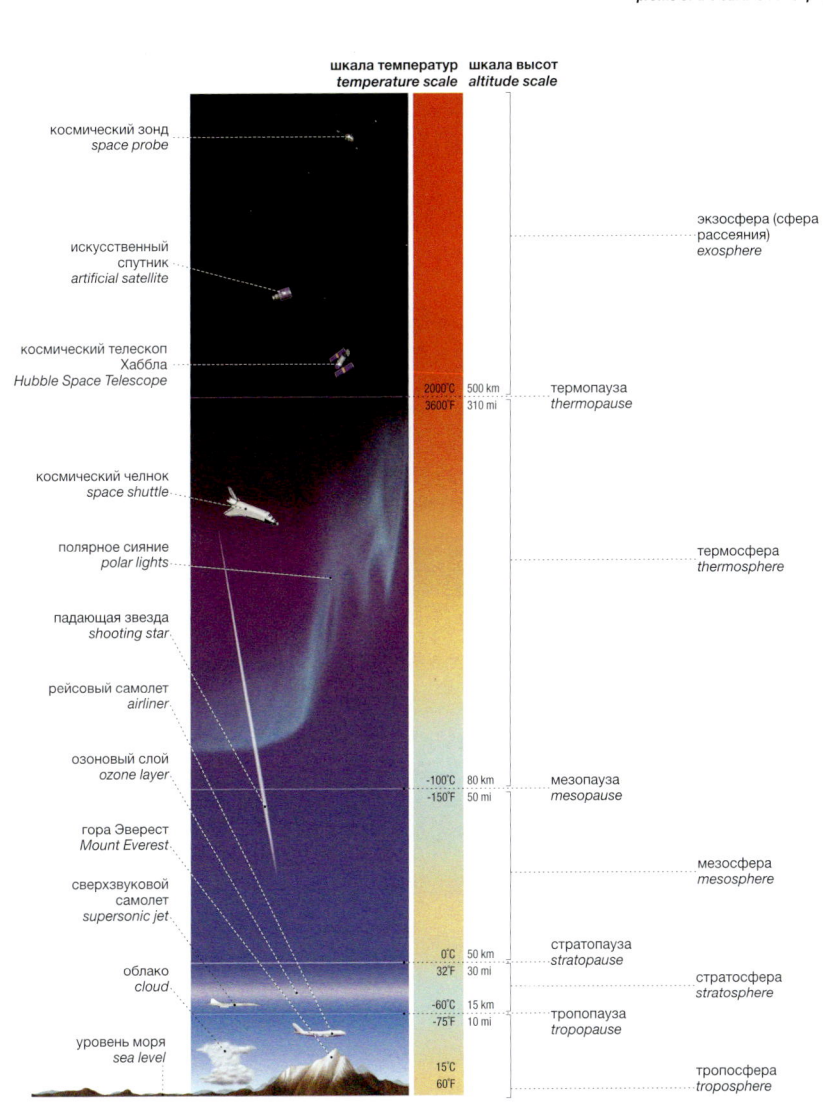

шкала температур / *temperature scale*
шкала высот / *altitude scale*

- космический зонд / *space probe*
- искусственный спутник / *artificial satellite*
- космический телескоп Хаббла / *Hubble Space Telescope*
- космический челнок / *space shuttle*
- полярное сияние / *polar lights*
- падающая звезда / *shooting star*
- рейсовый самолет / *airliner*
- озоновый слой / *ozone layer*
- гора Эверест / *Mount Everest*
- сверхзвуковой самолет / *supersonic jet*
- облако / *cloud*
- уровень моря / *sea level*

| температура | высота | слой |
|---|---|---|
| 2000°C / 3600°F | 500 km / 310 mi | термопауза / *thermopause* |
| −100°C / −150°F | 80 km / 50 mi | мезопауза / *mesopause* |
| 0°C / 32°F | 50 km / 30 mi | стратопауза / *stratopause* |
| −60°C / −75°F | 15 km / 10 mi | тропопауза / *tropopause* |
| 15°C / 60°F | | |

- экзосфера (сфера рассеяния) / *exosphere*
- термосфера / *thermosphere*
- мезосфера / *mesosphere*
- стратосфера / *stratosphere*
- тропосфера / *troposphere*

ЗЕМЛЯ

## метеорология | meteorology

## времена года
*seasons of the year*

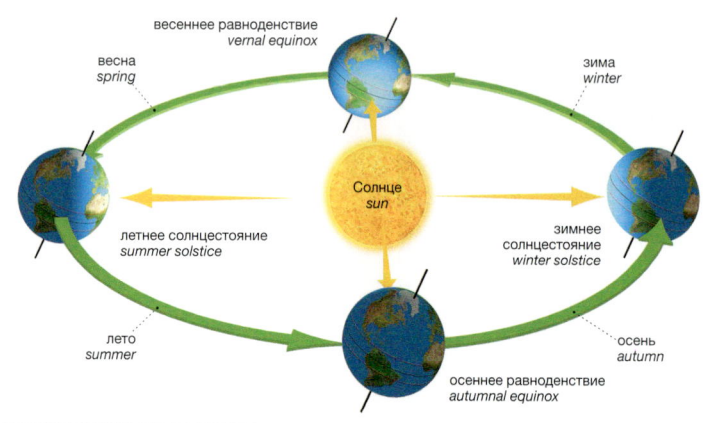

- весеннее равноденствие / *vernal equinox*
- весна / *spring*
- зима / *winter*
- Солнце / *sun*
- летнее солнцестояние / *summer solstice*
- зимнее солнцестояние / *winter solstice*
- лето / *summer*
- осень / *autumn*
- осеннее равноденствие / *autumnal equinox*

## метеорологическая карта
*weather map*

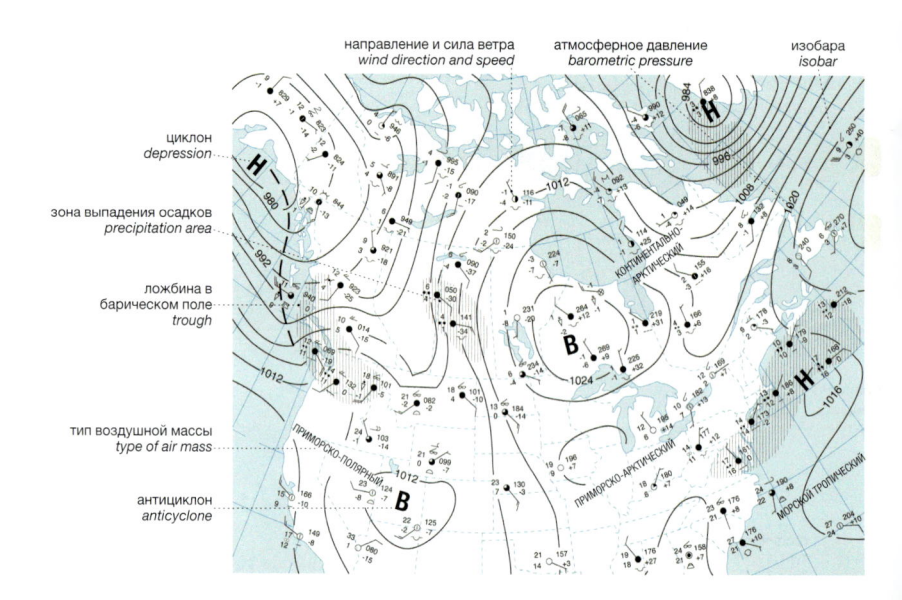

- направление и сила ветра / *wind direction and speed*
- атмосферное давление / *barometric pressure*
- изобара / *isobar*
- циклон / *depression*
- зона выпадения осадков / *precipitation area*
- ложбина в барическом поле / *trough*
- тип воздушной массы / *type of air mass*
- антициклон / *anticyclone*

ПРИМОРСКО-ПОЛЯРНЫЙ
КОНТИНЕНТАЛЬНО-АРКТИЧЕСКИЙ
ПРИМОРСКО-АРКТИЧЕСКИЙ
МОРСКОЙ ТРОПИЧЕСКИЙ

**метеорология** | meteorology

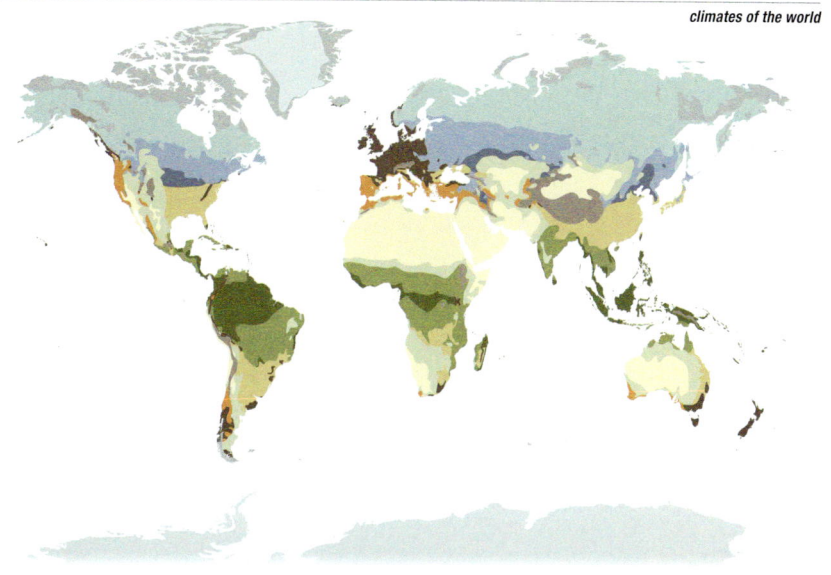

# климат
## climates of the world

ЗЕМЛЯ

**тропический климат**
*tropical climates*

- тропический влажный
  *tropical rain forest*

- тропический влажный и сухой (саванна)
  *tropical wet-and-dry (savannah)*

**засушливый климат**
*dry climates*

- степной
  *steppe*

- тропический пустынный
  *desert*

**климат умеренно холодный**
*cold temperate climates*

- континентальный влажный, с жарким летом
  *humid continental - hot summer*

- континентальный влажный, с прохладным летом
  *humid continental - warm summer*

- субарктический
  *subarctic*

**полярный климат**
*polar climates*

- тундра
  *polar tundra*

- полярная шапка
  *polar ice cap*

**климат умеренно жаркий**
*warm temperate climates*

- субтропический влажный
  *humid subtropical*

- средиземноморский
  *Mediterranean subtropical*

- океанический
  *marine*

**горный климат**
*highland climates*

- горный климат
  *highland*

**метеорология** | meteorology

# облака

*clouds*

**высотные облака**
*high clouds*

перисто-слоистые облака
*cirrostratus*

перисто-кучевые облака
*cirrocumulus*

перистые облака
*cirrus*

**облака средней высоты**
*middle clouds*

высокослоистые облака
*altostratus*

высококучевые облака
*altocumulus*

**низкие облака**
*low clouds*

слоисто-кучевые облака
*stratocumulus*

слоисто-дождевые облака
*nimbostratus*

слоистые облака
*stratus*

**облака вертикального развития**
*clouds with vertical development*

кучевые облака
*cumulus*

кучево-дождевые облака
*cumulonimbus*

метеорология | meteorology

## торнадо и водяной смерч
### tornado and waterspout

облачная завеса
*wall cloud*

облачный рукав
*funnel cloud*

смерчевая воронка
*debris*

**водяной смерч**
*waterspout*

**торнадо**
*tornado*

## тропический циклон
### tropical cyclone

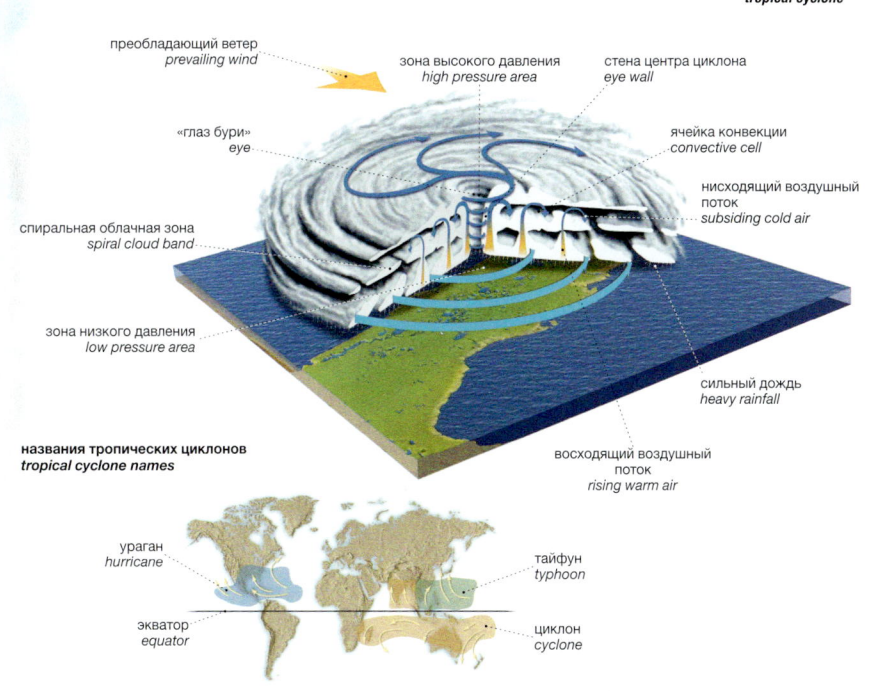

преобладающий ветер
*prevailing wind*

зона высокого давления
*high pressure area*

стена центра циклона
*eye wall*

«глаз бури»
*eye*

ячейка конвекции
*convective cell*

нисходящий воздушный поток
*subsiding cold air*

спиральная облачная зона
*spiral cloud band*

зона низкого давления
*low pressure area*

сильный дождь
*heavy rainfall*

**названия тропических циклонов**
*tropical cyclone names*

восходящий воздушный поток
*rising warm air*

ураган
*hurricane*

тайфун
*typhoon*

экватор
*equator*

циклон
*cyclone*

ЗЕМЛЯ

**метеорология** | meteorology

# осадки

*precipitation*

**виды зимних осадков**
*winter precipitation forms*

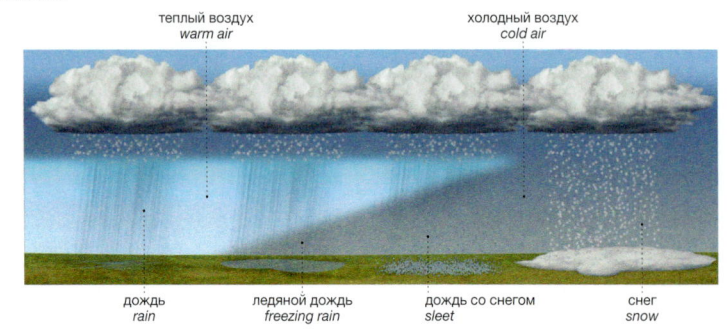

теплый воздух
*warm air*

холодный воздух
*cold air*

дождь
*rain*

ледяной дождь
*freezing rain*

дождь со снегом
*sleet*

снег
*snow*

**грозовое небо**
*stormy sky*

туча (грозовое облако)
*cloud*

молния
*lightning*

радуга
*rainbow*

дождь
*rain*

роса
*dew*

дымка
*mist*

туман
*fog*

иней
*rime*

гололёд (обледенение)
*glazed frost*

окружающая среда | environment

## распределение растительности
*vegetation regions*

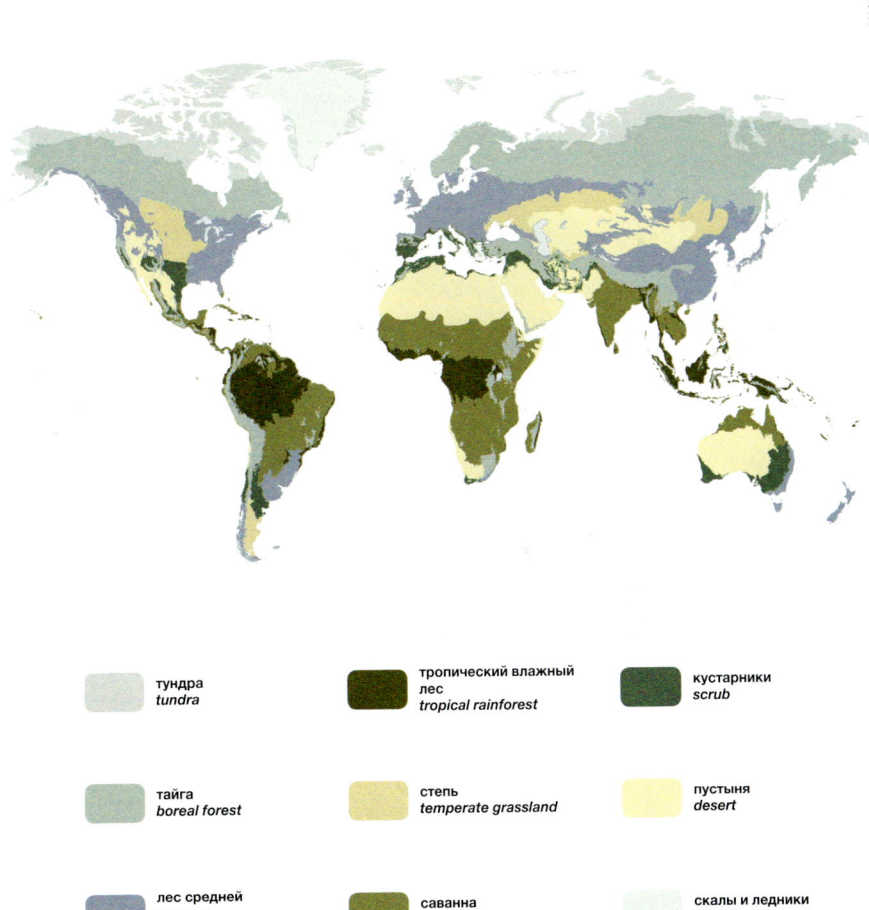

ЗЕМЛЯ

тундра
*tundra*

тропический влажный лес
*tropical rainforest*

кустарники
*scrub*

тайга
*boreal forest*

степь
*temperate grassland*

пустыня
*desert*

лес средней полосы
*temperate forest*

саванна
*savannah*

скалы и ледники
*rock and ice*

## пищевая цепь
*food chain*

**экологическая пирамида**
*ecological pyramid*

- плотоядные / carnivores
- консументы третьего порядка / tertiary consumers
- гетеротрофы / heterotrophs
- плотоядные / carnivores
- консументы второго порядка / secondary consumers
- травоядные / herbivores
- консументы первого порядка / primary consumers
- автотрофы / autotrophs
- редуценты / decomposers
- основной источник питания / basic food source
- неорганические вещества / inorganic matter

**пример пищевой цепи**
*example of food chain*

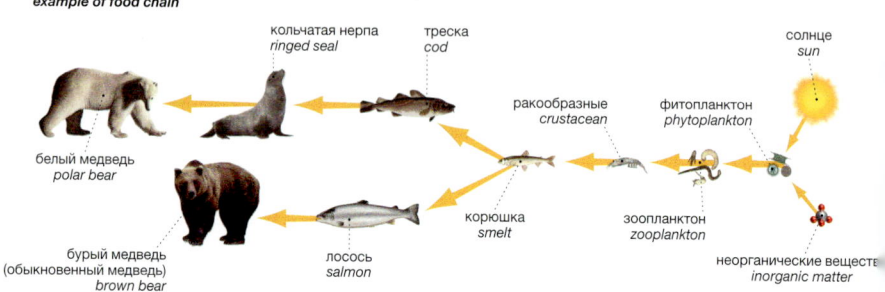

- белый медведь / polar bear
- кольчатая нерпа / ringed seal
- треска / cod
- ракообразные / crustacean
- фитопланктон / phytoplankton
- солнце / sun
- бурый медведь (обыкновенный медведь) / brown bear
- лосось / salmon
- корюшка / smelt
- зоопланктон / zooplankton
- неорганические вещества / inorganic matter

## структура биосферы
*structure of the biosphere*

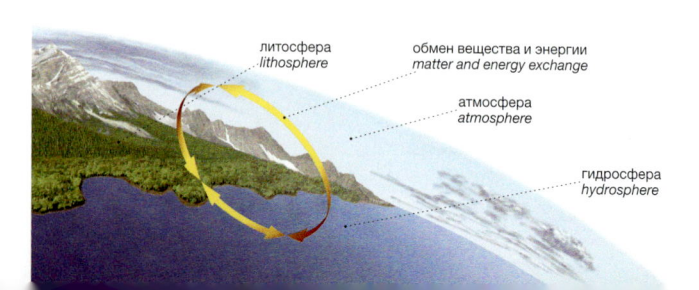

- литосфера / lithosphere
- обмен вещества и энергии / matter and energy exchange
- атмосфера / atmosphere
- гидросфера / hydrosphere

окружающая среда | environment

## круговорот воды
*hydrologic cycle*

- воздействие ветра — *action of wind*
- осадки — *precipitation*
- поверхностный сток — *surface run-off*
- осадки — *precipitation*
- лед — *ice*
- конденсация — *condensation*
- испарение — *evaporation*
- солнечное излучение — *solar radiation*
- испарение — *evaporation*
- океан — *ocean*
- подземные течения — *underground flow*
- инфильтрация (просачивание) — *infiltration*
- транспирация (испарение) — *transpiration*

## углеродно-кислородный цикл
*carbon-oxygen cycle*

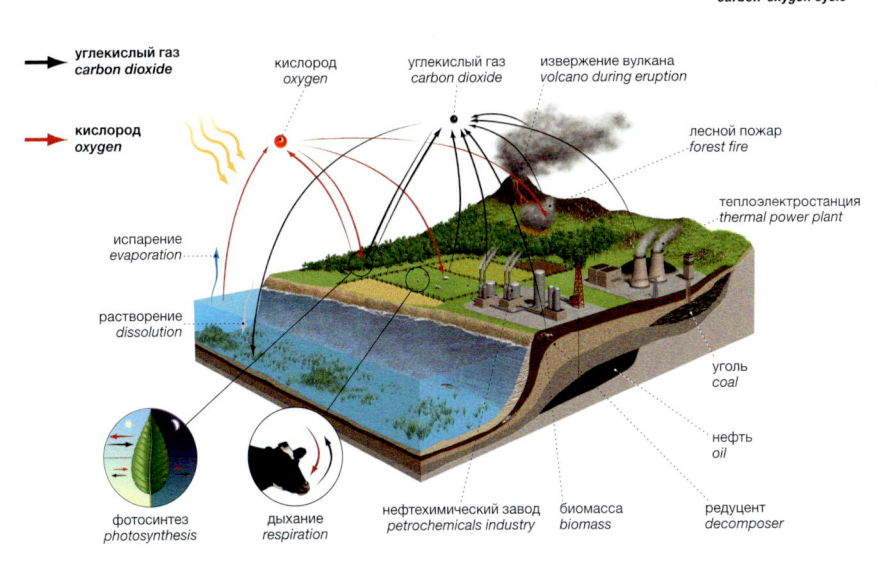

- **углекислый газ** — *carbon dioxide*
- **кислород** — *oxygen*
- кислород — *oxygen*
- углекислый газ — *carbon dioxide*
- извержение вулкана — *volcano during eruption*
- лесной пожар — *forest fire*
- теплоэлектростанция — *thermal power plant*
- испарение — *evaporation*
- растворение — *dissolution*
- уголь — *coal*
- нефть — *oil*
- фотосинтез — *photosynthesis*
- дыхание — *respiration*
- нефтехимический завод — *petrochemicals industry*
- биомасса — *biomass*
- редуцент — *decomposer*

ЗЕМЛЯ

## естественный парниковый эффект

*natural greenhouse effect*

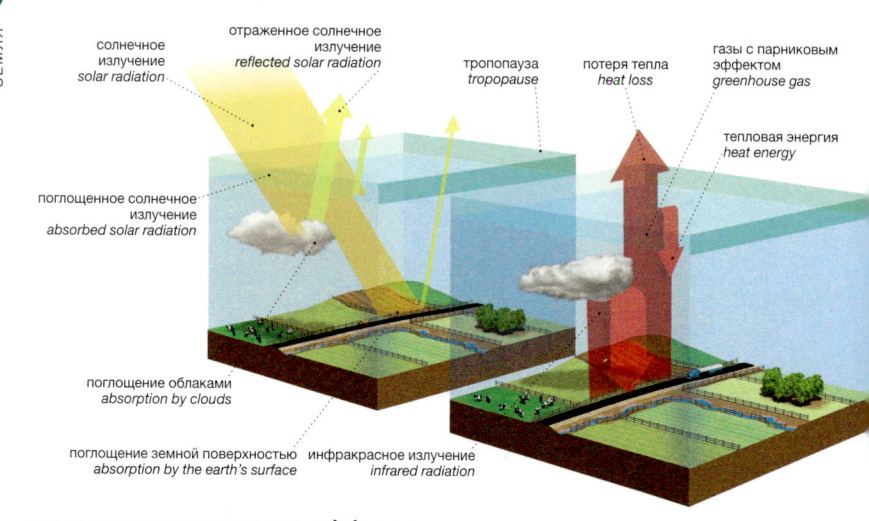

- солнечное излучение / *solar radiation*
- отраженное солнечное излучение / *reflected solar radiation*
- тропопауза / *tropopause*
- потеря тепла / *heat loss*
- газы с парниковым эффектом / *greenhouse gas*
- поглощенное солнечное излучение / *absorbed solar radiation*
- тепловая энергия / *heat energy*
- поглощение облаками / *absorption by clouds*
- поглощение земной поверхностью / *absorption by the earth's surface*
- инфракрасное излучение / *infrared radiation*

## нарастание парникового эффекта

*enhanced greenhouse effect*

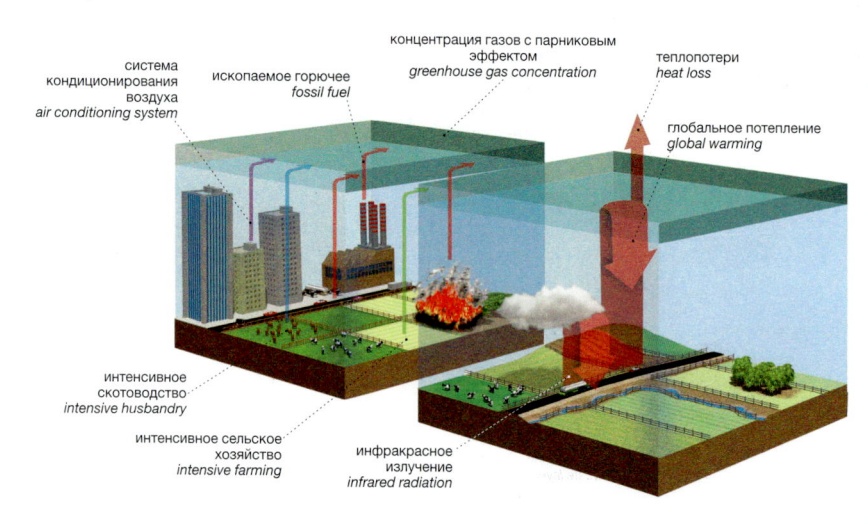

- система кондиционирования воздуха / *air conditioning system*
- ископаемое горючее / *fossil fuel*
- концентрация газов с парниковым эффектом / *greenhouse gas concentration*
- теплопотери / *heat loss*
- глобальное потепление / *global warming*
- интенсивное скотоводство / *intensive husbandry*
- интенсивное сельское хозяйство / *intensive farming*
- инфракрасное излучение / *infrared radiation*

окружающая среда | environment

53

ЗЕМЛЯ

## загрязнение воздуха
*air pollution*

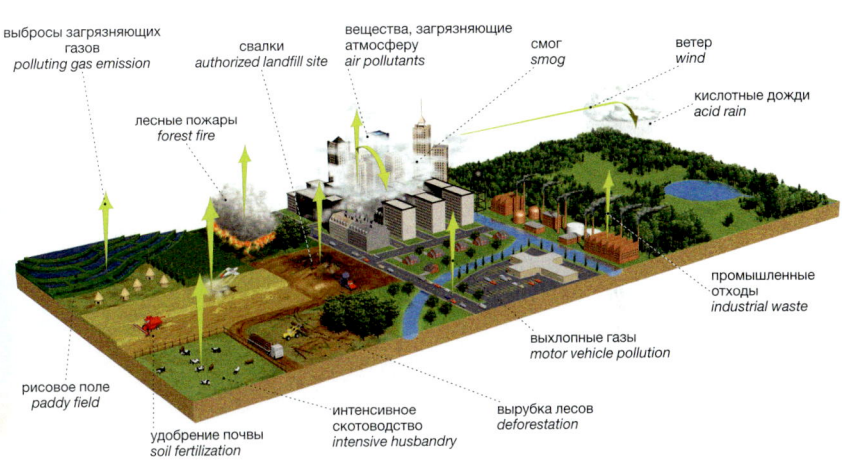

- выбросы загрязняющих газов / *polluting gas emission*
- лесные пожары / *forest fire*
- свалки / *authorized landfill site*
- вещества, загрязняющие атмосферу / *air pollutants*
- смог / *smog*
- ветер / *wind*
- кислотные дожди / *acid rain*
- промышленные отходы / *industrial waste*
- выхлопные газы / *motor vehicle pollution*
- рисовое поле / *paddy field*
- удобрение почвы / *soil fertilization*
- интенсивное скотоводство / *intensive husbandry*
- вырубка лесов / *deforestation*

## загрязнение почвы
*land pollution*

- бытовое загрязнение / *domestic pollution*
- промышленное загрязнение / *industrial pollution*
- неразлагаемые загрязняющие вещества / *non-biodegradable pollutants*
- сельскохозяйственное загрязнение / *agricultural pollution*
- интенсивное скотоводство / *intensive husbandry*
- промышленные отходы / *industrial waste*
- бытовые отходы / *household waste*
- свалка / *authorized landfill site*
- слои мусора / *waste layers*
- инфильтрация / *intrusive filtration*
- фунгицид / *fungicide*
- пестициды / *pesticide*
- гербициды / *herbicide*
- внесение удобрений / *fertilizer application*

## загрязнение воды
*water pollution*

- ядерные отходы / *nuclear waste*
- промышленные отходы / *industrial waste*
- интенсивное сельское хозяйство / *intensive farming*
- загрязнение нефтью / *oil pollution*
- сточные воды / *wastewater*
- бытовые отходы / *household waste*
- горизонт грунтовых вод / *water table*
- канализация / *septic tank*
- пестициды / *pesticide*
- утечка углеводородов / *oil spill*
- навоз / *animal dung*

## кислотные дожди
*acid rain*

- вода облаков / *cloudwater*
- утечка азотной кислоты / *nitric acid emission*
- атмосфера / *atmosphere*
- ветер / *wind*
- кислотные дожди / *acid rain*
- утечка серной кислоты / *sulphuric acid emission*
- кислотный снег / *acid snow*
- утечка окиси азота / *nitrogen oxide emission*
- утечка двуокиси серы / *sulphur dioxide emission*
- ископаемое горючее / *fossil fuel*
- река / *watercourse*
- выщелачивание почвы / *leaching*
- почва / *soil*
- горизонт грунтовых вод / *water table*
- закисление озёр / *lake acidification*

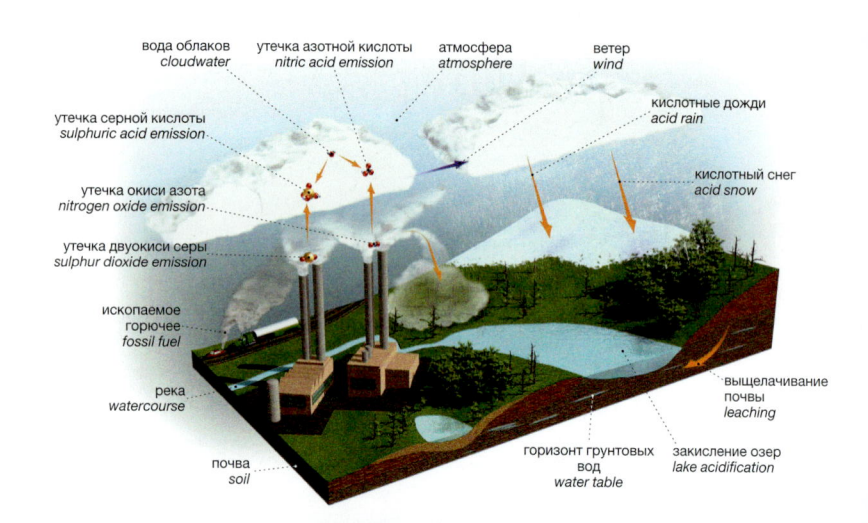

окружающая среда | environment

# сортировка мусора
## selective sorting of waste

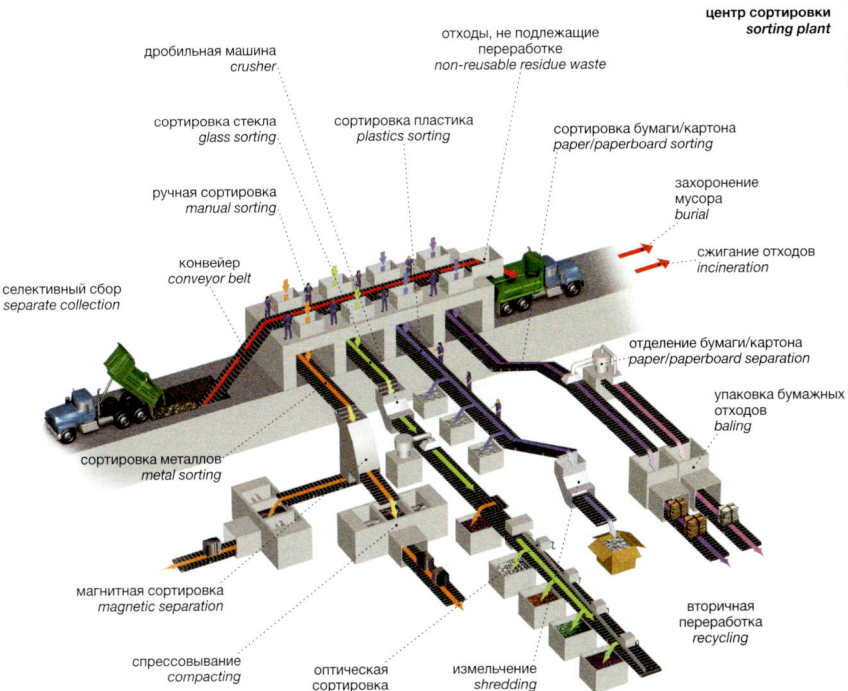

**центр сортировки**
*sorting plant*

ЗЕМЛЯ

- дробильная машина / *crusher*
- отходы, не подлежащие переработке / *non-reusable residue waste*
- сортировка стекла / *glass sorting*
- сортировка пластика / *plastics sorting*
- сортировка бумаги/картона / *paper/paperboard sorting*
- ручная сортировка / *manual sorting*
- захоронение мусора / *burial*
- конвейер / *conveyor belt*
- сжигание отходов / *incineration*
- селективный сбор / *separate collection*
- отделение бумаги/картона / *paper/paperboard separation*
- упаковка бумажных отходов / *baling*
- сортировка металлов / *metal sorting*
- магнитная сортировка / *magnetic separation*
- вторичная переработка / *recycling*
- спрессовывание / *compacting*
- оптическая сортировка / *optical sorting*
- измельчение / *shredding*

**контейнеры для селективного сбора мусора**
*recycling containers*

- контейнер для бумаги / *paper recycling container*
- контейнер для стекла / *glass recycling container*
- контейнер для металлических банок / *aluminium recycling container*
- коллектор для бумаги / *paper collection unit*
- ящик для вторсырья / *recycling bin*
- коллектор для стекла / *glass collection unit*

## растительная клетка
*plant cell*

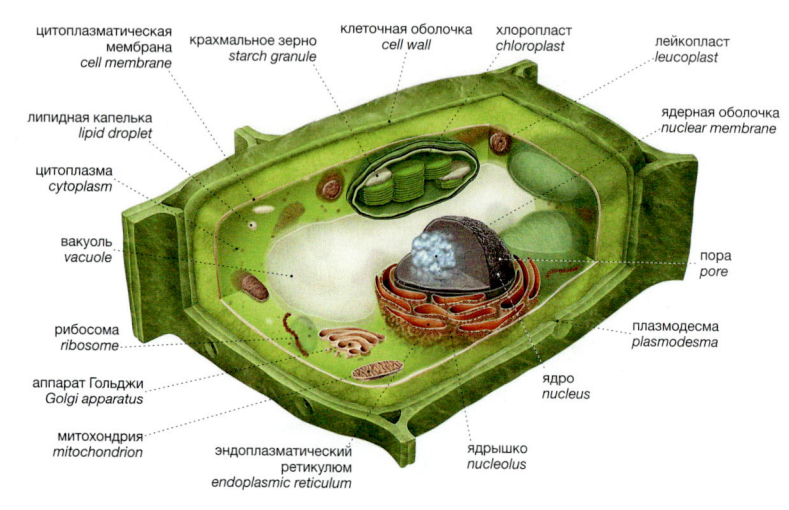

- цитоплазматическая мембрана / *cell membrane*
- крахмальное зерно / *starch granule*
- клеточная оболочка / *cell wall*
- хлоропласт / *chloroplast*
- лейкопласт / *leucoplast*
- липидная капелька / *lipid droplet*
- ядерная оболочка / *nuclear membrane*
- цитоплазма / *cytoplasm*
- вакуоль / *vacuole*
- пора / *pore*
- рибосома / *ribosome*
- плазмодесма / *plasmodesma*
- аппарат Гольджи / *Golgi apparatus*
- митохондрия / *mitochondrion*
- эндоплазматический ретикулум / *endoplasmic reticulum*
- ядрышко / *nucleolus*
- ядро / *nucleus*

## фотосинтез
*photosynthesis*

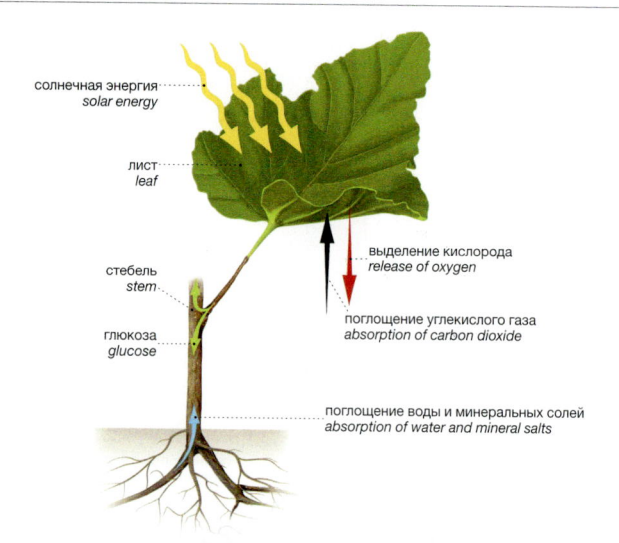

- солнечная энергия / *solar energy*
- лист / *leaf*
- стебель / *stem*
- глюкоза / *glucose*
- выделение кислорода / *release of oxygen*
- поглощение углекислого газа / *absorption of carbon dioxide*
- поглощение воды и минеральных солей / *absorption of water and mineral salts*

**жизнь растений | plant life**

# репродуктивный цикл
*reproductive cycle*

- пыльник / *anther*
- цветок / *flower*
- пыльник / *anther*
- пыльцевое зерно / *pollen grain*
- опыление / *pollination*
- рыльце / *stigma*
- пыльцевая трубка / *pollen tube*
- пестик / *pistil*
- семяпочка / *ovule*
- завязь / *ovary*
- оплодотворение / *fertilization*
- зародышевый мешок / *embryo sac*
- семя / *seed*
- прорастание / *germination*
- новое растение / *new plant*

РАСТЕНИЯ

## рост растения

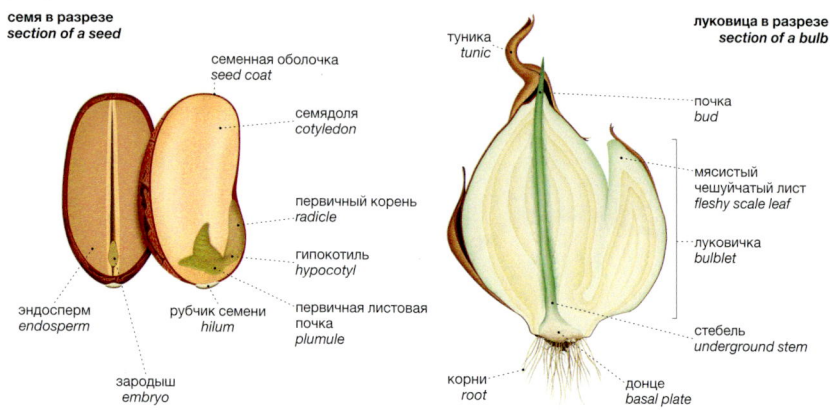

*plant growth*

**семя в разрезе**
*section of a seed*

- семенная оболочка / seed coat
- семядоля / cotyledon
- первичный корень / radicle
- гипокотиль / hypocotyl
- первичная листовая почка / plumule
- рубчик семени / hilum
- эндосперм / endosperm
- зародыш / embryo

**луковица в разрезе**
*section of a bulb*

- туника / tunic
- почка / bud
- мясистый чешуйчатый лист / fleshy scale leaf
- луковичка / bulblet
- стебель / underground stem
- корни / root
- донце / basal plate

## грибы

*mushroom*

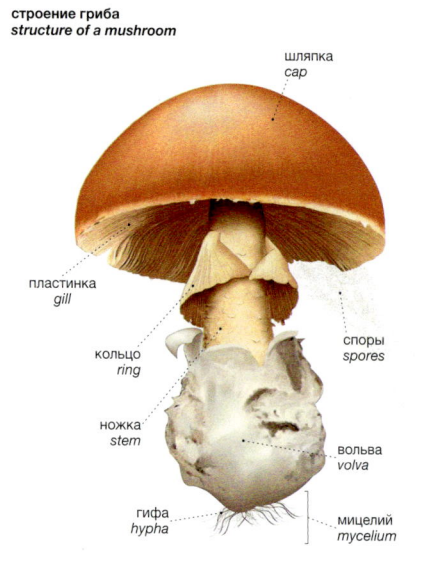

**строение гриба**
*structure of a mushroom*

- шляпка / cap
- пластинка / gill
- кольцо / ring
- ножка / stem
- гифа / hypha
- споры / spores
- вольва / volva
- мицелий / mycelium

**виды ядовитых грибов**
*examples of poisonous mushrooms*

- мухомор красный / fly agaric
- сатанинский гриб / Satan's mushroom

**виды смертельно ядовитых грибов**
*examples of deadly poisonous mushrooms*

- мухомор вонючий / destroying angel
- лепиота / star dapperling

простые растения | simple plants

## водоросли
*alga*

**структура водорослей**
*structure of an alga*

- ложе / *receptacle*
- таллом / *thallus*
- воздушная циста / *aerocyst*
- медиальная жилка / *midrib*

**виды водорослей**
*examples of algae*

- вайя / *lamina*
- прицепка / *hapteron*
- **красная водоросль** / *red alga*
- **зеленая водоросль** / *green alga*
- **бурая водоросль** / *brown alga*

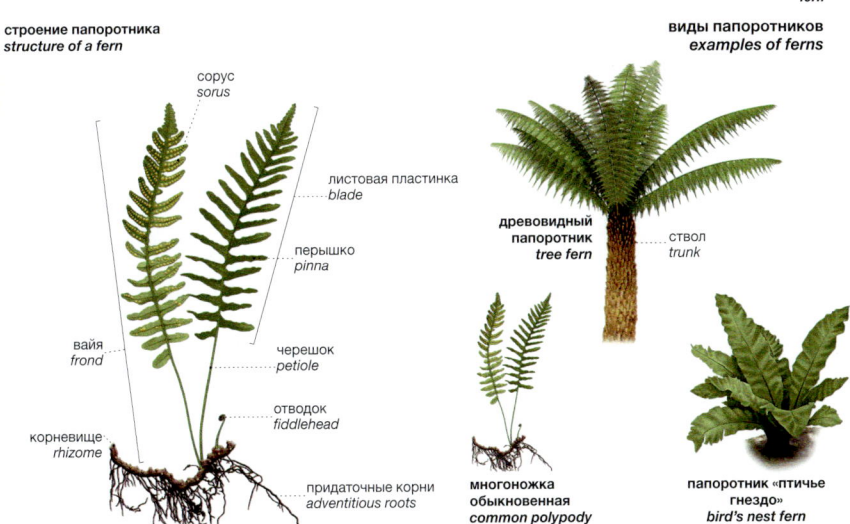

РАСТЕНИЯ

## папоротник
*fern*

**строение папоротника**
*structure of a fern*

- сорус / *sorus*
- листовая пластинка / *blade*
- перышко / *pinna*
- черешок / *petiole*
- вайя / *frond*
- отводок / *fiddlehead*
- корневище / *rhizome*
- придаточные корни / *adventitious roots*

**виды папоротников**
*examples of ferns*

- **древовидный папоротник** / *tree fern*
- ствол / *trunk*
- **многоножка обыкновенная** / *common polypody*
- **папоротник «птичье гнездо»** / *bird's nest fern*

## лишайник

*lichen*

**структура лишайника**
*structure of a lichen*

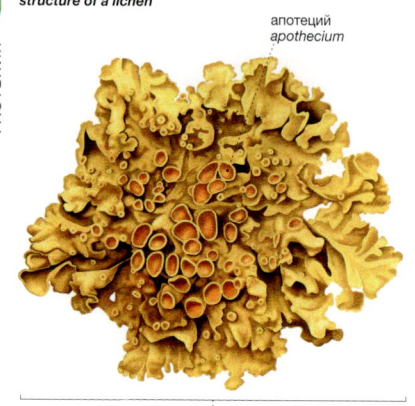

апотеций
*apothecium*

таллом
*thallus*

**виды лишайников**
*examples of lichens*

**накипной лишайник**
*crustose lichen*

**листоватый лишайник**
*foliose lichen*

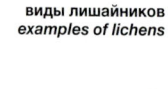

**кустистый лишайник**
*fruticose lichen*

## мох

*moss*

**структура мха**
*structure of a moss*

стебелек
*stalk*

коробочка
*capsule*

лист
*leaf*

стебель
*stem*

ризоид
*rhizoid*

**виды мхов**
*examples of mosses*

**сфагнум**
*sphagnum*

**кукушкин лён**
*common hair cap moss*

**растение | plant**

## части растения
*parts of a plant*

**строение растения**
*structure of a plant*

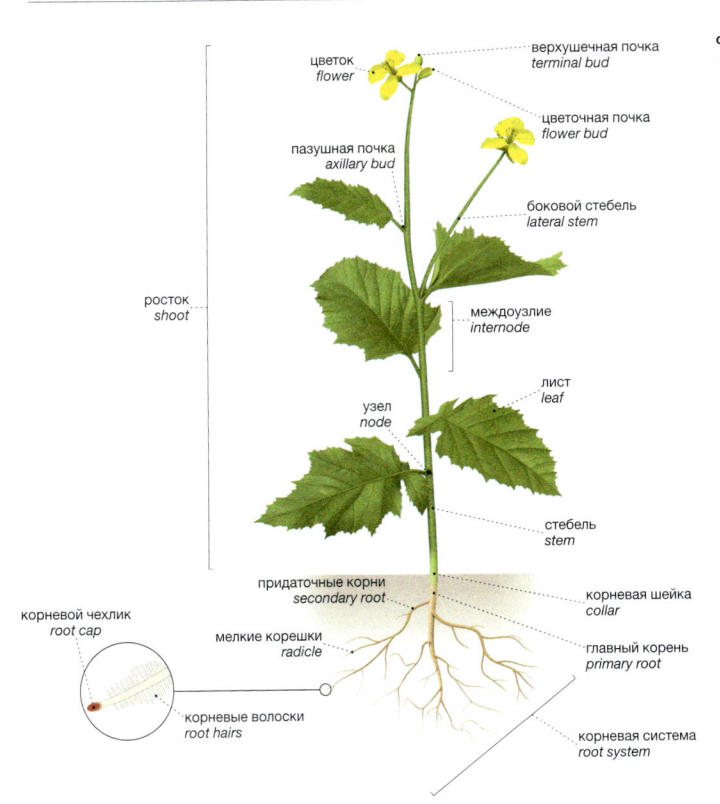

- цветок / *flower*
- верхушечная почка / *terminal bud*
- цветочная почка / *flower bud*
- пазушная почка / *axillary bud*
- боковой стебель / *lateral stem*
- росток / *shoot*
- междоузлие / *internode*
- лист / *leaf*
- узел / *node*
- стебель / *stem*
- придаточные корни / *secondary root*
- корневая шейка / *collar*
- корневой чехлик / *root cap*
- мелкие корешки / *radicle*
- главный корень / *primary root*
- корневые волоски / *root hairs*
- корневая система / *root system*

**виды стеблей**
*examples of stems*

- корневище / *rhizome*
- столон / *stolon*

- усики / *claspers*

**виды корней**
*examples of roots*

- опорные корни / *buttress roots*

**растение** | plant

# ЛИСТ
*leaf*

**простой лист**
*simple leaves*

сердцевидный
*cordate*

почковидный
*reniform*

округлый
*orbiculate*

лопатообразный
*spatulate*

линейный
*linear*

копьевидный
*hastate*

яйцеобразный
*ovate*

ланцетовидный
*lanceolate*

щитовидный
*peltate*

**строение листа**
*structure of a leaf*

острие
*tip*

боковая прожилка
*vein*

край
*margin*

листовая пластинка
*blade*

главная прожилка
*midrib*

черешок
*petiole*

прилистник
*stipule*

влагалище
*sheath*

место прикрепления
*leaf axil*

**сложный лист**
*compound leaves*

тройчатосложный
*trifoliate*

пальчатый
*palmate*

перистый
*pinnatifid*

парноперистый
*paripinnate*

непарноперистый
*odd pinnate*

**края листа**
*leaf margins*

зубчатый
*serrate*

двойной зубчатый
*doubly toothed*

округлозубчатый
*crenate*

реснитчатый
*ciliate*

целостный
*entire*

лопастный
*lobate*

растение | plant

# ПЛОДЫ
*fruit*

**виды сухих плодов**
*examples of dry fruits*

**стручок в разрезе (горчица)**
*section of a silique (mustard)*
- вальва / *valve*
- семя / *seed*
- столбик / *style*
- медиальная мембрана / *septum*

**коробочка в разрезе (мак)**
*section of a capsule (poppy)*
- пора / *pore*
- семя / *seed*

**боб в разрезе (горох)**
*section of a legume (pea)*
- чашечка / *calyx*
- горох / *pea*
- главная прожилка / *midrib*
- створка / *hull*
- семяножка / *funiculus*
- шов / *suture*
- столбик / *style*

**листовка в разрезе (бадьян)**
*section of a follicle (star anise)*
- семя / *seed*
- листовка / *follicle*
- шов / *suture*

**лесной орех в разрезе**
*section of a hazelnut*
- плюска / *cupule*
- семя / *seed*
- кроющий лист / *bract*
- перикарпий / *pericarp*
- рыльце / *stigma*

**грецкий орех в разрезе**
*section of a walnut*
- скорлупа / *shell*
- косточка / *green walnut*
- перепонка / *partition*

РАСТЕНИЯ

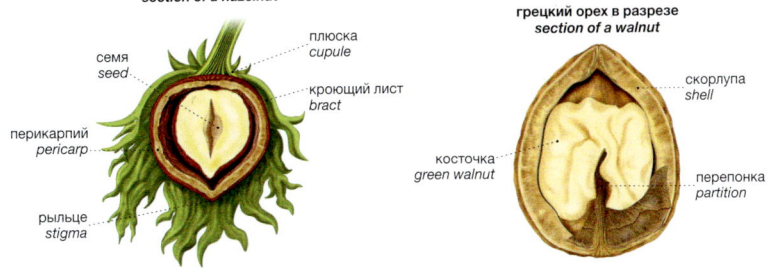

## растение | plant

### плоды

**плоды: ягода**
*fleshy fruit: berry fruit*

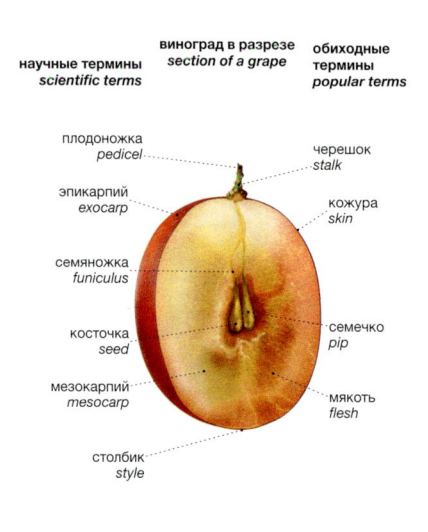

**малина в разрезе**
*section of a raspberry*

- плодоножка / *peduncle*
- чашелистик / *sepal*
- косточка / *seed*
- цветоложе / *receptacle*
- костяночка / *drupelet*

**виноград в разрезе**
*section of a grape*

научные термины / *scientific terms*
обиходные термины / *popular terms*

- плодоножка / *pedicel*
- черешок / *stalk*
- эпикарпий / *exocarp*
- кожура / *skin*
- семяножка / *funiculus*
- косточка / *seed*
- семечко / *pip*
- мезокарпий / *mesocarp*
- мякоть / *flesh*
- столбик / *style*

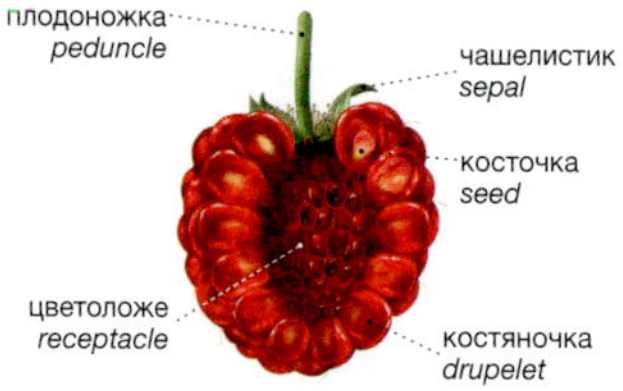

**клубника в разрезе**
*section of a strawberry*

- плодоножка / *peduncle*
- чашечка / *calyx*
- подчашие / *epicalyx*
- семянка / *achene*
- цветоложе / *receptacle*
- мякоть / *flesh*

**плоды: цитрусовые**
*fleshy fruit: citrus fruit*

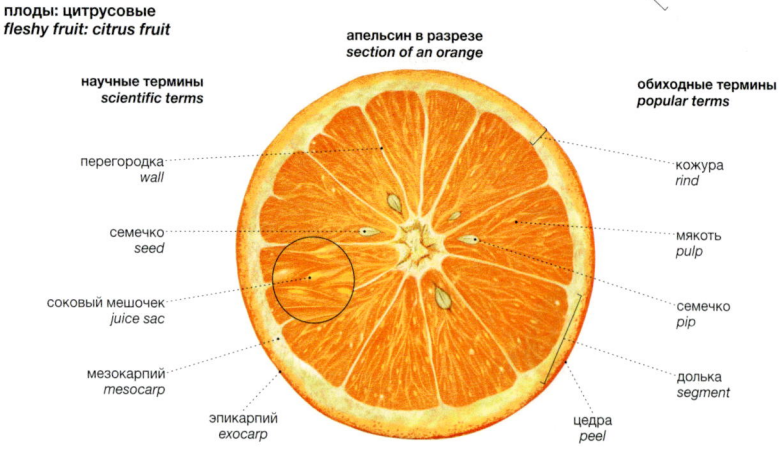

**апельсин в разрезе**
*section of an orange*

научные термины / *scientific terms*
обиходные термины / *popular terms*

- перегородка / *wall*
- кожура / *rind*
- семечко / *seed*
- мякоть / *pulp*
- соковый мешочек / *juice sac*
- семечко / *pip*
- мезокарпий / *mesocarp*
- долька / *segment*
- эпикарпий / *exocarp*
- цедра / *peel*

растение | plant

## плоды

### плоды: семечковые
### *fleshy pome fruit*

**яблоко в разрезе**
*section of an apple*

научные термины
*scientific terms*

- плодоножка / *peduncle*
- камера / *loculus*
- мезокарпий / *mesocarp*
- семя / *seed*
- эндокарпий / *endocarp*
- эпикарпий / *exocarp*

столбик / *style*

тычинки / *stamen*   чашелистик / *sepal*

обиходные термины
*popular terms*

- черешок / *stalk*
- кожура / *skin*
- семечко / *pip*
- мякоть / *flesh*
- сердцевина / *core*

РАСТЕНИЯ

### плоды: косточковые
### *fleshy stone fruit*

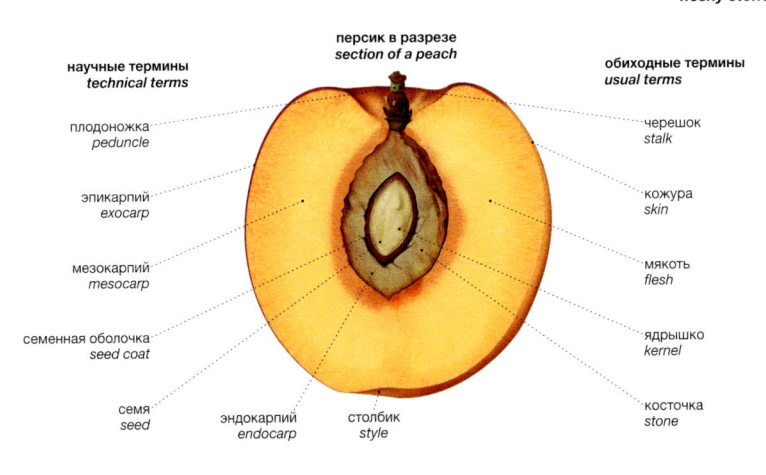

**персик в разрезе**
*section of a peach*

научные термины
*technical terms*

- плодоножка / *peduncle*
- эпикарпий / *exocarp*
- мезокарпий / *mesocarp*
- семенная оболочка / *seed coat*
- семя / *seed*
- эндокарпий / *endocarp*

столбик / *style*

обиходные термины
*usual terms*

- черешок / *stalk*
- кожура / *skin*
- мякоть / *flesh*
- ядрышко / *kernel*
- косточка / *stone*

65

# цветок
*flower*

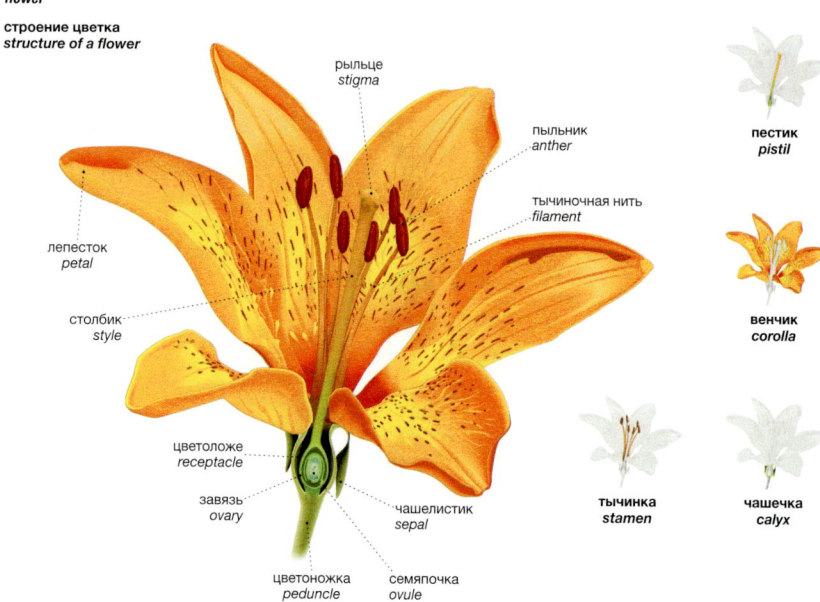

**строение цветка**
*structure of a flower*

- рыльце / *stigma*
- пыльник / *anther*
- тычиночная нить / *filament*
- лепесток / *petal*
- столбик / *style*
- цветоложе / *receptacle*
- завязь / *ovary*
- чашелистик / *sepal*
- цветоножка / *peduncle*
- семяпочка / *ovule*

**пестик** / *pistil*

**венчик** / *corolla*

**тычинка** / *stamen*

**чашечка** / *calyx*

**типы соцветий**
*types of inflorescence*

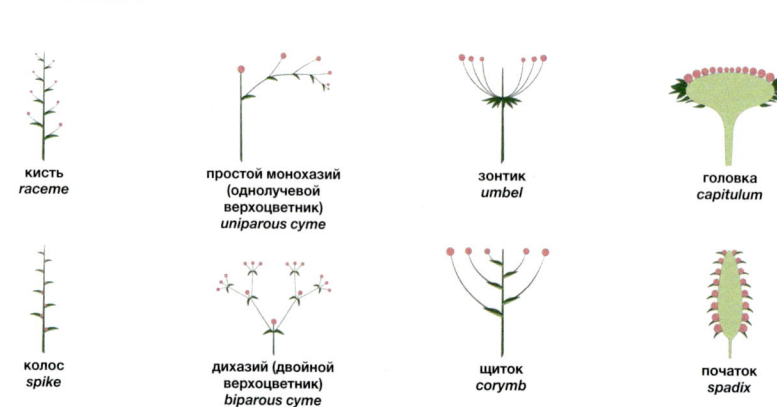

- кисть / *raceme*
- простой монохазий (одинлучевой верхоцветник) / *uniparous cyme*
- зонтик / *umbel*
- головка / *capitulum*
- колос / *spike*
- дихазий (двойной верхоцветник) / *biparous cyme*
- щиток / *corymb*
- початок / *spadix*

растение | plant

## цветок

виды цветов
*examples of flowers*

| | | | | |
|---|---|---|---|---|
| тюльпан *tulip* | ландыш *lily of the valley* | гвоздика *carnation* | роза *rose* | орхидея *orchid* |
| бегония *begonia* | лилия *lily* | фиалка *violet* | крокус *crocus* | нарцисс *daffodil* |
| мак-самосейка *poppy* | чертополох *thistle* | фиалка *pansy* | лютик *buttercup* | ромашка *daisy* |
| примула *primrose* | герань *geranium* | одуванчик *dandelion* | подсолнух *sunflower* | |

РАСТЕНИЯ

# дерево
*tree*

**строение дерева**
*structure of a tree*

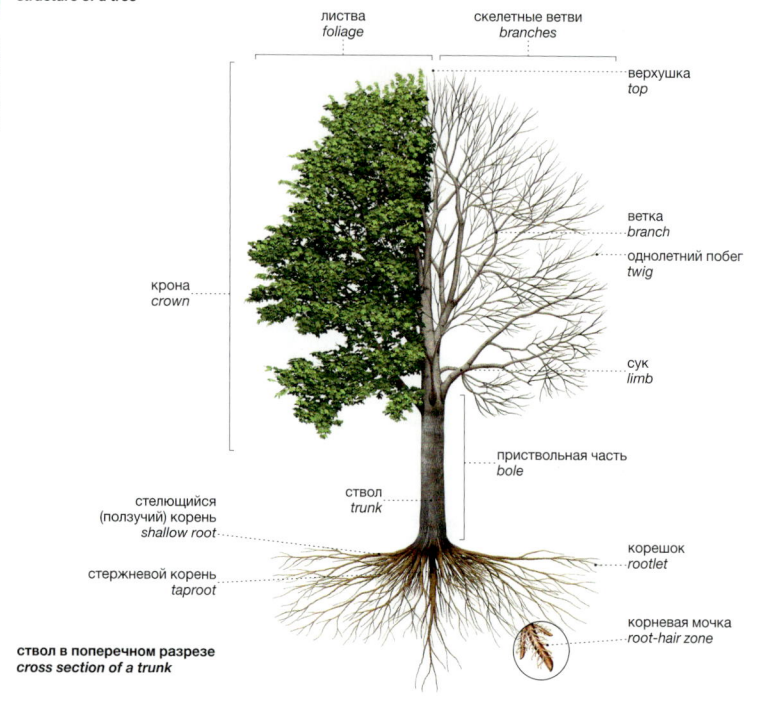

- листва — *foliage*
- скелетные ветви — *branches*
- верхушка — *top*
- ветка — *branch*
- однолетний побег — *twig*
- крона — *crown*
- сук — *limb*
- приствольная часть — *bole*
- ствол — *trunk*
- стелющийся (ползучий) корень — *shallow root*
- стержневой корень — *taproot*
- корешок — *rootlet*
- корневая мочка — *root-hair zone*

**ствол в поперечном разрезе**
*cross section of a trunk*

- сердцевинный луч — *medullary ray*
- годовое кольцо — *annual ring*
- камбий — *cambium*
- флоэма — *phloem*
- заболонь — *sapwood*
- сердцевина — *pith*
- ядровая древесина — *heartwood*
- кора — *bark*

**пень**
*stump*

- поросль — *shoot*

растение | plant

# дерево

**виды широколиственных деревьев**
*examples of broadleaved trees*

РАСТЕНИЯ

дуб
*oak*

береза
*birch*

плакучая ива
*weeping willow*

пирамидальный тополь
*poplar*

пальма
*palm tree*

клен
*maple*

бук
*beech*

грецкий орех
*walnut*

# растение | plant

## дерево

виды широколиственных деревьев

ясень
*ash tree*

липа
*linden*

вяз
*elm*

олива
*olive tree*

баобаб
*baobab*

# хвойные деревья
*conifer*

**способ размножения**
*reproduction mode*

ядрышки
*pine seed*

шишка
*cone*

**ветка**
*branch*

женская шишка
*female cone*

мужская шишка
*male cone*

**виды хвои**
*examples of leaves*

сосновые иголки
*pine needles*

иглы ели
*spruce needles*

еловые иголки
*fir needles*

плоские листики кипариса
*scale-like leaves of the cypress*

растение | plant

## хвойные деревья

**виды хвойных**
*examples of conifers*

пиния
*umbrella pine*

ливанский кедр
*cedar of Lebanon*

кипарис
*cypress*

РАСТЕНИЯ

секвойя
*redwood*

пихта
*spruce*

лиственница
*larch*

восточная белая
сосна
*Eastern white pine*

ель
*fir*

# зерновая промышленность
*grain industry*

**основные зерновые культуры**
*main grain plants*

гречиха
*buckwheat*

просо
*millet*

рожь
*rye*

ячмень
*barley*

пшеница
*wheat*

овёс
*oats*

сорго
*sorghum*

рис
*rice*

кукуруза
*sweet corn*

**пшеничное зерно в разрезе**
*section of a grain of wheat*

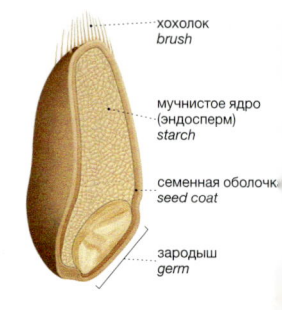

- хохолок / *brush*
- мучнистое ядро (эндосперм) / *starch*
- семенная оболочка / *seed coat*
- зародыш / *germ*

**кукуруза: початок**
*corn: cob*

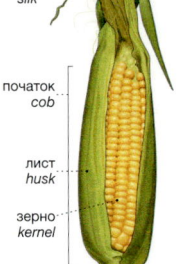

- ость / *silk*
- початок / *cob*
- лист / *husk*
- зерно / *kernel*

# текстильная промышленность
*textile industry*

**виды текстильных культур**
*examples of fibre plants*

конопля
*hemp*

хлопчатник
*cotton plant*

лён
*linen*

промышленное применение | industrial use

# бумажная промышленность
## *paper industry*

### производство бумаги
### *papermaking*

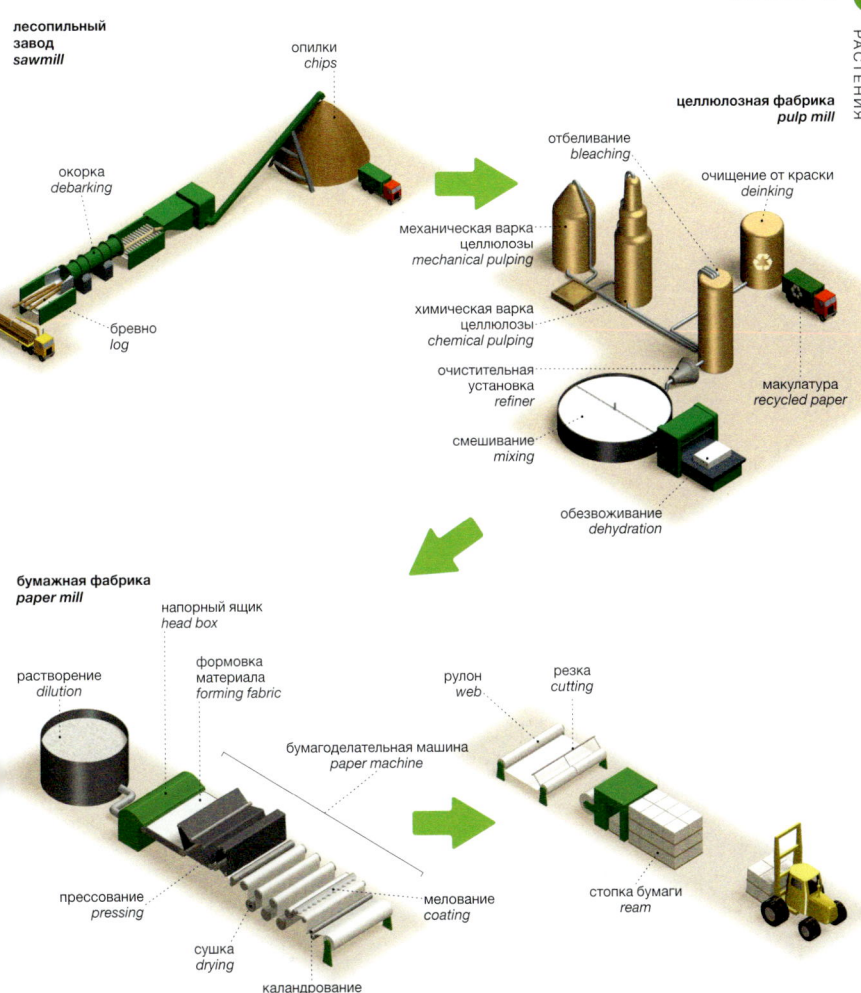

**лесопильный завод** / *sawmill*

опилки / *chips*

окорка / *debarking*

бревно / *log*

**целлюлозная фабрика** / *pulp mill*

отбеливание / *bleaching*

очищение от краски / *deinking*

механическая варка целлюлозы / *mechanical pulping*

химическая варка целлюлозы / *chemical pulping*

очистительная установка / *refiner*

макулатура / *recycled paper*

смешивание / *mixing*

обезвоживание / *dehydration*

**бумажная фабрика** / *paper mill*

напорный ящик / *head box*

формовка материала / *forming fabric*

растворение / *dilution*

рулон / *web*

резка / *cutting*

бумагоделательная машина / *paper machine*

прессование / *pressing*

сушка / *drying*

каландрование / *calendering*

мелование / *coating*

стопка бумаги / *ream*

РАСТЕНИЯ

# биологическая классификация
*biological classification*

**пример классификации: кошка**
*example of classification: cat*

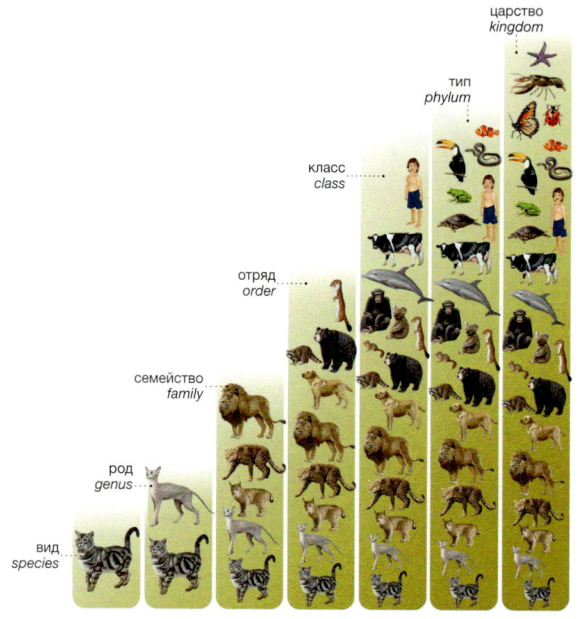

- царство / *kingdom*
- тип / *phylum*
- класс / *class*
- отряд / *order*
- семейство / *family*
- род / *genus*
- вид / *species*

# животная клетка
*animal cell*

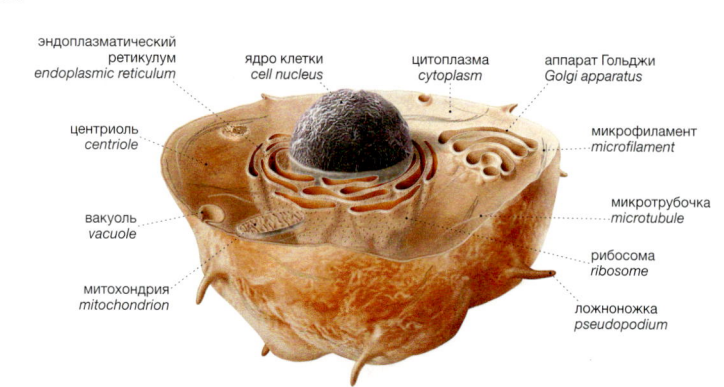

- эндоплазматический ретикулум / *endoplasmic reticulum*
- ядро клетки / *cell nucleus*
- цитоплазма / *cytoplasm*
- аппарат Гольджи / *Golgi apparatus*
- центриоль / *centriole*
- микрофиламент / *microfilament*
- вакуоль / *vacuole*
- микротрубочка / *microtubule*
- рибосома / *ribosome*
- митохондрия / *mitochondrion*
- ложноножка / *pseudopodium*

ЖИВОТНЫЕ

**беспозвоночные** | primitive animals

# виды беспозвоночных
## *examples of primitive animals*

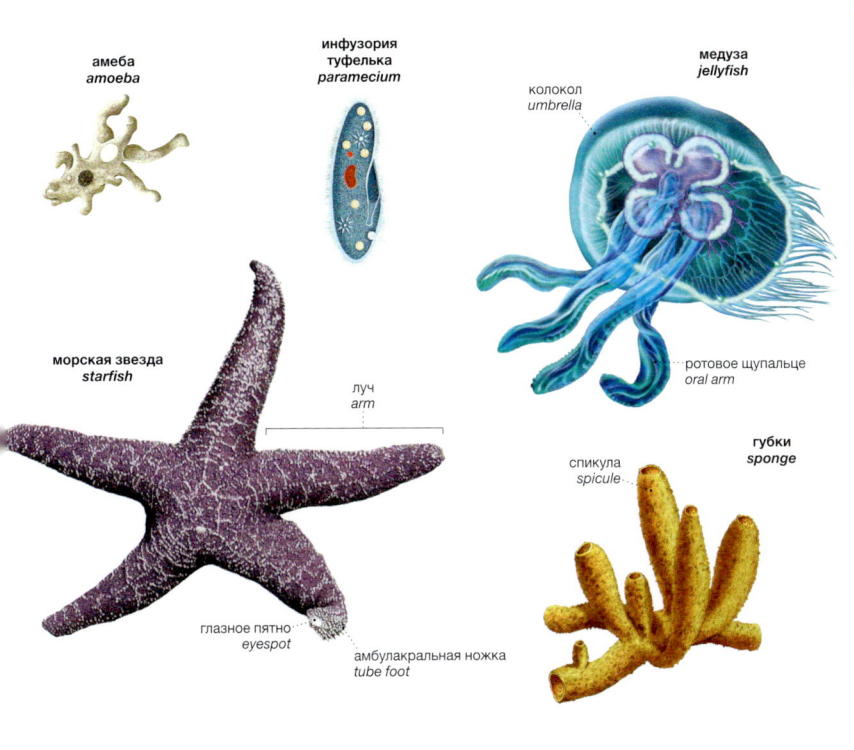

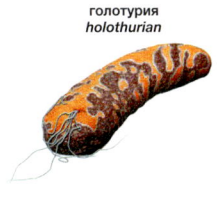

амеба
*amoeba*

инфузория туфелька
*paramecium*

медуза
*jellyfish*

колокол
*umbrella*

ротовое щупальце
*oral arm*

морская звезда
*starfish*

луч
*arm*

губки
*sponge*

спикула
*spicule*

глазное пятно
*eyespot*

амбулакральная ножка
*tube foot*

дождевой червь
*earthworm*

сороконожка
*centipede*

актиния
*anemone*

морской еж
*sea urchin*

голотурия
*holothurian*

ЖИВОТНЫЕ

# одностворчатая раковина

*univalve shell*

**строение одностворчатой раковины**
*morphology of a univalve shell*

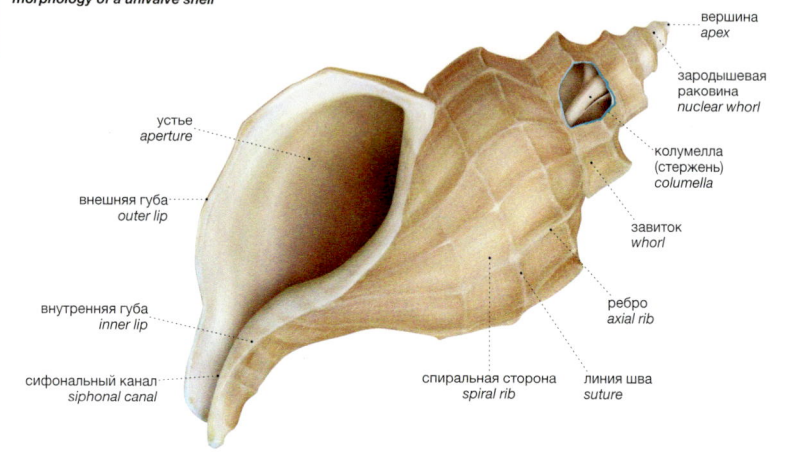

- вершина / *apex*
- зародышевая раковина / *nuclear whorl*
- устье / *aperture*
- колумелла (стержень) / *columella*
- внешняя губа / *outer lip*
- завиток / *whorl*
- ребро / *axial rib*
- внутренняя губа / *inner lip*
- спиральная сторона / *spiral rib*
- линия шва / *suture*
- сифональный канал / *siphonal canal*

# улитка

*snail*

**строение улитки**
*morphology of a snail*

- завиток раковины / *whorl*
- раковина / *shell*
- вершина / *apex*
- линия нарастания / *growth line*
- глаз / *eye*
- голова / *head*
- осязательное щупальце / *tentacle*
- нога / *foot*
- рот / *mouth*
- окулярное щупальце / *eyestalk*

**моллюски и ракообразные** | molluscs and crustaceans

## осьминог
*octopus*

**строение осьминога**
*morphology of an octopus*

- глаз — *eye*
- воронка — *siphon*
- щупальце — *tentacle*
- присоска — *sucker*
- мантия — *mantle*

## омар
*lobster*

**строение омара**
*morphology of a lobster*

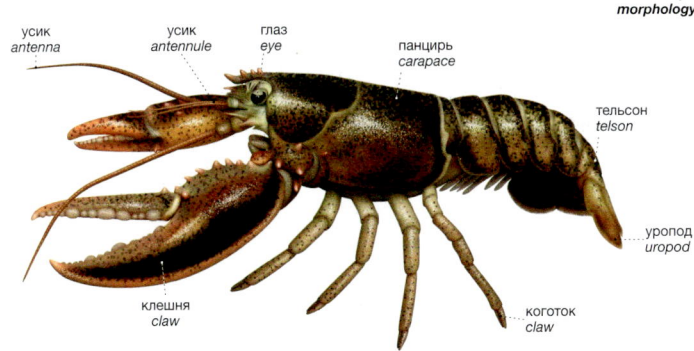

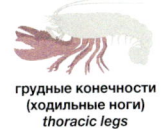

- усик — *antenna*
- усик — *antennule*
- глаз — *eye*
- панцирь — *carapace*
- тельсон — *telson*
- уропод — *uropod*
- коготок — *claw*
- клешня — *claw*

| грудные конечности (ходильные ноги) *thoracic legs* | цефалоторакс (головогрудь) *cephalothorax* | брюшко *abdomen* | хвостовая нога *tail* |

ЖИВОТНЫЕ

насекомые и паукообразные | insects and arachnids

# бабочка
*butterfly*

**строение бабочки**
*morphology of a butterfly*

- ячейка / cell
- переднее крыло / forewing
- голова / head
- жилка / wing vein
- фасеточный глаз / compound eye
- заднее крыло / hind wing
- нижнегубной щупик / labial palp
- усик / antenna
- хоботок / proboscis
- торакс (грудь) / thorax
- дыхальце (стигма) / spiracle
- передняя конечность / foreleg
- брюшко / abdomen
- средняя конечность / middle leg
- задняя конечность / hind leg

**куколка**
*chrysalis*

**гусеница**
*caterpillar*

- голова / head
- торакс / thorax
- брюшной сегмент / abdominal segment
- простой глаз / simple eye
- мандибула (жвала) / mandible
- ходильная конечность / walking leg
- брюшная лапка / proleg
- анальная лапка / anal proleg

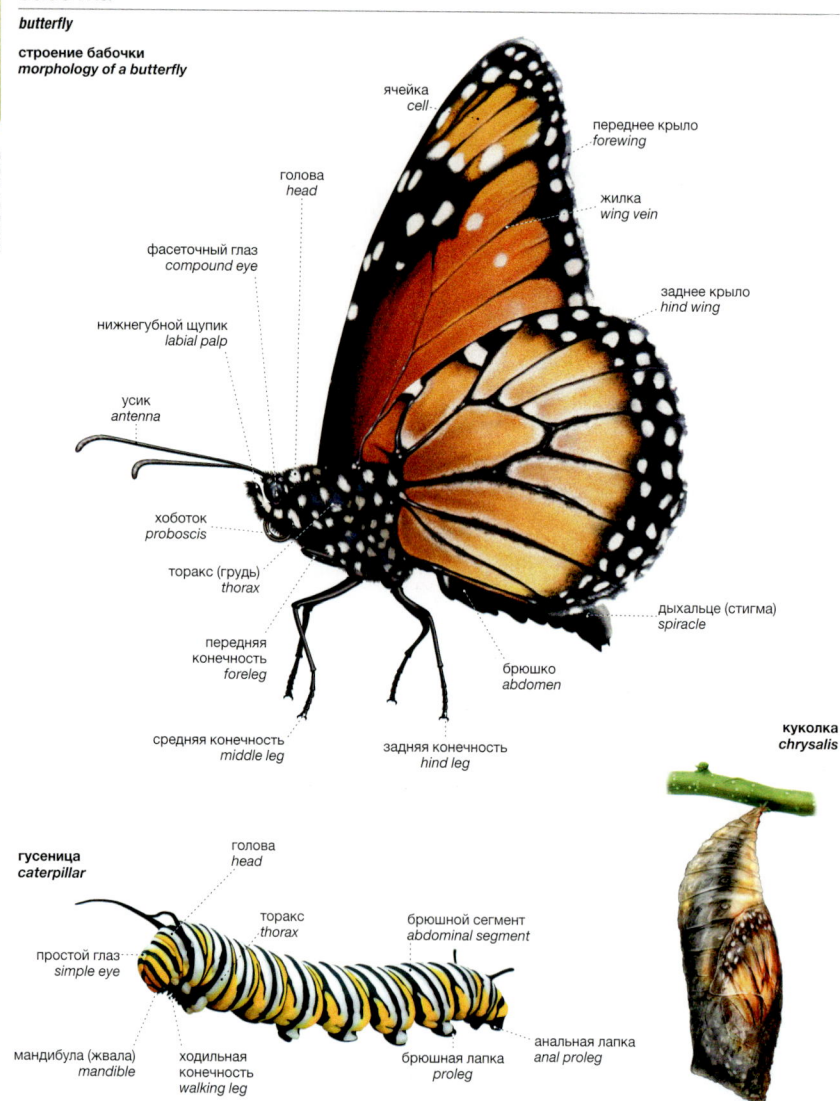

насекомые и паукообразные | insects and arachnids

# медоносная пчела
*honeybee*

**строение медоносной пчелы; *рабочая пчела***
*morphology of a honeybee: worker*

крыло — *wing*
торакс (грудь) — *thorax*
сложный (фасеточный) глаз — *compound eye*
усик — *antenna*
брюшко — *abdomen*
жало — *sting*
задняя ножка — *hind leg*
корзиночка для сбора пыльцы — *pollen basket*
средняя ножка — *middle leg*
передняя ножка — *foreleg*
ротовой придаток — *mouthparts*

животные

**касты**
*castes*

рабочая пчела — *worker*
трутень — *drone*
матка — *queen*

насекомые и паукообразные | insects and arachnids

# паук
*spider*

**строение паука**
*morphology of a spider*

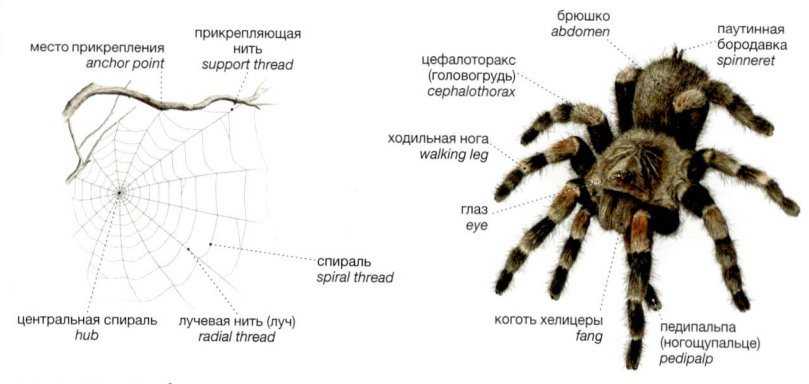

**паутина**
*spider web*

- место прикрепления — *anchor point*
- прикрепляющая нить — *support thread*
- спираль — *spiral thread*
- центральная спираль — *hub*
- лучевая нить (луч) — *radial thread*

- брюшко — *abdomen*
- паутинная бородавка — *spinneret*
- цефалоторакс (головогрудь) — *cephalothorax*
- ходильная нога — *walking leg*
- глаз — *eye*
- коготь хелицеры — *fang*
- педипальпа (ногощупальце) — *pedipalp*

## виды паукообразных
*examples of arachnids*

- паук-краб — *crab spider*
- чёрная вдова — *black widow*  
- скорпион — *scorpion*
- клещ — *tick*
- паук-серебрянка — *water spider* 
- паук-крестовик — *garden spider*
- мексиканский красноколенный паук-птицеед — *red-kneed tarantula*  

## виды насекомых
*examples of insects*

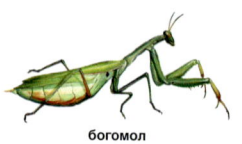

- богомол — *mantid*
- стрекоза — *dragonfly* 
- большой зелёный кузнечик — *great green bush-cricket*

**насекомые и паукообразные | insects and arachnids**

### виды насекомых

| | | | | |
|---|---|---|---|---|
| **блоха** *flea* |  **вошь** *louse* |  **термит** *termite* |  **комар (москит)** *mosquito* |  **муха цеце** *tsetse fly* |
|  **клоп** *stink bug* |  **божья коровка** *ladybird* |  **муха** *fly* | |  **муравей** *ant* |
|  **сверчок** *bow-winged grasshopper* |  **оса** *yellowjacket* |  **шершень** *hornet* | |  **слепень** *cleg* |
|  **черный таракан** *oriental cockroach* |  **водомерка** *water strider* |  **шмель** *bumblebee* | |  **скарабей** *scarab beetle* |
|  **павлиноглазка атлас** *atlas moth* |  **данаида монарх** *monarch butterfly* |  **цикада** *cicada* | |  **майский жук** *cockchafer* |

животные

костные рыбы | bony fishes

# окунь

*perch*

строение окуня
*morphology of a perch*

- предчелюстная кость / *premaxilla*
- ноздря / *nostril*
- остистый луч / *spiny ray*
- мягкий луч / *soft ray*
- хвостовой плавник / *caudal fin*
- боковая линия / *lateral line*
- анальный плавник / *anal fin*
- чешуя / *scale*
- брюшной плавник / *pelvic fin*
- грудной плавник / *pectoral fin*
- жаберная крышка / *operculum*
- верхняя челюсть / *maxilla*
- нижняя челюсть / *mandible*

# ВИДЫ КОСТНЫХ РЫБ

*examples of bony fishes*

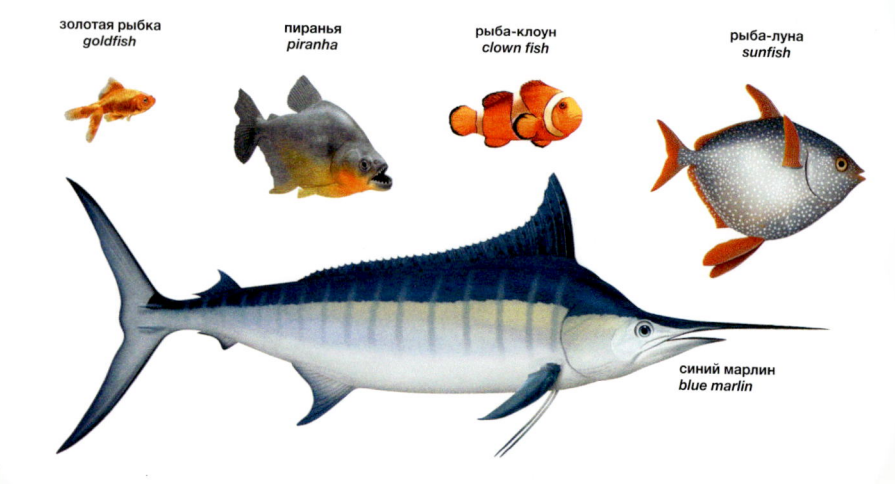

- золотая рыбка / *goldfish*
- пиранья / *piranha*
- рыба-клоун / *clown fish*
- рыба-луна / *sunfish*
- синий марлин / *blue marlin*

костные рыбы | bony fishes

### виды костных рыб

**летучая рыба**
*flying fish*

**дискус**
*discus*

**глубоководный удильщик**
*deep-sea anglerfish*

ЖИВОТНЫЕ

**иглобрюх**
*blowfish*

**двоякодышащая рыба**
*lungfish*

**сом**
*catfish*

**светящийся анчоус**
*lantern fish*

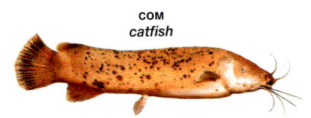

**морской конёк**
*sea horse*

**губан-доктор**
*bluestreak cleaner wrasse*

**рыба-попугай**
*parrot fish*

**электрический угорь**
*electric eel*

## акула
*shark*

**строение акулы**
*morphology of a shark*

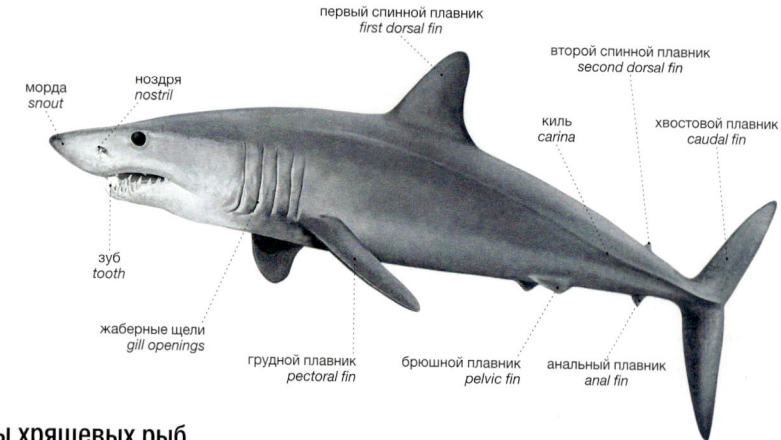

- морда — *snout*
- ноздря — *nostril*
- первый спинной плавник — *first dorsal fin*
- второй спинной плавник — *second dorsal fin*
- киль — *carina*
- хвостовой плавник — *caudal fin*
- зуб — *tooth*
- жаберные щели — *gill openings*
- грудной плавник — *pectoral fin*
- брюшной плавник — *pelvic fin*
- анальный плавник — *anal fin*

## виды хрящевых рыб
*examples of cartilaginous fishes*

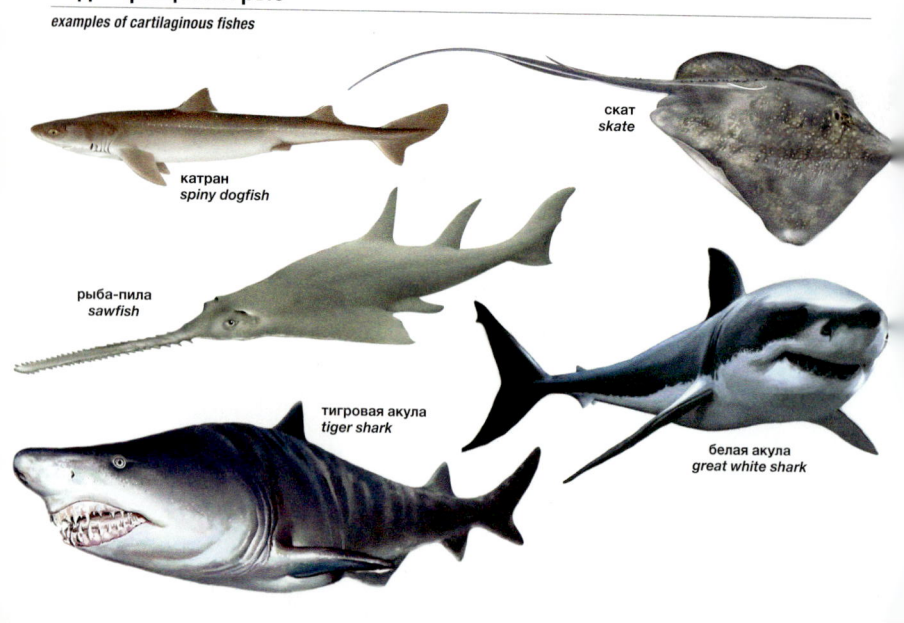

- катран — *spiny dogfish*
- скат — *skate*
- рыба-пила — *sawfish*
- тигровая акула — *tiger shark*
- белая акула — *great white shark*

**амфибии (земноводные)** | amphibians

## лягушка
*frog*

**строение лягушки**
*morphology of a frog*

- барабанная перепонка / *tympanum*
- верхнее веко / *upper eyelid*
- глазное яблоко / *eyeball*
- туловище / *trunk*
- морда / *snout*
- ноздря / *nostril*
- рот / *mouth*
- нижнее веко / *lower eyelid*
- задняя лапа / *hind limb*
- палец / *digit*
- передняя лапа / *forelimb*
- плавательная перепонка / *web*
- пальцы с перепонкой / *webbed foot*

ЖИВОТНЫЕ

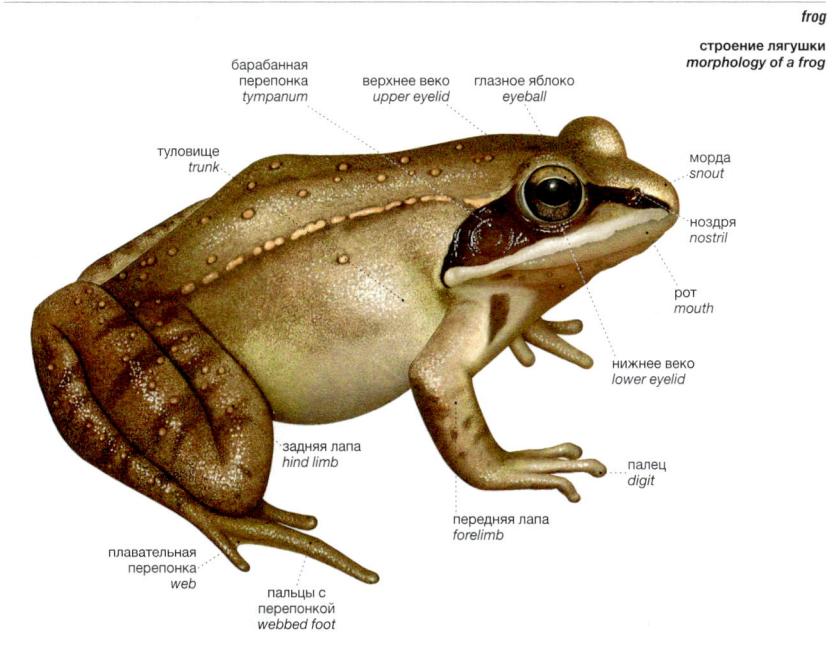

## виды амфибий

*examples of amphibians*

- тритон / *newt*
- травяная лягушка / *common frog*
- лягушка-бык / *bullfrog*
- квакша / *tree frog*
- саламандра / *salamander*
- лесная лягушка / *wood frog*
- жаба обыкновенная / *common toad*
- леопардовая лягушка / *Northern leopard frog*
- присоска / *adhesive disc*

рептилии | reptiles

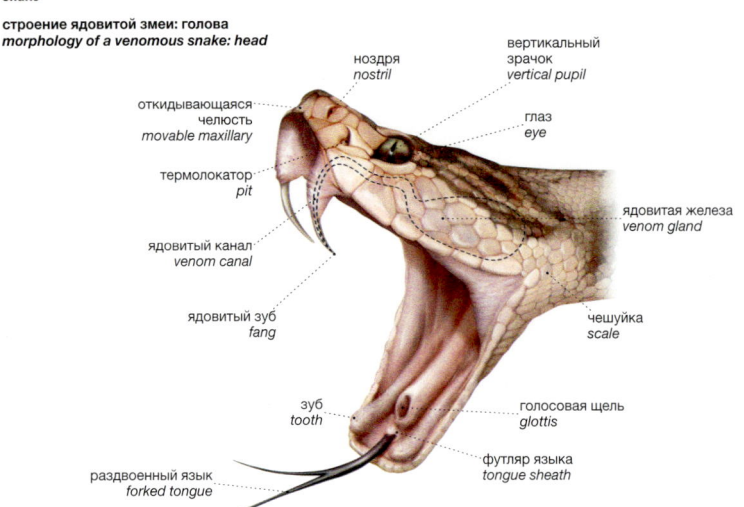

## змея
*snake*

**строение ядовитой змеи: голова**
*morphology of a venomous snake: head*

- ноздря / nostril
- вертикальный зрачок / vertical pupil
- откидывающаяся челюсть / movable maxillary
- глаз / eye
- термолокатор / pit
- ядовитая железа / venom gland
- ядовитый канал / venom canal
- ядовитый зуб / fang
- чешуйка / scale
- зуб / tooth
- голосовая щель / glottis
- раздвоенный язык / forked tongue
- футляр языка / tongue sheath

## черепаха
*turtle*

**строение черепахи**
*morphology of a turtle*

- позвоночная пластина / vertebral shield
- реберная пластина / costal shield
- карапакс (спинной щит) / carapace
- веко / eyelid
- хвост / tail
- глаз / eye
- роговой клюв / horny beak
- боковая пластина / marginal shield
- нога / leg
- шея / neck
- чешуя / scale
- коготь / claw
- пластрон / plastron
- хвостовая пластина / pygal shield

**рептилии** | reptiles

## виды рептилий
*examples of reptiles*

кобра
*cobra*

гадюка
*viper*

коралловый аспид
*coral snake*

садовый уж
*garter snake*

удав
*boa*

гремучая змея
*rattlesnake*

питон
*python*

анаконда
*anaconda*

## виды рептилий

геккон
*gecko*

ящерица
*lizard*

варан
*monitor lizard*

хамелеон
*chameleon*

игуана
*iguana*

кайман
*caiman*

аллигатор
*alligator*

крокодил
*crocodile*

птицы | birds

# птица
*bird*

**строение птицы**
*morphology of a bird*

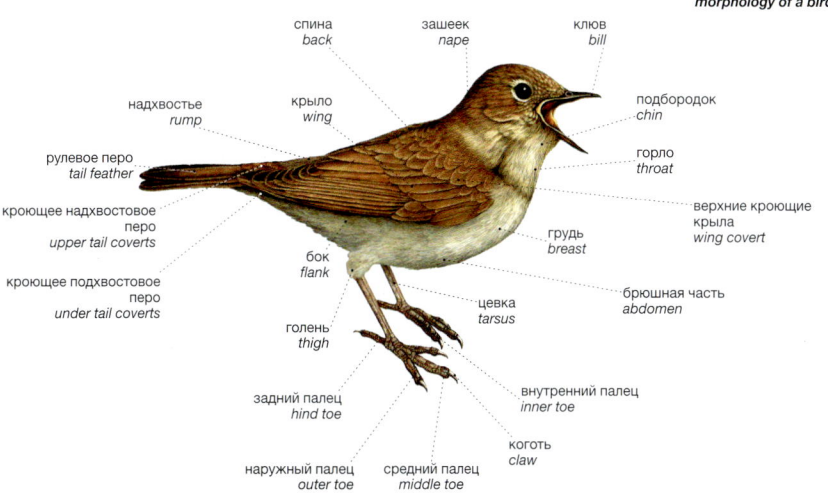

- спина / *back*
- зашеек / *nape*
- клюв / *bill*
- надхвостье / *rump*
- крыло / *wing*
- подбородок / *chin*
- горло / *throat*
- рулевое перо / *tail feather*
- верхние кроющие крыла / *wing covert*
- кроющее надхвостовое перо / *upper tail coverts*
- грудь / *breast*
- кроющее подхвостовое перо / *under tail coverts*
- бок / *flank*
- брюшная часть / *abdomen*
- цевка / *tarsus*
- голень / *thigh*
- задний палец / *hind toe*
- внутренний палец / *inner toe*
- коготь / *claw*
- наружный палец / *outer toe*
- средний палец / *middle toe*

ЖИВОТНЫЕ

**разновидности клювов**
*examples of bills*

- голенастая птица / *wading bird*
- водная птица / *aquatic bird*
- хищная птица / *bird of prey*
- насекомоядная птица / *insectivorous bird* 
- зерноядная птица / *granivorous bird* 

**разновидности ног**
*examples of feet*

- водная птица / *aquatic bird* 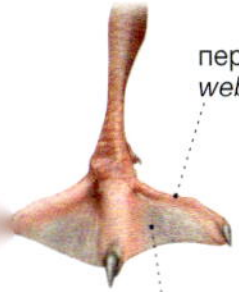
  - перепончатый палец / *webbed toe*
  - плавательная перепонка / *web*
- водная птица / *aquatic bird* 
  - палец с лопастями / *lobed toe*
  - лопасть / *lobe*
- древесная птица / *perching bird* 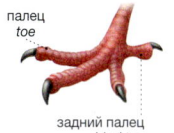
  - палец / *toe*
  - задний палец / *hind toe*
- хищная птица / *bird of prey*
  - коготь / *talon*
  - чешуйка / *scale*

# виды птиц, обитающих на суше

*examples of terrestrial birds*

| снегирь | щегол | стриж | колибри | воробей |
| --- | --- | --- | --- | --- |
| *bullfinch* | *goldfinch* | *swift* | *hummingbird* | *sparrow* |

| сойка | соловей | чибис | малиновка | зяблик |
| --- | --- | --- | --- | --- |
| *jay* | *nightingale* | *lapwing* | *European robin* | *finch* |

тукан
*toucan*

ласточка
*swallow*

индюк
*turkey*

кардинал
*cardinal*

страус
*ostrich*

павлин
*peacock*

цесарка
*guinea fowl*

**птицы | birds**

## виды птиц, обитающих на суше

ара
*macaw*

перепел
*quail*

скворец
*starling*

голубь
*pigeon*

сорокопут
*shrike*

североамериканий мохноногий сыч
*northern saw-whet owl*

дятел
*woodpecker*

какаду
*cockatoo*

сокол
*falcon*

гриф
*vulture*

кондор
*condor*

ворон
*raven*

куропатка
*partridge*

фазан
*pheasant*

виргинский филин
*great horned owl*

гусь
*goose*

курица
*hen*

птенец/цыпленок
*chick*

петух
*rooster*

орел
*eagle*

ЖИВОТНЫЕ

## виды водоплавающих и болотных птиц

*examples of aquatic birds and waders*

крачка
*tern*

утка
*duck*

гагарка
*auk*

чайка
*gull*

зимородок
*kingfisher*

кулик-сорока
*oystercatcher*

пеликан
*pelican*

альбатрос
*albatross*

лебедь
*swan*

цапля
*heron*

пингвин
*penguin*

аист
*stork*

фламинго
*flamingo*

**грызуны и зайцеобразные** | rodents and lagomorphs

# крыса
*rat*

**строение крысы**
*morphology of a rat*

- ушная раковина / *pinna*
- осязательный волосок / *vibrissa*
- нос / *nose*
- палец / *digit*
- коготь / *claw*
- шерсть / *fur*
- хвост / *tail*

## виды грызунов
*examples of rodents*

- сурок / *groundhog*
- полевка / *field mouse*
- бурундук / *chipmunk*
- хомяк / *hamster*
- тушканчик / *jerboa*
- бобр / *beaver*
- дикобраз / *porcupine*
- белка / *squirrel*
- морская свинка / *guinea pig*

## виды зайцеобразных
*examples of lagomorphs*

- заяц / *hare*
- кролик / *rabbit*
- пищуха / *pika*

# собака
*dog*

**строение собаки**
*morphology of a dog*

- холка / *withers*
- спина / *back*
- бедро / *thigh*
- колено / *knee*
- хвост / *tail*
- подколенок / *hock*
- палец / *toe*
- локоть / *elbow*
- запястье / *wrist*
- предплечье / *forearm*
- плечо / *shoulder*

# виды собак
*examples of dogs*

**чау-чау**
*Chow Chow*

**йоркширский терьер**
*Yorkshire terrier*

**лабрадор-ретривер**
*Labrador retriever*

**пудель**
*poodle*

**фокстерьер**
*fox terrier*

плотоядные млекопитающие | carnivorous mammals

## виды собак

шнауцер
*schnauzer*

колли
*collie*

бульдог
*bulldog*

спаниель
*spaniel*

шпиц
*Pomeranian*

золотистый ретривер
*golden retriever*

немецкая овчарка
*German shepherd*

далматин
*Dalmatian*

левретка
*greyhound*

сенбернар
*Saint Bernard*

дог
*Great Dane*

плотоядные млекопитающие | carnivorous mammals

## кошка
*cat*

**голова кошки**
*head of a cat*

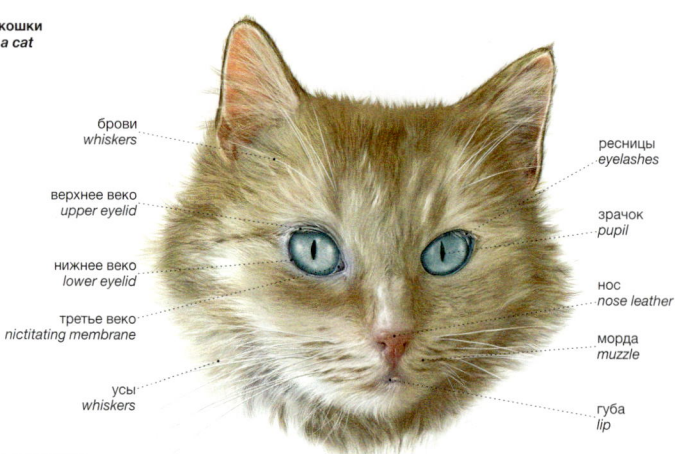

брови — *whiskers*
верхнее веко — *upper eyelid*
нижнее веко — *lower eyelid*
третье веко — *nictitating membrane*
усы — *whiskers*

ресницы — *eyelashes*
зрачок — *pupil*
нос — *nose leather*
морда — *muzzle*
губа — *lip*

## виды кошек
*examples of cats*

сфинкс
*sphynx*

абиссинская
*Abyssinian*

русская голубая
*Russian blue*

американская короткошерстная
*American shorthair*

сиамская
*Siamese*

норвежская лесная кошка
*Norwegian forest cat*

кошка острова Мэн
*Manx*

персидская
*Persian*

мэйн-кун
*Maine Coon*

бенгальская кошка
*leopard cat*

плотоядные млекопитающие | carnivorous mammals

## ВИДЫ ПЛОТОЯДНЫХ МЛЕКОПИТАЮЩИХ

*examples of carnivorous mammals*

ласка
*weasel*

каменная куница
*stone marten*

норка
*mink*

мангуст
*mongoose*

хорёк
*ferret*

скунс (вонючка)
*skunk*

куница
*marten*

речная выдра
*river otter*

барсук
*badger*

фенек (сахарская лисица)
*fennec*

гиена
*hyena*

лиса
*fox*

енот-полоскун
*raccoon*

пума
*cougar*

рысь
*lynx*

росомаха
*wolverine*

плотоядные млекопитающие | carnivorous mammals

## виды плотоядных млекопитающих

леопард
*leopard*

тигр
*tiger*

ягуар
*jaguar*

волк
*wolf*

гепард
*cheetah*

лев
*lion*

черный медведь (барибал)
*black bear*

белый медведь
*polar bear*

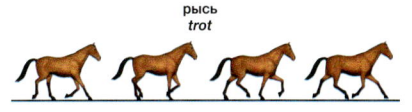

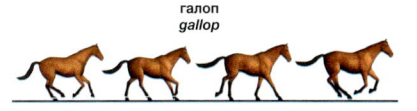

копытные млекопитающие | ungulate mammals

# лошадь
*horse*

### строение лошади
*morphology of a horse*

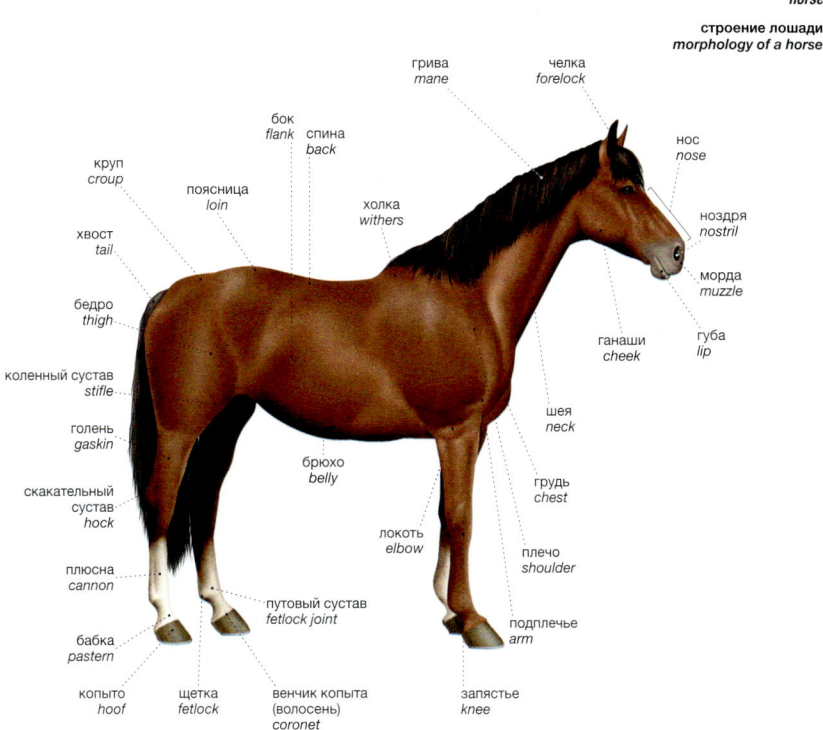

- грива / *mane*
- челка / *forelock*
- бок / *flank*
- спина / *back*
- нос / *nose*
- круп / *croup*
- поясница / *loin*
- холка / *withers*
- ноздря / *nostril*
- хвост / *tail*
- морда / *muzzle*
- бедро / *thigh*
- ганаши / *cheek*
- губа / *lip*
- коленный сустав / *stifle*
- голень / *gaskin*
- шея / *neck*
- скакательный сустав / *hock*
- брюхо / *belly*
- грудь / *chest*
- плюсна / *cannon*
- локоть / *elbow*
- плечо / *shoulder*
- путовый сустав / *fetlock joint*
- бабка / *pastern*
- подплечье / *arm*
- копыто / *hoof*
- щетка / *fetlock*
- венчик копыта (волосень) / *coronet*
- запястье / *knee*

### аллюры
*gaits*

шаг / *walk*

рысь / *trot*

иноходь / *amble*

галоп / *gallop*

# виды копытных млекопитающих

*examples of ungulate mammals*

| пекари | кабан | свинья | овца |
|---|---|---|---|
| *peccary* | *wild boar* | *pig* | *sheep* |

| окапи | антилопа | коза | благородный олень | лама |
|---|---|---|---|---|
| *okapi* | *antelope* | *goat* | *white-tailed deer* | *llama* |

| лось | муфлон | северный олень | канадский олень |
|---|---|---|---|
| *elk* | *mouflon* | *reindeer* | *Canadian elk* |

| осел | мул | лошадь | зебра |
|---|---|---|---|
| *donkey* | *mule* | *horse* | *zebra* |

копытные млекопитающие | ungulate mammals

## виды копытных млекопитающих

корова
*cow*

вол
*ox*

теленок
*calf*

як
*yak*

бегемот (гиппопотам)
*hippopotamus*

носорог
*rhinoceros*

одногорбый верблюд (дромадер)
*dromedary*

двугорбый верблюд
*Bactrian camel*

африканский буйвол
*Cape buffalo*

жираф
*giraffe*

слон
*elephant*

бизон
*bison*

морские млекопитающие | marine mammals

# дельфин
*dolphin*

**строение дельфина**
*morphology of a dolphin*

- клюв / mouth
- дыхало / blowhole
- спинной плавник / dorsal fin
- хвост / tail
- глаз / eye
- грудной плавник / pectoral fin
- хвостовой плавник / caudal fin

# виды морских млекопитающих
*examples of marine mammals*

- морж / walrus
- морской лев / sea lion
- тюлень / seal
- белуха / white whale
- нарвал / narwhal
- касатка / killer whale
- японский кит / northern right whale
- морская свинья / porpoise
- дельфин / dolphin
- горбатый кит / humpback whale
- кашалот / sperm whale

приматы | primates

# горилла
*gorilla*

**строение гориллы**
*morphology of a gorilla*

- лицо / face
- волосяной покров / fur
- хватательный палец / prehensile digit
- рука / arm
- кисть руки / hand
- нога / leg
- противопоставляемый большой палец / opposable thumb
- стопа / foot

ЖИВОТНЫЕ

## виды приматов
*examples of primates*

- шимпанзе / chimpanzee
- тамарин / tamarin
- игрунка / marmoset
- гиббон / gibbon
- капуцин / capuchin
- орангутанг (орангутан) / orangutan
- лемур / lemur
- бабуин / baboon
- макака / macaque

103

человеческое тело | human body

# мужчина

*man*

**вид спереди**
*anterior view*

- лоб / *forehead*
- череп / *skull*
- висок / *temple*
- лицо / *face*
- ухо / *ear*
- адамово яблоко (кадык) / *Adam's apple*
- плечо / *shoulder*
- сосок / *nipple*
- подмышечная впадина / *armpit*
- грудь / *breast*
- грудная клетка / *thorax*
- пупок / *navel*
- живот / *abdomen*
- лобковая область / *pubic region*
- пах / *groin*
- пенис / *penis*
- мошонка / *scrotum*
- колено / *knee*
- щиколотка / *ankle*
- стопа / *foot*
- подъем / *instep*
- палец ноги / *toe*

человеческое тело | human body 105

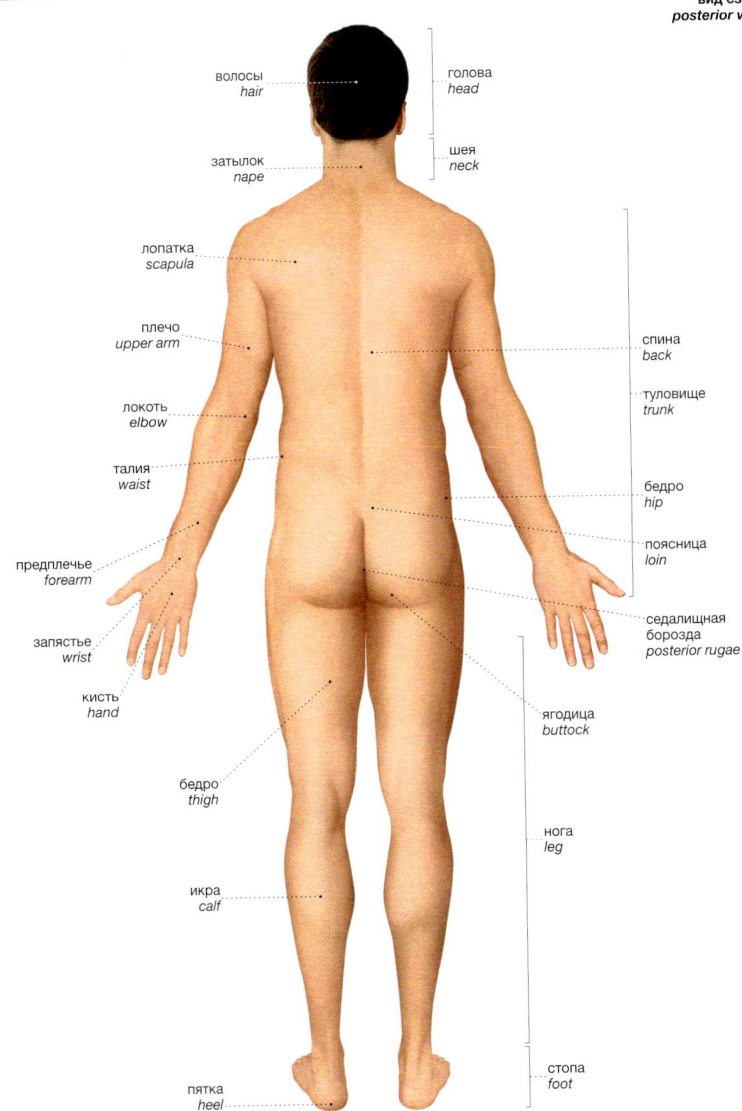

## мужчина

**вид сзади**
***posterior view***

- волосы / *hair*
- голова / *head*
- затылок / *nape*
- шея / *neck*
- лопатка / *scapula*
- плечо / *upper arm*
- спина / *back*
- туловище / *trunk*
- локоть / *elbow*
- талия / *waist*
- бедро / *hip*
- поясница / *loin*
- предплечье / *forearm*
- седалищная борозда / *posterior rugae*
- запястье / *wrist*
- кисть / *hand*
- ягодица / *buttock*
- бедро / *thigh*
- нога / *leg*
- икра / *calf*
- стопа / *foot*
- пятка / *heel*

# женщина

*woman*

**вид спереди**
*anterior view*

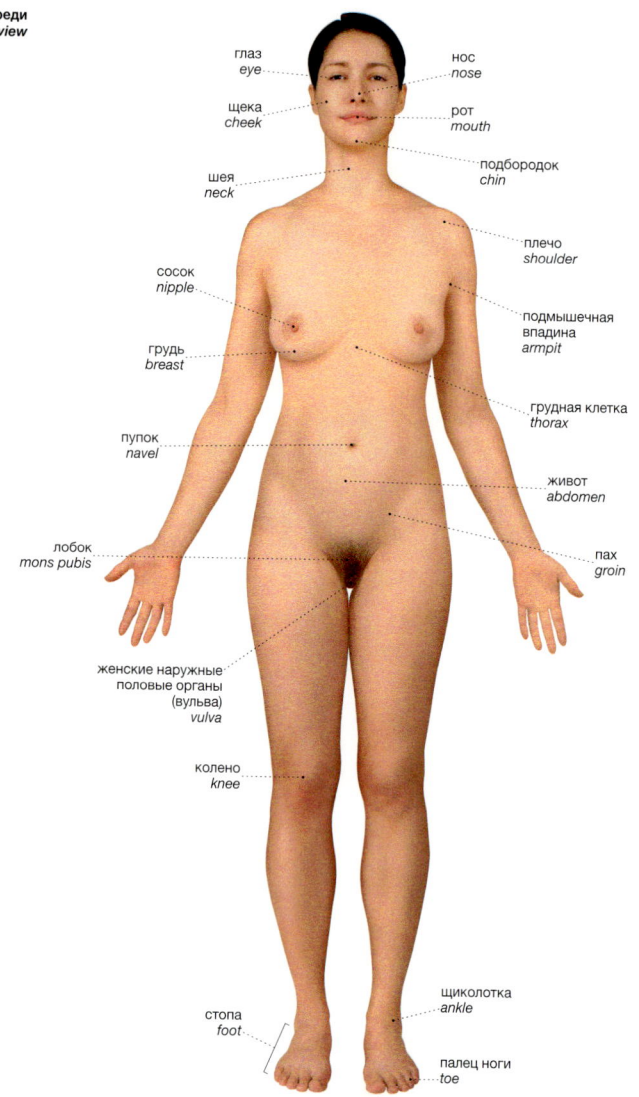

- глаз / *eye*
- нос / *nose*
- щека / *cheek*
- рот / *mouth*
- шея / *neck*
- подбородок / *chin*
- плечо / *shoulder*
- сосок / *nipple*
- подмышечная впадина / *armpit*
- грудь / *breast*
- грудная клетка / *thorax*
- пупок / *navel*
- живот / *abdomen*
- лобок / *mons pubis*
- пах / *groin*
- женские наружные половые органы (вульва) / *vulva*
- колено / *knee*
- стопа / *foot*
- щиколотка / *ankle*
- палец ноги / *toe*

человеческое тело | human body 107

## женщина

**вид сзади**
*posterior view*

- волосы / *hair*
- голова / *head*
- затылок / *nape*
- шея / *neck*
- лопатка / *scapula*
- спина / *back*
- плечо / *upper arm*
- туловище / *trunk*
- локоть / *elbow*
- талия / *waist*
- бедро / *hip*
- предплечье / *forearm*
- поясница / *loin*
- запястье / *wrist*
- седалищная борозда / *posterior rugae*
- кисть / *hand*
- ягодица / *buttock*
- бедро / *thigh*
- нога / *leg*
- икра / *calf*
- стопа / *foot*
- пятка / *heel*

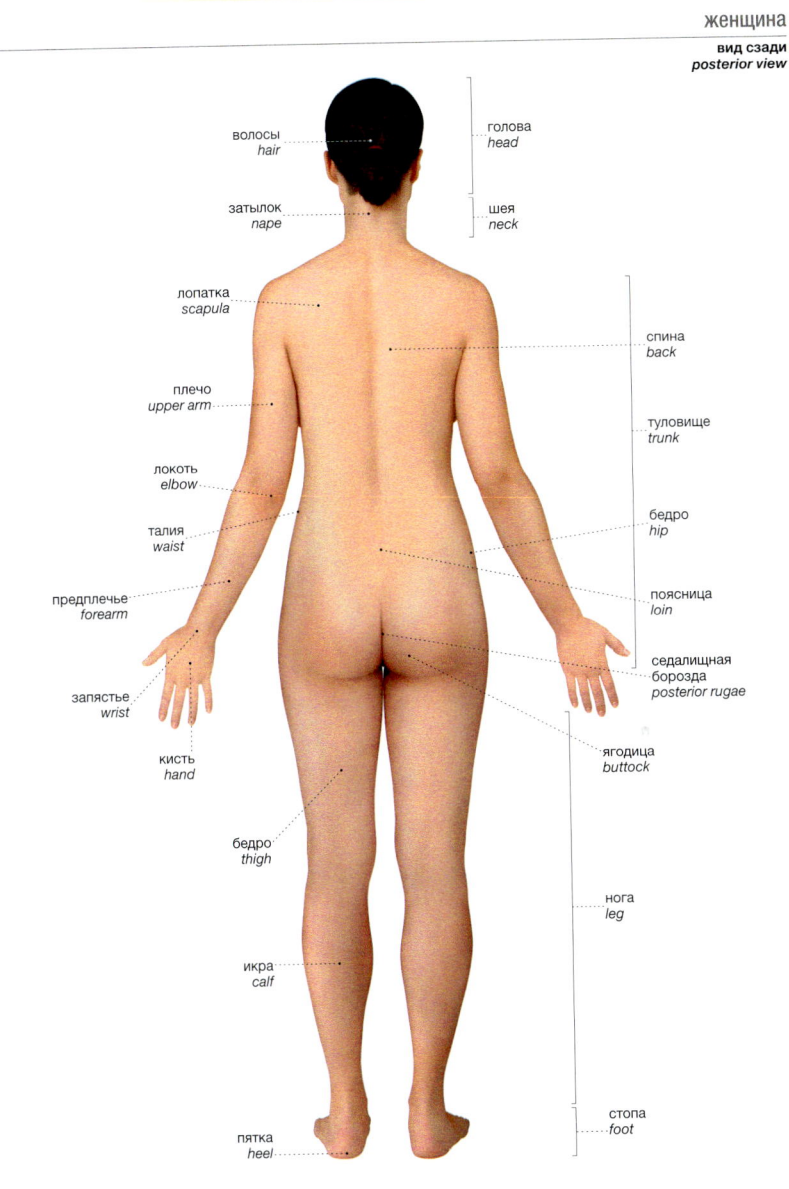

ЧЕЛОВЕК

# мышцы

*muscles*

**вид спереди**
*anterior view*

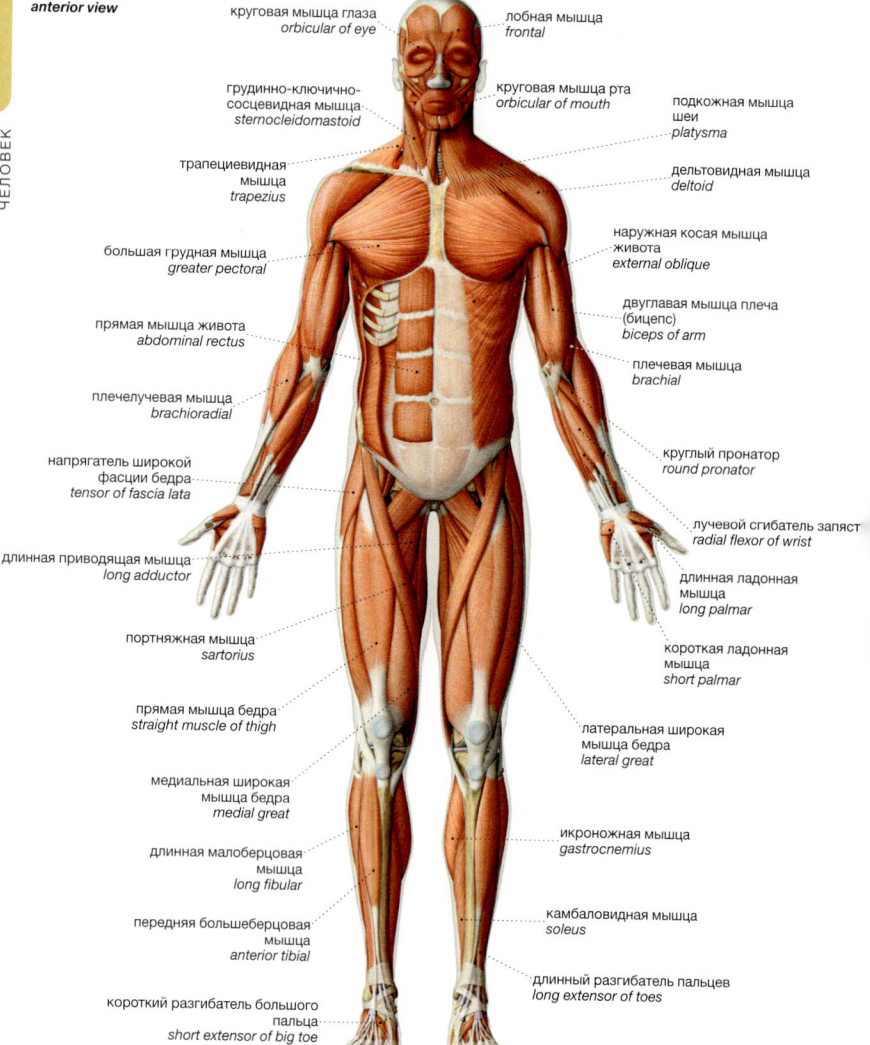

- круговая мышца глаза — *orbicular of eye*
- лобная мышца — *frontal*
- грудинно-ключично-сосцевидная мышца — *sternocleidomastoid*
- круговая мышца рта — *orbicular of mouth*
- подкожная мышца шеи — *platysma*
- трапециевидная мышца — *trapezius*
- дельтовидная мышца — *deltoid*
- большая грудная мышца — *greater pectoral*
- наружная косая мышца живота — *external oblique*
- прямая мышца живота — *abdominal rectus*
- двуглавая мышца плеча (бицепс) — *biceps of arm*
- плечевая мышца — *brachial*
- плечелучевая мышца — *brachioradial*
- напрягатель широкой фасции бедра — *tensor of fascia lata*
- круглый пронатор — *round pronator*
- лучевой сгибатель запяст — *radial flexor of wrist*
- длинная приводящая мышца — *long adductor*
- длинная ладонная мышца — *long palmar*
- короткая ладонная мышца — *short palmar*
- портняжная мышца — *sartorius*
- прямая мышца бедра — *straight muscle of thigh*
- латеральная широкая мышца бедра — *lateral great*
- медиальная широкая мышца бедра — *medial great*
- икроножная мышца — *gastrocnemius*
- длинная малоберцовая мышца — *long fibular*
- камбаловидная мышца — *soleus*
- передняя большеберцовая мышца — *anterior tibial*
- длинный разгибатель пальцев — *long extensor of toes*
- короткий разгибатель большого пальца — *short extensor of big toe*

## анатомия | anatomy

### МЫШЦЫ

**вид сзади**
*posterior view*

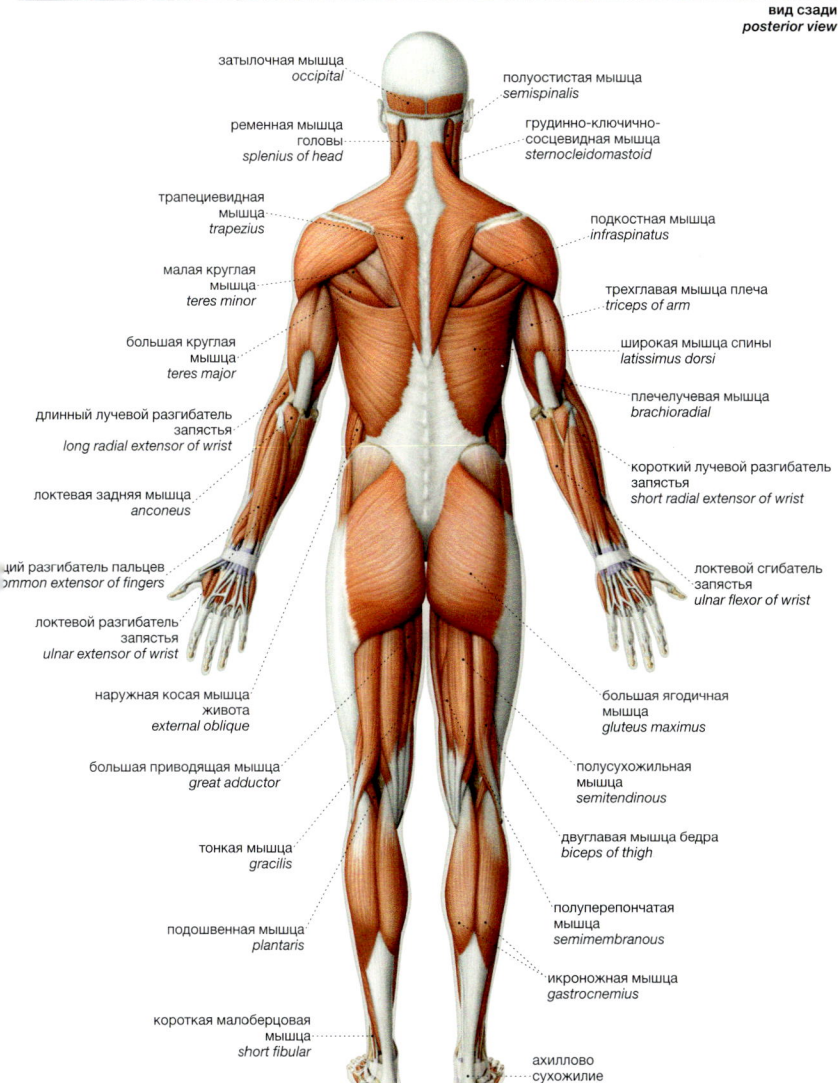

ЧЕЛОВЕК

- затылочная мышца — *occipital*
- ременная мышца головы — *splenius of head*
- трапециевидная мышца — *trapezius*
- малая круглая мышца — *teres minor*
- большая круглая мышца — *teres major*
- длинный лучевой разгибатель запястья — *long radial extensor of wrist*
- локтевая задняя мышца — *anconeus*
- общий разгибатель пальцев — *common extensor of fingers*
- локтевой разгибатель запястья — *ulnar extensor of wrist*
- наружная косая мышца живота — *external oblique*
- большая приводящая мышца — *great adductor*
- тонкая мышца — *gracilis*
- подошвенная мышца — *plantaris*
- короткая малоберцовая мышца — *short fibular*
- полуостистая мышца — *semispinalis*
- грудино-ключично-сосцевидная мышца — *sternocleidomastoid*
- подкостная мышца — *infraspinatus*
- трехглавая мышца плеча — *triceps of arm*
- широкая мышца спины — *latissimus dorsi*
- плечелучевая мышца — *brachioradial*
- короткий лучевой разгибатель запястья — *short radial extensor of wrist*
- локтевой сгибатель запястья — *ulnar flexor of wrist*
- большая ягодичная мышца — *gluteus maximus*
- полусухожильная мышца — *semitendinous*
- двуглавая мышца бедра — *biceps of thigh*
- полуперепончатая мышца — *semimembranous*
- икроножная мышца — *gastrocnemius*
- ахиллово сухожилие — *Achilles tendon*

**анатомия** | anatomy

# скелет

*skeleton*

**вид спереди**
*anterior view*

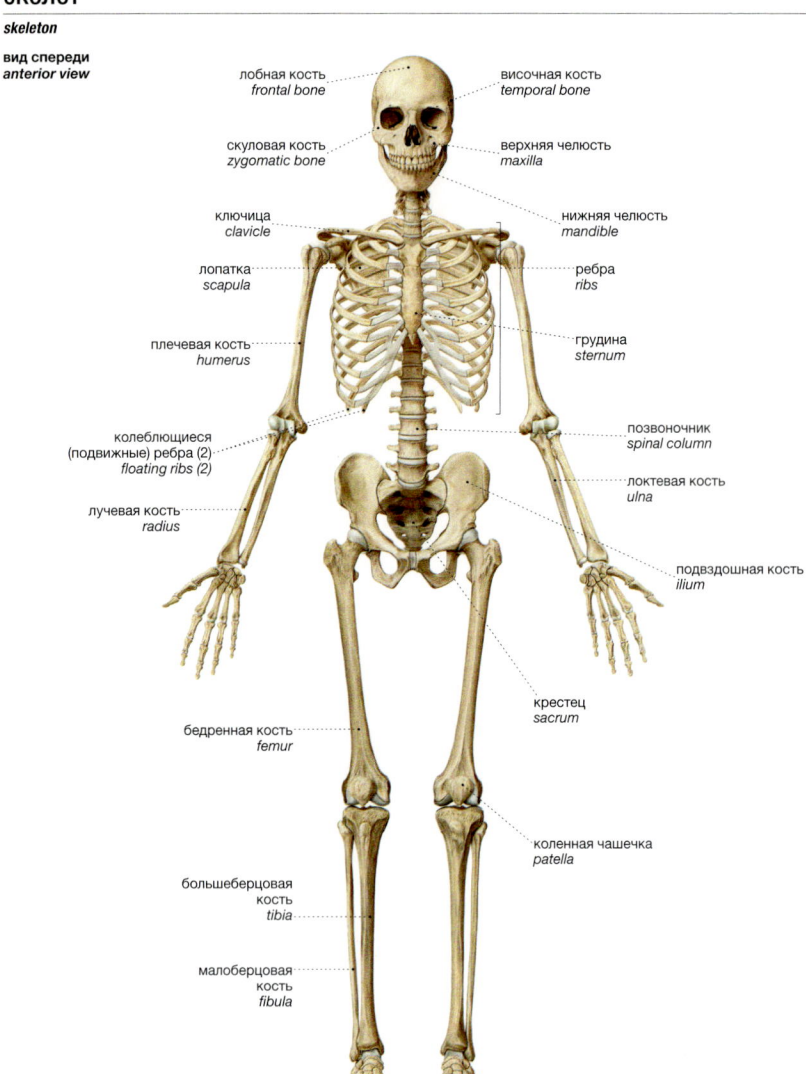

- лобная кость / *frontal bone*
- височная кость / *temporal bone*
- скуловая кость / *zygomatic bone*
- верхняя челюсть / *maxilla*
- ключица / *clavicle*
- нижняя челюсть / *mandible*
- лопатка / *scapula*
- рёбра / *ribs*
- плечевая кость / *humerus*
- грудина / *sternum*
- колеблющиеся (подвижные) рёбра (2) / *floating ribs (2)*
- позвоночник / *spinal column*
- лучевая кость / *radius*
- локтевая кость / *ulna*
- подвздошная кость / *ilium*
- крестец / *sacrum*
- бедренная кость / *femur*
- коленная чашечка / *patella*
- большеберцовая кость / *tibia*
- малоберцовая кость / *fibula*

ЧЕЛОВЕК

**анатомия** | anatomy

## скелет

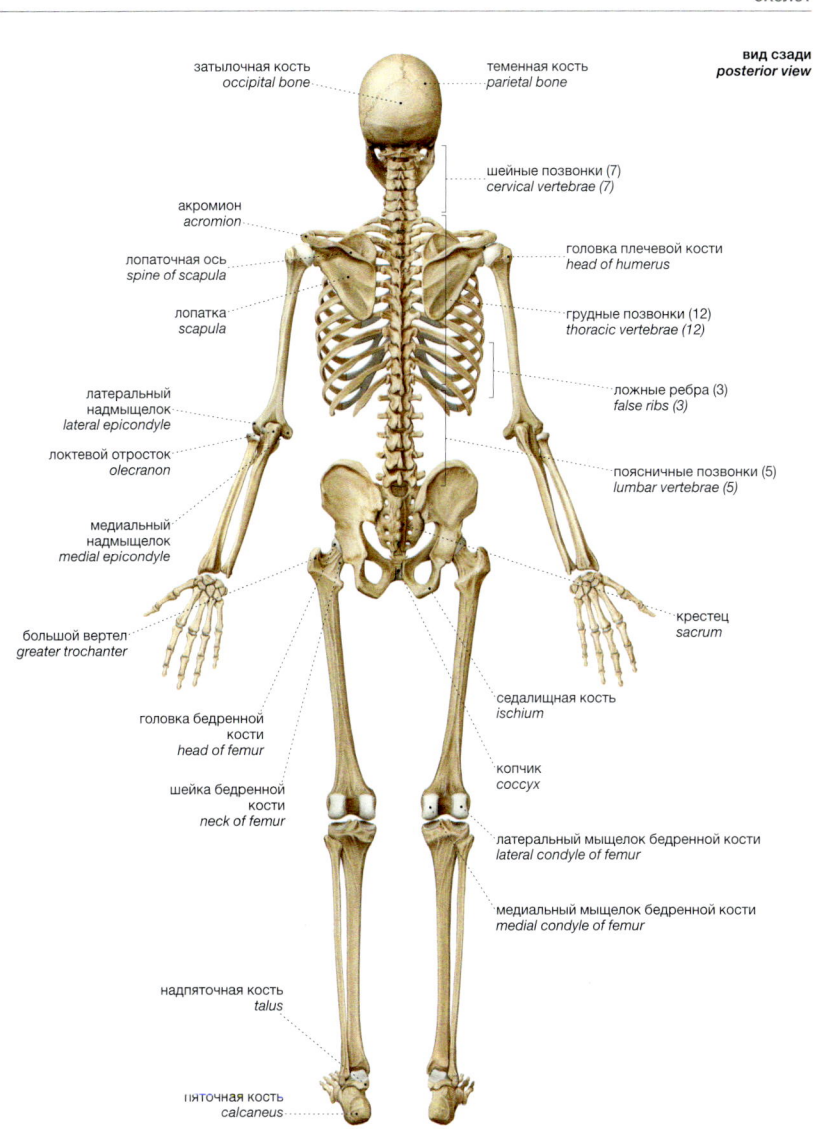

**вид сзади**
*posterior view*

- затылочная кость / occipital bone
- теменная кость / parietal bone
- шейные позвонки (7) / cervical vertebrae (7)
- акромион / acromion
- лопаточная ось / spine of scapula
- лопатка / scapula
- головка плечевой кости / head of humerus
- грудные позвонки (12) / thoracic vertebrae (12)
- латеральный надмыщелок / lateral epicondyle
- локтевой отросток / olecranon
- ложные рёбра (3) / false ribs (3)
- медиальный надмыщелок / medial epicondyle
- поясничные позвонки (5) / lumbar vertebrae (5)
- большой вертел / greater trochanter
- крестец / sacrum
- головка бедренной кости / head of femur
- седалищная кость / ischium
- шейка бедренной кости / neck of femur
- копчик / coccyx
- латеральный мыщелок бедренной кости / lateral condyle of femur
- медиальный мыщелок бедренной кости / medial condyle of femur
- надпяточная кость / talus
- пяточная кость / calcaneus

ЧЕЛОВЕК

## скелет

### череп: вид сбоку
### skull: lateral view

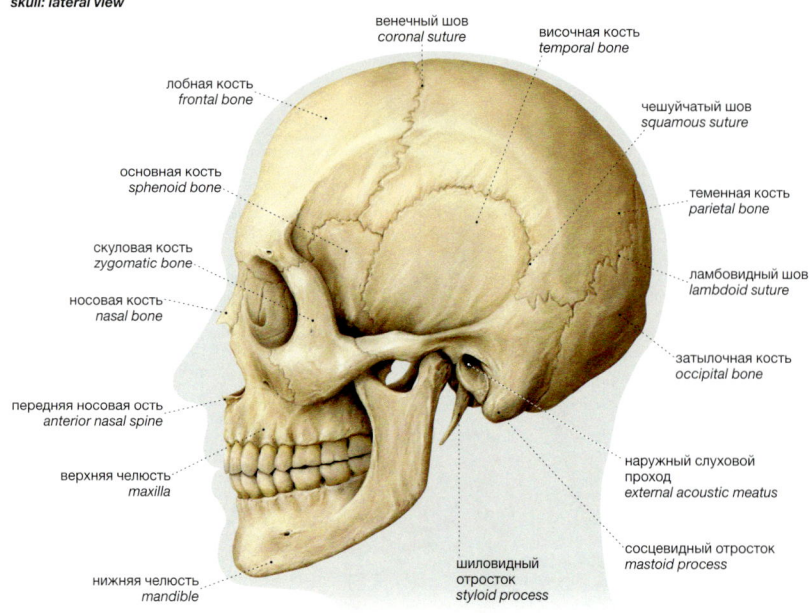

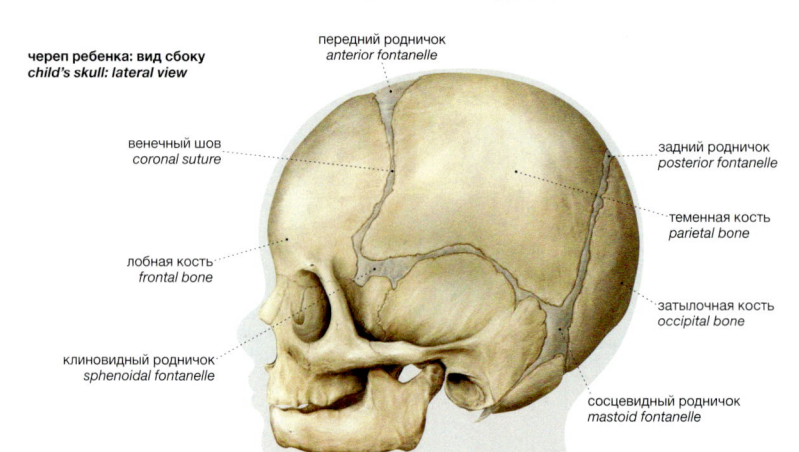

- венечный шов / coronal suture
- височная кость / temporal bone
- лобная кость / frontal bone
- чешуйчатый шов / squamous suture
- основная кость / sphenoid bone
- теменная кость / parietal bone
- скуловая кость / zygomatic bone
- ламбовидный шов / lambdoid suture
- носовая кость / nasal bone
- затылочная кость / occipital bone
- передняя носовая ость / anterior nasal spine
- верхняя челюсть / maxilla
- наружный слуховой проход / external acoustic meatus
- сосцевидный отросток / mastoid process
- нижняя челюсть / mandible
- шиловидный отросток / styloid process

### череп ребенка: вид сбоку
### child's skull: lateral view

- передний родничок / anterior fontanelle
- венечный шов / coronal suture
- задний родничок / posterior fontanelle
- теменная кость / parietal bone
- лобная кость / frontal bone
- затылочная кость / occipital bone
- клиновидный родничок / sphenoidal fontanelle
- сосцевидный родничок / mastoid fontanelle

анатомия | anatomy

# зубы
*teeth*

## зубной ряд человека
*human denture*

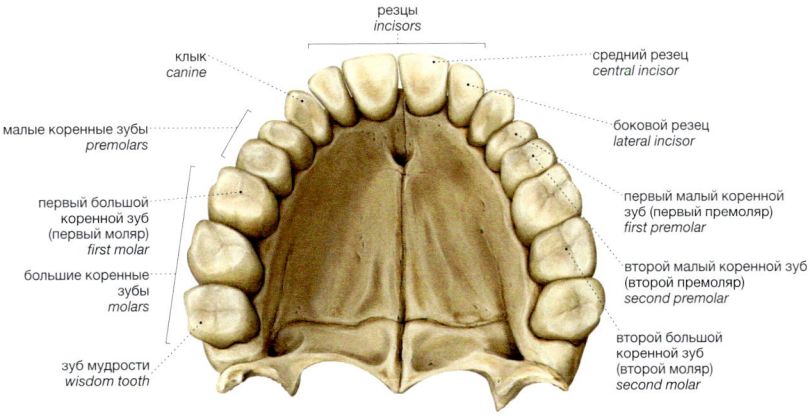

- резцы / *incisors*
- клык / *canine*
- средний резец / *central incisor*
- боковой резец / *lateral incisor*
- малые коренные зубы / *premolars*
- первый большой коренной зуб (первый моляр) / *first molar*
- большие коренные зубы / *molars*
- зуб мудрости / *wisdom tooth*
- первый малый коренной зуб (первый премоляр) / *first premolar*
- второй малый коренной зуб (второй премоляр) / *second premolar*
- второй большой коренной зуб (второй моляр) / *second molar*

ЧЕЛОВЕК

## большой коренной зуб в разрезе
*section of a molar*

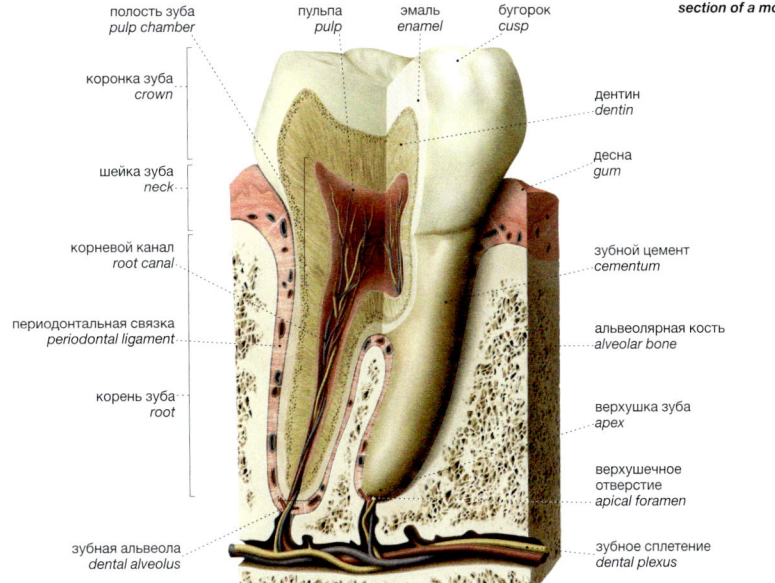

- полость зуба / *pulp chamber*
- пульпа / *pulp*
- эмаль / *enamel*
- бугорок / *cusp*
- коронка зуба / *crown*
- дентин / *dentin*
- шейка зуба / *neck*
- десна / *gum*
- корневой канал / *root canal*
- зубной цемент / *cementum*
- периодонтальная связка / *periodontal ligament*
- альвеолярная кость / *alveolar bone*
- корень зуба / *root*
- верхушка зуба / *apex*
- верхушечное отверстие / *apical foramen*
- зубная альвеола / *dental alveolus*
- зубное сплетение / *dental plexus*

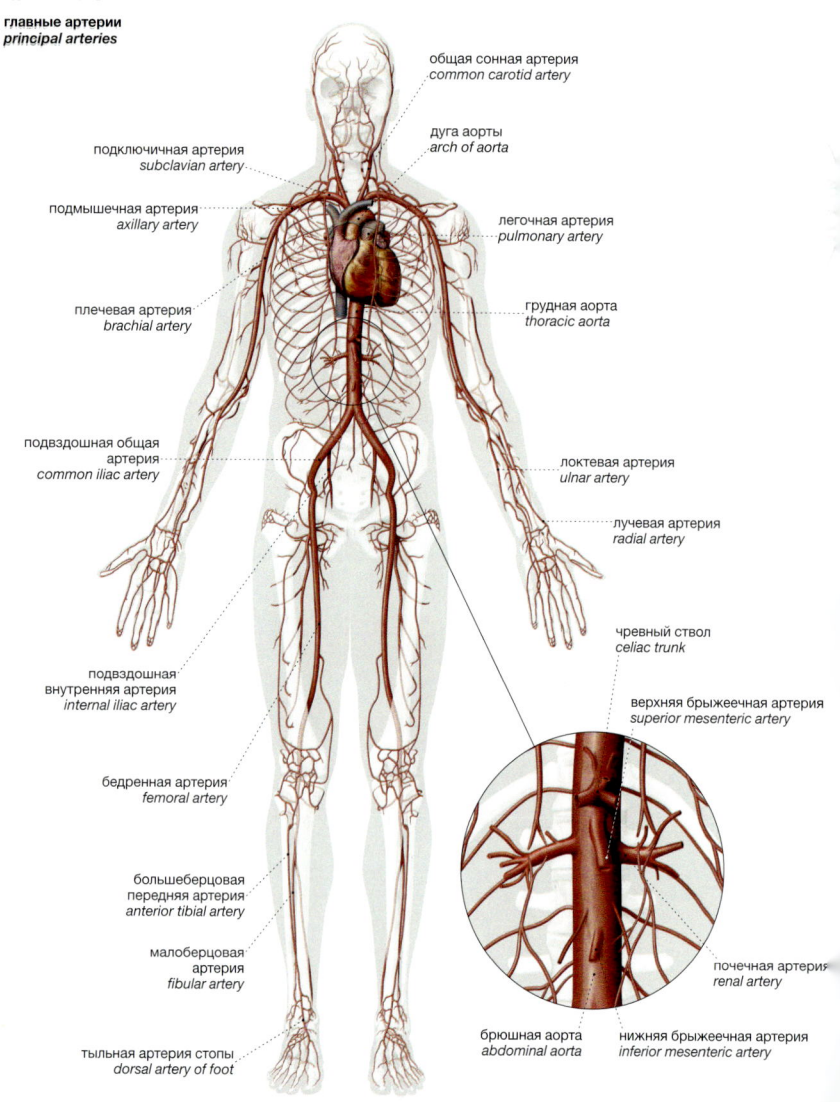

# кровеносная система
*blood circulation*

## главные артерии
*principal arteries*

- общая сонная артерия / *common carotid artery*
- дуга аорты / *arch of aorta*
- подключичная артерия / *subclavian artery*
- подмышечная артерия / *axillary artery*
- легочная артерия / *pulmonary artery*
- плечевая артерия / *brachial artery*
- грудная аорта / *thoracic aorta*
- подвздошная общая артерия / *common iliac artery*
- локтевая артерия / *ulnar artery*
- лучевая артерия / *radial artery*
- подвздошная внутренняя артерия / *internal iliac artery*
- бедренная артерия / *femoral artery*
- чревный ствол / *celiac trunk*
- верхняя брыжеечная артерия / *superior mesenteric artery*
- большеберцовая передняя артерия / *anterior tibial artery*
- малоберцовая артерия / *fibular artery*
- почечная артерия / *renal artery*
- тыльная артерия стопы / *dorsal artery of foot*
- брюшная аорта / *abdominal aorta*
- нижняя брыжеечная артерия / *inferior mesenteric artery*

**анатомия | anatomy**

## кровеносная система

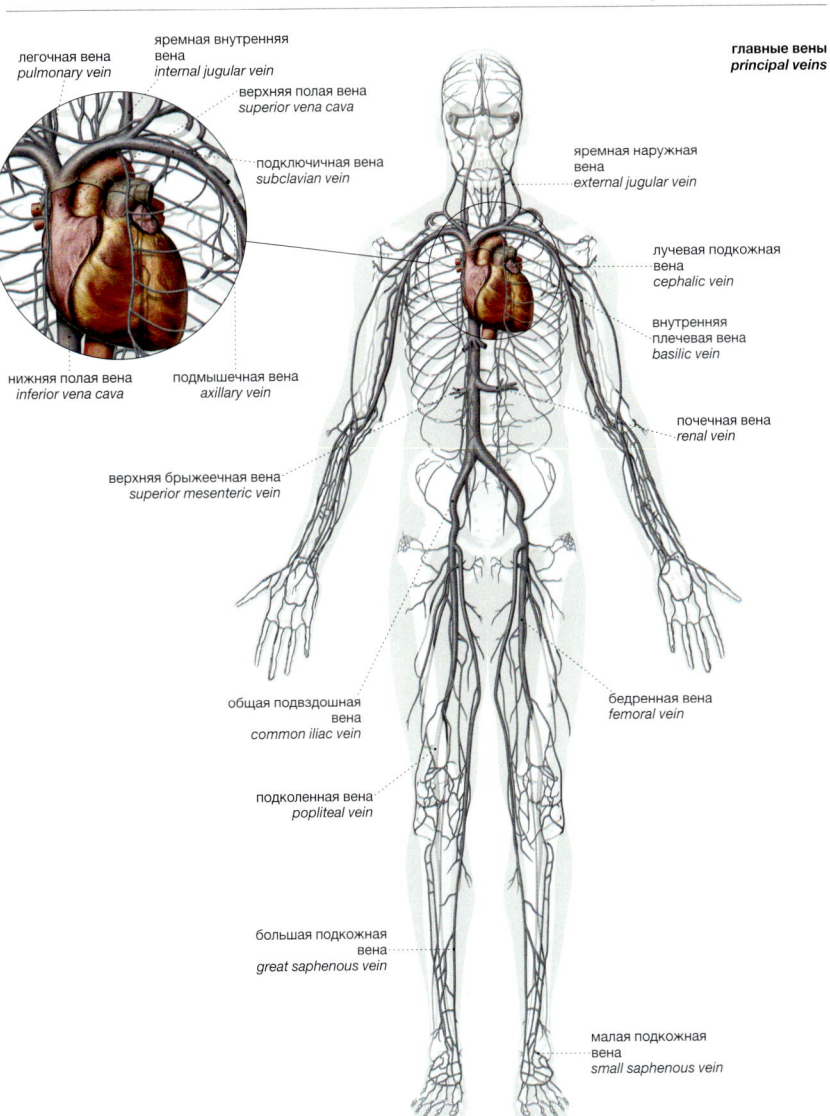

**главные вены**
*principal veins*

- лёгочная вена / *pulmonary vein*
- яремная внутренняя вена / *internal jugular vein*
- верхняя полая вена / *superior vena cava*
- подключичная вена / *subclavian vein*
- нижняя полая вена / *inferior vena cava*
- подмышечная вена / *axillary vein*
- верхняя брыжеечная вена / *superior mesenteric vein*
- общая подвздошная вена / *common iliac vein*
- подколенная вена / *popliteal vein*
- большая подкожная вена / *great saphenous vein*
- яремная наружная вена / *external jugular vein*
- лучевая подкожная вена / *cephalic vein*
- внутренняя плечевая вена / *basilic vein*
- почечная вена / *renal vein*
- бедренная вена / *femoral vein*
- малая подкожная вена / *small saphenous vein*

ЧЕЛОВЕК

# анатомия | anatomy

## кровеносная система

**большой круг кровообращения**
*systemic circulation*

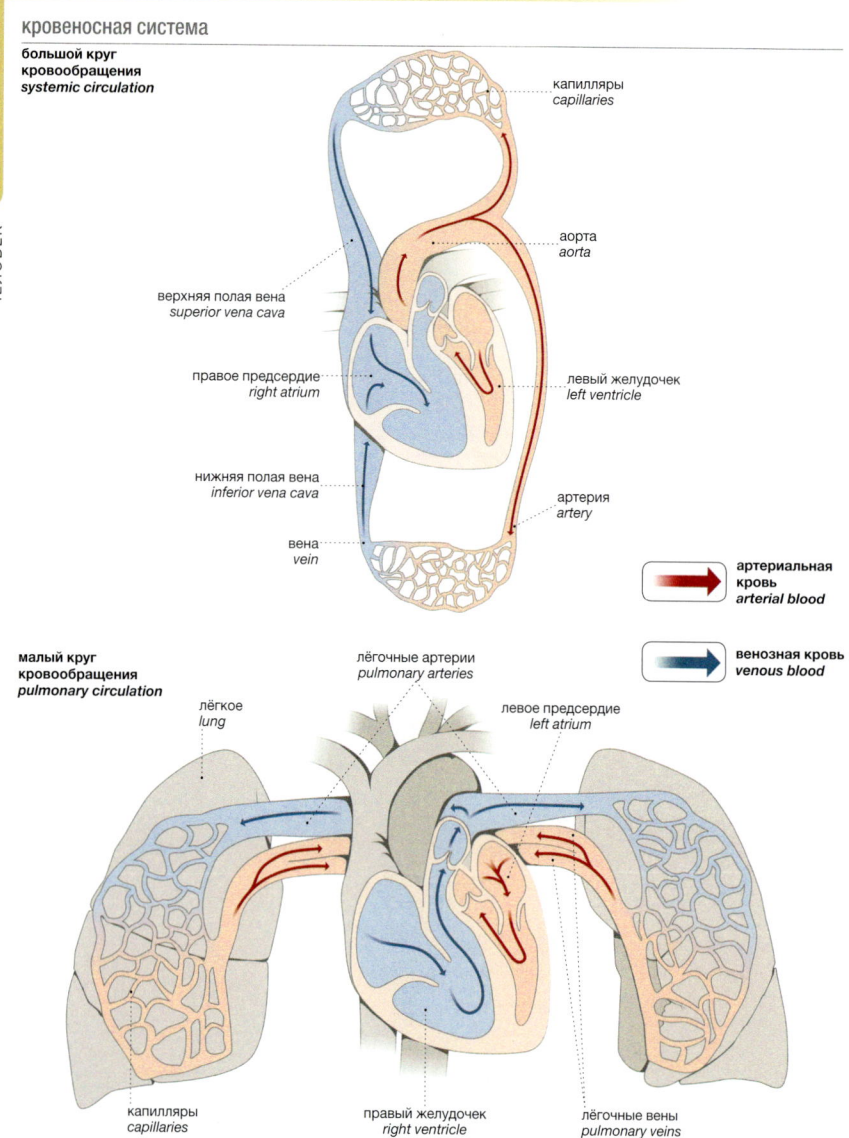

- капилляры / *capillaries*
- аорта / *aorta*
- верхняя полая вена / *superior vena cava*
- правое предсердие / *right atrium*
- левый желудочек / *left ventricle*
- нижняя полая вена / *inferior vena cava*
- артерия / *artery*
- вена / *vein*

➡ артериальная кровь / *arterial blood*

➡ венозная кровь / *venous blood*

**малый круг кровообращения**
*pulmonary circulation*

- лёгочные артерии / *pulmonary arteries*
- лёгкое / *lung*
- левое предсердие / *left atrium*
- капилляры / *capillaries*
- правый желудочек / *right ventricle*
- лёгочные вены / *pulmonary veins*

## анатомия | anatomy

### кровеносная система

**состав крови**
*composition of the blood*

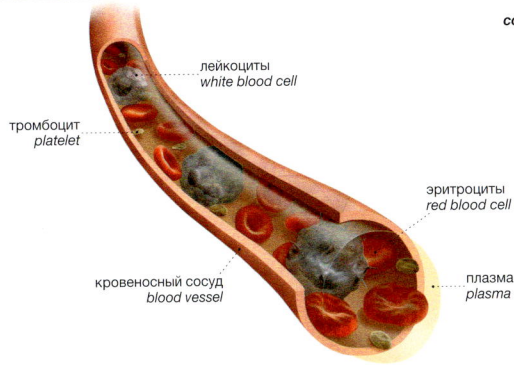

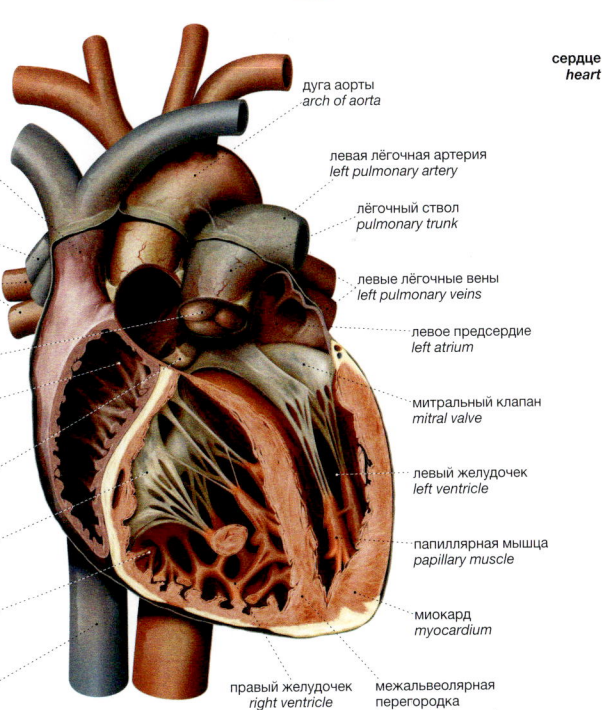

- лейкоциты / *white blood cell*
- тромбоцит / *platelet*
- эритроциты / *red blood cell*
- кровеносный сосуд / *blood vessel*
- плазма / *plasma*

**сердце**
*heart*

- дуга аорты / *arch of aorta*
- верхняя полая вена / *superior vena cava*
- левая лёгочная артерия / *left pulmonary artery*
- правая лёгочная артерия / *right pulmonary artery*
- лёгочный ствол / *pulmonary trunk*
- правые лёгочные вены / *right pulmonary veins*
- левые лёгочные вены / *left pulmonary veins*
- клапан лёгочного ствола / *pulmonary valve*
- левое предсердие / *left atrium*
- правое предсердие / *right atrium*
- митральный клапан / *mitral valve*
- аортальный клапан / *aortic valve*
- левый желудочек / *left ventricle*
- трёхстворчатый клапан / *tricuspid valve*
- папиллярная мышца / *papillary muscle*
- эндокард / *endocardium*
- миокард / *myocardium*
- нижняя полая вена / *inferior vena cava*
- правый желудочек / *right ventricle*
- межальвеолярная перегородка / *interventricular septum*

ЧЕЛОВЕК

# органы дыхания
*respiratory system*

**главные органы**
*main organs*

- надгортанник — *epiglottis*
- носовая полость — *nasal cavity*
- глотка — *pharynx*
- ротовая полость — *oral cavity*
- гортань — *larynx*
- голосовая связка — *vocal cord*
- трахея — *trachea*
- правое легкое — *right lung*
- левое легкое — *left lung*
- верхняя доля — *upper lobe*
- верхняя доля — *upper lobe*
- средняя доля — *middle lobe*
- нижняя доля — *lower lobe*
- нижняя доля — *lower lobe*
- диафрагма — *diaphragm*

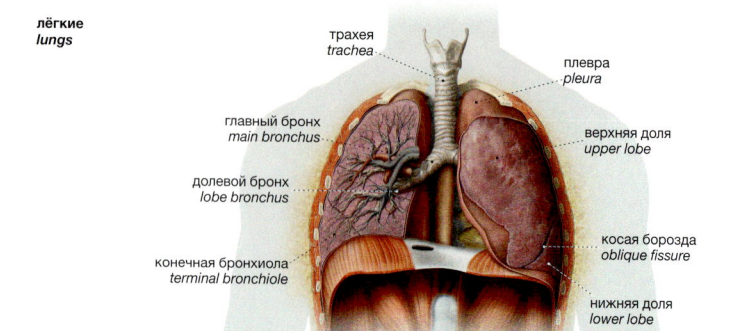

**лёгкие**
*lungs*

- трахея — *trachea*
- плевра — *pleura*
- главный бронх — *main bronchus*
- верхняя доля — *upper lobe*
- долевой бронх — *lobe bronchus*
- конечная бронхиола — *terminal bronchiole*
- косая борозда — *oblique fissure*
- нижняя доля — *lower lobe*

анатомия | anatomy

## пищеварительная система
### digestive system

**главные органы**
*main organs*

- ротовая полость / *oral cavity*
- слюнные железы / *salivary glands*
- язык / *tongue*
- глотка / *pharynx*
- пищевод / *oesophagus*
- печень / *liver*
- желудок / *stomach*
- желчный пузырь / *gall-bladder*
- поджелудочная железа / *pancreas*
- толстая кишка / *large intestine*
- слепая кишка / *cæcum*
- тонкий кишечник / *small intestine*
- аппендикс / *vermiform appendix*
- прямая кишка / *rectum*
- задний проход / *anus*

ЧЕЛОВЕК

# мочевыделительная система
*urinary system*

**главные органы**
*main organs*

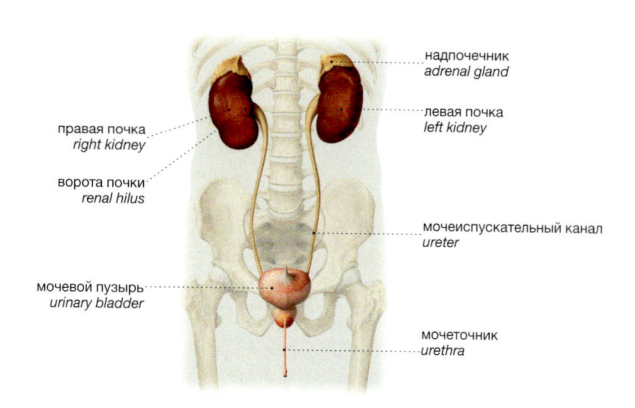

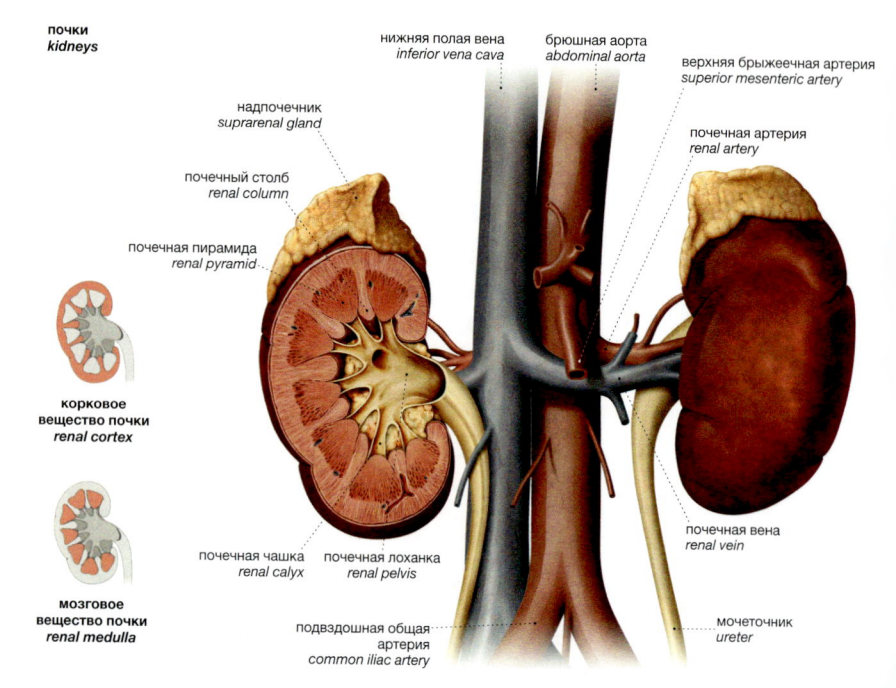

- надпочечник — *adrenal gland*
- правая почка — *right kidney*
- левая почка — *left kidney*
- ворота почки — *renal hilus*
- мочеиспускательный канал — *ureter*
- мочевой пузырь — *urinary bladder*
- мочеточник — *urethra*

**почки**
*kidneys*

- нижняя полая вена — *inferior vena cava*
- брюшная аорта — *abdominal aorta*
- верхняя брыжеечная артерия — *superior mesenteric artery*
- почечная артерия — *renal artery*
- надпочечник — *suprarenal gland*
- почечный столб — *renal column*
- почечная пирамида — *renal pyramid*
- почечная вена — *renal vein*
- почечная чашка — *renal calyx*
- почечная лоханка — *renal pelvis*
- подвздошная общая артерия — *common iliac artery*
- мочеточник — *ureter*

**корковое вещество почки**
*renal cortex*

**мозговое вещество почки**
*renal medulla*

анатомия | anatomy

# нервная система
*nervous system*

## строение нервной системы
*structure of nervous system*

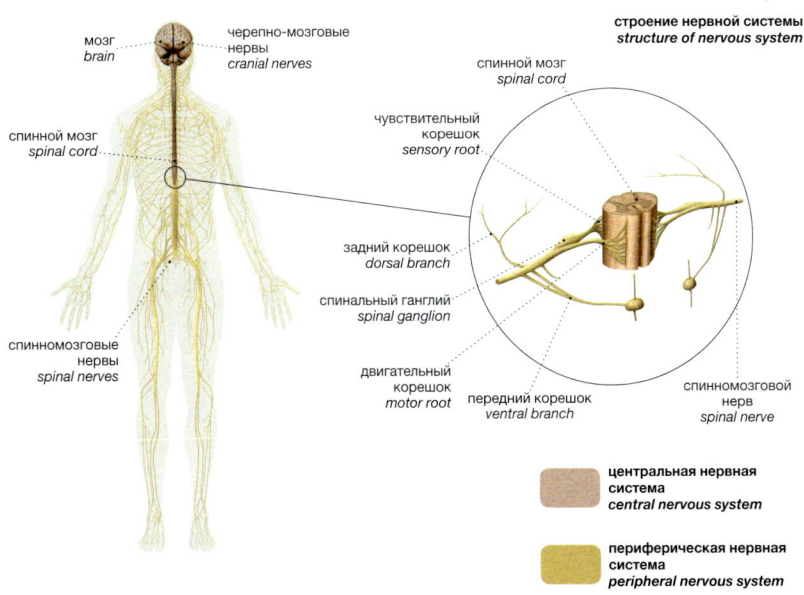

- мозг / *brain*
- черепно-мозговые нервы / *cranial nerves*
- спинной мозг / *spinal cord*
- чувствительный корешок / *sensory root*
- задний корешок / *dorsal branch*
- спинальный ганглий / *spinal ganglion*
- двигательный корешок / *motor root*
- передний корешок / *ventral branch*
- спинномозговой нерв / *spinal nerve*
- спинномозговые нервы / *spinal nerves*

■ центральная нервная система / *central nervous system*

■ периферическая нервная система / *peripheral nervous system*

## нейрон
*neuron*

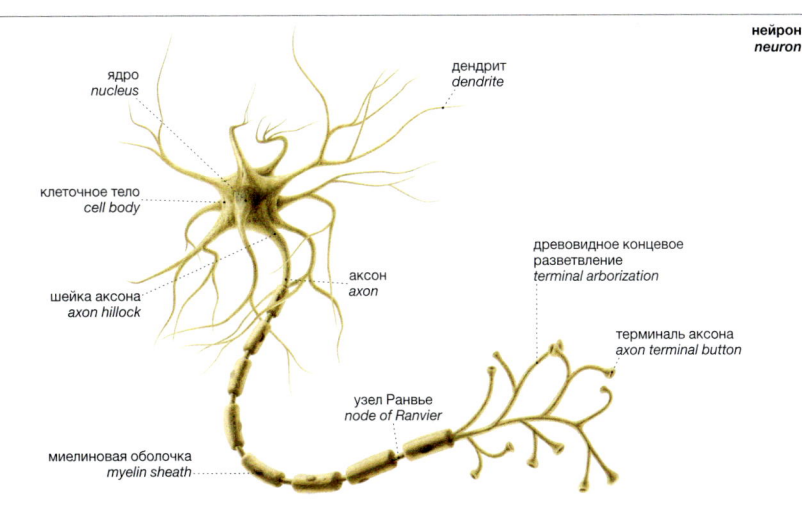

- ядро / *nucleus*
- дендрит / *dendrite*
- клеточное тело / *cell body*
- шейка аксона / *axon hillock*
- аксон / *axon*
- древовидное концевое разветвление / *terminal arborization*
- терминаль аксона / *axon terminal button*
- узел Ранвье / *node of Ranvier*
- миелиновая оболочка / *myelin sheath*

## нервная система

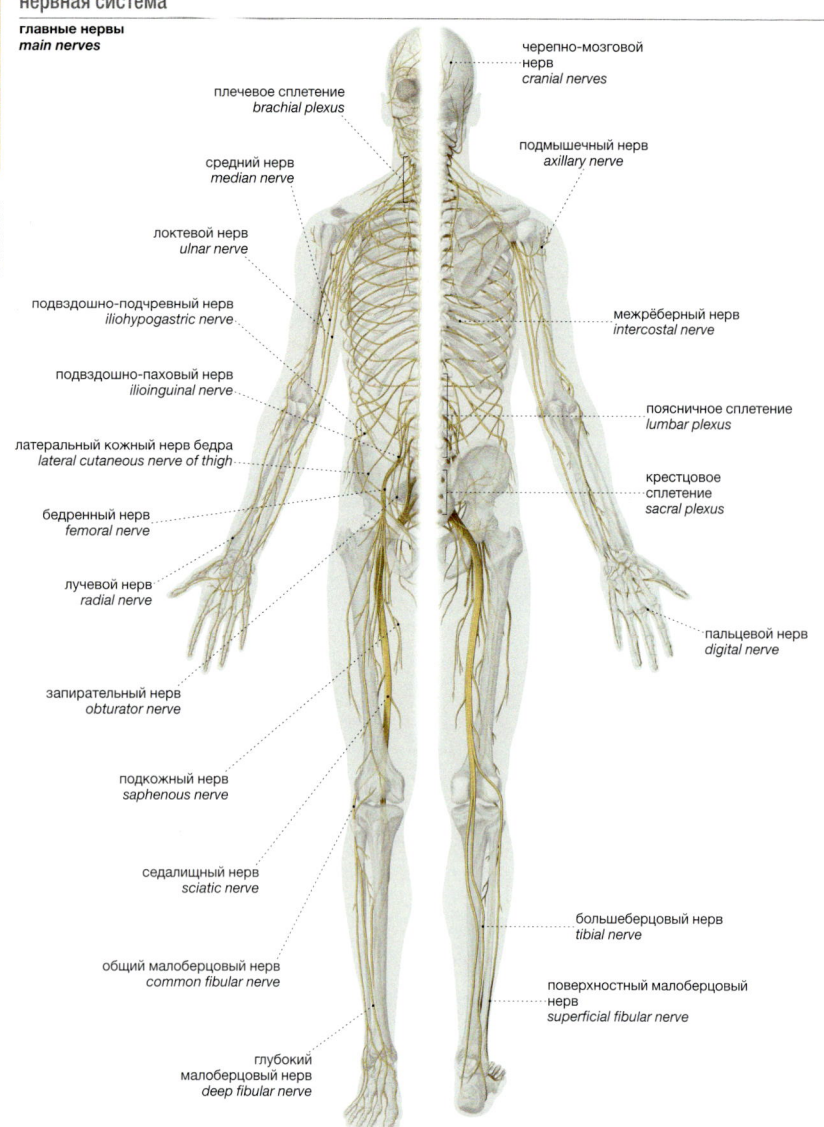

**главные нервы**
*main nerves*

- черепно-мозговой нерв / *cranial nerves*
- плечевое сплетение / *brachial plexus*
- средний нерв / *median nerve*
- подмышечный нерв / *axillary nerve*
- локтевой нерв / *ulnar nerve*
- подвздошно-подчревный нерв / *iliohypogastric nerve*
- межрёберный нерв / *intercostal nerve*
- подвздошно-паховый нерв / *ilioinguinal nerve*
- поясничное сплетение / *lumbar plexus*
- латеральный кожный нерв бедра / *lateral cutaneous nerve of thigh*
- крестцовое сплетение / *sacral plexus*
- бедренный нерв / *femoral nerve*
- лучевой нерв / *radial nerve*
- пальцевой нерв / *digital nerve*
- запирательный нерв / *obturator nerve*
- подкожный нерв / *saphenous nerve*
- седалищный нерв / *sciatic nerve*
- большеберцовый нерв / *tibial nerve*
- общий малоберцовый нерв / *common fibular nerve*
- поверхностный малоберцовый нерв / *superficial fibular nerve*
- глубокий малоберцовый нерв / *deep fibular nerve*

анатомия | anatomy

## нервная система

### мозг / brain

**фронтальный разрез / frontal section**

- головной мозг / cerebrum
- мозолистое тело / corpus callosum
- боковой желудочек / lateral ventricle
- третий желудочек / third ventricle
- гипоталамус / hypothalamus
- белое вещество / white matter
- кора головного мозга / cerebral cortex
- перекрёст зрительных нервов / optic chiasm
- серое вещество / grey matter
- гипофиз / pituitary gland
- мозжечок / cerebellum
- мозговой ствол / brain stem

ЧЕЛОВЕК

### головной мозг: вид сверху / cerebrum: superior view

- левое полушарие / left cerebral hemisphere
- правое полушарие / right cerebral hemisphere
- продольная щель / longitudinal fissure
- извилина / gyrus
- борозда / sulcus

### головной мозг: вид сбоку / cerebrum: lateral view

- теменная доля / parietal lobe
- затылочная доля / occipital lobe
- лобная доля / frontal lobe
- височная доля / temporal lobe
- мозжечок / cerebellum

**анатомия** | anatomy

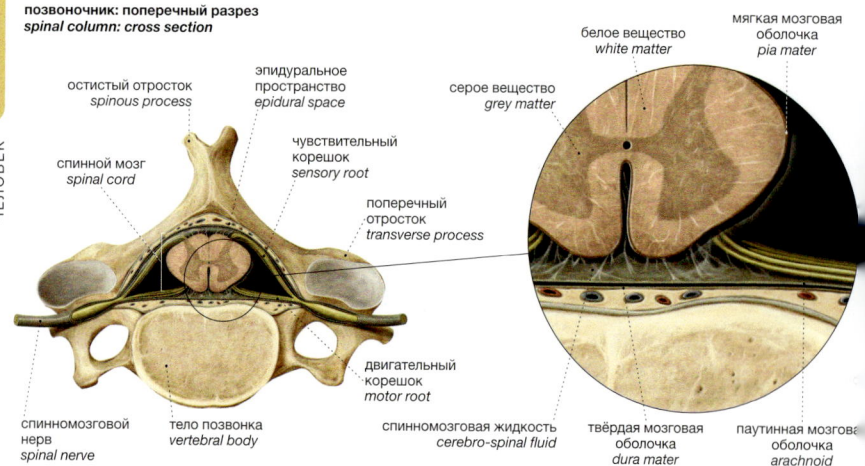

## нервная система

**позвоночник: поперечный разрез**
*spinal column: cross section*

- остистый отросток / *spinous process*
- эпидуральное пространство / *epidural space*
- белое вещество / *white matter*
- мягкая мозговая оболочка / *pia mater*
- серое вещество / *grey matter*
- спинной мозг / *spinal cord*
- чувствительный корешок / *sensory root*
- поперечный отросток / *transverse process*
- спинномозговой нерв / *spinal nerve*
- тело позвонка / *vertebral body*
- двигательный корешок / *motor root*
- спинномозговая жидкость / *cerebro-spinal fluid*
- твёрдая мозговая оболочка / *dura mater*
- паутинная мозговая оболочка / *arachnoid*

## лимфатическая система

*lymphatic system*

**главные органы**
*main organs*

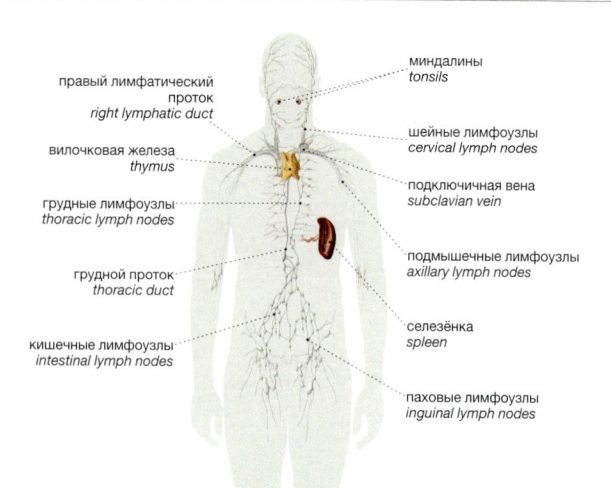

- правый лимфатический проток / *right lymphatic duct*
- вилочковая железа / *thymus*
- грудные лимфоузлы / *thoracic lymph nodes*
- грудной проток / *thoracic duct*
- кишечные лимфоузлы / *intestinal lymph nodes*
- миндалины / *tonsils*
- шейные лимфоузлы / *cervical lymph nodes*
- подключичная вена / *subclavian vein*
- подмышечные лимфоузлы / *axillary lymph nodes*
- селезёнка / *spleen*
- паховые лимфоузлы / *inguinal lymph nodes*
- подколенные лимфоузлы / *popliteal lymph nodes*

ЧЕЛОВЕК

анатомия | anatomy

# репродуктивная система
*reproductive system*

## мужские половые органы
*male genital organs*

**сагиттальный разрез** / *sagittal section*

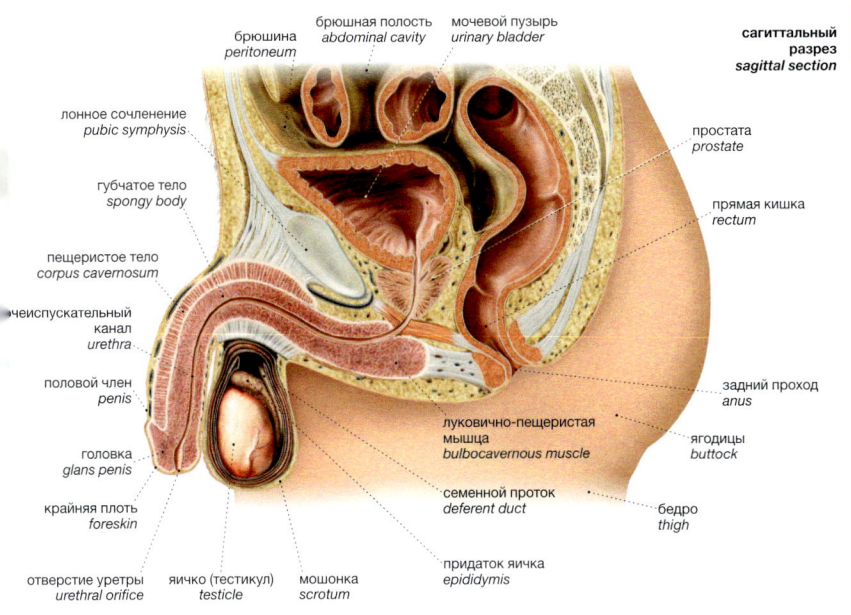

- брюшина / *peritoneum*
- брюшная полость / *abdominal cavity*
- мочевой пузырь / *urinary bladder*
- простата / *prostate*
- прямая кишка / *rectum*
- лонное сочленение / *pubic symphysis*
- губчатое тело / *spongy body*
- пещеристое тело / *corpus cavernosum*
- мочеиспускательный канал / *urethra*
- половой член / *penis*
- головка / *glans penis*
- крайняя плоть / *foreskin*
- отверстие уретры / *urethral orifice*
- яичко (тестикул) / *testicle*
- мошонка / *scrotum*
- луковично-пещеристая мышца / *bulbocavernous muscle*
- семенной проток / *deferent duct*
- придаток яичка / *epididymis*
- задний проход / *anus*
- ягодицы / *buttock*
- бедро / *thigh*

ЧЕЛОВЕК

**сперматозоид** / *spermatozoon*

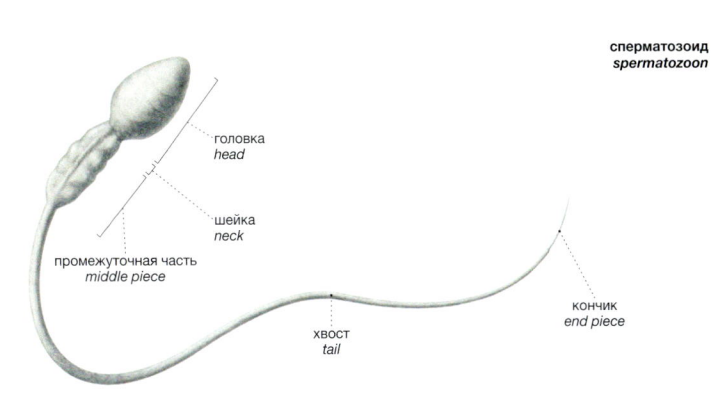

- головка / *head*
- шейка / *neck*
- промежуточная часть / *middle piece*
- хвост / *tail*
- кончик / *end piece*

## репродуктивная система

### женские половые органы
*female genital organs*

**сагиттальный разрез**
*sagittal section*

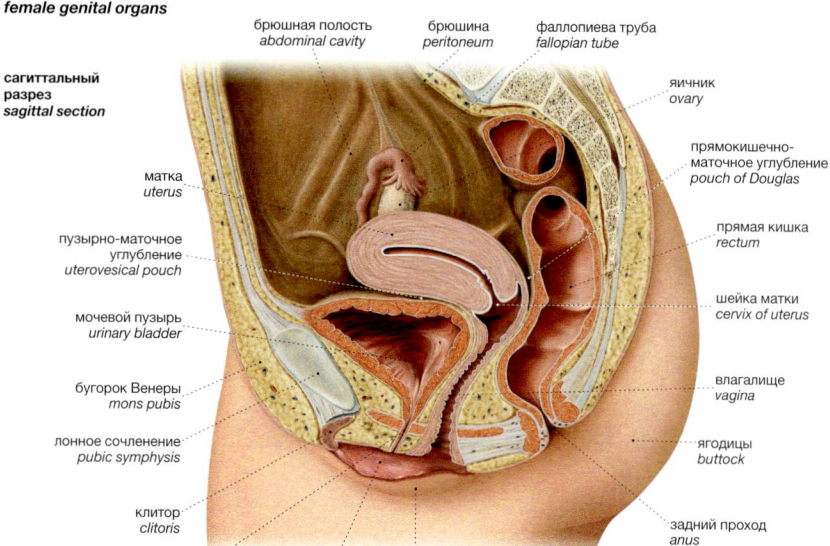

- брюшная полость / *abdominal cavity*
- брюшина / *peritoneum*
- фаллопиева труба / *fallopian tube*
- яичник / *ovary*
- прямокишечно-маточное углубление / *pouch of Douglas*
- матка / *uterus*
- прямая кишка / *rectum*
- пузырно-маточное углубление / *uterovesical pouch*
- шейка матки / *cervix of uterus*
- мочевой пузырь / *urinary bladder*
- влагалище / *vagina*
- бугорок Венеры / *mons pubis*
- ягодицы / *buttock*
- лонное сочленение / *pubic symphysis*
- клитор / *clitoris*
- задний проход / *anus*
- мочеиспускательный канал / *urethra*
- малая губа / *labium minus*
- большая губа / *labium majus*
- бедро / *thigh*

### яйцеклетка
*egg*

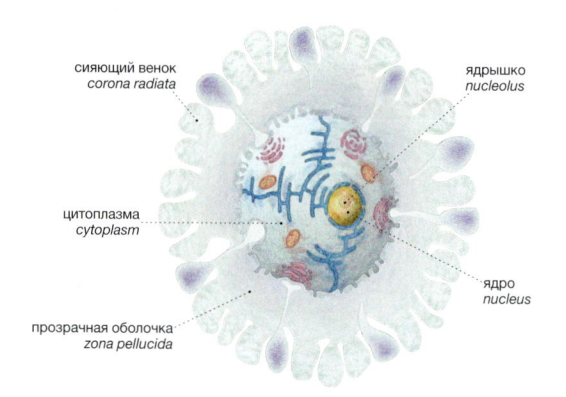

- сияющий венок / *corona radiata*
- ядрышко / *nucleolus*
- цитоплазма / *cytoplasm*
- ядро / *nucleus*
- прозрачная оболочка / *zona pellucida*

анатомия | anatomy

## репродуктивная система

**фронтальный разрез**
*frontal section*

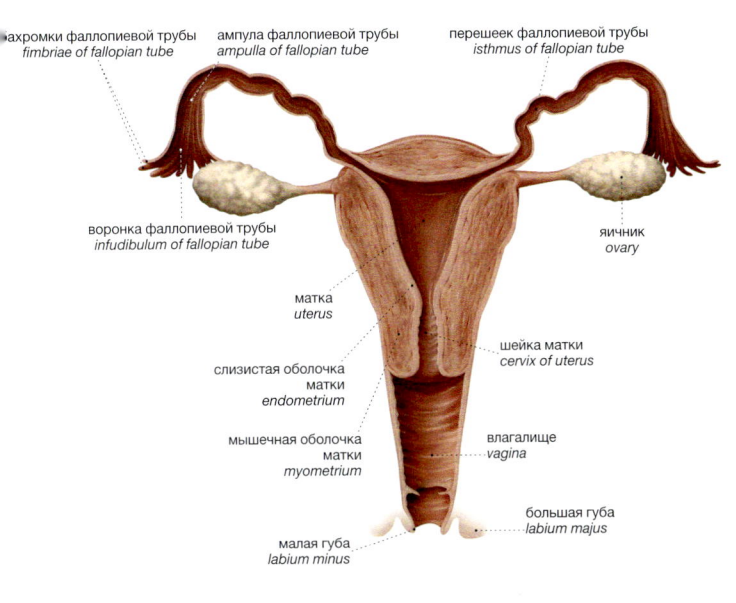

- бахромки фаллопиевой трубы — *fimbriae of fallopian tube*
- ампула фаллопиевой трубы — *ampulla of fallopian tube*
- перешеек фаллопиевой трубы — *isthmus of fallopian tube*
- воронка фаллопиевой трубы — *infudibulum of fallopian tube*
- яичник — *ovary*
- матка — *uterus*
- шейка матки — *cervix of uterus*
- слизистая оболочка матки — *endometrium*
- мышечная оболочка матки — *myometrium*
- влагалище — *vagina*
- большая губа — *labium majus*
- малая губа — *labium minus*

**грудь**
*breast*

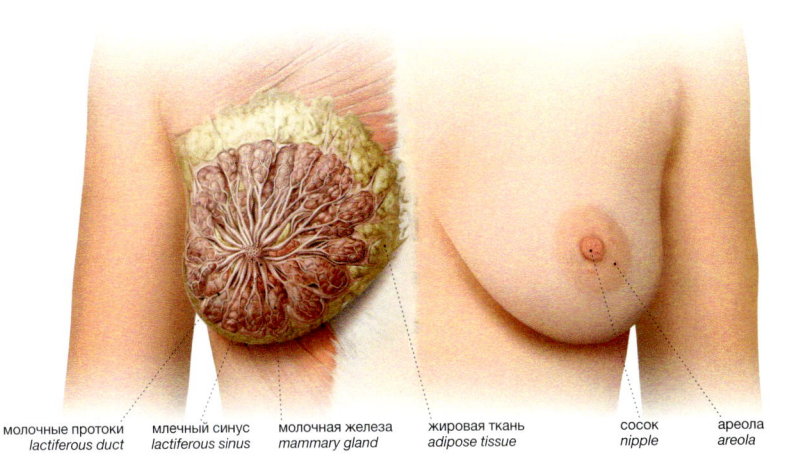

- молочные протоки — *lactiferous duct*
- млечный синус — *lactiferous sinus*
- молочная железа — *mammary gland*
- жировая ткань — *adipose tissue*
- сосок — *nipple*
- ареола — *areola*

ЧЕЛОВЕК

**органы чувств** | sense organs

# органы слуха
*hearing*

**ушная раковина**
*auricle*

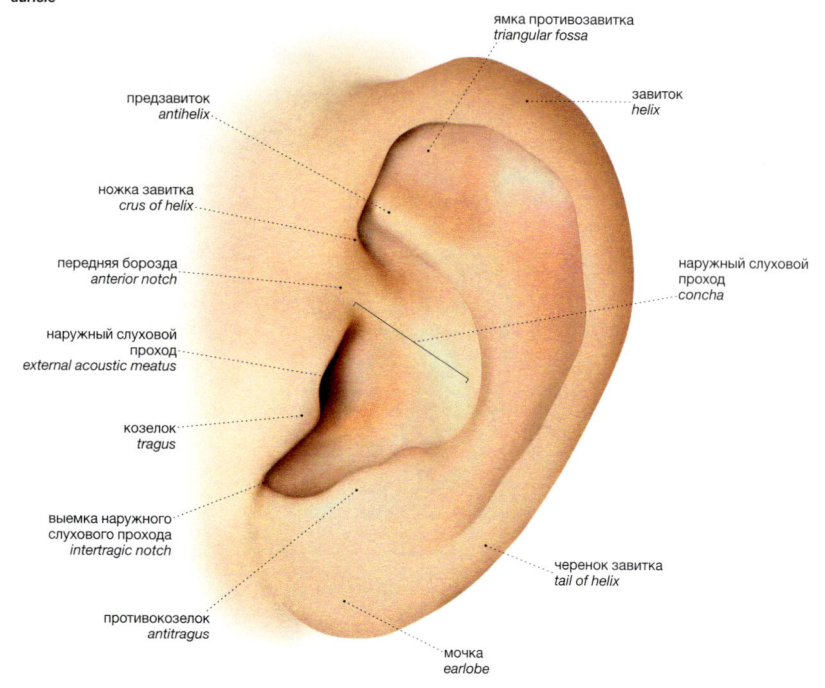

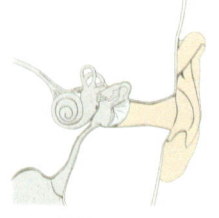

- ямка противозавитка / *triangular fossa*
- завиток / *helix*
- предзавиток / *antihelix*
- ножка завитка / *crus of helix*
- передняя борозда / *anterior notch*
- наружный слуховой проход / *concha*
- наружный слуховой проход / *external acoustic meatus*
- козелок / *tragus*
- выемка наружного слухового прохода / *intertragic notch*
- черенок завитка / *tail of helix*
- противокозелок / *antitragus*
- мочка / *earlobe*

**наружное ухо**
*external ear*

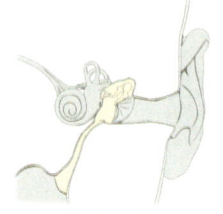

**среднее ухо**
*middle ear*

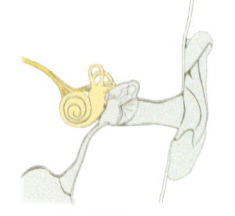

**внутреннее ухо**
*internal ear*

**органы чувств | sense organs**

## органы слуха

### строение уха
### structure of the ear

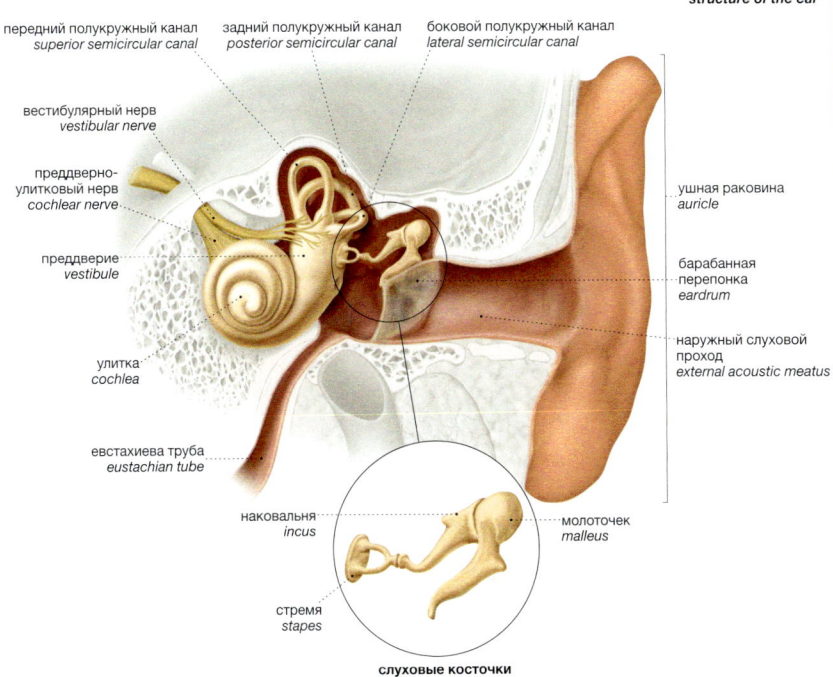

- передний полукружный канал / superior semicircular canal
- задний полукружный канал / posterior semicircular canal
- боковой полукружный канал / lateral semicircular canal
- вестибулярный нерв / vestibular nerve
- преддверно-улитковый нерв / cochlear nerve
- преддверие / vestibule
- улитка / cochlea
- евстахиева труба / eustachian tube
- ушная раковина / auricle
- барабанная перепонка / eardrum
- наружный слуховой проход / external acoustic meatus

ЧЕЛОВЕК

- наковальня / incus
- стремя / stapes
- молоточек / malleus

**слуховые косточки**
**auditory ossicles**

### механизм слуха
### mechanism of hearing

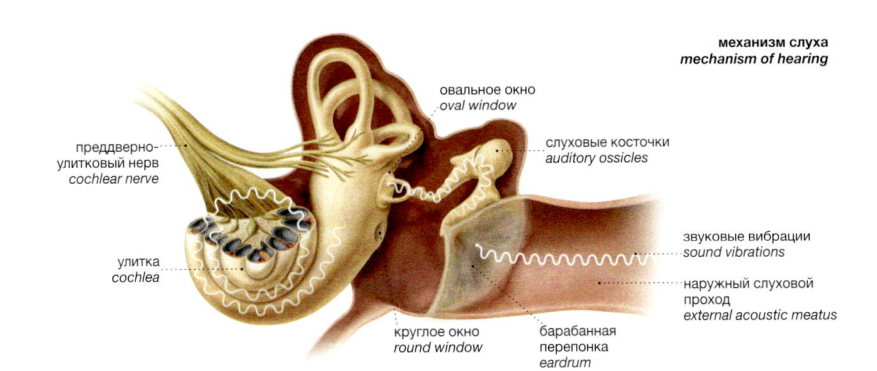

- преддверно-улитковый нерв / cochlear nerve
- улитка / cochlea
- овальное окно / oval window
- слуховые косточки / auditory ossicles
- звуковые вибрации / sound vibrations
- наружный слуховой проход / external acoustic meatus
- круглое окно / round window
- барабанная перепонка / eardrum

130 — органы чувств | sense organs

# органы осязания
*touch*

**кожа**
*skin*

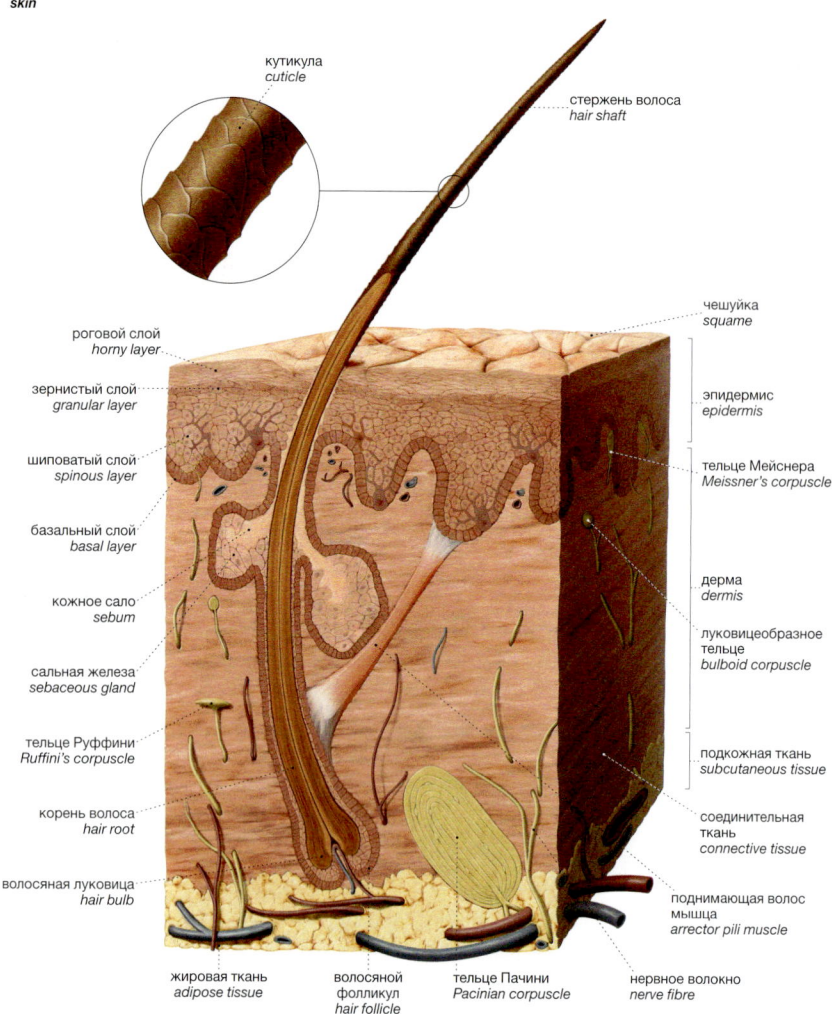

- кутикула / *cuticle*
- стержень волоса / *hair shaft*
- чешуйка / *squame*
- роговой слой / *horny layer*
- зернистый слой / *granular layer*
- шиповатый слой / *spinous layer*
- базальный слой / *basal layer*
- эпидермис / *epidermis*
- тельце Мейснера / *Meissner's corpuscle*
- кожное сало / *sebum*
- сальная железа / *sebaceous gland*
- дерма / *dermis*
- луковицеобразное тельце / *bulboid corpuscle*
- тельце Руффини / *Ruffini's corpuscle*
- корень волоса / *hair root*
- волосяная луковица / *hair bulb*
- подкожная ткань / *subcutaneous tissue*
- соединительная ткань / *connective tissue*
- поднимающая волос мышца / *arrector pili muscle*
- жировая ткань / *adipose tissue*
- волосяной фолликул / *hair follicle*
- тельце Пачини / *Pacinian corpuscle*
- нервное волокно / *nerve fibre*

ЧЕЛОВЕК

органы чувств | sense organs 131

## органы осязания

**кисть руки**
*hand*

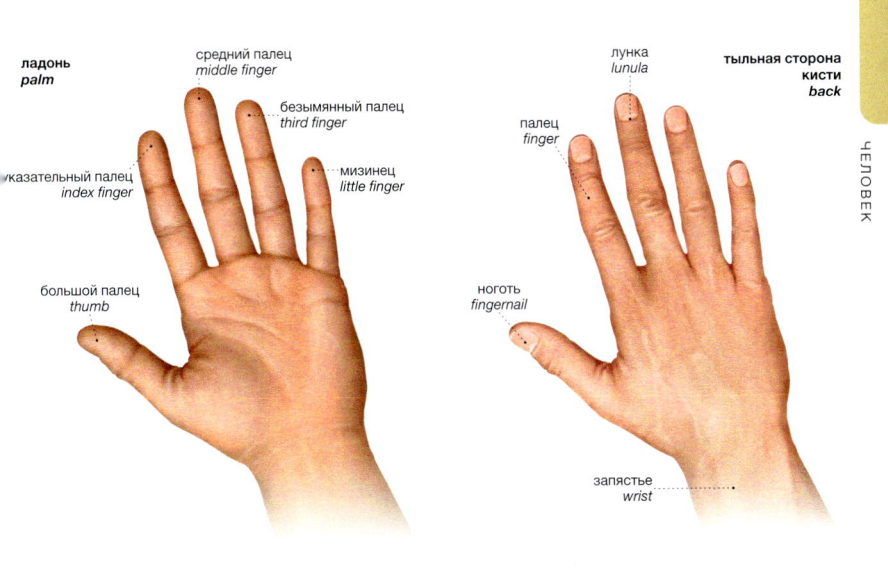

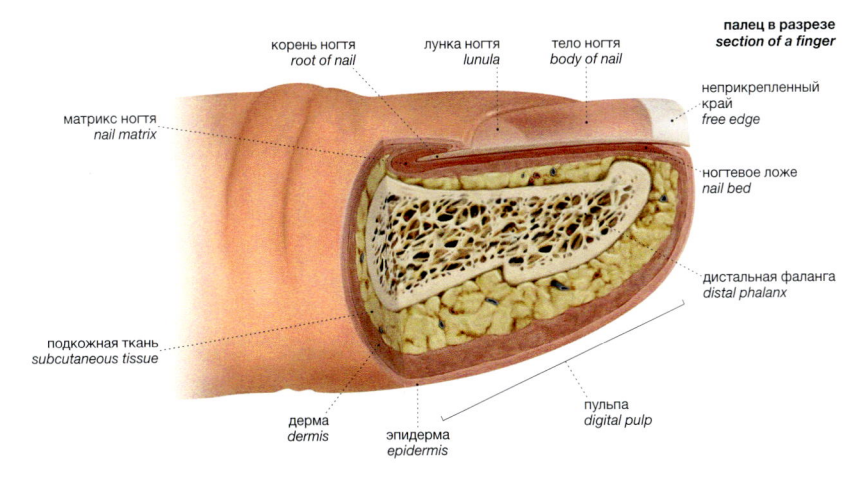

**ладонь** — *palm*

- средний палец / middle finger
- безымянный палец / third finger
- указательный палец / index finger
- мизинец / little finger
- большой палец / thumb

**тыльная сторона кисти** — *back*

- лунка / lunula
- палец / finger
- ноготь / fingernail
- запястье / wrist

**палец в разрезе**
*section of a finger*

- корень ногтя / root of nail
- лунка ногтя / lunula
- тело ногтя / body of nail
- матрикс ногтя / nail matrix
- неприкрепленный край / free edge
- ногтевое ложе / nail bed
- дистальная фаланга / distal phalanx
- подкожная ткань / subcutaneous tissue
- дерма / dermis
- эпидерма / epidermis
- пульпа / digital pulp

ЧЕЛОВЕК

# органы зрения
*sight*

**глаз**
*eye*

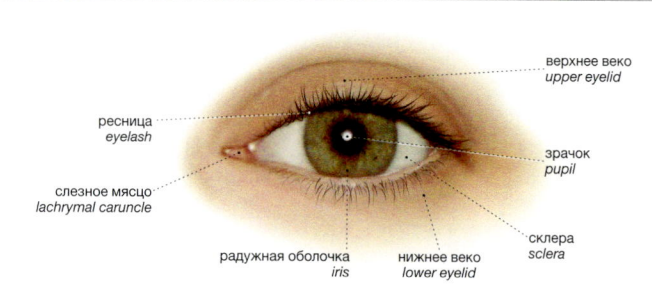

- верхнее веко / *upper eyelid*
- ресница / *eyelash*
- зрачок / *pupil*
- слезное мясцо / *lachrymal caruncle*
- склера / *sclera*
- радужная оболочка / *iris*
- нижнее веко / *lower eyelid*

**глазное яблоко**
*eyeball*

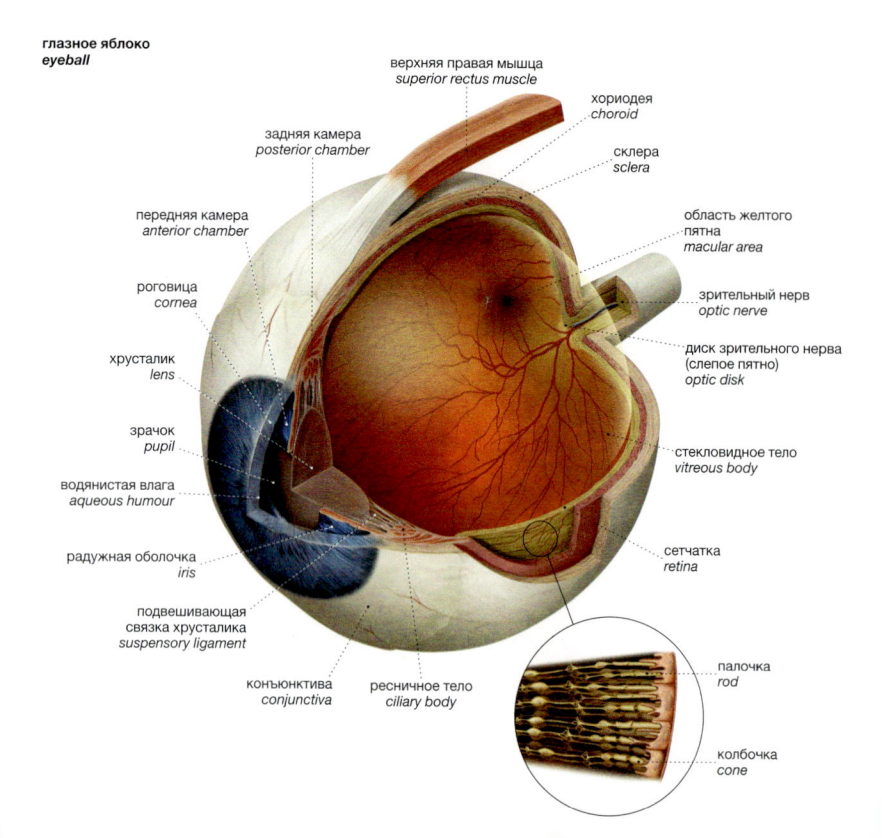

- верхняя правая мышца / *superior rectus muscle*
- хориодея / *choroid*
- задняя камера / *posterior chamber*
- склера / *sclera*
- передняя камера / *anterior chamber*
- область желтого пятна / *macular area*
- роговица / *cornea*
- зрительный нерв / *optic nerve*
- хрусталик / *lens*
- диск зрительного нерва (слепое пятно) / *optic disk*
- зрачок / *pupil*
- водянистая влага / *aqueous humour*
- стекловидное тело / *vitreous body*
- радужная оболочка / *iris*
- сетчатка / *retina*
- подвешивающая связка хрусталика / *suspensory ligament*
- конъюнктива / *conjunctiva*
- ресничное тело / *ciliary body*
- палочка / *rod*
- колбочка / *cone*

органы чувств | sense organs

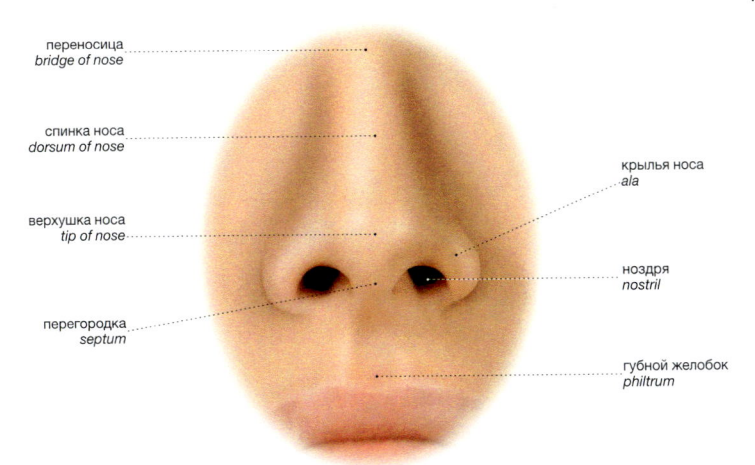

## органы обоняния и вкуса
### smell and taste

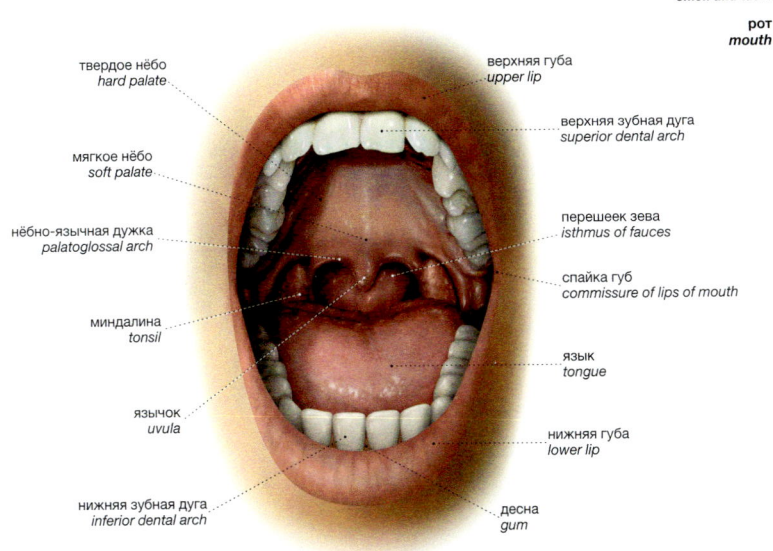

**рот**
*mouth*

- твердое нёбо / hard palate
- мягкое нёбо / soft palate
- нёбно-язычная дужка / palatoglossal arch
- миндалина / tonsil
- язычок / uvula
- нижняя зубная дуга / inferior dental arch
- верхняя губа / upper lip
- верхняя зубная дуга / superior dental arch
- перешеек зева / isthmus of fauces
- спайка губ / commissure of lips of mouth
- язык / tongue
- нижняя губа / lower lip
- десна / gum

**нос**
*nose*

- переносица / bridge of nose
- спинка носа / dorsum of nose
- верхушка носа / tip of nose
- перегородка / septum
- крылья носа / ala
- ноздря / nostril
- губной желобок / philtrum

ЧЕЛОВЕК

## органы обоняния и вкуса

**носовые пазухи**
*nasal cavities*

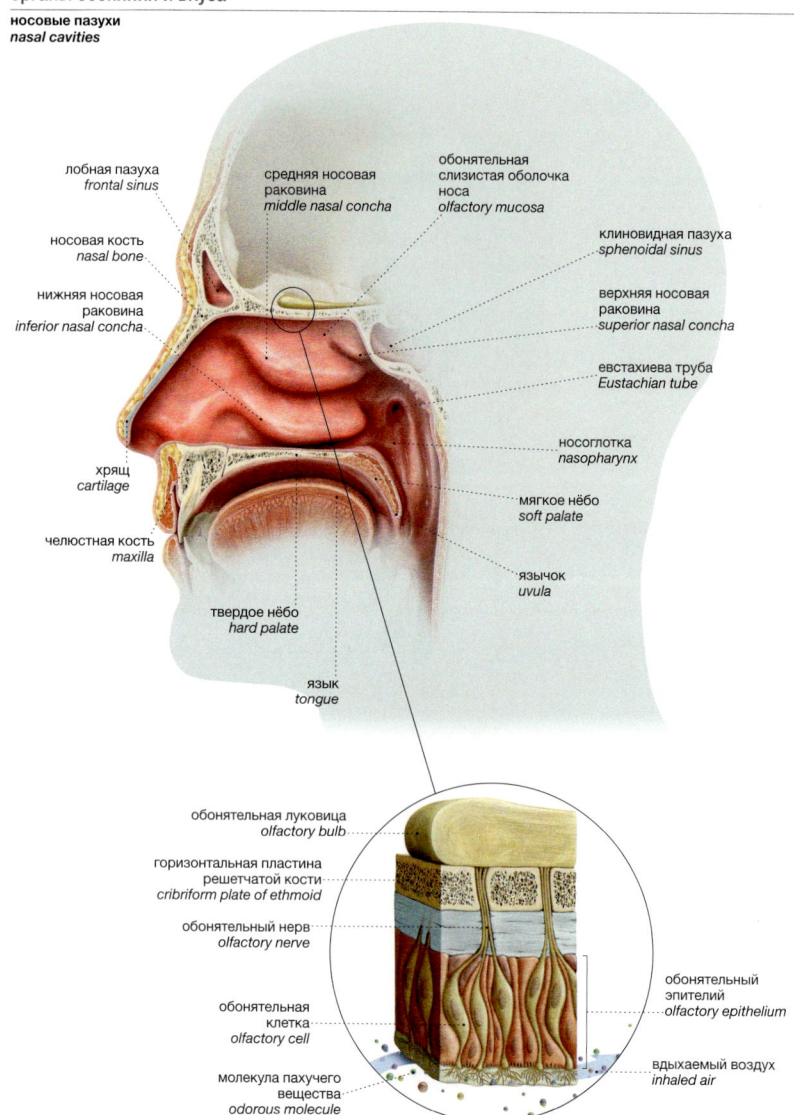

- лобная пазуха / *frontal sinus*
- носовая кость / *nasal bone*
- нижняя носовая раковина / *inferior nasal concha*
- средняя носовая раковина / *middle nasal concha*
- обонятельная слизистая оболочка носа / *olfactory mucosa*
- клиновидная пазуха / *sphenoidal sinus*
- верхняя носовая раковина / *superior nasal concha*
- евстахиева труба / *Eustachian tube*
- носоглотка / *nasopharynx*
- мягкое нёбо / *soft palate*
- язычок / *uvula*
- хрящ / *cartilage*
- челюстная кость / *maxilla*
- твердое нёбо / *hard palate*
- язык / *tongue*

- обонятельная луковица / *olfactory bulb*
- горизонтальная пластина решетчатой кости / *cribriform plate of ethmoid*
- обонятельный нерв / *olfactory nerve*
- обонятельная клетка / *olfactory cell*
- молекула пахучего вещества / *odorous molecule*
- обонятельный эпителий / *olfactory epithelium*
- вдыхаемый воздух / *inhaled air*

**органы чувств | sense organs**

## органы обоняния и вкуса

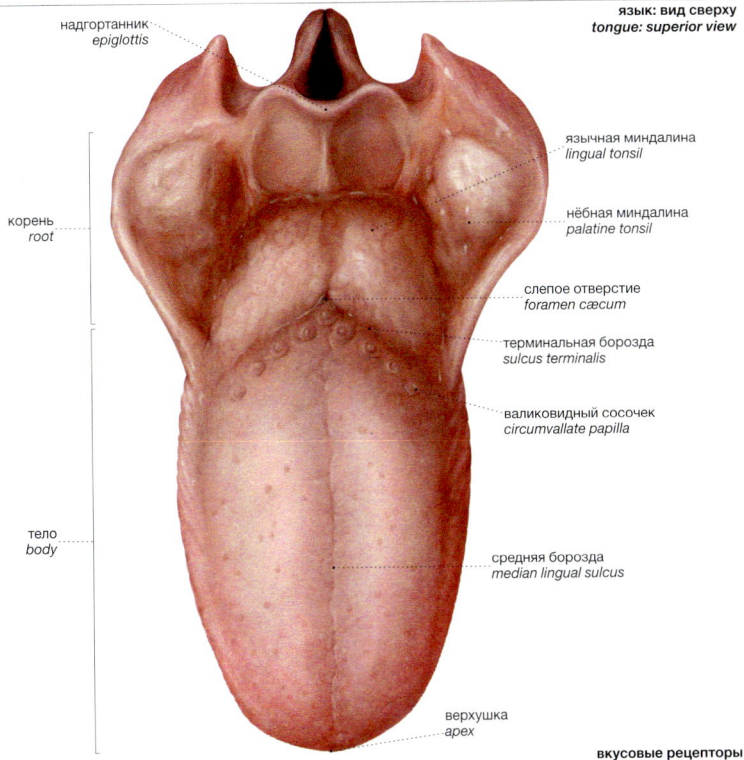

**язык: вид сверху**
*tongue: superior view*

- надгортанник / *epiglottis*
- язычная миндалина / *lingual tonsil*
- нёбная миндалина / *palatine tonsil*
- слепое отверстие / *foramen cæcum*
- терминальная борозда / *sulcus terminalis*
- валиковидный сосочек / *circumvallate papilla*
- средняя борозда / *median lingual sulcus*
- верхушка / *apex*

корень / *root*

тело / *body*

ЧЕЛОВЕК

**вкусовые рецепторы**
*taste receptors*

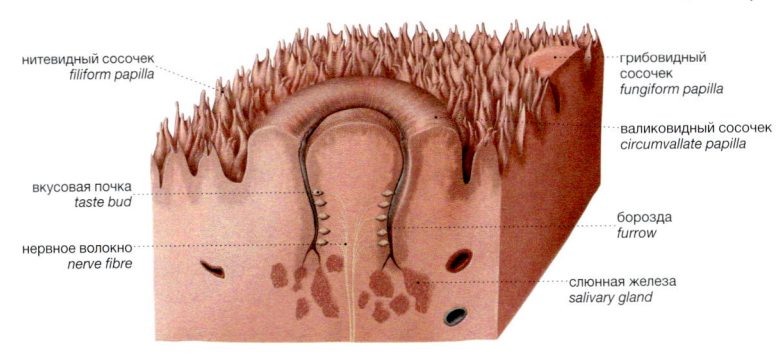

- нитевидный сосочек / *filiform papilla*
- грибовидный сосочек / *fungiform papilla*
- валиковидный сосочек / *circumvallate papilla*
- вкусовая почка / *taste bud*
- борозда / *furrow*
- нервное волокно / *nerve fibre*
- слюнная железа / *salivary gland*

снабжение | supply

# происхождение пищи
*origin of food*

животноводство
*animal husbandry*

сбор
*gathering*

охота
*hunting*

культивация
*cultivation*

рыбалка
*fishing*

пищевая промышленность
*food industry*

супермаркет
*supermarket*

ПИТАНИЕ

снабжение | supply 137

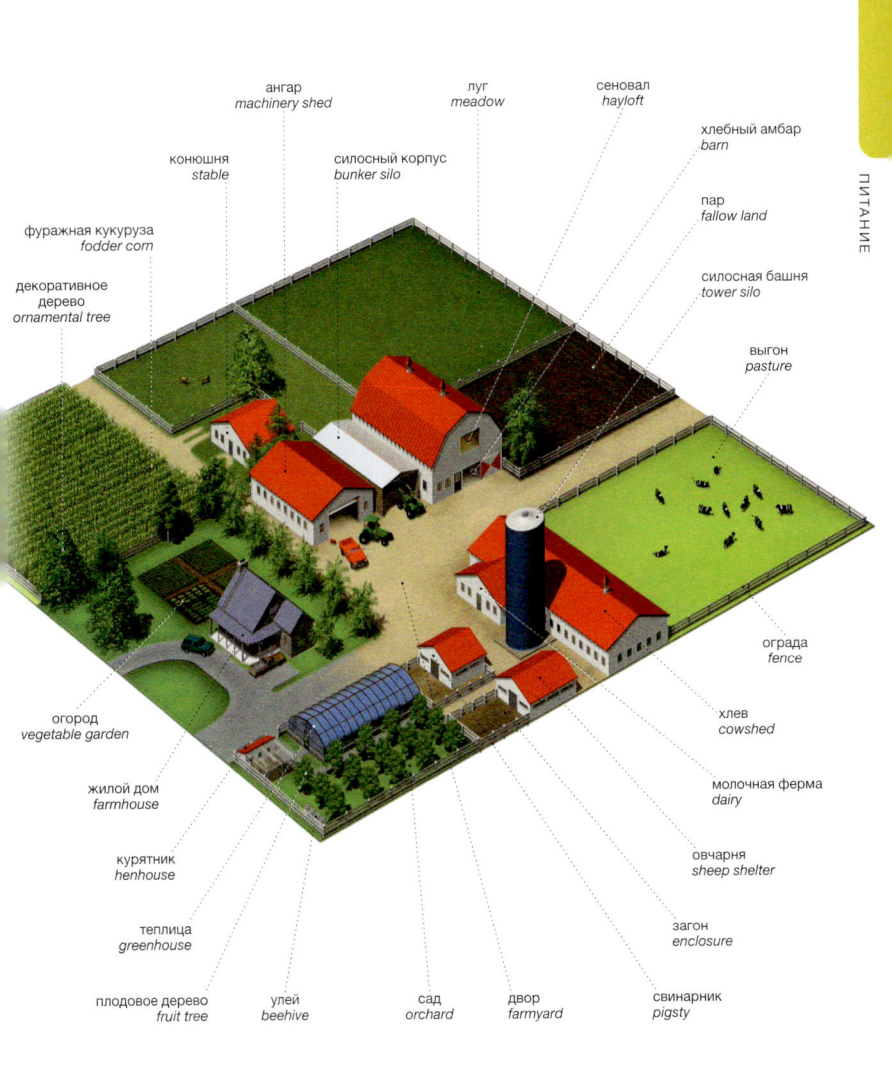

# ферма
*farmstead*

ангар — *machinery shed*
луг — *meadow*
сеновал — *hayloft*
хлебный амбар — *barn*
конюшня — *stable*
силосный корпус — *bunker silo*
пар — *fallow land*
фуражная кукуруза — *fodder corn*
силосная башня — *tower silo*
декоративное дерево — *ornamental tree*
выгон — *pasture*
ограда — *fence*
огород — *vegetable garden*
хлев — *cowshed*
жилой дом — *farmhouse*
молочная ферма — *dairy*
курятник — *henhouse*
овчарня — *sheep shelter*
теплица — *greenhouse*
загон — *enclosure*
плодовое дерево — *fruit tree*
улей — *beehive*
сад — *orchard*
двор — *farmyard*
свинарник — *pigsty*

ПИТАНИЕ

продукты растительного происхождения | plant-derived food

## грибы
*mushrooms*

| трюфель | аурикулярия уховидная | маслёнок | рыжик | опенок зимний |
|---|---|---|---|---|
| *truffle* | *wood ear* | *royal agaric* | *saffron milk cap* | *enoki mushroom* |

| сморчок | вешенка | сыроежка зеленая | белый гриб | шампиньон |
|---|---|---|---|---|
| *morel* | *oyster mushroom* | *green russula* | *porcini* | *cultivated mushroom* |

| шиитаке | лисичка обыкновенная | шампиньон двуспоровый | шампиньон двуспоровый коричневый |
|---|---|---|---|
| *shiitake* | *chanterelle* | *portobello* | *cremini mushroom* |

## водоросли
*seaweed*

| араме | вакаме | комбу | спирулина | ирландский мох |
|---|---|---|---|---|
| *arame* | *wakame* | *kombu* | *spirulina* | *Irish moss* |

| хиджики | морской салат | агар | нори | родимения лапчатая |
|---|---|---|---|---|
| *hijiki* | *sea lettuce* | *agar* | *nori* | *dulse* |

продукты растительного происхождения | plant-derived food

## луковые овощи
*bulb vegetables*

**чилим (водяной орех)**
*water chestnut*

**лук-шалот**
*shallot*

**лук-скорода**
*chive*

**чеснок**
*garlic*

**лук-перо**
*spring onion*

**зеленый лук**
*green onion*

**лук для маринада**
*pickling onion*

**белый лук**
*white onion*

**красный лук**
*red onion*

**репчатый лук**
*yellow onion*

**лук-порей**
*leek*

## клубневые овощи
*tuber vegetables*

**хикама**
*jicama*

**таро**
*taro*

**китайский артишок**
*crosne*

**маниок**
*cassava*

**маланга**
*malanga*

**картофель**
*potato*

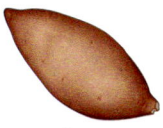

**батат**
*sweet potato*

**топинамбур**
*Jerusalem artichoke*

**ямс**
*sweet potato*

ПИТАНИЕ

продукты растительного происхождения | plant-derived food

# листовые овощи
*leaf vegetables*

**кудрявый эндивий**
*curly endive*

**спаржевый салат**
*celtuce*

**итальянский цикорий**
*radicchio*

**салат айсберг**
*iceberg lettuce*

**ромен-салат**
*cos lettuce*

**эндивий**
*escarole*

**кочанный салат**
*butterhead lettuce*

**листовой салат**
*leaf lettuce*

**листовая капуста**
*collards*

**листовая кудрявая капуста**
*curly kale*

**черешковая капуста**
*pak-choi*

**пекинская капуста**
*pe-tsai*

**брюссельская капуста**
*Brussels sprout*

**катран приморский**
*sea kale*

**декоративная капуста**
*ornamental kale*

продукты растительного происхождения | plant-derived food

## ЛИСТОВЫЕ ОВОЩИ

савойская капуста
*Savoy cabbage*

кочанная капуста зеленая
*green cabbage*

краснокочанная капуста
*red cabbage*

белокочанная капуста
*white cabbage*

шпинат
*spinach*

сурепка
*rocket*

овощная валерианница
*corn salad*

одуванчик
*dandelion*

кресс-салат
*garden cress*

крапива
*nettle*

кресс водяной
*watercress*

портулак
*purslane*

щавель
*garden sorrel*

виноградные листья
*vine leaf*

цикорий салатный
*chicory*

ПИТАНИЕ

## плодовые овощи

*fruit vegetables*

**помидор черри**
*cherry tomato*

**оливки**
*olive*

**острый перец**
*chilli*

**гомбо**
*okra*

**физалис овощной**
*tomatillo*

**сливовидный помидор**
*Italian tomato*

**помидор**
*tomato*

**помидоры черри**
*vine tomato*

**авокадо**
*avocado*

**желтый перец**
*yellow sweet pepper*

**красный перец**
*red sweet pepper*

**зеленый перец**
*green sweet pepper*

**огурец**
*cucumber*

**бессемянный огурец**
*seedless cucumber*

**корнишон**
*gherkin*

**китайская горькая тыква**
*bitter melon*

**китайская зимняя дыня**
*wax gourd*

**баклажан**
*aubergine*

продукты растительного происхождения | plant-derived food

## плодовые овощи

### летние тыквенные
### *summer squashes*

**кабачок желтоплодный**
*straightneck squash*

**крукнек**
*crookneck squash*

**патиссон**
*pattypan squash*

**цукини**
*courgette*

**кабачок**
*marrow squash*

**чайот**
*chayote*

### зимние тыквенные
### *winter squashes*

**тыква обыкновенная**
*pumpkin*

**кабачок спагетти**
*spaghetti squash*

**тыква мускатная**
*acorn squash*

**тыква гигантская**
*buttercup squash*

продукты растительного происхождения | plant-derived food

# стеблевые овощи
*stalk vegetables*

спаржа
*asparagus*

вершок побега
*tip*

лист
*leaf*

побег
*spear*

пучок
*bundle*

листовая свекла (мангольд)
*Swiss chard*

кольраби
*kohlrabi*

фенхель
*fennel*

стебель
*rib*

стебель
*stalk*

испанский артишок
*cardoon*

побег бамбука
*bamboo shoot*

луковица
*bulb*

сельдерей
*celery*

черешок
*branch*

побег папоротника
*fiddlehead fern*

ревень
*rhubarb*

ножка
*head*

продукты растительного происхождения | plant-derived food

## корнеплодные овощи
*root vegetables*

козелец
*salsify*

морковь
*carrot*

черная редька
*black radish*

редис
*radish*

козелец испанский
*black salsify*

хрен
*horseradish*

дайкон
*daikon*

репейник (лопух)
*burdock*

пастернак
*parsnip*

свекла
*beetroot*

репа
*turnip*

корень сельдерея
*celeriac*

брюква
*swede*

## овощи со съедобными соцветиями
*inflorescence vegetables*

цветная капуста
*cauliflower*

брокколи
*broccoli*

китайская брокколи
*gai lan*

итальянская брокколи
*broccoli raab*

артишок
*artichoke*

# бобовые
*legumes*

## различные бобовые
*miscellaneous legumes*

люцерна
*alfalfa*

арахис
*peanut*

чечевица
*lentil*

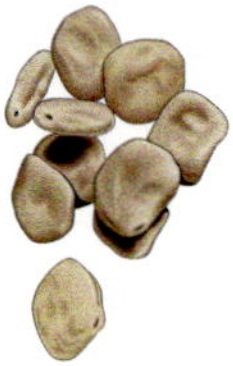

люпин
*lupine*

бобы
*broad bean*

## горох
*peas*

нут
*chickpea*

лущеный горох
*split pea*

зеленый горошек
*green pea*

стручковый горошек
*snow pea*

## вигна
*dolichos beans*

вигна-черноглазка
*black-eyed pea*

египетская вигна
*lablab bean*

спаржевая вигна
*yard-long bean*

продукты растительного происхождения | plant-derived food

## бобовые

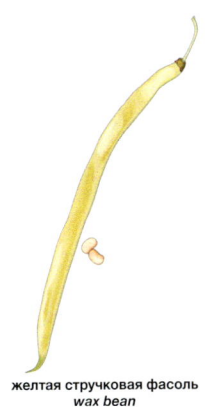

### фасоль | *beans*

зеленая стручковая фасоль
*green bean*

желтая стручковая фасоль
*wax bean*

фасоль-ромен
*roman bean*

фасоль-пинто
*pinto bean*

турецкие бобы
*scarlet runner bean*

фасоль-адзуки
*adzuki bean*

флажолет
*flageolet*

фасоль мунг
*mung bean*

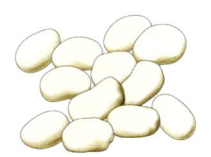

фасоль лима
*Lima bean*

черная фасоль
*black bean*

черный маш
*black gram*

красная фасоль
*red kidney bean*

ПИТАНИЕ

# ПЛОДЫ
*fruits*

**ягоды**
*berries*

| | |
|---|---|
| красная смородина / *redcurrant* |  черная смородина / *blackcurrant* |
|  крыжовник / *gooseberry* |  виноград / *grape* |
|  голубика / *blueberry* |  черника / *bilberry* |
|  брусника / *red whortleberry* |  дереза / *wolfberry* |
|  физалис / *Cape gooseberry* |  клюква / *cranberry* |
|  малина / *raspberry* |  ежевика / *blackberry* |
|  клубника / *strawberry* | |

**косточковые фрукты**
*stone fruits*

- слива / *plum*
- персик / *peach* 
- нектарин / *nectarine* 
- абрикос / *apricot* 
- черешня / *cherry* 
- финик / *date*

продукты растительного происхождения | plant-derived food

## ПЛОДЫ

### орехи
### *dry fruits*

**макадамия**
*macadamia nut*

**гинкго**
*ginkgo nut*

**фисташки**
*pistachio nut*

**кедровый орех**
*pine nut*

**кола**
*cola nut*

**орех пекан**
*pecan nut*

**кешью, или акажу**
*cashew*

**миндаль**
*almond*

**лесной орех**
*hazelnut*

**грецкий орех**
*walnut*

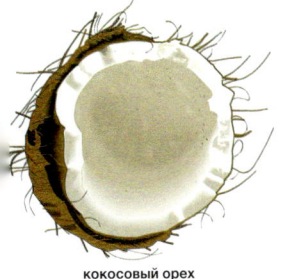

**кокосовый орех**
*coconut*

**каштан**
*chestnut*

**буковый орех**
*beechnut*

**бразильский орех**
*Brazil nut*

### семечковые фрукты
### *pome fruits*

**груша**
*pear*

**айва**
*quince*

**яблоко**
*apple*

**локва**
*loquat*

ПИТАНИЕ

## плоды

**цитрусовые**
*citrus fruits*

клементин
*clementine*

кумкват
*kumquat*

лайм
*lime*

мандарин
*tangerine*

лимон
*lemon*

апельсин
*orange*

красный апельсин
*blood orange*

мандарин
*mandarin*

бергамот
*bergamot*

грейпфрут
*grapefruit*

помело
*pomelo*

цитрон
*citron*

продукты растительного происхождения | plant-derived food

## ПЛОДЫ

### бахчевые культуры
### melons

**канталуп**
*cantaloupe*

**дыня Касаба**
*casaba melon*

**медовая дыня**
*honeydew melon*

**мускусная дыня**
*muskmelon*

**бразильская дыня**
*Canary melon*

**арбуз**
*watermelon*

**дыня Ожен**
*Ogen melon*

ПИТАНИЕ

продукты растительного происхождения | plant-derived food

## плоды

**тропические фрукты**
*tropical fruits*

плантан (кормовой банан)
*plantain*

банан
*banana*

лонган
*longan*

тамарилло
*tamarillo*

маракуйя
*passion fruit*

кивано
*horned melon*

гарциния
*mangosteen*

киви
*kiwi*

гранат
*pomegranate*

черимойя
*cherimoya*

плод хлебного дерева
*jackfruit*

ананас
*pineapple*

продукты растительного происхождения | plant-derived food

## ПЛОДЫ

**джаботикаба** / *jaboticaba*

**личи** / *lychee*

**инжир** / *fig*

**плод зизифуса** / *jujube*

**саподилла** / *sapodilla*

**гуайява** / *guava*

**рамбутан** / *rambutan*

**хурма** / *Japanese persimmon*

**плод кактуса-опунции** / *prickly pear*

**карамбола** / *carambola*

**грушевое яблоко** / *Asian pear*

**манго** / *mango*

**дуриан** / *durian*

**папайя** / *papaya*

**пепино** / *pepino*

**фейхоа** / *feijoa*

ПИТАНИЕ

продукты растительного происхождения | plant-derived food

# пряности

*spices*

| | | | | |
|---|---|---|---|---|
| **ягода можжевельника** *juniper berry* | **гвоздика** *clove* | **ямайский перец** *allspice* | **белая горчица** *white mustard* | **черная горчица** *black mustard* |
| **черный перец** *black pepper* | **белый перец** *white pepper* | **розовый перец** *pink pepper* | **зелёный перец** *green pepper* |  |
| **мускатный орех** *nutmeg* | **тмин обыкновенный** *caraway* | **кардамон** *cardamom* | **корица** *cinnamon* |  |
| **шафран** *saffron* | **тмин** *cumin* | **карри** *curry* | **куркума** *turmeric* | **пажитник** *fenugreek* |

продукты растительного происхождения | plant-derived food

## пряности

| | |
|---|---|
| перец Халапеньо | jalapeño chilli |
| жгучий перец | bird's eye chilli |
| дроблёный перец | crushed chilli |
| сушёный перец | dried chilli |
| кайенский перец | cayenne pepper |
| молотый перец | ground pepper |
| айован душистый | ajowan |
| асафетида | asafœtida |
| гарам масала | garam masala |
| смесь каджунских специй | cajun spice seasoning |
| специи для маринада | marinade spices |
| пять китайских специй | five spice powder |
| приправа чили | chilli powder |
| паприка | paprika |
| рас эль ханут | ras el hanout |
| сумах | sumac |
| мак | poppy seeds |
| имбирь | ginger |

ПИТАНИЕ

продукты растительного происхождения | plant-derived food

# пряные травы
*herbs*

| укроп *dill* | анис *anise* | лавровый лист *bay* | орегано *oregano* | эстрагон *tarragon* |

| базилик *basil* | шалфей *sage* | чабрец *thyme* | мята *mint* |

| петрушка *parsley* | кервель *chervil* | кориандр *coriander* | розмарин *rosemary* |

| иссоп *hyssop* | бурачник *borage* | любисток *lovage* | садовый чабер *savory* | мелисса *lemon balm* |

продукты растительного происхождения | plant-derived food

## злаковые зерна
*cereals*

рис
*rice*

дикий рис
*wild rice*

полба
*spelt wheat*

пшеница
*wheat*

овёс
*oats*

рожь
*rye*

пшено
*millet*

кукуруза
*corn*

ячмень
*barley*

гречка
*buckwheat*

киноа
*quinoa*

амарант
*amaranth*

тритикале
*triticale*

ПИТАНИЕ

продукты растительного происхождения | plant-derived food

# кофе и настои
*coffee and infusions*

**травяные чаи**
*herbal teas*

**липа** / *linden*

**лечебная ромашка** / *chamomile*

**вербена** / *verbena*

**мята** / *mint*

**кофе**
*coffee*

**зелёные зёрна кофе** / *green coffee beans*

**обжаренные зёрна кофе** / *roasted coffee beans*

**молотый кофе** / *ground coffee*

**чай**
*tea*

**зелёный чай** / *green tea*

**чёрный чай** / *black tea*

**чай оолонг** / *oolong tea*

продукты животного происхождения | animal-based food

## МОЛЛЮСКИ

*molluscs*

осьминог
*octopus*

кальмар
*squid*

каракатица
*cuttlefish*

морской гребешок
*scallop*

венерка
**hard-shell clam**

мия (песчаная ракушка)
**soft-shell clam**

морское ушко
**abalone**

королевский морской гребешок
**great scallop**

улитка
**snail**

морское блюдечко
**limpet**

литторина
**common periwinkle**

вонголе
**clam**

сердцевидка
**cockle**

морской черенок
**razor clam**

устрица
**oyster**

тихоокеанская полая устрица
**oyster**

мидия
**blue mussel**

букцинум
**whelk**

ПИТАНИЕ

# ракообразные

*crustaceans*

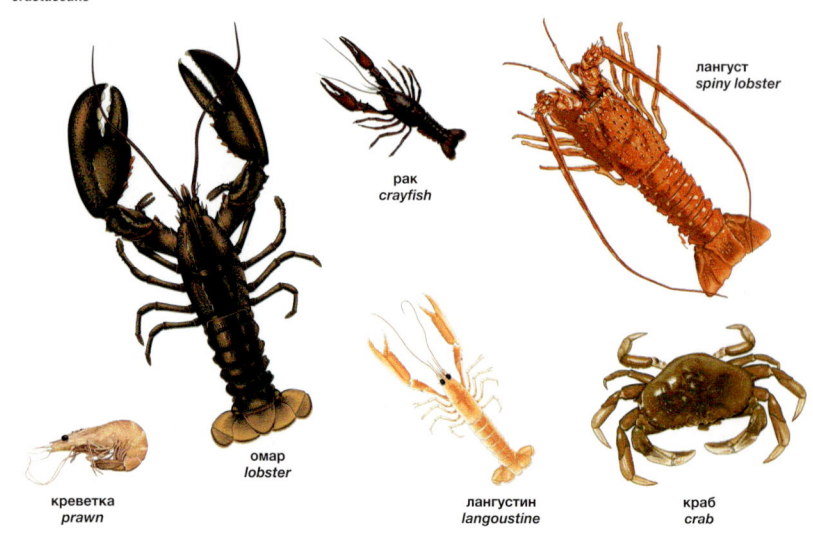

лангуст
*spiny lobster*

рак
*crayfish*

омар
*lobster*

креветка
*prawn*

лангустин
*langoustine*

краб
*crab*

# морская рыба

*sea fishes*

звездчатая кошачья акула
*larger spotted dogfish*

скат
*skate*

кунья акула
*smooth hound*

осётр
*sturgeon*

продукты животного происхождения | animal-based food

## морская рыба

анчоус
*anchovy*

сардина
*sardine*

сельдь
*herring*

корюшка
*smelt*

дорадо
*sea bream*

барабулька
*goatfish*

алоза
*shad*

скумбрия
*mackerel*

морской чёрт
*monkfish*

морской петух-куму
*gurnard*

луфарь
*bluefish*

корифена
*dorado*

меч-рыба
*swordfish*

ПИТАНИЕ

# продукты животного происхождения | animal-based food

## морская рыба

**морской язык**
*sole*

**солнечник**
*John dory*

**камбала обыкновенная**
*common plaice*

**мерлан**
*whiting*

**морской окунь**
*redfish*

**пикша**
*haddock*

**сибас**
*sea bass*

**атлантическая сёмга**
*Atlantic salmon*

**сайда**
*pollack*

**тихоокеанская сёмга**
*Pacific salmon*

**тунец**
*tuna*

**атлантическая треска**
*Atlantic cod*

**палтус**
*halibut*

**тюрбо**
*turbot*

продукты животного происхождения | animal-based food

## пресноводная рыба
*freshwater fishes*

окунь
*bass*

окунь обыкновенный
*perch*

угорь
*eel*

форель
*trout*

карп
*carp*

судак
*pike perch*

тилапия
*tilapia*

голец
*brook char*

щука
*pike*

ПИТАНИЕ

## рыбные продукты
*fish presentation*

| | | | | |
|---|---|---|---|---|
| солёная рыба<br>*salt fish* |  кусок без кожи<br>*tronçon* |  рыбный стейк<br>*fish steak* |  филе<br>*fillet* |  копчёная рыба<br>*smoked fish* |

маринованная рыба
*marinated fish*

ассорти из морепродуктов
*seafood platter*

рыбные консервы
*tinned fish*

## яйца
*eggs*

перепелиное яйцо
*quail egg*

фазанье яйцо
*pheasant egg*

гусиное яйцо
*goose egg*

утиное яйцо
*duck egg*

куриное яйцо
*hen egg*

страусиное яйцо
*ostrich egg*

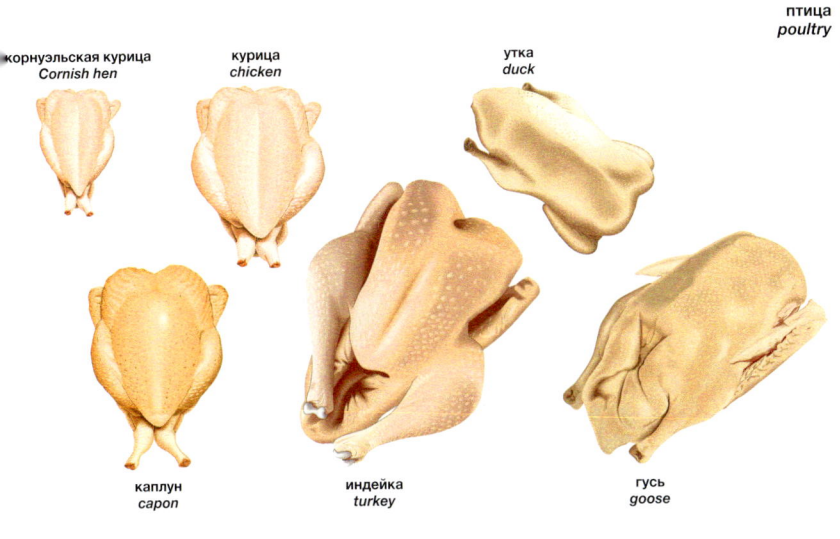

продукты животного происхождения | animal-based food

# МЯСО
*meat*

**птица**
*poultry*

корнуэльская курица — Cornish hen
курица — chicken
утка — duck
каплун — capon
индейка — turkey
гусь — goose

**дичь**
*game*

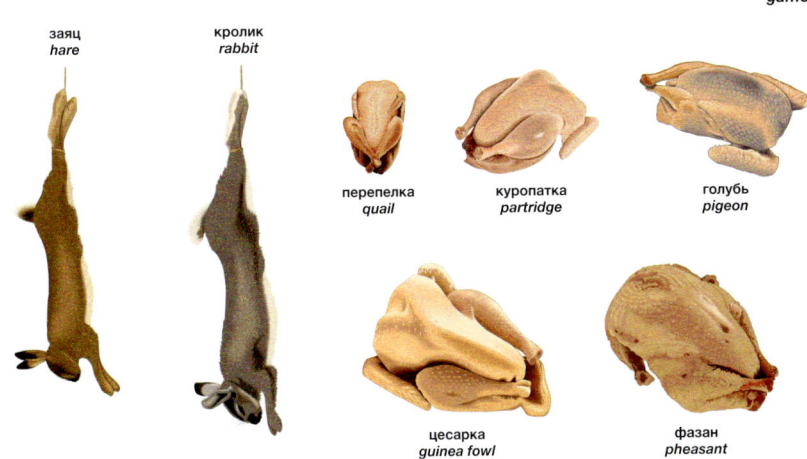

заяц — hare
кролик — rabbit
перепелка — quail
куропатка — partridge
голубь — pigeon
цесарка — guinea fowl
фазан — pheasant

# МЯСО

**разделка говядины**
*cuts of beef*

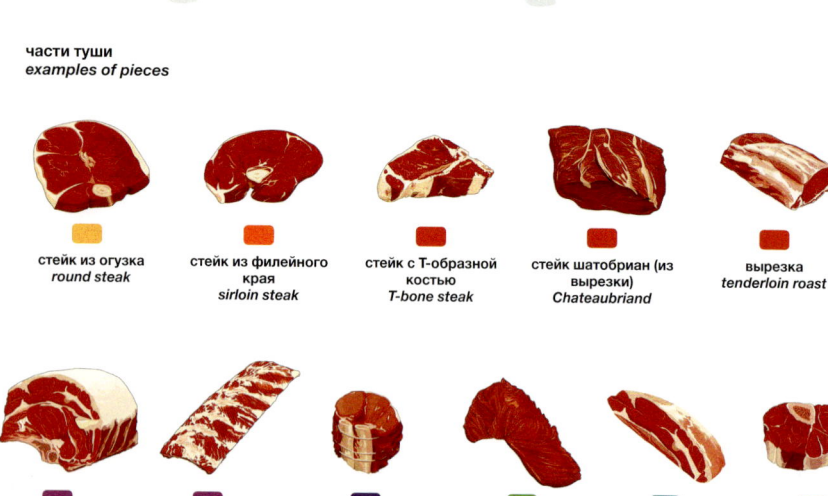

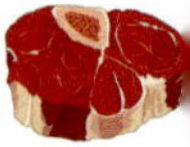

- огузок — *round*
- оковалок — *sirloin*
- филей — *short loin*
- спинная часть — *rib*
- лопаточная часть — *chuck*
- пашина — *flank*
- грудинка — *short plate*
- плечевая часть — *thick rib*
- рулька — *shank*

**части туши**
*examples of pieces*

- стейк из огузка — *round steak*
- стейк из филейного края — *sirloin steak*
- стейк с Т-образной костью — *T-bone steak*
- стейк шатобриан (из вырезки) — *Chateaubriand*
- вырезка — *tenderloin roast*
- край — *rib roast* 
- корейка — *back ribs* 
- стейк из лопаточной части — *cross rib roast*
- стейк из пашины — *flank steak* 
- стейк из грудинки — *skirt steak* 
- рулька — *shank*

продукты животного происхождения | animal-based food

## МЯСО

**разделка телятины**
*cuts of veal*

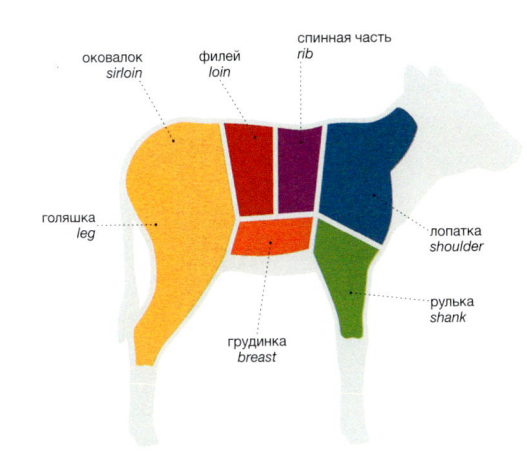

- оковалок / *sirloin*
- филей / *loin*
- спинная часть / *rib*
- голяшка / *leg*
- лопатка / *shoulder*
- рулька / *shank*
- грудинка / *breast*

ПИТАНИЕ

**части туши**
*examples of pieces*

**эскалоп**
*cutlet*

**стейк из огузка**
*round steak*

**отбивная**
*loin chop*

**отбивная на ребрышке**
*rib chop*

**ростбиф из лопаточной части**
*blade roast*

**ростбиф из плечевой части без кости**
*boneless shoulder roast*

**грудинка**
*breast*

**рулька**
*shank*

## мясо

**разделка баранины**
*cuts of lamb*

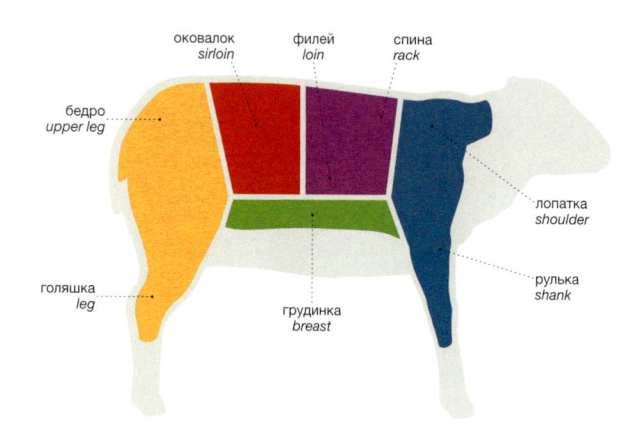

- оковалок — *sirloin*
- филей — *loin*
- спина — *rack*
- бедро — *upper leg*
- лопатка — *shoulder*
- голяшка — *leg*
- грудинка — *breast*
- рулька — *shank*

**части туши**
*examples of pieces*

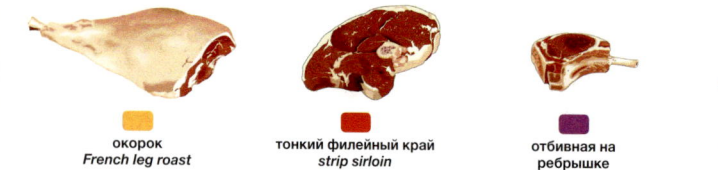

- окорок — *French leg roast*
- тонкий филейный край — *strip sirloin*
- отбивная на ребрышке — *rib chop*
- бараньи рёбрышки — *rack of lamb* 
- рулька — *shank* 
- рулет из лопатки — *rolled shoulder* 
- рулет из грудинки — *rolled breast*

продукты животного происхождения | animal-based food

## МЯСО

**разделка свинины**
*cuts of pork*

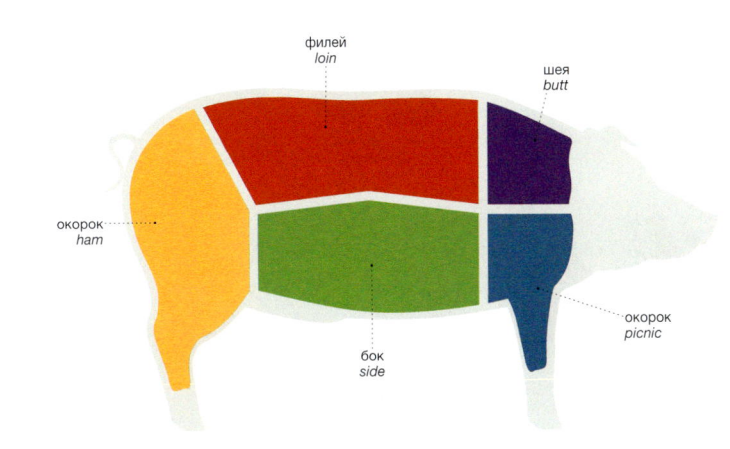

филей — *loin*
шея — *butt*
окорок — *ham*
окорок — *picnic*
бок — *side*

**части туши**
*examples of pieces*

копчёный окорок — *smoked ham*

рулька — *hock*

отбивная — *loin chop*

филейная вырезка — *tenderloin*

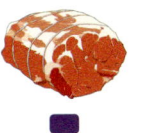

рулет из лопатки — *rolled shoulder*

рёбрышки — *spareribs*

копчёный окорок — *smoked picnic roast*

ПИТАНИЕ

# МЯСО

## мясные продукты
*meat presentation*

| | | | | |
|---|---|---|---|---|
| мясной фарш<br>*minced meat* | тефтели<br>*meatballs* | медальоны<br>*médaillons* | турнедо<br>*tournedos* | филейная вырезка<br>*short tenderloin* |
| длинное филе<br>*aiguillette* | стейк из огузка<br>*round steak* | попьет<br>*paupiette* | бифштекс<br>*steak* | кусочки<br>*cubes* |

## субпродукты
*offal*

| | | | | |
|---|---|---|---|---|
| костный мозг<br>*marrow* | сладкое мясо<br>*sweetbreads* | сердце<br>*heart* | печень<br>*liver* | язык<br>*tongue* |
| почки<br>*kidney* | мозги<br>*brains* | требуха<br>*tripe* | | |

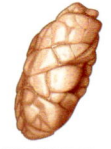

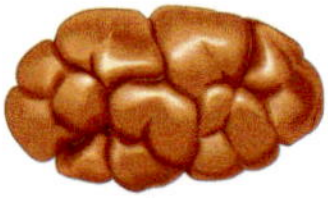

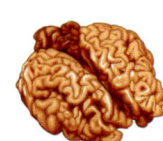

бакалейные товары | processed foods

## колбасные изделия

*delicatessen*

| | | | | |
|---|---|---|---|---|
| мортаделла<br>*mortadella* |  полукопчёная колбаса<br>*kielbasa* | 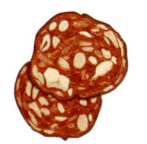 генуэзская салями<br>*Genoa salami* |  гусиная печёнка<br>*foie gras* |  паштет<br>*rillettes* |
|  немецкая салями<br>*German salami* |  кровяная колбаса<br>*black pudding* |  свиная колбаса<br>*white pudding* |  пепперони<br>*pepperoni* |  чоризо<br>*chorizo* |
|  тулузские сосиски<br>*Toulouse sausage* |  сосиски мергез<br>*merguez* | андуйет<br>*andouillette* |  колбаски чиполата<br>*chipolata* |  франкфуртские сосиски<br>*frankfurter* |
|  панчетта<br>*pancetta* | 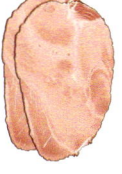 вареный окорок<br>*cooked ham* |  прошутто (пармская ветчина)<br>*prosciutto* |  канадский бекон<br>*Canadian bacon* |  американский бекон<br>*American bacon* |

ПИТАНИЕ

бакалейные товары | processed foods

# продукты из злаков
*cereal products*

**мука и пшеничная крупа**
*flour and semolina*

| пшеничная крупа | мука обыкновенная | пшеничная мука с отрубями | неотбеленная мука | кукурузная мука |
|---|---|---|---|---|
| *semolina* | *plain flour* | *whole wheat flour* | *unbleached flour* | *corn-flour* |

| зародыши пшеницы | кускус | булгур | гречневая мука | овсяная мука |
|---|---|---|---|---|
| *wheatgerm* | *couscous* | *bulgar* | *buckwheat flour* | *oat flour* |

**хлеб**
*bread*

| наан | чапати | тортилья | пита |
|---|---|---|---|
| *nan* | *chapati* | *tortilla* | *pitta bread* |

| маца | датский ржаной хлеб | деревенский хлеб | русский ржаной хлеб |
|---|---|---|---|
| *unleavened bread* | *Danish rye bread* | *farmhouse loaf* | *Russian black bread* |

бакалейные товары | processed foods

## продукты из злаков

**бублик**
*bagel*

**ржаной хлеб**
*black bread*

**парижский батон**
*French bread*

**багет**
*baguette*

**багет-колос**
*ear loaf*

**хала**
*challah*

**круассан**
*croissant*

**кукурузный хлеб**
*cornbread*

**хлеб с отрубями**
*wholemeal bread*

**хлеб из нескольких злаков**
*multigrain bread*

**немецкий ржаной хлеб**
*German rye bread*

**сдобный хлеб**
*egg bread*

**формовой хлеб**
*batch bread*

**ирландский хлеб**
*Irish soda bread*

**греческий хлеб**
*Greek bread*

**панировочные сухари**
*breadcrumbs*

**пшеничный хлеб**
*white bread*

**ржаные хрустящие хлебцы**
*rye crispbread*

**хрустящие хлебцы**
*crispbread*

**лаваш**
*filo*

ПИТАНИЕ

## молочные продукты
*dairy products*

йогурт
*yogurt*

топлёное масло
*ghee*

сливочное масло
*butter*

### сливки
*cream*

сливки для взбивания
*whipping cream*

сметана
*sour cream*

### молоко
*milk*

коровье молоко
*cow's milk*

козье молоко
*goat's milk*

### виды молока
*milk forms*

гомогенизированное молоко
*homogenized milk*

пахта (обезжиренные сливки)
*buttermilk*

концентрированное молоко
*evaporated milk*

порошковое молоко
*powdered milk*

### козьи сыры
*goat's-milk cheeses*

козий сыр
*chèvre*

фета
*feta*

кротен-де-Шавиньоль
*Crottin de Chavignol*

### творожистые сыры
*fresh cheeses*

творог
*cottage cheese*

моццарелла
*mozzarella*

рикотта
*ricotta*

сливочный сыр
*cream cheese*

бакалейные товары | processed foods

## молочные продукты

### твёрдые сыры
### *pressed cheeses*

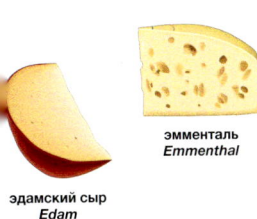

эмменталь
*Emmenthal*

романо
*Romano*

раклет
*Raclette*

гауда
*Gouda*

эдамский сыр
*Edam*

грюйер
*Gruyère*

ярлсберг
*Jarlsberg*

сыр ока
*Oka cheese*

пармезан
*Parmesan*

чеддер
*Cheddar*

### сыры с голубой плесенью
### *blue-veined cheeses*

рокфор
*Roquefort*

стилтон
*Stilton*

датский голубой сыр
*Danish Blue*

горгонцола
*Gorgonzola*

### мягкие сыры
### *soft cheeses*

пон л'Эвек
*Pont-l'Évêque*

куломье
*Coulommiers*

мюнстер
*Munster*

камамбер
*Camembert*

бри
*Brie*

# макаронные изделия
*pasta*

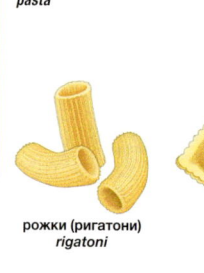

рожки (ригатони)
*rigatoni*

равиоли
*ravioli*

ракушки
*conchiglie*

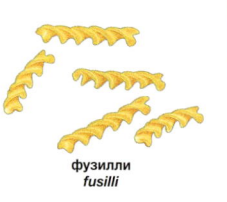

фузилли
*fusilli*

спагетти
*spaghetti*

дитали
*ditali*

ротини
*rotini*

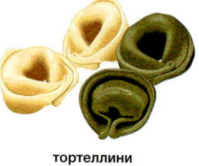

тортеллини
*tortellini*

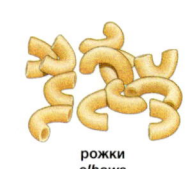

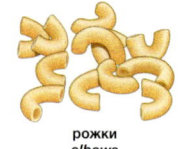

рожки
*elbows*

перья (пенне)
*penne*

каннеллони
*cannelloni*

спагеттини
*spaghettini*

лазанья
*lasagne*

клёцки (ньокки)
*gnocchi*

длинная лапша (тальятелле) со шпинатом
*spinach tagliatelle*

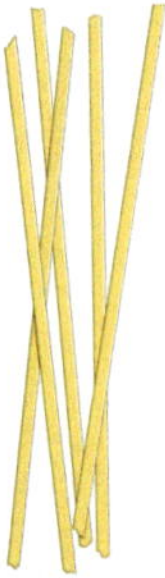

феттучине
*fettucine*

бакалейные товары | processed foods

# азиатская лапша
## Asian noodles

соба (гречневая лапша)
*soba*

лапша сомен
*somen noodles*

удон
*udon*

рисовые лепешки
*rice papers*

рисовая лапша
*rice noodles*

ПИТАНИЕ

бобовая лапша
*bean threads*

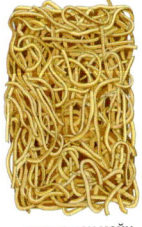

лапша чоу мейн
*chow mein noodles*

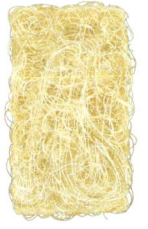

рисовая вермишель
*rice vermicelli*

вонтоны
*wonton*

лапша быстрого приготовления
*ramen*

# рис
## rice

белый рис
*white rice*

неочищенный рис
*brown rice*

пропаренный рис
*parboiled rice*

рис басмати
*basmati rice*

## соевые продукты
*soybean products*

соя
*soybeans*

соевое молоко
*soybean milk*

соевое масло
*soybean oil*

ростки сои
*soybean sprouts*

соевый творог (тофу)
*tofu*

## масла и жиры
*fats and oils*

кукурузное масло
*corn oil*

оливковое масло
*olive oil*

подсолнечное масло
*sunflower-seed oil*

арахисовое масло
*peanut oil*

кунжутное масло
*sesame oil*

топлёное свиное сало
*shortening*

свиное сало
*lard*

маргарин
*margarine*

бакалейные товары | processed foods

## сахар
*sugar*

| сахарный песок | сахарная пудра | мелкий сахар | патока | кукурузный сироп |
|---|---|---|---|---|
| *granulated sugar* | *powdered sugar* | *caster sugar* | *molasses* | *corn syrup* |

| ванильный сахар | коричневый сахар | мёд | кленовый сироп | сахар-кандис |
|---|---|---|---|---|
| *vanilla sugar* | *brown sugar* | *honey* | *maple syrup* | *rock candy* |

## шоколад
*chocolate*

| тёмный шоколад | молочный шоколад | белый шоколад | какао |
|---|---|---|---|
| *dark chocolate* | *milk chocolate* | *white chocolate* | *cocoa* |

ПИТАНИЕ

# приправы
*condiments*

соус Табаско
*Tabasco® sauce*

мисо
*miso*

вустерширский соус
*Worcestershire sauce*

каперсы
*caper*

экстракт ванили
*vanilla extract*

тамариндовый мармелад
*tamarind paste*

томатный концентрат
*tomato paste*

томатная паста
*tomato coulis*

хумус
*hummus*

тахинная паста
*tahini*

соус хойсин
*hoisin sauce*

соевый соус
*soy sauce*

релиш (фруктово-овощная приправа)
*relish*

горчичный порошок
*mustard powder*

дижонская горчица
*Dijon mustard*

немецкая горчица
*German mustard*

английская горчица
*English mustard*

американская горчица
*American mustard*

горчица по-старинному
*wholegrain mustard*

бакалейные товары | processed foods

**181**

## приправы

кетчуп
*ketchup*

сливовый соус
*plum sauce*

чатни из манго
*mango chutney*

харисса
*harissa*

самбал олек
*sambal oelek*

ПИТАНИЕ

соус чили
*chilli sauce*

васаби
*wasabi*

мелкая соль
*table salt*

крупная соль
*coarse salt*

морская соль
*sea salt*

белый бальзамический уксус
*white balsamic vinegar*

солодовый уксус
*malt vinegar*

рисовый уксус
*rice vinegar*

бальзамический уксус
*balsamic vinegar*

яблочный уксус
*cider vinegar*

винный уксус
*wine vinegar*

белый уксус
*white vinegar*

# пищевые продукты
*food presentation*

## упаковка
*wrap and lining*

**пергаментная бумага**
*parchment paper*

**фольга**
*aluminium foil*

**вощеная бумага**
*waxed paper*

**пищевая плёнка**
*cling film*

## контейнер
*container*

**пластиковый пищевой контейнер**
*plastic food container*

**термически закрывающаяся крышка**
*heat-sealed film*

**баночка**
*cup*

**пакетик**
*pouch*

**ящичек**
*small crate*

**ящик**
*small open crate*

**сетка**
*mesh bag*

**банки для продуктов**
*canisters*

**коробка для яиц**
*egg carton*

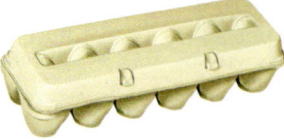

**пищевой бизнес | food business**

## пищевые продукты

**пакет для закусок**
*snack bag*

**пакет для сэндвичей**
*sandwich bag*

**пакет для овощей**
*vegetable bag*

**пакет для замораживания**
*freezer bag*

**консервная банка**
*tin*

**стеклянная бутылка**
*glass bottle*

винтовая крышка
*screw cap*

**пачка**
*package*

**банка для консервирования**
*mason jar*

**тюбик**
*tube*

**упаковка**
*multipack*

кольцо
*ring pull*

**пакет**
*drink box*

**банка для напитков**
*beverage can*

верхняя часть упаковки
*gabletop*

соломинка
*straw*

**чашечка для масла**
*butter cup*

**чайный пакетик**
*teabag*

**коробка для сыра**
*cheese box*

**картонный пакет**
*carton*

**пакет**
*small carton*

**чашечка для молока/сливок**
*milk/cream cup*

**поднос для еды**
*food tray*

**пакет**
*brick carton*

ПИТАНИЕ

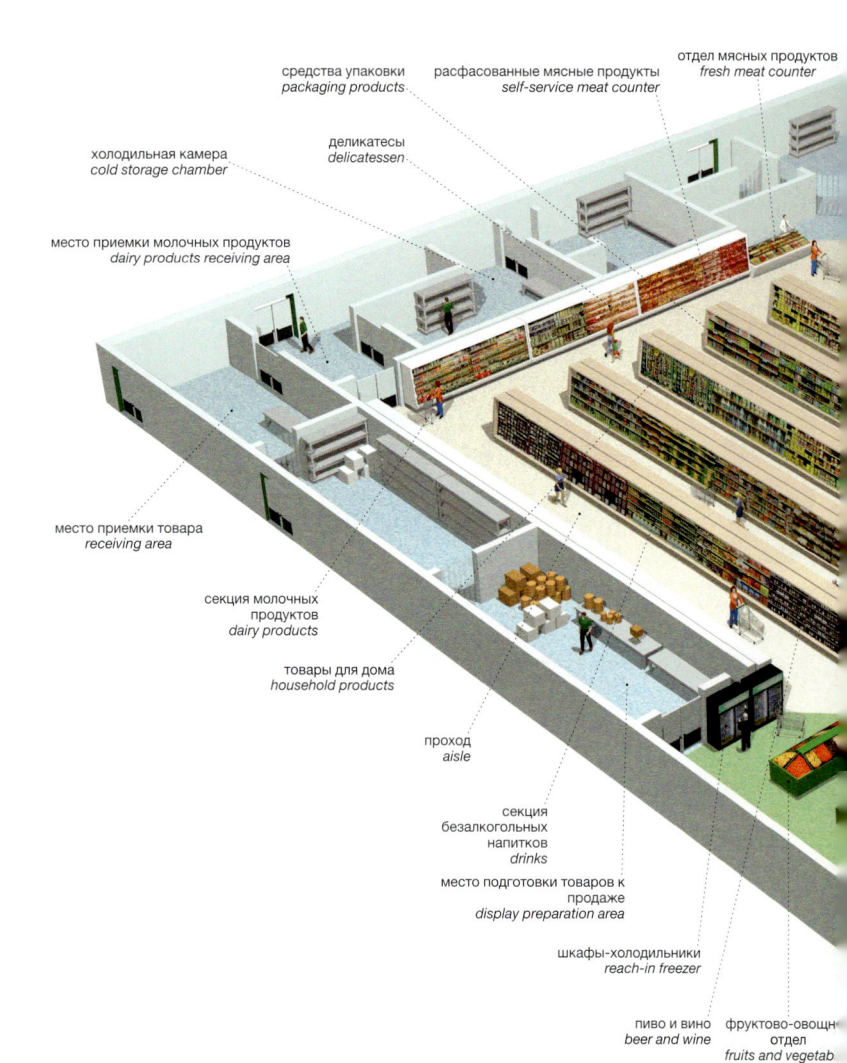

# супермаркет
*supermarket*

средства упаковки / packaging products

расфасованные мясные продукты / self-service meat counter

отдел мясных продуктов / fresh meat counter

холодильная камера / cold storage chamber

деликатесы / delicatessen

место приемки молочных продуктов / dairy products receiving area

место приемки товара / receiving area

секция молочных продуктов / dairy products

товары для дома / household products

проход / aisle

секция безалкогольных напитков / drinks

место подготовки товаров к продаже / display preparation area

шкафы-холодильники / reach-in freezer

пиво и вино / beer and wine

фруктово-овощной отдел / fruits and vegetab

пищевой бизнес | food business

## супермаркет

холодильная камера / cold storage chamber
рыбный отдел / seafood
стеллаж / gondola
секция готовых продуктов / convenience food
отдел сыров / cheese counter
склад замороженных продуктов / frozen food storage
секция замороженных продуктов / frozen foods
кулинария / catering foods
отдел хлебобулочных изделий / bakery
секция товаров для домашних животных / pet food and supplies
парфюмерия и косметика / health and beauty care
кассы / checkouts
тележки / shopping trolleys
витрина в конце прохода / aisle-end display
консервы / canned goods

ПИТАНИЕ

### касса / checkout

кассовый аппарат / cash register
кассир / cashier
терминал электронной оплаты / electronic payment terminal
пакеты для покупок / carrier bags
считывающее устройство / optical scanner
упаковщик / packer

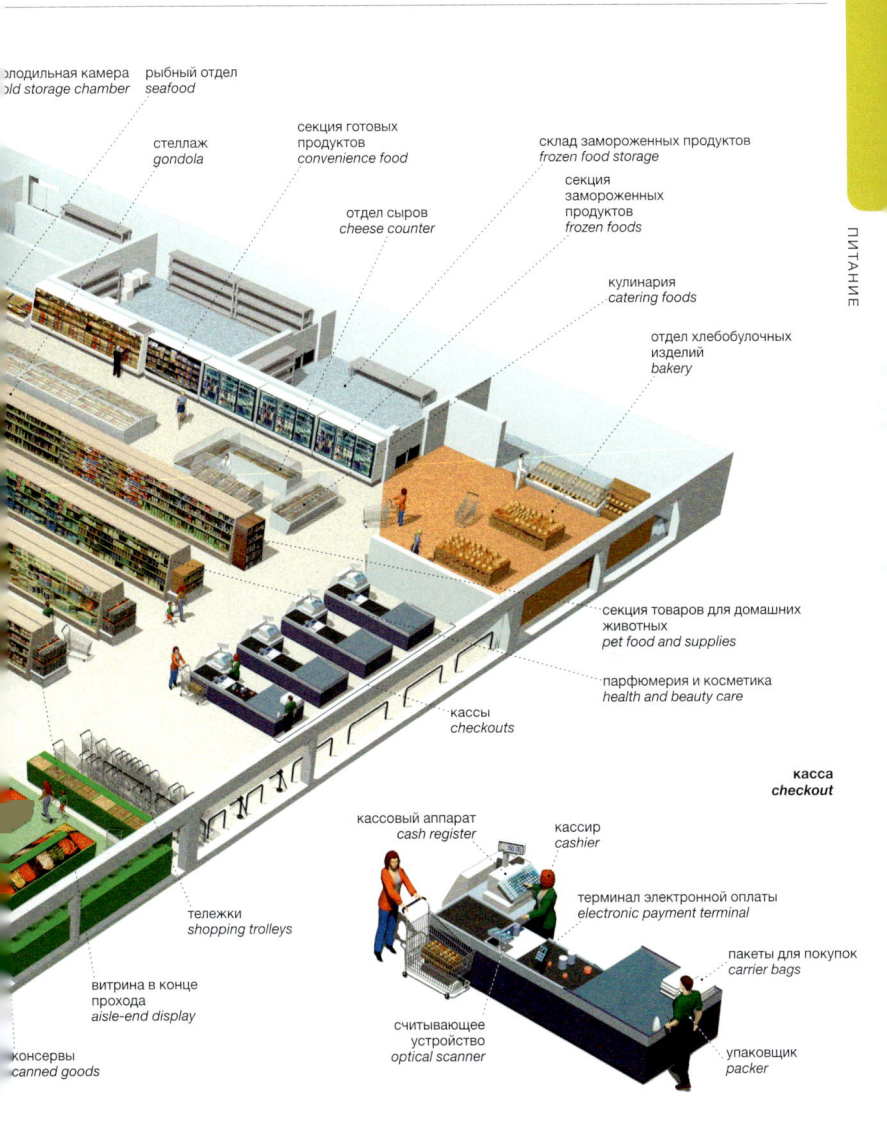

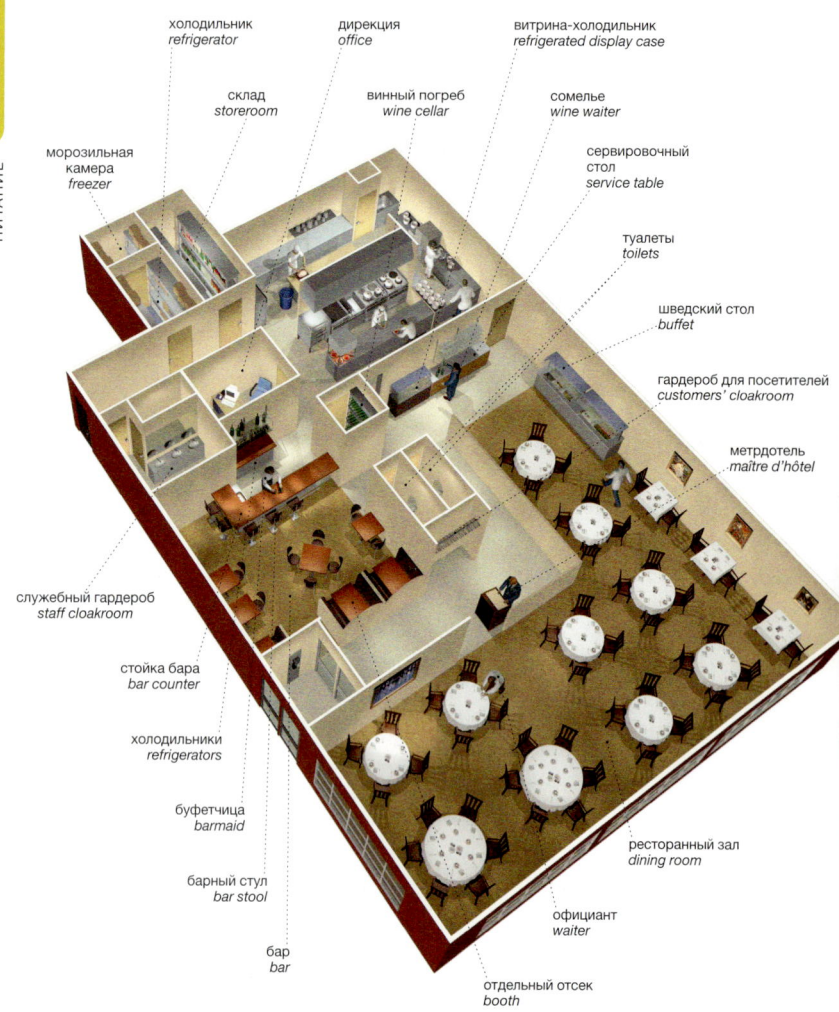

# ресторан
*restaurant*

| | |
|---|---|
| холодильник | refrigerator |
| дирекция | office |
| витрина-холодильник | refrigerated display case |
| склад | storeroom |
| винный погреб | wine cellar |
| сомелье | wine waiter |
| морозильная камера | freezer |
| сервировочный стол | service table |
| туалеты | toilets |
| шведский стол | buffet |
| гардероб для посетителей | customers' cloakroom |
| метрдотель | maître d'hôtel |
| служебный гардероб | staff cloakroom |
| стойка бара | bar counter |
| холодильники | refrigerators |
| буфетчица | barmaid |
| барный стул | bar stool |
| бар | bar |
| ресторанный зал | dining room |
| официант | waiter |
| отдельный отсек | booth |

ПИТАНИЕ

пищевой бизнес | food business

**кухня** | kitchen

# кухня: общий вид
### kitchen: general view

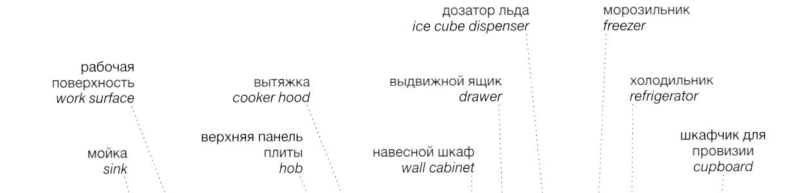

| | |
|---|---|
| рабочая поверхность | work surface |
| мойка | sink |
| вытяжка | cooker hood |
| верхняя панель плиты | hob |
| дозатор льда | ice cube dispenser |
| выдвижной ящик | drawer |
| навесной шкаф | wall cabinet |
| морозильник | freezer |
| холодильник | refrigerator |
| шкафчик для провизии | cupboard |
| наружная застекленная дверь | patio door |
| посудомоечная машина | dishwasher |
| кухонный шкаф | base cabinet |
| духовка | oven |
| отдельно стоящий шкафчик | island |
| обеденный стол | dinette |
| табурет | footstool |
| микроволновая печь | microwave oven |

ПИТАНИЕ

## стеклянная посуда
*glassware*

| | | | |
|---|---|---|---|
| ликёрная рюмка<br>*liqueur glass* | рюмка для портвейна<br>*port glass* | бокал для игристых вин<br>*champagne glass* | рюмка для коньяка<br>*brandy glass* |
| рейнвейная рюмка<br>*hock glass* | бокал для красного вина<br>*burgundy glass* | бокал для бордо<br>*bordeaux glass* | бокал для белого вина<br>*white wine glass* |
| бокал для воды<br>*water goblet* | рюмка для коктейля<br>*cocktail glass* | стакан для джина<br>*tall tumbler* | стакан для виски<br>*whisky tumbler* |
| фужер для шампанского<br>*champagne flute* | пивная кружка<br>*beer glass* | кувшин<br>*carafe* | графин<br>*decanter* |

столовые приборы | cutlery

## вилка
*fork*

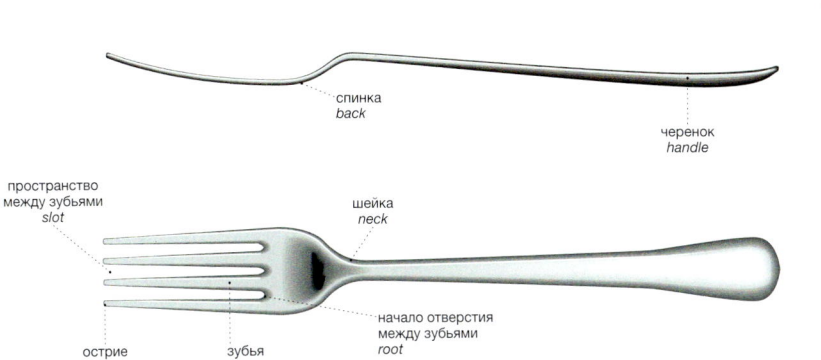

- спинка / *back*
- черенок / *handle*
- пространство между зубьями / *slot*
- шейка / *neck*
- начало отверстия между зубьями / *root*
- остриё / *point*
- зубья / *tine*

ПИТАНИЕ

**вилки**
*examples of forks*

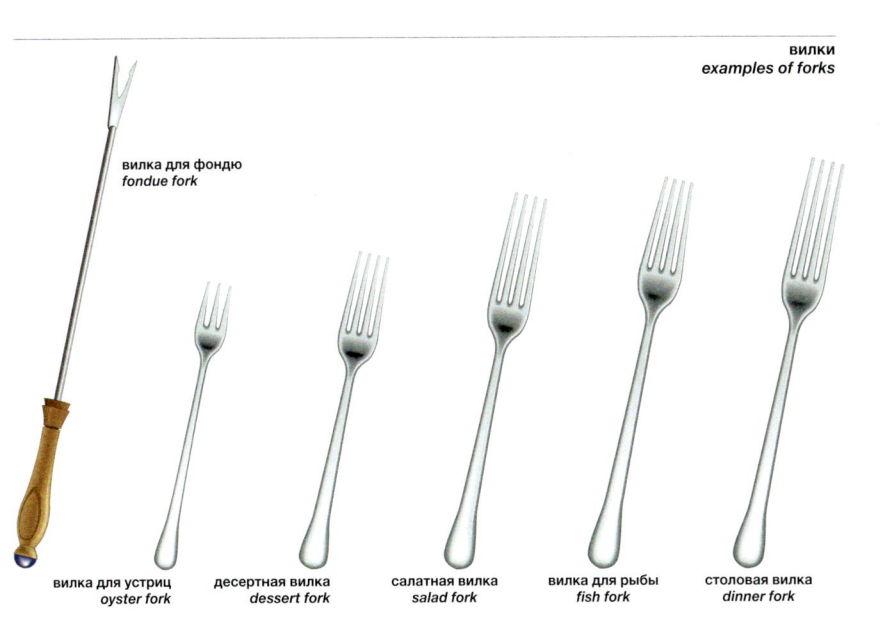

**вилка для фондю** / *fondue fork*

**вилка для устриц** / *oyster fork*

**десертная вилка** / *dessert fork*

**салатная вилка** / *salad fork*

**вилка для рыбы** / *fish fork*

**столовая вилка** / *dinner fork*

столовые приборы | cutlery

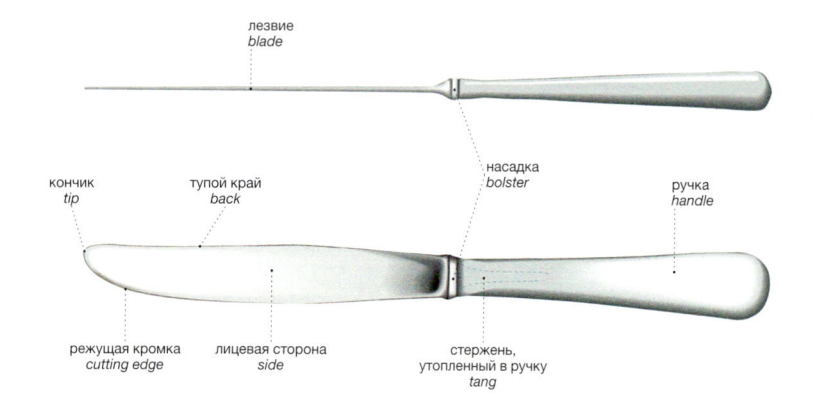

## НОЖ
*knife*

- лезвие / *blade*
- кончик / *tip*
- тупой край / *back*
- насадка / *bolster*
- ручка / *handle*
- режущая кромка / *cutting edge*
- лицевая сторона / *side*
- стержень, утопленный в ручку / *tang*

### ножи
*examples of knives*

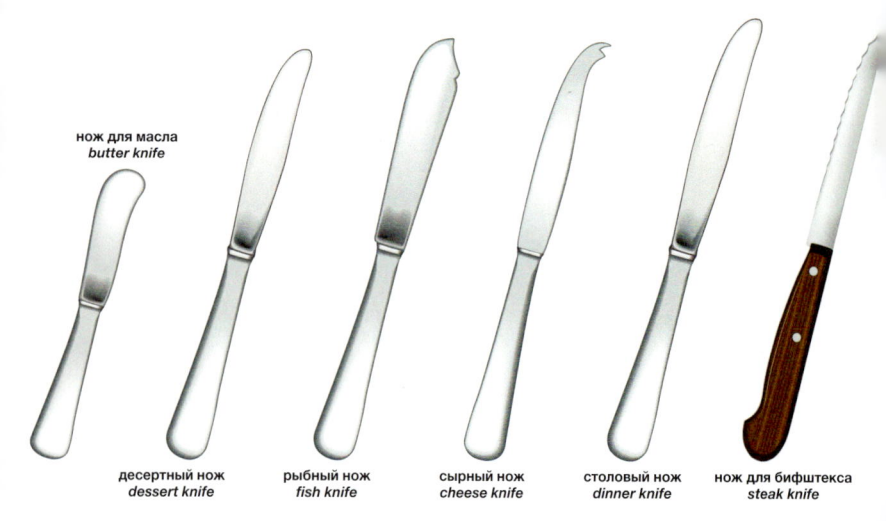

- нож для масла / *butter knife*
- десертный нож / *dessert knife*
- рыбный нож / *fish knife*
- сырный нож / *cheese knife*
- столовый нож / *dinner knife*
- нож для бифштекса / *steak knife*

столовые приборы | cutlery

# ложка
*spoon*

черпачок
*bowl*

кончик
*tip*

черенок
*handle*

шейка
*neck*

спинка
*back*

полость
*bowl*

ПИТАНИЕ

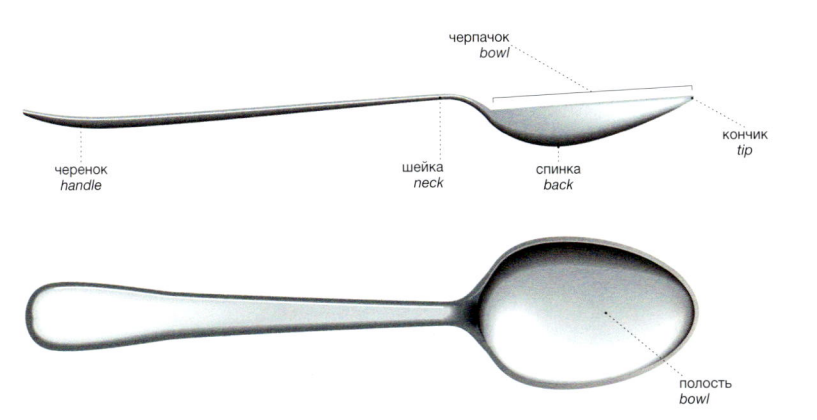

**ложки**
*examples of spoons*

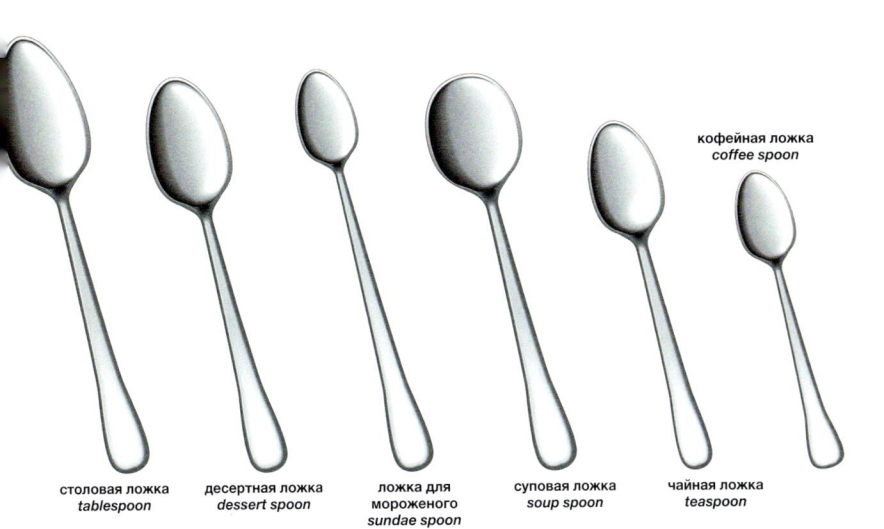

кофейная ложка
*coffee spoon*

столовая ложка
*tablespoon*

десертная ложка
*dessert spoon*

ложка для мороженого
*sundae spoon*

суповая ложка
*soup spoon*

чайная ложка
*teaspoon*

# посуда

*crockery*

кофейная чашка
*demitasse*

чайная чашка
*tea cup*

кофейная кружка
*coffee mug*

кувшин
*water jug*

заварочный чайник
*teapot*

молочник
*cream jug*

сахарница
*sugar bowl*

соусник
*gravy boat*

масленка
*butter dish*

солонка
*saltcellar*

перечница
*pepperpot*

порционная форма
*ramekin*

десертная тарелка
*dessert plate*

блюдце
*saucer*

миска
*soup bowl*

тарелка для горячего
*dinner plate*

тарелка для салата
*salad plate*

глубокая тарелка
*rim soup bowl*

**столовые приборы | cutlery**

посуда

палочки для еды
*chopsticks*

сотейник для овощей
*vegetable dish*

набор для суши
*sushi set*

пиала для риса
*rice bowl*

ПИТАНИЕ

менажница
*hors d'œuvre dish*

блюдо для улиток
*snail dish*

супница
*soup tureen*

небольшой салатник
*salad dish*

салатник
*salad bowl*

сервировочное блюдо
*serving dish*

блюдо для рыбы
*fish dish*

сырная тарелка
*cheese platter*

# сервировка
*place setting*

**во французском стиле** / *French style*

- обеденная вилка / *dinner fork*
- бокал для воды / *water goblet*
- бокал для красного вина / *red wine glass*
- бокал для белого вина / *white wine glass*
- вилка для рыбы / *fish fork*
- настольная салфетка / *place mat*
- столовая ложка / *tablespoon*
- тарелка для горячего / *dinner plate*
- салфетка / *napkin*
- обеденный нож / *dinner knife*
- рыбный нож / *fish knife*

**в английском стиле** / *English style*

- десертная вилка / *dessert fork*
- бокал для воды / *water goblet*
- бокал для красного вина / *red wine glass*
- бокал для белого вина / *white wine glass*
- обеденная вилка / *dinner fork*
- настольная салфетка / *place mat*
- столовая ложка / *tablespoon*
- салфетка / *napkin*
- тарелка для бутербродов / *bread and butter plate*
- тарелка для горячего / *dinner plate*
- десертный нож / *dessert knife*
- обеденный нож / *dinner knife*

столовые приборы | cutlery

ПИТАНИЕ

194

## столовые приборы | cutlery

## сервировка

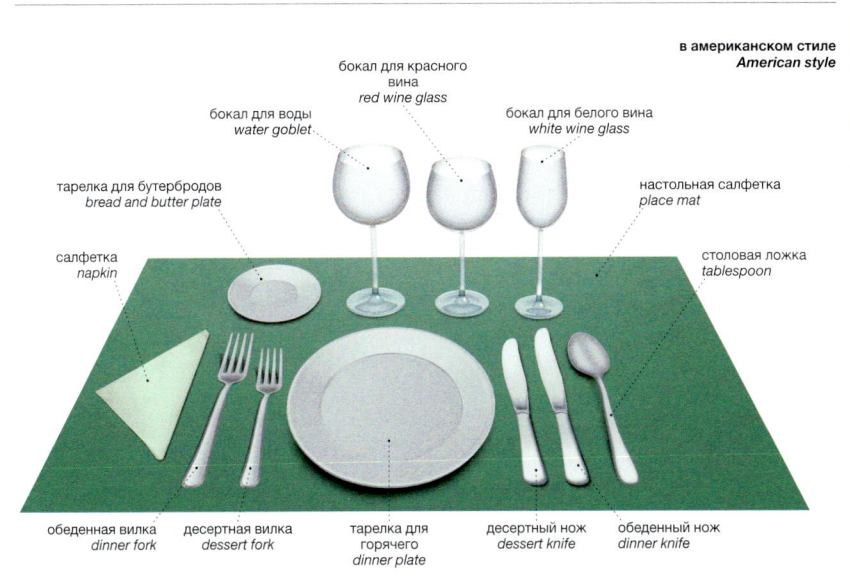

### в американском стиле
### American style

- бокал для красного вина / red wine glass
- бокал для воды / water goblet
- бокал для белого вина / white wine glass
- тарелка для бутербродов / bread and butter plate
- настольная салфетка / place mat
- салфетка / napkin
- столовая ложка / tablespoon
- обеденная вилка / dinner fork
- десертная вилка / dessert fork
- тарелка для горячего / dinner plate
- десертный нож / dessert knife
- обеденный нож / dinner knife

ПИТАНИЕ

### в китайском стиле
### Chinese style

- блюдце / saucer
- пиала для риса / rice bowl
- заварочный чайник / teapot
- китайская суповая ложка / Chinese soup spoon
- бамбуковая салфетка / bamboo place mat
- подставка для палочек / chopstick rest
- чайная чашка / teacup
- тарелка для горячего / dinner plate
- палочки для еды / chopsticks

# кухонная утварь
*kitchen utensils*

**кухонный нож**
*kitchen knife*

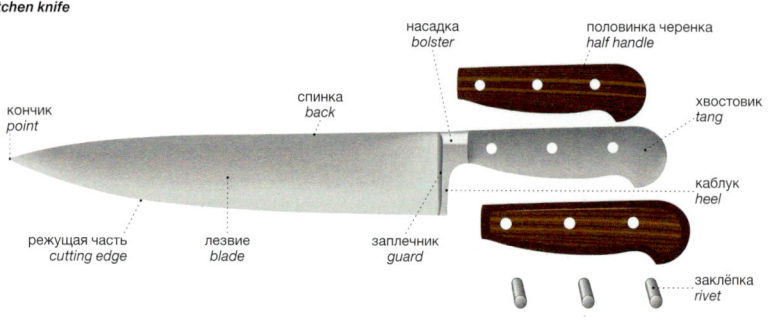

| | |
|---|---|
| насадка | bolster |
| половинка черенка | half handle |
| спинка | back |
| хвостовик | tang |
| кончик | point |
| каблук | heel |
| режущая часть | cutting edge |
| лезвие | blade |
| заплечник | guard |
| заклёпка | rivet |

**кухонные ножи**
*examples of kitchen knives*

- нож шеф-повара / *cook's knife*
- нож для рубки мяса / *cleaver*
- хлебный нож / *bread knife*
- нож для резки / *carving knife*
- нож для окорока / *ham knife*
- буфетный нож / *paring knife*
- нож для рыбного филе / *filleting knife*
- разделочный нож / *boning knife*
- нож для грейпфрута / *grapefruit knife*
- нож для устриц / *oyster knife*
- нож для цедры / *zester*

**кухонное оборудование** | kitchen equipment

## кухонная утварь

### приспособления для открывания
### for opening

**штопор**
*lever corkscrew*

**ресторанный штопор**
*wine waiter corkscrew*

**открывалка**
*bottle opener*

**консервный нож**
*tin opener*

ПИТАНИЕ

### приспособления для измельчения
### for grinding and grating

**щипцы для орехов**
*nutcracker*

**ступка**
*mortar*

**пестик**
*pestle*

**мясорубка**
*mincer*

**щипцы для чеснока**
*garlic press*

**ручная кофемолка**
*manual coffee grinder*

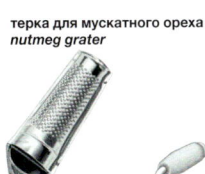

**терка для мускатного ореха**
*nutmeg grater*

**терка**
*grater*

**мельница для перца**
*pepper mill*

**соковыжималка для цитрусовых**
*lemon squeezer*

**цилиндрическая терка для сыра**
*rotary cheese grater*

**верхняя часть рукоятки**
*pusher*

**ручка**
*crank*

**барабан**
*drum*

**рукоятка**
*handle*

**паста-машина**
*pasta maker*

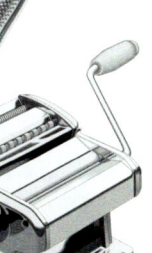

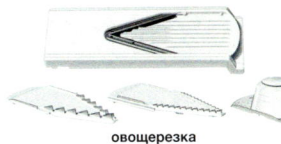

**мельница для овощей**
*food mill*

**овощерезка**
*mandoline*

**кухонное оборудование** | kitchen equipment

## кухонная утварь

### приспособления для измерения
### for measuring

мерная кружка
*measuring jug*

термометр для мяса
*meat thermometer*

термометр для мгновенного измерения
*instant-read thermometer*

термометр для сахара
*sugar thermometer*

мерный стакан
*measuring beaker*

мерные ложечки
*measuring spoons*

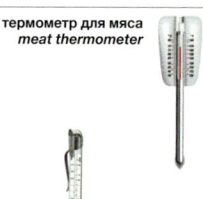

песочные часы
*egg timer*

мерные чашки
*measuring cups*

таймер
*kitchen timer*

термометр духовки
*oven thermometer*

кухонные весы
*kitchen scale*

### приспособления для пересыпания и переливания
### for straining and draining

дуршлаг-сеточка
*mesh strainer*

дуршлаг-воронка
*chinois*

муслин
*muslin*

воронка
*funnel*

дуршлаг
*colander*

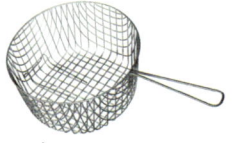

фритюрная сеточка
*frying basket*

решето
*sieve*

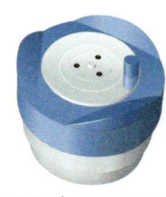

центрифуга для салата
*salad spinner*

**кухонное оборудование** | kitchen equipment

## кухонная утварь

### разные предметы кухонной утвари
*miscellaneous utensils*

машинка для вынимания косточек
*stoner*

игла для шпигования
*larding needle*

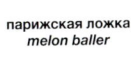

приспособление для удаления сердцевины яблок
*apple corer*

парижская ложка
*melon baller*

игла для зашивания
*trussing needle*

ножницы для птицы
*poultry shears*

кухонные ножницы
*kitchen shears*

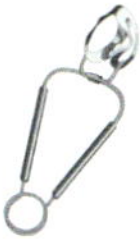

щипцы для улиток
*snail tongs*

ложка для мороженого
*ice-cream scoop*

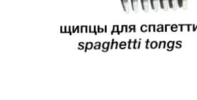

контейнер для чая
*tea infuser*

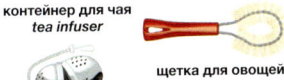

щетка для овощей
*vegetable brush*

яйцерезка
*egg slicer*

ложка для снятия пробы
*tasting spoon*

щипцы для спагетти
*spaghetti tongs*

кухонный шприц
*baster*

щётка для грибов
*mushroom brush*

разделочная вилка
*carving fork*

щипцы
*tongs*

инструмент для заточки
*sharpening steel*

нож для пиццы
*pizza cutter*

точильный камень
*sharpening stone*

разделочная доска
*cutting board*

нож для чистки овощей
*peeler*

нож для масла
*butter curler*

желобок
*groove*

ПИТАНИЕ

**кухонное оборудование** | kitchen equipment

## кухонная утварь

### приспособления для выпечки
### baking utensils

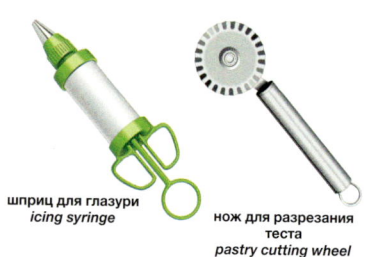

шприц для глазури
*icing syringe*

нож для разрезания теста
*pastry cutting wheel*

кисточка
*pastry brush*

взбивалка для яиц
*egg beater*

венчик для взбивания
*whisk*

конус и насадки
*pastry bag and nozzles*

шейкер
*shaker*

сито для муки
*sifter*

противень
*baking sheet*

миски для замешивания
*mixing bowls*

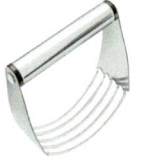

мешалка
*pastry blender*

формочки для печенья
*biscuit cutters*

скалка
*rolling pin*

форма для суфле
*soufflé dish*

**кухонное оборудование** | **kitchen equipment**

201

### кухонная утварь

**форма для сладкого пирога**
*cake tin*

**блюдо для пирога**
*pie plate*

**форма со съёмным дном**
*removable-bottomed tin*

**форма для торта**
*tart pan*

ПИТАНИЕ

**форма для хлеба**
*bread pan*

**форма для шарлотки**
*charlotte mould*

**форма для булочек**
*bun tin*

**набор кухонных принадлежностей**
*set of kitchen utensils*

**шумовка**
*skimmer*

**ложка-решётка**
*draining spoon*

**шпатель**
*spatula*

**лопатка**
*slice*

**половник**
*ladle*

**картофелемялка**
*potato masher*

# кухонная посуда
*cooking utensils*

**вок** / *wok set*
- крышка / *lid*
- сетка-гриль / *rack*
- вок / *wok*
- кольцо / *burner ring*

**горшочек для тушения мяса (тажин)** / *tajine*

**котел для рыбы** / *fish kettle*
- гриль / *strainer*
- крышка / *lid*

**набор для фондю** / *fondue set*
- котелок / *fondue pot*
- подставка / *stand*
- горелка / *burner*

**глиняная посуда** / *terrine*

**поддон** / *drip pan*

**скороварка** / *pressure cooker*
- регулятор давления / *pressure regulator*
- клапан / *safety valve*

**посуда для жаркого** / *roasting pans*

**кухонное оборудование** | kitchen equipment

## кухонная посуда

**кастрюля**
*Dutch oven*

**высокая кастрюля**
*stock pot*

**кускусьер**
*couscous kettle*

**сковорода для жарки**
*frying pan*

**чугунный сотейник**
*cast-iron casserole*

**пароварка**
*steamer*

**сотейник**
*sauté pan*

**кастрюля для варки яиц**
*egg poacher*

**сковорода для блинов**
*pancake pan*

**глубокая сковорода**
*small saucepan*

**двойной котелок**
*diable*

**корзинка-пароварка**
*steamer basket*

**водяная баня**
*double boiler*

**кастрюля с одной ручкой**
*saucepan*

**форма для пиццы**
*pizza pan*

ПИТАНИЕ

**кухонное оборудование** | kitchen equipment

# кухонные электроприборы
*small kitchen appliances*

## смесители и сбиватели
*for mixing and blending*

**погружной блендер**
*immersion blender*

- кнопка для смены насадок / *beater ejector*
- **ручной миксер** / *hand mixer*
- переключатель скоростей / *speed selector*
- ручка / *handle*
- блок питания / *motor unit*
- каблук прибора / *heel rest*
- взбивалка / *beater*
- блендер / *blending attachment*

**блендер**
*blender*

- откидная головка / *tilt-back head*
- **миксер на подставке** / *table mixer*
- кнопка для смены насадок / *beater ejector*
- крышка / *cap*
- насадка / *beater*
- нож / *cutting blade*
- контейнер / *container*
- переключатель скоростей / *speed control*
- кнопки управления / *control buttons*
- миска / *mixing bowl*
- блок питания / *motor unit*
- вращающийся круг / *turntable*
- подставка / *stand*

## насадки
*beaters*

- четырёхлопастная насадка / *four-blade beater*
- спиралевидная насадка / *spiral beater* 
- кольцевидная насадка / *wire beater* 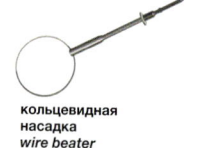
- смеситель / *dough hook* 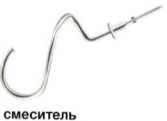

ПИТАНИЕ

204

**кухонное оборудование** | kitchen equipment

кухонные электроприборы

## приборы для резки
### for cutting

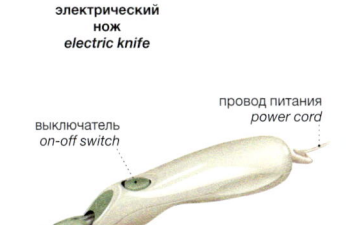

**кухонный комбайн**
*food processor*

воронка
*feed tube*

крышка
*lid*

контейнер
*bowl*

ось
*spindle*

нож
*blade*

ручка
*handle*

блок питания
*motor unit*

**диски**
*discs*

ПИТАНИЕ

## приборы для выжимания
### for juicing

**электрический нож**
*electric knife*

выключатель
*on-off switch*

провод питания
*power cord*

лезвие
*blade*

**соковыжималка для цитрусовых**
*lemon squeezer*

ребристый конус
*dome*

ситечко
*strainer*

кружка
*bowl with serving spout*

блок питания
*motor unit*

## кухонные электроприборы

**приборы для готовки**
*for cooking*

**микроволновая печь**
*microwave oven*

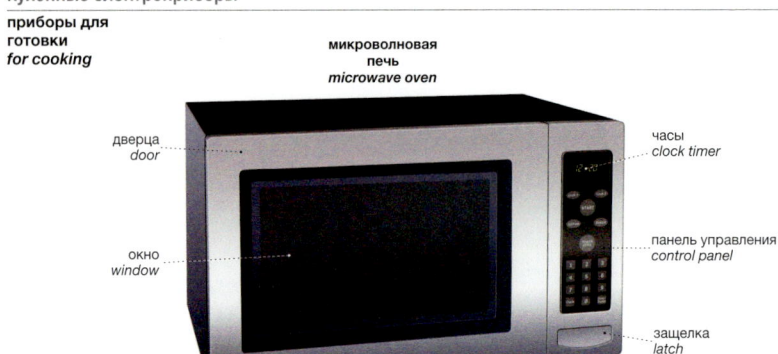

- дверца / *door*
- окно / *window*
- часы / *clock timer*
- панель управления / *control panel*
- защелка / *latch*

**вафельница**
*waffle iron*

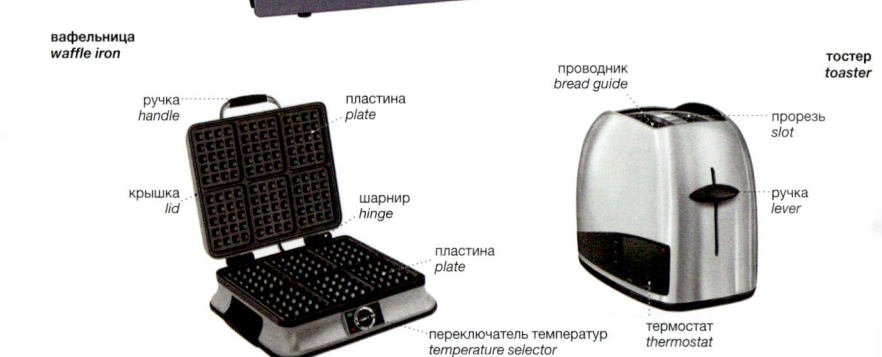

- ручка / *handle*
- пластина / *plate*
- крышка / *lid*
- шарнир / *hinge*
- пластина / *plate*
- переключатель температур / *temperature selector*

**тостер**
*toaster*

- проводник / *bread guide*
- прорезь / *slot*
- ручка / *lever*
- термостат / *thermostat*

**фритюрница**
*deep fryer*

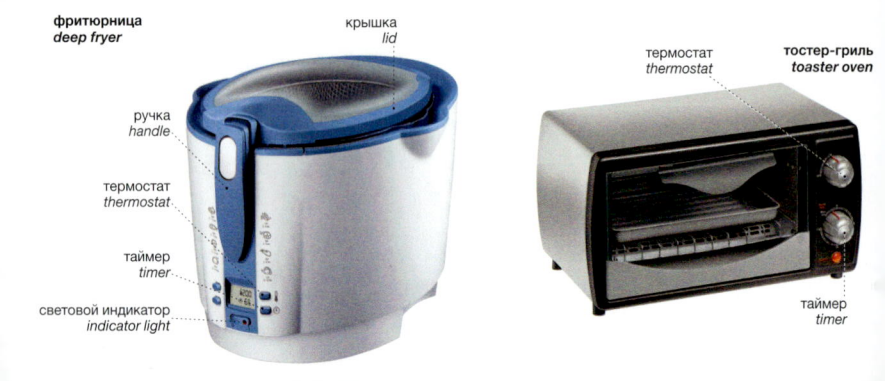

- крышка / *lid*
- ручка / *handle*
- термостат / *thermostat*
- таймер / *timer*
- световой индикатор / *indicator light*

**тостер-гриль**
*toaster oven*

- термостат / *thermostat*
- таймер / *timer*

**кухонное оборудование** | kitchen equipment

## кухонные электроприборы

**медленноварка (для тушения на медленном огне)**
*slow cooker*

- крышка / lid
- вкладыш / insert
- ручка / handle
- нагревательная база / heating base
- панель управления / control pad

**электропароварка**
*electric steamer*

- крышка / lid
- лоток для рыбы / fish tray
- ёмкости для готовки / cooking dishes
- лоток для сока / juice tray
- индикатор уровня воды / water level indicator
- основание / base
- световой индикатор / indicator light
- таймер / timer

ПИТАНИЕ

**хлебопечка**
*bread maker*

- окно / window
- крышка / lid
- форма для хлеба / loaf pan
- панель управления / control panel

**раклетница**
*raclette grill*

- противень / cooking plate
- сковорода / dish
- подставка / base

**электросковородка**
*griddle*

- жарящая поверхность / cooking surface
- ручка / handle
- съёмный регулятор температуры / detachable control
- сток жира / grease well

**электрический гриль**
*indoor electric grill*

- изолированная ручка / insulated handle
- решётка для жарки / cooking surface
- противень для сока / dripping pan
- термостат / thermostat

# кухонные электроприборы

## другие электроприборы
*miscellaneous appliances*

### чайник
*kettle*

- носик / *spout*
- корпус / *body*
- цоколь / *base*
- ручка / *handle*
- кнопка включения/выключения / *on-off switch*
- световой индикатор / *indicator light*

### соковыжималка
*juice extractor*

- толкатель / *pusher*
- воронка / *feed tube*
- крышка / *lid*
- цедильный бак / *strainer*
- кувшинчик / *bowl*
- блок питания / *motor unit*

### консервный нож
*tin opener*

- ручка сверления / *pierce lever*
- режущее лезвие / *cutting blade*
- притягивающий магнит / *magnetic lid holder*
- колёсико сцепления / *drive wheel*

### электрическая кофемолка
*electric coffee grinder*

- крышка / *lid*
- чаша для зерен / *bean container*
- нож / *blade*
- регулятор / *grind control*
- таймер / *timer*
- блок питания / *motor unit*
- контейнер для молотого к... / *ground coffee containe...*

### мороженица
*ice-cream maker*

- блок питания / *motor unit*
- крышка / *cover*
- изотермическое ведерко / *ice cream container*
- ручка / *handle*

**кухонное оборудование | kitchen equipment**

## кухонные электроприборы

### кофеварки
### *coffee makers*

**капельная (фильтрационная) кофеварка**
*automatic filter coffee maker*

- крышка / *lid*
- резервуар / *reservoir*
- уровень воды / *water level*
- корзина / *filter*
- световой индикатор / *indicator light*
- кружка / *jug*
- выключатель / *on-off switch*
- нагревательная пластина / *warming plate*

**неаполитанская кофеварка**
*Neapolitan coffee maker*

**кофемашина для эспрессо**
*espresso machine*

- выключатель / *on-off switch*
- пресс-кафе / *tamper*
- кювета для стекания капель / *drip tray*
- управление паром / *steam control knob*
- держатель фильтра / *filter holder*
- резервуар для воды / *water tank*
- патрубок для пара / *steam nozzle*

**вакуумная кофеварка**
*vacuum coffee maker*

- верхний резервуар / *upper bowl*
- нижний резервуар / *lower bowl*
- трубка / *stem*

**френч-пресс**
*cafetière with plunger*

**гейзерная кофеварка для эспрессо (мока)**
*espresso maker*

**кипятильник для кофе**
*percolator*

- носик / *spout*
- световой индикатор / *indicator light*

ПИТАНИЕ

# внешний вид дома

*exterior of a house*

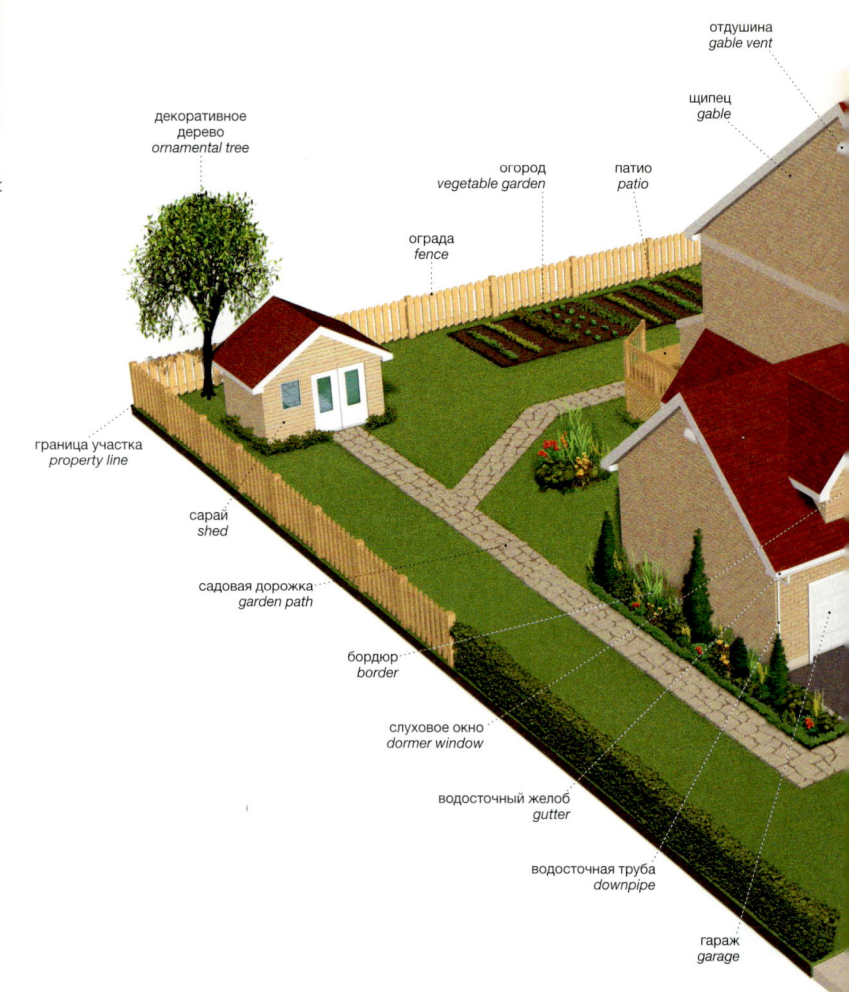

- отдушина / *gable vent*
- щипец / *gable*
- декоративное дерево / *ornamental tree*
- огород / *vegetable garden*
- патио / *patio*
- ограда / *fence*
- граница участка / *property line*
- сарай / *shed*
- садовая дорожка / *garden path*
- бордюр / *border*
- слуховое окно / *dormer window*
- водосточный желоб / *gutter*
- водосточная труба / *downpipe*
- гараж / *garage*

**планировка** | location

### внешний вид дома

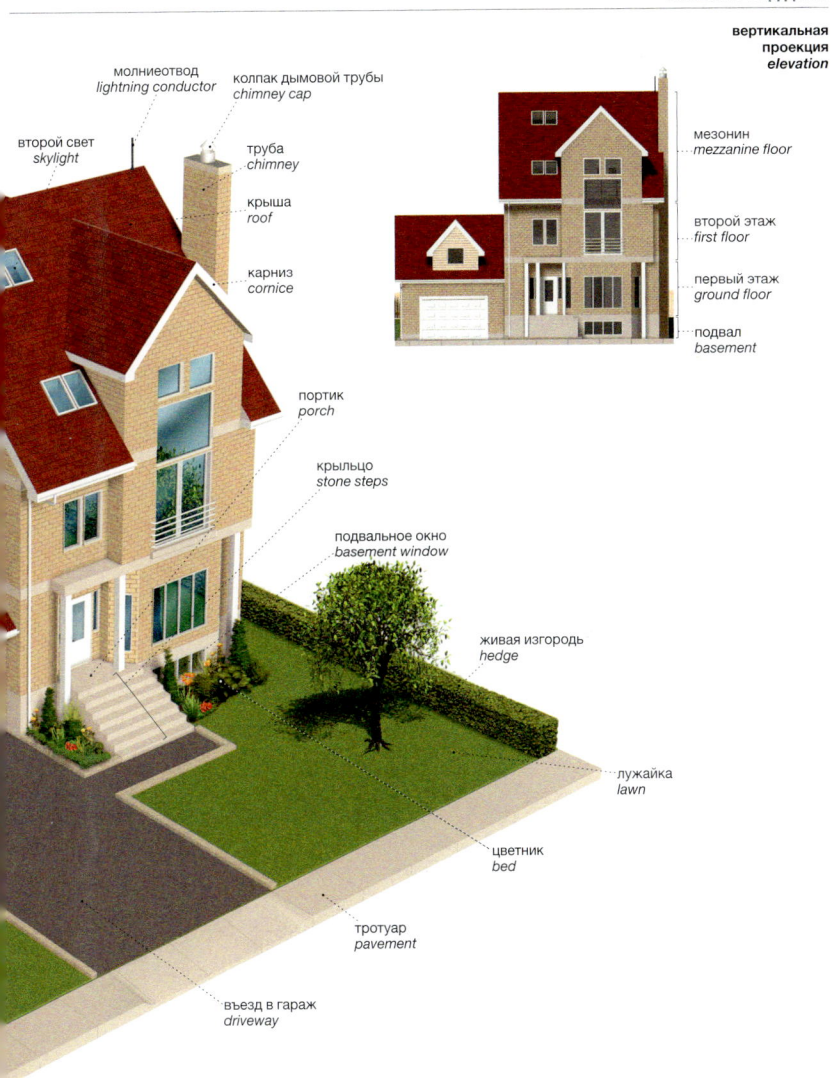

**вертикальная проекция**
*elevation*

молниеотвод
*lightning conductor*

колпак дымовой трубы
*chimney cap*

второй свет
*skylight*

труба
*chimney*

крыша
*roof*

карниз
*cornice*

мезонин
*mezzanine floor*

второй этаж
*first floor*

первый этаж
*ground floor*

подвал
*basement*

портик
*porch*

крыльцо
*stone steps*

подвальное окно
*basement window*

живая изгородь
*hedge*

лужайка
*lawn*

цветник
*bed*

тротуар
*pavement*

въезд в гараж
*driveway*

ДОМ

212 **планировка** | location

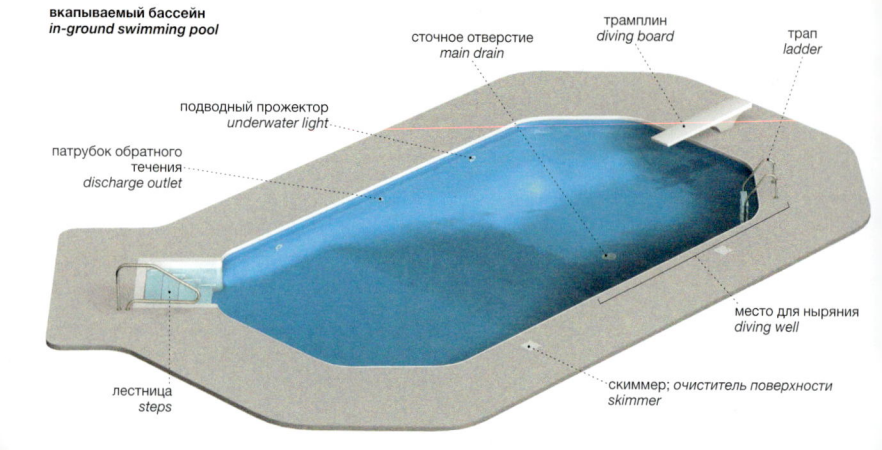

# бассейн
*pool*

**джакузи ™**
*hot tub*

**наземный бассейн**
*above-ground swimming pool*

- скатанное покрытие бассейна — *pool cover reel*
- платформа — *deck*
- фильтр — *filter*
- насос — *pump*
- лестница — *steps*
- стенка — *wall*
- стояк — *upright*

**вкапываемый бассейн**
*in-ground swimming pool*

- сточное отверстие — *main drain*
- трамплин — *diving board*
- трап — *ladder*
- подводный прожектор — *underwater light*
- патрубок обратного течения — *discharge outlet*
- место для ныряния — *diving well*
- лестница — *steps*
- скиммер; очиститель поверхности — *skimmer*

## элементы дома | elements of a house

# входная дверь
*exterior door*

карниз
*cornice*

антаблемент
*entablature*

плита перекрытия
*lintel*

верхняя перекладина
*top rail*

дверная рама
*jamb*

панель
*panel*

средник
*mullion*

внешняя стойка
*shutting stile*

промежуточная перекладина
*lock rail*

замок
*lock*

планка
*middle panel*

ручка
*door handle*

внутренняя стойка
*hanging stile*

дверная петля
*hinge*

откос
*weatherboard*

нижняя перекладина
*bottom rail*

порог
*threshold*

ДОМ

## замок

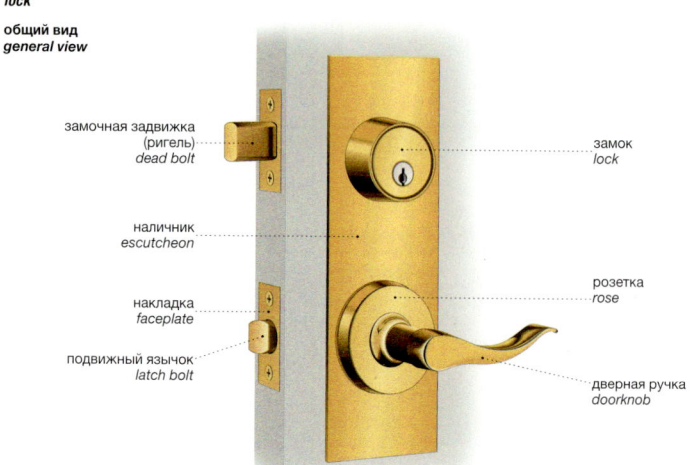

*lock*

**общий вид**
*general view*

- замочная задвижка (ригель) / *dead bolt*
- наличник / *escutcheon*
- накладка / *faceplate*
- подвижный язычок / *latch bolt*
- замок / *lock*
- розетка / *rose*
- дверная ручка / *doorknob*

## окно

*window*

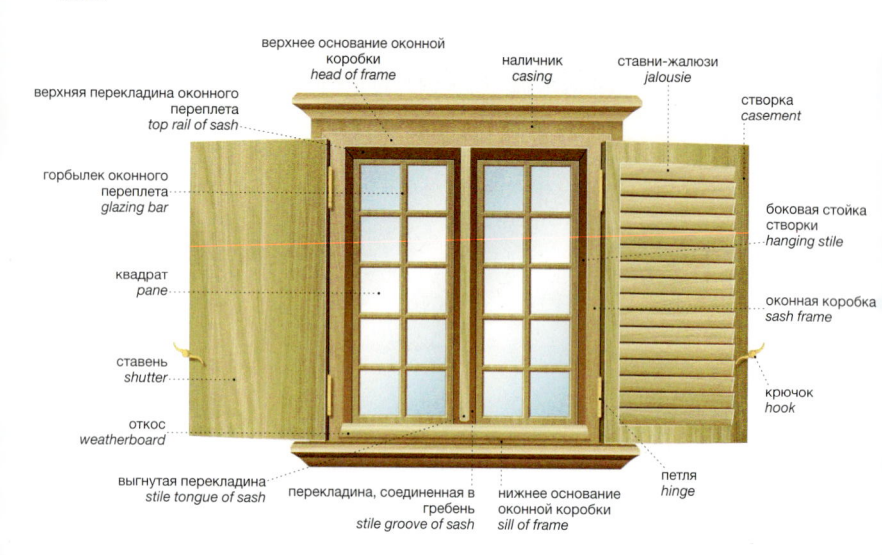

- верхнее основание оконной коробки / *head of frame*
- наличник / *casing*
- ставни-жалюзи / *jalousie*
- верхняя перекладина оконного переплета / *top rail of sash*
- створка / *casement*
- горбылек оконного переплета / *glazing bar*
- боковая стойка створки / *hanging stile*
- квадрат / *pane*
- оконная коробка / *sash frame*
- ставень / *shutter*
- крючок / *hook*
- откос / *weatherboard*
- выгнутая перекладина / *stile tongue of sash*
- перекладина, соединенная в гребень / *stile groove of sash*
- нижнее основание оконной коробки / *sill of frame*
- петля / *hinge*

**структура дома** | structure of a house

## несущая конструкция
*timber frame*

- двойная балка / *double plate*
- подпорка / *gable stud*
- конек / *tie beam*
- стропило / *rafter*
- потолочная балка / *ceiling joist*
- обшивка / *sheathing*
- чёрный пол / *subfloor*
- распорка / *strut*
- ригель / *lintel*
- подоконная балка / *sill rail*
- стойка / *stud*
- балка / *girder*
- опорная балка / *ledger board*
- раскос / *brace*
- диагональный раскос / *bridging*
- угловой стояк / *corner stud*
- бортовая балка / *end joist*
- балка пола / *floor joist*
- подошва / *footing*
- фундамент / *foundation*
- обвязка нижнего каркаса / *sill plate*

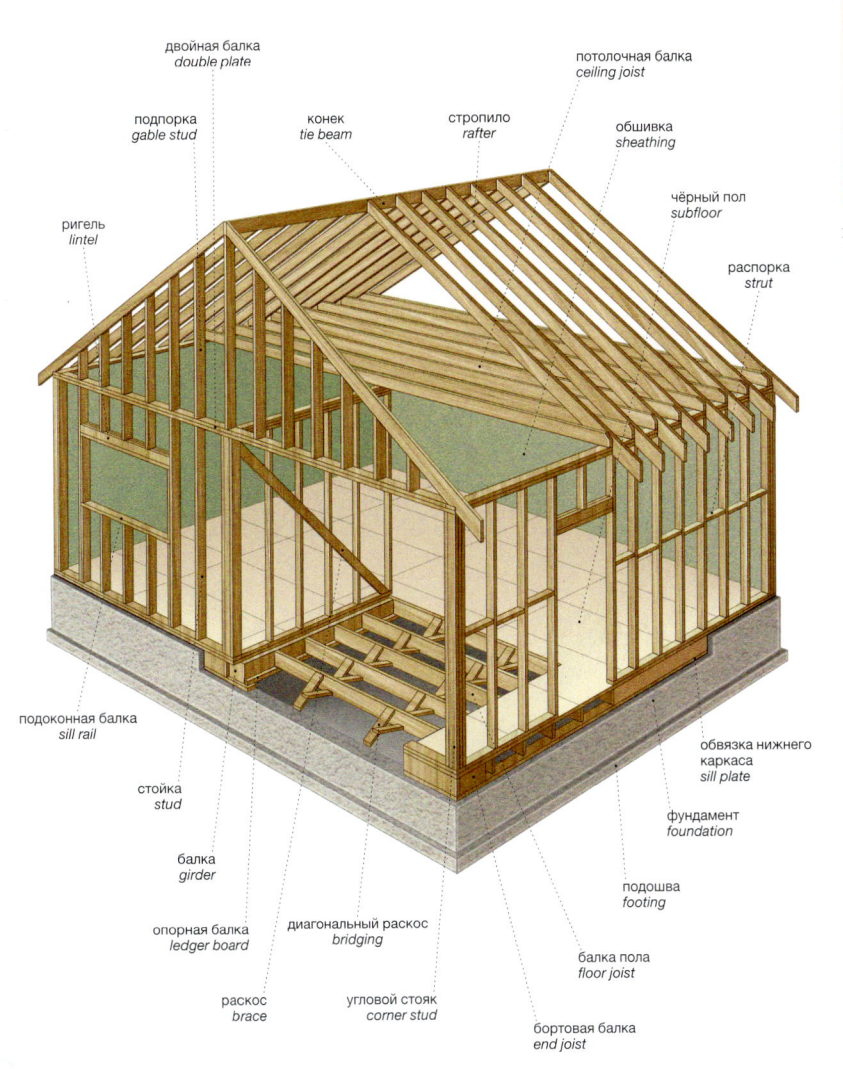

ДОМ

# главные помещения дома

*main rooms*

**первый этаж**
*ground floor*

- обеденный уголок / *kitchen-diner*
- кухня / *kitchen*
- застекленный потолок / *glass roof*
- наружная застекленная дверь / *patio door*
- шкаф для провизии / *pantry*
- буфет / *sideboard*
- столовая / *dining room*
- гостиная комната / *living room*
- камин / *fireplace*
- комната отдыха / *sitting room*
- прачечная комната / *laundry room*
- туалет / *toilet*
- перила / *banister*
- лестница / *stairs*
- холл / *entrance hall*
- гардеробная / *cloakroom*
- прихожая / *hall*
- главный вход / *main entrance*
- крыльцо / *steps*

**структура дома | structure of a house**

## главные помещения дома

**мезонин**
*mezzanine floor*

- книжный шкаф / *bookcase*
- кабинет / *study*
- письменный стол / *desk*
- мансардное окно / *skylight*
- стеклянная стена / *picture window*

**дом**

**второй этаж**
*first floor*

- лестничная площадка / *landing*
- спальня / *bedroom*
- ванна / *bath*
- спальня / *bedroom*
- платяной шкаф / *wardrobe*
- гардеробная / *walk-in wardrobe*
- ванная комната / *bathroom*
- гардеробная / *walk-in wardrobe*
- парапет / *railing*
- унитаз / *toilet*
- лестничная клетка / *stairwell*
- лестница / *stairs*
- перила / *banister*
- остеклённая дверь / *French window*
- ванная комната / *bathroom*
- хозяйская спальня / *master bedroom*
- душ / *shower*
- окно / *window*
- балкон / *balcony*

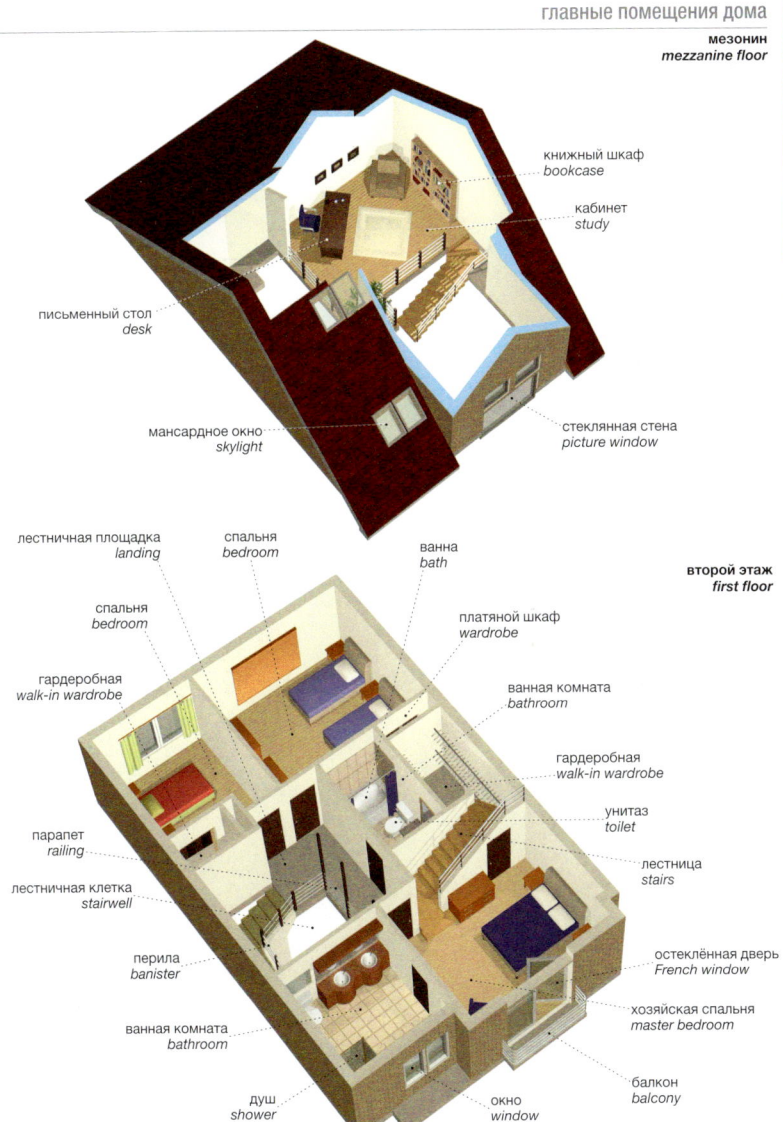

217

## структура дома | structure of a house

# паркет
*wood flooring*

**паркет на бетонном основании**
*wood flooring on cement screed*

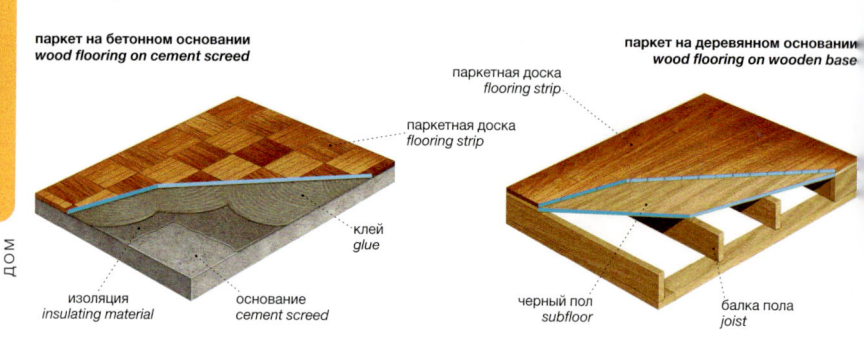

**паркет на деревянном основании**
*wood flooring on wooden base*

- паркетная доска / *flooring strip*
- клей / *glue*
- изоляция / *insulating material*
- основание / *cement screed*
- паркетная доска / *flooring strip*
- черный пол / *subfloor*
- балка пола / *joist*

# лестница
*stairs*

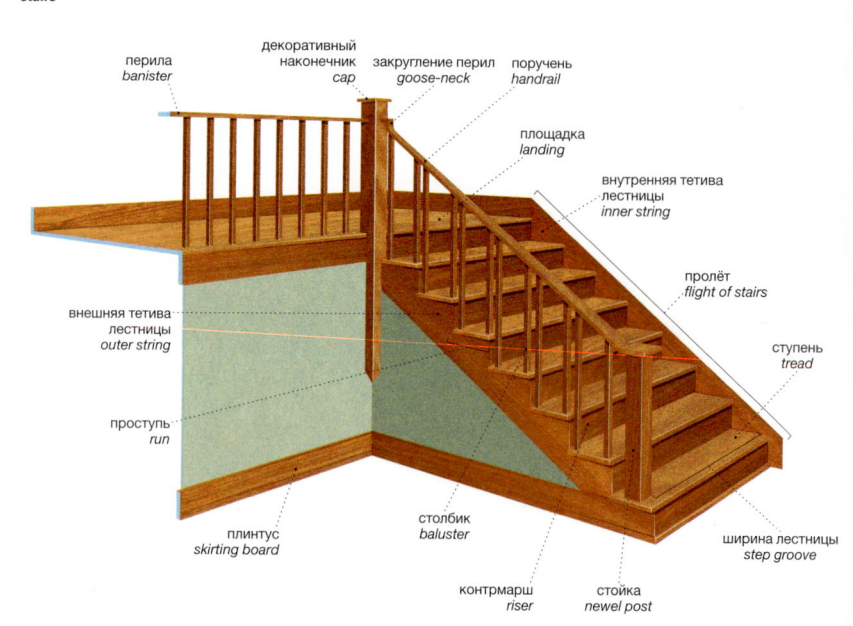

- перила / *banister*
- декоративный наконечник / *cap*
- закругление перил / *goose-neck*
- поручень / *handrail*
- площадка / *landing*
- внутренняя тетива лестницы / *inner string*
- пролёт / *flight of stairs*
- ступень / *tread*
- внешняя тетива лестницы / *outer string*
- проступь / *run*
- плинтус / *skirting board*
- столбик / *baluster*
- контрмарш / *riser*
- стойка / *newel post*
- ширина лестницы / *step groove*

## отопление | heating

### электрический котел
*electric furnace*

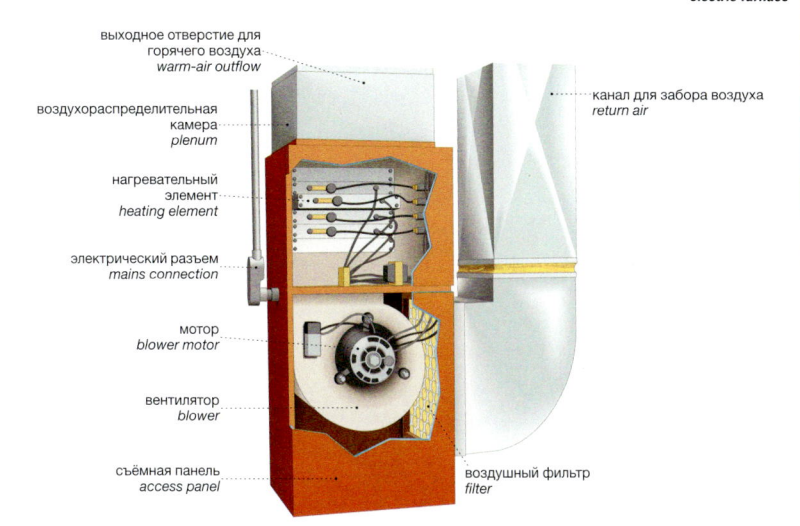

- выходное отверстие для горячего воздуха — *warm-air outflow*
- воздухораспределительная камера — *plenum*
- нагревательный элемент — *heating element*
- электрический разъем — *mains connection*
- мотор — *blower motor*
- вентилятор — *blower*
- съёмная панель — *access panel*
- канал для забора воздуха — *return air*
- воздушный фильтр — *filter*

ДОМ

### газовый бойлер
*gas-fired boiler*

- газовая горелка — *gas burner*
- вытяжной канал — *exhaust duct*
- расширительный бак — *expansion tank*
- пластинчатый теплообменник — *plate-type heat exchanger*
- трубопроводы для газа и воды — *gas and water connections*
- горелка — *burner*
- теплообменник — *heat exchanger*
- вентилятор горячего воздуха — *combustion fan*
- циркуляционный насос — *circulating pump*
- цифровой блок управления бойлером — *digital boiler control unit*

219

# дровяное отопление
*wood firing*

**камин**
*fireplace*

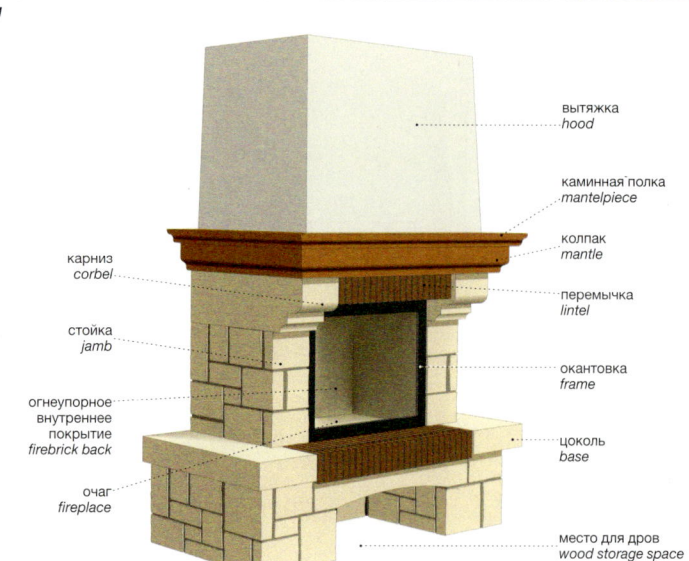

- вытяжка / *hood*
- каминная полка / *mantelpiece*
- колпак / *mantle*
- карниз / *corbel*
- перемычка / *lintel*
- стойка / *jamb*
- окантовка / *frame*
- огнеупорное внутреннее покрытие / *firebrick back*
- цоколь / *base*
- очаг / *fireplace*
- место для дров / *wood storage space*

**дровяная печь**
*slow-burning stove*

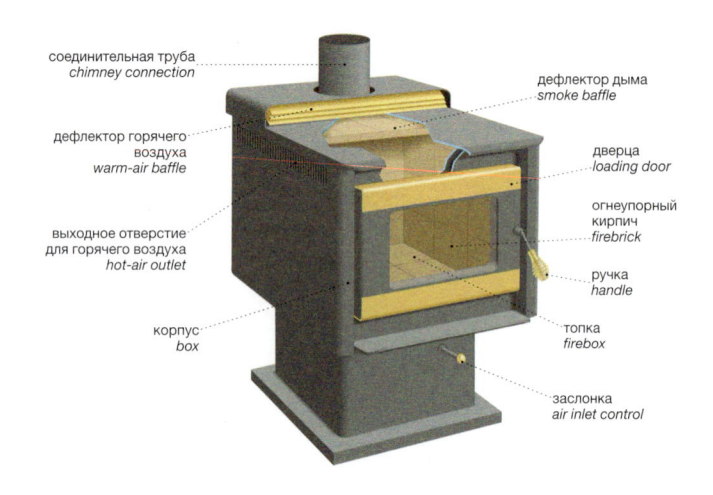

- соединительная труба / *chimney connection*
- дефлектор дыма / *smoke baffle*
- дефлектор горячего воздуха / *warm-air baffle*
- дверца / *loading door*
- выходное отверстие для горячего воздуха / *hot-air outlet*
- огнеупорный кирпич / *firebrick*
- ручка / *handle*
- корпус / *box*
- топка / *firebox*
- заслонка / *air inlet control*

отопление | heating

## дровяное отопление

**вытяжная труба**
*chimney*

- колпак / *rain cap*
- крыша / *roof*
- фланец / *storm collar*
- гидроизоляционный колпак / *flashing*
- потолок / *ceiling*
- противопожарный хомут / *ceiling collar*
- секция дымохода / *pipe section*
- противопожарный хомут / *ceiling collar*
- пол / *floor*
- колено основания / *capped tee*

**аксессуары для камина**
*fire irons*

- щипцы / *tongs*
- кочерга / *poker*
- совок / *shovel*
- щетка / *broom*
- железная подставка для дров / *andirons*
- подставка для дров / *log carrier*
- противопожарный экран / *fireplace screen*

дом

## дополнительные отопительные системы
*auxiliary heating*

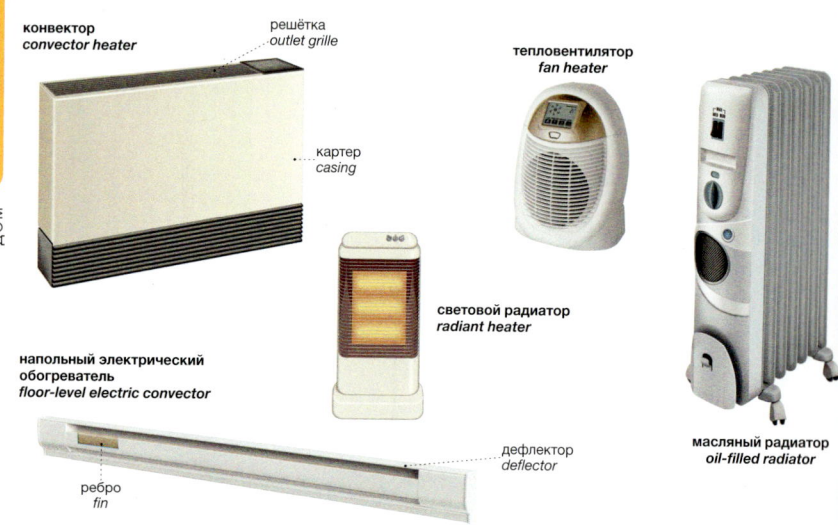

**конвектор**
*convector heater*

**решётка**
*outlet grille*

**картер**
*casing*

**тепловентилятор**
*fan heater*

**световой радиатор**
*radiant heater*

**напольный электрический обогреватель**
*floor-level electric convector*

**дефлектор**
*deflector*

**ребро**
*fin*

**масляный радиатор**
*oil-filled radiator*

## устройства управления
*control devices*

**программируемый термостат**
*programmable thermostat*

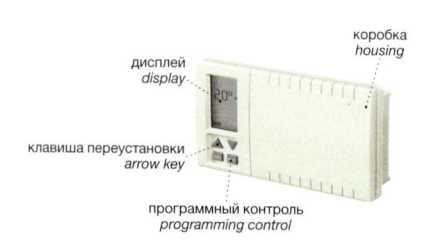

**комнатный термостат**
*room thermostat*

**дисплей**
*display*

**коробка**
*housing*

**крышка**
*cover*

**желаемая температу**
*desired temperature*

**клавиша переустановки**
*arrow key*

**регулятор температуры**
*temperature control*

**программный контроль**
*programming control*

**температура окружающей среды**
*actual temperature*

**указатель**
*pointer*

кондиционирование воздуха | air conditioning

# кондиционеры

*air conditioning appliances*

**комнатный кондиционер**
*room air conditioner*

- вентилятор испарителя / *evaporator blower*
- корпус / *casing*
- дефлектор / *louvre*
- змеевик кондиционера / *condenser coil*
- вентилятор конденсатора / *condenser fan*
- боковая вытяжка / *vent*
- панель управления / *control panel*
- решётка / *grille*

ДОМ

**влагопоглотитель**
*dehumidifier*

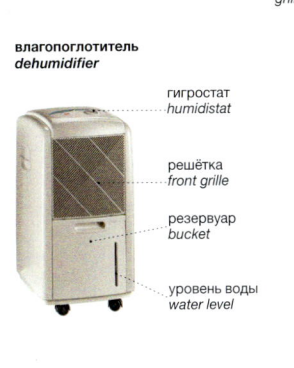

- гигростат / *humidistat*
- решётка / *front grille*
- резервуар / *bucket*
- уровень воды / *water level*

**потолочный вентилятор**
*ceiling fan*

- стержень / *rod*
- мотор / *motor*
- лопасть / *blade*

**очиститель воздуха**
*air purifier*

**переносной увлажнитель воздуха**
*portable humidifier*

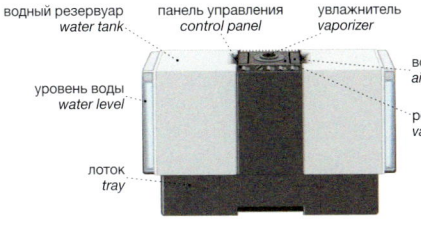

- водный резервуар / *water tank*
- панель управления / *control panel*
- увлажнитель / *vaporizer*
- воздушный фильтр / *air filter*
- уровень воды / *water level*
- решётка увлажнителя / *vaporizing grille*
- лоток / *tray*

# ванная комната

*bathroom*

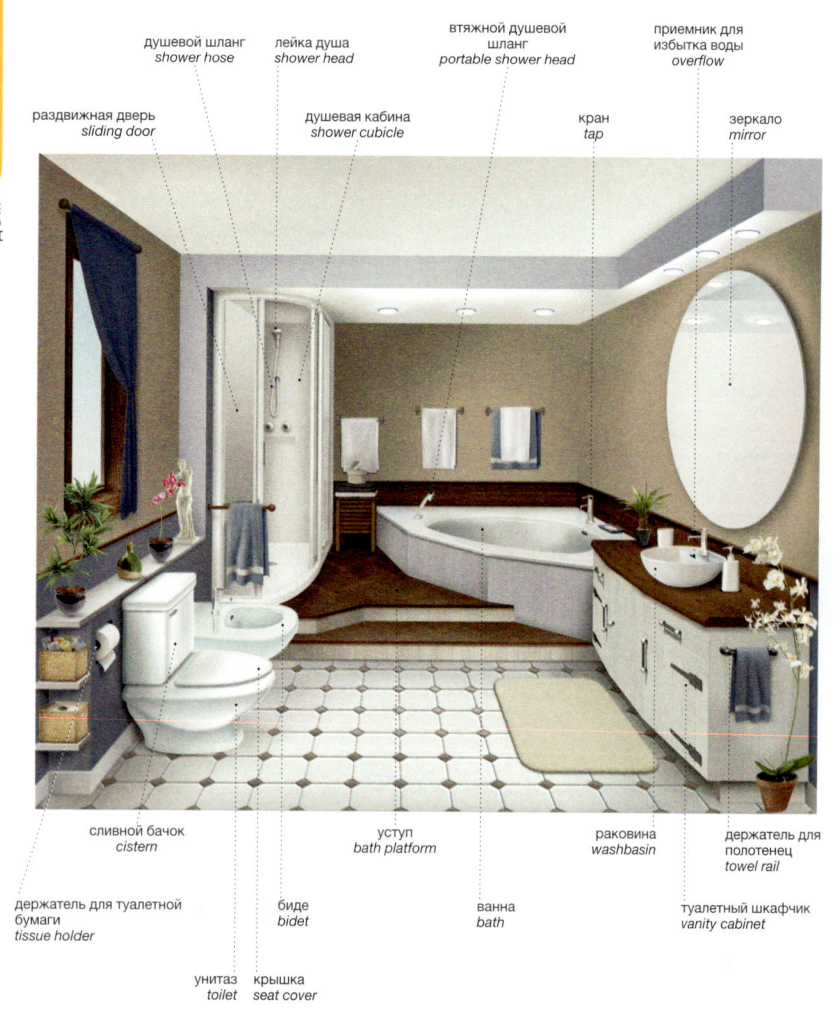

- душевой шланг — *shower hose*
- лейка душа — *shower head*
- втяжной душевой шланг — *portable shower head*
- приемник для избытка воды — *overflow*
- раздвижная дверь — *sliding door*
- душевая кабина — *shower cubicle*
- кран — *tap*
- зеркало — *mirror*
- сливной бачок — *cistern*
- уступ — *bath platform*
- раковина — *washbasin*
- держатель для полотенец — *towel rail*
- держатель для туалетной бумаги — *tissue holder*
- биде — *bidet*
- ванна — *bath*
- туалетный шкафчик — *vanity cabinet*
- унитаз — *toilet*
- крышка — *seat cover*

## сантехника | plumbing

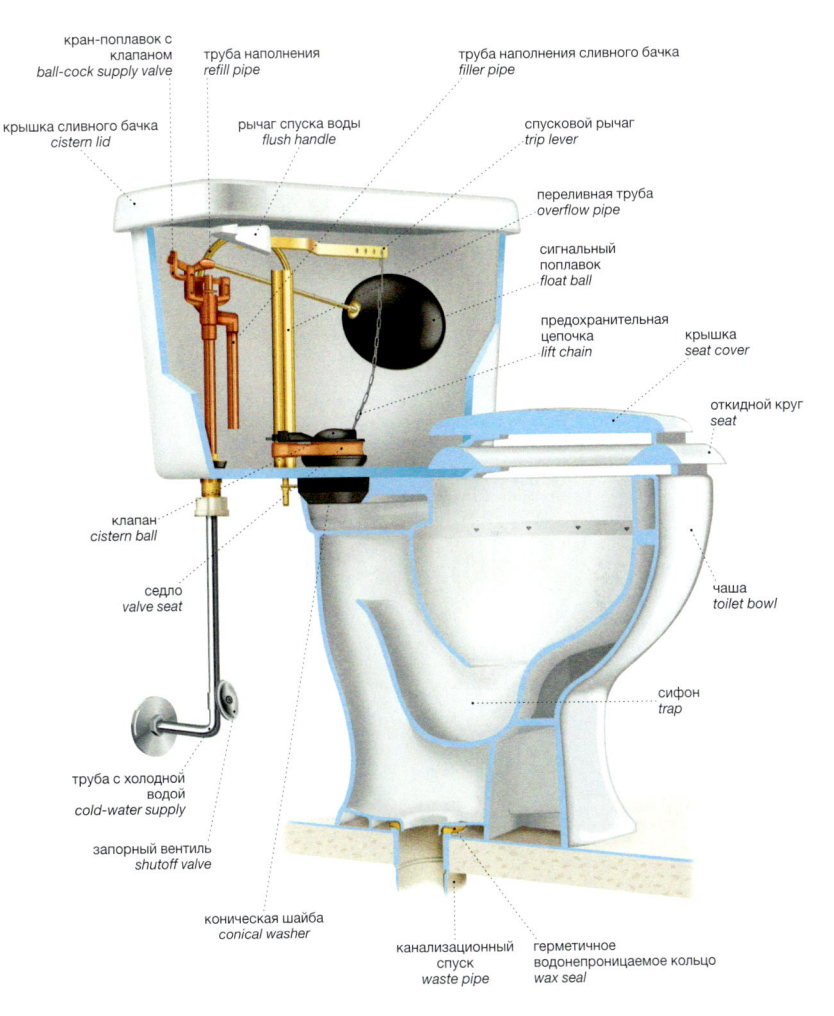

# унитаз
*toilet*

- кран-поплавок с клапаном / *ball-cock supply valve*
- труба наполнения / *refill pipe*
- труба наполнения сливного бачка / *filler pipe*
- крышка сливного бачка / *cistern lid*
- рычаг спуска воды / *flush handle*
- спусковой рычаг / *trip lever*
- переливная труба / *overflow pipe*
- сигнальный поплавок / *float ball*
- предохранительная цепочка / *lift chain*
- крышка / *seat cover*
- откидной круг / *seat*
- клапан / *cistern ball*
- седло / *valve seat*
- чаша / *toilet bowl*
- сифон / *trap*
- труба с холодной водой / *cold-water supply*
- запорный вентиль / *shutoff valve*
- коническая шайба / *conical washer*
- канализационный спуск / *waste pipe*
- герметичное водонепроницаемое кольцо / *wax seal*

ДОМ

# контактные приспособления
## contact devices

**европейская штепсельная вилка**
*European plug*

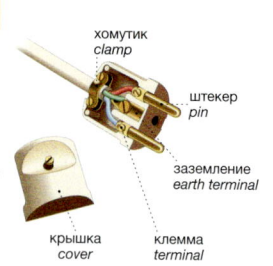

- хомутик / clamp
- штекер / pin
- заземление / earth terminal
- крышка / cover
- клемма / terminal

**европейское штепсельное соединение**
*European outlet*

- отверстие / socket-contact
- заземление / male grounding pin

**американская штепсельная вилка**
*American plug*

- штекер / pin
- заземление / earthing pin

**американская розетка**
*American outlet*

**накладка**
*escutcheon plate*

**элементы патрона для электрической лампы**
*parts of a lamp socket*

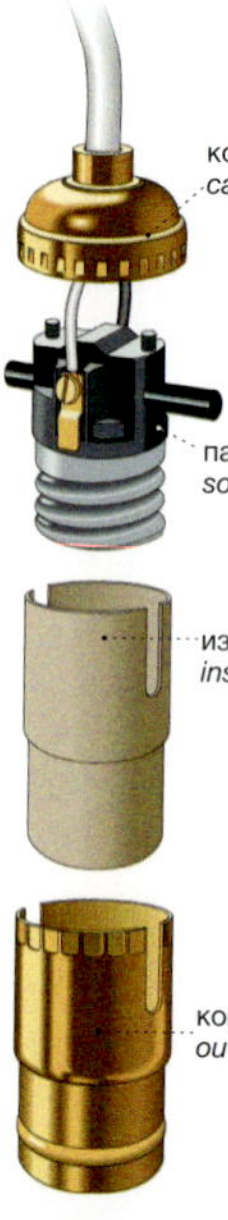

- колпачок / cap
- патрон / socket
- изолирующий футляр / insulating sleeve
- корпус / outer shell

**адаптер штепсельной вилки**
*plug adapter*

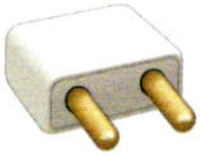

**винтовой цоколь**
*screw cap*

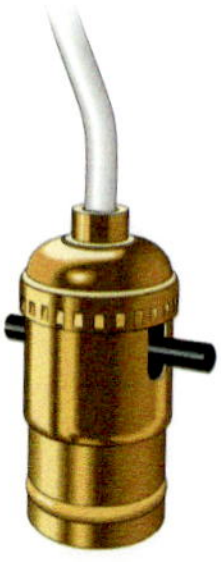

**штыковой цоколь**
*bayonet cap*

**выключатель**
*switch*

**патрон лампы**
*lamp-holder*

**регулятор электрической мощности**
*dimmer switch*

**соединительная коробка**
*electrical box*

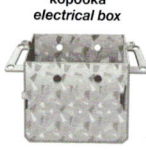

электрическое оборудование | electricity

## осветительные приборы
*lighting*

**галогенная лампа**
*tungsten-halogen bulb*

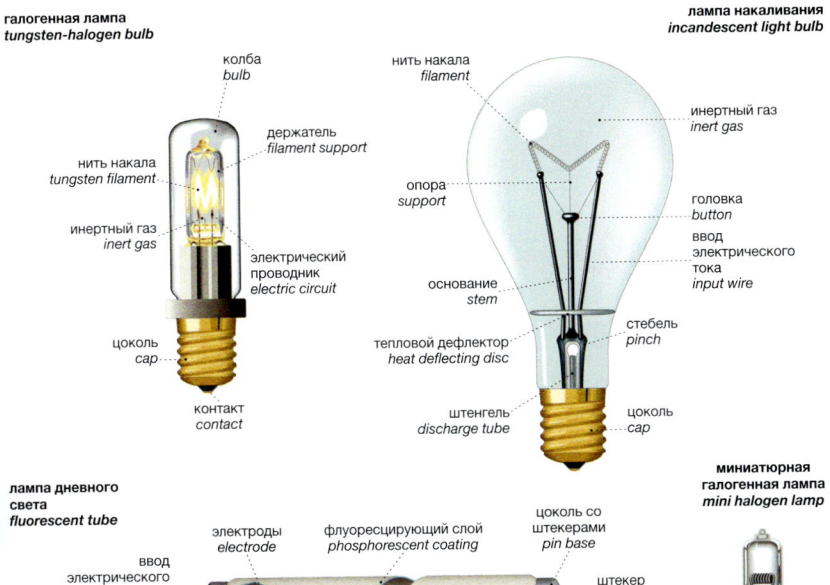

- колба / *bulb*
- держатель / *filament support*
- нить накала / *tungsten filament*
- инертный газ / *inert gas*
- электрический проводник / *electric circuit*
- цоколь / *cap*
- контакт / *contact*

**лампа накаливания**
*incandescent light bulb*

- нить накала / *filament*
- инертный газ / *inert gas*
- опора / *support*
- головка / *button*
- ввод электрического тока / *input wire*
- основание / *stem*
- тепловой дефлектор / *heat deflecting disc*
- стебель / *pinch*
- штенгель / *discharge tube*
- цоколь / *cap*

ДОМ

**лампа дневного света**
*fluorescent tube*

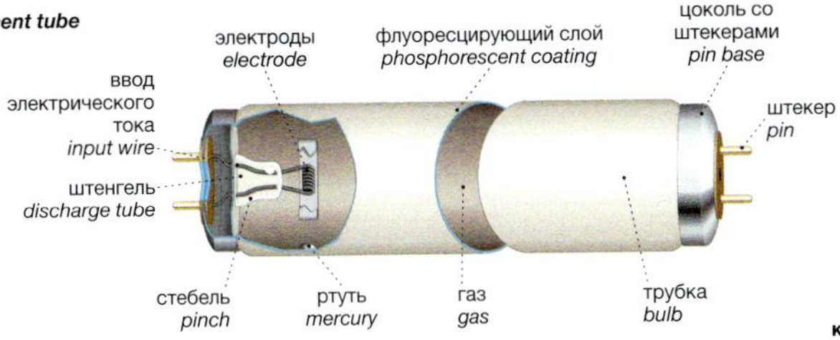

- электроды / *electrode*
- флуоресцирующий слой / *phosphorescent coating*
- цоколь со штекерами / *pin base*
- ввод электрического тока / *input wire*
- штекер / *pin*
- штенгель / *discharge tube*
- стебель / *pinch*
- ртуть / *mercury*
- газ / *gas*
- трубка / *bulb*

**миниатюрная галогенная лампа**
*mini halogen lamp*

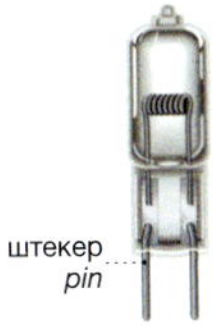

- штекер / *pin*

**компактная лампа дневного света**
*compact fluorescent lamp*

**светодиодная лампа**
*light-emitting diode (LED) lamp*

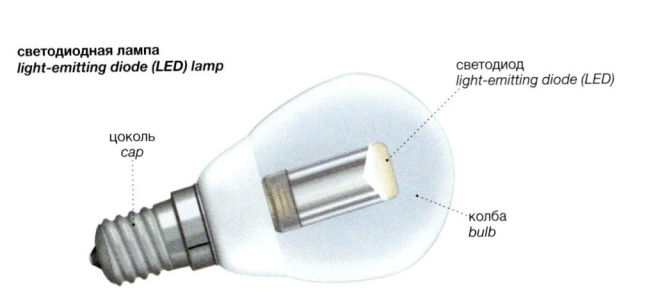

- светодиод / *light-emitting diode (LED)*
- цоколь / *cap*
- колба / *bulb*

227

# кресло
*armchair*

**части кресла**
*parts of an armchair*

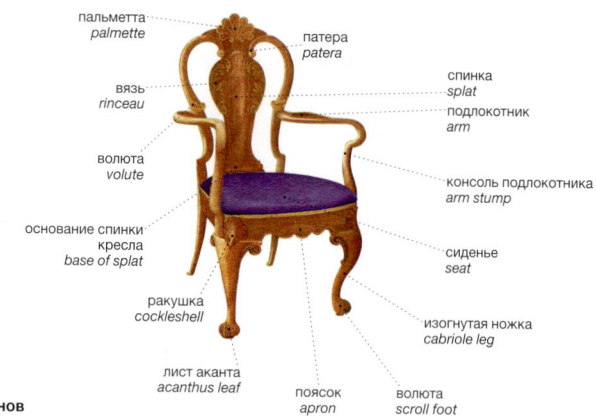

- пальметта / *palmette*
- патера / *patera*
- вязь / *rinceau*
- спинка / *splat*
- подлокотник / *arm*
- волюта / *volute*
- консоль подлокотника / *arm stump*
- основание спинки кресла / *base of splat*
- сиденье / *seat*
- ракушка / *cockleshell*
- изогнутая ножка / *cabriole leg*
- лист аканта / *acanthus leaf*
- поясок / *apron*
- волюта / *scroll foot*

**виды кресел и диванов**
*examples of armchairs*

- кресло «Василий» / *Wassily chair*
- кресло режиссера, складное кресло / *director's chair* 
- кресло «кабриоль» / *cabriole chair* 
- кресло-качалка / *rocking chair* 
- кресло-кровать / *chair bed* 
- клубное кресло / *club chair* 
- глубокое кресло / *bergère* 
- кресло с высокой спинкой / *Voltaire chair* 
- кресло сквот / *squat chair* 
- полудиван / *meridienne* 
- двухместный диван / *two-seater settee* 
- диван / *sofa* 
- софа / *chesterfield* 
- оттоманка / *chaise longue*

меблировка и домашнее оборудование | house furnishings

# стул
*side chair*

## части стула
*parts of a side chair*

- верхняя перекладина / top rail
- перекладина / cross rail
- стойка / stile
- поясок / apron
- задняя ножка / rear leg
- декоративный наконечник / ear
- спинка / back
- сиденье / seat
- каркас / support
- передняя ножка / front leg
- поперечина / spindle

## виды стульев
*examples of chairs*

- деревянное кресло / Windsor chair
- стул-качалка / rocking chair 
- шезлонг / recliner 
- стулья, укладываемые штабелем / stacking chairs 
- складной стул / folding chair 

# сиденья
*seats*

- табурет / footstool
- барная табуретка / bar stool
- кресло-мешок / beanbag chair
- пуф / ottoman 
- скамья-сундук / storage bench 
- скамейка / bench
- скамья / banquette 
- стул-лесенка / step chair 

ДОМ

230 — **меблировка и домашнее оборудование** | house furnishings

## стол
*table*

### стол-тумба
*gateleg table*

- столешница — *top*
- поясок — *apron*
- ящик — *drawer*
- ручка — *knob*
- откидная панель — *drop-leaf*
- перекладина — *stretcher*
- ножка — *leg*
- выдвижная ножка — *gateleg*
- перекладина — *crosspiece*

### виды столов
*examples of tables*

- стол-матрёшка — *nesting tables*
- журнальный столик — *coffee table*
- вставная доска — *extension*
- раздвижной стол — *extending table*
- сервировочный столик — *serving trolley*

## шкафы
*storage furniture*

- комод — *chest of drawers*
- кофр — *linen chest*
- откидная доска — *fall front*
- ящик — *compartment*
- секретер — *bureau*
- карниз — *cornice*
- панель створки — *door panel*
- ручка — *handle*
- дверная петля — *hinge*
- основание — *bracket base*
- шкаф — *armoire*

**меблировка и домашнее оборудование | house furnishings**

## шкафы

гардероб
*hanging cupboard*

полка
*shelf*

**туалетный столик**
*dressing table*

**тумбочка**
*bedside table*

**винный шкаф**
*wine cabinet*

**платяной шкаф**
*wardrobe*

ящик
*drawer*

**угловой шкаф**
*corner cupboard*

**высокий комод**
*chiffonier*

**витрина**
*display cabinet*

**бар**
*cocktail cabinet*

**буфет**
*sideboard*

**посудный шкаф-витрина**
*glass-fronted display cabinet*

ДОМ

# кровать
*bed*

**части кровати**
*parts of a bed*

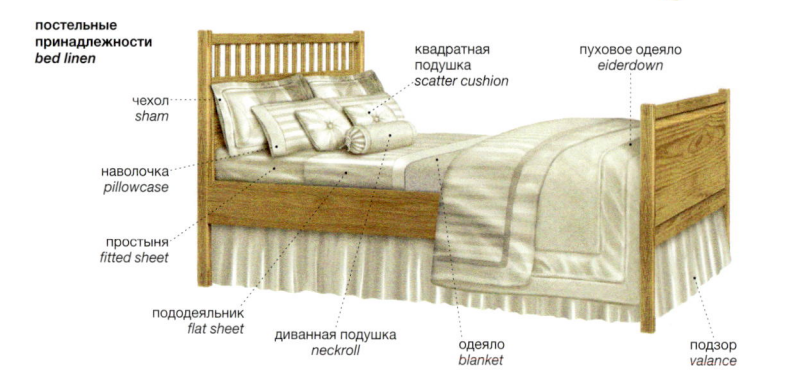

- чехол подушки — *pillow cover*
- чехол наматрасника — *mattress cover*
- наматрасник — *mattress*
- резинка — *elastic*
- изголовье — *headboard*
- изножье — *footboard*
- валик — *bolster*
- подушка — *pillow*
- матрас — *sprung base*
- ручка — *handle*
- ножка — *leg*

**постельные принадлежности**
*bed linen*

- квадратная подушка — *scatter cushion*
- пуховое одеяло — *eiderdown*
- чехол — *sham*
- наволочка — *pillowcase*
- простыня — *fitted sheet*
- пододеяльник — *flat sheet*
- диванная подушка — *neckroll*
- одеяло — *blanket*
- подзор — *valance*

**футон**
*futon*

- футон — *futon*
- каркас — *frame*

меблировка и домашнее оборудование | house furnishings

# детская мебель
*children's furniture*

**кровать-трансформер**
*nursery*

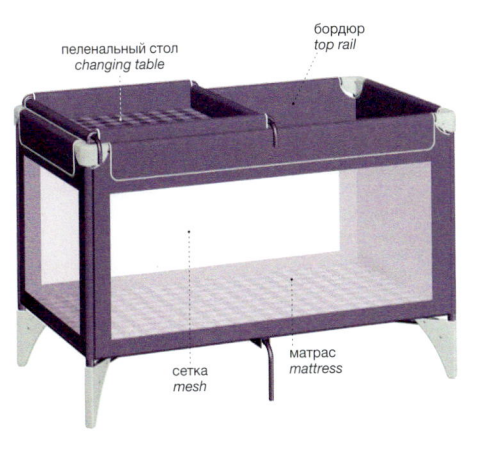

- пеленальный стол — *changing table*
- бордюр — *top rail*
- сетка — *mesh*
- матрас — *mattress*

**приставной стульчик**
*booster seat*

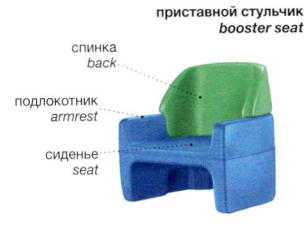

- спинка — *back*
- подлокотник — *armrest*
- сиденье — *seat*

**стол для пеленания**
*changing table*

- пеленальный матрас — *contour changing pad*

**высокий стул**
*high chair*

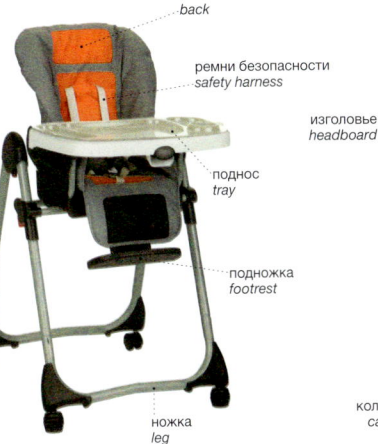

- спинка — *back*
- ремни безопасности — *safety harness*
- поднос — *tray*
- подножка — *footrest*
- ножка — *leg*

**детская кроватка**
*cot*

- решётка — *barrier*
- планка — *slat*
- изголовье — *headboard*
- колесико — *caster*
- ящик — *drawer*
- матрас — *mattress*

дом

# осветительные приборы
*lights*

светильник на «клипсе»
*clamp spotlight*

лампа для чтения
*bed lamp*

плафон
*ceiling fitting*

висячая лампа
*hanging pendant*

чертежная лампа
*adjustable lamp*

выключатель
*on-off switch*

кронштейн
*arm*

пружина
*spring*

крепление
*adjustable clamp*

настольная лампа
*table lamp*

абажур
*shade*

ножка
*stand*

настольная галогенная лампа
*halogen desk lamp*

кронштейн
*arm*

основание
*base*

настольная лампа
*desk lamp*

основание
*base*

торшер
*standard lamp*

**меблировка и домашнее оборудование** | house furnishings

### осветительные приборы

уличный фонарь
*post lantern*

люстра
*chandelier*

чашечка
*sconce*

подвеска
*crystal drop*

ствол
*column*

хрустальный шарик
*crystal button*

настенный фонарь
*wall lantern*

световой рельс
*track lighting*

трансформатор
*transformer*

каркас
*track frame*

светильник направленного действия
*spot*

бра
*wall light*

осветительная рампа
*multiple light fitting*

поворачивающееся бра
*swivel wall lamp*

ДОМ

## меблировка и домашнее оборудование | house furnishings

# бытовая техника
*home appliances*

**паровой утюг**
*steam iron*

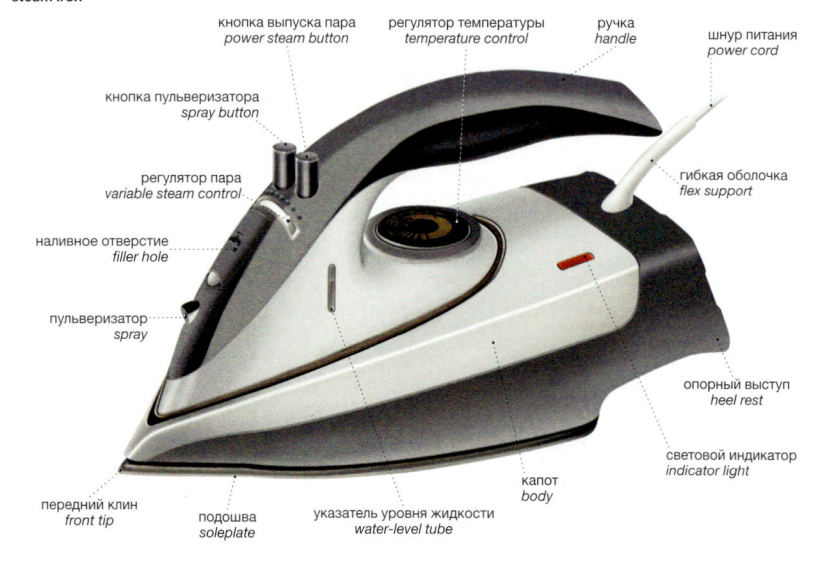

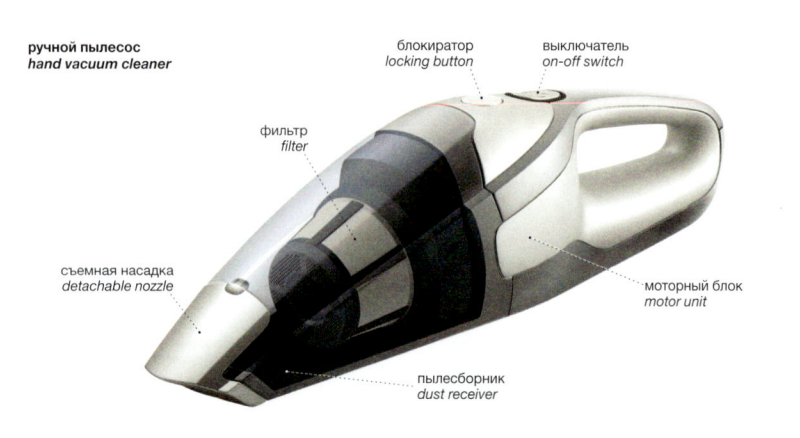

- кнопка выпуска пара / *power steam button*
- регулятор температуры / *temperature control*
- ручка / *handle*
- шнур питания / *power cord*
- кнопка пульверизатора / *spray button*
- регулятор пара / *variable steam control*
- гибкая оболочка / *flex support*
- наливное отверстие / *filler hole*
- пульверизатор / *spray*
- опорный выступ / *heel rest*
- световой индикатор / *indicator light*
- передний клин / *front tip*
- подошва / *soleplate*
- указатель уровня жидкости / *water-level tube*
- капот / *body*

**ручной пылесос**
*hand vacuum cleaner*

- блокиратор / *locking button*
- выключатель / *on-off switch*
- фильтр / *filter*
- съемная насадка / *detachable nozzle*
- моторный блок / *motor unit*
- пылесборник / *dust receiver*

**меблировка и домашнее оборудование** | house furnishings

### бытовая техника

**пылесос**
*cylinder vacuum cleaner*

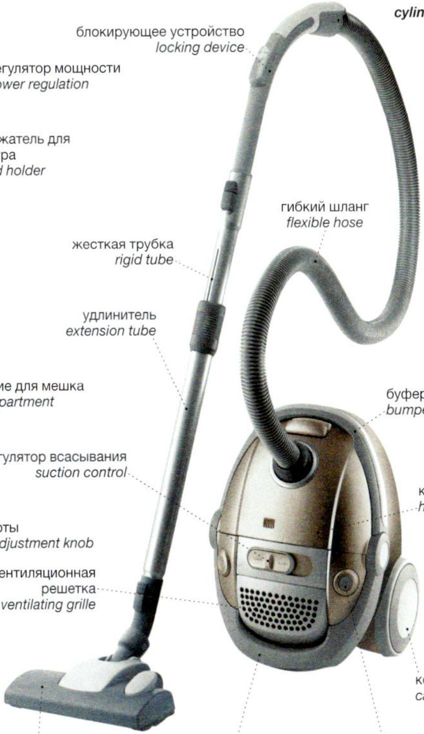

**вертикальный пылесос**
*upright vacuum cleaner*

- регулятор мощности / *power regulation*
- блокирующее устройство / *locking device*
- держатель для шнура / *cord holder*
- рукоять / *upper stick*
- жесткая трубка / *rigid tube*
- гибкий шланг / *flexible hose*
- выключатель / *on-off switch*
- удлинитель / *extension tube*
- отделение для мешка / *bag compartment*
- буфер / *bumper*
- регулятор всасывания / *suction control*
- капот / *hood*
- регулятор высоты / *cleaner height adjustment knob*
- вентиляционная решетка / *ventilating grille*
- колесико / *caster*
- насадка для ковра и пола / *carpet/hard floor nozzle*
- насадка для пола и ковра / *carpet and floor brush*
- ручка / *handle*
- выключатель / *on-off switch*

**принадлежности для пылесоса**
*vacuum cleaner accessories*

- треугольная насадка для тканей / *upholstery nozzle*
- щётка для удаления пыли / *dusting brush* 
- плоская насадка / *crevice tool*
- половая щётка / *floor brush*

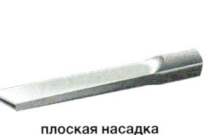

## бытовая техника

**вытяжка**
*extractor hood*

фильтр
*filter*

**электрическая плита**
*electric cooker*

конфорка
*cooking unit*

таймер
*clock timer*

верхняя панель
*hob*

панель управления
*control panel*

кромка верхней панели
*hob edge*

командная кнопка
*control knob*

духовка
*oven*

ручка
*handle*

смотровое окно
*window*

решетка
*shelf*

ящик
*drawer*

**газовая плита**
*gas cooker*

решетка
*grate*

горелка
*burner*

управление конфорками
*burner control knobs*

верхняя панель
*hob*

панель управления
*control panel*

духовка
*oven*

ручка
*handle*

решетка
*shelf*

смотровое окно
*window*

дверца
*door*

**меблировка и домашнее оборудование | house furnishings**

## бытовая техника

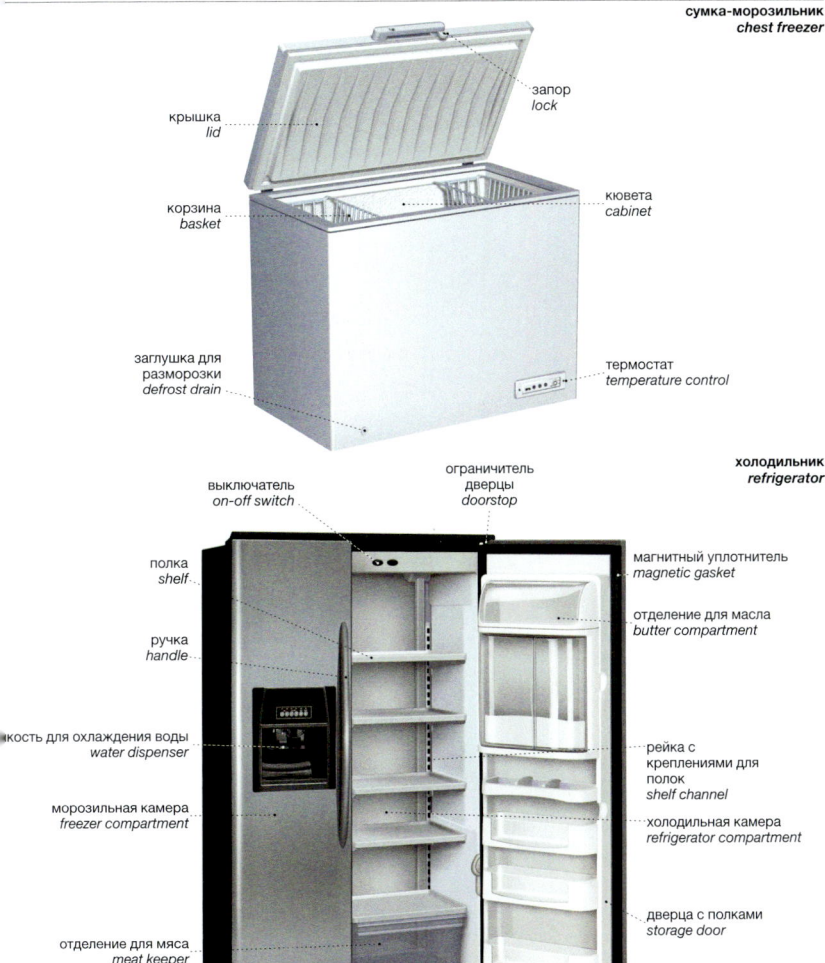

**сумка-морозильник**
*chest freezer*

крышка — *lid*
запор — *lock*
корзина — *basket*
кювета — *cabinet*
заглушка для разморозки — *defrost drain*
термостат — *temperature control*

**холодильник**
*refrigerator*

выключатель — *on-off switch*
ограничитель дверцы — *doorstop*
полка — *shelf*
магнитный уплотнитель — *magnetic gasket*
отделение для масла — *butter compartment*
ручка — *handle*
ёмкость для охлаждения воды — *water dispenser*
рейка с креплениями для полок — *shelf channel*
морозильная камера — *freezer compartment*
холодильная камера — *refrigerator compartment*
отделение для мяса — *meat keeper*
дверца с полками — *storage door*
направляющая — *guard rail*
ящик для овощей — *salad crisper*
отделение для молочных продуктов — *dairy compartment*

дом

**меблировка и домашнее оборудование** | house furnishings

## бытовая техника

**стиральная машина с фронтальной загрузкой**
*front-load washing machine*

выбор программ
*control knob*

дверца
*door*

панель управления
*control panel*

регулятор уровня воды
*water-level selector*

регулятор температуры
*temperature selector*

**механизм стиральной машины с вертикальной загрузкой**
*top-loading washing machine mechanism*

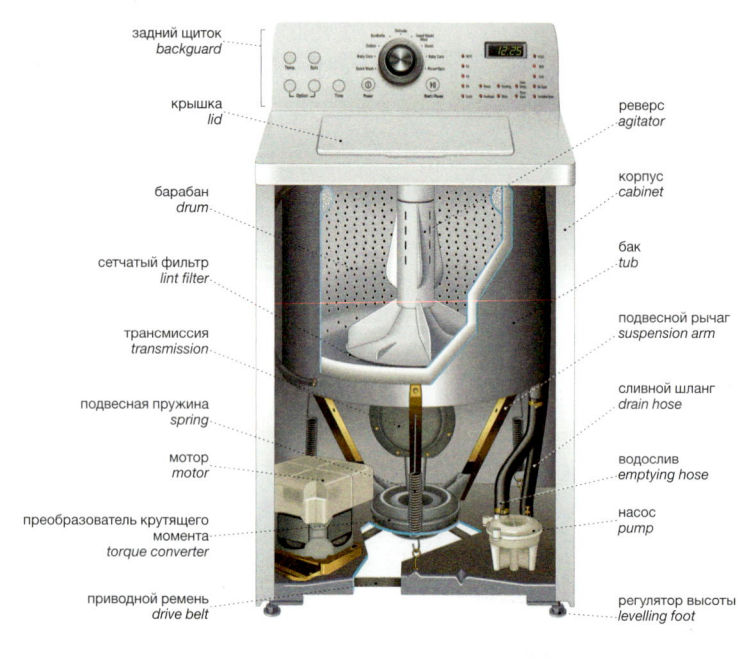

задний щиток
*backguard*

крышка
*lid*

барабан
*drum*

сетчатый фильтр
*lint filter*

трансмиссия
*transmission*

подвесная пружина
*spring*

мотор
*motor*

преобразователь крутящего момента
*torque converter*

приводной ремень
*drive belt*

реверс
*agitator*

корпус
*cabinet*

бак
*tub*

подвесной рычаг
*suspension arm*

сливной шланг
*drain hose*

водослив
*emptying hose*

насос
*pump*

регулятор высоты
*levelling foot*

**меблировка и домашнее оборудование** | house furnishings

## бытовая техника

**сушилка**
*dryer*

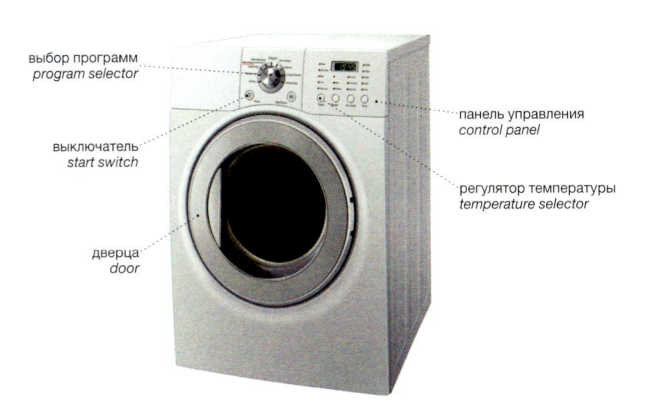

- выбор программ / *program selector*
- выключатель / *start switch*
- дверца / *door*
- панель управления / *control panel*
- регулятор температуры / *temperature selector*

**механизм сушилки**
*dryer mechanism*

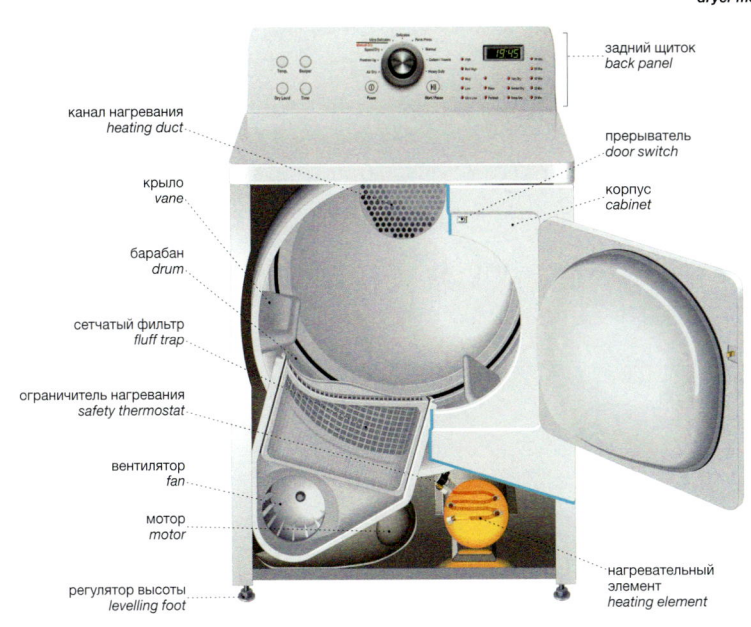

- канал нагревания / *heating duct*
- крыло / *vane*
- барабан / *drum*
- сетчатый фильтр / *fluff trap*
- ограничитель нагревания / *safety thermostat*
- вентилятор / *fan*
- мотор / *motor*
- регулятор высоты / *levelling foot*
- задний щиток / *back panel*
- прерыватель / *door switch*
- корпус / *cabinet*
- нагревательный элемент / *heating element*

ДОМ

## бытовая техника

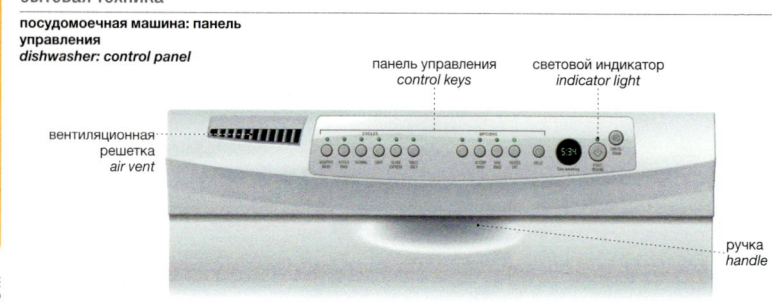

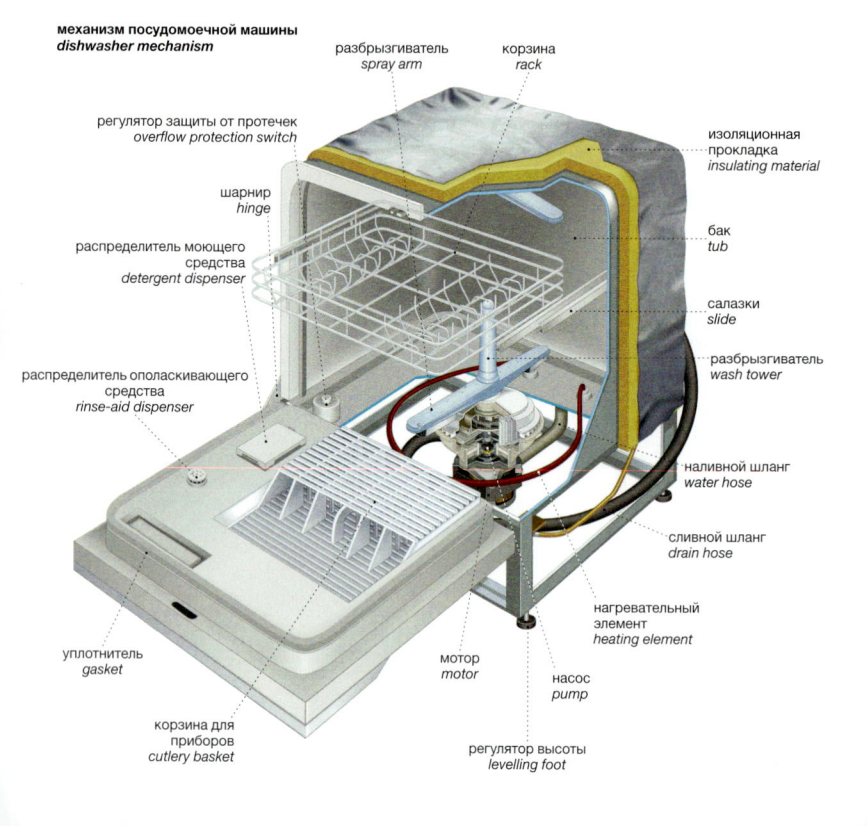

**посудомоечная машина: панель управления**
*dishwasher: control panel*

- вентиляционная решётка / *air vent*
- панель управления / *control keys*
- световой индикатор / *indicator light*
- ручка / *handle*

**механизм посудомоечной машины**
*dishwasher mechanism*

- разбрызгиватель / *spray arm*
- корзина / *rack*
- изоляционная прокладка / *insulating material*
- регулятор защиты от протечек / *overflow protection switch*
- шарнир / *hinge*
- бак / *tub*
- распределитель моющего средства / *detergent dispenser*
- салазки / *slide*
- разбрызгиватель / *wash tower*
- распределитель ополаскивающего средства / *rinse-aid dispenser*
- наливной шланг / *water hose*
- сливной шланг / *drain hose*
- нагревательный элемент / *heating element*
- уплотнитель / *gasket*
- мотор / *motor*
- насос / *pump*
- корзина для приборов / *cutlery basket*
- регулятор высоты / *levelling foot*

меблировка и домашнее оборудование | house furnishings

# хозяйственная утварь
## household equipment

**кухонное полотенце**
*kitchen towel*

**метёлка для пыли**
*feather duster*

**щетка для пола**
*broom*

**швабра**
*mop*

**щетка**
*brush*

**чистящая губка**
*scouring pad*

держатель
*block*

щетина
*fibres*

**помойное ведро**
*refuse container*

**совок**
*dustpan*

ручка
*handle*

крышка
*lid*

ручка
*handle*

щетина
*fibres*

**резиновые перчатки**
*rubber gloves*

**ведро**
*bucket*

носик
*pouring spout*

ручка
*handle*

дом

## столярные и плотницкие работы | carpentry

# рабочие принадлежности
*accessories*

**ящик для инструментов**
*toolbox*

ручка
*handle*

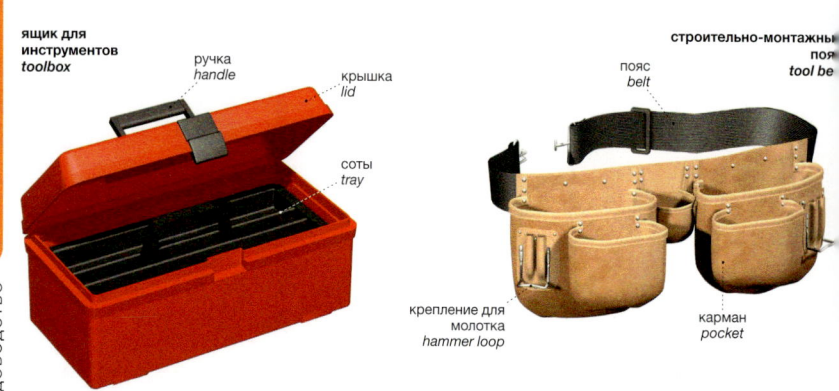

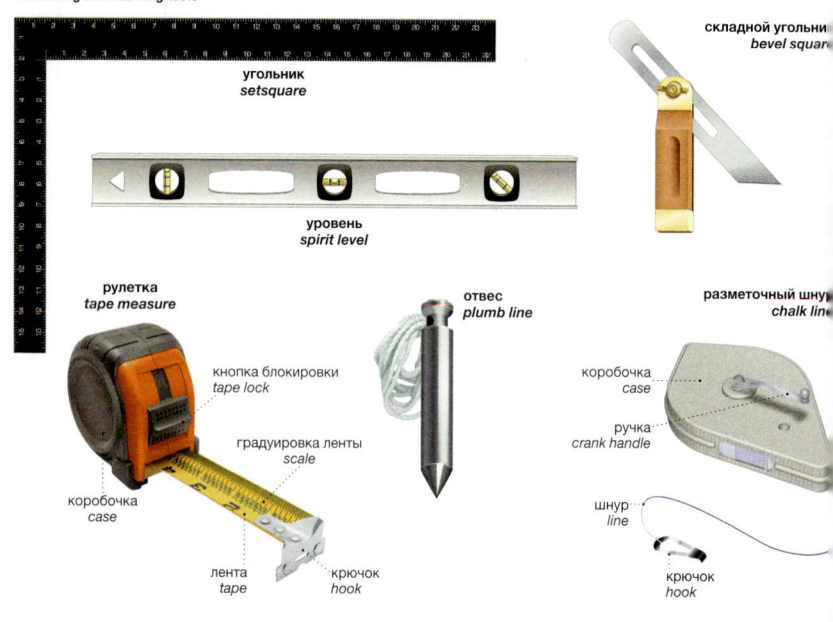

крышка
*lid*

соты
*tray*

**строительно-монтажный пояс**
*tool belt*

пояс
*belt*

крепление для молотка
*hammer loop*

карман
*pocket*

# инструменты для разметки и измерений
*measuring and marking tools*

угольник
*setsquare*

складной угольник
*bevel square*

уровень
*spirit level*

**рулетка**
*tape measure*

кнопка блокировки
*tape lock*

градуировка ленты
*scale*

коробочка
*case*

лента
*tape*

крючок
*hook*

отвес
*plumb line*

**разметочный шнур**
*chalk line*

коробочка
*case*

ручка
*crank handle*

шнур
*line*

крючок
*hook*

работа по дому и садоводство

столярные и плотницкие работы | carpentry

## инструменты для захвата и затяжки
*gripping and tightening tools*

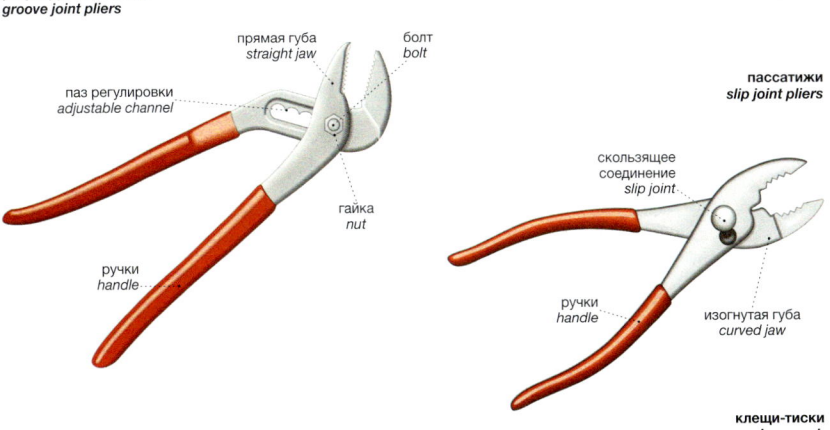

**регулируемые клещи**
*groove joint pliers*

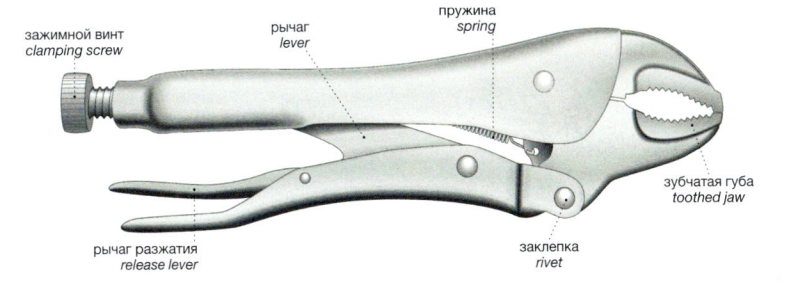

прямая губа / *straight jaw*
болт / *bolt*
паз регулировки / *adjustable channel*
гайка / *nut*
ручки / *handle*

**клещи**
*pliers*

**пассатижи**
*slip joint pliers*

скользящее соединение / *slip joint*
ручки / *handle*
изогнутая губа / *curved jaw*

**клещи-тиски**
*mole wrench*

зажимной винт / *clamping screw*
рычаг / *lever*
пружина / *spring*
зубчатая губа / *toothed jaw*
рычаг разжатия / *release lever*
заклепка / *rivet*

работа по дому и садоводство

**шайбы**
*washers*

фасонная шайба с внешними зубцами
*external tooth spring washer*

фасонная шайба с внутренними зубцами
*internal tooth spring washer*

пружинная шайба
*spring washer*

плоская шайба
*flat washer*

246 | столярные и плотницкие работы | carpentry

## инструменты для захвата и затяжки

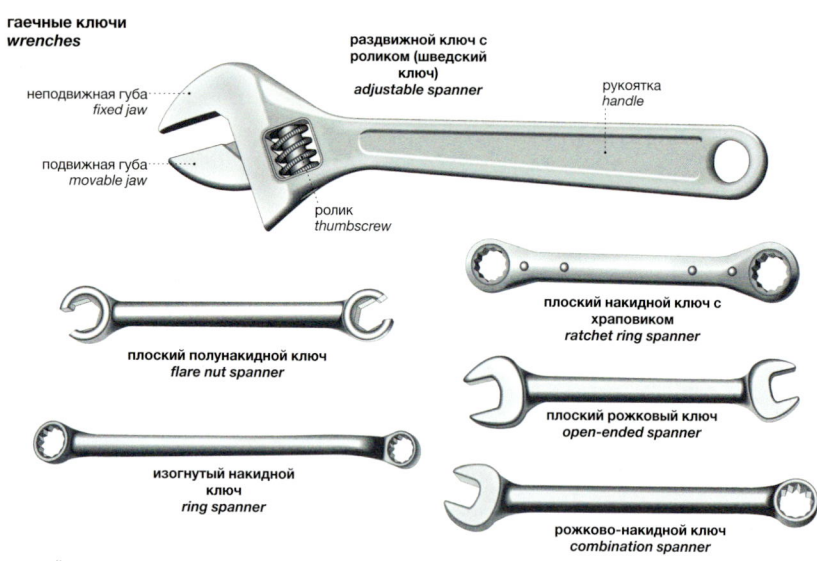

### гаечные ключи
### wrenches

**раздвижной ключ с роликом (шведский ключ)**
*adjustable spanner*

- неподвижная губа / *fixed jaw*
- подвижная губа / *movable jaw*
- ролик / *thumbscrew*
- рукоятка / *handle*

**плоский полунакидной ключ**
*flare nut spanner*

**плоский накидной ключ с храповиком**
*ratchet ring spanner*

**изогнутый накидной ключ**
*ring spanner*

**плоский рожковый ключ**
*open-ended spanner*

**рожково-накидной ключ**
*combination spanner*

**гаечный ключ со сменными торцевыми головками**
*ratchet socket wrench*

**комплект съемных насадок**
*socket set*

### болты
### bolts

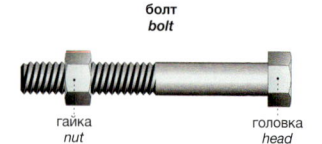

**болт**
*bolt*

- гайка / *nut*
- головка / *head*

**болт с усиленной «юбкой»**
*shoulder bolt*

- стержень с резьбой / *threaded rod*
- дополнительная «юбка» / *shoulder*

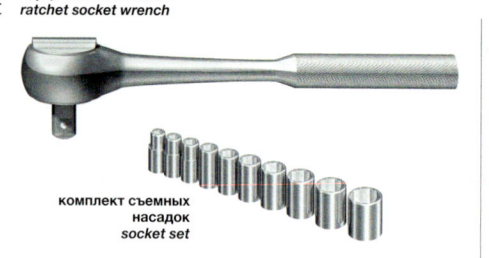

### гайки
### nuts

**шестигранная гайка**
*hexagon nut*

**фасонная закрытая гайка**
*cap nut*

**фасонная гайка**
*wing nut*

РАБОТА ПО ДОМУ И САДОВОДСТВО

## столярные и плотницкие работы | carpentry

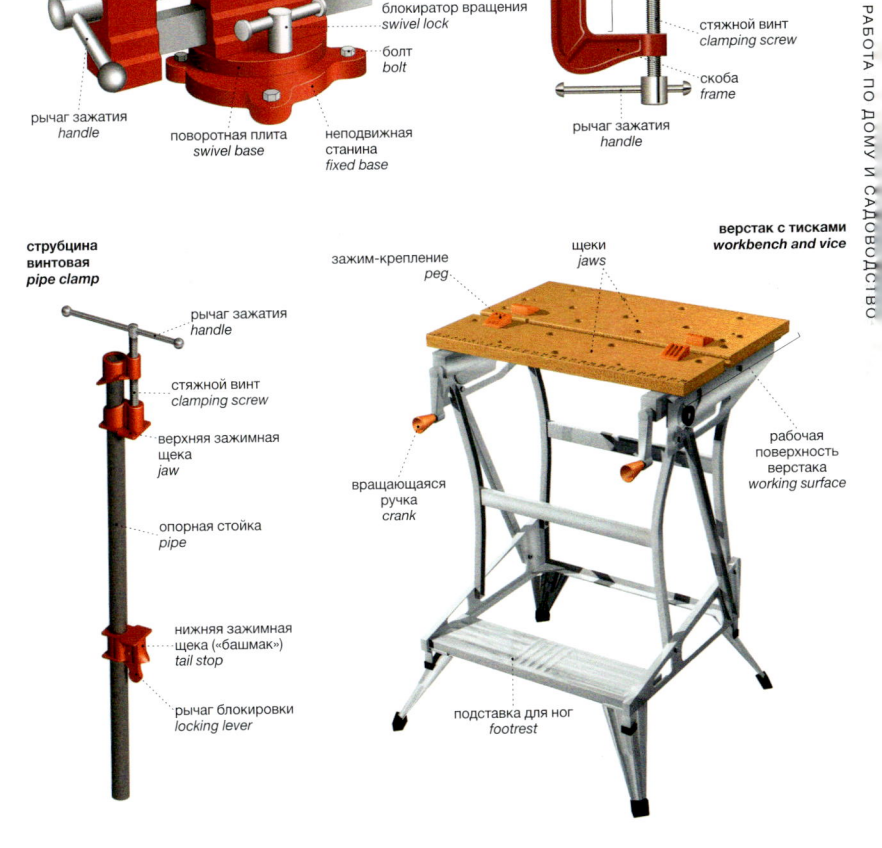

### инструменты для захвата и затяжки

**тиски**
*vice*

- подвижная щека — *movable jaw*
- неподвижная щека — *fixed jaw*
- стяжной винт — *clamping screw*
- блокиратор вращения — *swivel lock*
- болт — *bolt*
- рычаг зажатия — *handle*
- поворотная плита — *swivel base*
- неподвижная станина — *fixed base*

**струбцина**
*G-clamp*

- неподвижная губа — *fixed jaw*
- подвижная губа — *movable jaw*
- сферическая головка — *swivel head*
- зев струбцины — *throat*
- стяжной винт — *clamping screw*
- скоба — *frame*
- рычаг зажатия — *handle*

**струбцина винтовая**
*pipe clamp*

- рычаг зажатия — *handle*
- стяжной винт — *clamping screw*
- верхняя зажимная щека — *jaw*
- опорная стойка — *pipe*
- нижняя зажимная щека («башмак») — *tail stop*
- рычаг блокировки — *locking lever*

**верстак с тисками**
*workbench and vice*

- зажим-крепление — *peg*
- щеки — *jaws*
- рабочая поверхность верстака — *working surface*
- вращающаяся ручка — *crank*
- подставка для ног — *footrest*

работа по дому и садоводство

# столярные и плотницкие работы | carpentry

## инструменты для забивания гвоздей
*nailing tools*

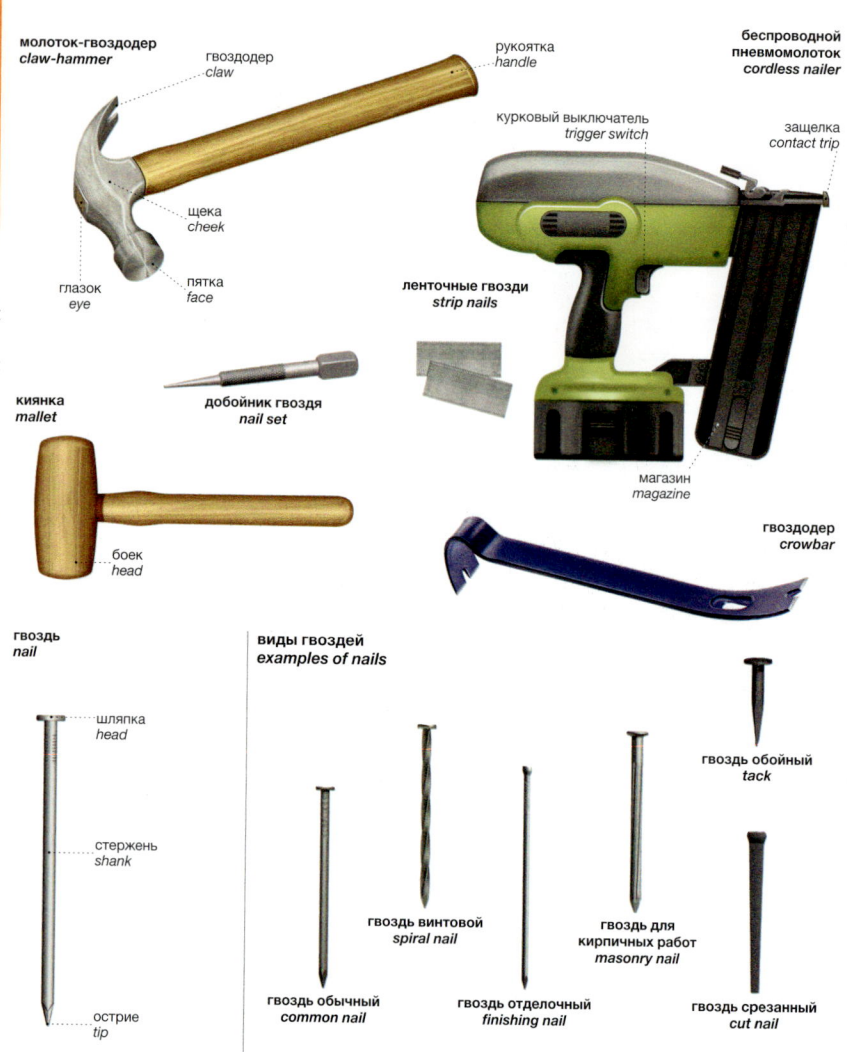

**молоток-гвоздодёр**
*claw-hammer*

- гвоздодёр / *claw*
- рукоятка / *handle*
- щека / *cheek*
- глазок / *eye*
- пятка / *face*

**беспроводной пневмомолоток**
*cordless nailer*

- курковый выключатель / *trigger switch*
- защелка / *contact trip*
- ленточные гвозди / *strip nails*
- магазин / *magazine*

**киянка**
*mallet*

- боёк / *head*

**добойник гвоздя**
*nail set*

**гвоздодёр**
*crowbar*

**гвоздь**
*nail*

- шляпка / *head*
- стержень / *shank*
- остриё / *tip*

**виды гвоздей**
*examples of nails*

- гвоздь обычный / *common nail*
- гвоздь винтовой / *spiral nail*
- гвоздь отделочный / *finishing nail*
- гвоздь для кирпичных работ / *masonry nail*
- гвоздь обойный / *tack*
- гвоздь срезанный / *cut nail*

столярные и плотницкие работы | carpentry

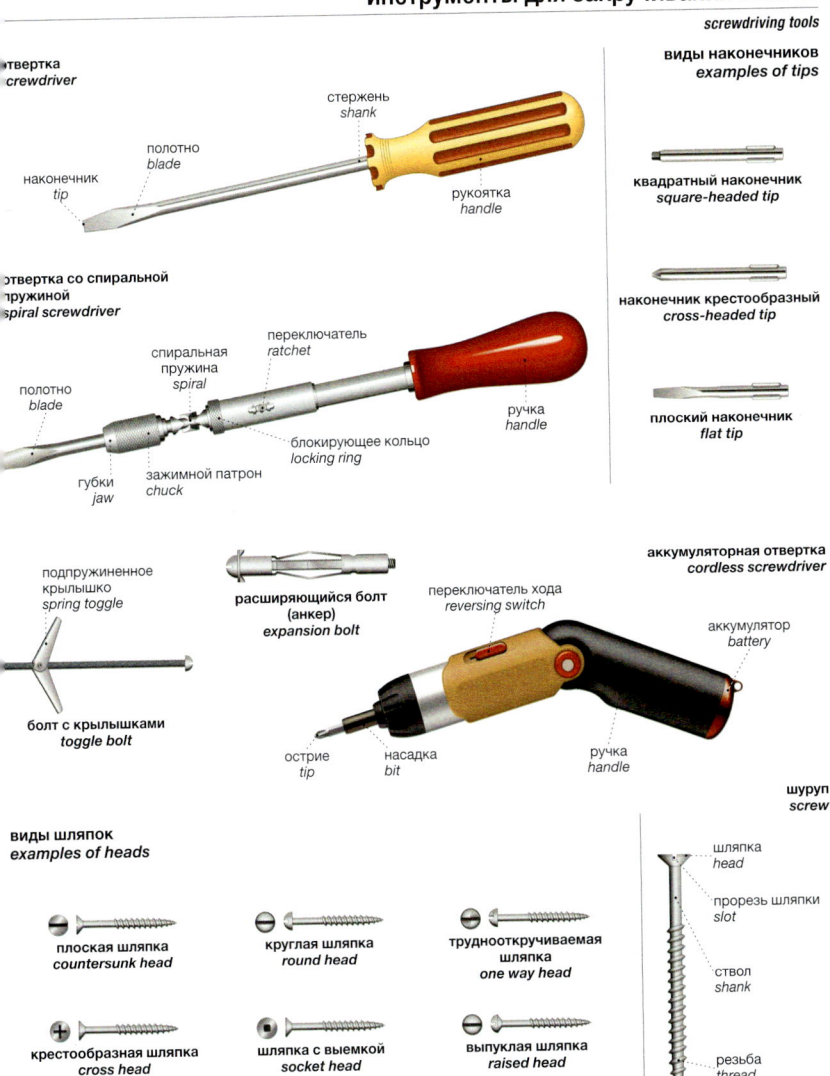

## инструменты для закручивания винтов
### screwdriving tools

**отвертка**
*screwdriver*

- наконечник / *tip*
- полотно / *blade*
- стержень / *shank*
- рукоятка / *handle*

**отвертка со спиральной пружиной**
*spiral screwdriver*

- полотно / *blade*
- губки / *jaw*
- спиральная пружина / *spiral*
- зажимной патрон / *chuck*
- переключатель / *ratchet*
- блокирующее кольцо / *locking ring*
- ручка / *handle*

**виды наконечников**
*examples of tips*

- квадратный наконечник / *square-headed tip*
- наконечник крестообразный / *cross-headed tip*
- плоский наконечник / *flat tip*

**подпружиненное крылышко** / *spring toggle*
**болт с крылышками** / *toggle bolt*

**расширяющийся болт (анкер)** / *expansion bolt*

**аккумуляторная отвертка**
*cordless screwdriver*

- переключатель хода / *reversing switch*
- аккумулятор / *battery*
- остриё / *tip*
- насадка / *bit*
- ручка / *handle*

**виды шляпок**
*examples of heads*

- плоская шляпка / *countersunk head*
- круглая шляпка / *round head*
- труднооткручиваемая шляпка / *one way head*
- крестообразная шляпка / *cross head*
- шляпка с выемкой / *socket head*
- выпуклая шляпка / *raised head*

**шуруп**
*screw*

- шляпка / *head*
- прорезь шляпки / *slot*
- ствол / *shank*
- резьба / *thread*

РАБОТА ПО ДОМУ И САДОВОДСТВО

249

столярные и плотницкие работы | carpentry

# инструменты для распила
*sawing tools*

**лобзик**
*coping saw*

держатель ножовочного полотна
*frame*

ручка
*handle*

ножовочное полотно
*blade*

**пила по металл**
*hacksaw*

держатель ножовочного полотна с регулятором
*adjustable frame*

ручка
*grip handle*

ножовочное полотно
*blade*

**прорезная пила**
*compass saw*

ножовочное полотно
*blade*

ручка
*handle*

ручка
*handle*

спинка
*back*

ножовочное полотно
*blade*

**пила-ножовка**
*handsaw*

пяткам
*heel*

зубцы
*tooth*

нос
*toe*

**ножовка**
*back saw*

корпус стусла
*mitre box*

**ручное стусло**
*hand mitre saw*

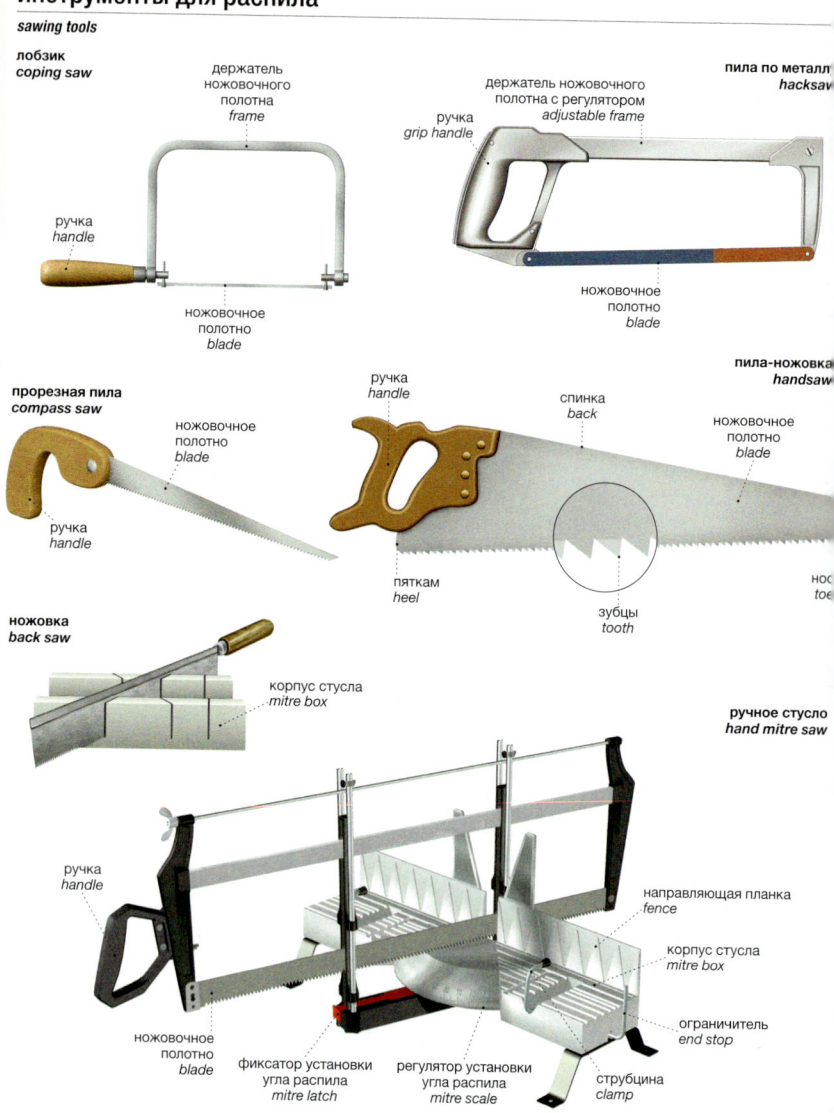

ручка
*handle*

направляющая планка
*fence*

корпус стусла
*mitre box*

ножовочное полотно
*blade*

фиксатор установки угла распила
*mitre latch*

регулятор установки угла распила
*mitre scale*

ограничитель
*end stop*

струбцина
*clamp*

РАБОТА ПО ДОМУ И САДОВОДСТВО

столярные и плотницкие работы | carpentry

## инструменты для распила

**циркулярная пила**
**circular saw**

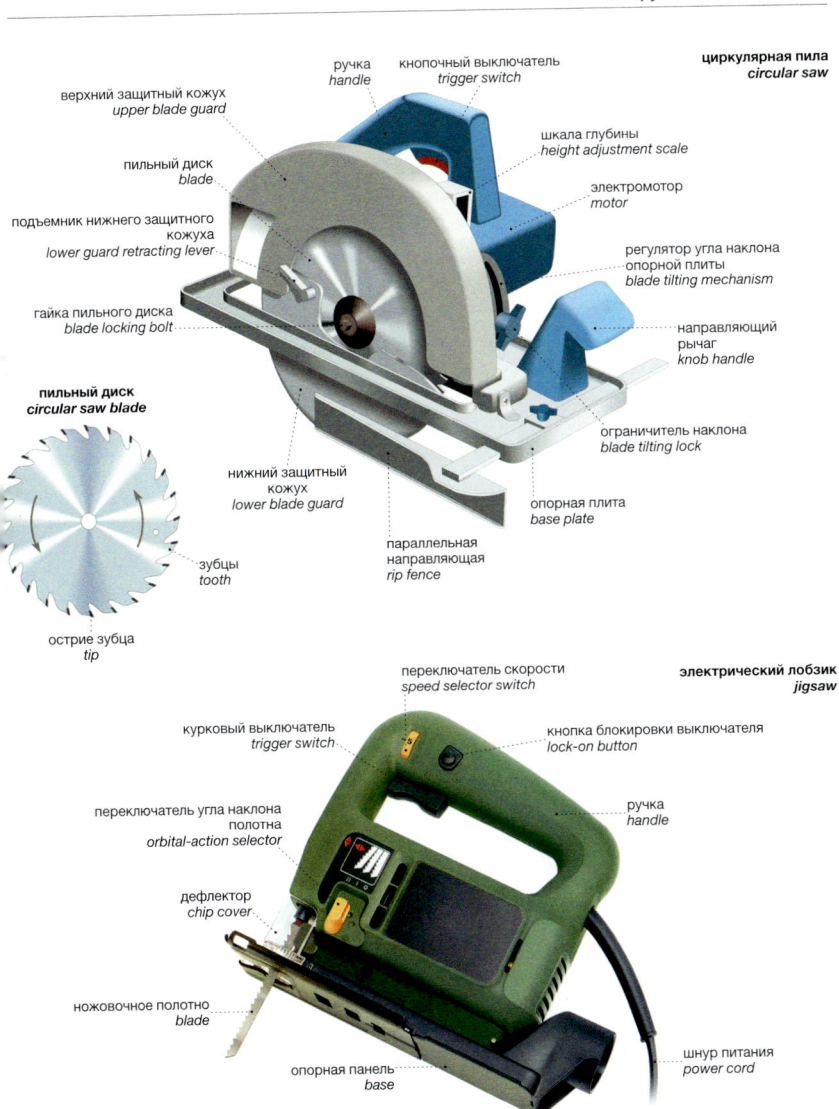

- ручка / handle
- кнопочный выключатель / trigger switch
- верхний защитный кожух / upper blade guard
- шкала глубины / height adjustment scale
- пильный диск / blade
- электромотор / motor
- подъемник нижнего защитного кожуха / lower guard retracting lever
- регулятор угла наклона опорной плиты / blade tilting mechanism
- гайка пильного диска / blade locking bolt
- направляющий рычаг / knob handle
- ограничитель наклона / blade tilting lock
- нижний защитный кожух / lower blade guard
- опорная плита / base plate
- параллельная направляющая / rip fence

**пильный диск**
**circular saw blade**

- зубцы / tooth
- острие зубца / tip

РАБОТА ПО ДОМУ И САДОВОДСТВО

**электрический лобзик**
**jigsaw**

- переключатель скорости / speed selector switch
- курковый выключатель / trigger switch
- кнопка блокировки выключателя / lock-on button
- переключатель угла наклона полотна / orbital-action selector
- ручка / handle
- дефлектор / chip cover
- ножовочное полотно / blade
- опорная панель / base
- шнур питания / power cord

# инструменты для сверления
*drilling tools*

## аккумуляторная дрель-шуруповёрт
*cordless drill/driver*

- кольцо регулировки затяжки — *torque adjustment collar*
- переключатель скорости — *speed selector switch*
- гайка патрона — *screwdriver bit*
- самозажимающийся патрон — *keyless chuck*
- курковый выключатель — *trigger switch*
- переключатель хода — *reversing switch*
- аккумуляторная батарея — *battery pack*

**аккумуляторная батарея** — *battery pack*

**зарядное устройство** — *charger*

**патронный ключ** — *chuck key*

## электрическая дрель
*electric drill*

- зажим — *jaw*
- корпус — *housing*
- патрон — *chuck*
- фиксатор глубины — *depth stop*
- табличка-инструкция — *warning plate*
- рукоятка-пистолет — *pistol grip handle*
- курковый выключатель — *trigger switch*
- блокиратор выключателя — *switch lock*
- вспомогательная боковая рукоятка — *auxiliary handle*
- муфта — *cord sleeve*
- шнур питания — *power cord*

## виды сверл и буравов
*examples of bits and drills*

### винтовое сверло
*twist bit*

- хвостовик — *shank*
- нарезка — *flute*
- стержень — *body*
- режущая пластина — *land*
- резец — *fluted land*
- направляющее остриё — *centring point*

### шнековое сверло
*solid centre auger bit*

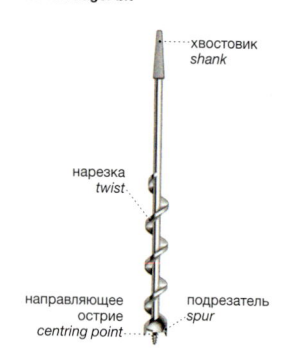

- хвостовик — *shank*
- нарезка — *twist*
- направляющее остриё — *centring point*
- подрезатель — *spur*

**сверло центровое с плоской головкой** — *spade bit*

**винтообразное сверло двойной нарезкой** — *double-twist auger bit*

**бурав для кирпично-каменных работ** — *masonry drill*

**винтовой бурав** — *twist drill*

столярные и плотницкие работы | carpentry

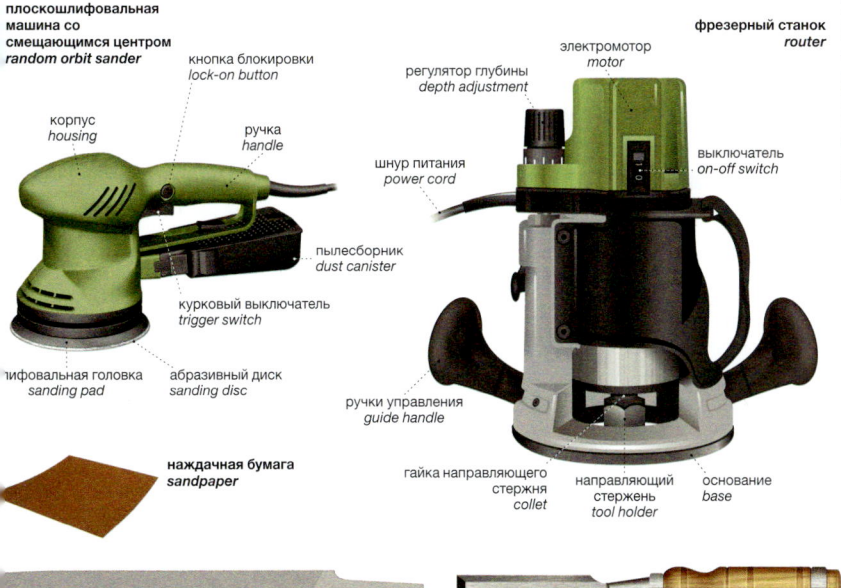

## инструменты для обработки поверхностей
### shaping tools

**рубанок**
*plane*

- рычаг боковой регулировки / *lateral-adjustment lever*
- рычаг блокировки / *wedge lever*
- рукоятка / *handle*
- зажим / *lever cap*
- регулятор глубины резания / *depth-of-cut adjustment knob*
- круглая рукоятка / *knob*
- затылок / *heel*
- носок / *toe*
- подошва / *sole*
- пластина, регулирующая угол наклона / *frog-adjustment screw*
- нож / *blade*
- стружколоматель / *cap iron*

**плоскошлифовальная машина со смещающимся центром**
*random orbit sander*

- кнопка блокировки / *lock-on button*
- корпус / *housing*
- ручка / *handle*
- пылесборник / *dust canister*
- курковый выключатель / *trigger switch*
- шлифовальная головка / *sanding pad*
- абразивный диск / *sanding disc*

**наждачная бумага**
*sandpaper*

**фрезерный станок**
*router*

- электромотор / *motor*
- регулятор глубины / *depth adjustment*
- выключатель / *on-off switch*
- шнур питания / *power cord*
- ручки управления / *guide handle*
- гайка направляющего стержня / *collet*
- направляющий стержень / *tool holder*
- основание / *base*

**напильник**
*file*

**стамеска**
*wood chisel*

РАБОТА ПО ДОМУ И САДОВОДСТВУ

254 слесарные и строительные работы | plumbing and masonry

## слесарные инструменты
*plumbing tools*

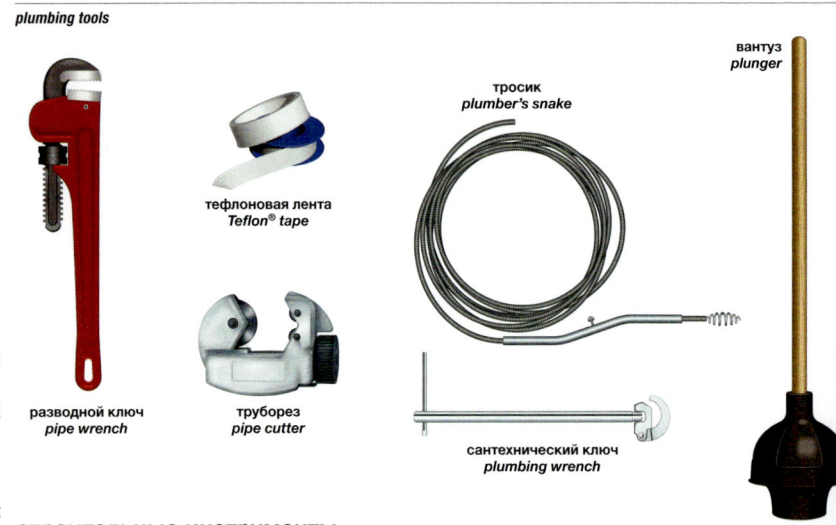

- разводной ключ — *pipe wrench*
- тефлоновая лента — *Teflon® tape*
- труборез — *pipe cutter*
- тросик — *plumber's snake*
- сантехнический ключ — *plumbing wrench*
- вантуз — *plunger*

## строительные инструменты
*masonry tools*

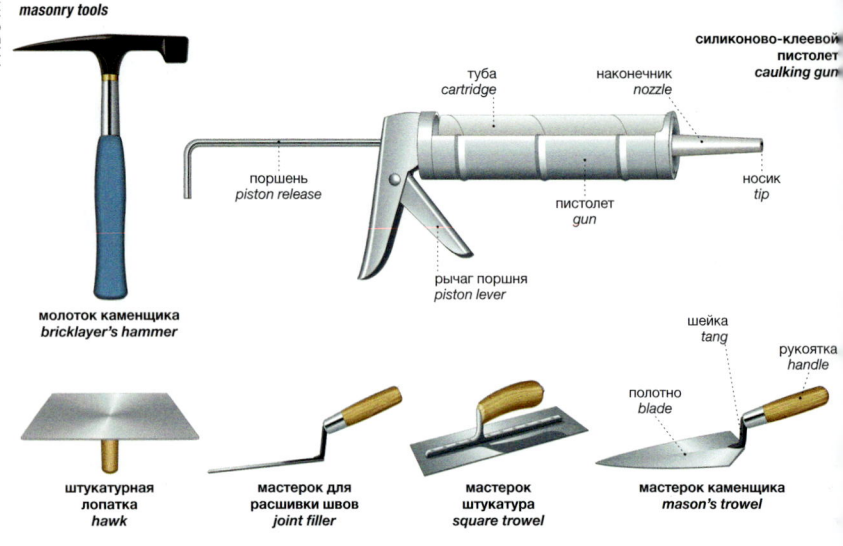

- молоток каменщика — *bricklayer's hammer*
- силиконово-клеевой пистолет — *caulking gun*
  - туба — *cartridge*
  - наконечник — *nozzle*
  - поршень — *piston release*
  - пистолет — *gun*
  - носик — *tip*
  - рычаг поршня — *piston lever*
- штукатурная лопатка — *hawk*
- мастерок для расшивки швов — *joint filler*
- мастерок штукатура — *square trowel*
- мастерок каменщика — *mason's trowel*
  - шейка — *tang*
  - рукоятка — *handle*
  - полотно — *blade*

РАБОТА ПО ДОМУ И САДОВОДСТВО

## электрическое оборудование | electricity

## инструменты для электрических работ
### electricity tools

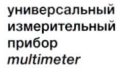

**универсальный измерительный прибор**
*multimeter*

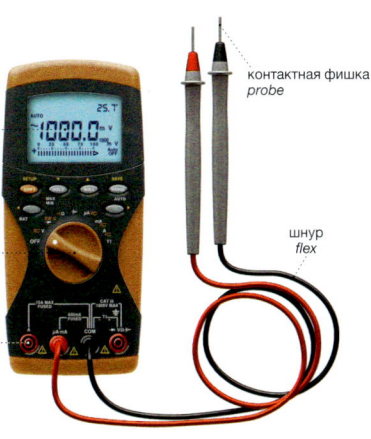

- дисплей / *display*
- переключатель / *function selection switch*
- входное гнездо / *input terminal*
- контактная фишка / *probe*
- шнур / *flex*

**соединительный колпачок**
*wire nut*

**тестер цепи**
*test-lamp*

**тестер штепсельной розетки**
*socket tester*

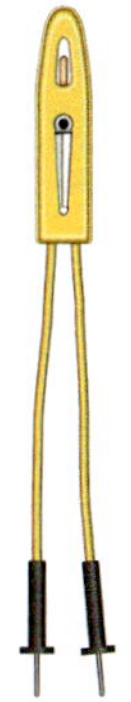

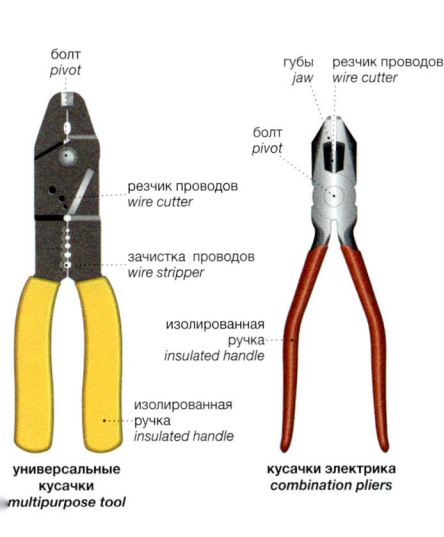

**тестер напряжения**
*tester screwdriver*

- изолированное полотно / *insulated blade*
- изолированная ручка / *insulated handle*
- неоновая лампа / *neon lamp*

**универсальные кусачки**
*multipurpose tool*

- болт / *pivot*
- резчик проводов / *wire cutter*
- зачистка проводов / *wire stripper*
- изолированная ручка / *insulated handle*
- изолированная ручка / *insulated handle*

**кусачки электрика**
*combination pliers*

- губы / *jaw*
- резчик проводов / *wire cutter*
- болт / *pivot*

**узконосые кусачки**
*needle-nose pliers*

**подвесная лампа**
*droplight*

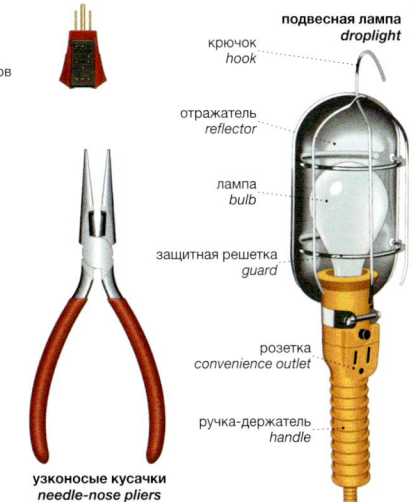

- крючок / *hook*
- отражатель / *reflector*
- лампа / *bulb*
- защитная решётка / *guard*
- розетка / *convenience outlet*
- ручка-держатель / *handle*

РАБОТА ПО ДОМУ И САДОВОДСТВО

255

# материалы для паяльных и сварочных работ
*soldering materials*

### электрический паяльник-пистолет
*soldering gun*

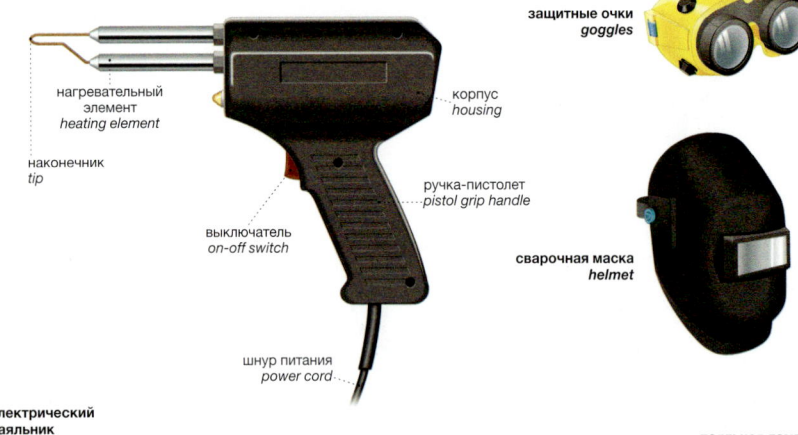

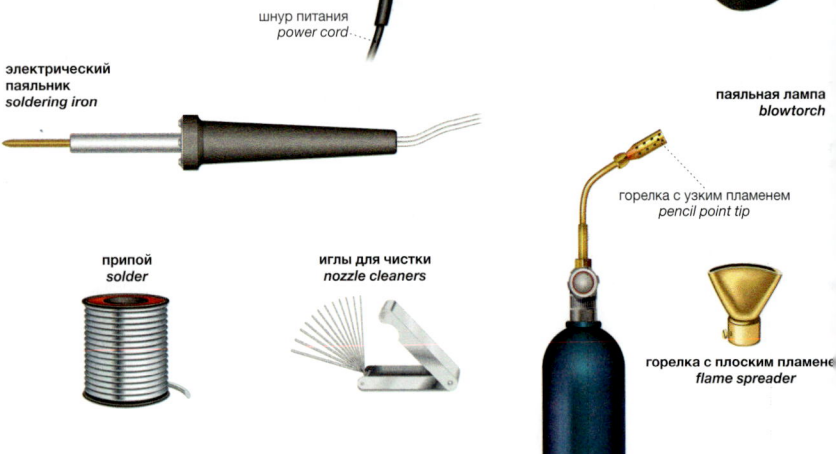

- нагревательный элемент / *heating element*
- наконечник / *tip*
- корпус / *housing*
- ручка-пистолет / *pistol grip handle*
- выключатель / *on-off switch*
- шнур питания / *power cord*

### защитные очки
*goggles*

### сварочная маска
*helmet*

### электрический паяльник
*soldering iron*

### паяльная лампа
*blowtorch*

- горелка с узким пламенем / *pencil point tip*
- горелка с плоским пламенем / *flame spreader*
- баллон / *disposable gas cylinder*

### припой
*solder*

### иглы для чистки
*nozzle cleaners*

### зажигалка
*striker*

- чиркающая поверхность / *friction strip*
- кремень / *flint*

прочие материалы | miscellaneous do-it-yourself materials

## материалы для малярных работ
*painting material*

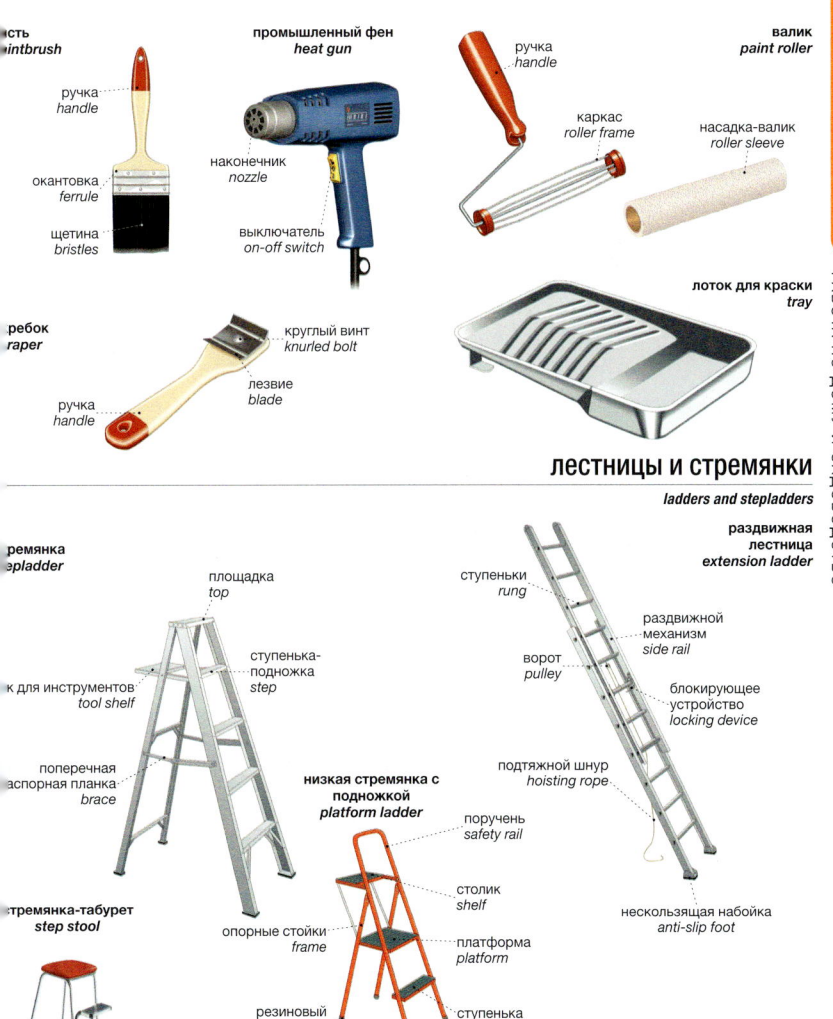

кисть / *paintbrush*
- ручка / *handle*
- окантовка / *ferrule*
- щетина / *bristles*

промышленный фен / *heat gun*
- наконечник / *nozzle*
- выключатель / *on-off switch*

валик / *paint roller*
- ручка / *handle*
- каркас / *roller frame*
- насадка-валик / *roller sleeve*

скребок / *scraper*
- ручка / *handle*
- круглый винт / *knurled bolt*
- лезвие / *blade*

лоток для краски / *tray*

## лестницы и стремянки
*ladders and stepladders*

стремянка / *stepladder*
- площадка / *top*
- ступенька-подножка / *step*
- полка для инструментов / *tool shelf*
- поперечная опорная планка / *brace*

стремянка-табурет / *step stool*

низкая стремянка с подножкой / *platform ladder*
- поручень / *safety rail*
- столик / *shelf*
- опорные стойки / *frame*
- платформа / *platform*
- резиновый наконечник / *rubber stopper*
- ступенька / *step*

раздвижная лестница / *extension ladder*
- ступеньки / *rung*
- раздвижной механизм / *side rail*
- ворот / *pulley*
- блокирующее устройство / *locking device*
- подтяжной шнур / *hoisting rope*
- нескользящая набойка / *anti-slip foot*

работа по дому и садоводство

# сад
*garden*

- решетка для вьющихся растений / *trellis*
- контейнер для цветов / *flower container*
- кашпо / *hanging basket*
- светильник-фонарь / *lantern*
- куст / *bush*
- вьющееся растение / *climbing plant*
- хозяйственный блок (сарай) / *shed*
- патио / *patio*
- пергола / *pergola*
- декоративное дерево / *ornamental tree*
- беседка / *gazebo*
- живая изгородь / *hedge*
- подпорка / *stake*
- ограда / *fence*
- арка / *garden arch*
- цветник вдоль аллеи / *flower bed*
- газон / *lawn*
- кадка для рас... / *planter*
- рокарий / *rock garden*
- искусственный пруд / *artificial pond*
- аллея / *path*
- основной цветник / *clump of flowers*
- плитка / *flagstone*

оборудование для садовых работ | gardening materials

## приспособления для работы в саду
*miscellaneous equipment*

тачка
wheelbarrow

корыто
container

ручки
handle

ящик для компоста
compost bin

упор
leg

колесо
wheel

пневмомашина для очистки от листьев
leaf blower

ранец
harness

крышка топливного бака
fuel tank cap

воздуходув
blower pipes

ручной стартёр
recoil starter handle

гибкая труба
flexible pipe

РАБОТА ПО ДОМУ И САДОВОДСТВО

## мелкий ручной инвентарь
*hand tools*

почворазрыхлитель для цветов
small hand cultivator

садовый совок
trowel

корнеудалитель
weeder

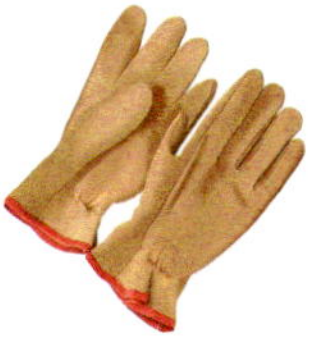

рыхлитель
hand fork

садовые перчатки
gardening gloves

260 | оборудование для садовых работ | *gardening materials*

# инструменты для земляных работ
*tools for loosening the earth*

работа по дому и садоводство

ручной культиватор
*weeding hoe*

мотыга-волоку
*scuffle hoe*

кирка
*pick*

тяпка
*hoe*

мотыга
*draw hoe*

посадочная тяп
*hoe-fork*

грабли
*rake*

штыковая лопата
*shovel*

совковая лопата
*spade*

вилы
*digging fork*

лопата для кромки газона
*lawn edger*

оборудование для садовых работ | gardening materials

261

## приспособления для полива и орошения
### watering tools

тележка для шланга
*hose reel cart*

поливочный шланг
*garden hose*

ручной маховик
*hand crank*

поливочный пистолет
*pistol nozzle*

садовый разбрызгиватель
*watering wand*

насадка для шланга
*spray nozzle*

бобина
*reel*

переходник подвода воды
*hose connector*

перфорированный поливочный шланг
*sprinkler hose*

наконечник шланга
*hose nozzle*

пульверизатор
*pump sprayer*

вращающийся опрыскиватель
*revolving sprinkler*

опрыскиватель
*sprayer*

лопасти
*arm*

лейка
*watering can*

ручка
*handle*

вибрационный опрыскиватель
*oscillating sprinkler*

насадка для полива
*rose*

РАБОТА ПО ДОМУ И САДОВОДСТВО

оборудование для садовых работ | gardening materials

# инструменты для подрезания
*pruning and cutting tools*

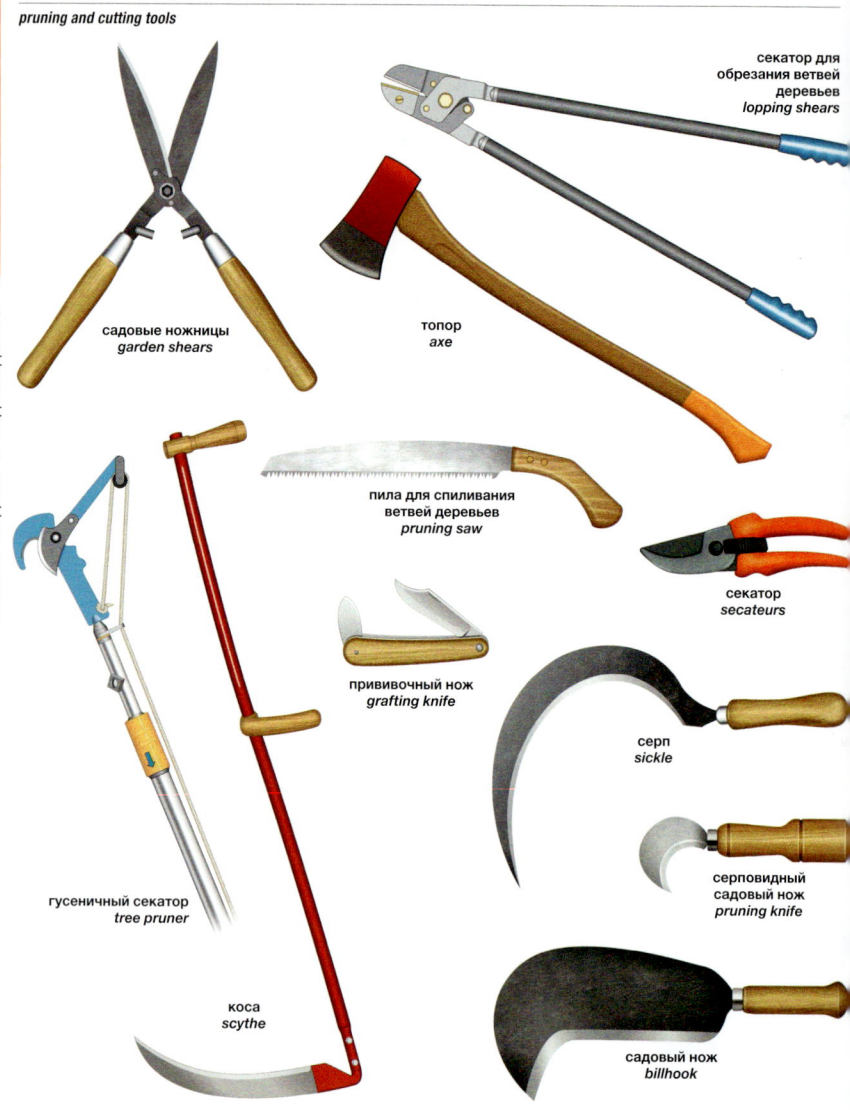

секатор для обрезания ветвей деревьев
*lopping shears*

садовые ножницы
*garden shears*

топор
*axe*

пила для спиливания ветвей деревьев
*pruning saw*

секатор
*secateurs*

прививочный нож
*grafting knife*

серп
*sickle*

гусеничный секатор
*tree pruner*

серповидный садовый нож
*pruning knife*

коса
*scythe*

садовый нож
*billhook*

работа по дому и садоводство

оборудование для садовых работ | gardening materials

## инструменты для подрезания

### пила для живой изгороди
### hedge trimmer

- шнур питания / power cord
- предохранительный щиток / hand protector
- выключатель / trigger
- зубцы / tooth
- электромотор / electric motor
- режущее полотно / blade

### бензопила
### chainsaw

- антивибрационная ручка / anti-vibration handle
- воздушный фильтр / air filter
- кнопка выключения / stop button
- тормоз цепи / chain brake
- предохранитель / security trigger
- нос направляющего полотна цепи / bar nose
- направляющее полотно цепи / guide bar
- режущая цепь / chainsaw chain
- рукоятка / handle
- цепное звено / cutter link
- кожух двигателя / engine housing
- ручка стартера / starter handle
- переключатель скоростей / throttle control
- масляный бачок / oil tank
- топливный бачок / fuel tank

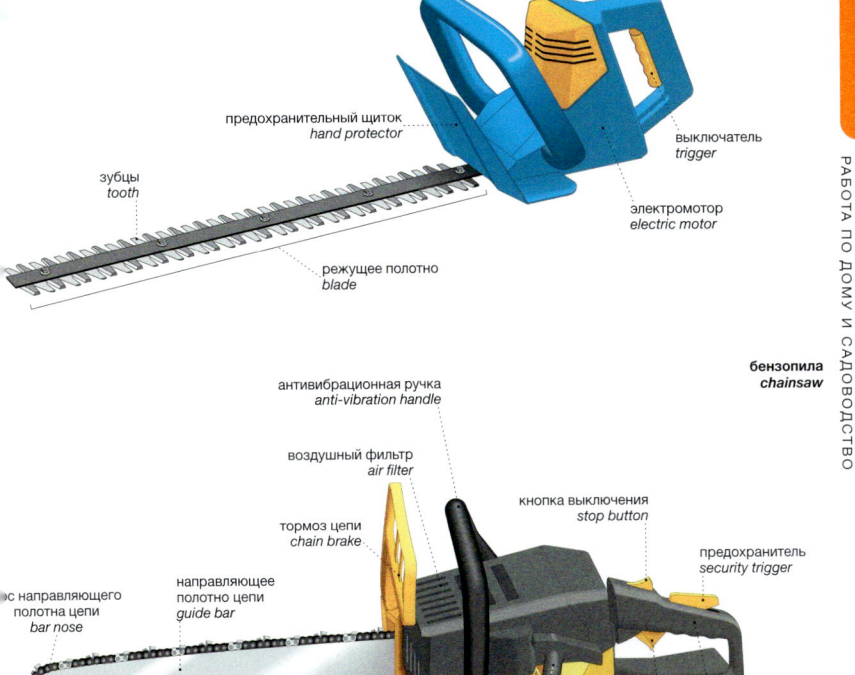

РАБОТА ПО ДОМУ И САДОВОДСТВО

оборудование для садовых работ | gardening materials

## инвентарь для посадки и посева
*seeding and planting tools*

механическая сеялка
*spreader*

ручная сеялка
*seeder*

сажалка для клубней и луковиц
*bulb dibber*

подпорка
*stake*

ручная сажалка
*dibber*

шнур
*garden line*

## уход за газоном
*lawn care*

триммер
*trimmer*

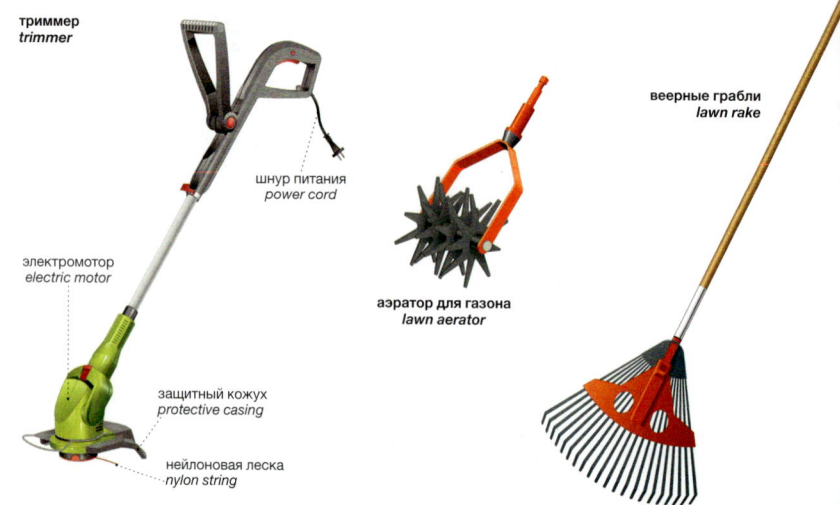

шнур питания
*power cord*

электромотор
*electric motor*

защитный кожух
*protective casing*

нейлоновая леска
*nylon string*

аэратор для газона
*lawn aerator*

веерные грабли
*lawn rake*

оборудование для садовых работ | gardening materials

## уход за газоном

**бензиновая газонокосилка**
*power mower*

- ручка управления / *handle*
- ручка безопасности / *safety handle*
- переключатель режимов / *throttle*
- шнур переключателя режимов / *throttle cable*
- ручной стартер / *starter*
- контейнер для сбора травы / *grassbox*
- крышка топливного бака / *filler cap*
- мотор / *motor*
- рассекатель / *deflector*
- кожух / *casing*

РАБОТА ПО ДОМУ И САДОВОДСТВО

## снегоуборочные инструменты
*snow-removal tools*

- движок для снега / *snow scoop*
- лавинная лопата / *mountain mover snow shovel*
- лопата-движок для снега / *snow pusher*
- лопата для снега / *snow shovel*

# пиджак
*jackets*

### двубортный пиджак
*double-breasted jacket*

- воротник / collar
- заострённый лацкан / peaked lapel
- подкладка / lining
- прорезной нагрудный карман / breast welt pocket
- клапан / flap
- рукав / sleeve
- билетный карман / outside ticket pocket
- накладной карман / patch pocket

### двубортный пиджак: спина
*double-breasted jacket: back*

- шлица / side back vent

### жилет
*waistcoat*

- V-образный вырез / V-neck
- подкладка / lining
- листочка / welt
- шов / seaming
- передняя часть жилета / front
- жилетный карман / welt pocket
- шнурок-затяжка / adjustable waist tab

### однобортный пиджак
*single-breasted jacket*

- подкладка / lining
- прорезь / notch
- лацкан / lapel
- платочек / pocket handkerchief
- перед / front
- рукав / sleeve
- накладной карман / flap pocket

### однобортный пиджак: спина
*single-breasted jacket: back*

- спина / back
- шлица / centre back vent

мужская одежда | men's clothing

# рубашка
*shirt*

**виды воротников**
*examples of collars*

**воротничок с пуговицами**
*button-down collar*

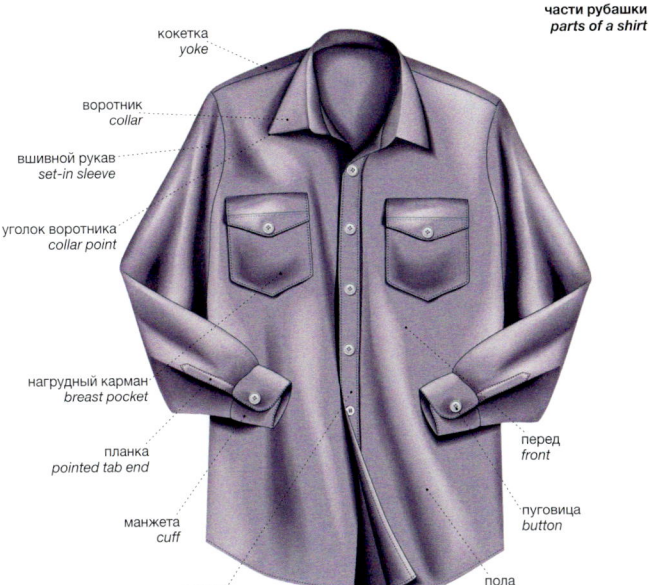

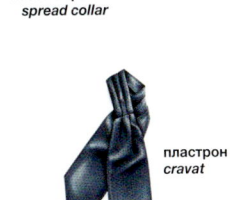

**косой воротник**
*spread collar*

**части рубашки**
*parts of a shirt*

- кокетка / yoke
- воротник / collar
- вшивной рукав / set-in sleeve
- уголок воротника / collar point
- нагрудный карман / breast pocket
- планка / pointed tab end
- манжета / cuff
- планка для пуговиц / button placket
- перед / front
- пуговица / button
- пола / shirttail

**аксессуары**
*accessories*

пластрон / cravat

бабочка / bow tie

**галстук**
*necktie*

- передний конец / front apron
- центральная часть / neck end
- задний конец / rear apron
- подкладка / lining
- петелька / keeper
- центральный шов / slip-stitched seam

# брюки
*trousers*

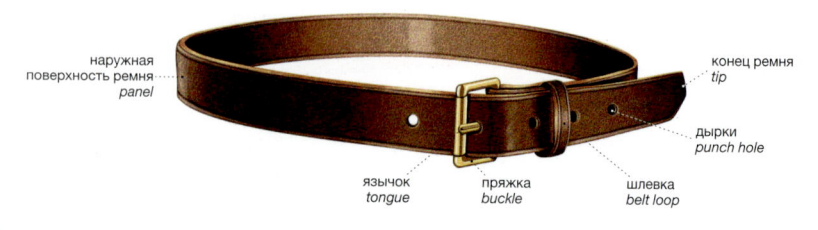

**части брюк**
*parts of trousers*

припуск под застежку — *waistband extension*
защип — *knife pleat*
ширинка — *fly*
стрелка — *crease*
отворот — *turn-up*
шлевки — *belt loop*
пояс — *waistband*
часовой карман — *front top pocket*

**задний карман**
*back pocket*

**подтяжки**
*braces*

эластичная лента — *elastic webbing*
пряжка для регулирования длины — *adjustment slide*
кожаная петля — *leather end*
петля — *button loop*

**зажим**
*brace clip*

**ремень**
*belt*

наружная поверхность ремня — *panel*
язычок — *tongue*
пряжка — *buckle*
шлевка — *belt loop*
дырки — *punch hole*
конец ремня — *tip*

**мужская одежда | men's clothing**

## брюки

**виды брюк**
*examples of trousers*

**джинсы**
*jeans*

**брюки-трансформеры**
*convertible trousers*

**бермуды**
*Bermuda shorts*

**шорты**
*shorts*

**бриджи**
*knickerbockers*

ОДЕЖДА

## НОСКИ

*sock*

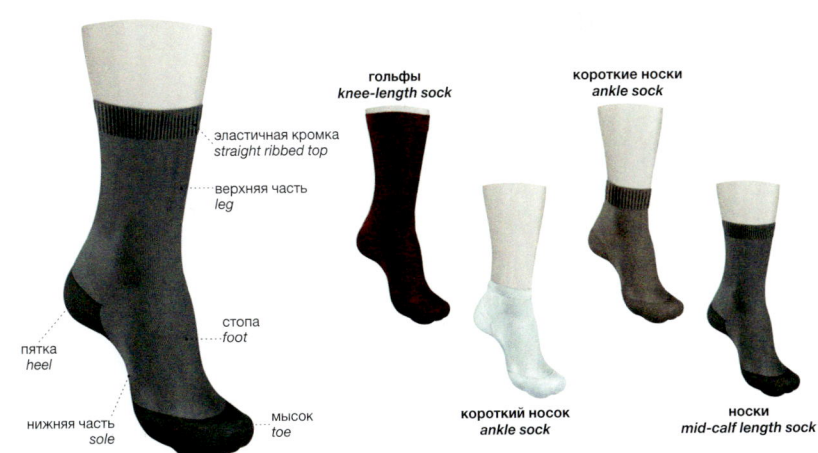

**виды носков**
*examples of socks*

**части носка**
*parts of a sock*

- эластичная кромка / *straight ribbed top*
- верхняя часть / *leg*
- стопа / *foot*
- пятка / *heel*
- мысок / *toe*
- нижняя часть / *sole*

**гольфы**
*knee-length sock*

**короткие носки**
*ankle sock*

**короткий носок**
*ankle sock*

**носки**
*mid-calf length sock*

# бельё
*underwear*

**майка** / *vest*
- горловина / *neck-hole*
- пройма / *armhole*

**плавки** / *briefs*
- эластичный пояс / *waistband*
- ширинка / *fly*
- эластичная окантовка / *elasticised leg opening*
- ластовица / *crotch*

**комбинезон** / *combinations*

**кальсоны** / *long johns*

**короткие трусы (мини-слип)** / *mini briefs*

**семейные трусы** / *boxer shorts*

**мужская одежда** | *men's clothing*

# пальто и куртки
*coats*

## плащ
*raincoat*

- воротник / *collar*
- рукав реглан / *raglan sleeve*
- прямоугольный лацкан / *notched lapel*
- хлястик / *tab*
- прорезной боковой карман / *broad welt side pocket*
- петля / *buttonhole*
- пола / *side panel*

## длинное пальто
*overcoat*

- прямоугольный лацкан / *notched lapel*
- нагрудный карман / *breast pocket*
- вытачка на талии / *breast dart*
- карман с клапаном / *flap pocket*

## макинтош (дождевик)
*trench coat*

- погон / *epaulet*
- воротник / *two-way collar*
- клапан кармана на пуговице / *gun flap*
- рукав реглан / *raglan sleeve*
- шлёвка / *sleeve strap loop*
- пуговицы на двубортном пальто / *double-breasted buttoning*
- хлястик / *sleeve strap*
- пояс / *belt*
- прорезной боковой карман / *broad welt side pocket*
- шлёвка / *belt loop*
- пряжка / *buckle*

## короткое пальто
*three-quarter coat*

ОДЕЖДА

271

**мужская одежда** | men's clothing

## пальто и куртки

**парка**
*parka*

передняя планка с застёжками-кнопками
*snap-fastening tab*

застежка-молния
*zip fastener*

**дублёнка**
*sheepskin jacket*

**однобортное пальто с капюшоном (дафлкот)**
*duffle coat*

капюшон
*hood*

кокетка
*yoke*

застежка-петля
*frog*

продолговатая пуговица
*toggle*

карман с клапаном
*flap pocket*

**ветровка**
*windcheater*

кнопка
*snap fastener*

боковые карманы
*hand-warmer pocket*

пояс на резинке
*elastic waistband*

**ветровка**
*windcheater*

пояс с кулиской
*waistband*

шнур
*drawstring*

одежда унисекс | unisex clothing

# трикотажные изделия
*sweaters*

**кардиган с V-образным вырезом**
*V-neck cardigan*

петелька
*hanger loop*

V-образный вырез
*V-neck*

пуговица
*button*

резинка
*ribbing*

прорезной карман
*welt pocket*

планка
*button facing*

**безрукавка**
*slipover*

**поло**
*polo shirt*

**свитер с высоким воротником**
*polo-neck sweater*

**свитер с круглым вырезом**
*crew neck sweater*

**кардиган**
*cardigan*

# платья
*dresses*

| платье в обтяжку | платье с швами «принцесса» | платье-пальто | свободное платье |
|---|---|---|---|
| *sheath dress* | *princess dress* | *coat dress* | *shift dress* |

| коктейльное платье | платье-рубашка | платье с заниженной талией | платье-трапеция |
|---|---|---|---|
| *cocktail dress* | *shirtwaist dress* | *drop waist dress* | *A-line dress* |

| сарафан | платье с запахом | платье-туника | платье-сарафан |
|---|---|---|---|
| *sundress* | *wrap-over dress* | *tunic dress* | *pinafore* |

женская одежда | women's clothing

# юбки

*skirts*

**юбка с рядами воланов**
*ruffled skirt*

**юбка-брюки**
*culottes*

**юбка на кокетке**
*yoke skirt*

**юбка в складку**
*gathered skirt*

**юбка-карандаш**
*pencil skirt*

**юбка-шорты**
*skort*

**прямая юбка**
*straight skirt*

**юбка из клиньев**
*gored skirt*

**килт**
*kilt*

**парео**
*sarong*

**юбка с запахом**
*wrap-over skirt*

ОДЕЖДА

# женская одежда | women's clothing

## блузки и рубашки
*tops*

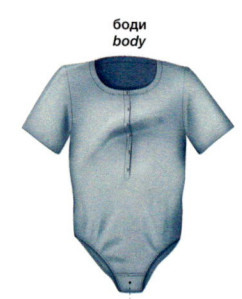

**боди**
*body*

**матроска**
*sailor tunic*

**сорочка**
*camisole*

**ластовица**
*crotch piece*

**сборки** *gather*  **кокетка** *yoke*

**блузка**
*classic blouse*

**блузка-фартук**
*button-through smock*

**длинная блузка**
*overshirt*

**трикотажная рубашка**
*smock*

**блузка с запахом**
*Wrap-over top*

**блузка-поло**
*polo shirt*

**длинная блуза навыпуск**
*overblouse*

# женская одежда | women's clothing

## брюки
*trousers*

**спортивные бриджи**
*knickerbockers*

**бриджи**
*pedal pushers*

**бермуды**
*Bermuda shorts*

**шорты**
*shorts*

**спортивные штаны**
*ski pants*

**джинсы**
*jeans*

**брюки с грудкой**
*dungarees*

**комбинезон**
*jumpsuit*

штрипка
*foot strap*

**брюки клёш**
*bell bottoms*

**свободные брюки с карманами на коленях**
*cargo trousers*

**укороченные брюки (капри)**
*cropped trousers*

**брюки-дудочки**
*cigarette pants*

ОДЕЖДА

# куртки и жакеты

*waistcoats and jackets*

**болеро**
*bolero*

**хлопчатобумажная куртка**
*safari jacket*

**растяжной карман**
*gusset pocket*

**спенсер**
*spencer*

**кардиган**
*cardigan*

**свитер с круглым вырезом**
*crew neck sweater*

**двойка**
*twinset*

**пуловер**
*pullover*

**жилет**
*waistcoat*

**блейзер**
*blazer*

# пальто

*coats*

**редингот**
*riding coat*

**парка**
*parka*

**капюшон**
*hood*

**застёжка-молния**
*zip*

**дафлкот**
*duffel coat*

**женская одежда | women's clothing**

## пальто

**костюм**
*suit*
- пиджак / *jacket*
- юбка / *skirt*

**пальто реглан**
*raglan*
- рукав реглан / *raglan sleeve*
- скрытые пуговицы / *fly front closing*
- прорезной боковой карман / *broad welt side pocket*

**однобортный пиджак**
*jacket*

**пончо**
*poncho*

**короткое пальто**
*car coat*

**тужурка**
*pea jacket*
- рубашечный воротник / *tailored collar*
- боковые карманы / *hand warmer pocket*
- ложный карман / *mock pocket*

**пелерина**
*pelerine*
- пелерина / *pelerine*
- карман в боковом шве / *seam pocket*

**накидка**
*cape*
- прорези для рук / *arm slit*

**пальто**
*overcoat*

ОДЕЖДА

# женская одежда | women's clothing

## нижнее бельё
*underwear*

**грация**
*corselette*

**сорочка**
*camisole*

**сорочка с трусами**
*teddy*

**боди**
*bodysuit*

**грация с трусиками**
*panty corselette*

шов «принцесса»
*princess seaming*

**нижняя юбка**
*half-slip*

**комбинация**
*foundation slip*

**комбинация**
*slip*

**женская одежда | women's clothing**

## нижнее бельё

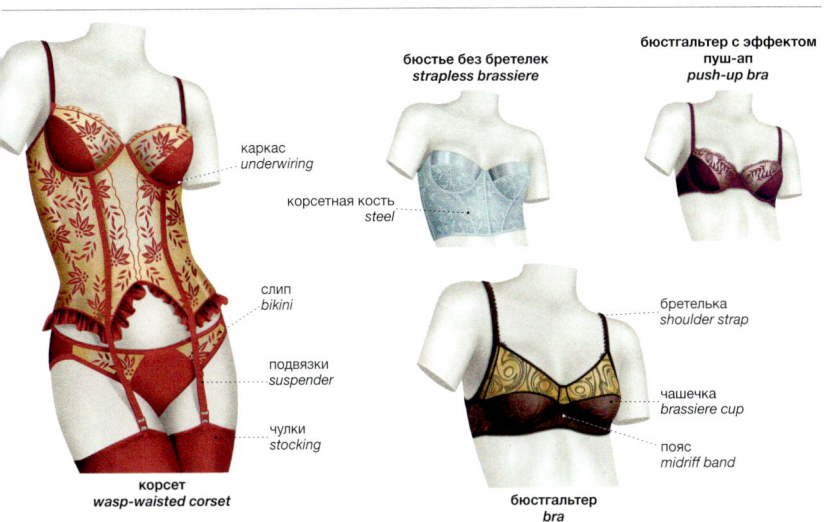

каркас
*underwiring*

корсетная кость
*steel*

бюстье без бретелек
*strapless brassiere*

бюстгальтер с эффектом пуш-ап
*push-up bra*

слип
*bikini*

подвязки
*suspender*

чулки
*stocking*

бретелька
*shoulder strap*

чашечка
*brassiere cup*

пояс
*midriff band*

корсет
*wasp-waisted corset*

бюстгальтер
*bra*

вставка
*panel*

бюстгальтер для платья с декольте
*décolleté bra*

эластичный пояс
*girdle*

трусики
*briefs*

пояс-трусики
*panty girdle*

корсет
*corset*

пояс для подвязок
*suspender belt*

стринги
*G-string*

танга
*tanga*

## чулки и носки
*hose*

**короткий носок** / *short sock*

**носок** / *ankle sock*

**длинный носок** / *sock*

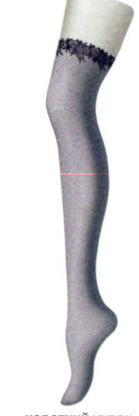

**гольфы** / *knee sock*

**чулок-сеточка** / *fishnet stocking*

**короткий чулок** / *thigh stocking*

**чулок** / *stocking*

**колготы** / *tights*

**женская одежда** | women's clothing

## ночная одежда
*nightclothes*

**халат**
*bathrobe*

**ночная рубашка**
*nightgown*

**короткая пижама**
*baby doll*

**пижама**
*pyjamas*

**пеньюар**
*negligée*

ОДЕЖДА

**284** | специализированная одежда | specialty clothing

# детская одежда
*children's clothing*

ползунки
*rompers*

капюшон
*hood*

кайма
*false tuck*

боди
*bodysuit*

конверт для купания
*hooded towelling robe*

шапочка для новорожденного
*newborn hat*

комбинезон-мешок
*snuggle suit*

варежки
*mittens*

пинетки
*bootees*

комбинезон со спинкой
*high-back dungarees*

бретели регулируемые
*adjustable strap*

нагрудник
*bib*

комбинезон для сна
*sleepsuit*

рукав реглан
*raglan sleeve*

манжета
*ribbing*

рисунок
*screen print*

застежки-кнопки
*snap-fastening front*

кнопки на внутренней части штанин
*inside-leg snap-fastening*

накладной карман
*patch pocket*

декоративный шов
*top stitching*

кнопки на внутренней части штанин
*inside-leg snap-fastening*

ОДЕЖДА

специализированная одежда | specialty clothing

## детская одежда

**слюнявчик** / *bib*

**одноразовый подгузник** / *disposable nappy*
- застежка-липучка / *adhesive tab*
- защита от протекания / *anti-leak guard*
- влагонепроницаемое покрытие / *moisture-proof cover*

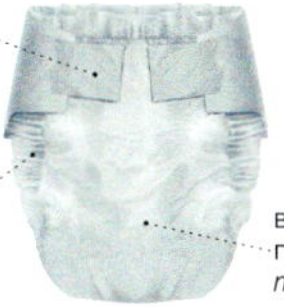

**подгузник** / *nappy*

**распашонка** / *shirt*

**спальный мешок** / *sleep sack*

**песочник** / *rompers*

**комбинезон с перекрестными бретелями** / *dungarees with crossover back straps*
- бретели на пуговицах / *button strap*
- нагрудник / *bib*

**пижама** / *pyjamas*

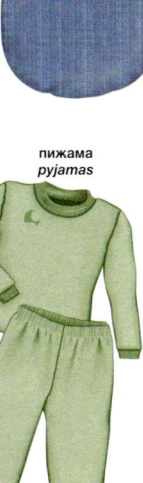

**зимний комбинезон** / *snowsuit*
- капюшон с кулиской / *drawstring hood*
- полукомбинезон / *dungarees*

ОДЕЖДА

## спортивная одежда
*sportswear*

**спортивная обувь**
*running shoe*

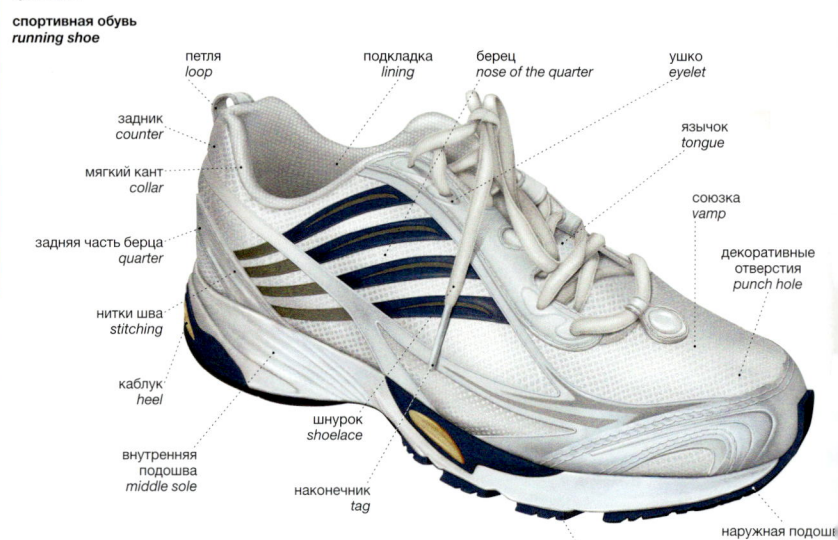

- петля / loop
- подкладка / lining
- берец / nose of the quarter
- ушко / eyelet
- задник / counter
- язычок / tongue
- мягкий кант / collar
- задняя часть берца / quarter
- союзка / vamp
- декоративные отверстия / punch hole
- нитки шва / stitching
- каблук / heel
- внутренняя подошва / middle sole
- шнурок / shoelace
- наконечник / tag
- шипы / stud
- наружная подошва / outsole

**футболка** / *T-shirt*

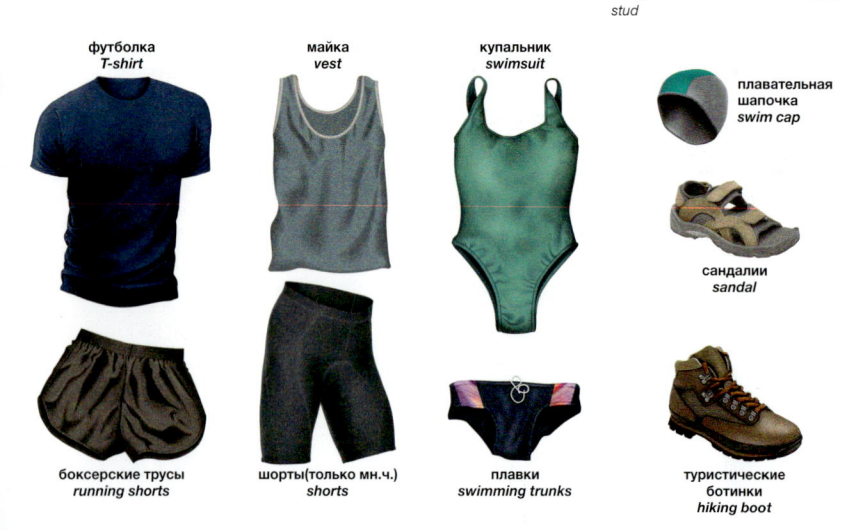

**майка** / *vest*

**купальник** / *swimsuit*

**плавательная шапочка** / *swim cap*

**сандалии** / *sandal*

**боксерские трусы** / *running shorts*

**шорты (только мн.ч.)** / *shorts*

**плавки** / *swimming trunks*

**туристические ботинки** / *hiking boot*

специализированная одежда | specialty clothing

## спортивная одежда

### одежда для разминки и тренировки
### training suit

спортивная фуфайка
*sweatshirt*

анорак
*anorak*

флисовая куртка
*fleece jacket*

спортивные штаны
*sweatpants*

спортивные брюки
*trousers*

фуфайка с капюшоном
*hooded sweatshirt*

ОДЕЖДА

# мужские головные уборы

*men's headgear*

**фетровая шляпа**
*trilby*

- лента / *hatband*
- тесьма / *binding*
- тулья / *crown*
- поля / *brim*
- плоский бант / *bow*

**канотье** / *boater*

**ермолка** / *skullcap*

**кепка** / *cap*

**папаха** / *astrakhan cap*

**цилиндр** / *top hat*

**шапка-ушанка** / *shapka*

**охотничья шапка** / *hunting cap*
- ушанка / *ear flap*
- козырёк / *peak*

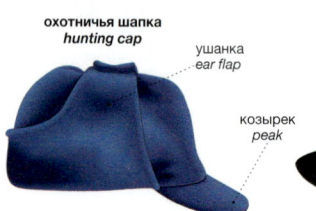

**котелок** / *bowler*

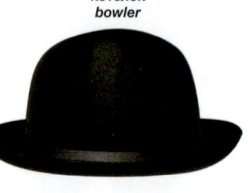

**панама** / *panama*

головные уборы | headgear

## женские головные уборы
*women's headgear*

шляпа-таблетка
*pillbox hat*

широкополая шляпа
*cartwheel hat*

клош (колокол)
*cloche*

ток
*toque*

панама
*sailor's hat*

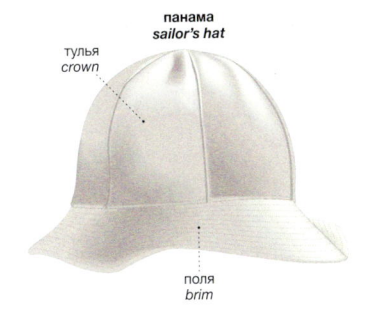

тулья
*crown*

тюрбан
*turban*

зюйдвестка
*sou'wester*

поля
*brim*

ОДЕЖДА

## головные уборы для мужчин и женщин
*unisex headgear*

кепка
*cap*

спортивная вязаная шапка
*stocking cap*

балаклава
*balaclava*

лыжная маска
*face mask*

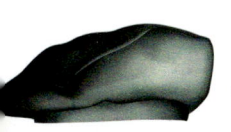

берет
*beret*

# мужская обувь
*men's shoes*

**название частей обуви**
*parts of a shoe*

- задник / *heel grip*
- мягкий кант / *cuff*
- подкладка / *lining*
- язычок / *tongue*
- задняя часть берца / *quarter*
- шнурок / *shoelace*
- задинка / *outside counter*
- союзка / *vamp*
- каблук / *heel*
- шов / *stitch*
- набойка / *top lift*
- декоративные отверстия / *punch hole*
- берце / *nose of the quarter*
- изгиб свода стопы / *waist*
- наконечник / *tag*
- ушко / *eyelet*
- накладная часть берца / *eyelet tab*
- узорный носок / *perforated toe cap*
- строчно-клеепрошивной метод крепления / *welt*
- подошва / *outsole*

**виды обуви**
*examples of shoes*

- ботинки / *chukka*
- высокие ботинки / *work boot*
- ковбойские сапоги / *cowboy boot*
- ботильоны / *bootee*
- оксфорды / *balmoral*
- галоши / *galosh*
- ботинки на шнурках / *lace-up*

обувь | shoes

# женская обувь
*women's shoes*

высокие сапоги
(ботфорты)
*thigh boot*

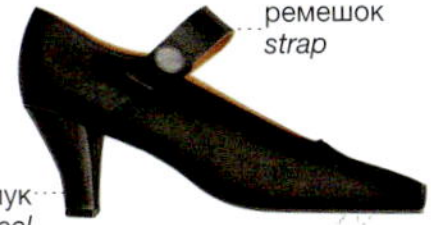

ремешок
*strap*

каблук
*heel*

туфли с ремешком
*Mary Jane shoe*

туфли с Т-образной
перепонкой
*T-strap shoe*

повседневные туфли
*casual shoe*

сандалии на
деревянной
подошве
*clog*

сапоги
*boot*

высокие ботинки
*ankle boot*

виды обуви
*examples of shoes*

туфли с открытой пяткой
*slingback shoe*

лодочки
*court*

босоножки
*ankle-strap*

туфли-балетки
*pump*

холщовые туфли
*espadrille*

ОДЕЖДА

## женская обувь

**виды каблуков**
*examples of heels*

низкий каблук
*low heel*

средний каблук
*kitten heel*

танкетка
*wedge heel*

плоская подошва
*flat heel*

шпилька
*spike heel*

## обувь для мужчин и женщин

*unisex shoes*

тапочки
*mule*

лоферы
*slip-on*

мокасины
*moccasin*

легкие сандалии,
босоножки
*toe-strap*

вьетнамки
*flip-flop*

сандалетки
*sandal*

кеды
*plimsoll*

резиновые сапоги
*wellington boot*

**аксессуары** | dress accessories

# перчатки
*gloves*

**мужские перчатки**
*men's gloves*

**женские перчатки**
*women's gloves*

длинная вечерняя перчатка
*evening glove*

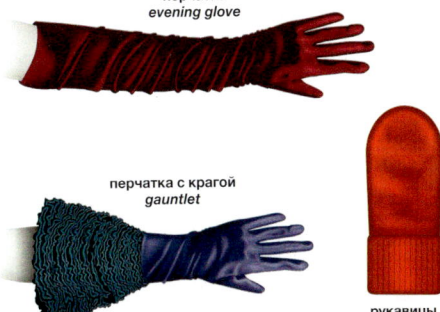

варежка, рукавица
*mitten*

перчатка с крагой
*gauntlet*

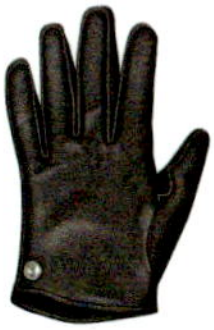

короткая перчатка
*short glove*

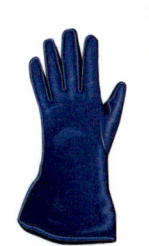

рукавицы
*mitten*

водительские перчатки
*driving glove*

митенки (полуперчатки)
*fingerless mitt*

высокая перчатка
*gauntlet*

длинная перчатка
*wrist-length glove*

ОДЕЖДА

# аксессуары
*miscellaneous accessories*

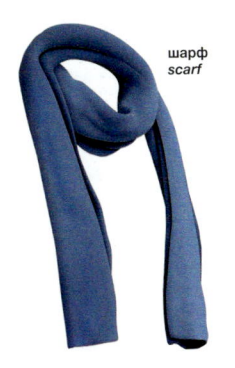

шарф
*scarf*

шарф-ошейник
*neck warmer*

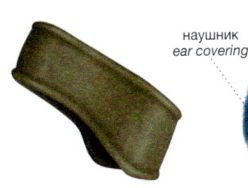

головная повязка
*headband*

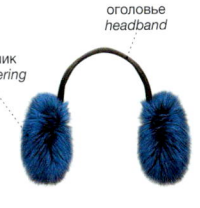

наушник
*ear covering*

оголовье
*headband*

наушники
*earmuffs*

# ювелирные изделия
*jewellery*

## серьги
*earrings*

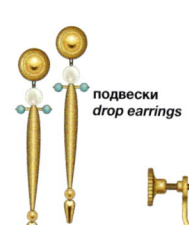

- клипсы — *clip earrings*
- подвески — *drop earrings*
- серьги-гвоздики — *ear studs* 
- винтовые серьги — *screw-back earrings* 
- серьги-кольца — *hoop earrings* 

## ожерелья
*necklaces*

- бусы средней длины — *matinee-length necklace* 
- ожерелье «ошейник» — *velvet-band choker*
- кулон — *pendant*  
- длинное колье — *rope*
- оперное колье — *opera-length necklace*
- короткое ожерелье — *choker* 
- ожерелье вечернее — *bib necklace*
- медальон — *locket*

## браслеты
*bracelets*

- браслет-цепочка — *charm bracelet*
- именной браслет — *identity bracelet*
- жесткий браслет — *bangle*

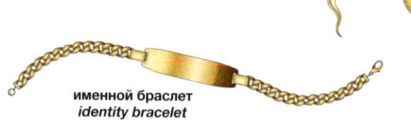

## кольца
*rings*

- обручальное кольцо — *engagement ring*
- кольцо без камня — *band ring* 
- обручальное кольцо — *wedding ring* 
- кольцо-солитер — *solitaire ring* 
- перстень с печаткой — *signet ring*

украшения и уход за собой | personal adornment

# макияж
*make-up*

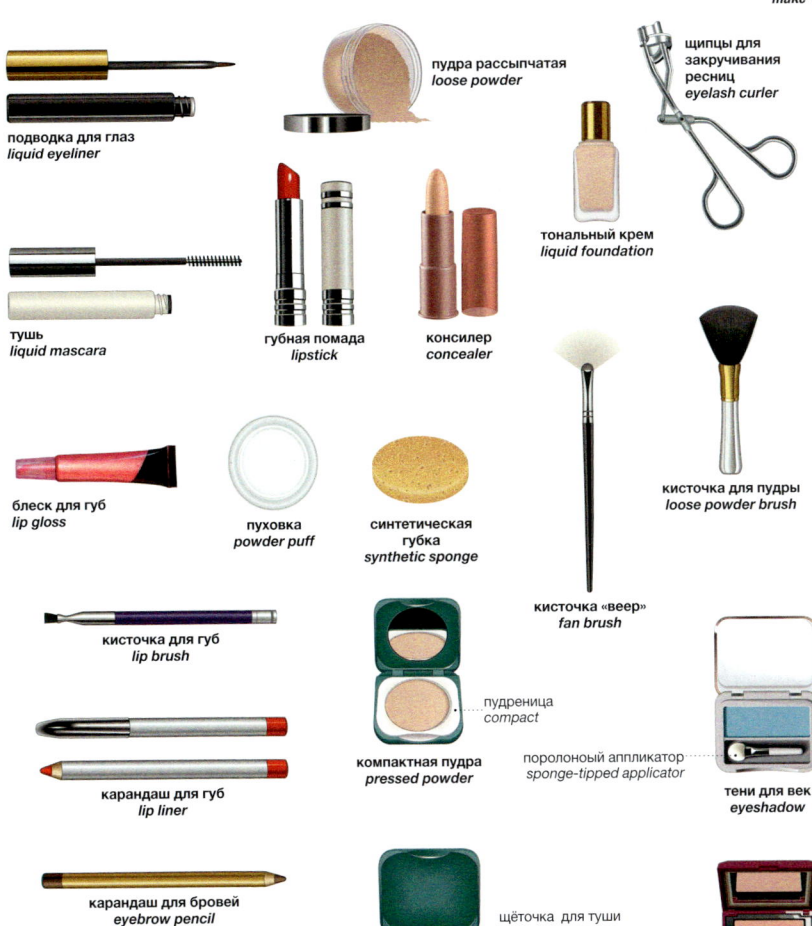

**подводка для глаз**
*liquid eyeliner*

**пудра рассыпчатая**
*loose powder*

**щипцы для закручивания ресниц**
*eyelash curler*

**тушь**
*liquid mascara*

**губная помада**
*lipstick*

**консилер**
*concealer*

**тональный крем**
*liquid foundation*

**блеск для губ**
*lip gloss*

**пуховка**
*powder puff*

**синтетическая губка**
*synthetic sponge*

**кисточка для пудры**
*loose powder brush*

**кисточка «веер»**
*fan brush*

**кисточка для губ**
*lip brush*

**пудреница**
*compact*

**компактная пудра**
*pressed powder*

**поролоновый аппликатор**
*sponge-tipped applicator*

**тени для век**
*eyeshadow*

**карандаш для губ**
*lip liner*

**карандаш для бровей**
*eyebrow pencil*

**щёточка для туши**
*mascara brush*

**кисточка для румян**
*blusher brush*

**щетка-расческа для ресниц и бровей**
*brow brush and lash comb*

**твердая тушь для ресниц**
*cake mascara*

**румяна**
*powder blusher*

предметы обихода и гигиены

# маникюр

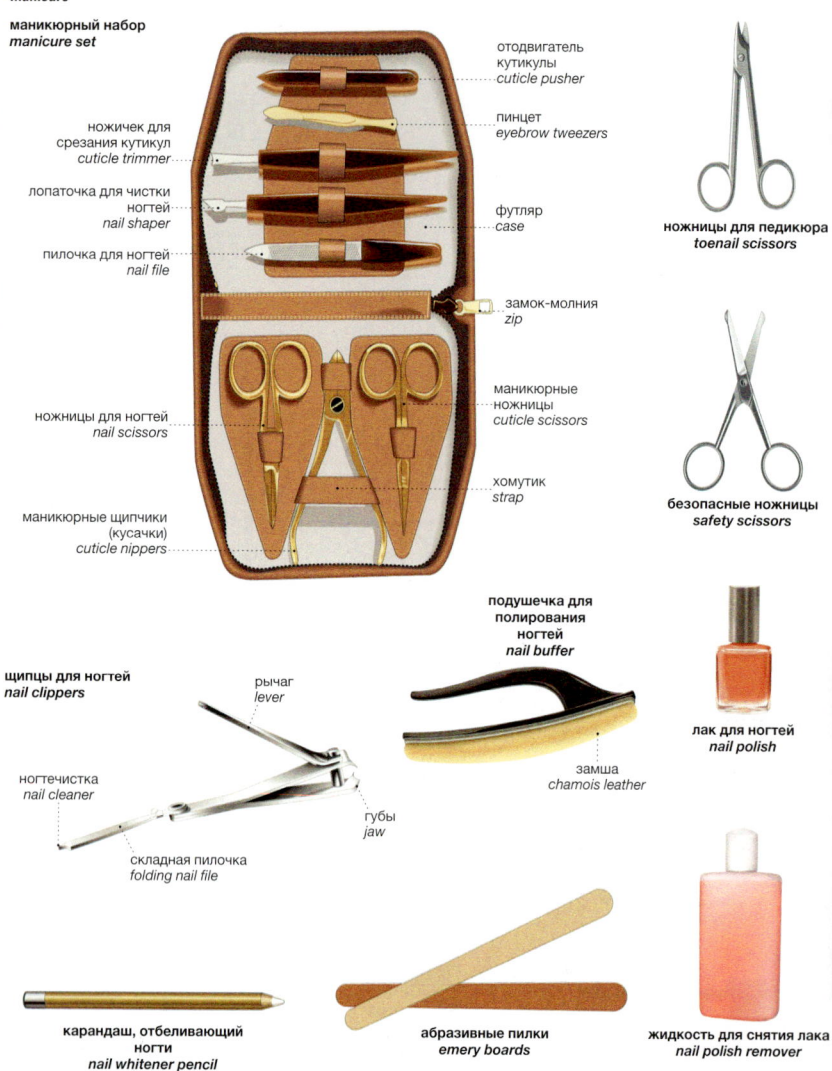

*manicure*

**маникюрный набор**
*manicure set*

- отодвигатель кутикулы / *cuticle pusher*
- ножичек для срезания кутикул / *cuticle trimmer*
- лопаточка для чистки ногтей / *nail shaper*
- пилочка для ногтей / *nail file*
- пинцет / *eyebrow tweezers*
- футляр / *case*
- замок-молния / *zip*
- ножницы для ногтей / *nail scissors*
- маникюрные ножницы / *cuticle scissors*
- хомутик / *strap*
- маникюрные щипчики (кусачки) / *cuticle nippers*

**ножницы для педикюра**
*toenail scissors*

**безопасные ножницы**
*safety scissors*

**щипцы для ногтей**
*nail clippers*
- рычаг / *lever*
- ногтечистка / *nail cleaner*
- губы / *jaw*
- складная пилочка / *folding nail file*

**подушечка для полирования ногтей**
*nail buffer*
- замша / *chamois leather*

**лак для ногтей**
*nail polish*

**карандаш, отбеливающий ногти**
*nail whitener pencil*

**абразивные пилки**
*emery boards*

**жидкость для снятия лака**
*nail polish remover*

украшения и уход за собой | personal adornment

## уход за телом
*body care*

шампунь
*shampoo*

бальзам для волос
*hair conditioner*

скраб
*exfoliant*

пробка
*stopper*

флакон
*bottle*

одеколон
*eau de parfum*

туалетная вода
*eau de toilette*

увлажняющее средство
*moisturiser*

гель для душа
*shower gel*

дезодорант
*deodorant*

пена для ванн
*bubble bath*

туалетное мыло
*toilet soap*

банная щётка
*bath brush*

гигиеническая помада
*lip balm*

щетка для спины
*back brush*

натуральная губка
*natural sponge*

ПРЕДМЕТЫ ОБИХОДА И ГИГИЕНЫ

массажная мочалка
*massage glove*

мочалка из люфы
*loofah*

банное полотенце
*bath sheet*

туалетное полотенце
*bath towel*

перчатка для умывания
*face flannel*

салфетка для умывания
*face flannel*

# уход за волосами
*hairdressing*

## щётки для волос
*hairbrushes*

**массажная щетка** — *flat-back brush*

**круглая щетка** — *round brush*

**полукруглая щётка** — *quill brush*

**щетка для укладки** — *vent brush*

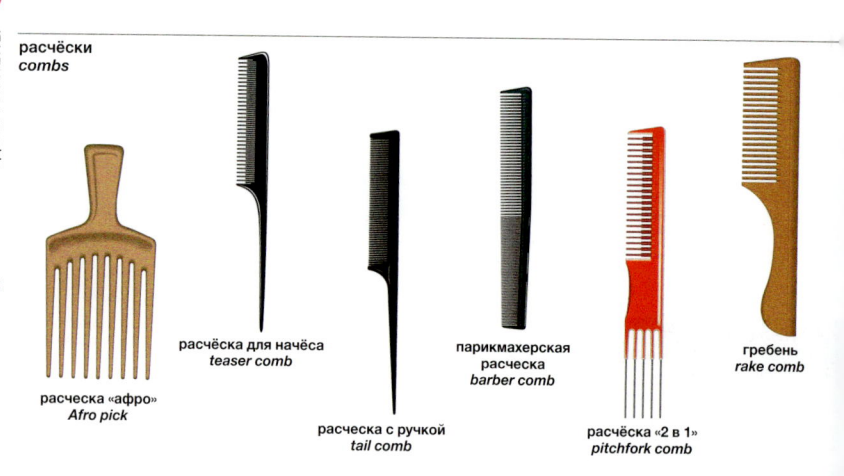

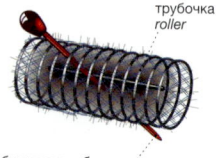

## расчёски
*combs*

**расческа «афро»** — *Afro pick*

**расчёска для начёса** — *teaser comb*

**расческа с ручкой** — *tail comb*

**парикмахерская расчёска** — *barber comb*

**расчёска «2 в 1»** — *pitchfork comb*

**гребень** — *rake comb*

## бигуди
*hair roller*

**трубочка** — *roller*

**булавка для бигуди** — *hair roller pin*

**зажим для волос** — *wave clip*

**шпилька** — *hairpin*

**зажим для волос** — *hair clip*

**зажим «невидимка»** — *hair grip*

**заколка для волос** — *hair slide*

**украшения и уход за собой** | personal adornment

## уход за волосами

**парикмахерские ножницы**
*haircutting scissors*

- режущая часть / *cutting edge*
- лезвие / *blade*
- стержень / *pivot*
- ручка / *shank*
- кольцо / *ringhandle*
- амортизатор / *blade close stop*

**машинка для стрижки волос**
*clippers*

**утюжок для распрямления волос**
*straightening iron*

- ручка / *handle*
- кожух электрошнура / *cord sleeve*
- пластина / *plate*

**филировочная бритва**
*thinning razor*

**фен**
*hair dryer*

- сетка на входе / *air-inlet grid*
- корпус / *housing*
- сетка на выходе / *air-outlet grid*
- переключатели / *selector switches*
- ручка / *handle*
- муфта / *cord sleeve*

**насадка для увеличения объема**
*diffuser*

**щипцы для завивки**
*curling iron*

- рычаг / *clamp lever*
- щипцы / *clamp*
- предохранительный наконечник / *cool tip*
- выключатель / *on-off switch*
- шнур питания / *power cord*
- рукоятка / *handle*
- подставка / *stand*
- цилиндр / *barrel*

предметы обихода и гигиены

299

# предметы личного обихода | personal articles

## бритвенные принадлежности
*shaving*

пена для бритья
*shaving foam*

шнур питания
*flex*

чистящая щётка
*cleaning brush*

плавающая головка
*floating head*

решётка
*screen*

индикатор зарядки
*charge indicator*

гнездо подключения
*charging socket*

электрическая бритва
*electric razor*

машинка для стрижки
*trimmer*

регулятор
*closeness setting*

корпус
*housing*

сигнальная лампочка
*charging light*

выключатель
*on-off switch*

щетина
*bristle*

помазок
*shaving brush*

опасная бритва
*cut-throat razor*

лезвие
*blade*

ручка
*handle*

штифт
*pivot*

переходник
*plug adapter*

обоюдоострое лезвие
*double-edged razor blade*

футляр для лезвий
*blade dispenser*

лосьон после бритья
*aftershave*

кружка для бритья
*shaving mug*

бритва с несколькими лезвиями
*multi-edge razor*

головка
*head*

кольцо
*collar*

ручка
*handle*

одноразовая бритва
*disposable razor*

предметы обихода и гигиены

предметы личного обихода | personal articles

301

## гигиена полости рта
*dental care*

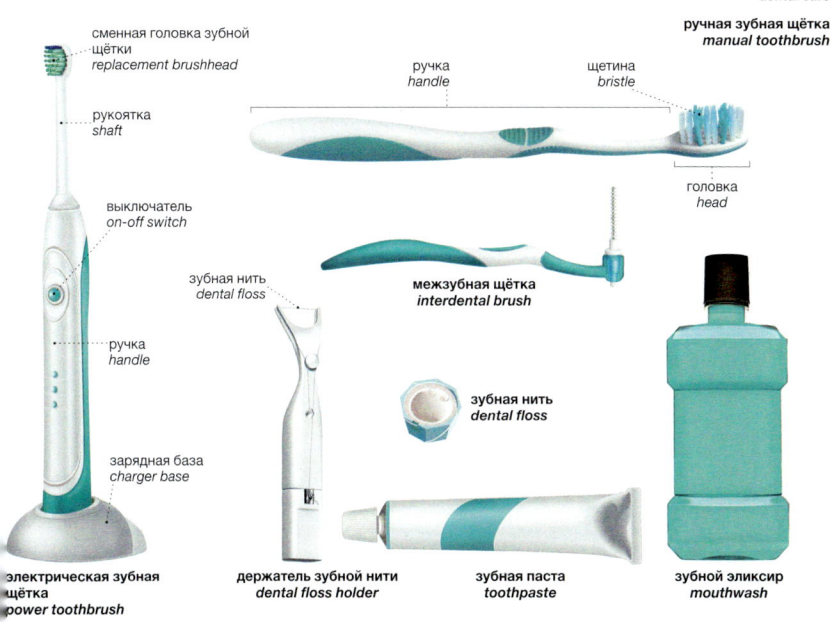

**сменная головка зубной щётки**
*replacement brushhead*

**рукоятка**
*shaft*

**выключатель**
*on-off switch*

**ручка**
*handle*

**зарядная база**
*charger base*

**электрическая зубная щётка**
*power toothbrush*

**ручка**
*handle*

**щетина**
*bristle*

**головка**
*head*

**ручная зубная щётка**
*manual toothbrush*

**зубная нить**
*dental floss*

**межзубная щётка**
*interdental brush*

**зубная нить**
*dental floss*

**держатель зубной нити**
*dental floss holder*

**зубная паста**
*toothpaste*

**зубной эликсир**
*mouthwash*

## контактные линзы
*contact lenses*

**мягкая контактная линза**
*soft contact lens*

**одноразовая контактная линза**
*disposable contact lens*

**твёрдая контактная линза**
*hard contact lens*

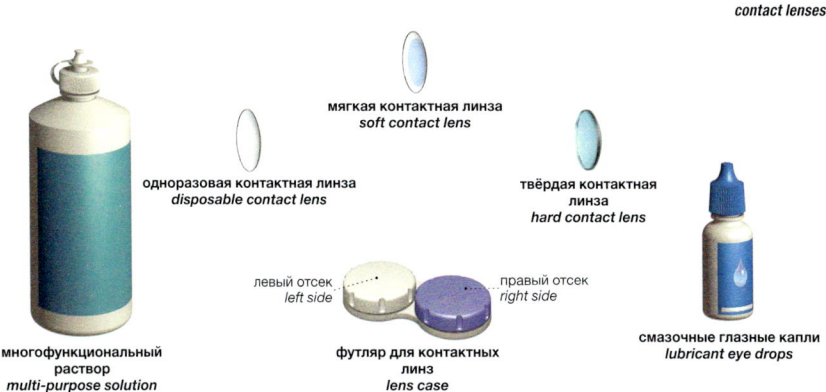

**левый отсек**
*left side*

**правый отсек**
*right side*

**многофункциональный раствор**
*multi-purpose solution*

**футляр для контактных линз**
*lens case*

**смазочные глазные капли**
*lubricant eye drops*

ПРЕДМЕТЫ ОБИХОДА И ГИГИЕНЫ

# ОЧКИ
*spectacles*

## части очков
*parts of spectacles*

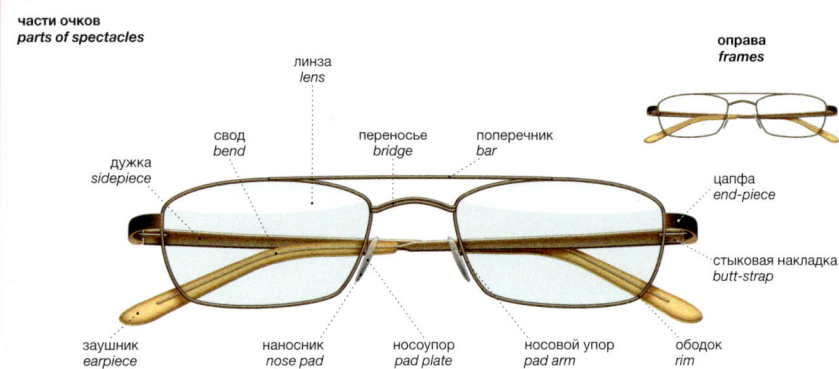

- линза / lens
- свод / bend
- переносье / bridge
- поперечник / bar
- дужка / sidepiece
- цапфа / end-piece
- стыковая накладка / butt-strap
- заушник / earpiece
- наносник / nose pad
- носоупор / pad plate
- носовой упор / pad arm
- ободок / rim

**оправа** / *frames*

## аксессуары для очков
*spectacles accessories*

- шнурок для очков / spectacles retainer
- солнцезащитная насадка на очки / clip-on sunglasses
- очечник / spectacles case
- салфетка для очистки очков / lens cleaning cloth

## виды очков
*examples of spectacles*

- солнцезащитные очки / sunglasses
- полусферическая оправа / half-glasses 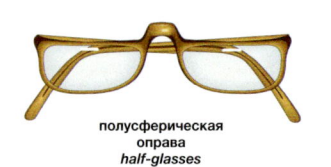
- театральный бинокль / opera glasses

предметы личного обихода | personal articles

# кожгалантерея
*leather goods*

**кейс**
*attaché case*

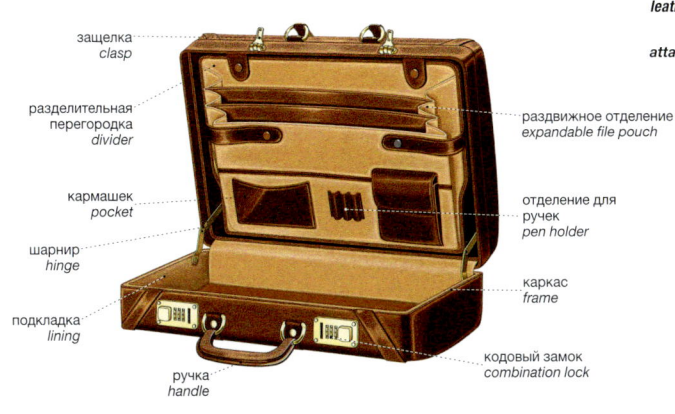

- защелка — *clasp*
- разделительная перегородка — *divider*
- кармашек — *pocket*
- шарнир — *hinge*
- подкладка — *lining*
- ручка — *handle*
- раздвижное отделение — *expandable file pouch*
- отделение для ручек — *pen holder*
- каркас — *frame*
- кодовый замок — *combination lock*

**портфель**
*briefcase*

**плоская папка**
*underarm briefcase*

**папка для бумаг**
*bottom-fold document case*

**визитница**
*credit card wallet*

**портмоне**
*coin purse*

**футляр для ключей**
*key case*

**бювар**
*writing case*

**бумажник**
*wallet*

**футляр для чековой книжки**
*cheque book cover*

ПРЕДМЕТЫ ОБИХОДА И ГИГИЕНЫ

предметы личного обихода | personal articles

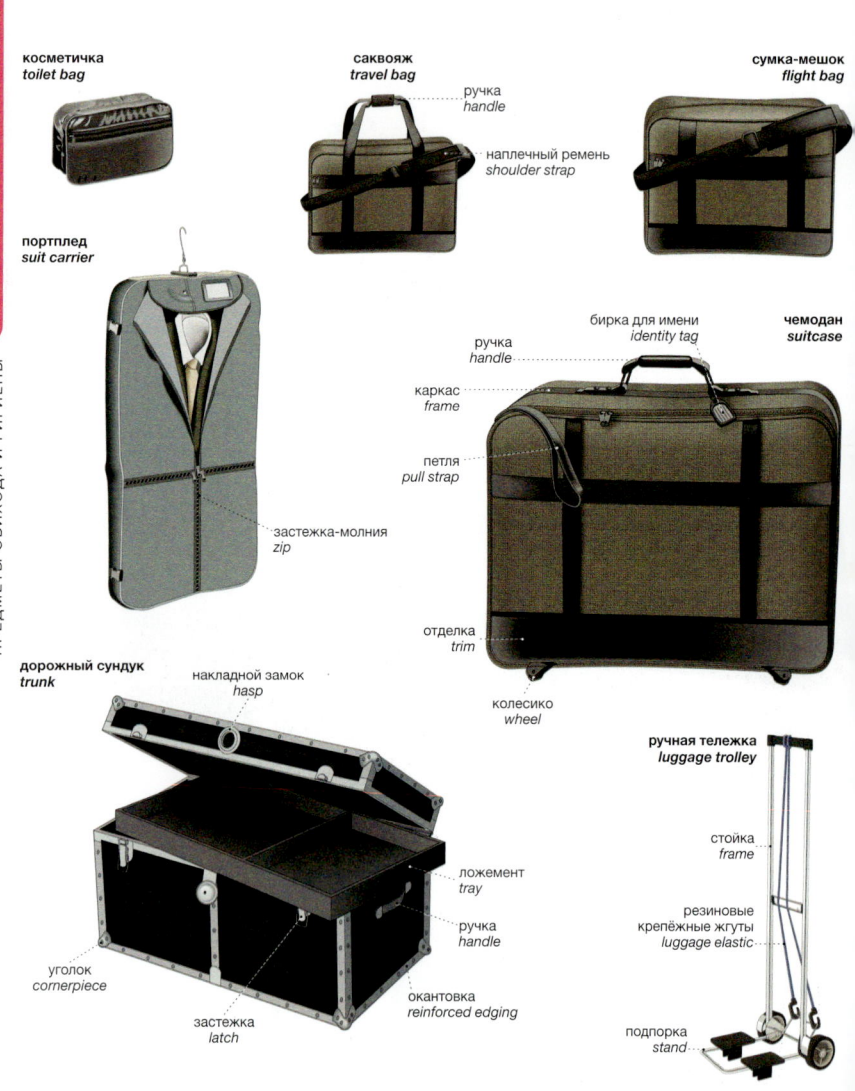

# багаж
*luggage*

**косметичка**
*toilet bag*

**саквояж**
*travel bag*

ручка
*handle*

наплечный ремень
*shoulder strap*

**сумка-мешок**
*flight bag*

**портплед**
*suit carrier*

бирка для имени
*identity tag*

**чемодан**
*suitcase*

ручка
*handle*

каркас
*frame*

петля
*pull strap*

застежка-молния
*zip*

отделка
*trim*

колесико
*wheel*

**дорожный сундук**
*trunk*

накладной замок
*hasp*

ложемент
*tray*

ручка
*handle*

уголок
*cornerpiece*

застежка
*latch*

окантовка
*reinforced edging*

**ручная тележка**
*luggage trolley*

стойка
*frame*

резиновые крепёжные жгуты
*luggage elastic*

подпорка
*stand*

предметы личного обихода | personal articles

багаж

**вертикальный чемодан**
*upright suitcase*

выдвижная ручка
*retractable handle*

**рюкзак**
*backpack*

**большая непромокаемая сумка**
*duffel bag*

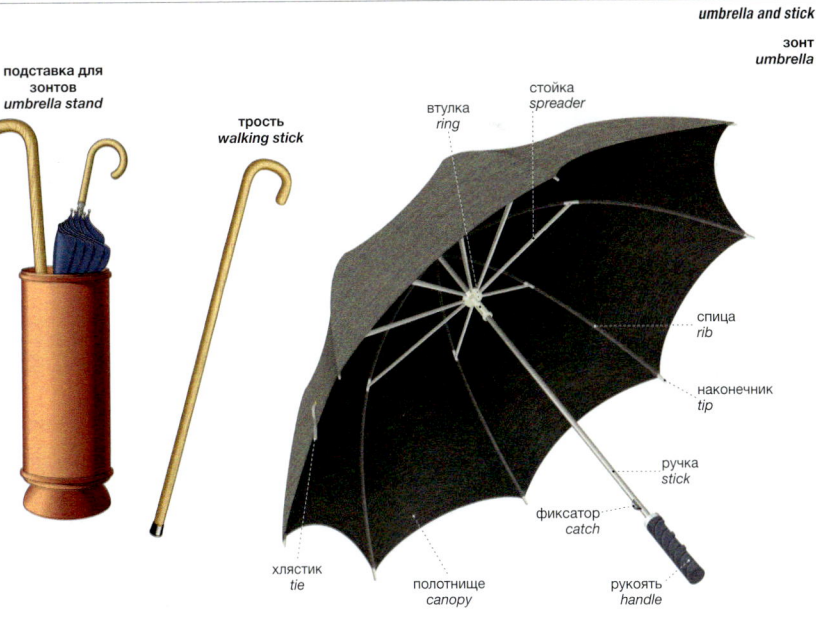

## зонты и трости
*umbrella and stick*

зонт
*umbrella*

**подставка для зонтов**
*umbrella stand*

**трость**
*walking stick*

втулка
*ring*

стойка
*spreader*

спица
*rib*

наконечник
*tip*

ручка
*stick*

фиксатор
*catch*

рукоять
*handle*

хлястик
*tie*

полотнище
*canopy*

предметы обихода и гигиены

# сумки

*handbags*

**хозяйственная сумка**
*shopping bag*

**сумка с короткими ручками**
*tote bag*

**сумка-валик**
*holdall*

**сумка-кисет**
*small drawstring bag*

**сумка для покупок**
*shopping bag*

**сумка-портфель**
*satchel bag*

**наплечная сумка на молнии**
*shoulder bag with zip*

**пояс для хранения денег**
*money belt*

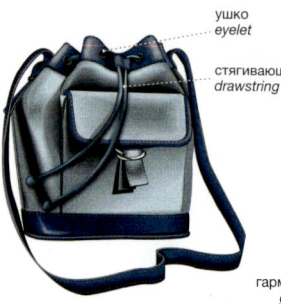

**сумка-мешок**
*drawstring bag*

ушко — *eyelet*
стягивающий шнур — *drawstring*

**поясная сумка**
*bumbag*

ремень на плечо — *shoulder strap*

пряжка для регулирования длины — *buckle*

гармошка — *gusset*

**сумка-гармошка**
*accordion bag*

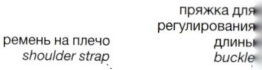

**сумка на ремне**
*shoulder bag*

предметы личного обихода | personal articles

# уход за ребенком
*childcare*

**детское автомобильное сиденье**
*infant car seat*

ручка для переноски
*carrying handle*

капюшон
*hood*

страховочные ремни
*harness*

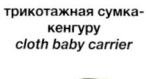

**трикотажная сумка-кенгуру**
*cloth baby carrier*

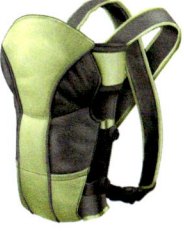

**слинг**
*wrap baby carrier*

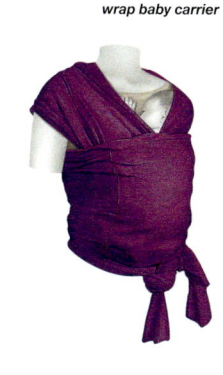

база для фиксации в автомобиле
*stay-in-car base*

**детская коляска**
*pram*

ручка
*handle*

капюшон
*hood*

страховочные ремни
*harness*

**соска-пустышка**
*baby's dummy*

**сумка для подгузников**
*nappy bag*

соска
*nipple*

кольцо
*ring*

бутылочка
*bottle*

**подушка для кормления**
*nursing pillow*

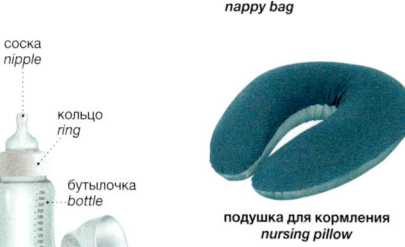

**детская бутылочка**
*baby bottle*

крышка
*cap*

корзина
*basket*

предметы обихода и гигиены

предметы личного обихода | personal articles

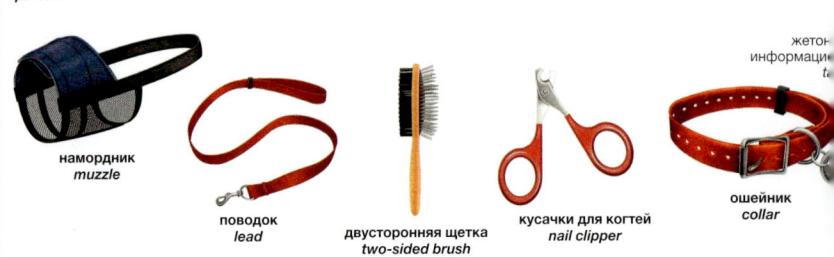

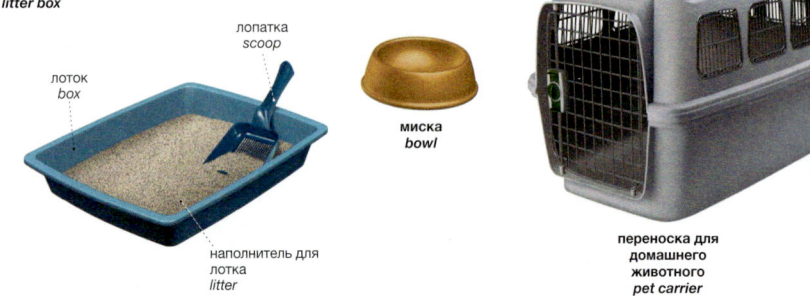

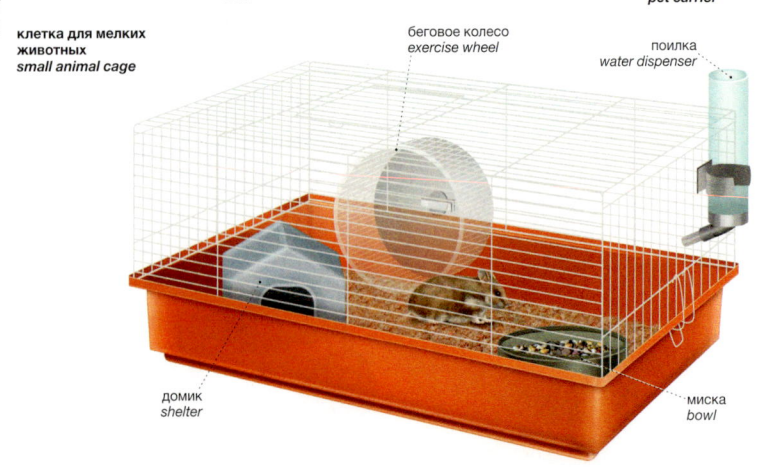

# содержание домашних животных
*pet care*

**намордник**
*muzzle*

**поводок**
*lead*

**двусторонняя щетка**
*two-sided brush*

**кусачки для когтей**
*nail clipper*

жетон информации
*tag*

**ошейник**
*collar*

**кошачий лоток**
*litter box*

лопатка
*scoop*

лоток
*box*

миска
*bowl*

наполнитель для лотка
*litter*

**переноска для домашнего животного**
*pet carrier*

**клетка для мелких животных**
*small animal cage*

беговое колесо
*exercise wheel*

поилка
*water dispenser*

домик
*shelter*

миска
*bowl*

ПРЕДМЕТЫ ОБИХОДА И ГИГИЕНЫ

**предметы личного обихода | personal articles**

## содержание домашних животных

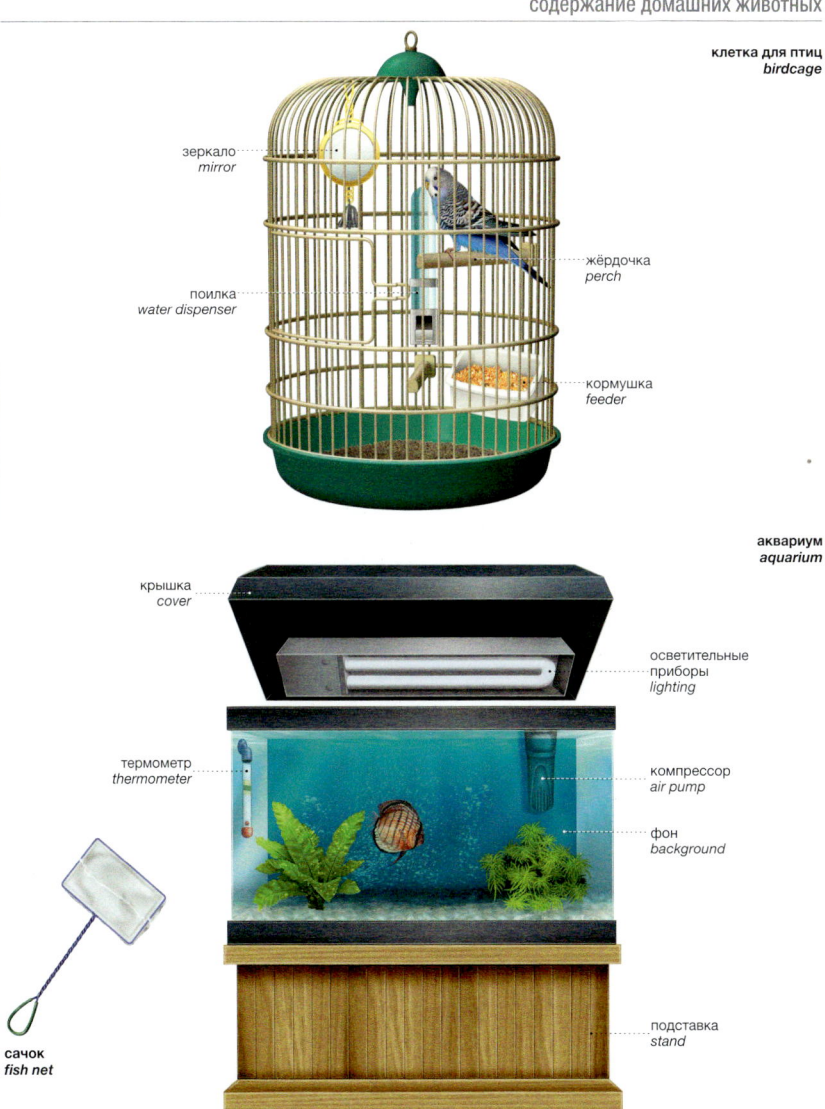

**клетка для птиц**
*birdcage*

- зеркало / *mirror*
- жёрдочка / *perch*
- поилка / *water dispenser*
- кормушка / *feeder*

**аквариум**
*aquarium*

- крышка / *cover*
- осветительные приборы / *lighting*
- термометр / *thermometer*
- компрессор / *air pump*
- фон / *background*
- подставка / *stand*

**сачок**
*fish net*

ПРЕДМЕТЫ ОБИХОДА И ГИГИЕНЫ

# пирамида
*pyramid*

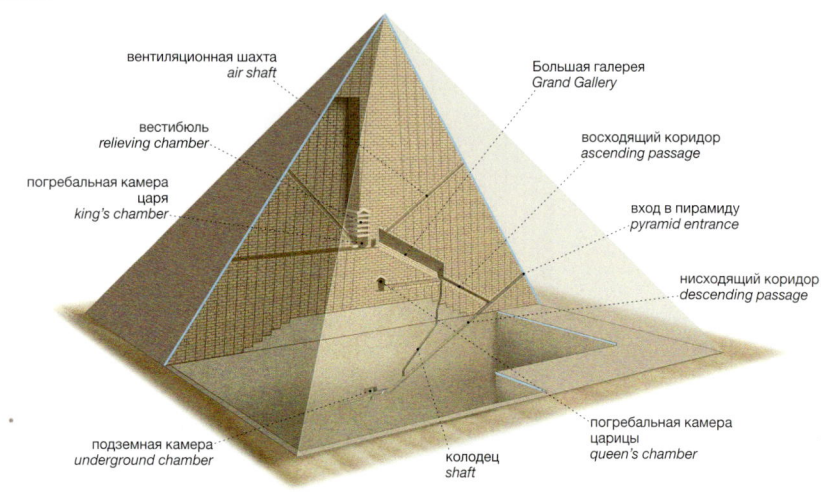

- вентиляционная шахта / *air shaft*
- вестибюль / *relieving chamber*
- погребальная камера царя / *king's chamber*
- Большая галерея / *Grand Gallery*
- восходящий коридор / *ascending passage*
- вход в пирамиду / *pyramid entrance*
- нисходящий коридор / *descending passage*
- подземная камера / *underground chamber*
- колодец / *shaft*
- погребальная камера царицы / *queen's chamber*

# греческий театр
*Greek theatre*

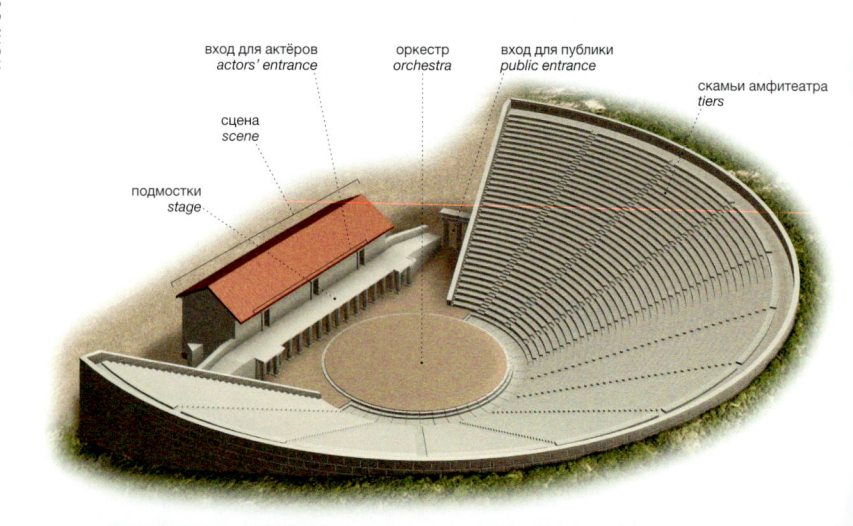

- вход для актёров / *actors' entrance*
- оркестр / *orchestra*
- вход для публики / *public entrance*
- скамьи амфитеатра / *tiers*
- сцена / *scene*
- подмостки / *stage*

**древняя архитектура** | ancient architecture

# греческий храм
*Greek temple*

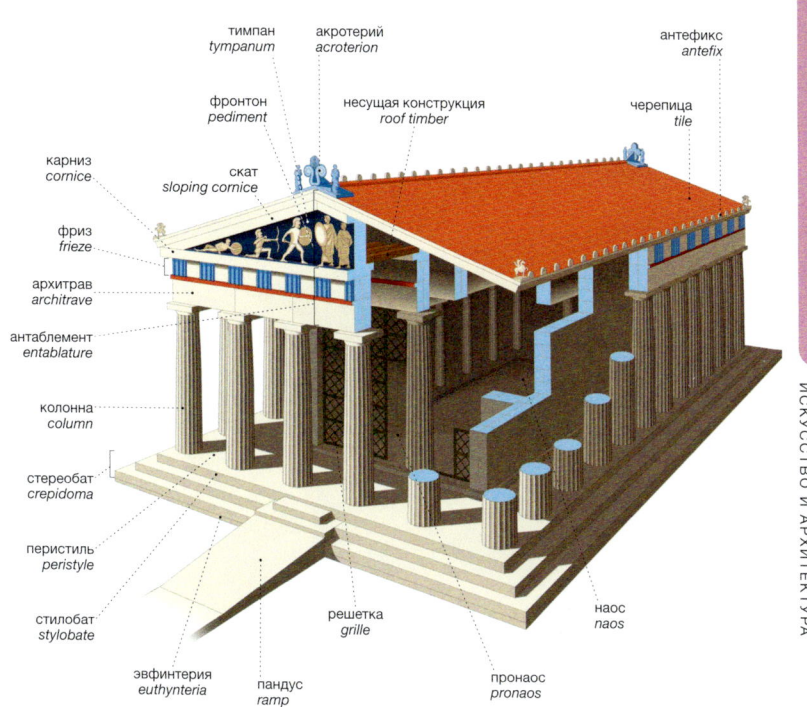

- тимпан / *tympanum*
- акротерий / *acroterion*
- антефикс / *antefix*
- фронтон / *pediment*
- несущая конструкция / *roof timber*
- черепица / *tile*
- карниз / *cornice*
- скат / *sloping cornice*
- фриз / *frieze*
- архитрав / *architrave*
- антаблемент / *entablature*
- колонна / *column*
- стереобат / *crepidoma*
- перистиль / *peristyle*
- стилобат / *stylobate*
- эвфинтерия / *euthynteria*
- пандус / *ramp*
- решетка / *grille*
- пронаос / *pronaos*
- наос / *naos*

искусство и архитектура

## план греческого храма
*plan of a Greek temple*

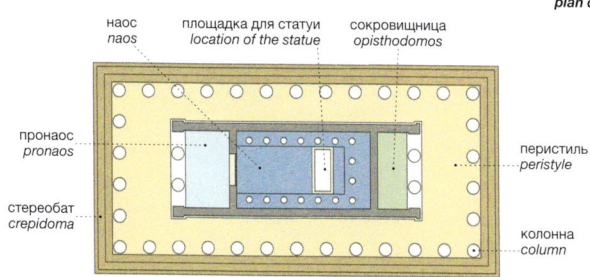

- наос / *naos*
- площадка для статуи / *location of the statue*
- сокровищница / *opisthodomos*
- пронаос / *pronaos*
- перистиль / *peristyle*
- стереобат / *crepidoma*
- колонна / *column*

# древняя архитектура | ancient architecture

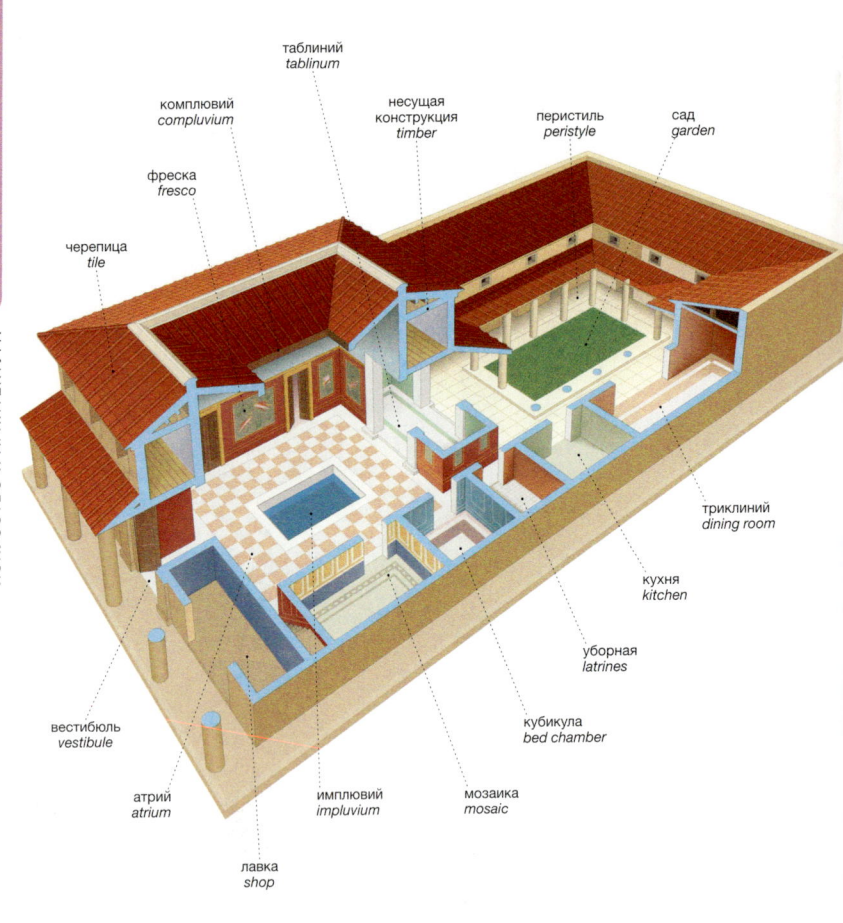

## римский дом
*Roman house*

- таблиний / *tablinum*
- комплювий / *compluvium*
- несущая конструкция / *timber*
- перистиль / *peristyle*
- сад / *garden*
- фреска / *fresco*
- черепица / *tile*
- триклиний / *dining room*
- кухня / *kitchen*
- уборная / *latrines*
- кубикула / *bed chamber*
- вестибюль / *vestibule*
- атрий / *atrium*
- имплювий / *impluvium*
- мозаика / *mosaic*
- лавка / *shop*

древняя архитектура | ancient architecture

# римский амфитеатр
*Roman amphitheatre*

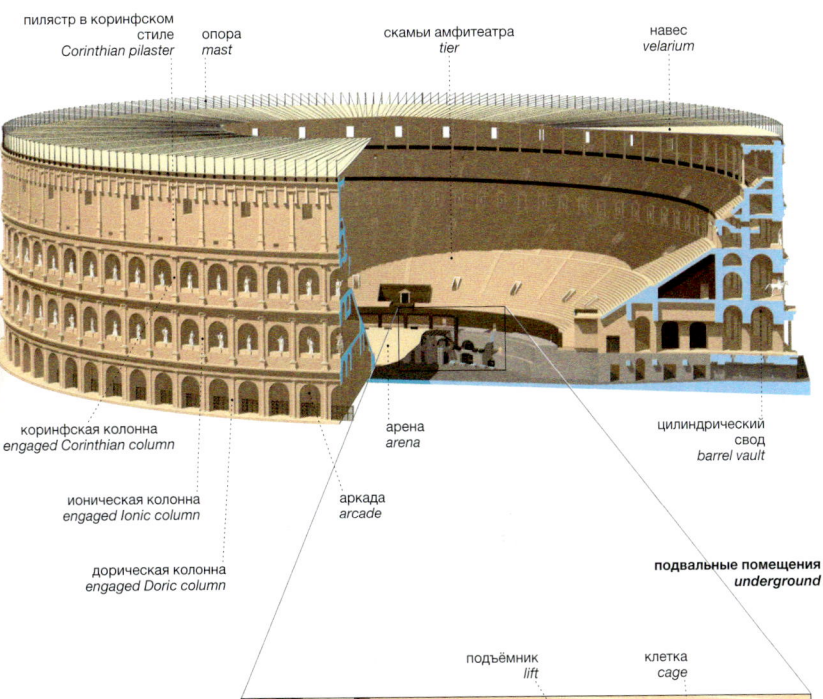

пилястр в коринфском стиле
*Corinthian pilaster*

опора
*mast*

скамьи амфитеатра
*tier*

навес
*velarium*

коринфская колонна
*engaged Corinthian column*

ионическая колонна
*engaged Ionic column*

дорическая колонна
*engaged Doric column*

арена
*arena*

аркада
*arcade*

цилиндрический свод
*barrel vault*

**подвальные помещения**
*underground*

подъёмник
*lift*

клетка
*cage*

опускная дверца
*trapdoor*

арена
*arena*

пандус
*ramp*

камера
*cell*

ИСКУССТВО И АРХИТЕКТУРА

# укрепленный замок

*castle*

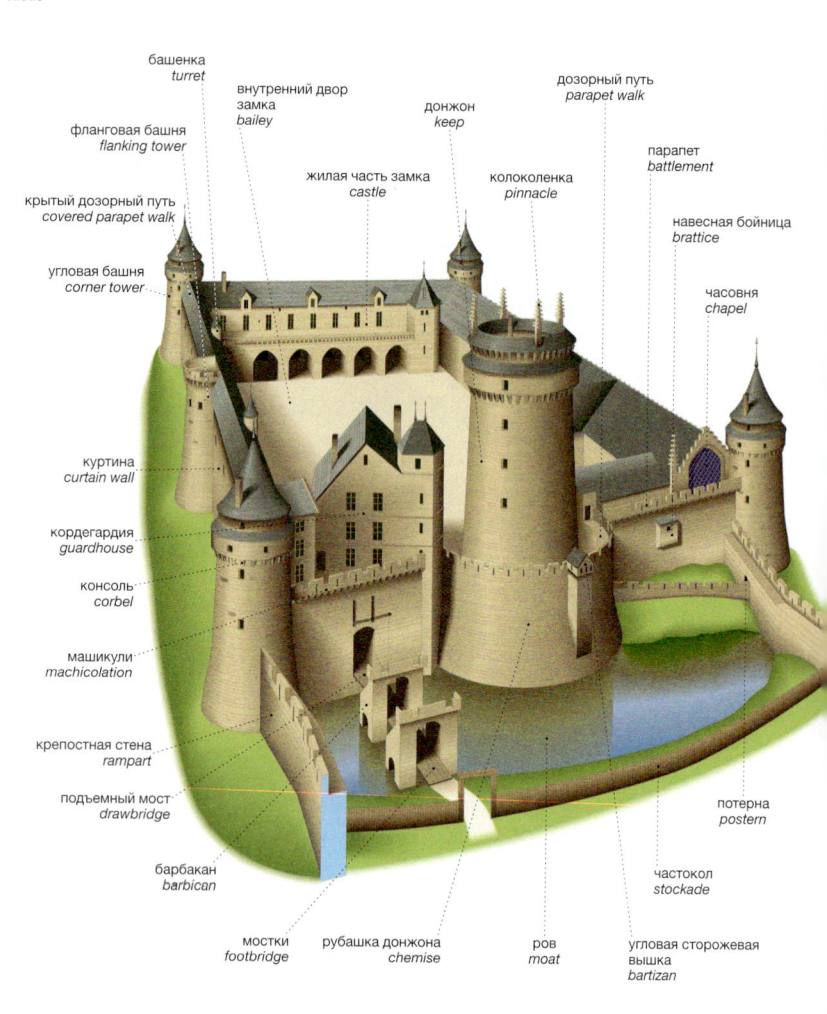

- башенка / *turret*
- внутренний двор замка / *bailey*
- донжон / *keep*
- дозорный путь / *parapet walk*
- фланговая башня / *flanking tower*
- жилая часть замка / *castle*
- парапет / *battlement*
- колоколенка / *pinnacle*
- крытый дозорный путь / *covered parapet walk*
- навесная бойница / *brattice*
- угловая башня / *corner tower*
- часовня / *chapel*
- куртина / *curtain wall*
- кордегардия / *guardhouse*
- консоль / *corbel*
- машикули / *machicolation*
- крепостная стена / *rampart*
- подъемный мост / *drawbridge*
- потерна / *postern*
- барбакан / *barbican*
- частокол / *stockade*
- мостки / *footbridge*
- рубашка донжона / *chemise*
- ров / *moat*
- угловая сторожевая вышка / *bartizan*

западная архитектура | Western architecture

## церковь в романском стиле

*Romanesque church*

**фасад церкви в романском стиле**
*façade of a Romanesque church*

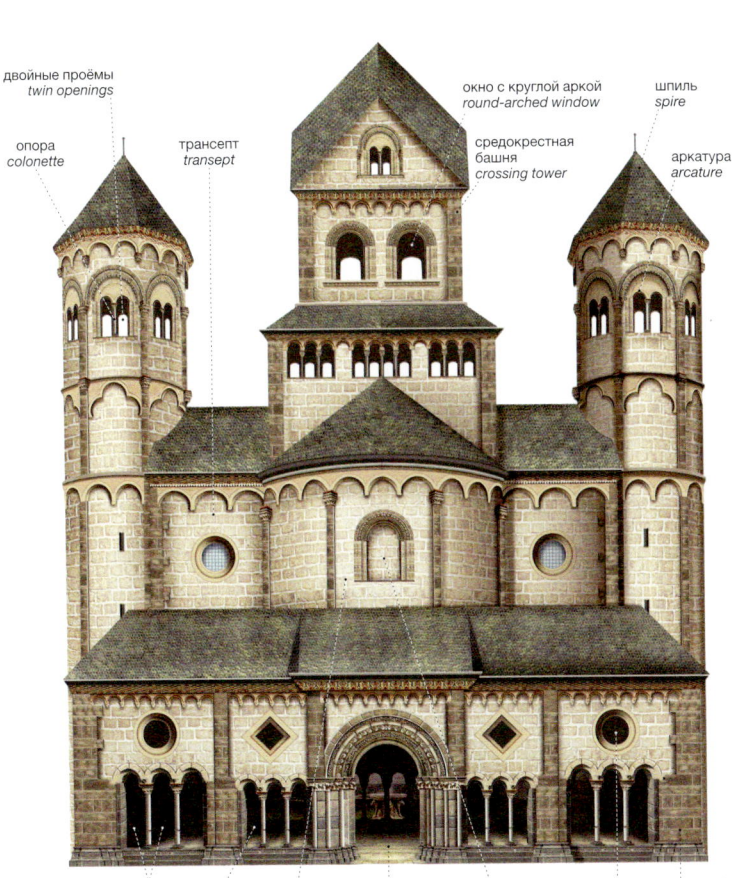

- двойные проёмы / twin openings
- опора / colonette
- трансепт / transept
- окно с круглой аркой / round-arched window
- средокрестная башня / crossing tower
- шпиль / spire
- аркатура / arcature
- открытые арки / open arches
- апсида / apse
- декоративная арка / blind arch
- контрфорс / buttress
- атриум / atrium
- паперть / porch
- окулюс / oculus

ИСКУССТВО И АРХИТЕКТУРА

западная архитектура | Western architecture

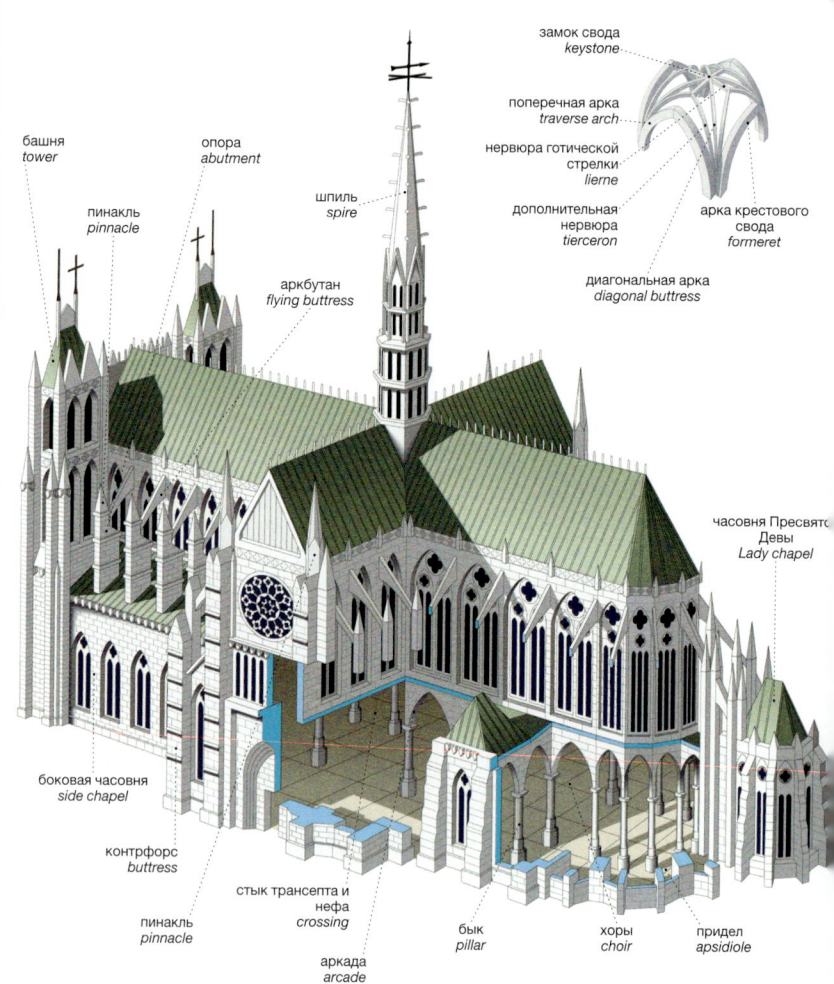

# готический собор

*Gothic cathedral*

**общий вид**
*general view*

**свод**
*vault*

замок свода
*keystone*

поперечная арка
*traverse arch*

нервюра готической стрелки
*lierne*

дополнительная нервюра
*tierceron*

арка крестового свода
*formeret*

диагональная арка
*diagonal buttress*

башня
*tower*

опора
*abutment*

шпиль
*spire*

пинакль
*pinnacle*

аркбутан
*flying buttress*

часовня Пресвятой Девы
*Lady chapel*

боковая часовня
*side chapel*

контрфорс
*buttress*

пинакль
*pinnacle*

стык трансепта и нефа
*crossing*

аркада
*arcade*

бык
*pillar*

хоры
*choir*

придел
*apsidiole*

искусство и архитектура

**западная архитектура | Western architecture**

## готический собор

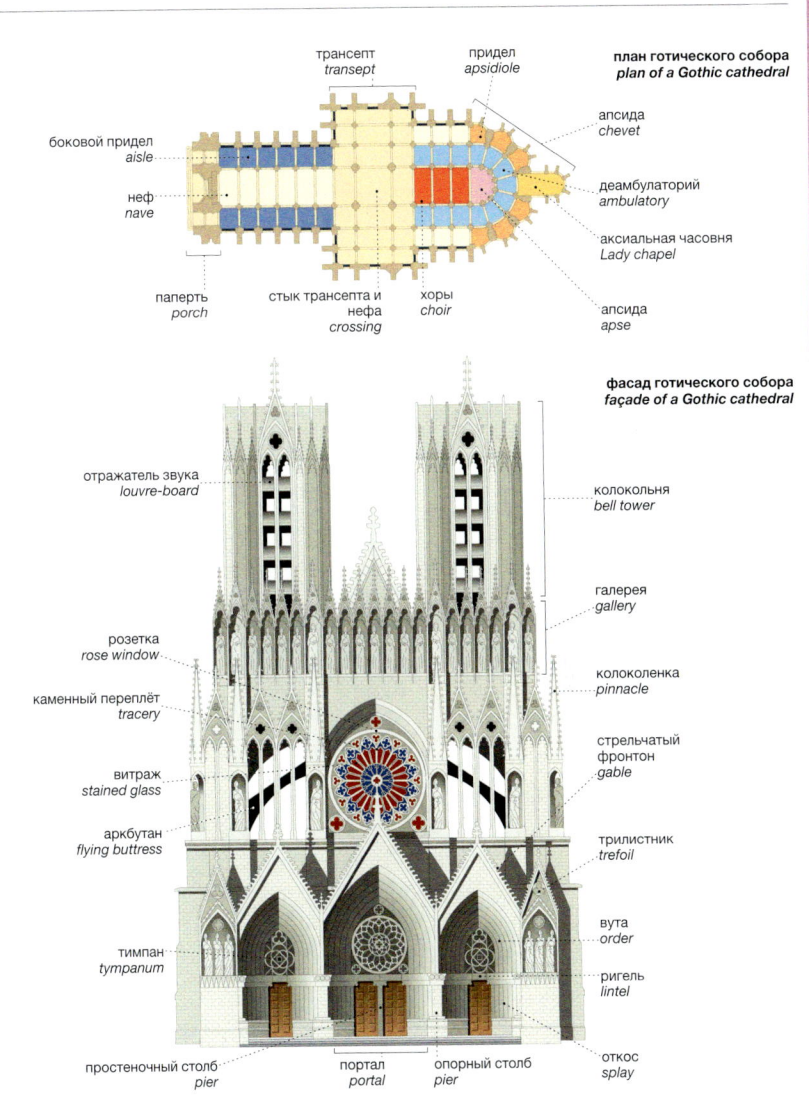

### план готического собора
### plan of a Gothic cathedral

- трансепт / transept
- придел / apsidiole
- апсида / chevet
- боковой придел / aisle
- неф / nave
- деамбулаторий / ambulatory
- аксиальная часовня / Lady chapel
- апсида / apse
- паперть / porch
- стык трансепта и нефа / crossing
- хоры / choir

### фасад готического собора
### façade of a Gothic cathedral

- отражатель звука / louvre-board
- колокольня / bell tower
- галерея / gallery
- розетка / rose window
- колоколенка / pinnacle
- каменный переплёт / tracery
- витраж / stained glass
- стрельчатый фронтон / gable
- аркбутан / flying buttress
- трилистник / trefoil
- вута / order
- тимпан / tympanum
- ригель / lintel
- простеночный столб / pier
- портал / portal
- опорный столб / pier
- откос / splay

ИСКУССТВО И АРХИТЕКТУРА

# барочная церковь

*Baroque church*

**фасад барочной церкви**
*façade of a Baroque church*

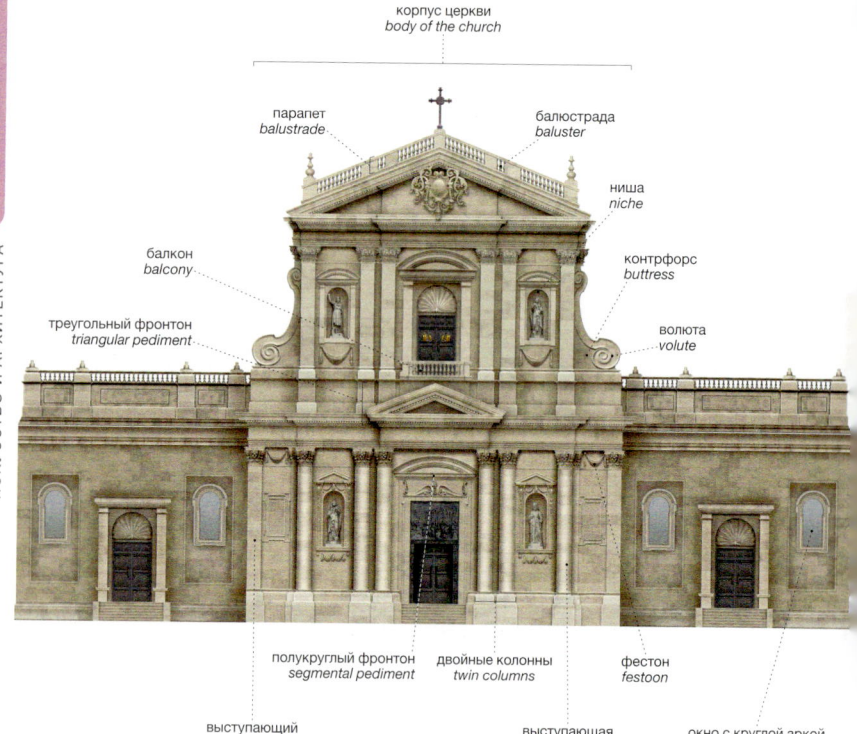

- корпус церкви / *body of the church*
- парапет / *balustrade*
- балюстрада / *baluster*
- ниша / *niche*
- балкон / *balcony*
- контрфорс / *buttress*
- треугольный фронтон / *triangular pediment*
- волюта / *volute*
- полукруглый фронтон / *segmental pediment*
- двойные колонны / *twin columns*
- фестон / *festoon*
- окно с круглой аркой / *round-arched window*
- выступающий пилястр / *projecting pilaster*
- выступающая колонна / *projecting column*

западная архитектура | Western architecture

## вилла в стиле ренессанс
*Renaissance villa*

**фасад виллы в стиле ренессанс**
*façade of a Renaissance villa*

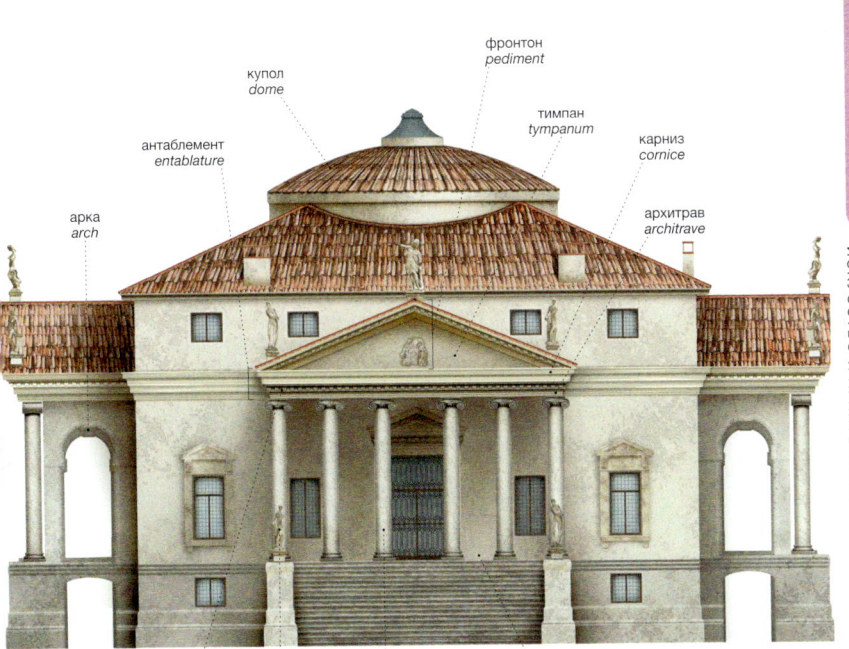

- фронтон — *pediment*
- купол — *dome*
- тимпан — *tympanum*
- карниз — *cornice*
- антаблемент — *entablature*
- архитрав — *architrave*
- арка — *arch*
- фриз — *frieze*
- скульптура — *sculpture*
- ионическая колонна — *Ionic column*
- крытая галерея — *portico*

искусство и архитектура

# строение в стиле ар-деко
*art deco building*

**фасад здания в стиле ар-деко**
*façade of an art deco building*

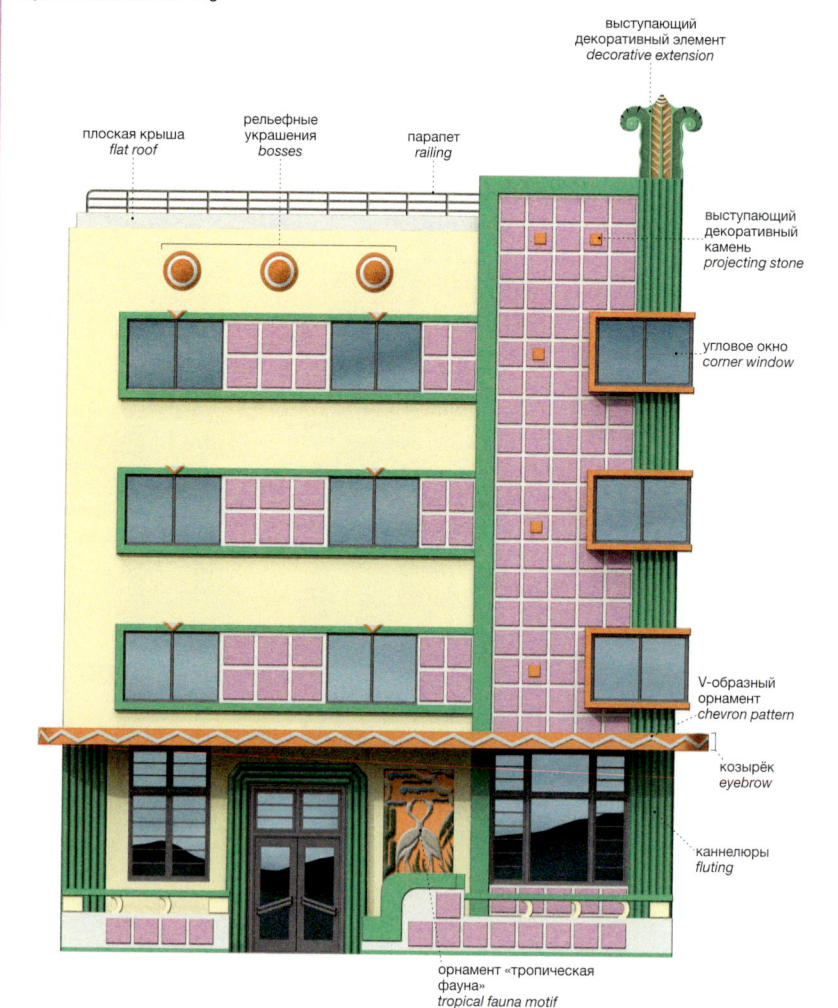

- выступающий декоративный элемент — *decorative extension*
- плоская крыша — *flat roof*
- рельефные украшения — *bosses*
- парапет — *railing*
- выступающий декоративный камень — *projecting stone*
- угловое окно — *corner window*
- V-образный орнамент — *chevron pattern*
- козырёк — *eyebrow*
- каннелюры — *fluting*
- орнамент «тропическая фауна» — *tropical fauna motif*

**архитектура Азии и доколумбовой Америки** | Asian and pre-Columbian architecture

# пагода
*pagoda*

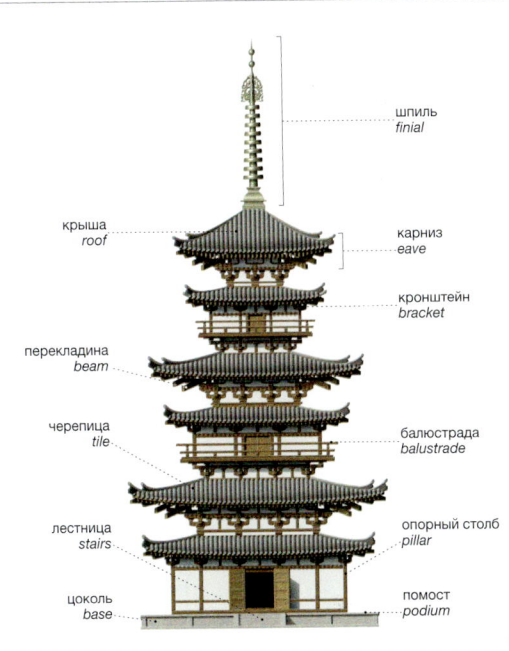

- шпиль / *finial*
- крыша / *roof*
- карниз / *eave*
- кронштейн / *bracket*
- перекладина / *beam*
- черепица / *tile*
- балюстрада / *balustrade*
- лестница / *stairs*
- опорный столб / *pillar*
- цоколь / *base*
- помост / *podium*

# храм ацтеков
*Aztec temple*

- храм Тлалока / *Temple of Tlaloc*
- храм Уицилопочтли / *Temple of Huitzilopochtli*
- жертвенный камень / *stone for sacrifice*
- жаровня / *brazier*
- статуя Чак-Мооля / *Chac-Mool*
- лестница / *stairways*
- камень с изображением Койольшауки / *Coyolxauhqui stone*

ИСКУССТВО И АРХИТЕКТУРА

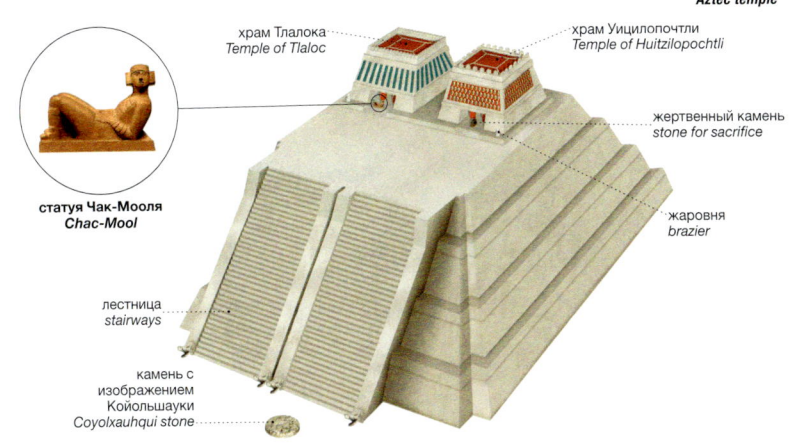

# виды дверей
*examples of doors*

**вращающаяся дверь**
*manual revolving door*

- обод / canopy
- створка / wing
- тамбур / enclosure
- рукоятка двери / push bar
- купе / compartment

**автоматическая раздвижная дверь**
*automatic sliding door*

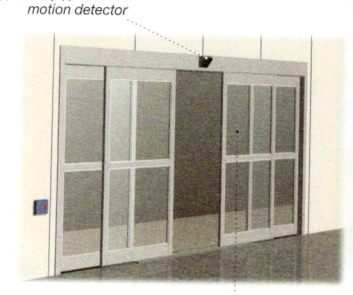

- детектор движения / motion detector
- створка / wing

**классическая дверь**
*conventional door*

**складывающаяся дверь**
*folding door*

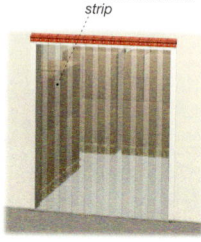

**дверь из гибких пластин**
*strip door*
- гибкая пластина / strip

**противопожарная дверь**
*fire door*

**дверь-гармошка**
*concertina-type folding door*

**раздвижная дверь**
*sliding door*

**секционная гаражная дверь**
*sectional garage door*

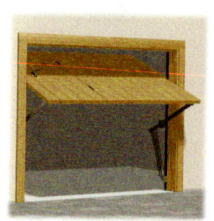

**откидная гаражная дверь**
*up-and-over garage door*

# архитектурные элементы | elements of architecture

## виды окон
### examples of windows

**окно-гармошка**
*sliding folding window*

**двустворчатое окно, открывающееся внутрь**
*casement window opening inwards*

**двустворчатое окно**
*casement window*

**окно-жалюзи**
*louvred window*

**раздвижное окно**
*sliding window*

**опускное окно**
*sash window*

**окно-фрамуга**
*horizontal pivoting window*

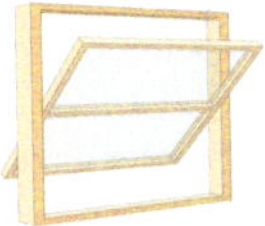

**вращающееся окно**
*vertical pivoting window*

## лифт
### lift

**кабина лифта**
*lift car*

**подъёмный механизм**
*lift mechanism*

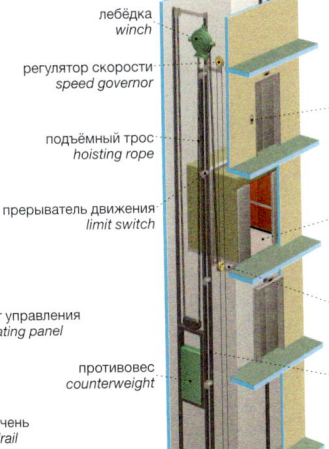

- индикатор положения / position indicator
- потолок кабины / car ceiling
- лебёдка / winch
- регулятор скорости / speed governor
- кнопка вызова / call button
- подъёмный трос / hoisting rope
- прерыватель движения / limit switch
- кабина лифта / lift car
- пульт управления / operating panel
- предохраняющее устройство / car safety
- противовес / counterweight
- направляющий рельс кабины / car guide rail
- поручень / handrail
- амортизатор / buffer
- дверь / door
- пол кабины / car floor
- рельс противовеса / counterweight guide rail
- натяжной шкив регулятора / governor tension sheave

искусство и архитектура

**дома** | housing

# традиционные дома
*traditional dwellings*

иглу
*igloo*

юрта
*yurt*

шалаш
*(straw) hut*

хижина
*(mud) hut*

изба
*isba*

вигвам
*wigwam*

типи
*tepee*

дом на сваях
*pile dwelling*

глинобитный дом
*adobe house*

стропило
*beam*

лестница
*ladder*

## городские дома
*town houses*

двухэтажный дом
*two-storey house*

одноэтажный дом
*one-storey-house*

дом на две семьи
*semi-detached houses*

таунхаус
*terraced houses*

кондоминиум
*freehold flats*

многоэтажный дом
*high-rise block*

ИСКУССТВО И АРХИТЕКТУРА

# живопись и графика

*painting and drawing*

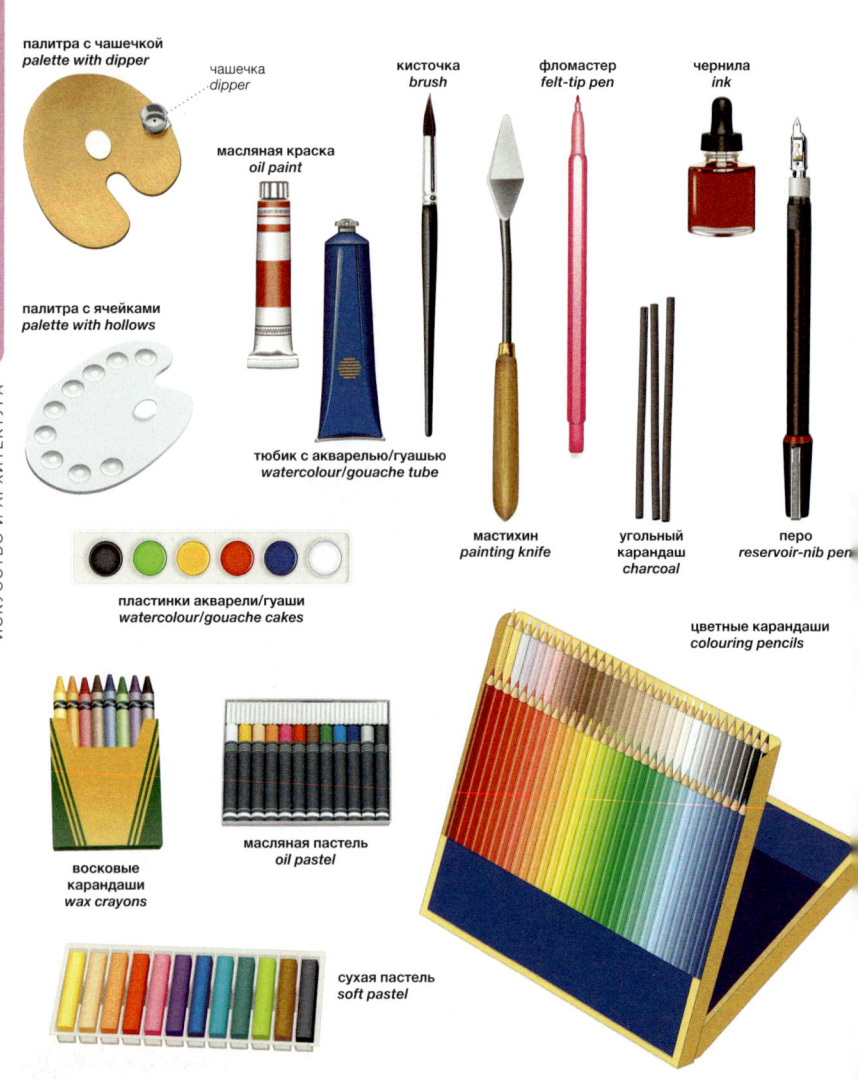

**палитра с чашечкой**
*palette with dipper*

чашечка
*dipper*

**кисточка**
*brush*

**фломастер**
*felt-tip pen*

**чернила**
*ink*

**масляная краска**
*oil paint*

**палитра с ячейками**
*palette with hollows*

**тюбик с акварелью/гуашью**
*watercolour/gouache tube*

**мастихин**
*painting knife*

**угольный карандаш**
*charcoal*

**перо**
*reservoir-nib pen*

**пластинки акварели/гуаши**
*watercolour/gouache cakes*

**цветные карандаши**
*colouring pencils*

**восковые карандаши**
*wax crayons*

**масляная пастель**
*oil pastel*

**сухая пастель**
*soft pastel*

**исполнительские искусства** | performing arts

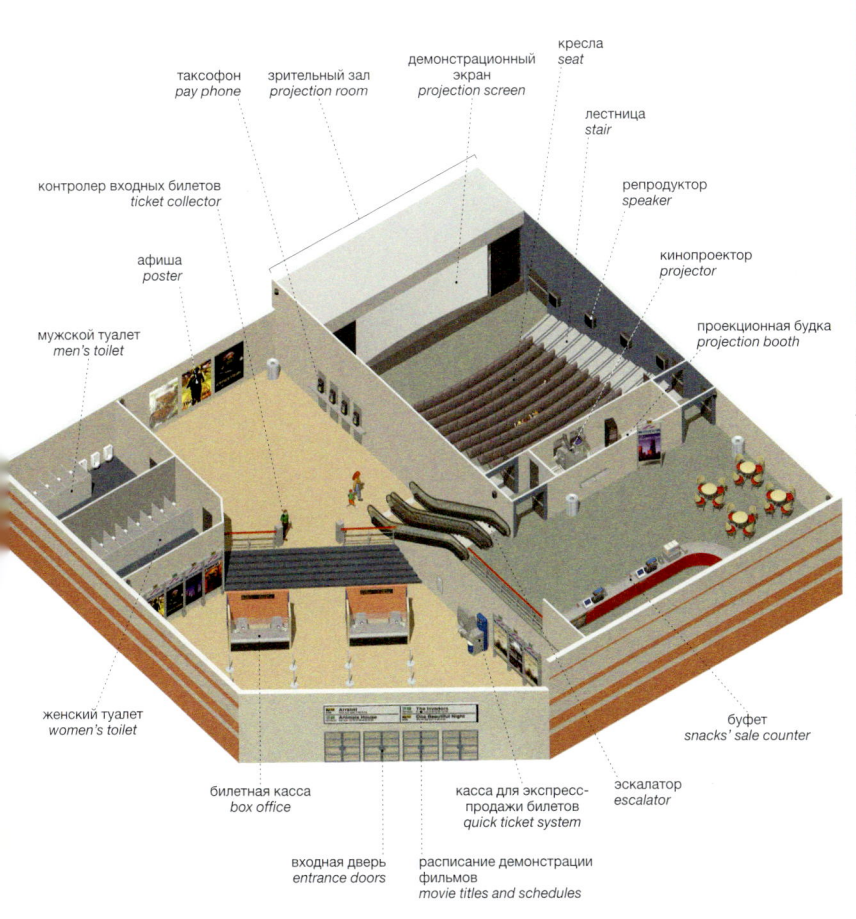

# кинотеатр
*cinema*

- таксофон — *pay phone*
- зрительный зал — *projection room*
- демонстрационный экран — *projection screen*
- кресла — *seat*
- лестница — *stair*
- репродуктор — *speaker*
- кинопроектор — *projector*
- проекционная будка — *projection booth*
- контролер входных билетов — *ticket collector*
- афиша — *poster*
- мужской туалет — *men's toilet*
- женский туалет — *women's toilet*
- билетная касса — *box office*
- входная дверь — *entrance doors*
- расписание демонстрации фильмов — *movie titles and schedules*
- касса для экспресс-продажи билетов — *quick ticket system*
- эскалатор — *escalator*
- буфет — *snacks' sale counter*

ИСКУССТВО И АРХИТЕКТУРА

# съемочная площадка
*shooting stage*

**общий вид**
*general view*

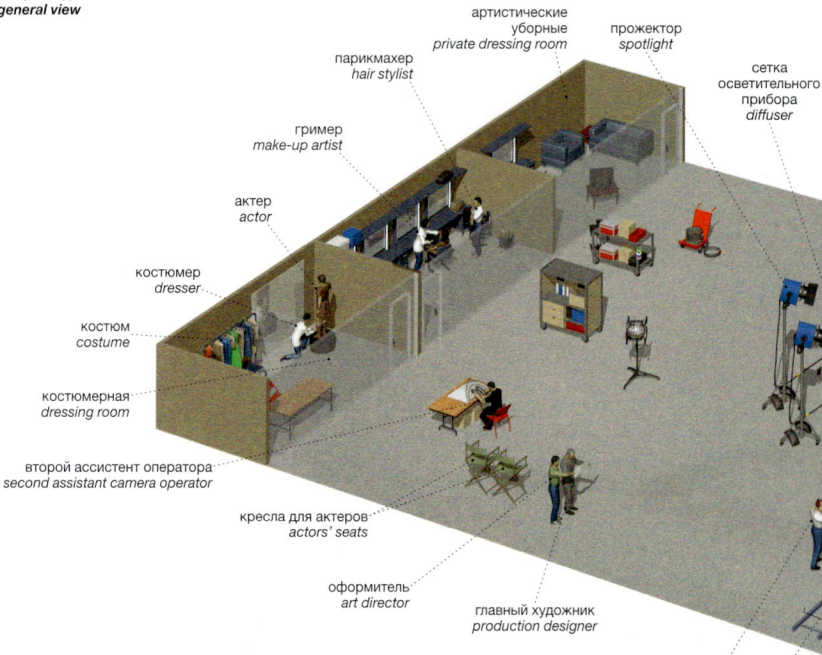

- артистические уборные / *private dressing room*
- прожектор / *spotlight*
- сетка осветительного прибора / *diffuser*
- парикмахер / *hair stylist*
- гример / *make-up artist*
- актер / *actor*
- костюмер / *dresser*
- костюм / *costume*
- костюмерная / *dressing room*
- второй ассистент оператора / *second assistant camera operator*
- кресла для актеров / *actors' seats*
- оформитель / *art director*
- главный художник / *production designer*
- главный механик / *key grip*
- операторская группа / *camera crew*

**операторская группа**
*camera crew*

- рабочий / *grip*
- камера / *camera*
- первый ассистент оператора / *first assistant camera operator*
- оператор / *camera operator*
- операторский кран-тележка / *dolly*
- рельсы операторского крана-тележки / *dolly tracks*

исполнительские искусства | performing arts

## съемочная площадка

- оператор / director of photography
- актриса / actress
- осветительная решетка / lighting grid
- декорации / set
- электротехник / lighting technician
- ассистент реквизитора / assistant property man
- осветитель / gaffer
- художник-декоратор / set dresser
- микрофонный оператор / boom operator
- главный звукооператор / sound engineer
- звукозаписывающее устройство / sound recording equipment
- реквизитор / property man
- фотограф / still photographer
- хлопушка / clapper/slate
- режиссер / director
- продюсер / producer
- помощник режиссера / continuity person
- кресло режиссера / director's seat
- ассистент режиссера / assistant director
- тайм-код / time code
- контрольные мониторы режиссёра / director's control monitors

ИСКУССТВО И АРХИТЕКТУРА

# театр
*theatre*

**общий вид**
*general view*

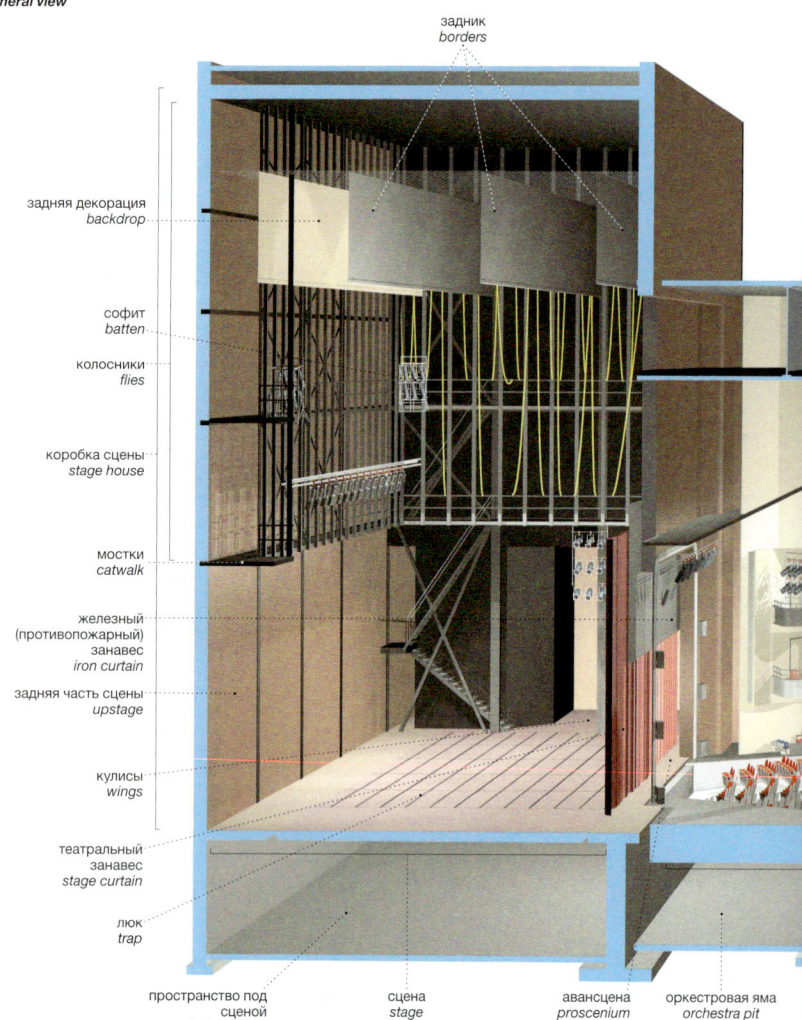

- задник | *borders*
- задняя декорация | *backdrop*
- софит | *batten*
- колосники | *flies*
- коробка сцены | *stage house*
- мостки | *catwalk*
- железный (противопожарный) занавес | *iron curtain*
- задняя часть сцены | *upstage*
- кулисы | *wings*
- театральный занавес | *stage curtain*
- люк | *trap*
- пространство под сценой | *below-stage*
- сцена | *stage*
- авансцена | *proscenium*
- оркестровая яма | *orchestra pit*

исполнительские искусства | performing arts

театр

**сцена**
*stage*

рампа / footlights
задник / border
задний план / upstage
театральный занавес / stage curtain
левая сторона / prompt side
правая сторона / opposite prompt side

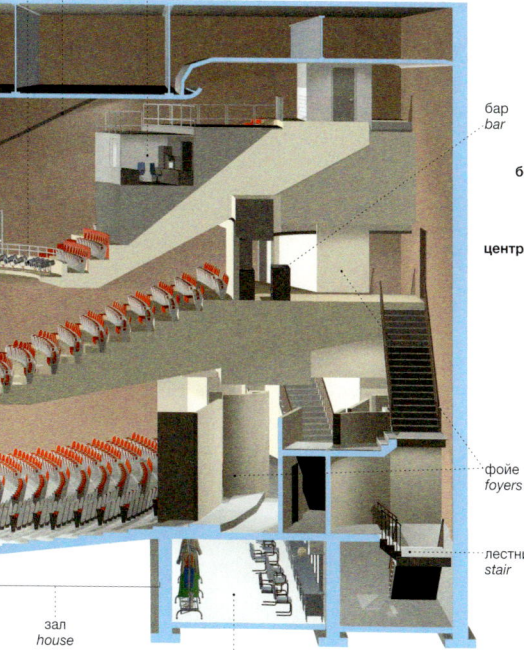

прожектор / spotlights
акустический потолок / acoustic ceiling
постановочная часть / control room

бар / bar
боковая часть / side
центральная часть / centre
ложа / box
ряд / row
фойе / foyers
лестница / stair
зал / house
артистические уборные / dressing room

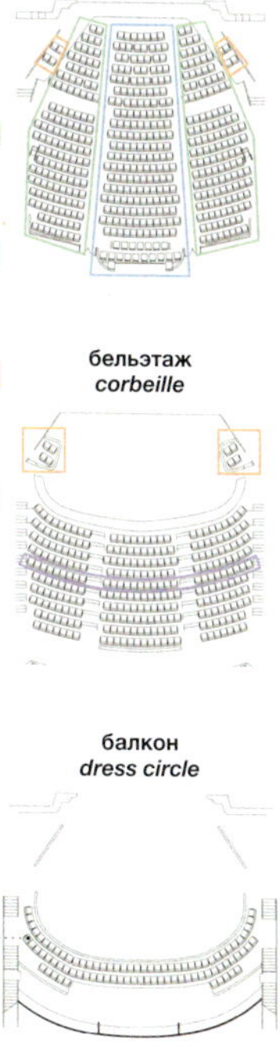

**партер** / *parterre*

**бельэтаж** / *corbeille*

**балкон** / *dress circle*

кресло / seat

ИСКУССТВО И АРХИТЕКТУРА

332 — музыка | music

# симфонический оркестр

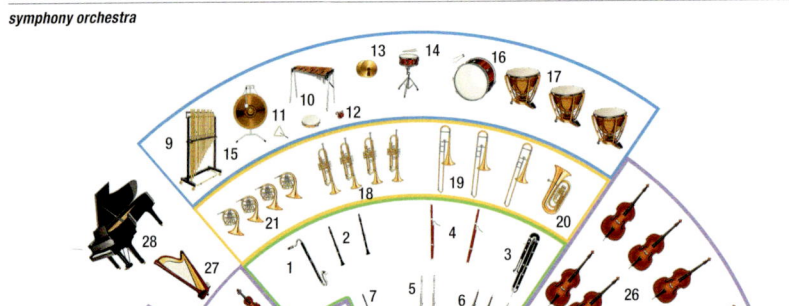

*symphony orchestra*

## группа деревянных
*woodwind family*

1. бас-кларнет / *bass clarinet*
2. кларнеты / *clarinets*
3. контрафагот / *contrabassoon*
4. фаготы / *bassoons*
5. флейты / *flutes*
6. гобои / *oboes*
7. флейта-пикколо / *piccolo*
8. английский рожок / *English horn*

## ударные инструменты
*percussion instruments*

9. карийон / *tubular bells*
10. ксилофон / *xylophone*
11. треугольник / *triangle*
12. кастаньеты / *castanets*
13. тарелки / *cymbals*
14. малый барабан / *snare drum*
15. гонг / *gong*
16. большой барабан / *bass drum*
17. литавры / *timpani*

## группа медных
*brass family*

18. трубы / *trumpets*
19. тромбоны / *trombones*
20. туба / *tuba*
21. валторны / *French horns*

## группа струнных
*violin family*

22. первые скрипки / *first violins*
23. вторые скрипки / *second violins*
24. альты / *violas*
25. виолончели / *cellos*
26. контрабасы / *double basses*
27. арфа / *harp*
28. рояль / *piano*
29. пюпитр дирижера / *conductor's podium*

музыка | music

# струнные инструменты
*stringed instruments*

**смычок** / *bow*

- конец / *point*
- головка / *head*
- трость / *stick*
- волос / *hair*
- ручка / *handle*
- каблук / *heel*
- подставка / *frog*
- винт / *screw*

**скрипка** / *violin*

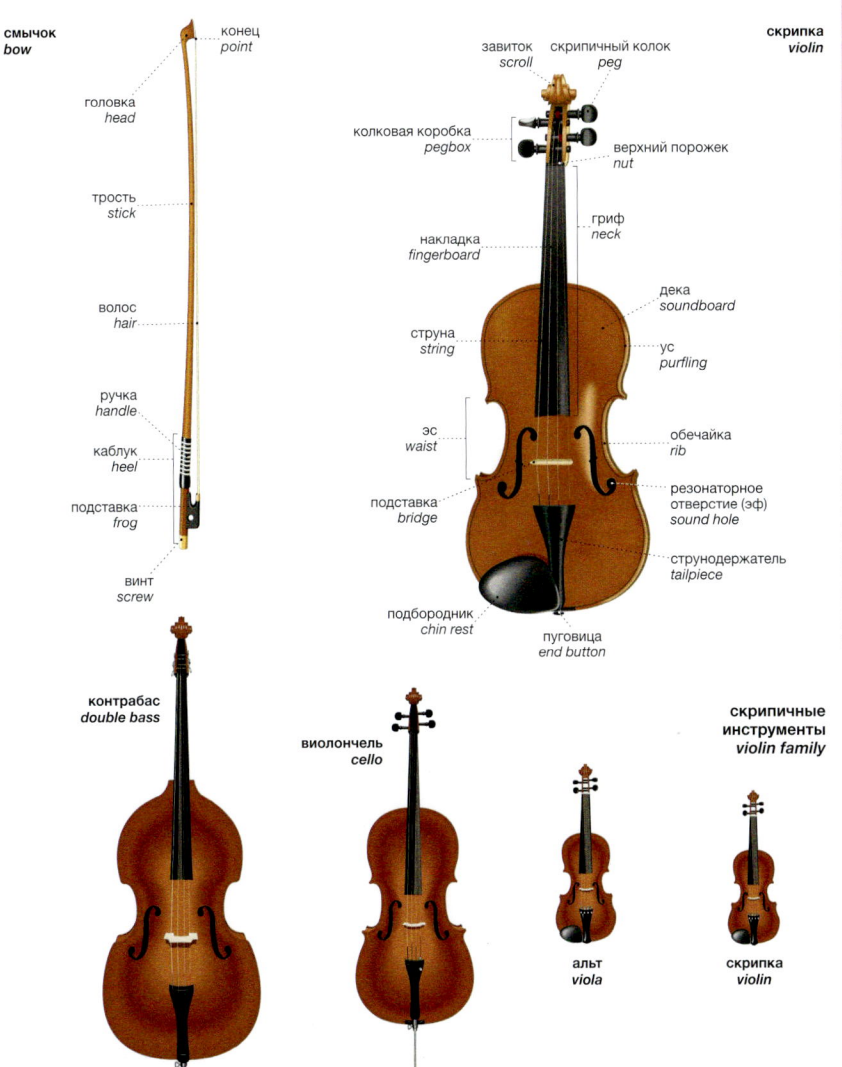

- завиток / *scroll*
- скрипичный колок / *peg*
- колковая коробка / *pegbox*
- верхний порожек / *nut*
- накладка / *fingerboard*
- гриф / *neck*
- струна / *string*
- дека / *soundboard*
- ус / *purfling*
- эс / *waist*
- обечайка / *rib*
- подставка / *bridge*
- резонаторное отверстие (эф) / *sound hole*
- струнодержатель / *tailpiece*
- подбородник / *chin rest*
- пуговица / *end button*

контрабас / *double bass*

виолончель / *cello*

альт / *viola*

**скрипичные инструменты** / *violin family*

скрипка / *violin*

искусство и архитектура

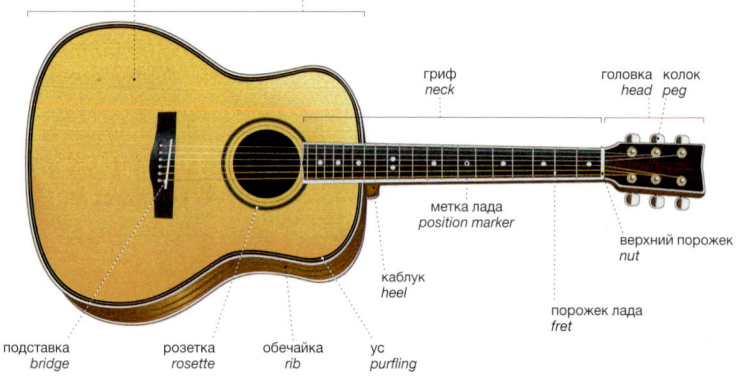

## струнные инструменты

### арфа
*harp*

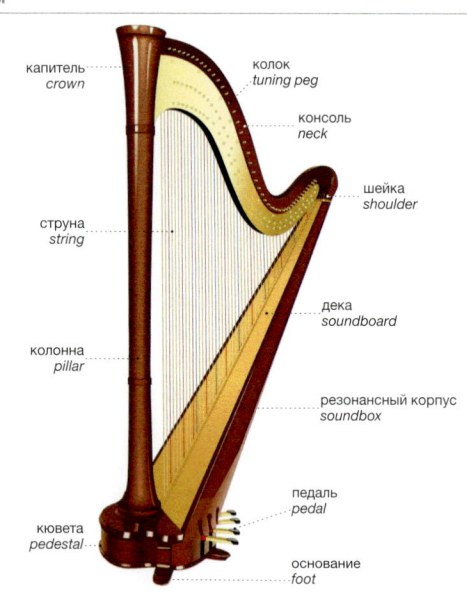

- капитель / *crown*
- колок / *tuning peg*
- консоль / *neck*
- шейка / *shoulder*
- струна / *string*
- дека / *soundboard*
- колонна / *pillar*
- резонансный корпус / *soundbox*
- педаль / *pedal*
- кювета / *pedestal*
- основание / *foot*

### акустическая гитара
*acoustic guitar*

- дека / *soundboard*
- резонирующий корпус / *soundbox*
- гриф / *neck*
- головка / *head*
- колок / *peg*
- метка лада / *position marker*
- верхний порожек / *nut*
- каблук / *heel*
- порожек лада / *fret*
- подставка / *bridge*
- розетка / *rosette*
- обечайка / *rib*
- ус / *purfling*

## музыка | music

### струнные инструменты

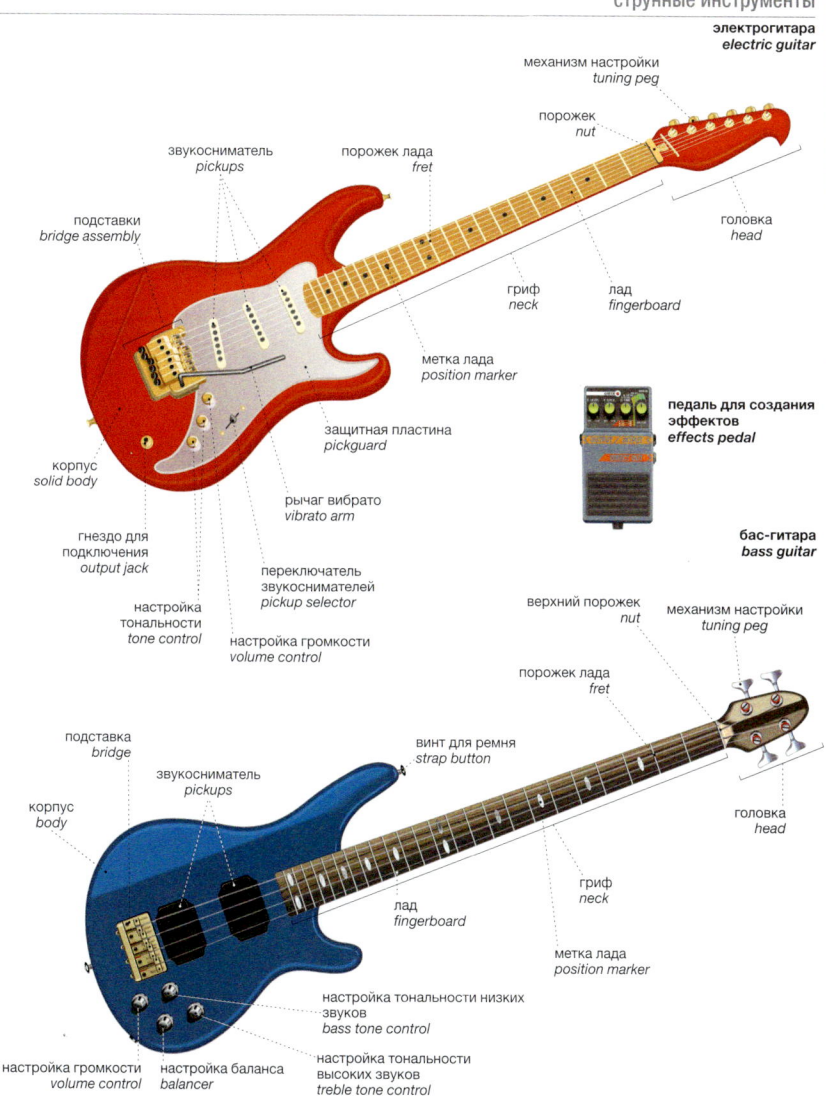

**электрогитара**
*electric guitar*

- механизм настройки / *tuning peg*
- порожек / *nut*
- звукосниматель / *pickups*
- порожек лада / *fret*
- головка / *head*
- подставки / *bridge assembly*
- гриф / *neck*
- лад / *fingerboard*
- метка лада / *position marker*
- защитная пластина / *pickguard*
- корпус / *solid body*
- рычаг вибрато / *vibrato arm*
- гнездо для подключения / *output jack*
- переключатель звукоснимателей / *pickup selector*
- настройка тональности / *tone control*
- настройка громкости / *volume control*

**педаль для создания эффектов**
*effects pedal*

**бас-гитара**
*bass guitar*

- верхний порожек / *nut*
- механизм настройки / *tuning peg*
- порожек лада / *fret*
- головка / *head*
- подставка / *bridge*
- звукосниматель / *pickups*
- винт для ремня / *strap button*
- гриф / *neck*
- корпус / *body*
- лад / *fingerboard*
- метка лада / *position marker*
- настройка тональности низких звуков / *bass tone control*
- настройка громкости / *volume control*
- настройка баланса / *balancer*
- настройка тональности высоких звуков / *treble tone control*

искусство и архитектура

335

# духовые инструменты
*wind instruments*

**саксофон**
*saxophone*

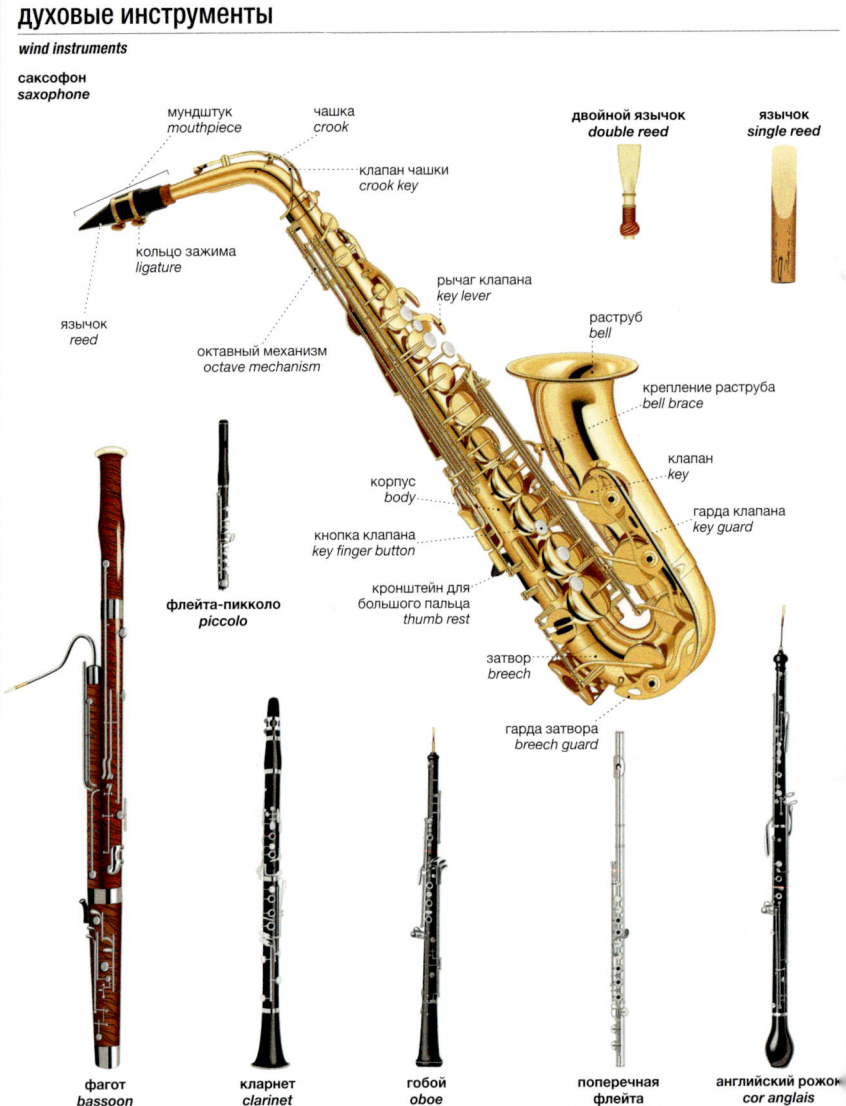

- мундштук / *mouthpiece*
- чашка / *crook*
- клапан чашки / *crook key*
- кольцо зажима / *ligature*
- язычок / *reed*
- октавный механизм / *octave mechanism*
- рычаг клапана / *key lever*
- раструб / *bell*
- крепление раструба / *bell brace*
- клапан / *key*
- гарда клапана / *key guard*
- корпус / *body*
- кнопка клапана / *key finger button*
- кронштейн для большого пальца / *thumb rest*
- затвор / *breech*
- гарда затвора / *breech guard*

**двойной язычок** / *double reed*

**язычок** / *single reed*

**флейта-пикколо** / *piccolo*

**фагот** / *bassoon*

**кларнет** / *clarinet*

**гобой** / *oboe*

**поперечная флейта** / *transverse flute*

**английский рожок** / *cor anglais*

музыка | music

## духовые инструменты

| | |
|---|---|
| стержень мундштука | mouthpipe |
| клапан | finger button |
| кронштейн для мизинца | little finger hook |
| раструб | bell |
| труба | trumpet |
| патрубок | mouthpiece receiver |
| подстройка | ring |
| мундштук | mouthpiece |
| крона общего строя | tuning slide |
| первый вентиль | first valve slide |
| третий вентиль | third valve slide |
| сливной клапан | water key |
| сурдина | mute |
| кронштейн для большого пальца | thumb hook |
| вентиль | valve |
| корпус вентиля | valve casing |
| второй вентиль | second valve slide |
| корнет-а-пистон | cornet |
| валторна | French horn |
| горн | bugle |
| саксгорн | saxhorn |
| туба | tuba |
| тромбон | trombone |

искусство и архитектура

# клавишные инструменты
*keyboard instruments*

**фортепьяно**
*upright piano*

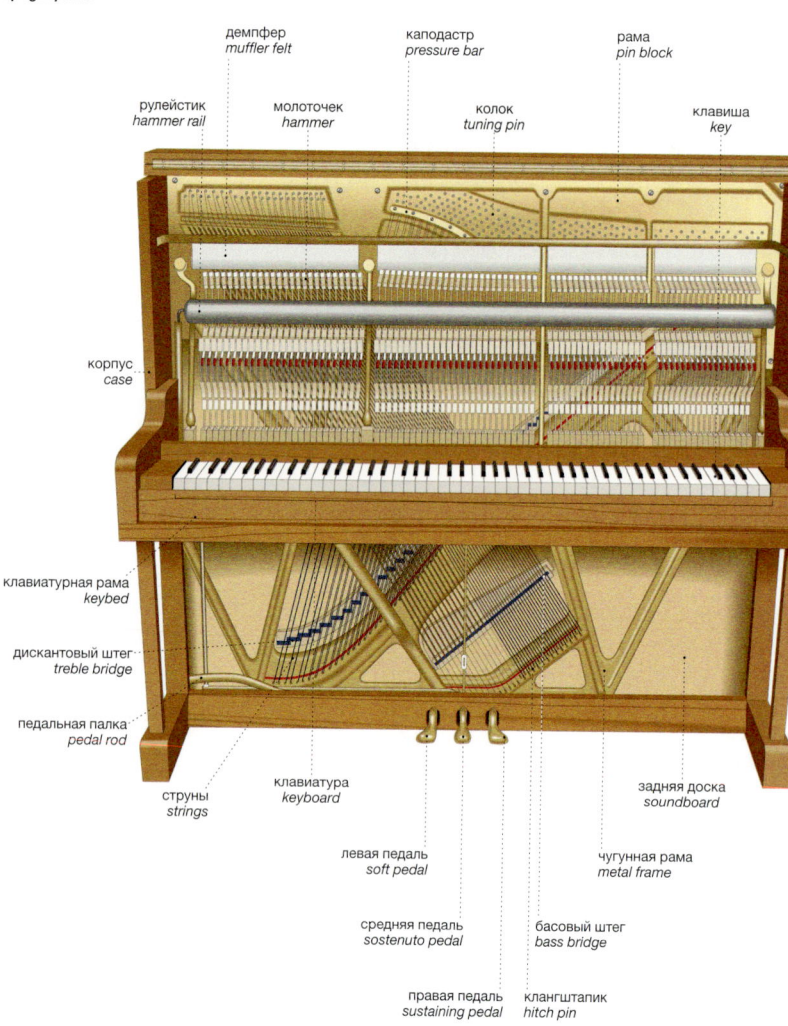

- демпфер / *muffler felt*
- каподастр / *pressure bar*
- рама / *pin block*
- рулейстик / *hammer rail*
- молоточек / *hammer*
- колок / *tuning pin*
- клавиша / *key*
- корпус / *case*
- клавиатурная рама / *keybed*
- дискантовый штег / *treble bridge*
- педальная палка / *pedal rod*
- струны / *strings*
- клавиатура / *keyboard*
- задняя доска / *soundboard*
- левая педаль / *soft pedal*
- средняя педаль / *sostenuto pedal*
- чугунная рама / *metal frame*
- басовый штег / *bass bridge*
- правая педаль / *sustaining pedal*
- клангштапик / *hitch pin*

музыка | music  339

## клавишные инструменты

**пульт органа**
*organ console*

- пюпитр / *music rest*
- сольный мануал / *swell organ manual*
- переключатель регистров / *stop knob*
- клавиша копуляции / *coupler-tilt tablet*
- мануал позитив / *choir organ manual*
- мануалы / *manuals*
- главный мануал / *great organ manual*
- кнопка комбинаций / *thumb piston*
- педаль крещендо / *crescendo pedal*
- пистоны комбинаций / *toe piston*
- педальная клавиша / *pedal key*
- педали швеллеров / *swell pedals*
- педальная клавиатура / *pedal keyboard*

**разновидности клавишных инструментов**
*examples of keyboard instruments*

- рояль «миньон» / *baby grand*
- концертный рояль / *concert grand*
- рояль кабинетный / *boudoir grand*
- клавесин / *harpsichord*

ИСКУССТВО И АРХИТЕКТУРА

# ударные инструменты

*percussion instruments*

**барабанная установка**
*drum kit*

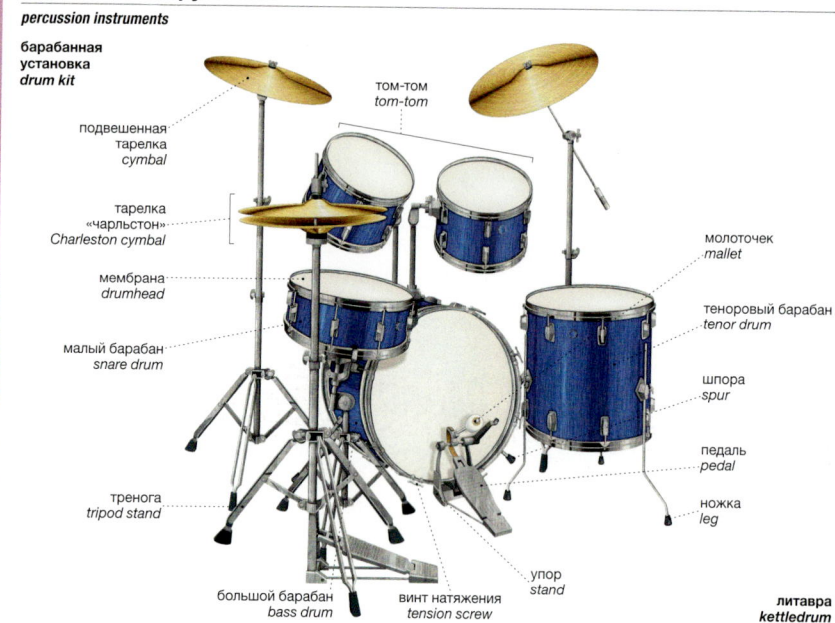

- подвешенная тарелка — cymbal
- том-том — tom-tom
- тарелка «чарльстон» — Charleston cymbal
- мембрана — drumhead
- малый барабан — snare drum
- молоточек — mallet
- теноровый барабан — tenor drum
- шпора — spur
- педаль — pedal
- ножка — leg
- тренога — tripod stand
- упор — stand
- большой барабан — bass drum
- винт натяжения — tension screw

**малый барабан**
*snare drum*

- винт подструнника — lug
- стержень натяжения — tension rod
- натяжное устройство — snare strainer
- струны нижней мембраны — snare
- мембрана — snare head

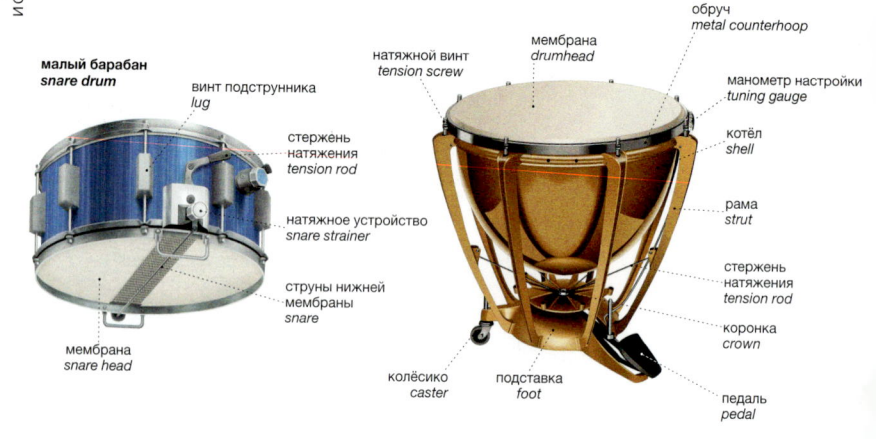

**литавра**
*kettledrum*

- натяжной винт — tension screw
- мембрана — drumhead
- обруч — metal counterhoop
- манометр настройки — tuning gauge
- котёл — shell
- рама — strut
- стержень натяжения — tension rod
- коронка — crown
- колёсико — caster
- подставка — foot
- педаль — pedal

музыка | music

## ударные инструменты

**бубенчики** — *sleigh bells*

**колокольчики** — *set of bells*

**систр** — *sistrum*

**кастаньеты** — *castanets*

**тарелки** — *cymbals*

**бубен** — *tambourine*
- мембрана — *head*
- «тарелочка» — *jingle*

**треугольник** — *triangle*
- молоточек — *beater*

**бонго** — *bongos*

**металлическая метелочка** — *wire brush*

**карийон** — *tubular bells*

**гонг** — *gong*

**ксилофон** — *xylophone*
- резонансная труба — *resonator*
- рама — *frame*
- пластинка — *bar*

**барабанные палочки** — *drumsticks*

**молоточки** — *mallets*

ИСКУССТВО И АРХИТЕКТУРА

# музыка | music

## электронная музыка
*electronic music*

**синтезатор**
*synthesizer*

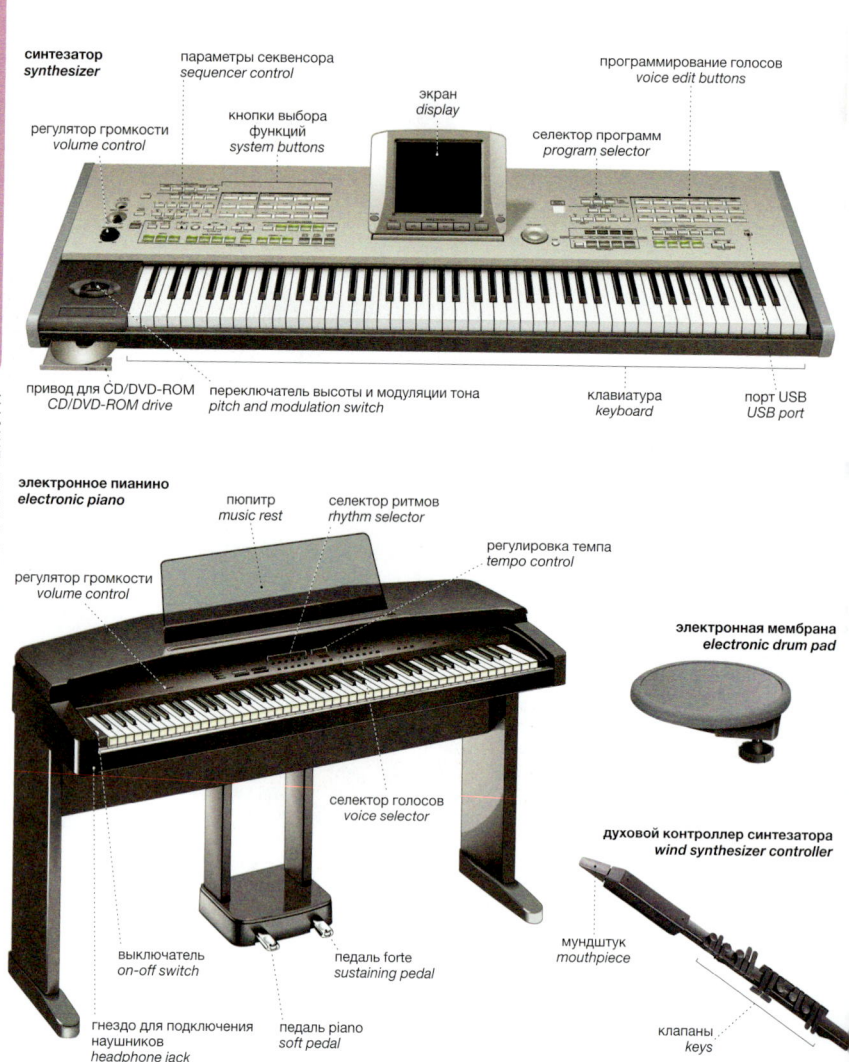

- параметры секвенсора / *sequencer control*
- кнопки выбора функций / *system buttons*
- экран / *display*
- программирование голосов / *voice edit buttons*
- селектор программ / *program selector*
- регулятор громкости / *volume control*
- привод для CD/DVD-ROM / *CD/DVD-ROM drive*
- переключатель высоты и модуляции тона / *pitch and modulation switch*
- клавиатура / *keyboard*
- порт USB / *USB port*

**электронное пианино**
*electronic piano*

- пюпитр / *music rest*
- селектор ритмов / *rhythm selector*
- регулировка темпа / *tempo control*
- регулятор громкости / *volume control*
- селектор голосов / *voice selector*
- выключатель / *on-off switch*
- гнездо для подключения наушников / *headphone jack*
- педаль piano / *soft pedal*
- педаль forte / *sustaining pedal*

**электронная мембрана**
*electronic drum pad*

**духовой контроллер синтезатора**
*wind synthesizer controller*

- мундштук / *mouthpiece*
- клапаны / *keys*

## музыка | music

### электронная музыка

**принадлежности и установки для микширования**
*accessories and mixing devices*

драм-машина
*drum machine*

входной разъём
*input jack*

усилитель звука
*amplifier*

гнездо наушника
*headphone jack*

секвенсер
*sequencer*

репродуктор
*loudspeaker*

музыкальная пластинка
*platter*

**кабель для соединения цифровых музыкальных инструментов (MIDI)**
*musical instrument digital interface (MIDI) cable*

экспандер
*expander*

тонарм
*tone arm*

семплер
*sampler*

регулятор звукового тона
*pitch fader*

**USB-вертушка**
***USB turntable***

регулятор высоты тона
*pitch slider*

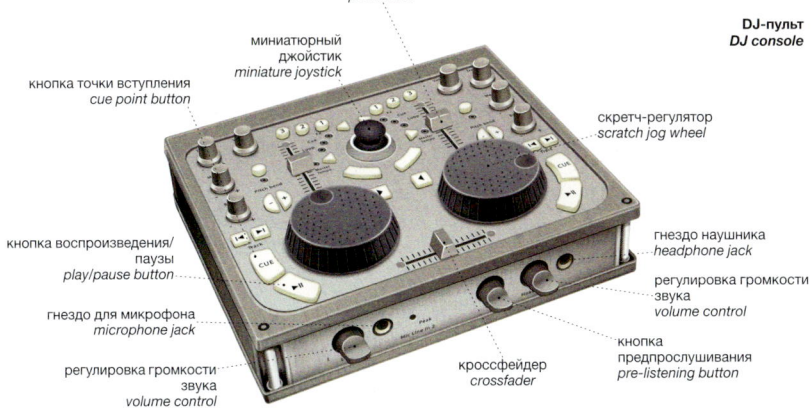

миниатюрный джойстик
*miniature joystick*

DJ-пульт
*DJ console*

кнопка точки вступления
*cue point button*

скретч-регулятор
*scratch jog wheel*

кнопка воспроизведения/паузы
*play/pause button*

гнездо наушника
*headphone jack*

регулировка громкости звука
*volume control*

гнездо для микрофона
*microphone jack*

кнопка предпрослушивания
*pre-listening button*

регулировка громкости звука
*volume control*

кроссфейдер
*crossfader*

ИСКУССТВО И АРХИТЕКТУРА

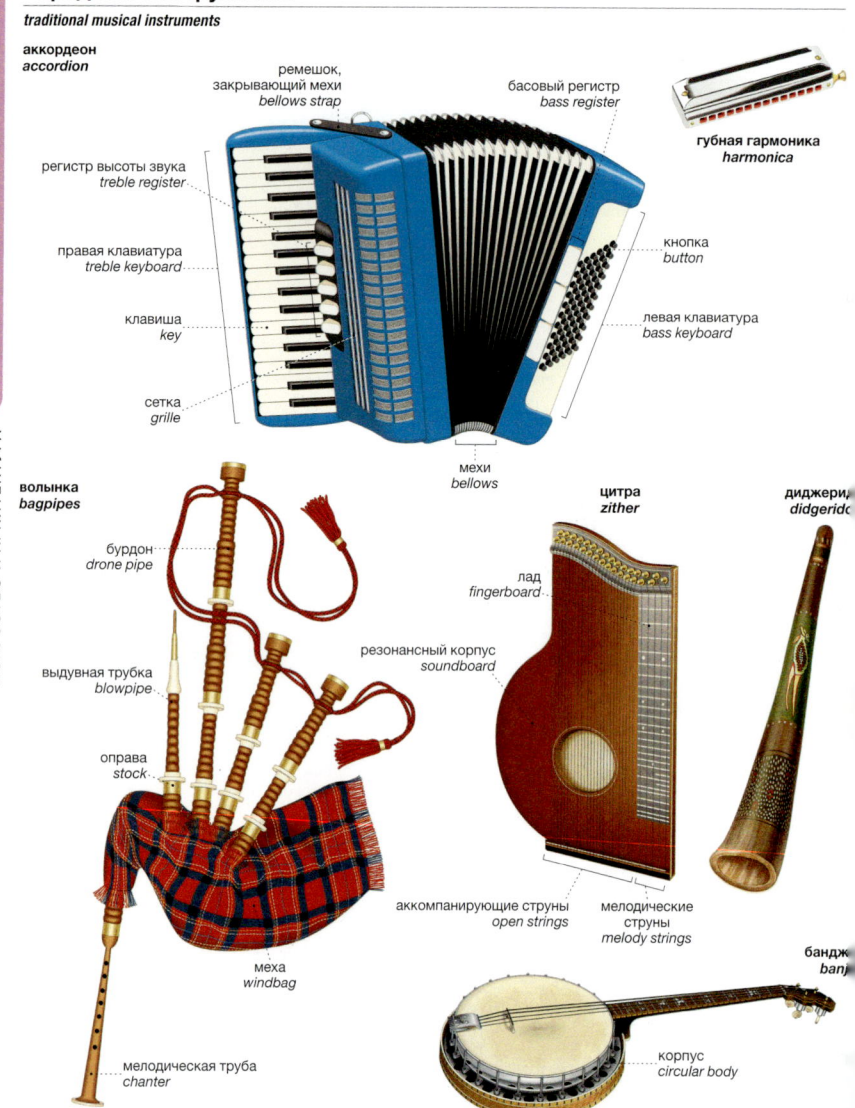

# народные инструменты
*traditional musical instruments*

**аккордеон** / *accordion*

- ремешок, закрывающий мехи / *bellows strap*
- басовый регистр / *bass register*
- регистр высоты звука / *treble register*
- правая клавиатура / *treble keyboard*
- клавиша / *key*
- сетка / *grille*
- кнопка / *button*
- левая клавиатура / *bass keyboard*
- мехи / *bellows*

**губная гармоника** / *harmonica*

**волынка** / *bagpipes*

- бурдон / *drone pipe*
- выдувная трубка / *blowpipe*
- оправа / *stock*
- резонансный корпус / *soundboard*
- меха / *windbag*
- мелодическая труба / *chanter*

**цитра** / *zither*

- лад / *fingerboard*
- аккомпанирующие струны / *open strings*
- мелодические струны / *melody strings*

**диджериду** / *didgeridoo*

**банджо** / *banjo*

- корпус / *circular body*

искусство и архитектура

музыка | music

344

музыка | music  345

## народные инструменты

**кора** / *kora*
- гриф / neck
- струны / strings
- места настройки / tuning ring
- опора для руки / hand post
- мембрана / snare head
- резонансный корпус / soundbox
- подставка / bridge
- струнодержатель / tailpiece

**балалайка** / *balalaika*
- резонатор треугольной формы / triangular body

**мандолина** / *mandolin*
- округлый корпус / pear-shaped body

**колотушка** / *mallet*

**флейта Пана** / *panpipe*

**эрху** / *erhu*
- смычок / bow

**трещотка** / *ratchet*

**варган** / *Jew's harp*
- пластинка / tongue
- рамка / frame

**джембе** / *djembe*
- ударная поверхность / batter skin
- резонансный корпус / soundbox
- нить натяжения / tension rope

**лира** / *lyre*
- поперечный брус / crossbar
- стойка / arm
- резонансный корпус / soundboard

**медиатор (плектр)** / *plectrum*

**ручной барабан** / *talking drum*

ИСКУССТВО И АРХИТЕКТУРА

# НОТНОЕ ПИСЬМО

*musical notation*

**нотный стан**
*staff*

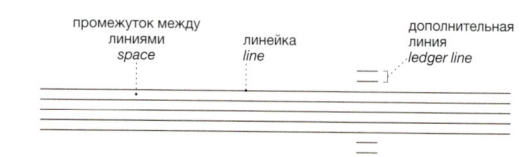

- промежуток между линиями / *space*
- линейка / *line*
- дополнительная линия / *ledger line*

**ключи**
*clefs*

- скрипичный ключ (ключ соль) / *treble clef*
- басовый ключ (ключ фа) / *bass clef*
- ключ до / *alto clef*

**такт**
*time signatures*

- двудольный размер / *two-two time*
- трехдольный размер / *three-four time*
- четырехдольный размер / *four-four time*
- тактовая черта / *bar line*
- знак повтора / *repeat sign*

**интервалы**
*intervals*

- прима / *unison*
- секунда / *second*
- терция / *third*
- кварта / *fourth*
- квинта / *fifth*
- секста / *sixth*
- септима / *seventh*
- октава / *octave*

**гамма**
*scale*

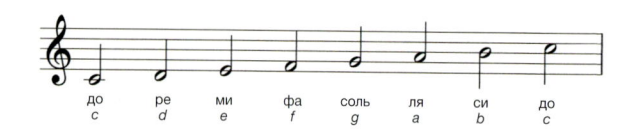

| до | ре | ми | фа | соль | ля | си | до |
|----|----|----|----|------|----|----|----|
| c  | d  | e  | f  | g    | a  | b  | c  |

**музыка | music**

## нотное письмо

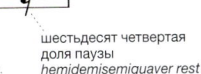

### длительность пауз / rest values

- пауза / semibreve rest
- половина паузы / minim rest
- четверть паузы / crotchet rest
- восьмая доля паузы / quaver rest
- шестнадцатая доля паузы / semiquaver rest
- тридцать вторая доля паузы / demisemiquaver rest
- шестьдесят четвертая доля паузы / hemidemisemiquaver rest

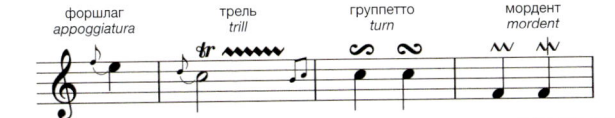

### мелизмы / ornaments

- форшлаг / appoggiatura
- трель / trill
- группетто / turn
- мордент / mordent

### длительность нот / note values

- целая / semibreve
- половина / minim
- одна четвертая / crotchet
- одна восьмая / quaver
- одна шестнадцатая / semiquaver
- одна тридцать вторая / demisemiquaver
- одна шестьдесят четвертая / hemidemisemiquaver

### альтерации / accidentals

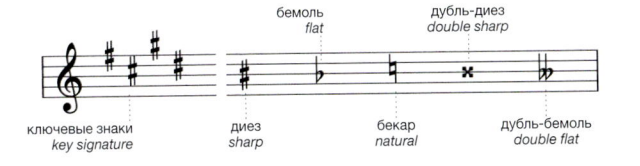

- ключевые знаки / key signature
- диез / sharp
- бемоль / flat
- бекар / natural
- дубль-диез / double sharp
- дубль-бемоль / double flat

### прочие знаки / other signs

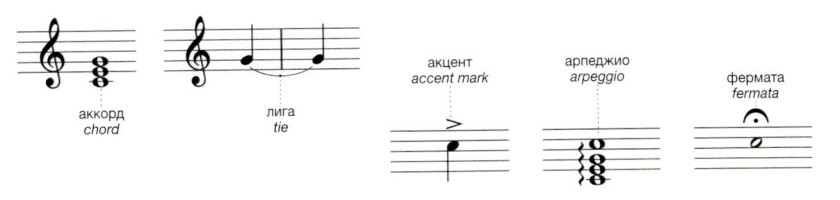

- аккорд / chord
- лига / tie
- акцент / accent mark
- арпеджио / arpeggio
- фермата / fermata

ИСКУССТВО И АРХИТЕКТУРА

# ПИСЬМО
*writing*

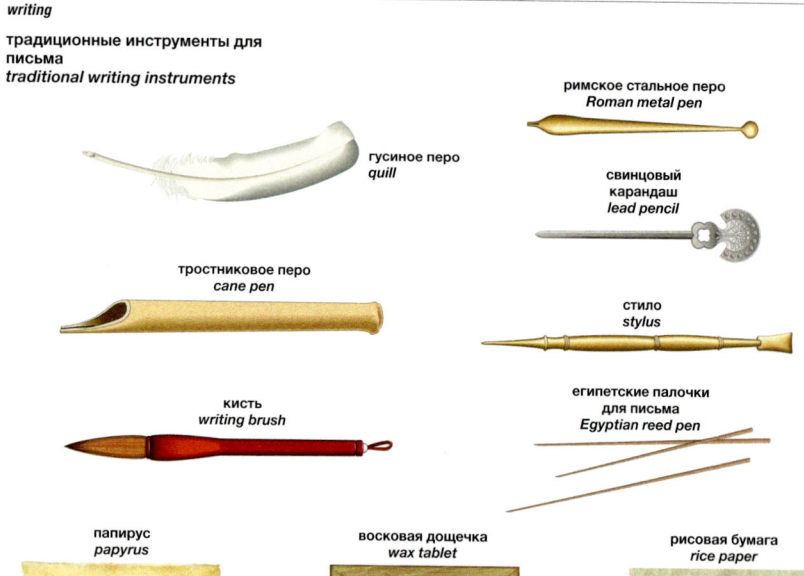

## традиционные инструменты для письма
*traditional writing instruments*

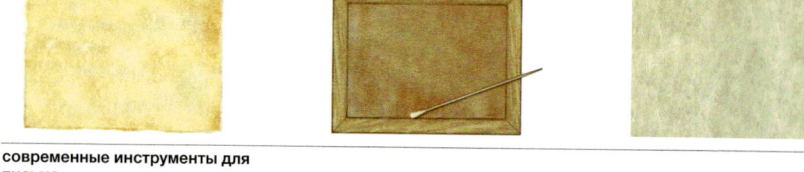

- гусиное перо — *quill*
- римское стальное перо — *Roman metal pen*
- свинцовый карандаш — *lead pencil*
- тростниковое перо — *cane pen*
- стило — *stylus*
- кисть — *writing brush*
- египетские палочки для письма — *Egyptian reed pen*
- папирус — *papyrus*
- восковая дощечка — *wax tablet*
- рисовая бумага — *rice paper*

## современные инструменты для письма
*modern writing instruments*

**шариковая ручка** — *ballpoint pen*
- стержень — *cartridge*
- кольца — *joint*
- зажим — *clip*
- пишущий узел — *point*
- пружина — *spring*
- кнопка толкателя — *thrust device*
- толкатель — *thrust tube*
- нажимная кнопка — *push button*

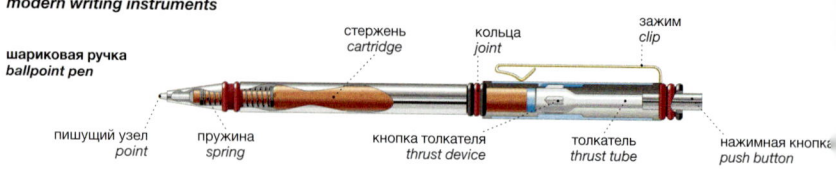

**фрагмент кончика ручки** — *section of the point*
- шарик — *ball*
- паста — *ink*

сменный пишущий стержень — *refill*

**письменность и печать** | written communication

## ПИСЬМО

**перьевая ручка** / *fountain pen*
- колпачок / *cap*
- корпус / *barrel*
- перо / *nib*
- отверстие / *air hole*

**фломастер** / *marker*

**карандаш** / *pencil*

**механический карандаш** / *propelling pencil*

**стальное перо** / *steel pen*

**текстовый маркер** / *highlighter*

**бумага** / *paper*

**виды систем письма** / *examples of writing systems*

abcd — латиница / *Latin characters*

اب ت ث — арабский шрифт / *Arabic script*

אבגד — символы иврита / *Hebrew characters*

абвг — кириллица / *Cyrillic characters*

汉字 — китайские иероглифы / *Chinese characters*

αβγδ — греческая письменность / *Greek characters*

· ∶ ·· ∴ — шрифт Брайля / *Braille*

СРЕДСТВА КОММУНИКАЦИИ

… письменность и печать | written communication

# газета
*newspaper*

**макет**
*layout*

- название газеты и дата выхода — *heading*
- раздел — *section*
- статья — *article*
- литературное приложение — *literary supplement*
- таблоид — *tabloid*
- цветное приложение — *colour supplement*
- журнал — *magazine*
- содержание — *index*
- первая полоса — *front page*
- название газеты — *nameplate*
- шапка — *banner*
- фотография на первой полосе — *front picture*
- подпись — *caption*
- дополнительный заголовок (над основным) — *kicker*
- заголовок — *headline*
- подзаголовок — *deck*
- подзаголовок — *subhead*

**столбцы**
*columns*

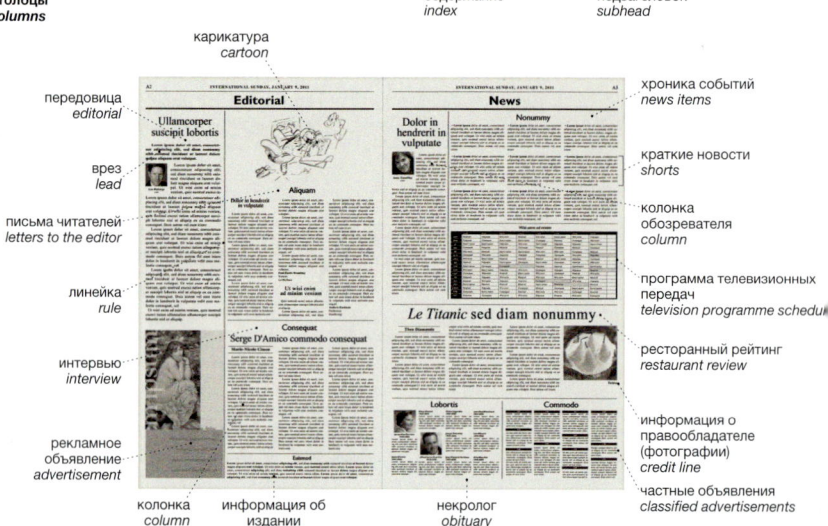

**средства коммуникации**

- карикатура — *cartoon*
- передовица — *editorial*
- врез — *lead*
- письма читателей — *letters to the editor*
- линейка — *rule*
- интервью — *interview*
- рекламное объявление — *advertisement*
- колонка — *column*
- информация об издании — *masthead*
- некролог — *obituary*
- хроника событий — *news items*
- краткие новости — *shorts*
- колонка обозревателя — *column*
- программа телевизионных передач — *television programme schedule*
- ресторанный рейтинг — *restaurant review*
- информация о правообладателе (фотографии) — *credit line*
- частные объявления — *classified advertisements*

фотография | photography

## объективы
*lenses*

**дополнительные насадки**
*lens accessories*

крышка объектива
*lens cap*

солнечная бленда
*lens hood*

объектив для макросъёмки
*macro lens*

трансфокатор
*zoom lens*

телеобъектив
*telephoto lens*

цветной фильтр
*colour filter*

поляризационный светофильтр
*polarizing filter*

широкоугольный объектив
*wide-angle lens*

## фотопринадлежности
*photographic accessories*

**карты памяти**
*memory cards*

карта памяти USB
*Memory Stick*

защищенная цифровая карта
*Secure Digital card*

карта xD-снимка
*xD-Picture card*

миниатюрная кодирующая карта
*compact flash card*

**цифровой фотоэлектрический экспонометр**
*digital exposure meter*

люмисфера
*lumisphere*

линза
*lens*

**электронная вспышка**
*electronic flash*

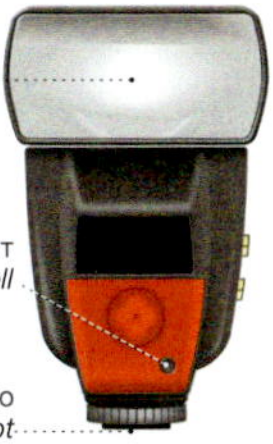

рефлектор
*flashtube*

фотоэлемент
*photoelectric cell*

крепёжное устройство
*mounting foot*

цифровая фоторамка
*digital photo frame*

кнопочный элемент
*button cell*

СРЕДСТВА КОММУНИКАЦИИ

# плёночная зеркальная камера

*film reflex camera*

**вид спереди**
*front view*

- экспозиция — *exposure adjustment knob*
- электрический контакт — *hot-shoe contact*
- обойма для крепления лампы-вспышки — *accessory shoe*
- контрольный экран — *data panel*
- режим съемки — *drive mode*
- селектор функций — *program selector*
- кнопка режима выдержки — *exposure mode*
- выключатель — *on-off switch*
- кнопка многократного экспонирования — *multiple exposure mode*
- спусковой механизм — *shutter release button*
- чувствительность — *sensitivity*
- индикатор автоспуска — *self-timer indicator*
- разъем дистанционного управления — *remote control terminal*
- корпус — *camera body*
- контроль глубины резкости — *depth-of-field preview button*
- кнопка замены объектива — *lens release button*
- линза — *lens*
- режим съемки — *focus mode selector*

# плёночные камеры

*film cameras*

**поляроид**
*Polaroid® Land camera*

**одноразовый фотоаппарат**
*disposable camera*

**складной широкоплёночный аппарат**
*view camera*

фотография | photography

## цифровой зеркальный фотоаппарат
*digital reflex camera*

**вид сзади**
*back view*

- кнопка «Настройки» / settings display button
- экран / display
- окуляр / viewfinder
- кнопка меню / menu button
- кнопка увеличения / enlarge button
- выключатель / on-off switch
- крышка / cover
- ушко для ремня / strap eyelet
- кнопка-джойстик / four-way selector
- карта памяти / memory card
- кнопка выброса / eject button
- соединительные порты / video and digital terminals
- кнопка дисплея / display button
- удаление кадров / erase button
- кнопка пропуска кадров / multi-image jump button
- кнопка просмотра фотографий / image review button

## цифровая камера
*digital non-reflex cameras*

СРЕДСТВА КОММУНИКАЦИИ

**сверхминиатюрный фотоаппарат**
*ultracompact camera*

**миниатюрный фотоаппарат**
*compact camera*

# управление цифровой фотографией
*digital photo management*

**обработка цифрового изображения**
*digital image processing*

**источник изображений**
*source of images*

устройство для чтения компакт-дисков
*compact disc reader*

редактор изображений
*image editor*

компакт-диск
*compact disc*

ПО для хранилища
*storage software*

USB-порт
*USB port*

USB-штекер
*USB key*

ПО для графического дизайна
*graphic design software*

USB-кабель
*USB cable*

компьютер
*computer*

устройство для чтения карт памяти
*memory card reader*

цифровой фотоаппарат
*digital camera*

карта памяти
*memory card*

USB-кабель
*USB cable*

печать изображений
*printing pictures*

фотоальбомная печать
*photo album printing*

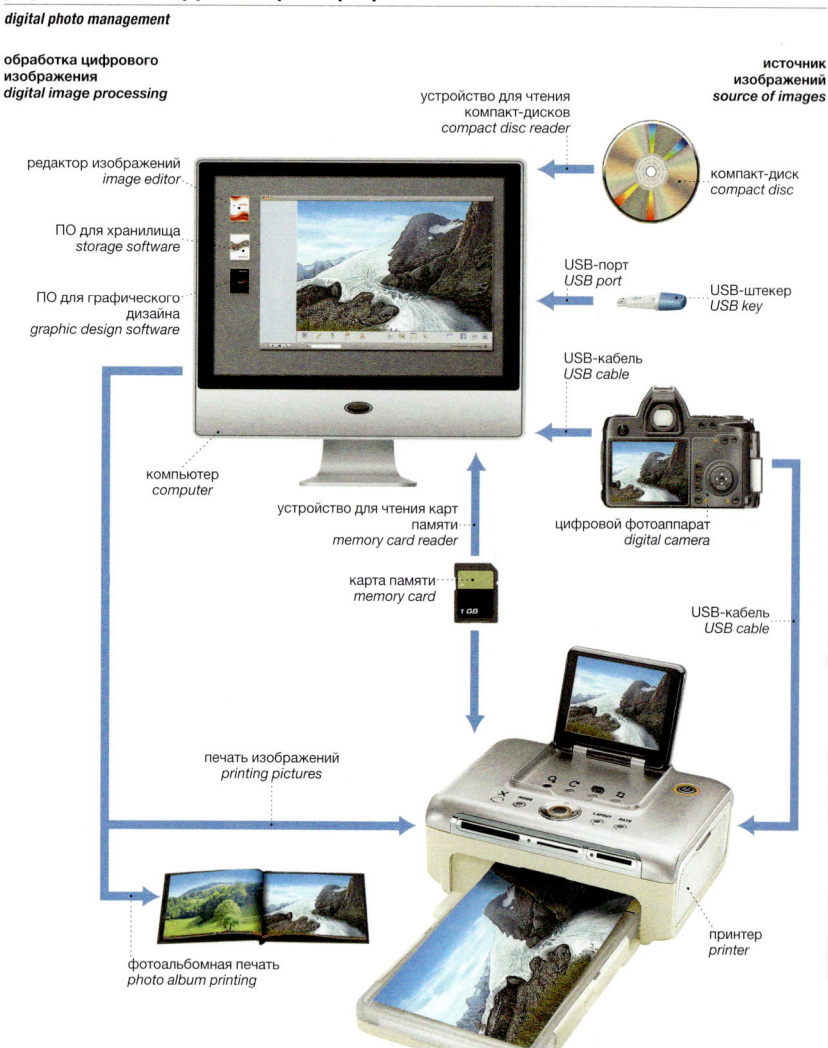

принтер
*printer*

**телевидение** | television

## приём программ
*programme reception*

### аналоговое телевидение
*analogue television*

#### телевизор с электронно-лучевой трубкой (ЭЛТ)
*cathode ray tube (CRT) television*

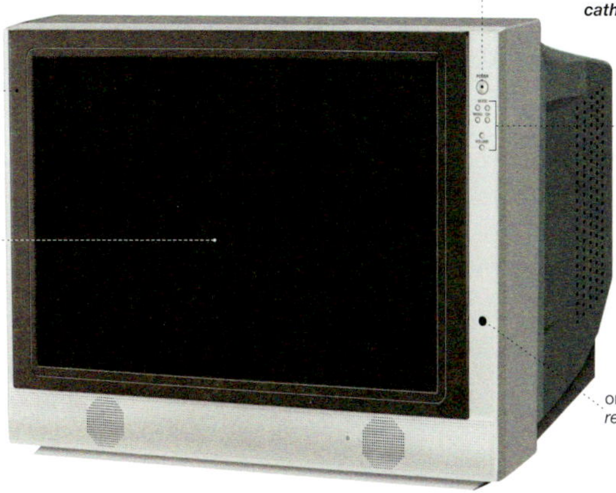

- кнопка включения/выключения — *on-off button*
- корпус — *cabinet*
- экран — *screen*
- кнопки настройки — *tuning controls*
- окошко ИК-приемника — *remote control sensor*

СРЕДСТВА КОММУНИКАЦИИ

**кинескоп**
*picture tube*

- колба — *funnel*
- маска — *colour selection filter*
- электронная пушка — *electron gun*
- цоколь — *base*
- горловина — *neck*
- пучок электронов — *electron beam*
- экран — *screen*
- защитное стекло — *protective window*

**электронная пушка**
*electron gun*

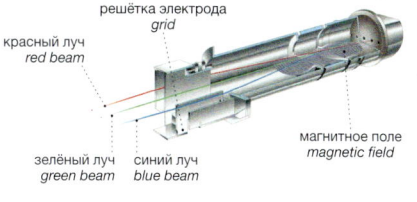

- решётка электрода — *grid*
- красный луч — *red beam*
- зелёный луч — *green beam*
- синий луч — *blue beam*
- магнитное поле — *magnetic field*

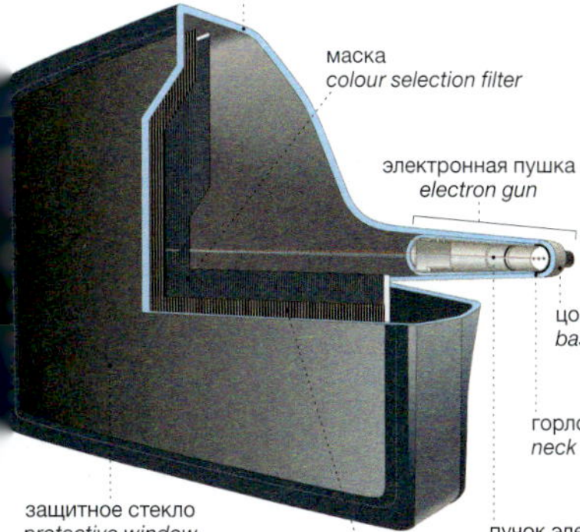

**цифроаналоговый конвертер**
*digital-to-analogue converter box*

## телевидение | television

### приём программ

**цифровое телевидение**
*digital television*

**телевизор с жидкокристаллическим (ЖК) экраном**
*liquid crystal display (LCD) television*

экран
*screen*

**телевизор с плазменным экраном**
*plasma television*

кнопка включения/выключения
*on-off button*

кнопки настройки
*tuning controls*

динамик
*speaker*

пульт дистанционного управления
*remote control*

**цифровой видеорегистратор/видеоприёмник**
*digital video recorder/receiver*

кнопка мгновенного повтора
*instant replay button*

кнопка быстрой перемотки назад
*fast rewind button*

кнопка остановки
*stop button*

кнопка перемотки вперёд
*fast-forward button*

кнопка включения/выключения
*on-off button*

дисплей
*display*

функциональные клавиши
*function buttons*

кнопка возврата к прямому телевещанию
*return to live programming button*

кнопка просмотра TV/DVD
*TV/DVD viewing button*

кнопка записи
*record button*

**параболическая приёмная антенна**
*reception parabolic aerial*

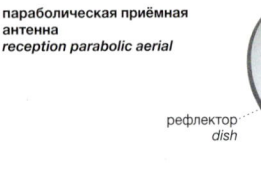

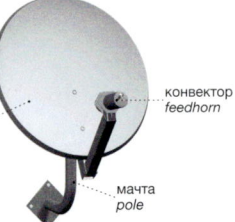

конвектор
*feedhorn*

рефлектор
*dish*

мачта
*pole*

**портативный DVD-проигрыватель**
*portable DVD player*

средства коммуникации

356

**телевидение** | television

## приём программ

**пульт дистанционного управления**
*remote control*

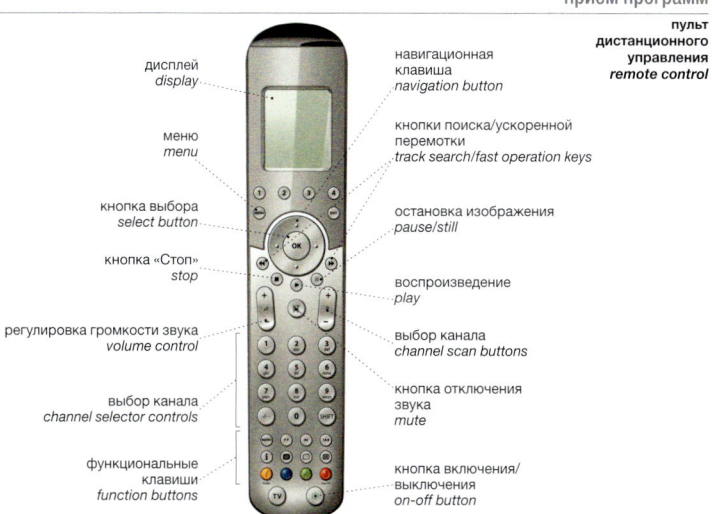

- дисплей / *display*
- меню / *menu*
- кнопка выбора / *select button*
- кнопка «Стоп» / *stop*
- регулировка громкости звука / *volume control*
- выбор канала / *channel selector controls*
- функциональные клавиши / *function buttons*
- навигационная клавиша / *navigation button*
- кнопки поиска/ускоренной перемотки / *track search/fast operation keys*
- остановка изображения / *pause/still*
- воспроизведение / *play*
- выбор канала / *channel scan buttons*
- кнопка отключения звука / *mute*
- кнопка включения/выключения / *on-off button*

**видеокассета**
*video cassette*

- катушка / *reel*
- магнитная пленка / *magnetic tape*
- кнопка включения/выключения / *on-off button*

**видеомагнитофон**
*videocassette recorder*

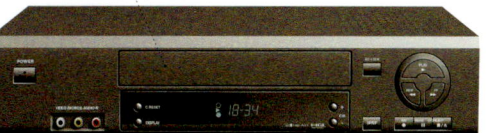

- кассетоприемник / *cassette compartment*

**DVD-диск**
*digital versatile disc (DVD)*

**записывающее устройство DVD**
*DVD recorder*

- дисплей / *display*
- кнопка записи / *record button*
- кнопка воспроизведения / *play button*
- кнопка выключения / *stop button*
- кнопка включения/выключения / *on-off button*
- кнопки выбора канала / *channel select buttons*
- дископриемник / *disc tray*
- кнопка вывода диска / *disc tray control*
- кнопки поиска/ускоренной перемотки / *track search/fast operation buttons*
- остановка изображения / *pause/still key*

СРЕДСТВА КОММУНИКАЦИИ

## приём программ

**домашний кинотеатр**
*home theatre*

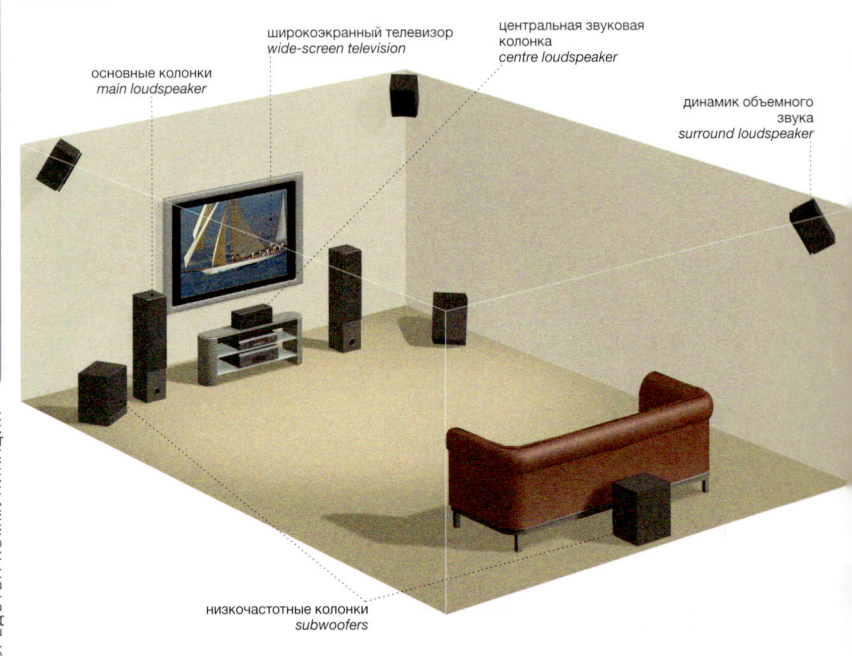

широкоэкранный телевизор
*wide-screen television*

центральная звуковая колонка
*centre loudspeaker*

основные колонки
*main loudspeaker*

динамик объемного звука
*surround loudspeaker*

низкочастотные колонки
*subwoofers*

# видеокамеры

*camcorders*

**видеокамера DVD**
*DVD camcorder*

**видеокамера с жестким диском**
*hard disk drive camcorder*

**видеокамера miniDV**
*miniDV camcorder*

стереосистема | stereo sound system

## элементы стереосистемы
*elements of a stereo sound system*

**усилитель с тюнером (вид спереди)**
*ampli-tuner: front view*

- кнопки выбора звукового входа / *input select buttons*
- кнопка режима ожидания/включения / *standby/on button*
- дисплей / *display*
- кнопки переключателя управления / *control select buttons*
- селектор входов / *input selector*
- гнездо наушника / *headphone jack*
- кнопки режима прослушивания / *listening mode buttons*
- кнопки визуального режима / *visual mode buttons*
- регулятор громкости воспроизведения / *master volume dial*

**усилитель с тюнером (вид сзади)**
*ampli-tuner: back view*

- терминалы антенны AM и FM / *AM and FM aerial terminals*
- входы/выходы источника аудио/видео / *audio/video source inputs/outputs*
- вход питания переменного тока / *AC power inlet*
- коаксиальный цифровой аудиовход / *coaxial digital audio input*
- разъём HDMI / *HDMI connector*
- разъём RS / *RS connector*
- оптический цифровой аудиовход/аудиовыход / *optical digital audio output/input*
- многоканальные аудиовходы / *multichannel audio inputs*
- терминалы динамиков / *speaker terminals*
- многоканальные выходы / *multichannel outputs*

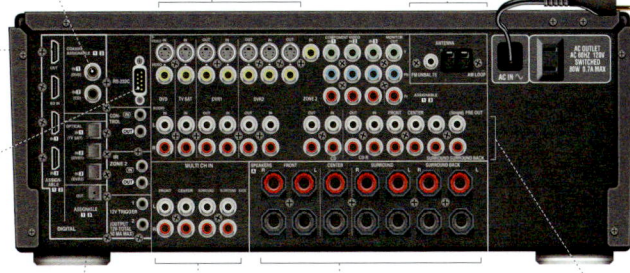

СРЕДСТВА КОММУНИКАЦИИ

## стереосистема | stereo sound system

### элементы стереосистемы

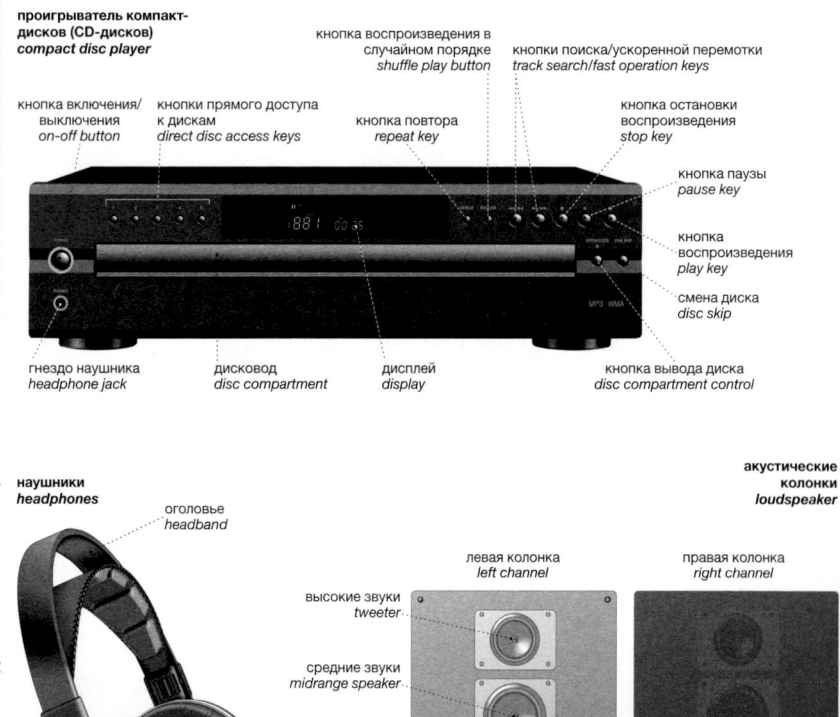

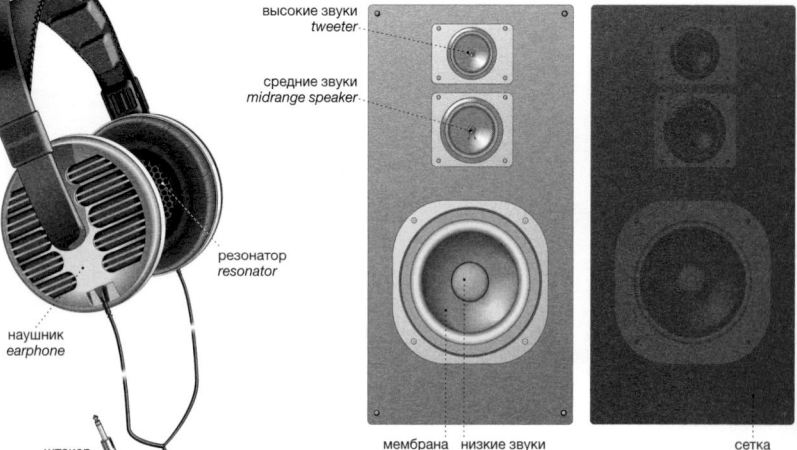

**проигрыватель компакт-дисков (CD-дисков)**
*compact disc player*

- кнопка воспроизведения в случайном порядке / *shuffle play button*
- кнопки поиска/ускоренной перемотки / *track search/fast operation keys*
- кнопка включения/выключения / *on-off button*
- кнопки прямого доступа к дискам / *direct disc access keys*
- кнопка повтора / *repeat key*
- кнопка остановки воспроизведения / *stop key*
- кнопка паузы / *pause key*
- кнопка воспроизведения / *play key*
- смена диска / *disc skip*
- гнездо наушника / *headphone jack*
- дисковод / *disc compartment*
- дисплей / *display*
- кнопка вывода диска / *disc compartment control*

**наушники**
*headphones*

- оголовье / *headband*
- резонатор / *resonator*
- наушник / *earphone*
- штекер / *plug*

**акустические колонки**
*loudspeaker*

- левая колонка / *left channel*
- правая колонка / *right channel*
- высокие звуки / *tweeter*
- средние звуки / *midrange speaker*
- мембрана / *diaphragm*
- низкие звуки / *woofer*
- сетка / *speaker cover*

СРЕДСТВА КОММУНИКАЦИИ

стереосистема | stereo sound system

## компактная стереосистема
### mini stereo sound system

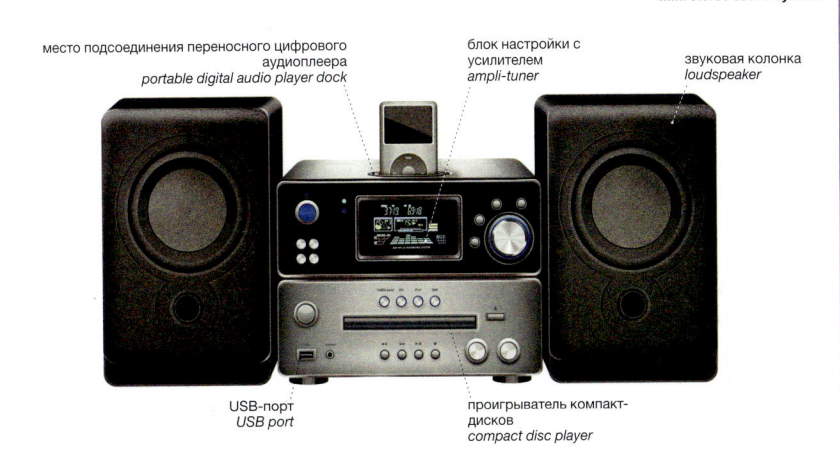

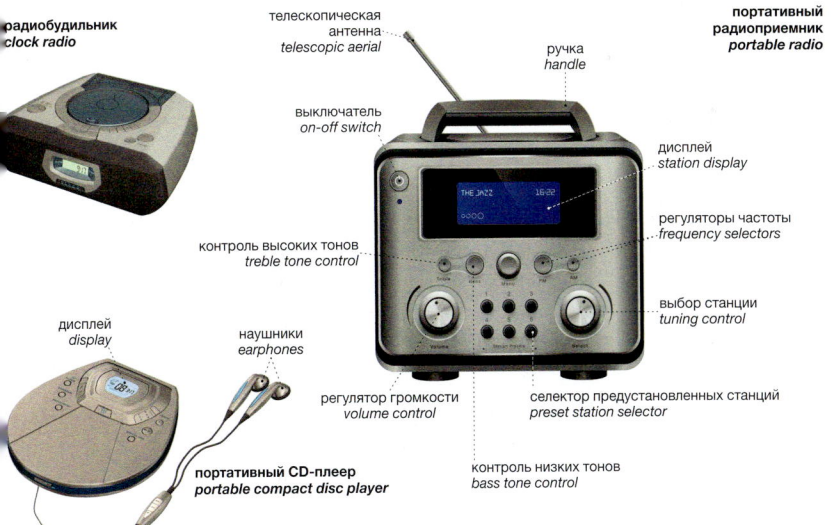

место подсоединения переносного цифрового аудиоплеера
*portable digital audio player dock*

блок настройки с усилителем
*ampli-tuner*

звуковая колонка
*loudspeaker*

USB-порт
*USB port*

проигрыватель компакт-дисков
*compact disc player*

## портативные звуковые устройства
### portable sound systems

**радиобудильник**
*clock radio*

телескопическая антенна
*telescopic aerial*

ручка
*handle*

**портативный радиоприемник**
*portable radio*

выключатель
*on-off switch*

дисплей
*station display*

контроль высоких тонов
*treble tone control*

регуляторы частоты
*frequency selectors*

дисплей
*display*

наушники
*earphones*

выбор станции
*tuning control*

регулятор громкости
*volume control*

селектор предустановленных станций
*preset station selector*

**портативный CD-плеер**
*portable compact disc player*

контроль низких тонов
*bass tone control*

СРЕДСТВА КОММУНИКАЦИИ

**стереосистема** | stereo sound system

## портативные звуковые устройства

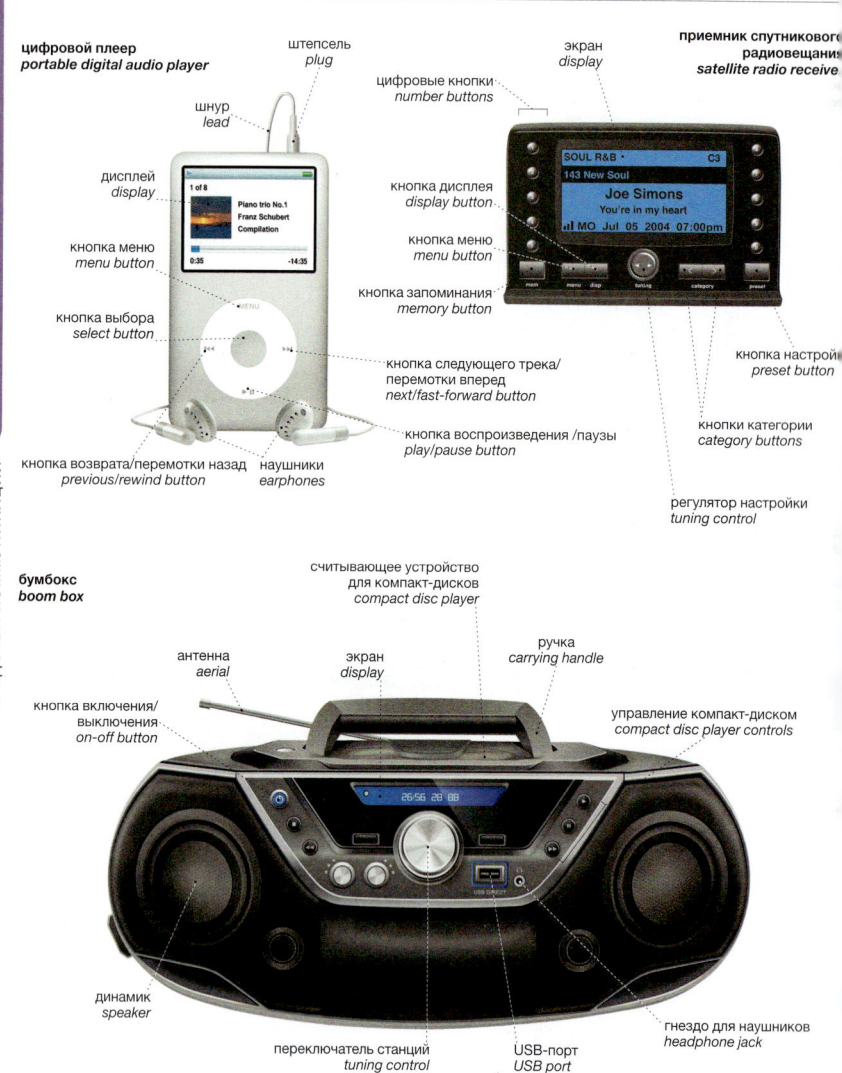

**цифровой плеер**
*portable digital audio player*

- шнур / lead
- штепсель / plug
- дисплей / display
- кнопка меню / menu button
- кнопка выбора / select button
- кнопка возврата/перемотки назад / previous/rewind button
- наушники / earphones
- кнопка следующего трека/перемотки вперед / next/fast-forward button
- кнопка воспроизведения/паузы / play/pause button

**приемник спутникового радиовещания**
*satellite radio receiver*

- экран / display
- цифровые кнопки / number buttons
- кнопка дисплея / display button
- кнопка меню / menu button
- кнопка запоминания / memory button
- кнопка настройки / preset button
- кнопки категории / category buttons
- регулятор настройки / tuning control

**бумбокс**
*boom box*

- считывающее устройство для компакт-дисков / compact disc player
- антенна / aerial
- экран / display
- ручка / carrying handle
- управление компакт-диском / compact disc player controls
- кнопка включения/выключения / on-off button
- динамик / speaker
- переключатель станций / tuning control
- USB-порт / USB port
- гнездо для наушников / headphone jack

СРЕДСТВА КОММУНИКАЦИИ

телефония | telephony

## сотовый телефон
*cellular telephone*

**сотовый телефон: открытый**
*cellular telephone: internal view*

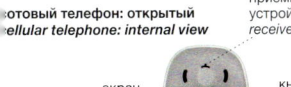

- приемное устройство / receiver
- экран / display
- кнопка меню / menu key
- кнопка навигации / navigation key
- программная клавиша / soft key
- кнопка вызова / talk key
- кнопка фотоаппарата / camera key
- буквенно-цифровая клавиатура / alphanumeric keypad
- кнопка питания и завершения вызова / end/power key
- микрофон / microphone

**сотовый телефон: закрытый**
*cellular telephone: external view*

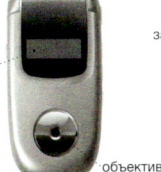

- антенна / aerial
- экран / display
- объектив / lens

**гарнитура «хэндс-фри»**
*portable earphone*

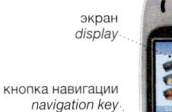

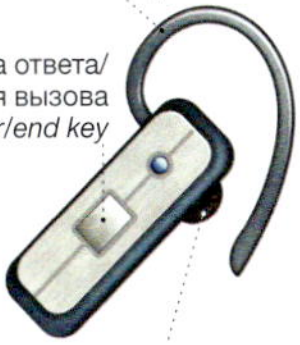

- крепление на ухо / earloop
- клавиша ответа/завершения вызова / answer/end key
- наушник / earpiece

**док-станция**
*docking station*

- зарядное устройство для аккумулятора / battery charger
- разъём USB / USB connector
- разъём / connector

**смартфон с клавиатурой**
*keyboard smartphone*

- выдвижная клавиатура / sliding keyboard
- сенсорный экран / touch screen
- кнопка включения/выключения / on-off button

**смартфон с сенсорным экраном: вид спереди**
*touch screen smartphone: front view*

- кнопка включения/выключения / on-off button
- клавиша спящего режима/пробуждения / sleep/wake key
- приёмник / receiver
- сенсорный экран / touch screen
- ярлык приложения / application icon
- кнопка меню / menu key
- кнопка вызова / talk key
- кнопка завершения вызова / end call key

**смартфон с сенсорным экраном: вид сзади**
*touch screen smartphone: back view*

- динамик / speaker
- объектив / lens
- микрофон / microphone

СРЕДСТВА КОММУНИКАЦИИ

## виды телефонов
*examples of telephones*

**телефонный аппарат с функцией памяти**
*memory telephone set*

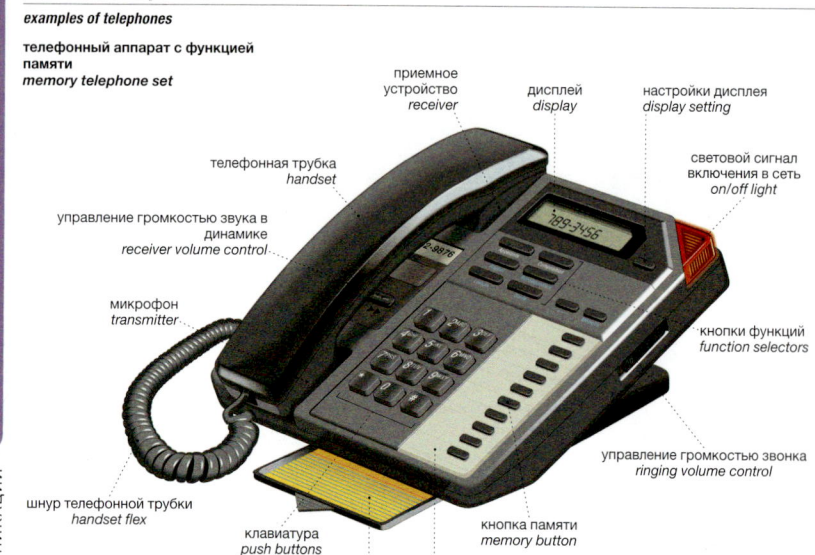

- приемное устройство / *receiver*
- дисплей / *display*
- настройки дисплея / *display setting*
- световой сигнал включения в сеть / *on/off light*
- телефонная трубка / *handset*
- управление громкостью звука в динамике / *receiver volume control*
- микрофон / *transmitter*
- кнопки функций / *function selectors*
- шнур телефонной трубки / *handset flex*
- управление громкостью звонка / *ringing volume control*
- клавиатура / *push buttons*
- кнопка памяти / *memory button*
- место для записи номеров / *telephone list*
- указатель автоматического набора номера / *automatic dialling index*

**беспроводной телефон**
*cordless telephone*

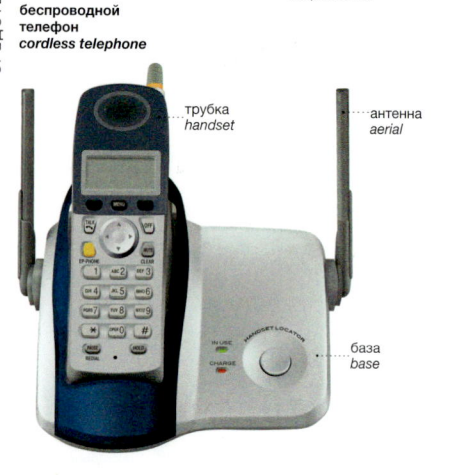

- трубка / *handset*
- антенна / *aerial*
- база / *base*

**кнопочный телефон**
*push-button telephone*

**телефония** | telephony

### виды телефонов

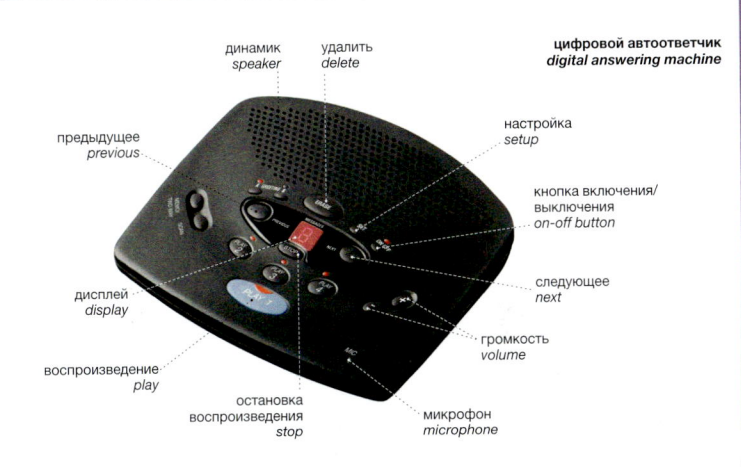

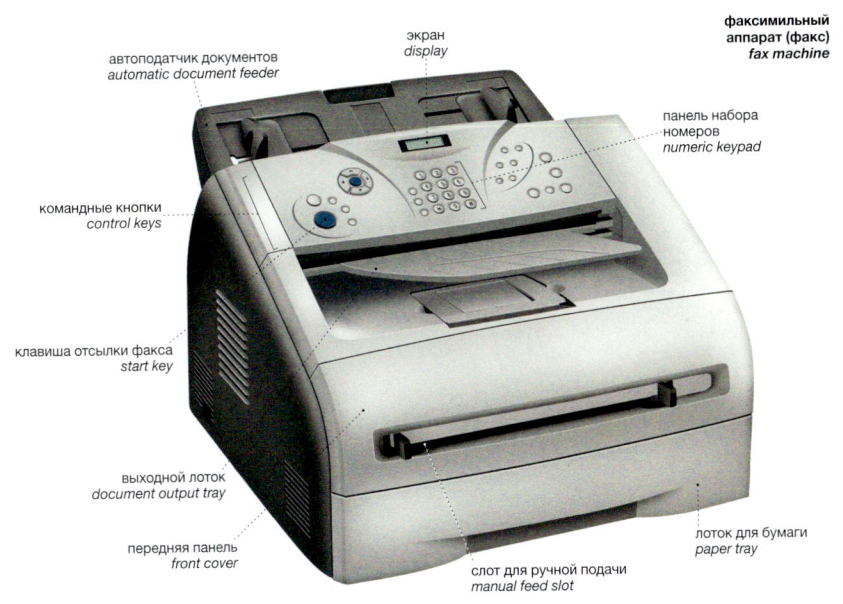

**цифровой автоответчик**
*digital answering machine*

- динамик / *speaker*
- удалить / *delete*
- настройка / *setup*
- кнопка включения/выключения / *on-off button*
- предыдущее / *previous*
- дисплей / *display*
- следующее / *next*
- громкость / *volume*
- воспроизведение / *play*
- остановка воспроизведения / *stop*
- микрофон / *microphone*

**факсимильный аппарат (факс)**
*fax machine*

- экран / *display*
- автоподатчик документов / *automatic document feeder*
- панель набора номеров / *numeric keypad*
- командные кнопки / *control keys*
- клавиша отсылки факса / *start key*
- выходной лоток / *document output tray*
- передняя панель / *front cover*
- слот для ручной подачи / *manual feed slot*
- лоток для бумаги / *paper tray*

СРЕДСТВА КОММУНИКАЦИИ

**компьютерное оборудование** | computer equipment

# универсальный компьютер

*all-in-one computer*

**вид спереди**
*front view*

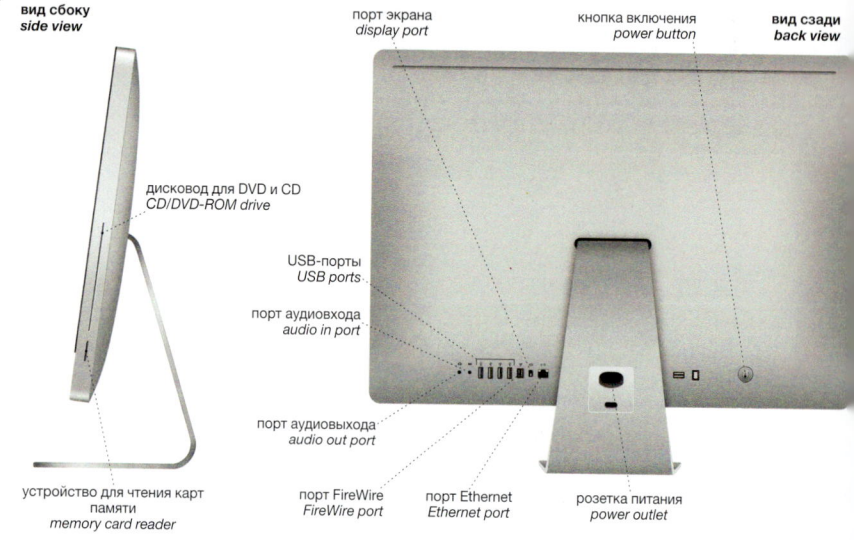

экран
*display*

корпус
*casing*

трапециевидная подставка
*tapered pedestal*

ОФИС

**вид сбоку**
*side view*

порт экрана
*display port*

кнопка включения
*power button*

**вид сзади**
*back view*

дисковод для DVD и CD
*CD/DVD-ROM drive*

USB-порты
*USB ports*

порт аудиовхода
*audio in port*

порт аудиовыхода
*audio out port*

устройство для чтения карт памяти
*memory card reader*

порт FireWire
*FireWire port*

порт Ethernet
*Ethernet port*

розетка питания
*power outlet*

**компьютерное оборудование** | computer equipment

## компьютер с системным блоком
*tower case computer*

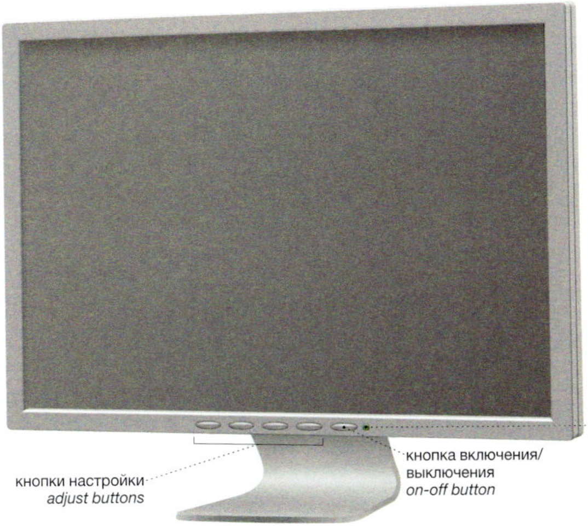

**монитор**
*monitor*

световой индикатор
*indicator light*

кнопка включения/выключения
*on-off button*

кнопки настройки
*adjust buttons*

ОФИС

**системный блок (вид сзади)**
*tower case: back view*

считывающее устройство для CD и DVD-дисков (дисковод)
*CD/DVD-ROM drive*

**системный блок (вид спереди)**
*tower case: front view*

разъём питания
*power cable plug*

устройство для считывания карт памяти
*memory card reader*

кнопка открытия дисковода
*CD/DVD-ROM eject button*

вентилятор блока питания
*power supply fan*

порт для клавиатуры
*keyboard port*

порт для мыши
*mouse port*

заглушка
*bay filler panel*

вентилятор корпуса
*case fan*

серийный порт
*serial port*

кнопка перезагрузки
*reset button*

параллельный порт
*parallel port*

кнопка включения
*power button*

USB-порт
*USB port*

видеопорт
*video port*

USB-порт
*USB port*

сетевой порт
*network port*

аудиогнездо
*audio jack*

игровой MIDI-порт
*game/MIDI port*

**компьютерное оборудование** | computer equipment

# ноутбук

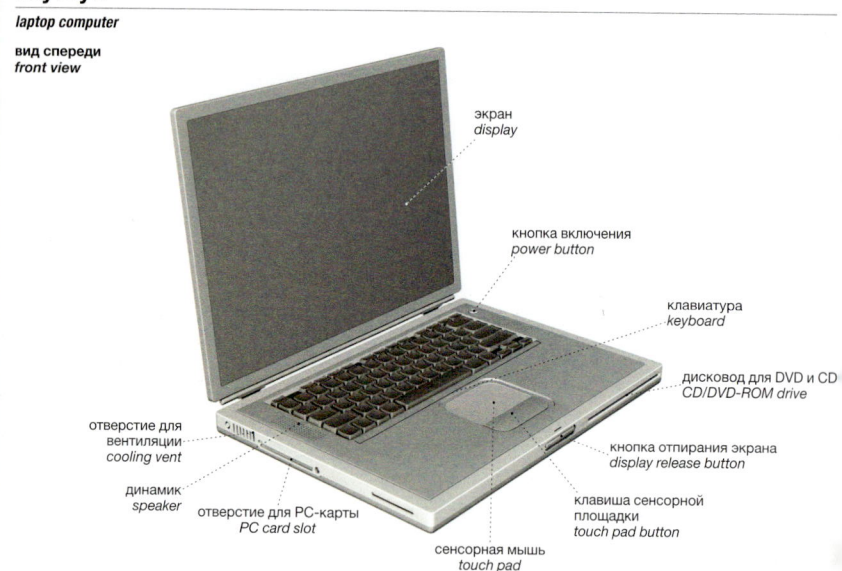

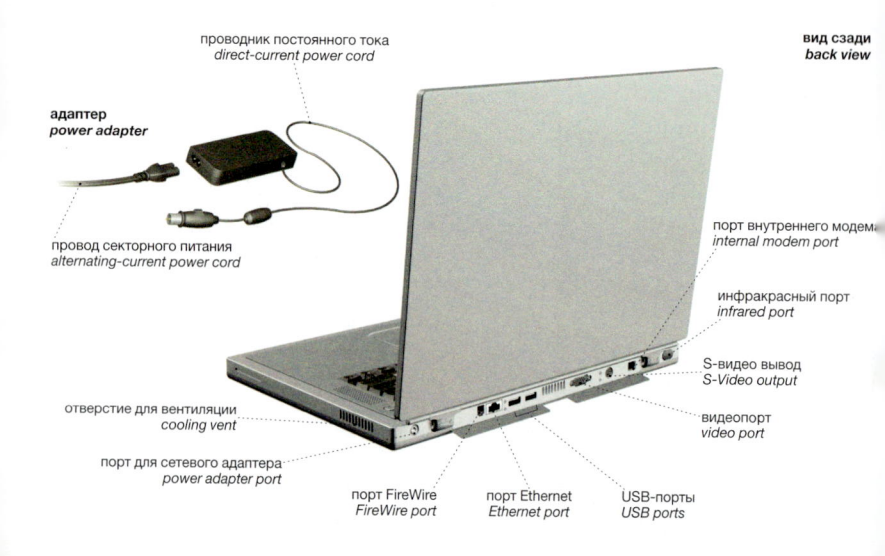

*laptop computer*

**вид спереди**
*front view*

- экран — *display*
- кнопка включения — *power button*
- клавиатура — *keyboard*
- дисковод для DVD и CD — *CD/DVD-ROM drive*
- отверстие для вентиляции — *cooling vent*
- динамик — *speaker*
- отверстие для PC-карты — *PC card slot*
- кнопка отпирания экрана — *display release button*
- клавиша сенсорной площадки — *touch pad button*
- сенсорная мышь — *touch pad*

**вид сзади**
*back view*

- проводник постоянного тока — *direct-current power cord*
- адаптер — *power adapter*
- провод секторного питания — *alternating-current power cord*
- порт внутреннего модема — *internal modem port*
- инфракрасный порт — *infrared port*
- S-видео вывод — *S-Video output*
- видеопорт — *video port*
- отверстие для вентиляции — *cooling vent*
- порт для сетевого адаптера — *power adapter port*
- порт FireWire — *FireWire port*
- порт Ethernet — *Ethernet port*
- USB-порты — *USB ports*

компьютерное оборудование | computer equipment

## подключаемые устройства
*input devices*

**лазерная мышь** / *laser mouse*

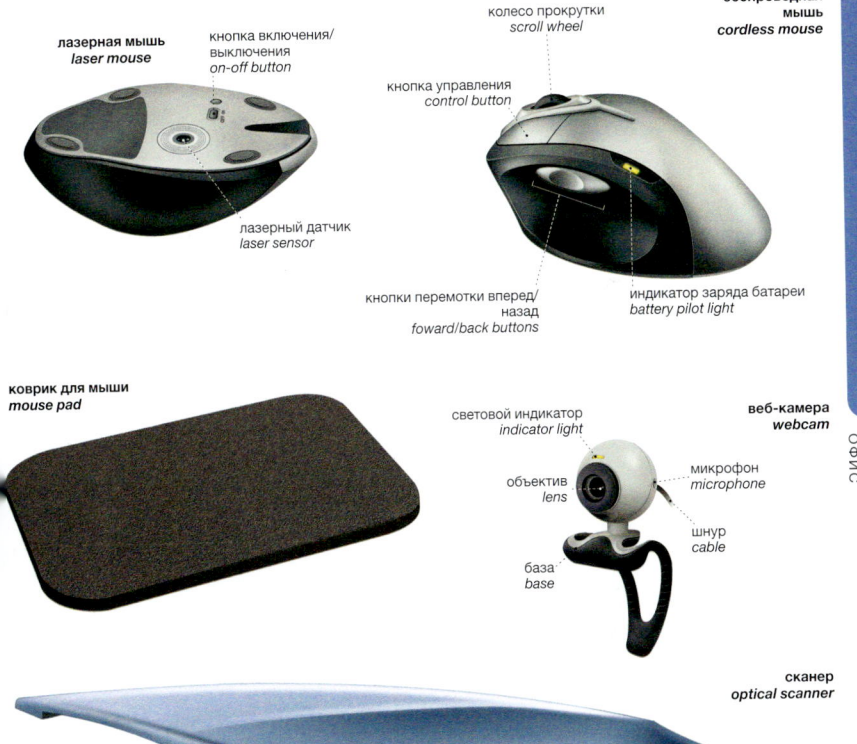

кнопка включения/выключения / *on-off button*

лазерный датчик / *laser sensor*

колесо прокрутки / *scroll wheel*

кнопка управления / *control button*

кнопки перемотки вперед/назад / *foward/back buttons*

**беспроводная мышь** / *cordless mouse*

индикатор заряда батареи / *battery pilot light*

**коврик для мыши** / *mouse pad*

**веб-камера** / *webcam*

световой индикатор / *indicator light*

объектив / *lens*

микрофон / *microphone*

шнур / *cable*

база / *base*

ОФИС

**сканер** / *optical scanner*

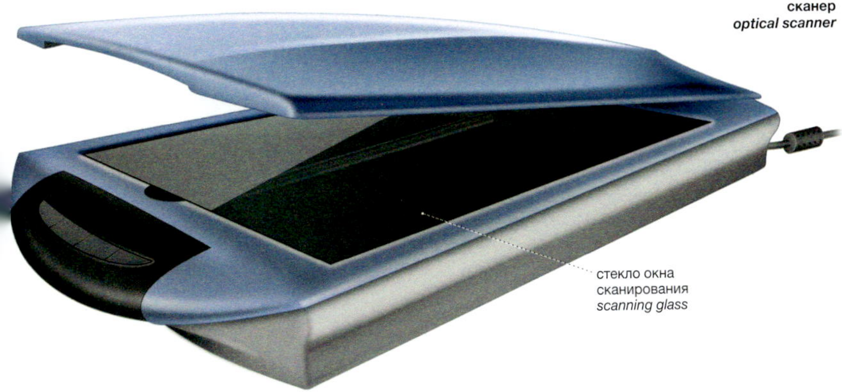

стекло окна сканирования / *scanning glass*

## компьютерное оборудование | computer equipment

### подключаемые устройства

**клавиатура и пиктограммы**
*keyboard and pictograms*

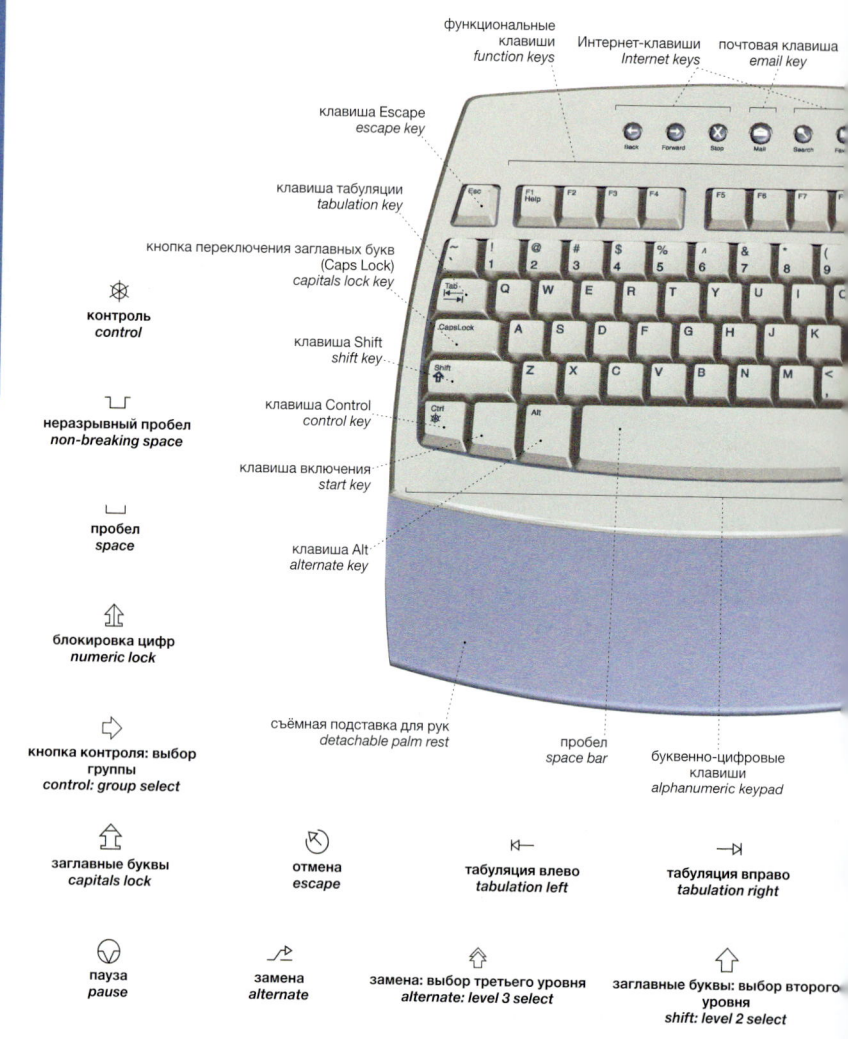

функциональные клавиши
*function keys*

Интернет-клавиши
*Internet keys*

почтовая клавиша
*email key*

клавиша Escape
*escape key*

клавиша табуляции
*tabulation key*

кнопка переключения заглавных букв (Caps Lock)
*capitals lock key*

контроль
*control*

клавиша Shift
*shift key*

неразрывный пробел
*non-breaking space*

клавиша Control
*control key*

клавиша включения
*start key*

пробел
*space*

клавиша Alt
*alternate key*

блокировка цифр
*numeric lock*

съёмная подставка для рук
*detachable palm rest*

пробел
*space bar*

буквенно-цифровые клавиши
*alphanumeric keypad*

кнопка контроля: выбор группы
*control: group select*

заглавные буквы
*capitals lock*

отмена
*escape*

табуляция влево
*tabulation left*

табуляция вправо
*tabulation right*

пауза
*pause*

замена
*alternate*

замена: выбор третьего уровня
*alternate: level 3 select*

заглавные буквы: выбор второго уровня
*shift: level 2 select*

**компьютерное оборудование | computer equipment**

## подключаемые устройства

клавиша «принтскрин/вызов системы»
*print screen/system request key*

клавиша остановки прокрутки
*scrolling lock key*

клавиша Backspace
*backspace key*

световые сигналы
*indicator lights*

клавиша «пауза/прерывание»
*pause/break key*

клавиша Insert (вставка)
*insert key*

клавиша Home (в начало)
*home key*

клавиша Page Up (предыдущая страница)
*page up key*

клавиша включения цифровой клавиатуры
*numeric lock key*

клавиша Page Down (следующая страница)
*page down key*

клавиша Enter
*enter key*

прокрутка
*scrolling*

клавиша End («в конец»)
*end key*

вставка
*insert*

цифровая клавиатура
*numeric keypad*

удаление
*delete*

клавиша Delete (удаление)
*delete key*

клавиши перемещения курсора
*cursor movement keys*

прерывание
*break*

в конец
*end*

в начало
*home*

клавиша Enter (ввод)
*enter key*

курсор «влево»
*cursor left*

стирание предыдущего символа
*backspace*

принтскрин
*print screen*

предыдущая страница
*page up*

курсор «вправо»
*cursor right*

курсор «вверх»
*cursor up*

курсор «вниз»
*cursor down*

выполнить
*return*

клавиша «следующая страница»
*page down*

ОФИС

## подключаемые устройства

*output devices*

**видеопроектор**
*projector*

объектив — *lens*
инфракрасный датчик — *remote sensor*

**струйный принтер**
*inkjet printer*

экран — *display*
лоток для подачи бумаги — *input paper tray*
панель управления — *operation panel*
крышка — *cover*
гнездо карты памяти — *memory card slot*
прижимное стекло — *platen glass*
USB-порт — *USB port*
выходной лоток для бумаги — *output tray*

**чернильный картридж**
*ink cartridge*

## устройства подключения

*connection devices*

**точка доступа в Интернет**
*network access point transceiver*

**беспроводная сетевая карта**
*wireless network interface card*

**сетевая карта**
*network interface card*

**модем**
*modem*

**USB-модем**
*Internet stick*

**компьютерное оборудование** | computer equipment

## периферийные устройства: накопители
*data storage devices*

**внешний жесткий диск**
*external hard drive*

мотор привода
*actuator arm motor*

**внутренний жесткий диск**
*internal hard drive*

USB-порт
*USB port*

привод
*actuator arm*

головка чтения/записи
*read/write head*

**устройство для записи DVD-дисков**
*DVD burner*

диск
*disk*

двигатель дисков
*disk motor*

**считывающее устройство карты памяти**
*memory card reader*

разъем USB
*USB connector*

**штекер USB**
*USB key*

лоток загрузки
*disk tray*

DVD-RW (многоразового использования)
*rewritable DVD disc*

ОФИС

## различные компьютерные устройства
*miscellaneous computer tools*

**планшет**
*tablet computer*

кнопка спящего режима/пробуждения
*sleep/wake button*

**электронная книга (ридер)**
*digital book reader*

кнопка отключения звука
*mute button*

кнопки регулировки громкости
*volume buttons*

сенсорный экран
*touch screen*

сенсорный экран
*touch screen*

кнопка «домой»
*home button*

функциональные клавиши
*function buttons*

# Интернет
*Internet*

**адрес URL (унифицированный локатор ресурсов)**
*URL (uniform resource locator)*

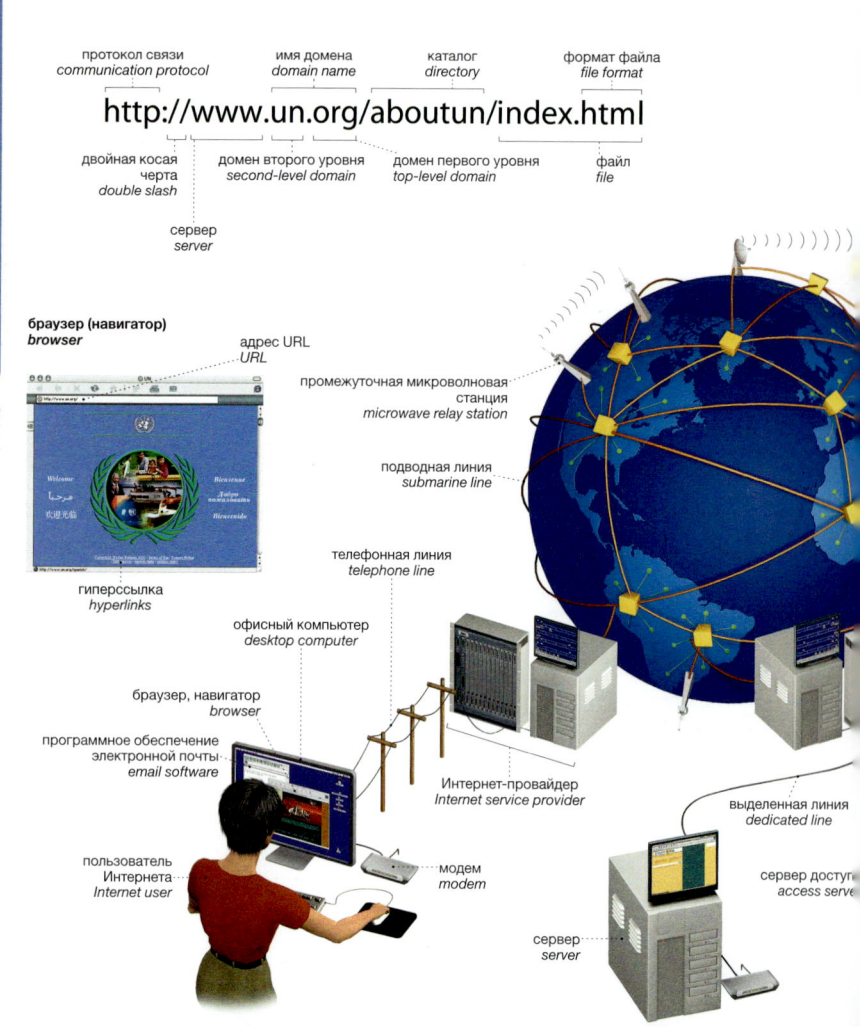

- протокол связи / *communication protocol*
- имя домена / *domain name*
- каталог / *directory*
- формат файла / *file format*

http://www.un.org/aboutun/index.html

- двойная косая черта / *double slash*
- домен второго уровня / *second-level domain*
- домен первого уровня / *top-level domain*
- файл / *file*
- сервер / *server*

**браузер (навигатор)**
*browser*

- адрес URL / *URL*
- промежуточная микроволновая станция / *microwave relay station*
- подводная линия / *submarine line*
- гиперссылка / *hyperlinks*
- телефонная линия / *telephone line*
- офисный компьютер / *desktop computer*
- браузер, навигатор / *browser*
- программное обеспечение электронной почты / *email software*
- Интернет-провайдер / *Internet service provider*
- выделенная линия / *dedicated line*
- пользователь Интернета / *Internet user*
- модем / *modem*
- сервер доступа / *access server*
- сервер / *server*

сетевые технологии | networking

## использование Интернета
*Internet uses*

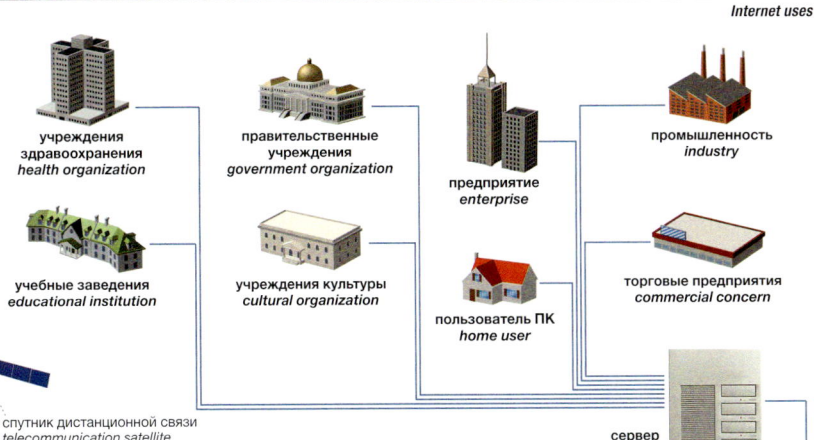

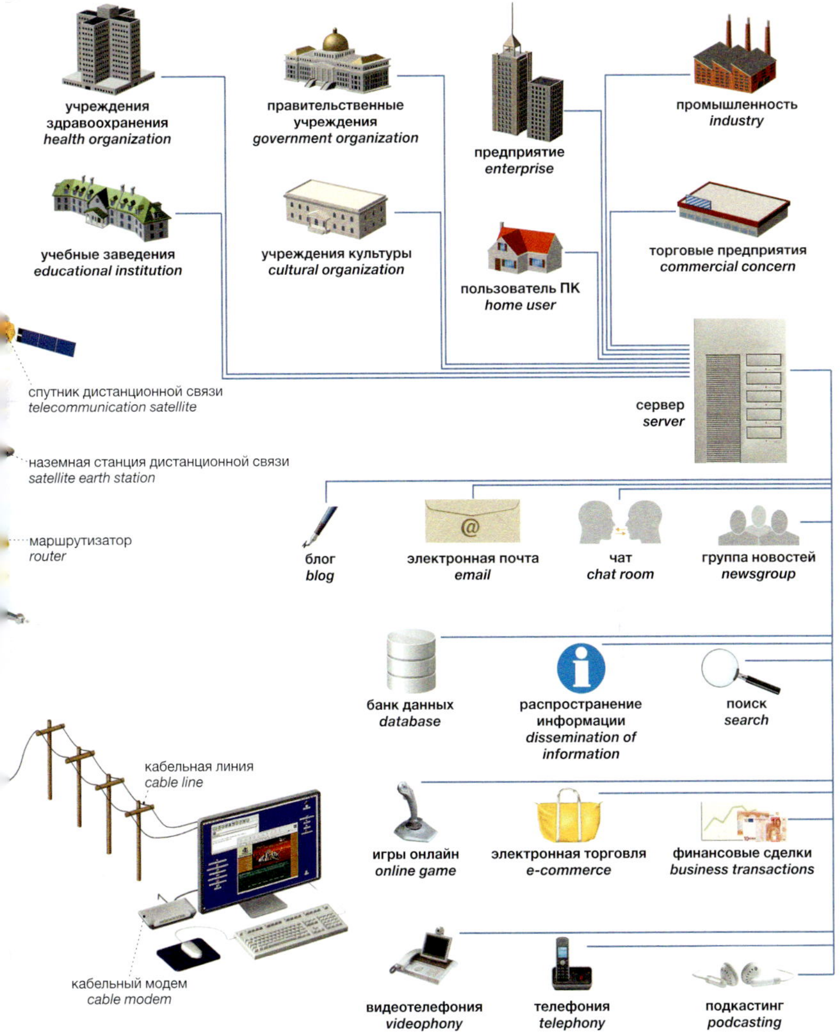

- учреждения здравоохранения / *health organization*
- правительственные учреждения / *government organization*
- предприятие / *enterprise*
- промышленность / *industry*
- учебные заведения / *educational institution*
- учреждения культуры / *cultural organization*
- пользователь ПК / *home user*
- торговые предприятия / *commercial concern*
- спутник дистанционной связи / *telecommunication satellite*
- наземная станция дистанционной связи / *satellite earth station*
- маршрутизатор / *router*
- сервер / *server*
- блог / *blog*
- электронная почта / *email*
- чат / *chat room*
- группа новостей / *newsgroup*
- банк данных / *database*
- распространение информации / *dissemination of information*
- поиск / *search*
- кабельная линия / *cable line*
- кабельный модем / *cable modem*
- игры онлайн / *online game*
- электронная торговля / *e-commerce*
- финансовые сделки / *business transactions*
- видеотелефония / *videophony*
- телефония / *telephony*
- подкастинг / *podcasting*

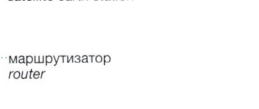

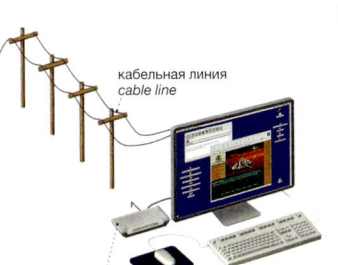

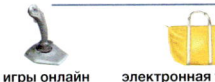

офис

## офисные принадлежности
*stationery*

### для заметок и управления временем
*for time management and note taking*

тетрадь со спиралью
*spiral binder*

ежедневник
*appointment book*

штамп-датировщик
*date stamp*

планшетка с зажимом
*clipboard*

блокнот
*memo pad*

стикер, самоклеящийся листок
*self-stick note*

### для корреспонденции
*for correspondence*

резиновый конус на палец
*rubber finger cone*

резиновый штамп
*rubber stamp*

чернильная подушка
*stamp pad*

нумератор
*numbering stamp*

нож для бумаги
*letter opener*

конверт на подкладке
*padded envelope*

самоклеящаяся лента
*self-sealing flap*

шарики воздуха
*air bubbles*

весы для писем
*letter scale*

вращающаяся картотека
*rotary file*

поддон для почтовых отправлений
*desk tray*

**офис** | office

## офисные принадлежности

**для выполнения вычислений**
*for calculating*

**карманный калькулятор**
*pocket calculator*

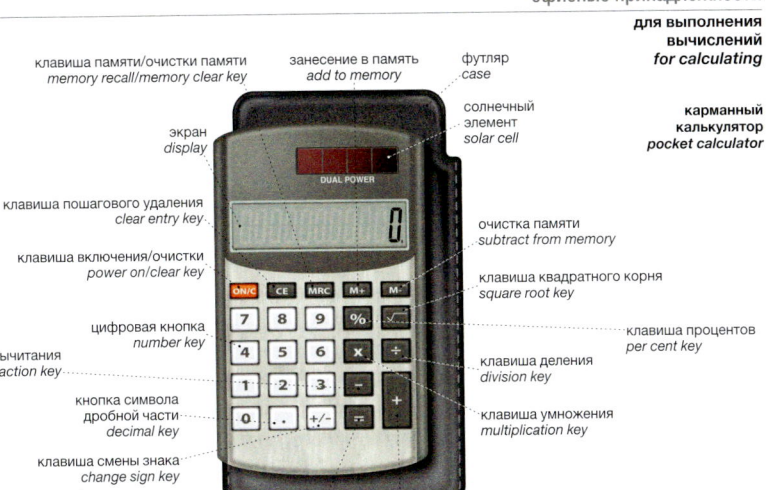

- клавиша памяти/очистки памяти — *memory recall/memory clear key*
- занесение в память — *add to memory*
- футляр — *case*
- солнечный элемент — *solar cell*
- экран — *display*
- клавиша пошагового удаления — *clear entry key*
- очистка памяти — *subtract from memory*
- клавиша включения/очистки — *power on/clear key*
- клавиша квадратного корня — *square root key*
- цифровая кнопка — *number key*
- клавиша процентов — *per cent key*
- клавиша вычитания — *subtraction key*
- клавиша деления — *division key*
- кнопка символа дробной части — *decimal key*
- клавиша умножения — *multiplication key*
- клавиша смены знака — *change sign key*
- клавиша «равно» — *equals key*
- клавиша сложения — *addition key*

**графический калькулятор**
*graphing calculator*

**счётно-печатный аппарат**
*printing calculator*

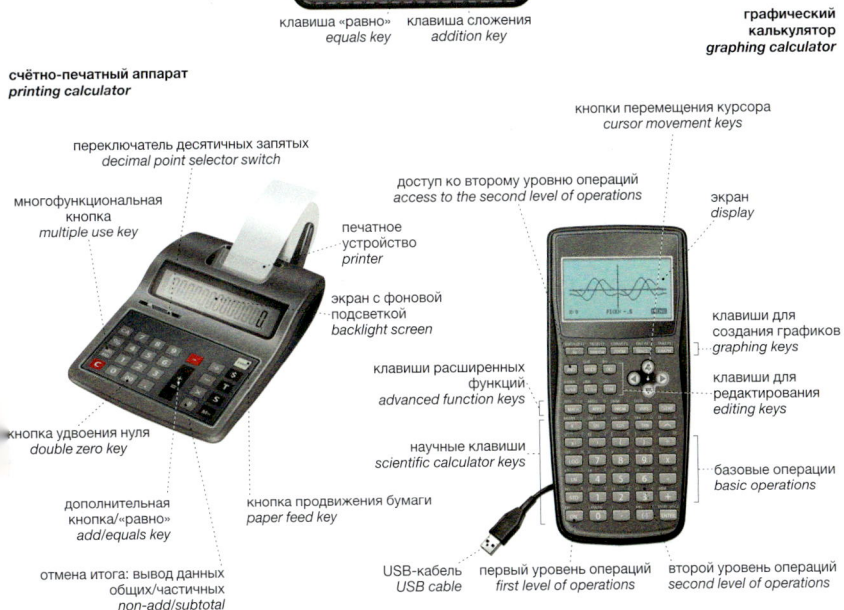

- переключатель десятичных запятых — *decimal point selector switch*
- кнопки перемещения курсора — *cursor movement keys*
- многофункциональная кнопка — *multiple use key*
- доступ ко второму уровню операций — *access to the second level of operations*
- экран — *display*
- печатное устройство — *printer*
- экран с фоновой подсветкой — *backlight screen*
- клавиши расширенных функций — *advanced function keys*
- клавиши для создания графиков — *graphing keys*
- клавиши для редактирования — *editing keys*
- научные клавиши — *scientific calculator keys*
- базовые операции — *basic operations*
- кнопка удвоения нуля — *double zero key*
- дополнительная кнопка/«равно» — *add/equals key*
- кнопка продвижения бумаги — *paper feed key*
- отмена итога: вывод данных общих/частичных — *non-add/subtotal*
- USB-кабель — *USB cable*
- первый уровень операций — *first level of operations*
- второй уровень операций — *second level of operations*

## офисные принадлежности

**для хранения документов**
**for filing**

крепёж с окошком
window tab

стикеры
self-adhesive labels

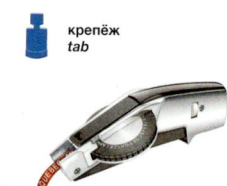

крепёж
tab

машинка для печати ярлыков
label maker

разделительные стикеры
dividers

папка
folder

файл
sheet protector

разделитель-классификатор
file guides

подвесная картотека
suspension file

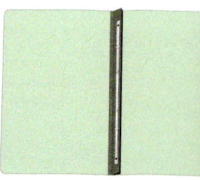

папка с «салазками»
fastener binder

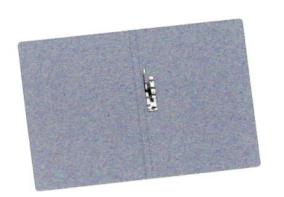

папка с зажимом
clamp binder

папка для документов
document folder

папка-регистратор
ring binder

брошюрование
comb binding

папка-каталог
concertina file

коробка для документов
filing box

## офис | office

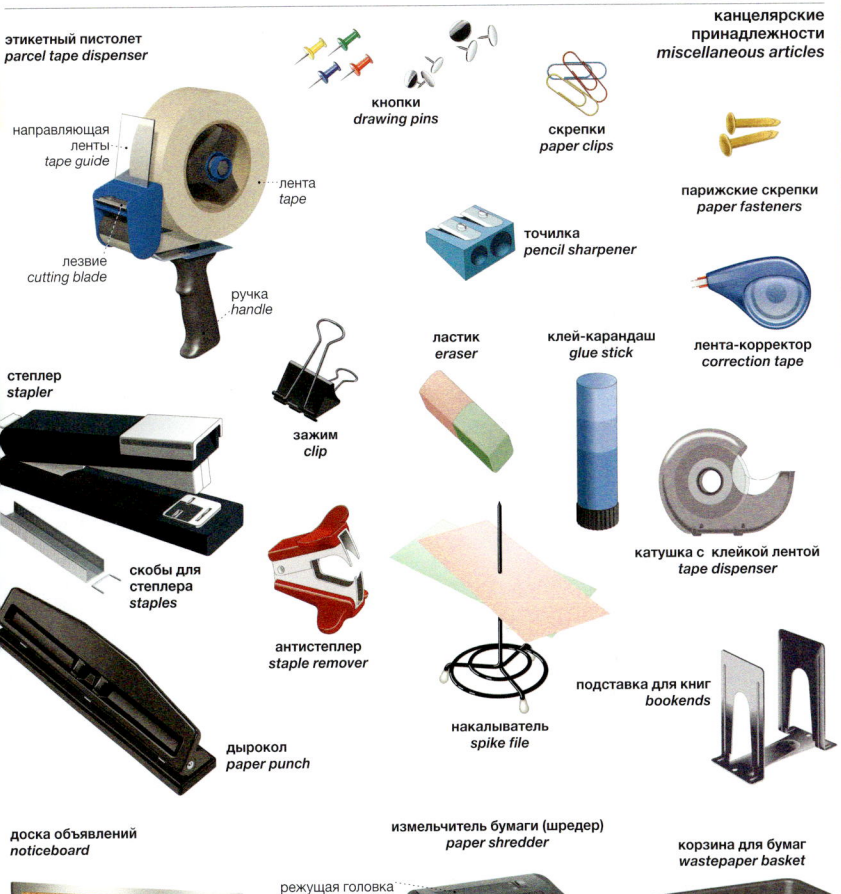

### офисные принадлежности

**этикетный пистолет**
*parcel tape dispenser*

**направляющая ленты**
*tape guide*

**лезвие**
*cutting blade*

**лента**
*tape*

**ручка**
*handle*

**кнопки**
*drawing pins*

**точилка**
*pencil sharpener*

**ластик**
*eraser*

**клей-карандаш**
*glue stick*

### канцелярские принадлежности
*miscellaneous articles*

**скрепки**
*paper clips*

**парижские скрепки**
*paper fasteners*

**лента-корректор**
*correction tape*

**степлер**
*stapler*

**зажим**
*clip*

**скобы для степлера**
*staples*

**антистеплер**
*staple remover*

**накалыватель**
*spike file*

**катушка с клейкой лентой**
*tape dispenser*

**подставка для книг**
*bookends*

**дырокол**
*paper punch*

**доска объявлений**
*noticeboard*

**измельчитель бумаги (шредер)**
*paper shredder*

**режущая головка**
*cutting head*

**поверхность для прикрепления бумаг**
*posting surface*

**корзина для бумаг**
*wastepaper basket*

**корзина для бумаг**
*wastepaper basket*

# устройство и элементы дороги
*road system*

## участок дороги
*section of a road*

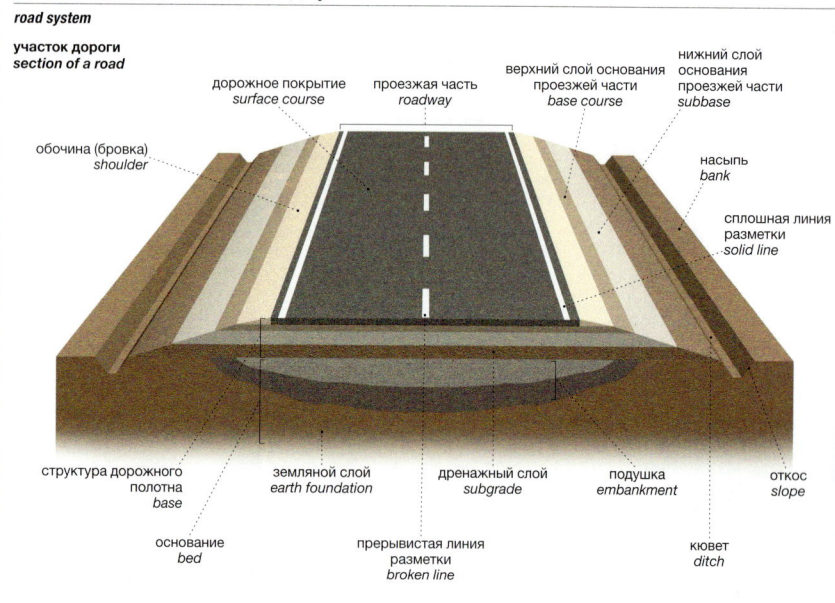

- дорожное покрытие — *surface course*
- проезжая часть — *roadway*
- верхний слой основания проезжей части — *base course*
- нижний слой основания проезжей части — *subbase*
- обочина (бровка) — *shoulder*
- насыпь — *bank*
- сплошная линия разметки — *solid line*
- структура дорожного полотна — *base*
- земляной слой — *earth foundation*
- дренажный слой — *subgrade*
- подушка — *embankment*
- откос — *slope*
- основание — *bed*
- прерывистая линия разметки — *broken line*
- кювет — *ditch*

## типы двухуровневых развязок
*examples of interchanges*

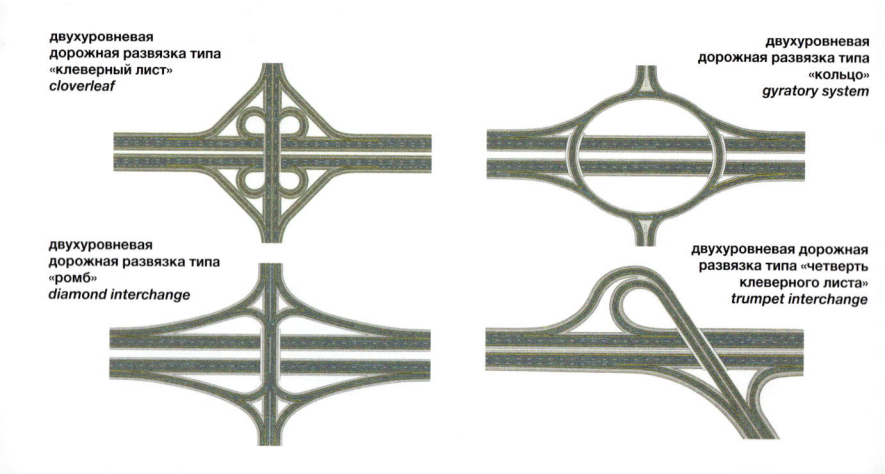

- двухуровневая дорожная развязка типа «клеверный лист» — *cloverleaf*
- двухуровневая дорожная развязка типа «кольцо» — *gyratory system*
- двухуровневая дорожная развязка типа «ромб» — *diamond interchange*
- двухуровневая дорожная развязка типа «четверть клеверного листа» — *trumpet interchange*

**автомобильные дороги** | road transport

## устройство и элементы дороги

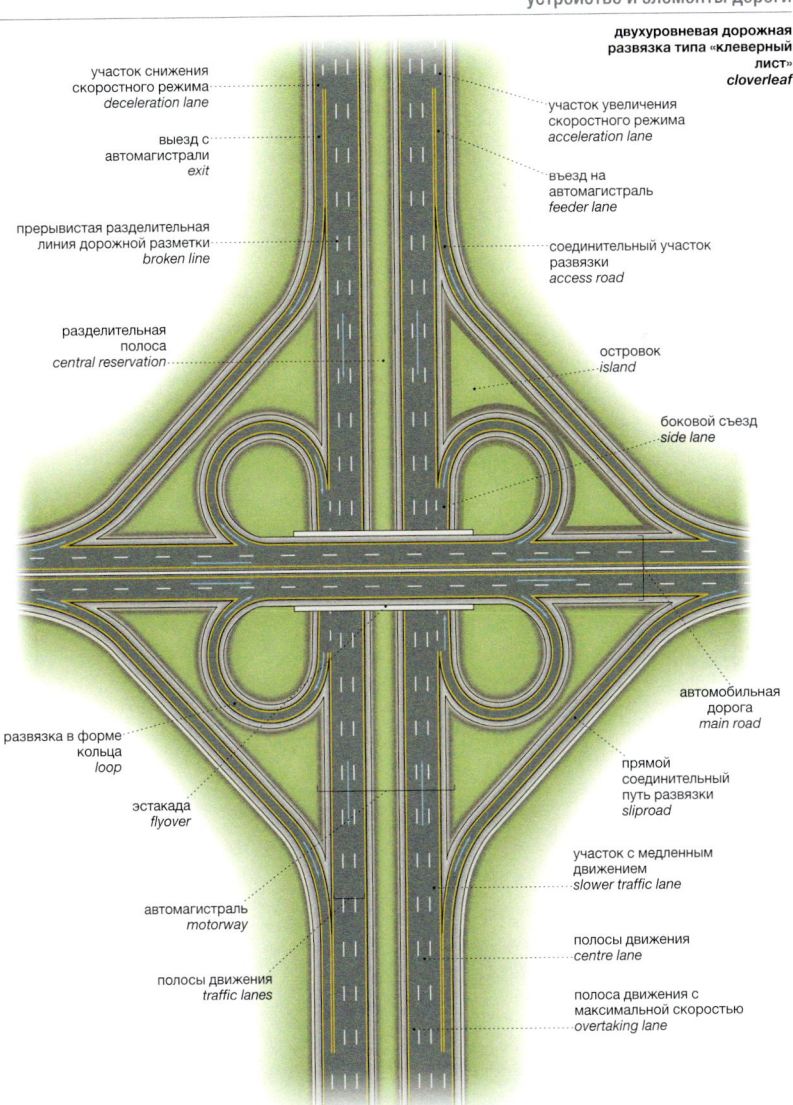

**двухуровневая дорожная развязка типа «клеверный лист»**
*cloverleaf*

- участок снижения скоростного режима — *deceleration lane*
- выезд с автомагистрали — *exit*
- прерывистая разделительная линия дорожной разметки — *broken line*
- разделительная полоса — *central reservation*
- развязка в форме кольца — *loop*
- эстакада — *flyover*
- автомагистраль — *motorway*
- полосы движения — *traffic lanes*
- участок увеличения скоростного режима — *acceleration lane*
- въезд на автомагистраль — *feeder lane*
- соединительный участок развязки — *access road*
- островок — *island*
- боковой съезд — *side lane*
- автомобильная дорога — *main road*
- прямой соединительный путь развязки — *sliproad*
- участок с медленным движением — *slower traffic lane*
- полосы движения — *centre lane*
- полоса движения с максимальной скоростью — *overtaking lane*

ТРАНСПОРТ

# неразводные мосты
*fixed bridges*

**балочный мост**
*beam bridge*

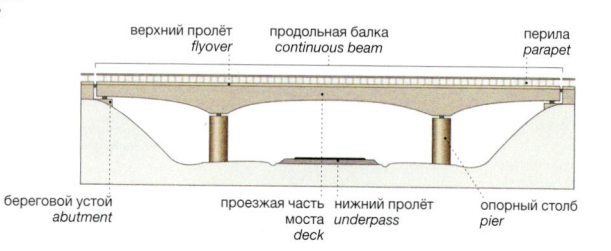

- верхний пролёт — *flyover*
- продольная балка — *continuous beam*
- перила — *parapet*
- береговой устой — *abutment*
- проезжая часть моста — *deck*
- нижний пролёт — *underpass*
- опорный столб — *pier*

**подвесной мост с несущим тросом**
*suspension bridge*

- проезжая часть моста — *deck*
- несущий трос — *suspension cable*
- подвесной трос — *suspender*
- опорная стойка — *tower*
- аппарель — *approach ramp*
- береговой устой — *abutment*
- блок креплений концов троса — *anchorage block*
- основание опоры — *tower foundation*
- центральный пролёт моста — *centre span*
- боковой пролет моста — *side span*

**мост с консольной фермой**
*cantilever bridge*

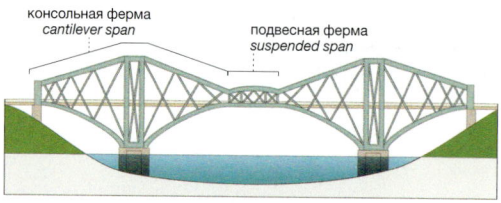

- консольная ферма — *cantilever span*
- подвесная ферма — *suspended span*

# подвижные мосты
*movable bridges*

**поворотный разводной мост**
*swing bridge*

- поворотная балка — *turntable*

**автомобильные дороги | road transport**

## подвижные мосты

**однопролётный подъемный мост**
single-leaf bascule bridge
- противовес / counterweight

**двухпролетный разводной подъемный мост**
double-leaf bascule bridge

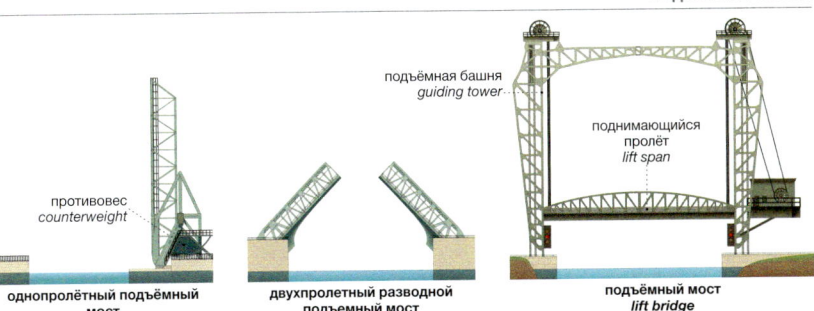

**подъёмный мост**
lift bridge
- подъёмная башня / guiding tower
- поднимающийся пролёт / lift span

## дорожный тоннель
road tunnel

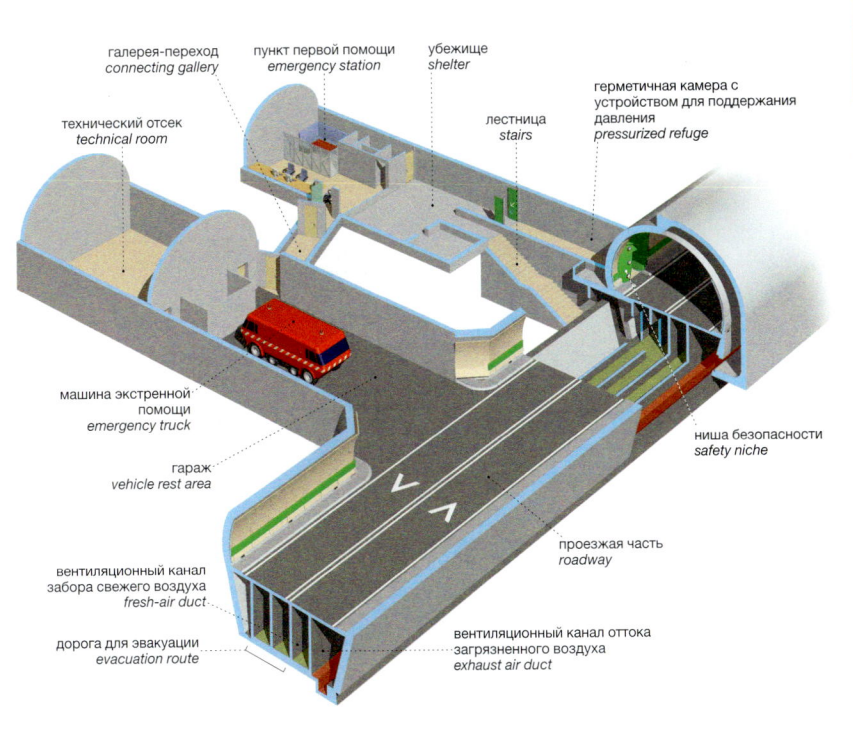

- галерея-переход / connecting gallery
- пункт первой помощи / emergency station
- убежище / shelter
- лестница / stairs
- герметичная камера с устройством для поддержания давления / pressurized refuge
- технический отсек / technical room
- машина экстренной помощи / emergency truck
- гараж / vehicle rest area
- ниша безопасности / safety niche
- проезжая часть / roadway
- вентиляционный канал забора свежего воздуха / fresh-air duct
- дорога для эвакуации / evacuation route
- вентиляционный канал оттока загрязненного воздуха / exhaust air duct

ТРАНСПОРТ

# бензозаправочная станция комплексного обслуживания
*service station*

**общий вид**
*general view*

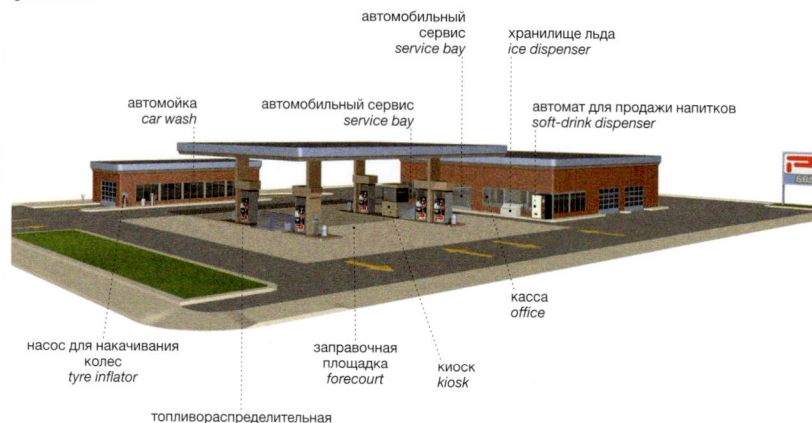

- автомобильный сервис — *service bay*
- хранилище льда — *ice dispenser*
- автомойка — *car wash*
- автомобильный сервис — *service bay*
- автомат для продажи напитков — *soft-drink dispenser*
- касса — *office*
- насос для накачивания колес — *tyre inflator*
- заправочная площадка — *forecourt*
- киоск — *kiosk*
- топливораспределительная колонка (ТРК) — *petrol pump*

**топливораспределительная колонка (ТРК)**
*petrol pump*

- информационное табло — *display*
- ввод кредитной карты — *card reader slot*
- клавиатура — *alphanumeric keyboard*
- вывод чека — *slip presenter*
- виды топлива — *type of fuel*
- инструкция по пользованию ТРК — *operating instructions*
- индикатор итоговой суммы — *cash readout*
- индикатор литража — *volume readout*
- индикатор стоимости — *price per gallon/litre*
- номер ТРК — *pump number*
- пистолет топливного шланга — *pump nozzle*
- топливный шланг — *petrol pump hose*

автодорожный транспорт | automobile road transport

# автомобиль
*car*

**виды автомобилей**
*examples of cars*

лимузин
*stretch-limousine*

микроавтомобиль
*Micro Compact Car*

кабриолет
*convertible*

спортивный автомобиль
*sports car*

двухдверный седан
*coupé*

минивэн
*minivan*

трехдверный хетчбэк
*hatchback*

четырехдверный седан
*four-door saloon*

универсал
*estate car*

кроссовер
*crossover vehicle*

четырёхдверный хетчбэк
*four-door hatchback*

мини-грузовик
*pickup truck*

внедорожник SUV
*sport-utility vehicle (SUV)*

автомобиль-внедорожник
*off-road vehicle*

**автодорожный транспорт** | automobile road transport

## автомобиль

**кузов**
*body*

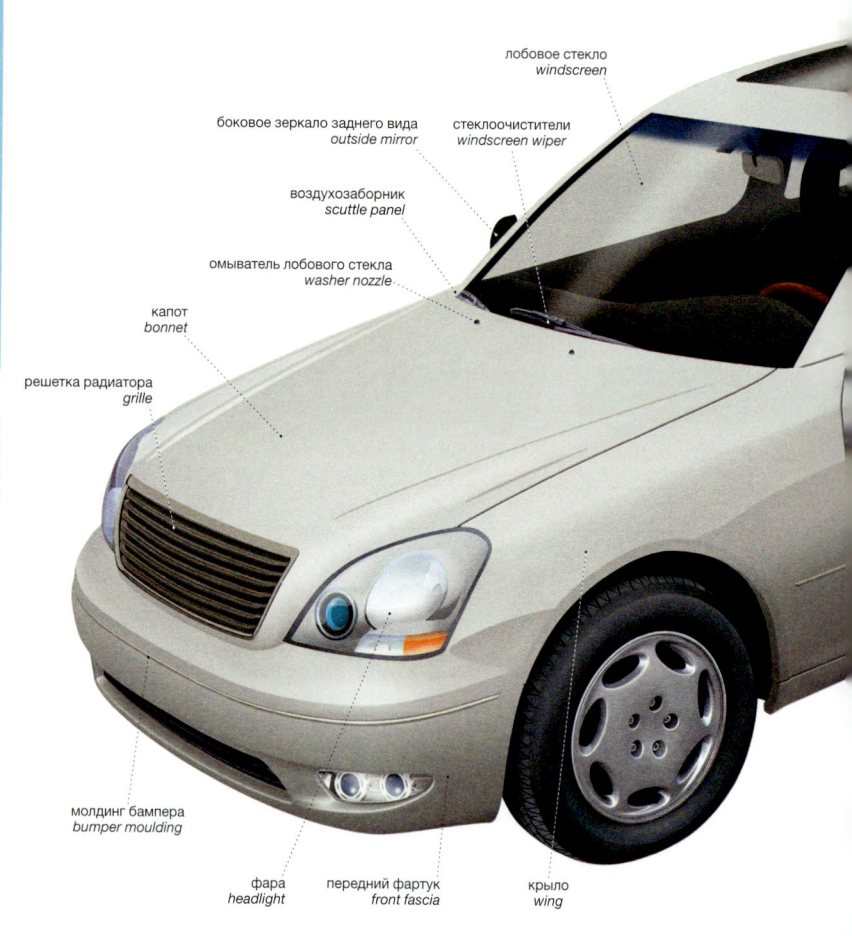

- лобовое стекло — *windscreen*
- боковое зеркало заднего вида — *outside mirror*
- стеклоочистители — *windscreen wiper*
- воздухозаборник — *scuttle panel*
- омыватель лобового стекла — *washer nozzle*
- капот — *bonnet*
- решетка радиатора — *grille*
- молдинг бампера — *bumper moulding*
- фара — *headlight*
- передний фартук — *front fascia*
- крыло — *wing*

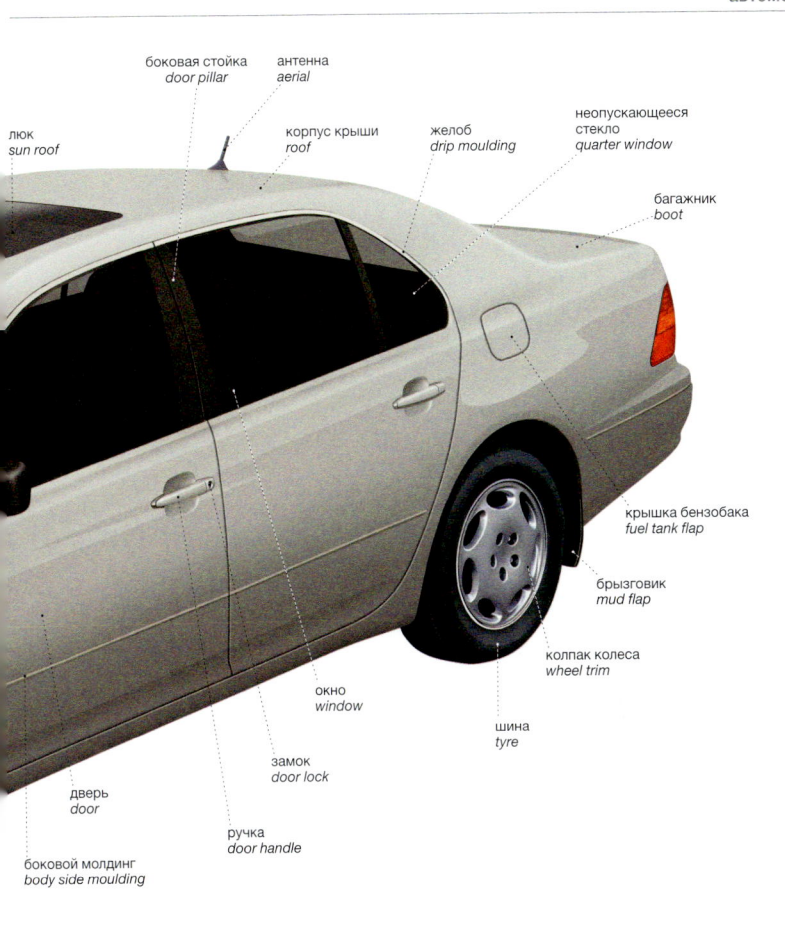

**автодорожный транспорт** | automobile road transport

## автомобиль

- боковая стойка / door pillar
- антенна / aerial
- корпус крыши / roof
- желоб / drip moulding
- неопускающееся стекло / quarter window
- люк / sun roof
- багажник / boot
- крышка бензобака / fuel tank flap
- брызговик / mud flap
- колпак колеса / wheel trim
- окно / window
- шина / tyre
- замок / door lock
- дверь / door
- ручка / door handle
- боковой молдинг / body side moulding

ТРАНСПОРТ

# автомобиль

основные узлы и агрегаты различных систем автомобиля
*car systems: main parts*

ручной тормоз
*handbrake*

руль
*steering wheel*

сцепление
*clutch*

рулевая колонка
*steering column*

трамблёр
*distributor cap*

рычаг переключения скоростей
*gear lever*

кабель свечи зажигания
*spark plug cable*

воздушный фильтр
*air filter*

крышка блока цилиндров
*cylinder head cover*

аккумулятор
*battery*

радиатор
*radiator*

вентилятор
*cooling fan*

ремень вентилятора
*fan belt*

генератор
*alternator*

педаль тормоза
*brake pedal*

выпускной коллектор
*exhaust manifold*

труба выхлопной системы
*front pipe*

контур тормозной системы
*braking circuit*

тормозная колодка
*disc brake*

коробка передач
*gearbox*

усилитель тормоза
*brake booster*

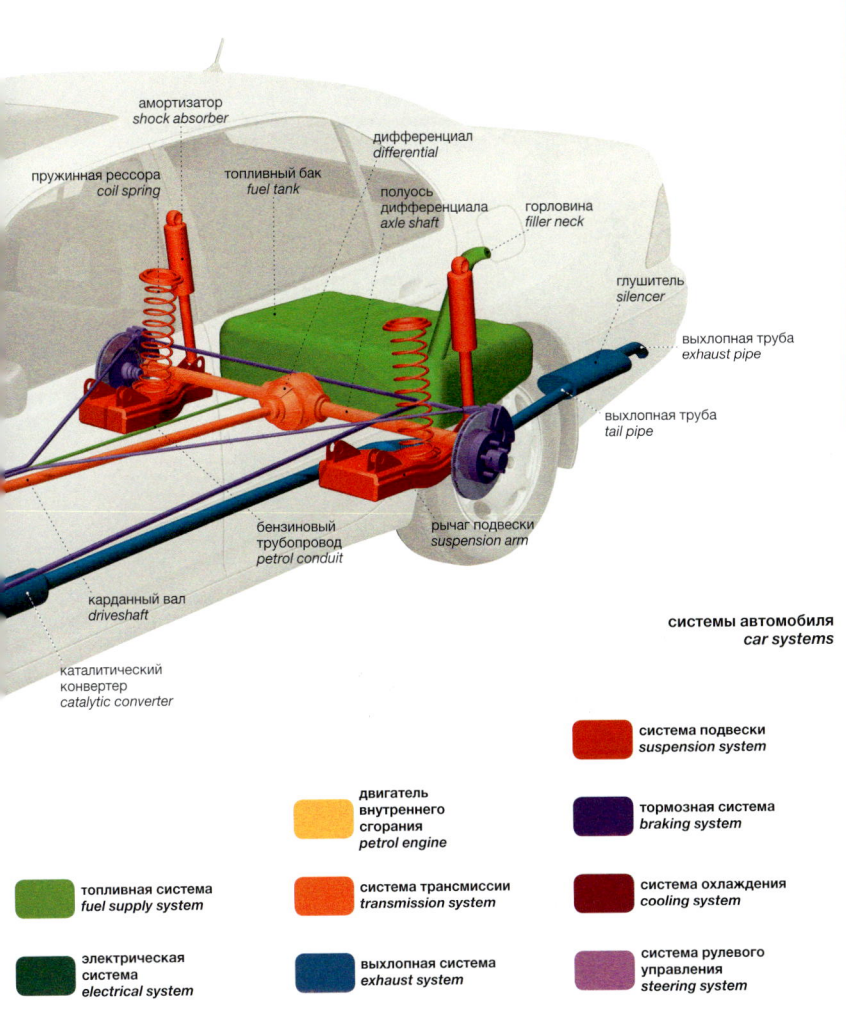

автодорожный транспорт | automobile road transport

## автомобиль

амортизатор
*shock absorber*

дифференциал
*differential*

пружинная рессора
*coil spring*

топливный бак
*fuel tank*

полуось дифференциала
*axle shaft*

горловина
*filler neck*

глушитель
*silencer*

выхлопная труба
*exhaust pipe*

выхлопная труба
*tail pipe*

бензиновый трубопровод
*petrol conduit*

рычаг подвески
*suspension arm*

карданный вал
*driveshaft*

каталитический конвертер
*catalytic converter*

**системы автомобиля**
*car systems*

система подвески
*suspension system*

двигатель внутреннего сгорания
*petrol engine*

тормозная система
*braking system*

топливная система
*fuel supply system*

система трансмиссии
*transmission system*

система охлаждения
*cooling system*

электрическая система
*electrical system*

выхлопная система
*exhaust system*

система рулевого управления
*steering system*

ТРАНСПОРТ

## автодорожный транспорт | automobile road transport

### автомобиль

**переднее освещение**
*front lights*

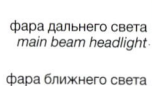

- фара дальнего света — *main beam headlight*
- фара ближнего света — *dipped beam headlight*
- противотуманная фара — *fog lamp*
- боковые указатели поворотов — *indicator*
- габаритные огни — *side marker light*

**заднее освещение**
*rear lights*

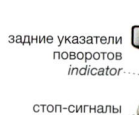

- задние указатели поворотов — *indicator*
- стоп-сигналы — *brake light*
- фонари освещения заднего номерного знака — *number plate light*
- стоп-сигнал — *brake light*
- фонари заднего хода — *reversing light*
- задние габаритные огни — *rear light*
- задние дублирующие габаритные огни — *side marker light*

**дверь**
*door*

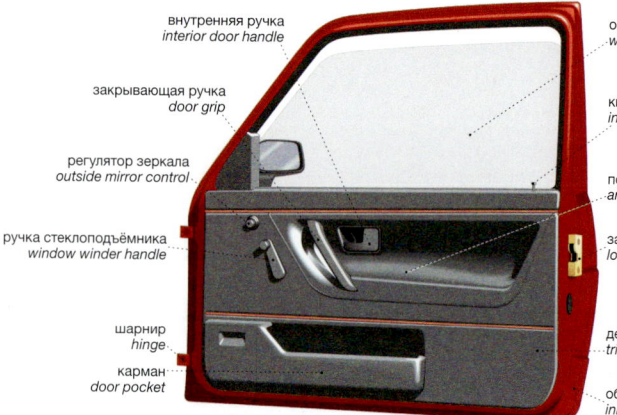

- внутренняя ручка — *interior door handle*
- закрывающая ручка — *door grip*
- регулятор зеркала — *outside mirror control*
- ручка стеклоподъёмника — *window winder handle*
- шарнир — *hinge*
- карман — *door pocket*
- окно — *window*
- кнопка блокировки замка — *interior door lock button*
- подлокотник — *armrest*
- замок — *lock*
- декоративная панель — *trim panel*
- обшивка двери — *inner door shell*

**автодорожный транспорт** | automobile road transport

## автомобиль

**одноместное ковшеобразное кресло: вид спереди**
*bucket seat: front view*

**одноместное ковшеобразное сиденье: вид сбоку**
*bucket seat: side view*

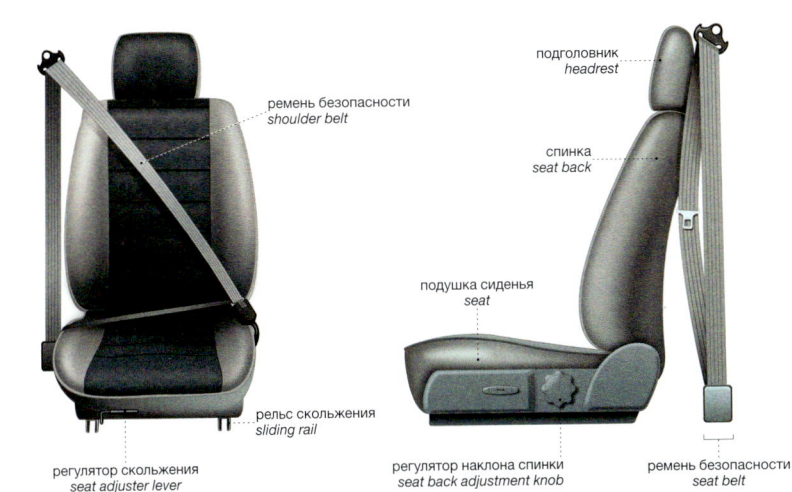

- ремень безопасности — *shoulder belt*
- подголовник — *headrest*
- спинка — *seat back*
- подушка сиденья — *seat*
- рельс скольжения — *sliding rail*
- регулятор скольжения — *seat adjuster lever*
- регулятор наклона спинки — *seat back adjustment knob*
- ремень безопасности — *seat belt*

**заднее сиденье**
*rear seat*

- подлокотник — *armrest*
- ремень безопасности — *lap belt*
- замок ремня безопасности — *buckle*
- подушка сиденья — *bench seat*

ТРАНСПОРТ

**автодорожный транспорт** | automobile road transport

## автомобиль

**приборная панель**
*instrument cluster*

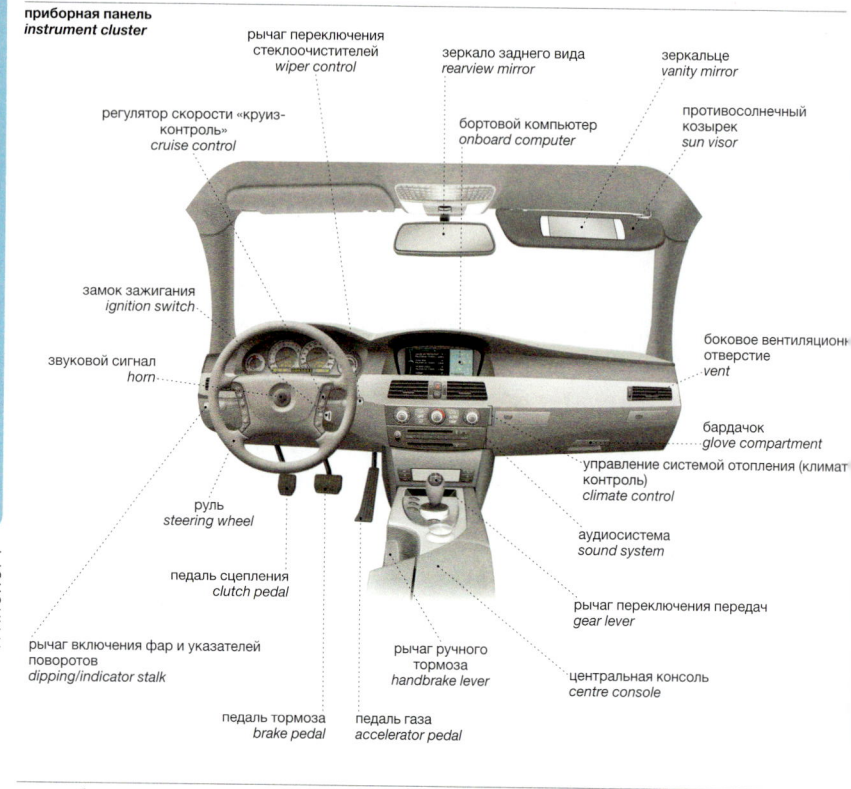

- рычаг переключения стеклоочистителей / wiper control
- зеркало заднего вида / rearview mirror
- зеркальце / vanity mirror
- регулятор скорости «круиз-контроль» / cruise control
- бортовой компьютер / onboard computer
- противосолнечный козырек / sun visor
- замок зажигания / ignition switch
- звуковой сигнал / horn
- боковое вентиляционное отверстие / vent
- бардачок / glove compartment
- управление системой отопления (климат контроль) / climate control
- руль / steering wheel
- аудиосистема / sound system
- педаль сцепления / clutch pedal
- рычаг переключения передач / gear lever
- рычаг включения фар и указателей поворотов / dipping/indicator stalk
- рычаг ручного тормоза / handbrake lever
- центральная консоль / centre console
- педаль тормоза / brake pedal
- педаль газа / accelerator pedal

**система безопасности**
*air bag restraint system*

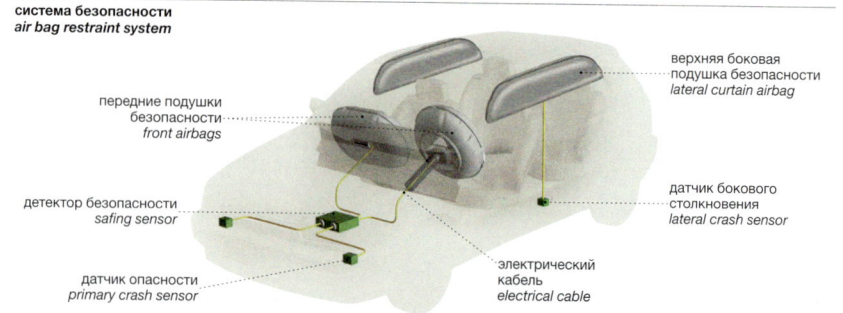

- верхняя боковая подушка безопасности / lateral curtain airbag
- передние подушки безопасности / front airbags
- датчик бокового столкновения / lateral crash sensor
- детектор безопасности / safing sensor
- датчик опасности / primary crash sensor
- электрический кабель / electrical cable

автодорожный транспорт | automobile road transport

## автомобиль

### контрольно-измерительные приборы
### instrument panel

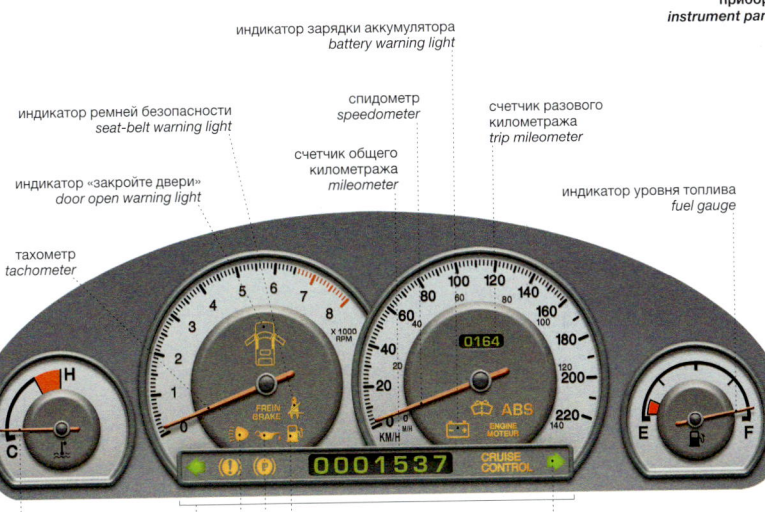

- индикатор зарядки аккумулятора / battery warning light
- индикатор ремней безопасности / seat-belt warning light
- спидометр / speedometer
- счётчик разового километража / trip mileometer
- индикатор «закройте двери» / door open warning light
- счётчик общего километража / mileometer
- индикатор уровня топлива / fuel gauge
- тахометр / tachometer
- контрольные лампочки / warning lights
- индикатор минимального остатка топлива / low fuel warning light
- индикатор указателей поворотов / indicator telltale
- индикатор ближнего света / main beam indicator light
- индикатор уровня масла / oil warning light
- индикатор температуры / temperature gauge

### стеклоочиститель
### windscreen wiper

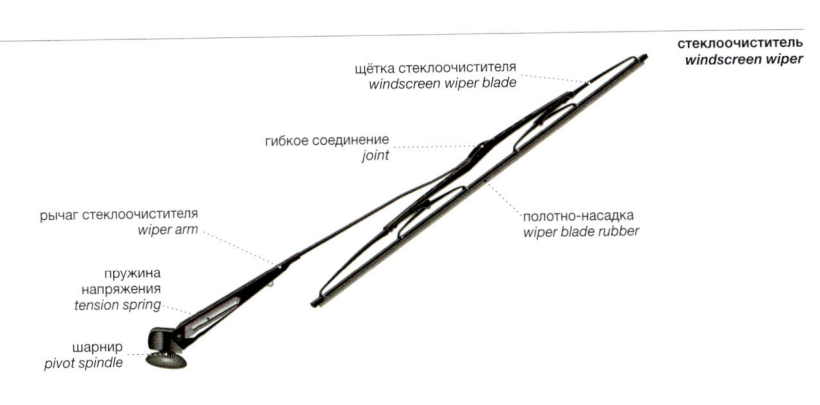

- щётка стеклоочистителя / windscreen wiper blade
- гибкое соединение / joint
- рычаг стеклоочистителя / wiper arm
- полотно-насадка / wiper blade rubber
- пружина напряжения / tension spring
- шарнир / pivot spindle

автодорожный транспорт | automobile road transport

# электромобиль
electric car

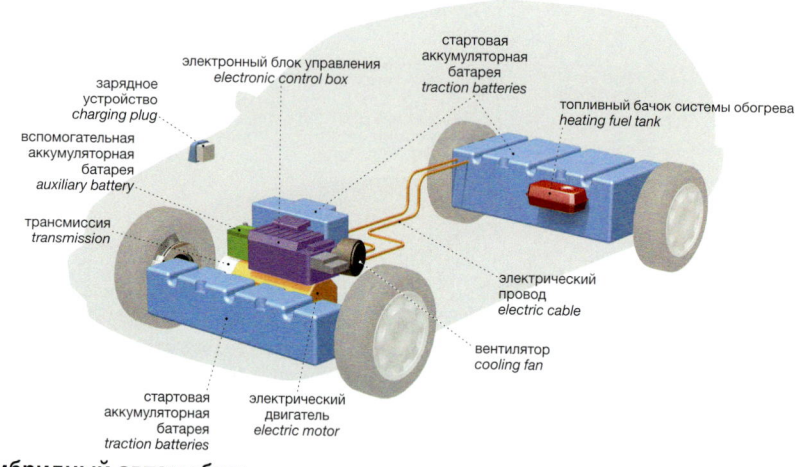

- зарядное устройство / charging plug
- вспомогательная аккумуляторная батарея / auxiliary battery
- трансмиссия / transmission
- электронный блок управления / electronic control box
- стартовая аккумуляторная батарея / traction batteries
- топливный бачок системы обогрева / heating fuel tank
- электрический провод / electric cable
- вентилятор / cooling fan
- стартовая аккумуляторная батарея / traction batteries
- электрический двигатель / electric motor

# гибридный автомобиль
hybrid car

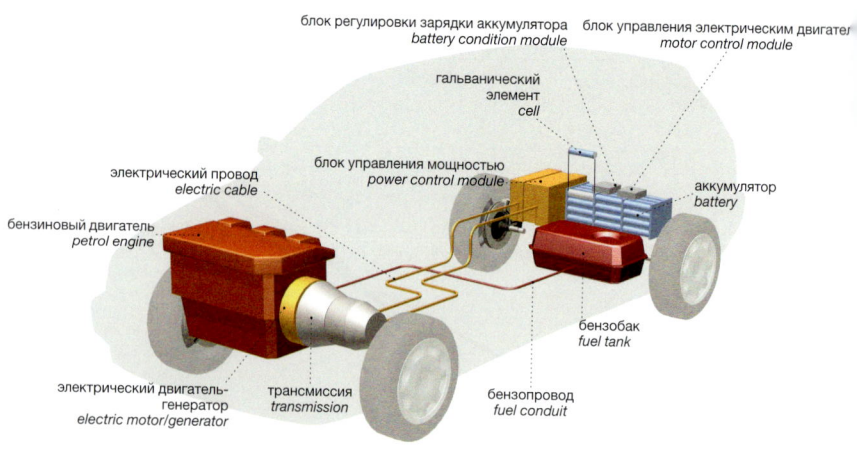

- блок регулировки зарядки аккумулятора / battery condition module
- блок управления электрическим двигателем / motor control module
- гальванический элемент / cell
- электрический провод / electric cable
- блок управления мощностью / power control module
- аккумулятор / battery
- бензиновый двигатель / petrol engine
- бензобак / fuel tank
- электрический двигатель-генератор / electric motor/generator
- трансмиссия / transmission
- бензопровод / fuel conduit

**автодорожный транспорт** | automobile road transport

# тормозная система
## brakes

### дисковый тормоз
### disc brake

- суппорт / caliper
- тормозной шланг / brake hose
- тормозной цилиндр / piston
- тормозная колодка / brake pad
- тормозной диск / disc

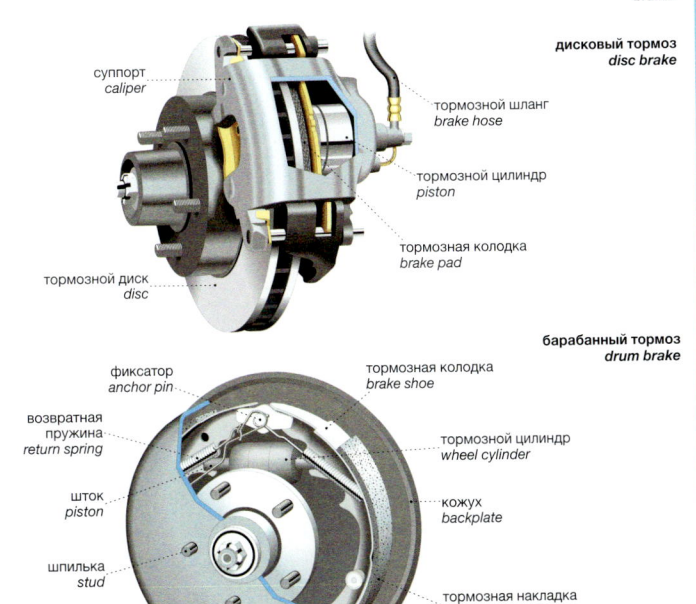

### барабанный тормоз
### drum brake

- фиксатор / anchor pin
- тормозная колодка / brake shoe
- возвратная пружина / return spring
- тормозной цилиндр / wheel cylinder
- шток / piston
- кожух / backplate
- шпилька / stud
- тормозная накладка / brake lining
- барабан / drum

### антиблокировочная тормозная система (ABS)
### antilock braking system (ABS)

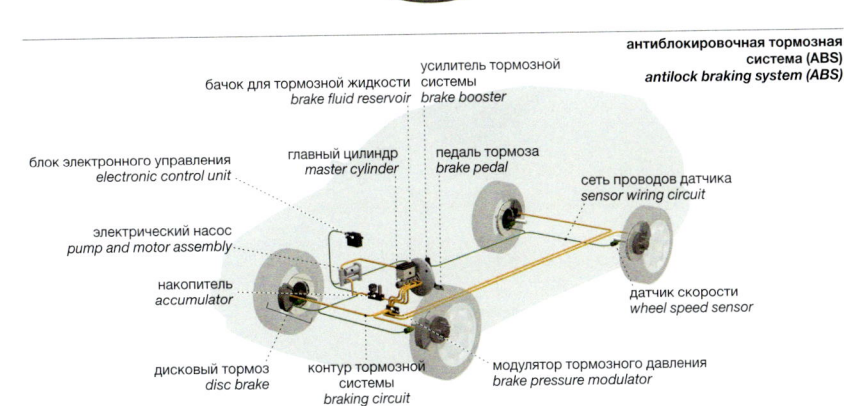

- бачок для тормозной жидкости / brake fluid reservoir
- усилитель тормозной системы / brake booster
- блок электронного управления / electronic control unit
- главный цилиндр / master cylinder
- педаль тормоза / brake pedal
- сеть проводов датчика / sensor wiring circuit
- электрический насос / pump and motor assembly
- накопитель / accumulator
- датчик скорости / wheel speed sensor
- дисковый тормоз / disc brake
- контур тормозной системы / braking circuit
- модулятор тормозного давления / brake pressure modulator

ТРАНСПОРТ

# бензиновый двигатель внутреннего сгорания
*petrol engine*

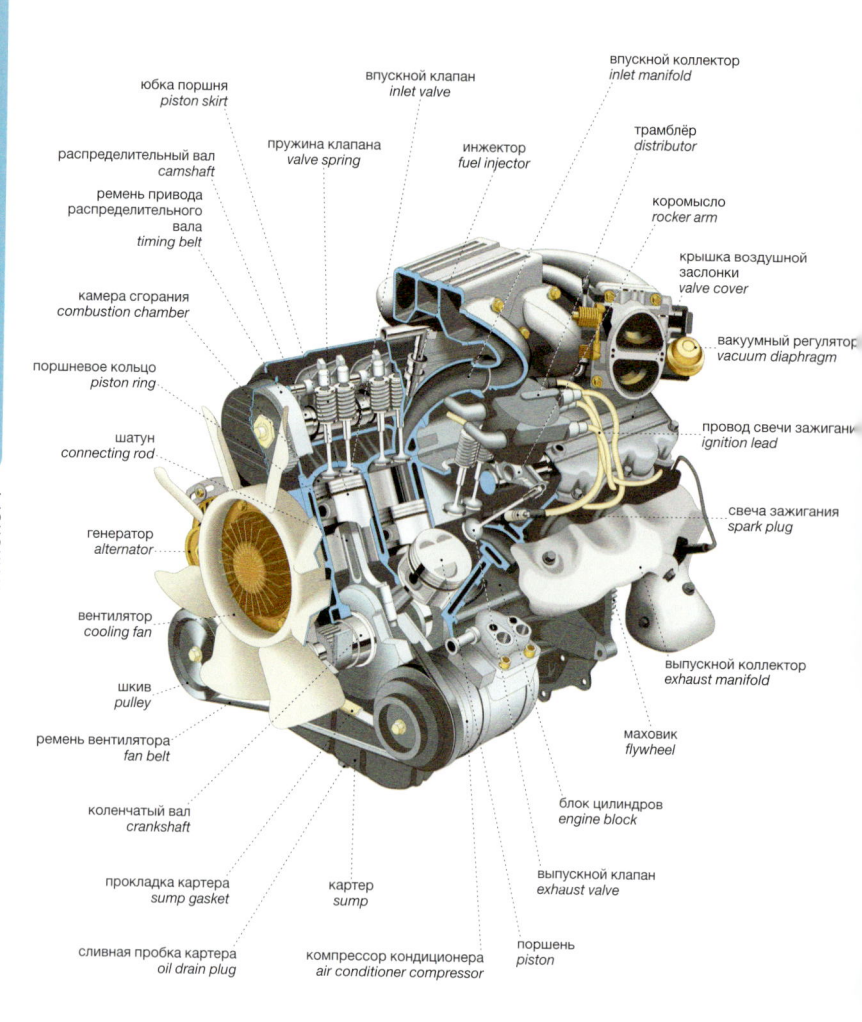

- юбка поршня / *piston skirt*
- впускной клапан / *inlet valve*
- впускной коллектор / *inlet manifold*
- распределительный вал / *camshaft*
- пружина клапана / *valve spring*
- инжектор / *fuel injector*
- трамблёр / *distributor*
- ремень привода распределительного вала / *timing belt*
- коромысло / *rocker arm*
- камера сгорания / *combustion chamber*
- крышка воздушной заслонки / *valve cover*
- поршневое кольцо / *piston ring*
- вакуумный регулятор / *vacuum diaphragm*
- шатун / *connecting rod*
- провод свечи зажигания / *ignition lead*
- генератор / *alternator*
- свеча зажигания / *spark plug*
- вентилятор / *cooling fan*
- шкив / *pulley*
- выпускной коллектор / *exhaust manifold*
- ремень вентилятора / *fan belt*
- маховик / *flywheel*
- коленчатый вал / *crankshaft*
- блок цилиндров / *engine block*
- прокладка картера / *sump gasket*
- картер / *sump*
- выпускной клапан / *exhaust valve*
- сливная пробка картера / *oil drain plug*
- компрессор кондиционера / *air conditioner compressor*
- поршень / *piston*

## свеча зажигания
### spark plug

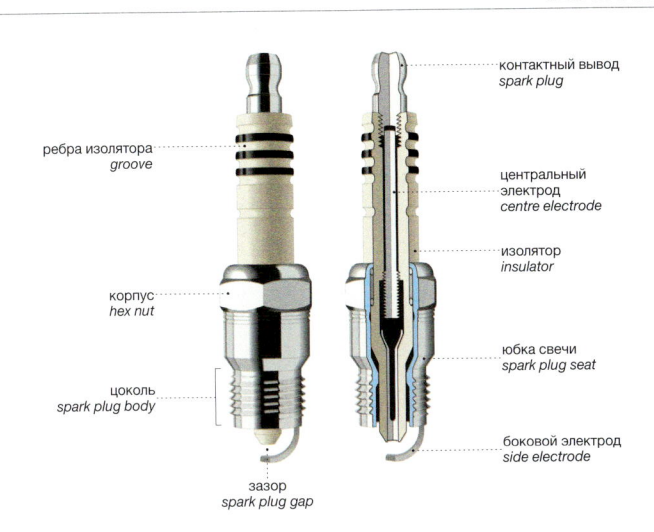

- ребра изолятора / groove
- корпус / hex nut
- цоколь / spark plug body
- зазор / spark plug gap
- контактный вывод / spark plug
- центральный электрод / centre electrode
- изолятор / insulator
- юбка свечи / spark plug seat
- боковой электрод / side electrode

## аккумулятор
### battery

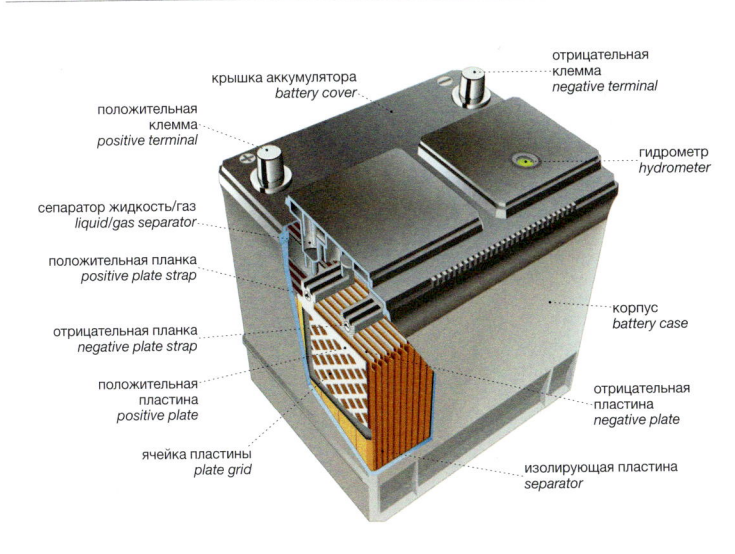

- крышка аккумулятора / battery cover
- отрицательная клемма / negative terminal
- положительная клемма / positive terminal
- гидрометр / hydrometer
- сепаратор жидкость/газ / liquid/gas separator
- положительная планка / positive plate strap
- отрицательная планка / negative plate strap
- положительная пластина / positive plate
- корпус / battery case
- отрицательная пластина / negative plate
- ячейка пластины / plate grid
- изолирующая пластина / separator

## покрышки
*tyre*

### части покрышки
*parts of a tyre*

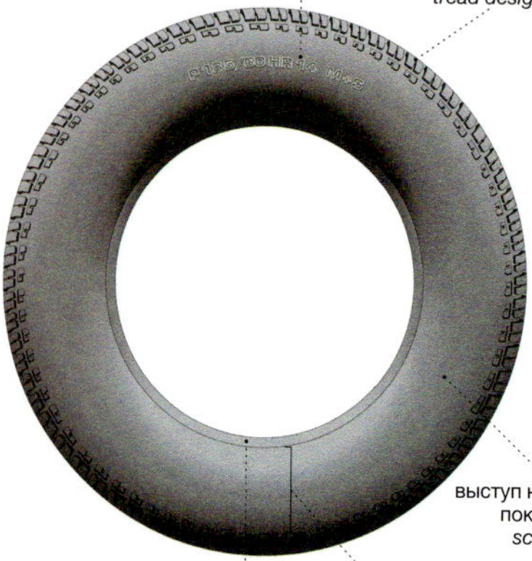

- технические характеристики / *technical specifications*
- протектор / *tread design*
- выступ на боковине покрышки / *scuff rib*
- борт / *bead*
- боковина / *sidewall*

### типы покрышек
*examples of tyres*

- летняя покрышка / *touring tyre*
- зимняя покрышка / *winter tyre* 
- всесезонная покрышка / *all-season tyre*
- покрышка улучшенных параметров / *performance tyre*   
- зимняя шипованная покрышка / *studded tyre*

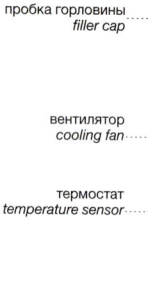

## радиатор
*radiator*

- пробка горловины / *filler cap*
- соты радиатора / *radiator core*
- вентилятор / *cooling fan*
- электрический мотор / *electric fan motor*
- термостат / *temperature sensor*
- выпускная трубка / *lower radiator hose*

**ТРАНСПОРТ**

автодорожный транспорт | automobile road transport

**автодорожный транспорт** | automobile road transport

# аксессуары
*accessories*

**фаркоп**
*hitch ball*

крепление фаркопа
*ball mount*

**кабель-«прикуриватель»**
*jumper cables*

шнур
*cable*

зажим чёрного цвета
*black clamp*

зажим красного цвета
*red clamp*

**коврик**
*floor mat*

**солнцезащитный экран**
*sun visor*

**щётка для уборки снега со скребком**
*snow brush with scraper*

**баллонный ключ**
*four-way lug wrench*

**крепление для перевозки лыж**
*ski rack*

**крепление для перевозки велосипедов**
*bike carrier*

**опускающаяся штора**
*roller shade*

**багажник на крышу**
*roof rack*

**домкрат**
*jack*

**автомобильный чехол**
*car cover*

ручка
*handle*

**детское автомобильное сиденье**
*child car seat*

подголовник
*head support*

страховочные ремни
*harness*

ТРАНСПОРТ

**автодорожный транспорт** | automobile road transport

# автобус
*bus*

**школьный автобус**
*school bus*

- зеркало заднего вида широкого обзора — *blind spot mirror*
- предупредительные сигнальные огни — *blinking lights*
- обзорное зеркало — *crossover mirror*
- бампер безопасности — *crossing arm*
- наружное зеркало заднего вида — *outside mirror*

**автокар**
*coach*

- воздухозаборник двигателя — *engine air intake*
- дверь — *door*
- моторный отсек — *engine compartment*
- багажное отделение — *baggage compartment*

**рейсовый автобус**
*city bus*

- вентиляционный люк — *air intake*
- указатель маршрута — *route sign*
- раздвижная дверь — *two-leaf door*

ТРАНСПОРТ

**автодорожный транспорт** | *automobile road transport*

## автобус

**двухэтажный автобус**
*double-decker bus*

- верхний этаж автобуса / *upper deck*
- указатель маршрута / *route sign*

**автобус для специализированных перевозок**
*specialised transportation bus*

- дверь подъёмника / *lift door*
- зеркало заднего вида / *trail-view mirror*
- наружное зеркало заднего вида широкого обзора / *blind spot mirror*
- поддерживающий поручень / *handrail*
- платформа / *platform*
- подъёмник для инвалидных кресел / *wheelchair lift*
- дверь для входа и выхода пассажиров / *entrance door*

ТРАНСПОРТ

**сдвоенный автобус-«гармошка»**
*articulated bus*

- передний салон автобуса / *front rigid section*
- задний салон автобуса / *rear rigid section*
- соединительная секция / *articulated joint*

401

# грузовые перевозки
*trucking*

**седельный тягач**
*tractor unit*

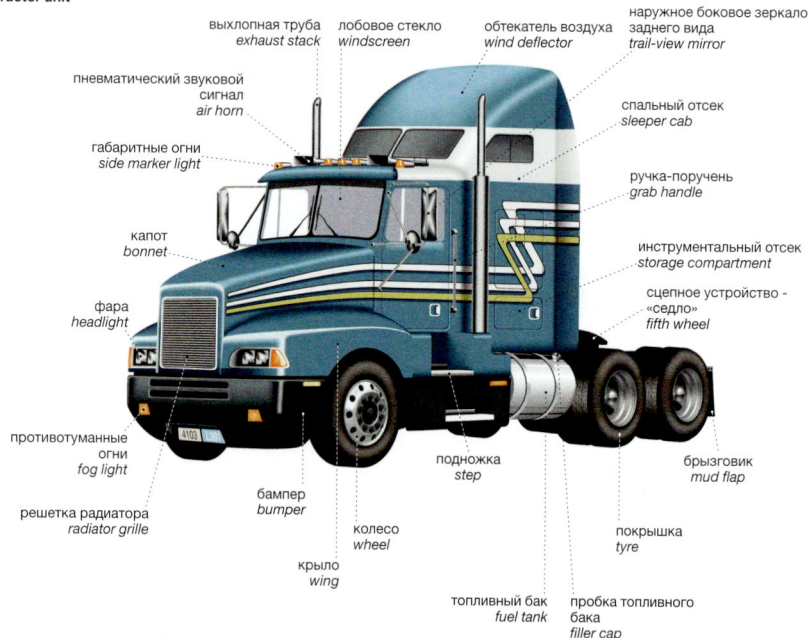

- выхлопная труба / *exhaust stack*
- лобовое стекло / *windscreen*
- обтекатель воздуха / *wind deflector*
- наружное боковое зеркало заднего вида / *trail-view mirror*
- пневматический звуковой сигнал / *air horn*
- спальный отсек / *sleeper cab*
- габаритные огни / *side marker light*
- ручка-поручень / *grab handle*
- капот / *bonnet*
- инструментальный отсек / *storage compartment*
- фара / *headlight*
- сцепное устройство - «седло» / *fifth wheel*
- противотуманные огни / *fog light*
- подножка / *step*
- брызговик / *mud flap*
- решетка радиатора / *radiator grille*
- бампер / *bumper*
- колесо / *wheel*
- покрышка / *tyre*
- крыло / *wing*
- топливный бак / *fuel tank*
- пробка топливного бака / *filler cap*

**виды полуприцепов**
*examples of articulated trucks*

**полуприцеп-автовоз**
*car transporter*

**полуприцеп-фургон**
*van body truck*

- цистерна / *tanker body*

**полуприцеп-цистерна**
*road tanker*

**автодорожный транспорт** | **automobile road transport**

## грузовые перевозки

### полуприцеп-рефрижератор
### refrigerated semi-trailer

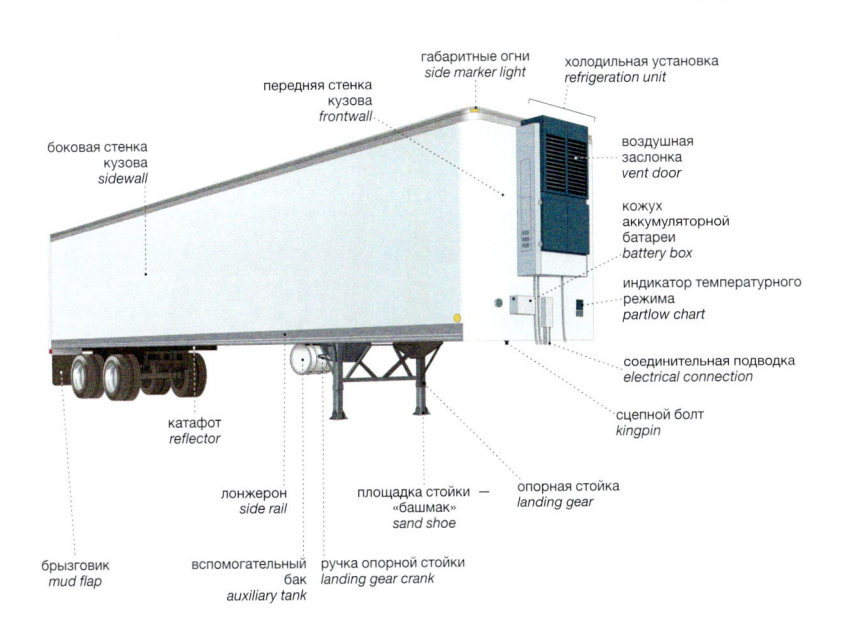

- габаритные огни — side marker light
- передняя стенка кузова — frontwall
- холодильная установка — refrigeration unit
- боковая стенка кузова — sidewall
- воздушная заслонка — vent door
- кожух аккумуляторной батареи — battery box
- индикатор температурного режима — partlow chart
- соединительная подводка — electrical connection
- сцепной болт — kingpin
- катафот — reflector
- лонжерон — side rail
- площадка стойки — «башмак» — sand shoe
- опорная стойка — landing gear
- брызговик — mud flap
- вспомогательный бак — auxiliary tank
- ручка опорной стойки — landing gear crank

**ТРАНСПОРТ**

### виды полуприцепов

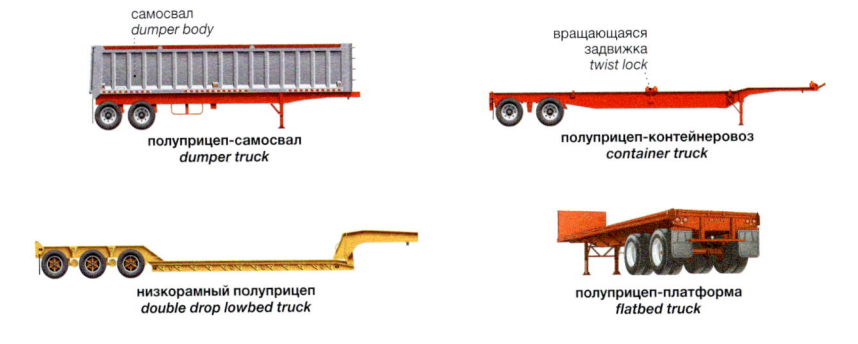

- самосвал — dumper body
- полуприцеп-самосвал — dumper truck
- вращающаяся задвижка — twist lock
- полуприцеп-контейнеровоз — container truck
- низкорамный полуприцеп — double drop lowbed truck
- полуприцеп-платформа — flatbed truck

**404** автодорожный транспорт | automobile road transport

## грузовые перевозки
### виды грузовых автомобилей
### examples of trucks

**грузовик-самосвал** / *tipper truck*
- кузов самосвала / *dumper body*

**мусоровоз** / *collection truck*
- кузов-пресс / *packer body*
- загрузочный бункер / *loading hopper*

**бетономешалка** / *cement mixer truck*

**грузовик-цистерна** / *tanker*
- цистерна / *tanker body*

**грузовик-фургон** / *van*

**эвакуатор** / *tow truck*
- трос / *cable*
- крюк / *hook*
- подъемная стрела / *boom*
- домкрат / *elevating cylinder*
- сцепное устройство / *towing device*
- управление лебедкой / *winch controls*
- лебедка / *winch*

**снегоуборочная машина** / *snowblower*
- рассекатель / *deflector*
- шнек / *auger*
- нагнетатель / *blower*

**уборочная машина** / *street sweeper*
- бак для воды / *water tank*
- самосвал для лома / *debris hopper*
- метла для сбора / *pickup broom*
- канал подачи воды / *watering tube*
- метла для канавок / *gutter broom*

ТРАНСПОРТ

автодорожный транспорт | automobile road transport

# трейлер
*caravan*

**трейлер-прицеп**
*trailer caravan*

- вентиляционный люк крыши / roof vent
- боковое вентиляционное отверстие / side vent
- кузов / body
- солнцезащитный козырёк / sun visor
- крепление тента / awning channel
- пропановый резервуар / propane gas cylinder
- ручка / grab handle
- гидравлический подъёмник / hydraulic jack
- опорная стойка / landing gear
- багажное отделение / storage compartment
- треугольная сцепка / tow bar
- прицепное устройство / towing hitch
- внешняя электрическая розетка / external socket
- страховочная цепь / tow safety chain
- подножка / retractable step
- дверь / door
- соединительная электрическая фишка / lighting cable

**трейлер-палатка**
*trailer tent*

- дверь с противомоскитной сеткой / screen door
- тент / canopy
- крыша / roof
- спальный отсек / bunk
- окно / window
- запасное колесо / spare tyre
- кузов / body
- опорная стойка / stabilizer jack

**жилой автофургон**
*motor home*

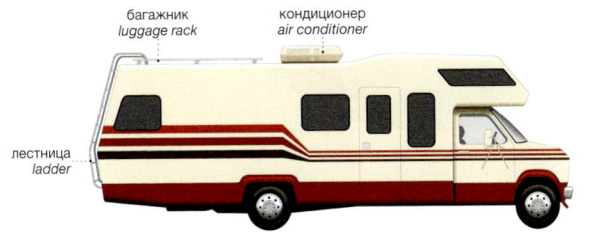

- багажник / luggage rack
- кондиционер / air conditioner
- лестница / ladder

ТРАНСПОРТ

# МОТОЦИКЛ

*motorcycle*

**вид сбоку**
*lateral view*

задний поворотник
*rear turn indicator*

пассажирское сиденье
*passenger's seat*

место водителя
*driver's seat*

бензобак
*fuel tank*

задний фонарь
*rear light*

спойлер
*fairing*

рама
*frame*

подножка для пассажира
*passenger's footrest*

глушитель
*silencer*

педаль заднего тормоза
*rear brake pedal*

карбюратор
*carburetto*

подножка
*kickstand*

**автодорожный транспорт** | **automobile road transport**

## МОТОЦИКЛ

**полнопрофильный шлем**
**full-face motorcycle helmet**

оболочка
*shell*

визор (забрало)
*visor*

шарнир забрала
*visor hinge*

подбородник
*chin bar*

лобовое стекло
*windscreen*

рычаг переднего тормоза
*front brake lever*

зеркало заднего вида
*mirror*

приборная панель
*instrument cluster*

ручка
*handgrip*

передний поворотник
*front turn indicator*

фара
*headlight*

вентиляционное отверстие
*air inlet*

двигатель
*engine*

телескопическая передняя стойка
*telescopic front fork*

переднее крыло
*front mudguard*

суппорт тормоза
*brake caliper*

обод
*rim*

нижний спойлер
*spoiler*

тормоз
*disc brake*

ТРАНСПОРТ

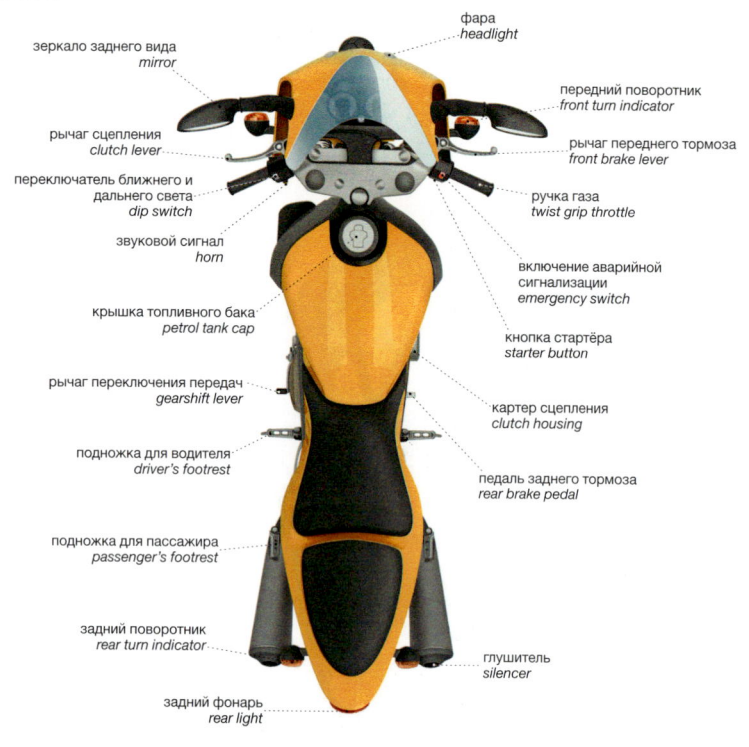

## мотоцикл

**приборная панель**
*dashboard*

- индикатор уровня масла / *oil warning light*
- индикатор включенной нейтральной передачи / *neutral indicator tell-tale*
- индикатор включенного дальнего света / *main beam indicator tell-tale*
- индикатор включенного поворотника / *turn indicator tell-tale*
- индикатор низкого уровня топлива / *low fuel warning light*
- спидометр / *speedometer*
- тахометр / *tachometer*
- замок зажигания / *ignition switch*

**вид сверху**
*view from above*

- зеркало заднего вида / *mirror*
- фара / *headlight*
- передний поворотник / *front turn indicator*
- рычаг сцепления / *clutch lever*
- рычаг переднего тормоза / *front brake lever*
- переключатель ближнего и дальнего света / *dip switch*
- ручка газа / *twist grip throttle*
- звуковой сигнал / *horn*
- включение аварийной сигнализации / *emergency switch*
- крышка топливного бака / *petrol tank cap*
- кнопка стартёра / *starter button*
- рычаг переключения передач / *gearshift lever*
- картер сцепления / *clutch housing*
- подножка для водителя / *driver's footrest*
- педаль заднего тормоза / *rear brake pedal*
- подножка для пассажира / *passenger's footrest*
- задний поворотник / *rear turn indicator*
- глушитель / *silencer*
- задний фонарь / *rear light*

автодорожный транспорт | automobile road transport

## мотоцикл

**скутер**
*motor scooter*

седло
*seat*

зеркало заднего вида
*mirror*

багажник
*luggage rack*

передний спойлер
*apron*

полик
*floorboard*

**виды мотоциклов**
*examples of motorcycles*

седло
*seat*

**мотоцикл-внедорожник**
*off-road motorcycle*

шипованная покрышка
*knobby tyre*

телескопическая передняя стойка
*telescopic front fork*

**мопед**
*moped*

багажник
*carrier*

боковой упор
*kickstand*

антенна
*aerial*

спинка седла
*backrest*

багажный ящик
*top box*

ящик для инструментов
*saddlebag*

пассажирское сиденье
*passenger's seat*

**туристический мотоцикл**
*touring motorcycle*

лобовое стекло
*windscreen*

место водителя
*driver's seat*

## квадроцикл

*quad bike*

задний багажник
*rear cargo rack*

седло
*seat*

бензобак
*fuel tank*

ручка
*handgrip*

заднее крыло
*rear bumper*

глушитель
*silencer*

бампер
*bumper*

передний амортизатор
*front shock absorber*

переключатель передач
*gear lever*

ТРАНСПОРТ

велосипедный транспорт | cycling road transport

# велосипед

*bicycle*

**основные части велосипеда**
*parts of a bicycle*

- регулировочный стержень седла — *saddle pillar*
- седло — *saddle*
- насос — *tyre pump*
- задний катафот — *rear reflector*
- верхняя труба рамы — *crossbar*
- верхнее перо рамы — *seat stay*
- опорная стойка — *saddle tube*
- багажник — *carrier*
- задний тормоз — *rear brake*
- динамо — *dynamo*
- катафот — *reflector*
- крыло-брызговик — *mudguard*
- задний переключатель скорости — *rear derailleur*
- нижнее перо рамы — *chain stay*
- цепь — *chain*
- передний переключатель скоростей — *front derailleur*
- педаль — *pedal*
- стремя — *toe clip*

**велосипедный транспорт** | cycling road transport

## велосипед

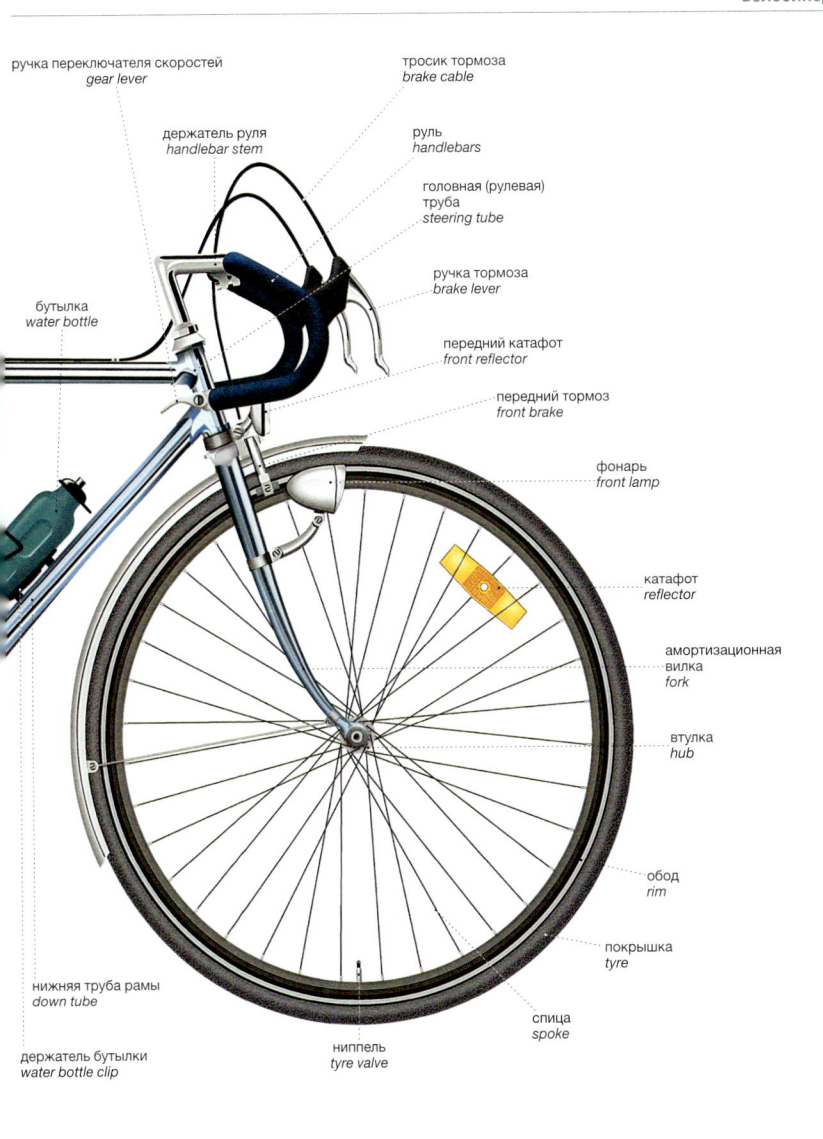

- ручка переключателя скоростей / gear lever
- держатель руля / handlebar stem
- бутылка / water bottle
- тросик тормоза / brake cable
- руль / handlebars
- головная (рулевая) труба / steering tube
- ручка тормоза / brake lever
- передний катафот / front reflector
- передний тормоз / front brake
- фонарь / front lamp
- катафот / reflector
- амортизационная вилка / fork
- втулка / hub
- обод / rim
- покрышка / tyre
- нижняя труба рамы / down tube
- держатель бутылки / water bottle clip
- ниппель / tyre valve
- спица / spoke

ТРАНСПОРТ

**412** | велосипедный транспорт | *cycling road transport*

## велосипед

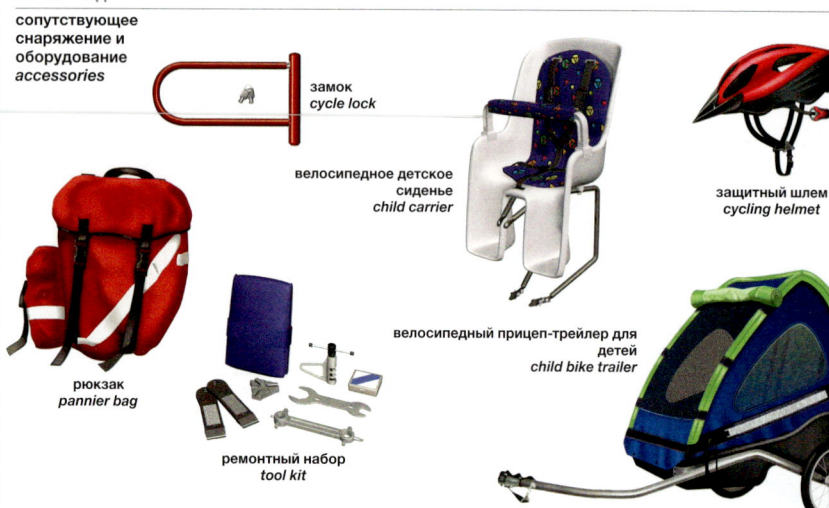

### сопутствующее снаряжение и оборудование
*accessories*

замок
*cycle lock*

велосипедное детское сиденье
*child carrier*

защитный шлем
*cycling helmet*

рюкзак
*pannier bag*

ремонтный набор
*tool kit*

велосипедный прицеп-трейлер для детей
*child bike trailer*

### виды велосипедов
*examples of bicycles*

детский двухколёсный велосипед
*child's bicycle*

велосипед BMX
*BMX bike*

детский трехколесный велосипед
*child's tricycle*

учебное колесо
*stabilizer*

прицеп-полувелосипед
*trailer bike*

туристический велосипед
*touring bicycle*

**велосипедный транспорт** | cycling road transport

## велосипед

**велосипед для езды лёжа**
*recumbent bicycle*

задняя корзина
*rear basket*

**взрослый трёхколёсный велосипед**
*adult tricycle*

батарея
*battery*

**электрический велосипед**
*electric bicycle*

**городской велосипед**
*city bicycle*

**гоночный велосипед**
*road bicycle*

**«горный» велосипед-внедорожник**
*all-terrain bicycle*

**тандем**
*tandem*

ТРАНСПОРТ

# железнодорожный вокзал

*passenger station*

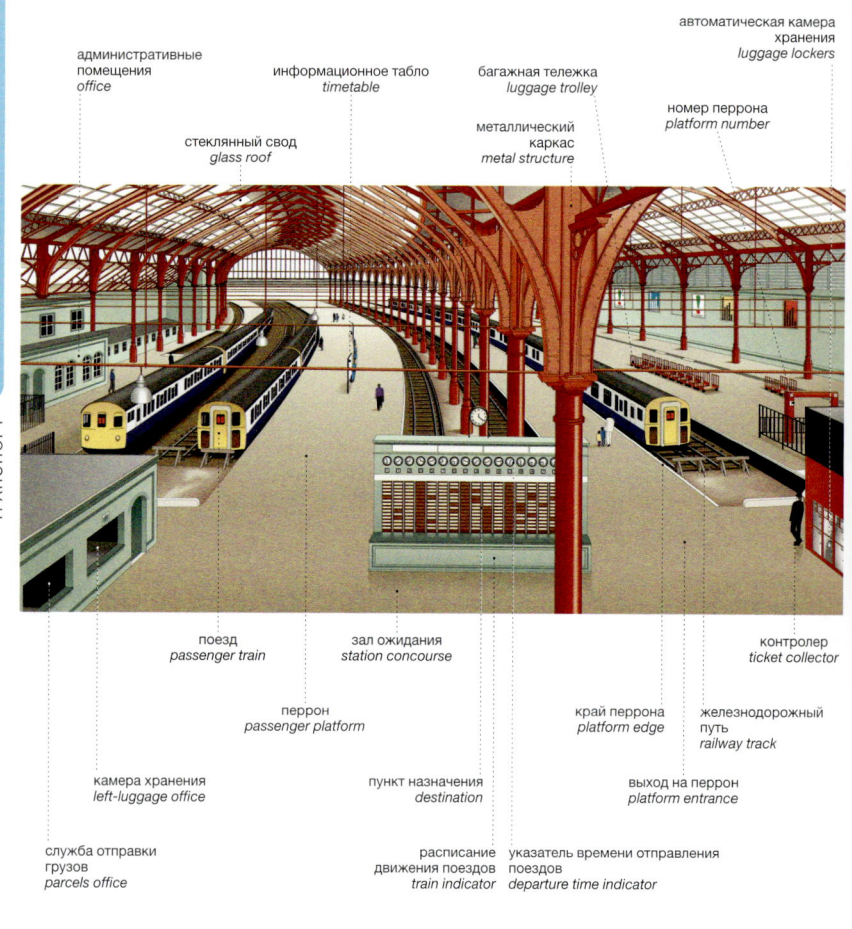

- административные помещения — office
- информационное табло — timetable
- багажная тележка — luggage trolley
- автоматическая камера хранения — luggage lockers
- стеклянный свод — glass roof
- металлический каркас — metal structure
- номер перрона — platform number
- поезд — passenger train
- зал ожидания — station concourse
- контролер — ticket collector
- перрон — passenger platform
- край перрона — platform edge
- железнодорожный путь — railway track
- камера хранения — left-luggage office
- пункт назначения — destination
- выход на перрон — platform entrance
- служба отправки грузов — parcels office
- расписание движения поездов — train indicator
- указатель времени отправления поездов — departure time indicator

**железнодорожный транспорт** | rail transport

# вокзал

### railway station

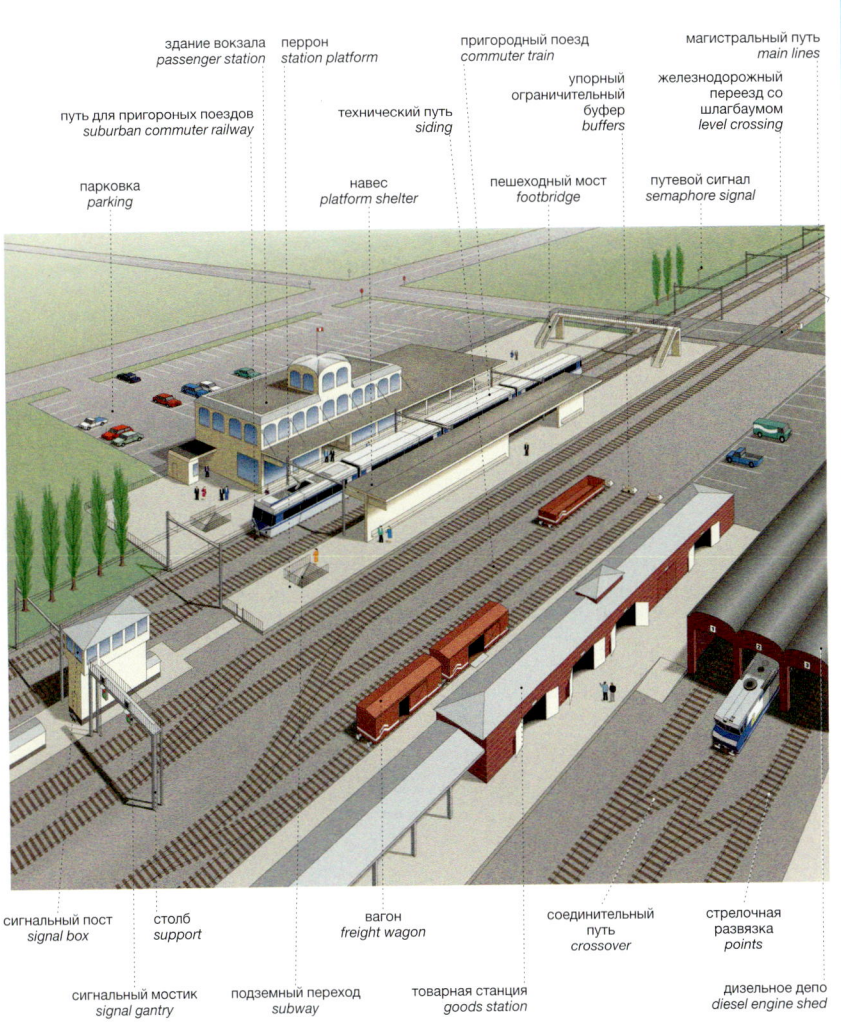

- здание вокзала — passenger station
- перрон — station platform
- пригородный поезд — commuter train
- магистральный путь — main lines
- путь для пригороных поездов — suburban commuter railway
- технический путь — siding
- упорный ограничительный буфер — buffers
- железнодорожный переезд со шлагбаумом — level crossing
- парковка — parking
- навес — platform shelter
- пешеходный мост — footbridge
- путевой сигнал — semaphore signal
- сигнальный пост — signal box
- столб — support
- вагон — freight wagon
- соединительный путь — crossover
- стрелочная развязка — points
- сигнальный мостик — signal gantry
- подземный переход — subway
- товарная станция — goods station
- дизельное депо — diesel engine shed

ТРАНСПОРТ

# железнодорожный транспорт | rail transport

## электродизельный локомотив
### diesel-electric locomotive

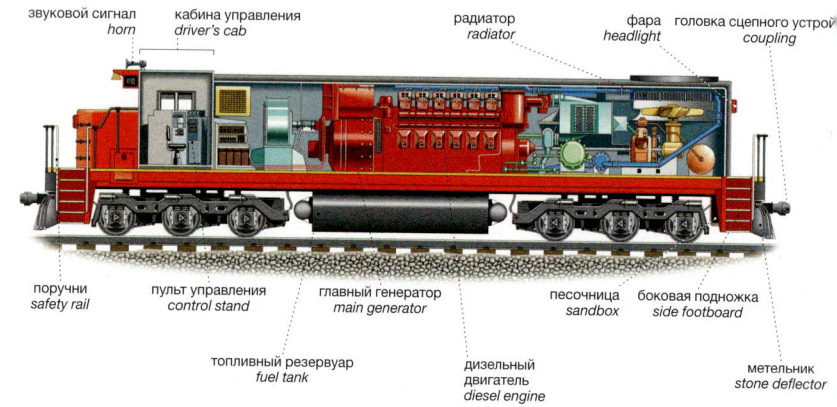

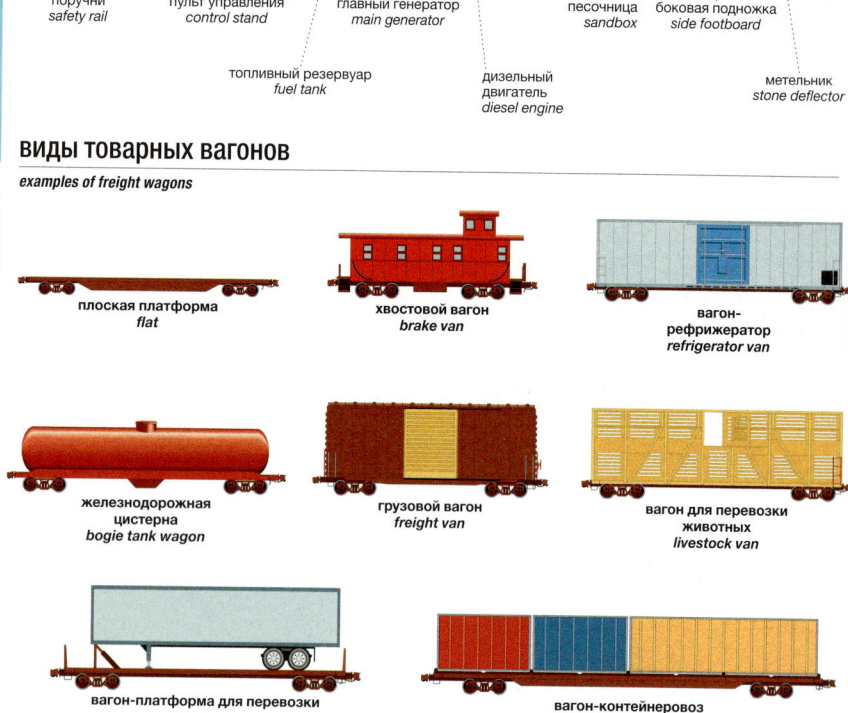

- звуковой сигнал / horn
- кабина управления / driver's cab
- радиатор / radiator
- фара / headlight
- головка сцепного устройства / coupling
- поручни / safety rail
- пульт управления / control stand
- топливный резервуар / fuel tank
- главный генератор / main generator
- дизельный двигатель / diesel engine
- песочница / sandbox
- боковая подножка / side footboard
- метельник / stone deflector

## виды товарных вагонов
### examples of freight wagons

- плоская платформа / flat
- хвостовой вагон / brake van
- вагон-рефрижератор / refrigerator van
- железнодорожная цистерна / bogie tank wagon
- грузовой вагон / freight van
- вагон для перевозки животных / livestock van
- вагон-платформа для перевозки транспорта / intermodal car
- вагон-контейнеровоз / container truck

**железнодорожный транспорт** | rail transport

## поезд-экспресс
### high-speed train

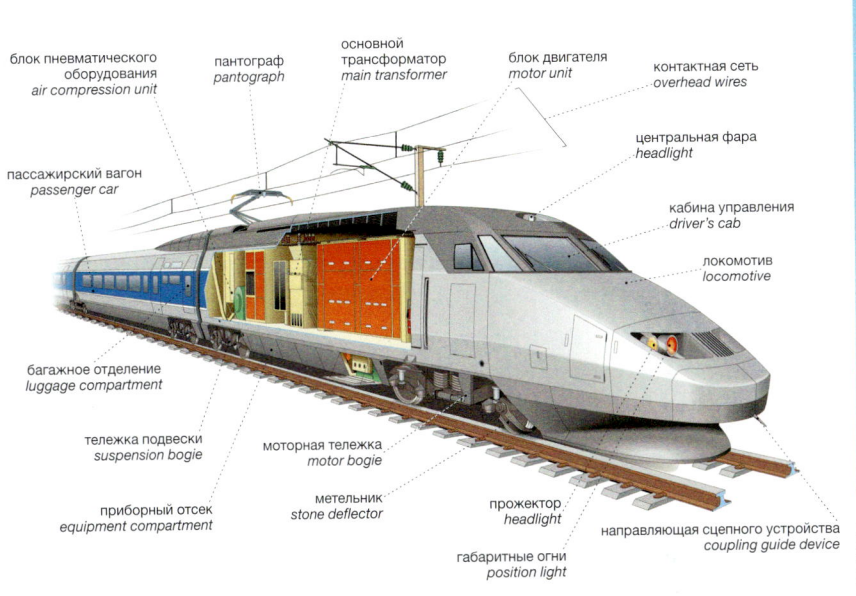

- блок пневматического оборудования / air compression unit
- пантограф / pantograph
- основной трансформатор / main transformer
- блок двигателя / motor unit
- контактная сеть / overhead wires
- центральная фара / headlight
- пассажирский вагон / passenger car
- кабина управления / driver's cab
- локомотив / locomotive
- багажное отделение / luggage compartment
- тележка подвески / suspension bogie
- моторная тележка / motor bogie
- метельник / stone deflector
- прожектор / headlight
- направляющая сцепного устройства / coupling guide device
- приборный отсек / equipment compartment
- габаритные огни / position light

## виды пассажирских вагонов
### types of passenger coach

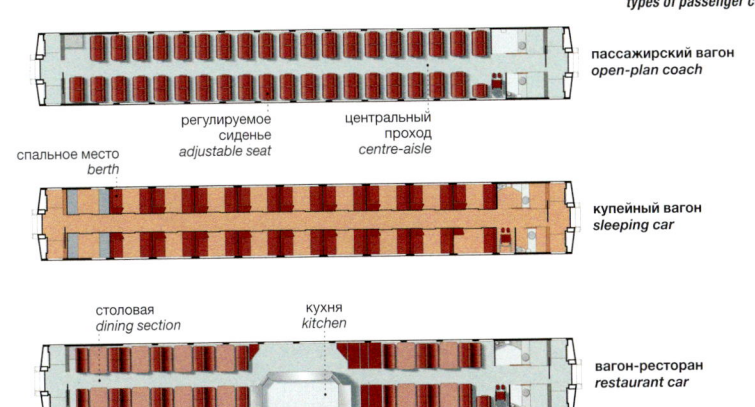

- пассажирский вагон / open-plan coach
- регулируемое сиденье / adjustable seat
- центральный проход / centre-aisle
- спальное место / berth
- купейный вагон / sleeping car
- столовая / dining section
- кухня / kitchen
- вагон-ресторан / restaurant car

ТРАНСПОРТ

# городской рельсовый транспорт | urban rail transport

# метрополитен
*underground railway*

**станция метро**
*underground station*

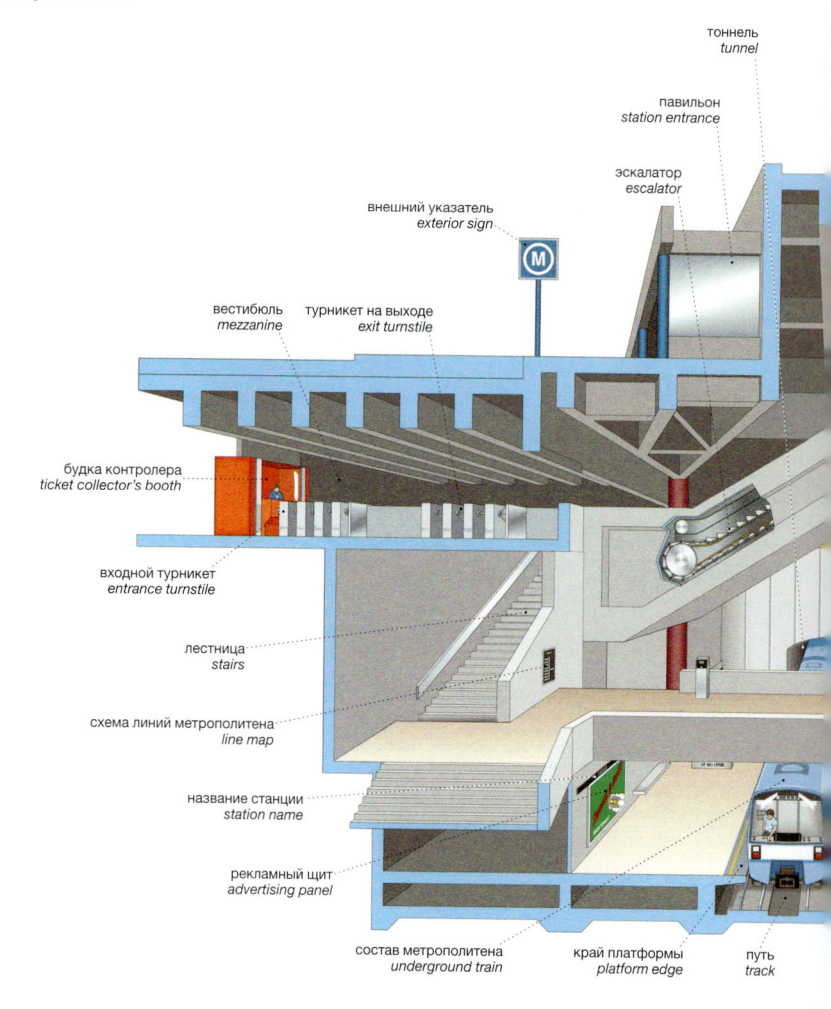

- тоннель | *tunnel*
- павильон | *station entrance*
- эскалатор | *escalator*
- внешний указатель | *exterior sign*
- вестибюль | *mezzanine*
- турникет на выходе | *exit turnstile*
- будка контролера | *ticket collector's booth*
- входной турникет | *entrance turnstile*
- лестница | *stairs*
- схема линий метрополитена | *line map*
- название станции | *station name*
- рекламный щит | *advertising panel*
- состав метрополитена | *underground train*
- край платформы | *platform edge*
- путь | *track*

городской рельсовый транспорт | urban rail transport

## метрополитен

ТРАНСПОРТ

киоск
*kiosk*

автомат продажи билетов
*transfer ticket dispensing machine*

переход
*footbridge*

указатель направления
движения поезда
*train direction sign*

схема линий метрополитена
*underground map*

ограничительная линия   перрон           скамейка
безопасности             *platform*        *bench*
*safety line*

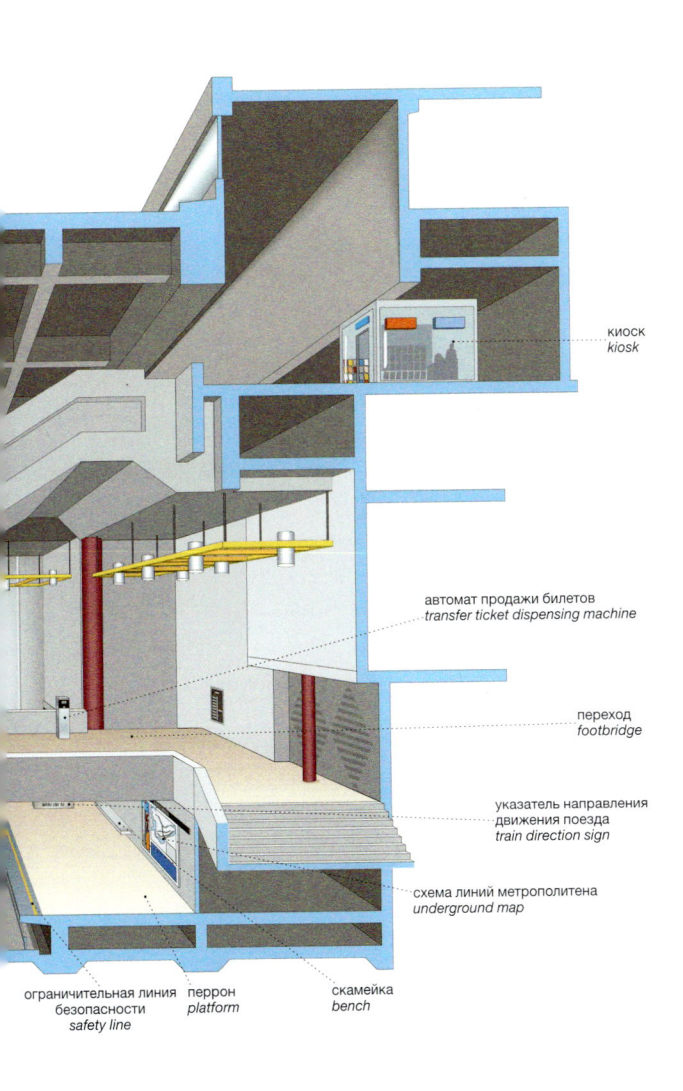

**городской рельсовый транспорт** | urban rail transport

## метрополитен

**вагон метрополитена**
*passenger car*

- боковая дверь — *side door*
- вентиляционная решётка — *ventilator*
- переговорное устройство — *communication set*
- поручень — *side handrail*
- стоп-кран — *emergency brake*
- освещение — *light*
- направляющая пневматическая шина — *inflated guiding tyre*
- несущая пневматическая шина — *inflated carrying tyre*
- подвеска — *suspension*
- окно — *window*
- схема линий метрополитена — *underground map*
- стойка-поручень — *handrail*
- одинарное сиденье — *single seat*
- двойное сиденье — *double seat*
- вентиляционное отверстие топки — *heating vent*

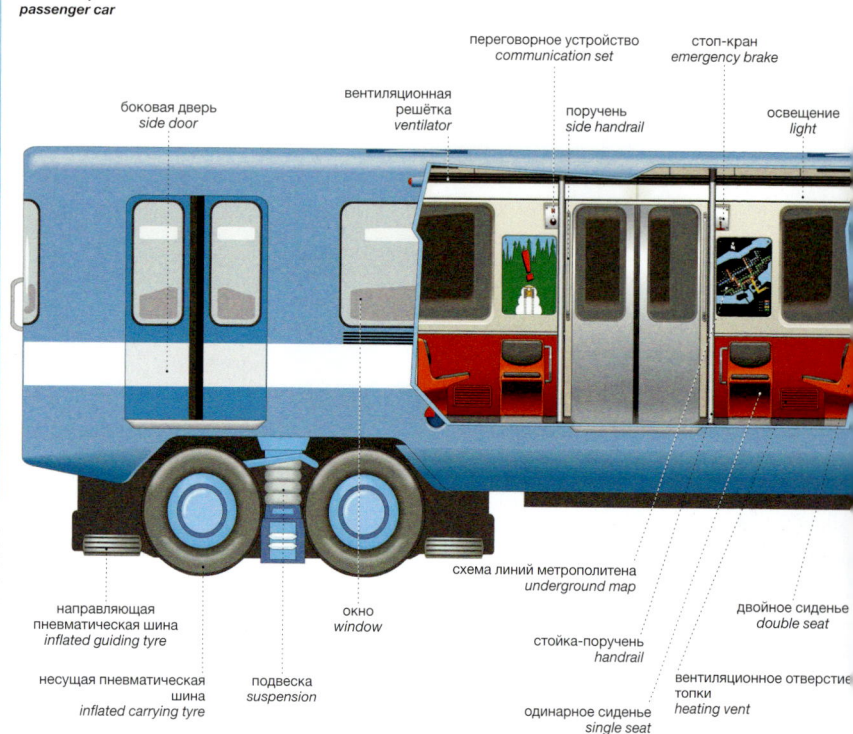

## трамвай

*streetcar*

- пантограф — *pantograph*
- контактная сеть высокого напряжения — *overhead wires*
- указатель маршрута — *route sign*

морской транспорт | maritime transport

# морской порт
## harbour

- шлюз / canal lock
- сухой док / dry dock
- стреловой кран / quayside crane
- ворота-затвор / gate
- контейнерный причал / container-loading bridge
- транзитный ангар / transit shed
- терминал для «навалочных» грузов / bulk terminal
- причал / quay
- холодильник / cold store
- маяк / lighthouse
- морской вокзал / passenger terminal
- нефтебаза / oil terminal
- танкер / tanker
- паром / ferryboat

ТРАНСПОРТ

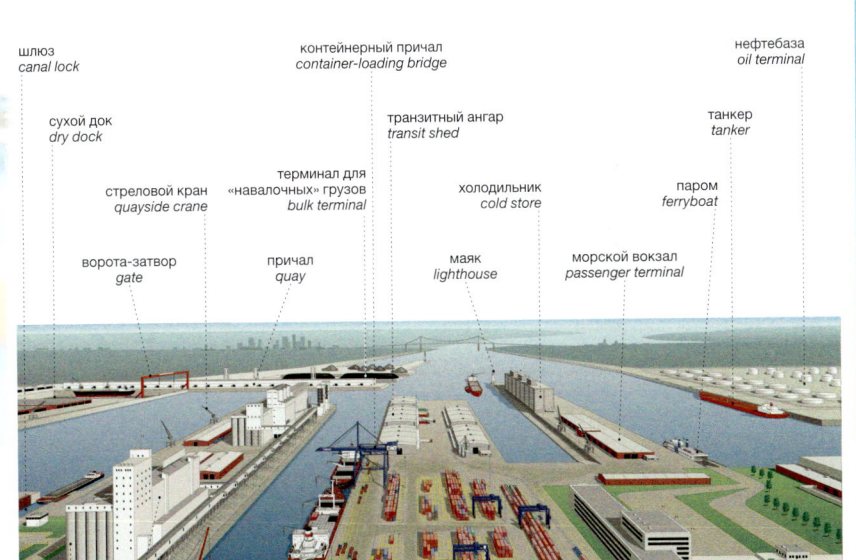

- плавучий подъемный кран / floating crane
- терминал для зерновых культур / grain terminal
- элеватор / silos
- док / dock
- контейнеровоз / container ship
- портальный кран / loading bridge
- наклонный спуск к причалу / quay ramp
- контейнерный терминал / container terminal
- подъездной путь к причалу / quayside railway
- таможенный пункт / customs house
- парковка / parking
- административное здание / office building
- подъездной путь для автотранспорта / road transport

# виды судов и плавучих средств

*examples of boats and ships*

**плавучая буровая вышка**
*drill ship*

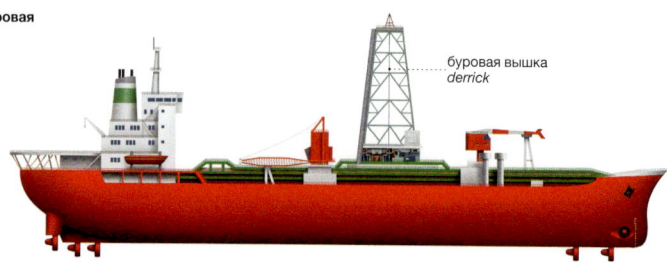

буровая вышка — *derrick*

**сухогруз**
*bulk carrier*

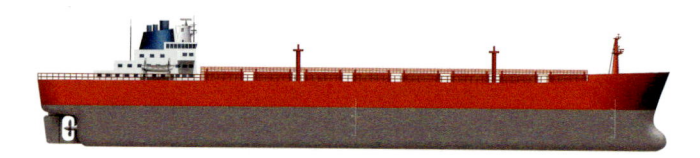

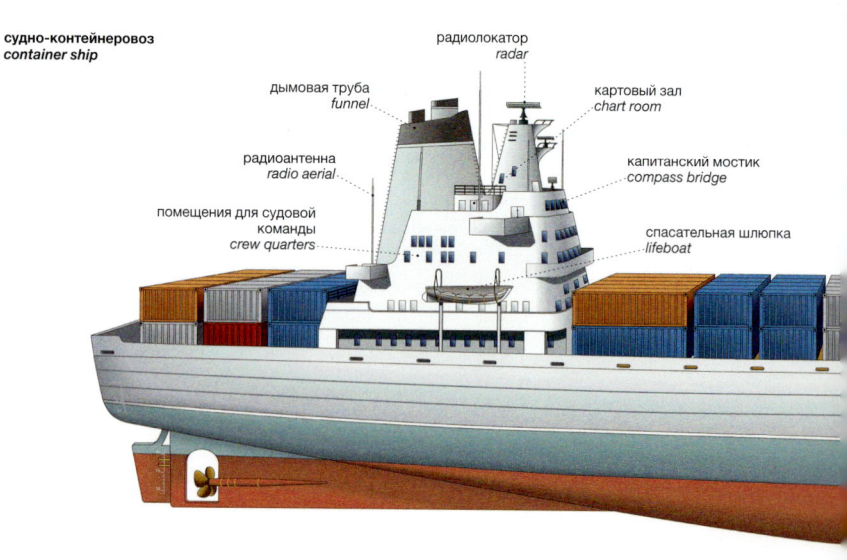

**судно-контейнеровоз**
*container ship*

- радиолокатор — *radar*
- дымовая труба — *funnel*
- картовый зал — *chart room*
- радиоантенна — *radio aerial*
- капитанский мостик — *compass bridge*
- помещения для судовой команды — *crew quarters*
- спасательная шлюпка — *lifeboat*

морской транспорт | maritime transport

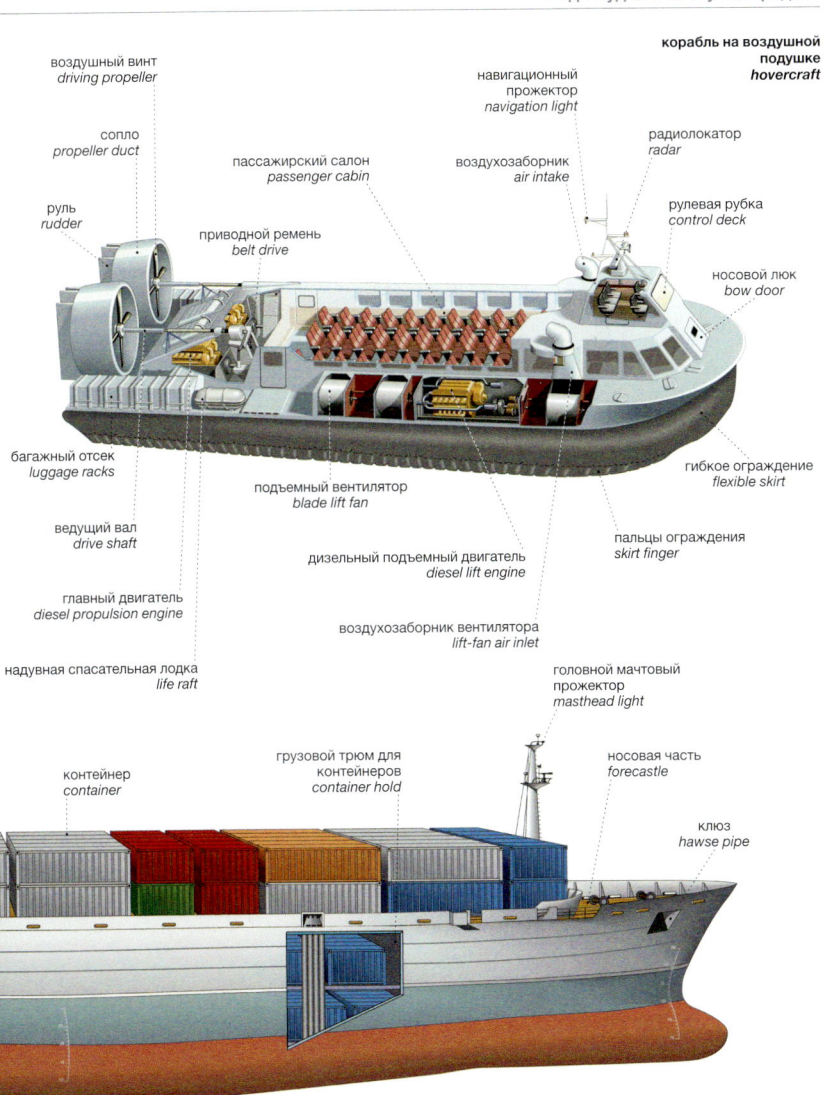

## виды судов и плавучих средств

**корабль на воздушной подушке**
*hovercraft*

- воздушный винт — *driving propeller*
- сопло — *propeller duct*
- руль — *rudder*
- приводной ремень — *belt drive*
- пассажирский салон — *passenger cabin*
- навигационный прожектор — *navigation light*
- воздухозаборник — *air intake*
- радиолокатор — *radar*
- рулевая рубка — *control deck*
- носовой люк — *bow door*
- багажный отсек — *luggage racks*
- ведущий вал — *drive shaft*
- главный двигатель — *diesel propulsion engine*
- надувная спасательная лодка — *life raft*
- подъемный вентилятор — *blade lift fan*
- дизельный подъемный двигатель — *diesel lift engine*
- воздухозаборник вентилятора — *lift-fan air inlet*
- гибкое ограждение — *flexible skirt*
- пальцы ограждения — *skirt finger*

- головной мачтовый прожектор — *masthead light*
- контейнер — *container*
- грузовой трюм для контейнеров — *container hold*
- носовая часть — *forecastle*
- клюз — *hawse pipe*

транспорт

**морской транспорт** | maritime transport

## виды судов и плавучих средств

**траулер** / *trawler*

**буксир** / *tugboat*

рулевая рубка / *wheelhouse*

гребной винт / *propeller*

перо руля / *rudder blade*

**ледокол** / *icebreaker*

форштевень / *stem*

тянущий винт / *stem propeller*

толкающий винт / *rear propeller*

**танкер** / *tanker*

машинное отделение / *engine room*

радиолокационная мачта / *radar mast*

радиоантенна / *radio aerial*

водоотделитель / *separator*

продольная переборка / *lengthways bulkhead*

леерное ограждение / *guardrail*

брашпиль / *davit*

руль / *rudder*

гребной винт / *propeller*

насосное отделение / *pump room*

поперечная переборка / *transverse bulkhead*

морской транспорт | maritime transport

## виды судов и плавучих средств

**моторная лодка** / *runabout*
- перила / *handrail*
- подвесной двигатель / *outboard engine*

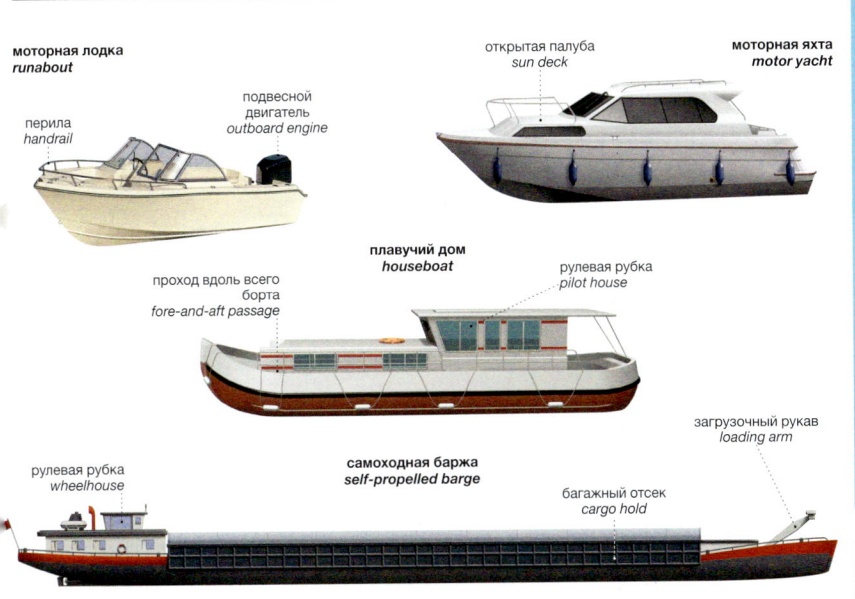

**моторная яхта** / *motor yacht*
- открытая палуба / *sun deck*

**плавучий дом** / *houseboat*
- проход вдоль всего борта / *fore-and-aft passage*
- рулевая рубка / *pilot house*

**самоходная баржа** / *self-propelled barge*
- рулевая рубка / *wheelhouse*
- багажный отсек / *cargo hold*
- загрузочный рукав / *loading arm*

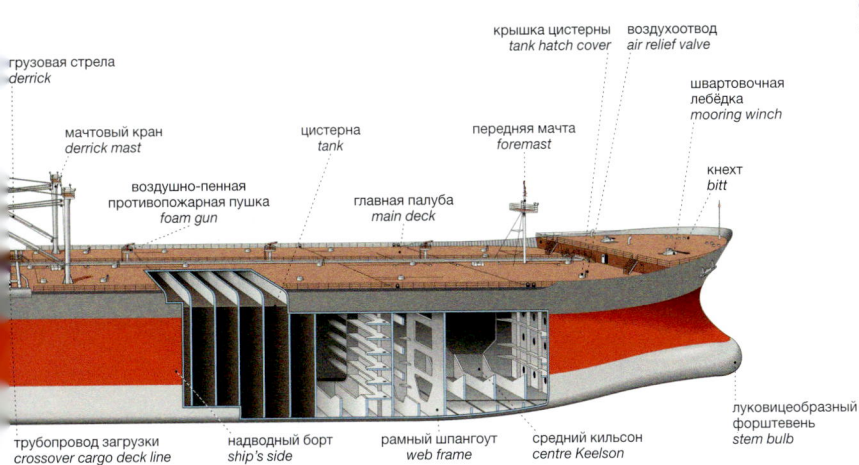

- грузовая стрела / *derrick*
- мачтовый кран / *derrick mast*
- воздушно-пенная противопожарная пушка / *foam gun*
- цистерна / *tank*
- главная палуба / *main deck*
- крышка цистерны / *tank hatch cover*
- воздухоотвод / *air relief valve*
- передняя мачта / *foremast*
- швартовочная лебёдка / *mooring winch*
- кнехт / *bitt*
- трубопровод загрузки / *crossover cargo deck line*
- надводный борт / *ship's side*
- рамный шпангоут / *web frame*
- средний кильсон / *centre keelson*
- луковицеобразный форштевень / *stem bulb*

ТРАНСПОРТ

## морской транспорт | maritime transport

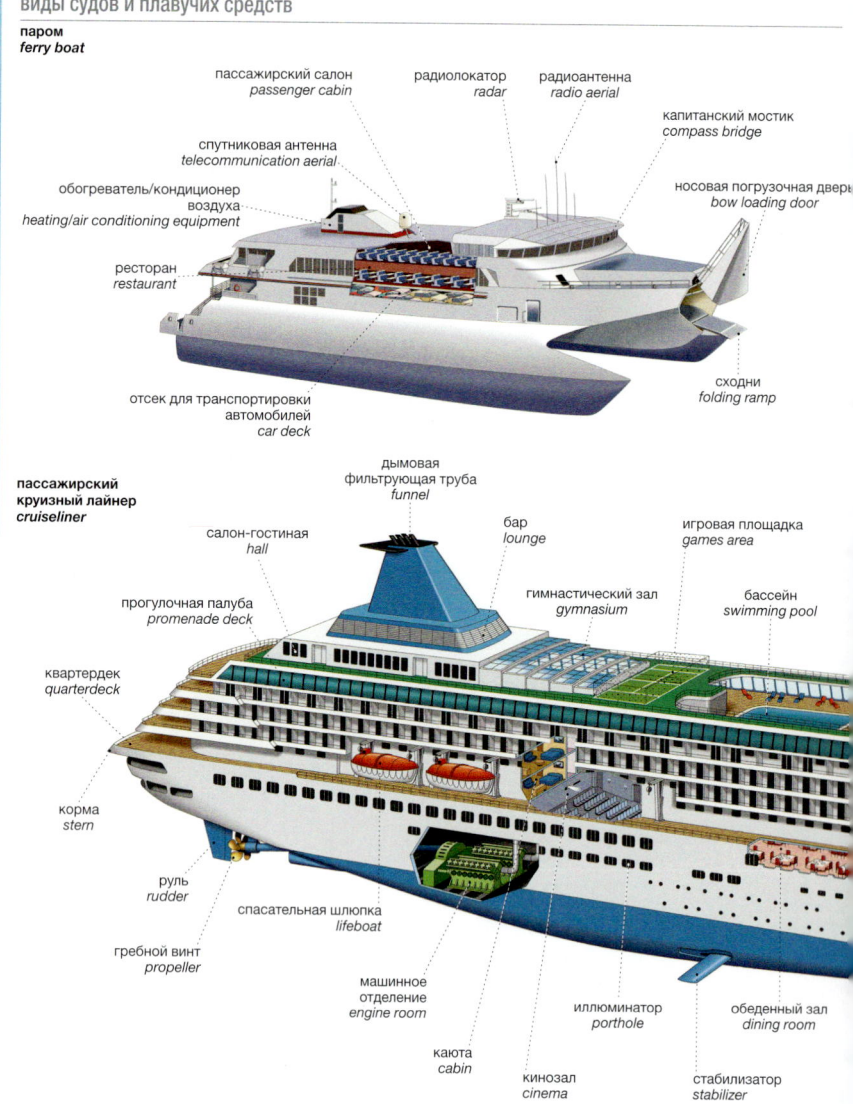

### виды судов и плавучих средств

**паром**
*ferry boat*

- пассажирский салон — *passenger cabin*
- радиолокатор — *radar*
- радиоантенна — *radio aerial*
- капитанский мостик — *compass bridge*
- спутниковая антенна — *telecommunication aerial*
- обогреватель/кондиционер воздуха — *heating/air conditioning equipment*
- носовая погрузочная дверь — *bow loading door*
- ресторан — *restaurant*
- отсек для транспортировки автомобилей — *car deck*
- сходни — *folding ramp*

**пассажирский круизный лайнер**
*cruiseliner*

- дымовая фильтрующая труба — *funnel*
- салон-гостиная — *hall*
- бар — *lounge*
- игровая площадка — *games area*
- прогулочная палуба — *promenade deck*
- гимнастический зал — *gymnasium*
- бассейн — *swimming pool*
- квартердек — *quarterdeck*
- корма — *stern*
- руль — *rudder*
- спасательная шлюпка — *lifeboat*
- гребной винт — *propeller*
- машинное отделение — *engine room*
- иллюминатор — *porthole*
- обеденный зал — *dining room*
- каюта — *cabin*
- кинозал — *cinema*
- стабилизатор — *stabilizer*

морской транспорт | maritime transport

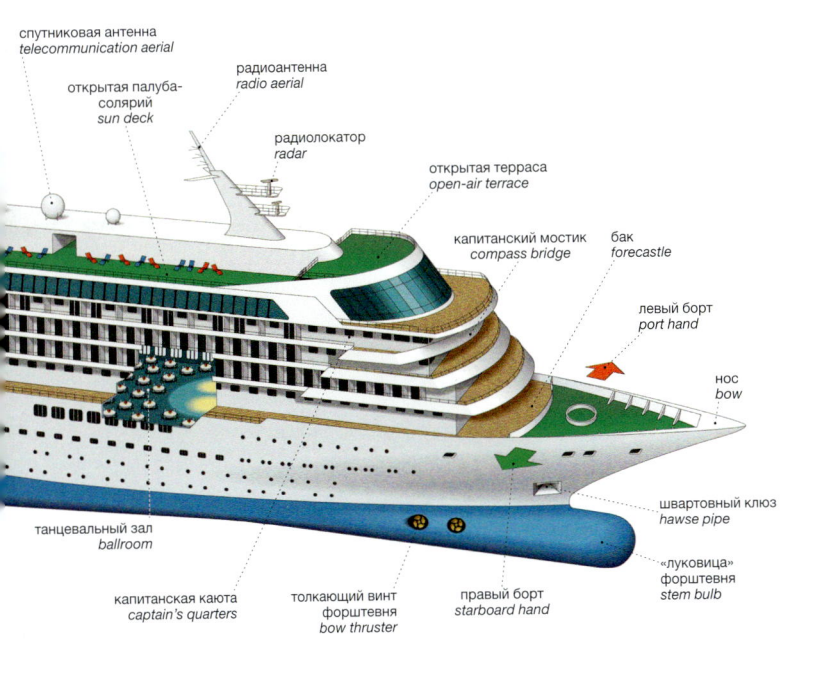

## виды судов и плавучих средств

**судно на подводных крыльях**
*hydrofoil boat*

- радиоантенна / *radio aerial*
- радиолокатор / *radar*
- спасательный круг / *life buoy*
- пассажирский салон / *passenger cabin*
- капитанский мостик / *compass bridge*
- стойка крыла / *strut*
- вал гребного винта / *propeller shaft*
- заднее крыло / *rear foil*
- гребной винт / *propeller*
- переднее крыло / *front foil*
- V-образные крылья / *surface-piercing foils*

- спутниковая антенна / *telecommunication aerial*
- открытая палуба-солярий / *sun deck*
- радиоантенна / *radio aerial*
- радиолокатор / *radar*
- открытая терраса / *open-air terrace*
- капитанский мостик / *compass bridge*
- бак / *forecastle*
- левый борт / *port hand*
- нос / *bow*
- швартовный клюз / *hawse pipe*
- «луковица» форштевня / *stem bulb*
- правый борт / *starboard hand*
- толкающий винт форштевня / *bow thruster*
- капитанская каюта / *captain's quarters*
- танцевальный зал / *ballroom*

ТРАНСПОРТ

428 **воздушный транспорт** | air transport

# аэропорт
*airport*

**внешний вид**
*exterior view*

дорожка выруливания со взлетно-посадочной полосы
*high-speed exit taxiway*

наблюдательный пост командно-диспетчерского пункта
*tower control room*

башня командно-диспетчерского пункта
*control tower*

автомобильная подъездная дорога
*access road*

объездная дорожка выруливания
*bypass taxiway*

дорожка выруливания
*taxiway*

зона для выруливания
*apron*

сервисно-технический путь
*service road*

зона для руления
*apron*

**воздушный транспорт** | air transport

## аэропорт

пассажирский терминал / *passenger terminal*

дорожка выруливания / *taxiway*

ангар / *maintenance hangar*

место стоянки / *parking area*

телескопический коридор / *telescopic corridor*

зона технического обслуживания / *service area*

посадочный причал-галерея / *boarding walkway*

разметка / *taxiway line*

вспомогательный взлетно-посадочный терминал / *satellite terminal*

ТРАНСПОРТ

# аэропорт

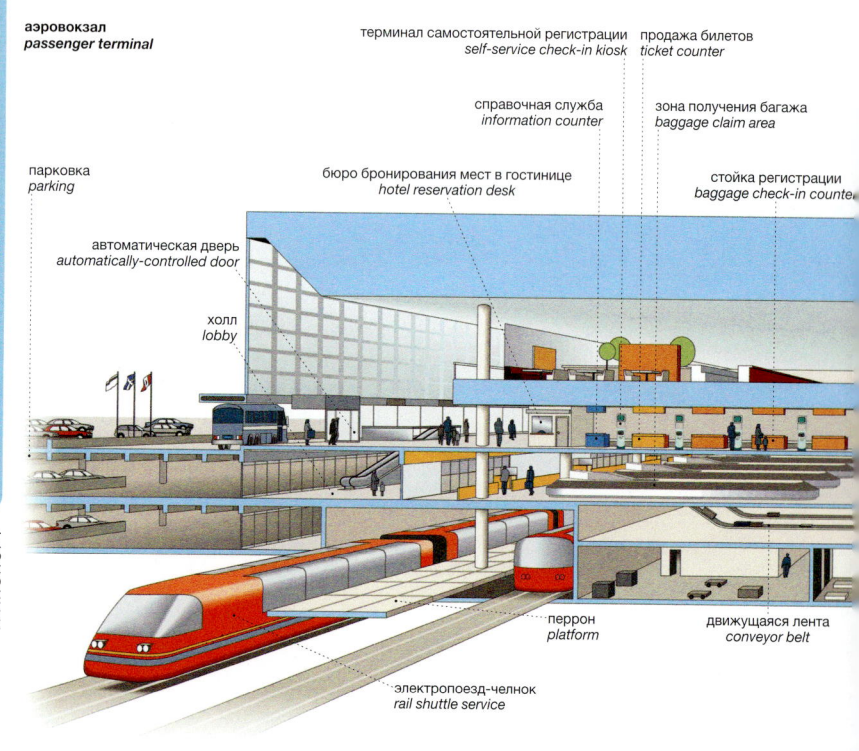

**аэровокзал**
*passenger terminal*

терминал самостоятельной регистрации
*self-service check-in kiosk*

продажа билетов
*ticket counter*

справочная служба
*information counter*

зона получения багажа
*baggage claim area*

бюро бронирования мест в гостинице
*hotel reservation desk*

стойка регистрации
*baggage check-in counter*

парковка
*parking*

автоматическая дверь
*automatically-controlled door*

холл
*lobby*

перрон
*platform*

движущаяся лента
*conveyor belt*

электропоезд-челнок
*rail shuttle service*

**взлётно-посадочная полоса**
*runway*

разметка оси взлётно-посадочной полосы
*runway centre line markings*

метка «точка ожидания»
*holding area marking*

маркированный номер полосы
*runway designation marking*

разметка края взлётно-посадочной полосы
*runway side stripe markings*

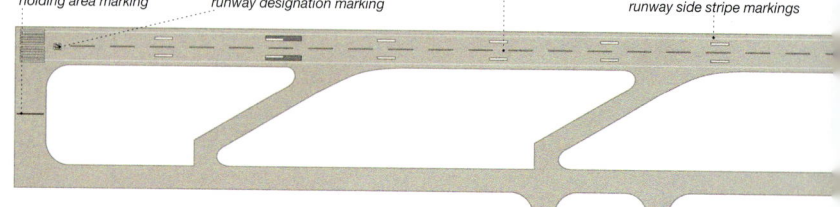

**воздушный транспорт** | air transport

## аэропорт

контроль безопасности
*security check*

смотровая площадка
*observation deck*

паспортный контроль
*passport control*

магазин беспошлинной торговли
*duty-free shop*

информационное табло
*flight information board*

зал ожидания вылета
*departure lounge*

отправление грузов
*cargo dispatch*

автобус-перевозчик
*passenger transfer vehicle*

таможенный контроль
*customs control*

прибытие грузов
*cargo reception*

**ТРАНСПОРТ**

дорожка выруливания со взлётно-посадочной полосы
*exit taxiway*

отметка «точка касания»
*runway touchdown zone marking*

отметка «порог взлётно-посадочной полосы»
*runway threshold markings*

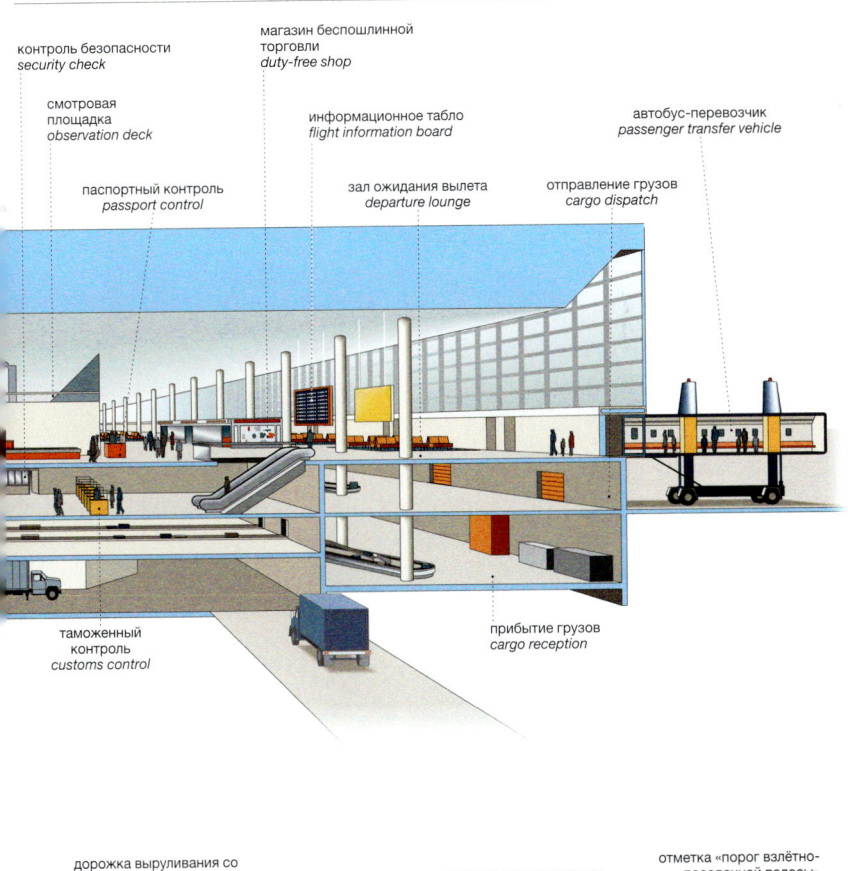

отметка фиксированного расстояния
*fixed distance marking*

# авиалайнер дальнего сообщения
*long-range jet airliner*

**общий вид**
*general view*

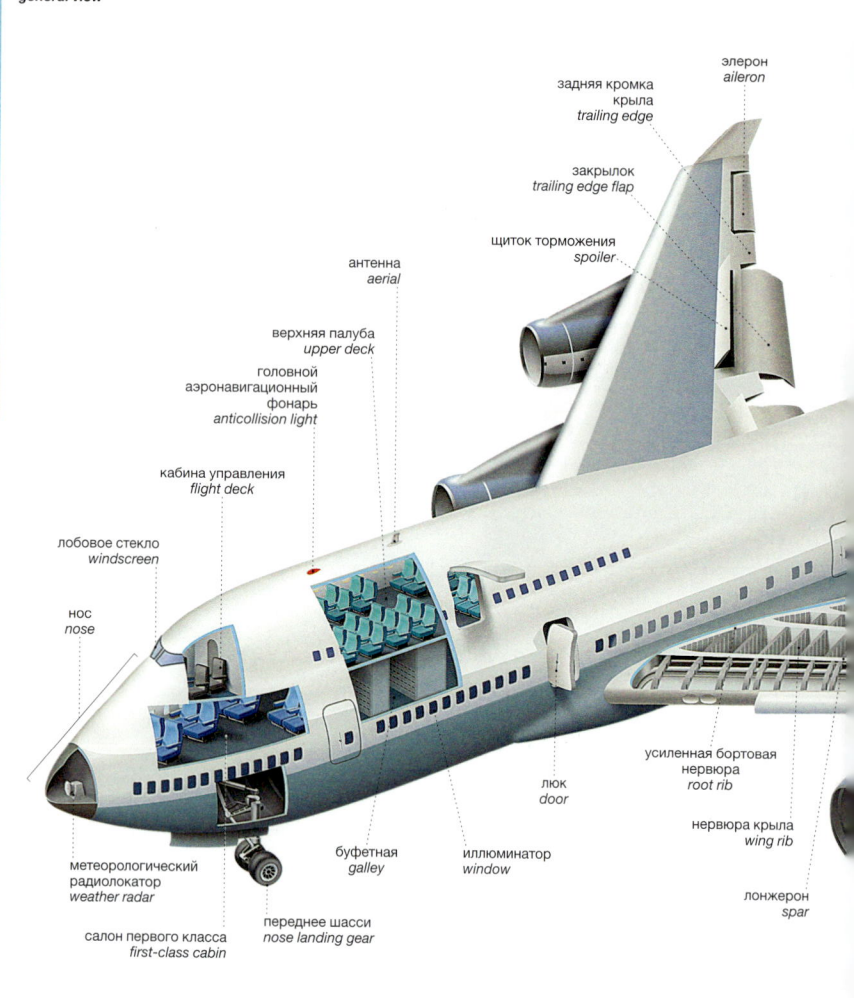

- элерон / *aileron*
- задняя кромка крыла / *trailing edge*
- закрылок / *trailing edge flap*
- щиток торможения / *spoiler*
- антенна / *aerial*
- верхняя палуба / *upper deck*
- головной аэронавигационный фонарь / *anticollision light*
- кабина управления / *flight deck*
- лобовое стекло / *windscreen*
- нос / *nose*
- усиленная бортовая нервюра / *root rib*
- люк / *door*
- нервюра крыла / *wing rib*
- лонжерон / *spar*
- иллюминатор / *window*
- буфетная / *galley*
- переднее шасси / *nose landing gear*
- метеорологический радиолокатор / *weather radar*
- салон первого класса / *first-class cabin*

**воздушный транспорт** | air transport

## авиалайнер дальнего сообщения

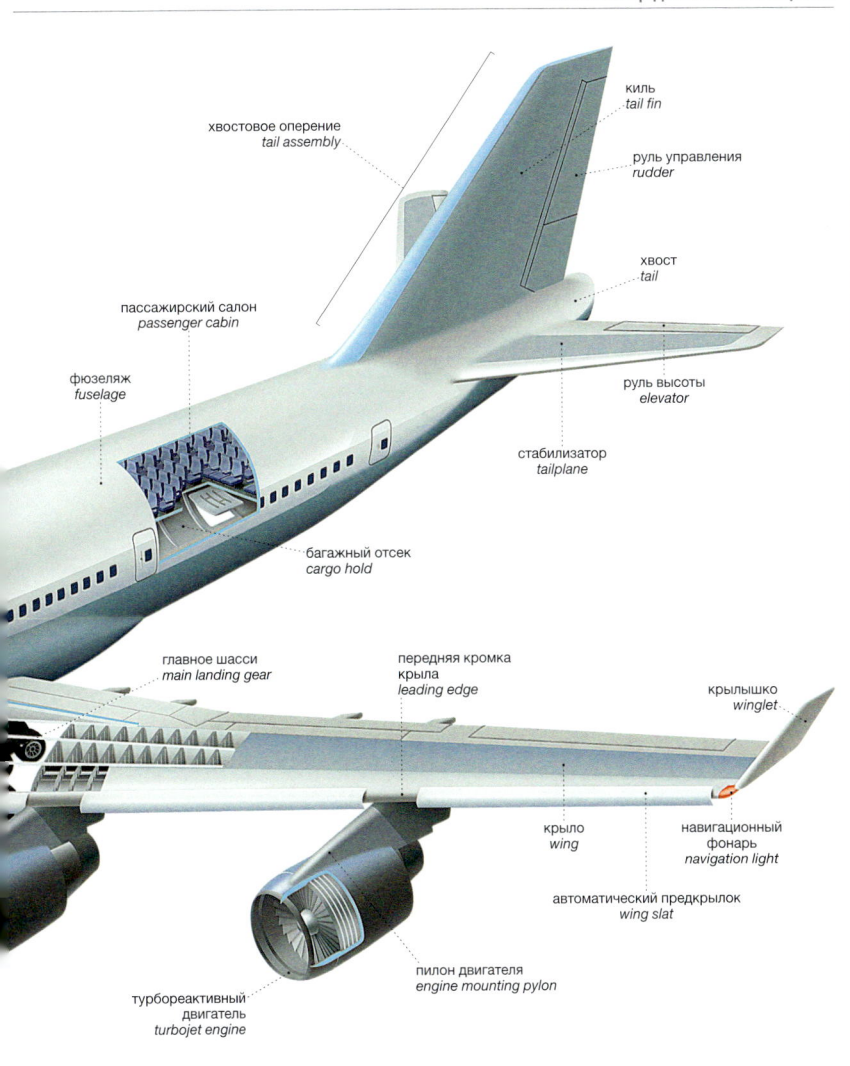

- киль / tail fin
- хвостовое оперение / tail assembly
- руль управления / rudder
- хвост / tail
- пассажирский салон / passenger cabin
- фюзеляж / fuselage
- руль высоты / elevator
- стабилизатор / tailplane
- багажный отсек / cargo hold
- главное шасси / main landing gear
- передняя кромка крыла / leading edge
- крылышко / winglet
- крыло / wing
- навигационный фонарь / navigation light
- автоматический предкрылок / wing slat
- пилон двигателя / engine mounting pylon
- турбореактивный двигатель / turbojet engine

ТРАНСПОРТ

# виды самолетов

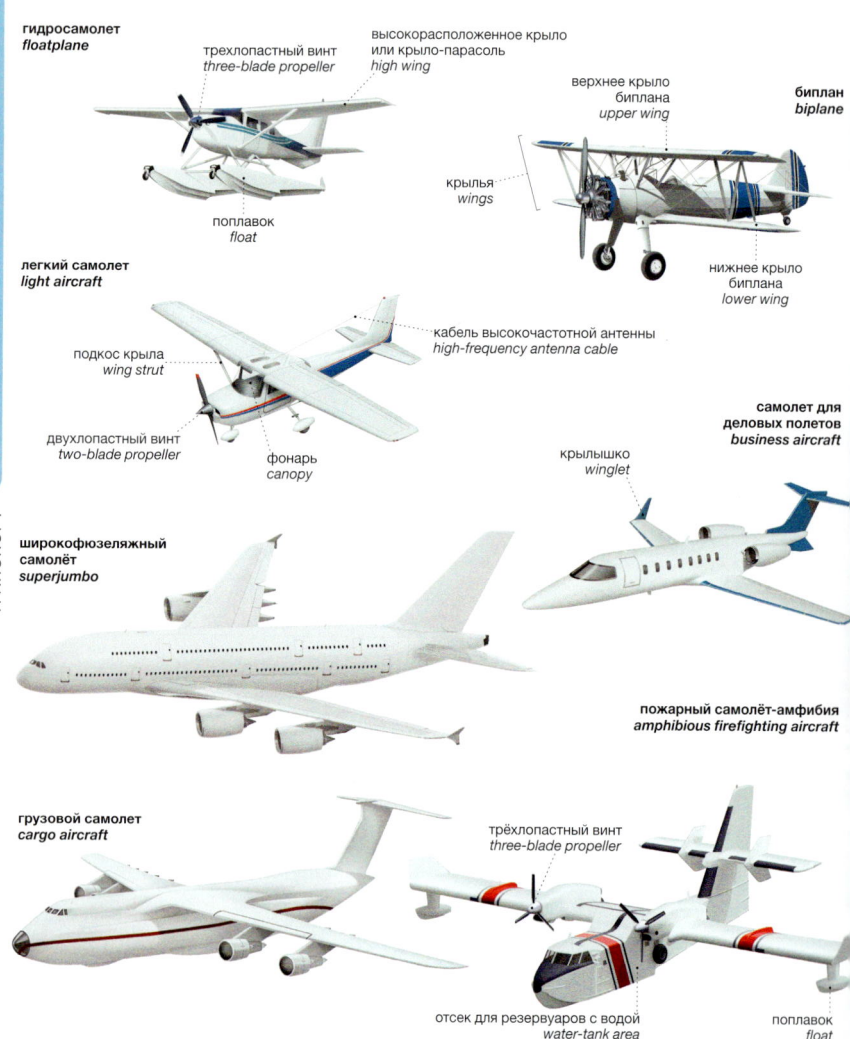

*examples of aircraft*

**гидросамолет**
*floatplane*

трехлопастный винт
*three-blade propeller*

высокорасположенное крыло
или крыло-парасоль
*high wing*

верхнее крыло биплана
*upper wing*

**биплан**
*biplane*

крылья
*wings*

поплавок
*float*

нижнее крыло биплана
*lower wing*

**легкий самолет**
*light aircraft*

кабель высокочастотной антенны
*high-frequency antenna cable*

подкос крыла
*wing strut*

**самолет для деловых полетов**
*business aircraft*

двухлопастный винт
*two-blade propeller*

фонарь
*canopy*

крылышко
*winglet*

**широкофюзеляжный самолёт**
*superjumbo*

**пожарный самолёт-амфибия**
*amphibious firefighting aircraft*

**грузовой самолет**
*cargo aircraft*

трёхлопастный винт
*three-blade propeller*

отсек для резервуаров с водой
*water-tank area*

поплавок
*float*

воздушный транспорт | air transport 435

## движения самолёта
### movements of an aircraft

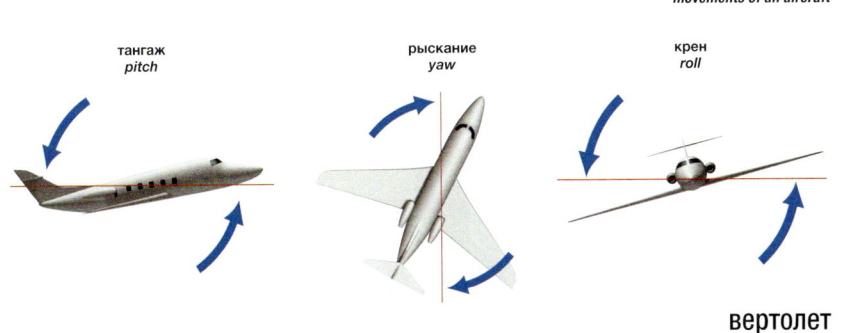

тангаж / pitch

рыскание / yaw

крен / roll

## вертолёт
### helicopter

- втулка несущего винта / rotor hub
- глушитель / silencer
- киль / tail fin
- стабилизирующий противовращательный винт / anti-torque tail rotor
- лопасть винта / rotor blade
- ведущий вал / drive shaft
- навигационный фонарь / position light
- муфта / sleeve
- хвостовой костыль / tail skid
- стабилизатор / tailplane
- ступица винта / rotor head
- хвостовая балка / tail boom
- кабина управления / flight deck
- багажный отсек / luggage compartment
- воздухозаборник / air intake
- антенна / aerial
- топливный бак / fuel tank
- ручка управления / control stick
- лыжа / skid
- салон / cabin
- посадочный иллюминатор / landing window
- посадочная фара / landing light
- подножка / boarding step

ТРАНСПОРТ

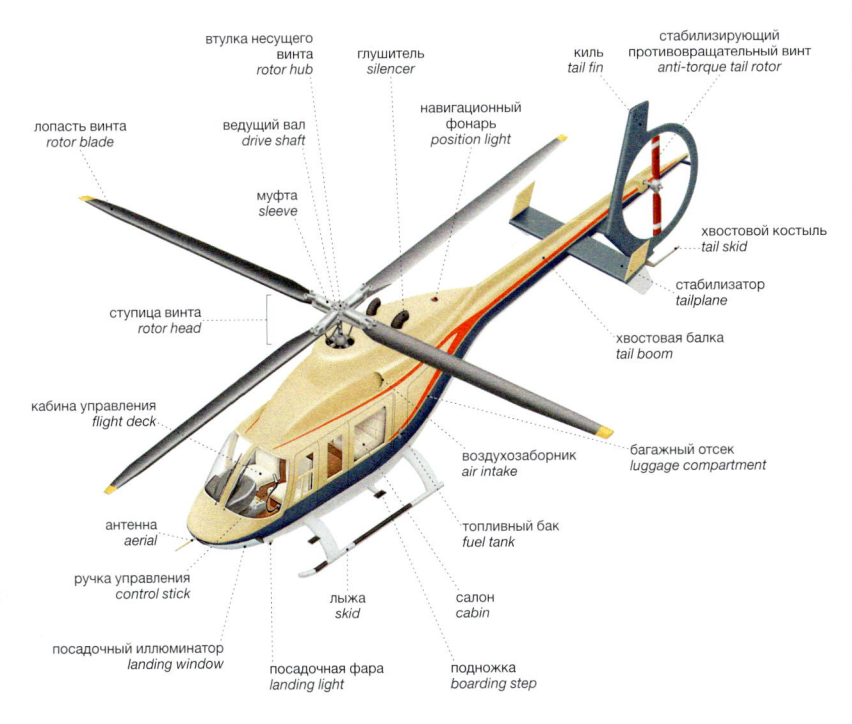

# стандартные устройства
*common devices*

**вилочный автопогрузчик**
*forklift truck*

- мачта-стойка — *mast*
- верхняя часть домкрата — *crosshead*
- подъёмная цепь — *lifting chain*
- гидравлический привод — *hydraulic system*
- защитная панель-ограничитель — *carriage*
- лапа — *fork arm*
- вилка — *fork*
- защитная крыша — *overhead guard*
- рычаг управления мачтами-стойками — *mast operating lever*
- двигатель — *engine compartment*
- рама — *frame*

**поддон с крылышками**
*wing pallet*

- верхний настил — *top deck board*
- поперечное соединение — *stringer*
- входное отверстие — *entry*
- нижний настил — *bottom deck board*

**двухколёсная тележка**
*barrow*

**тележка с настилом**
*platform trolley*

**ручная тележка для перевозки поддонов**
*pallet truck*

## краны
*cranes*

**башенный кран**
*tower crane*

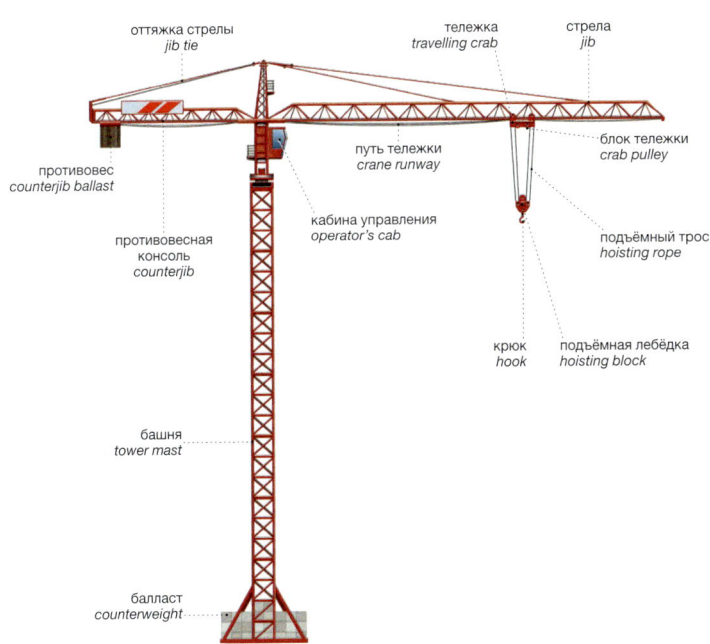

- оттяжка стрелы — *jib tie*
- тележка — *travelling crab*
- стрела — *jib*
- путь тележки — *crane runway*
- блок тележки — *crab pulley*
- противовес — *counterjib ballast*
- кабина управления — *operator's cab*
- подъёмный трос — *hoisting rope*
- противовесная консоль — *counterjib*
- крюк — *hook*
- подъёмная лебёдка — *hoisting block*
- башня — *tower mast*
- балласт — *counterweight*

**автокран**
*truck crane*

- телескопическая стрела — *telescopic boom*
- домкрат выпрямления стрелы — *elevating cylinder*
- кабина управления — *operator's cab*
- стабилизатор — *jack*

# бульдозер
*bulldozer*

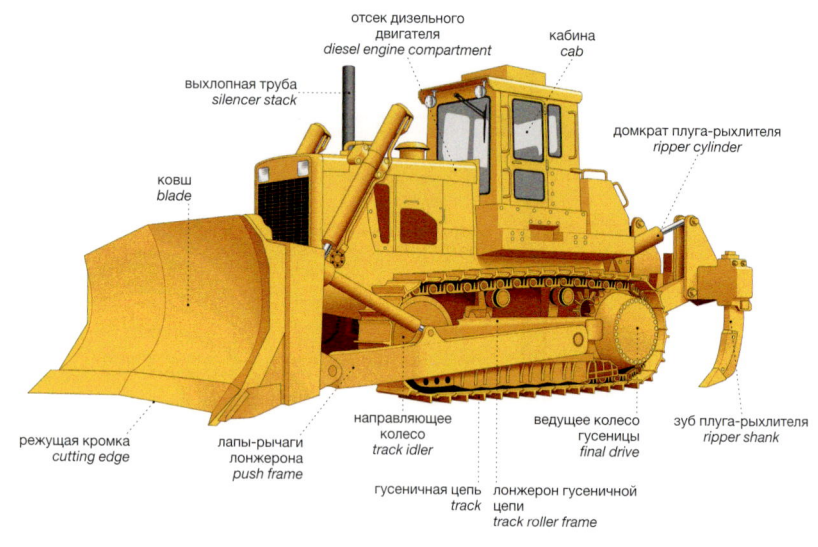

- отсек дизельного двигателя / *diesel engine compartment*
- кабина / *cab*
- выхлопная труба / *silencer stack*
- домкрат плуга-рыхлителя / *ripper cylinder*
- ковш / *blade*
- режущая кромка / *cutting edge*
- лапы-рычаги лонжерона / *push frame*
- направляющее колесо / *track idler*
- гусеничная цепь / *track*
- ведущее колесо гусеницы / *final drive*
- лонжерон гусеничной цепи / *track roller frame*
- зуб плуга-рыхлителя / *ripper shank*

# экскаватор-погрузчик
*backhoe loader*

- лапа-рычаг / *dipper arm*
- стрела / *boom*
- дизельный двигатель / *diesel engine compartment*
- управление экскаватором / *backhoe controls*
- кабина / *cab*
- зуб ковша / *cutting edge*
- ковш / *bucket*
- «обратный» ковш / *backward bucket*

тяжелая строительная техника | heavy machinery

## асфальтоукладчик
*asphalt paver*

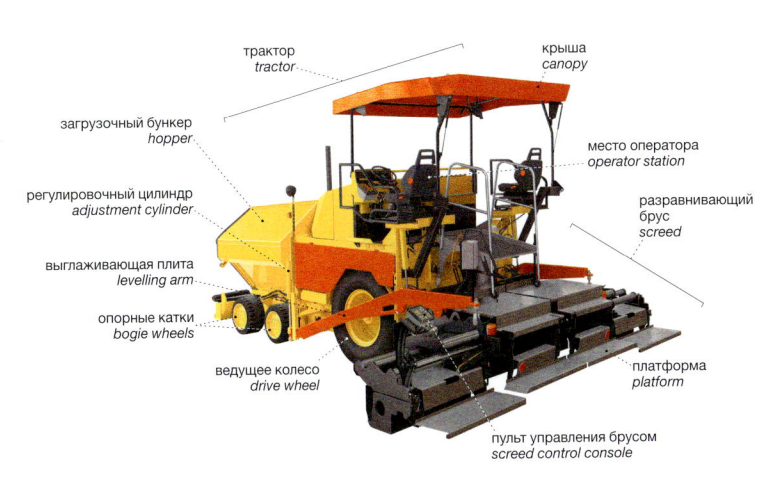

- трактор — *tractor*
- крыша — *canopy*
- загрузочный бункер — *hopper*
- место оператора — *operator station*
- регулировочный цилиндр — *adjustment cylinder*
- разравнивающий брус — *screed*
- выглаживающая плита — *levelling arm*
- опорные катки — *bogie wheels*
- ведущее колесо — *drive wheel*
- платформа — *platform*
- пульт управления брусом — *screed control console*

## дорожный каток
*road roller*

- кабина управления — *cab*
- вентилятор мотора — *motor fan*
- бак для воды — *water tank*
- рама вальца — *drum support fork*
- фара — *headlight*
- валец — *drum*
- лестница — *ladder*
- гидравлический мотор — *hydraulic motor*

ТРАНСПОРТ

## скрепер

*scraper*

- S-образная часть — *gooseneck*
- направляющий домкрат — *steering cylinder*
- двигатель — *tractor engine compartment*
- элеватор — *elevator*
- тяговая труба — *draught tube*
- опрокидывающийся кузов-ковш — *skip*
- тяговый брус — *draught arm*
- режущая кромка — *cutting edge*

## одноковшовый гидравлический экскаватор

*hydraulic shovel*

- шарнирное соединение — *hinge pin*
- домкрат лапы-рычага — *arm cylinder*
- гидравлический подъем стрелы — *boom cylinder*
- лапа-рычаг — *arm*
- кабина — *cab*
- поворотное устройство — *turntable*
- гидравлический подъем ковша — *bucket cylinder*
- стрела — *boom*
- противовес — *counterweight*
- дизельный двигатель — *diesel engine compartment*
- рама — *frame*
- «обратный» ковш — *backward bucket*
- зуб — *tooth*
- поворотная кабина — *pivot cab*
- стабилизатор — *jack*

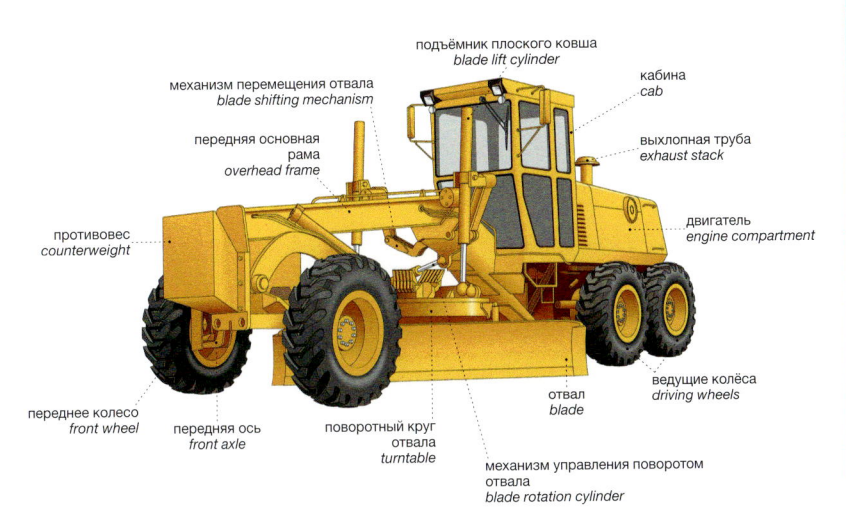

тяжелая строительная техника | heavy machinery

## грейдер
*grader*

- подъёмник плоского ковша — *blade lift cylinder*
- механизм перемещения отвала — *blade shifting mechanism*
- кабина — *cab*
- передняя основная рама — *overhead frame*
- выхлопная труба — *exhaust stack*
- двигатель — *engine compartment*
- противовес — *counterweight*
- ведущие колёса — *driving wheels*
- переднее колесо — *front wheel*
- передняя ось — *front axle*
- поворотный круг отвала — *turntable*
- отвал — *blade*
- механизм управления поворотом отвала — *blade rotation cylinder*

## грузовик-самосвал
*tipper truck*

- козырек — *canopy*
- нервюра — *rib*
- кабина — *cab*
- кузов-самосвал — *tipper body*
- дизельный двигатель — *diesel engine compartment*
- лестница — *ladder*
- рама — *frame*

ТРАНСПОРТ

# геотермическая энергетика: производство электроэнергии

*production of electricity from geothermal energy*

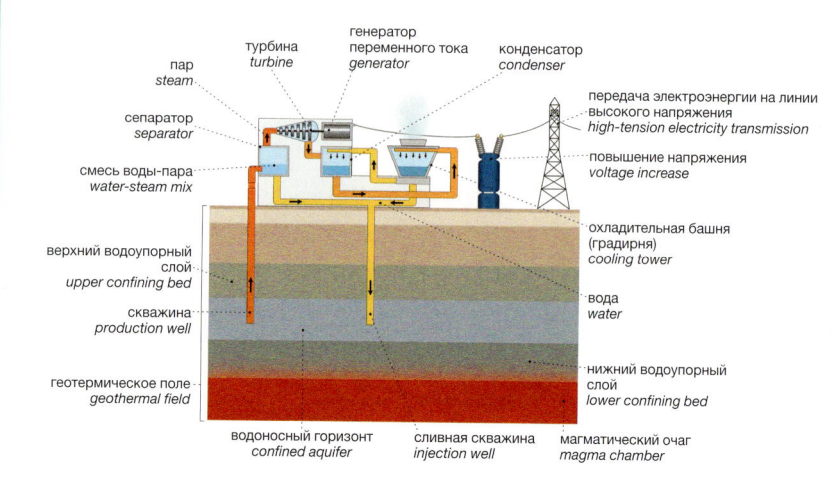

- пар / *steam*
- турбина / *turbine*
- генератор переменного тока / *generator*
- конденсатор / *condenser*
- сепаратор / *separator*
- смесь воды-пара / *water-steam mix*
- передача электроэнергии на линии высокого напряжения / *high-tension electricity transmission*
- повышение напряжения / *voltage increase*
- верхний водоупорный слой / *upper confining bed*
- скважина / *production well*
- геотермическое поле / *geothermal field*
- охладительная башня (градирня) / *cooling tower*
- вода / *water*
- нижний водоупорный слой / *lower confining bed*
- водоносный горизонт / *confined aquifer*
- сливная скважина / *injection well*
- магматический очаг / *magma chamber*

# геотермический корпус

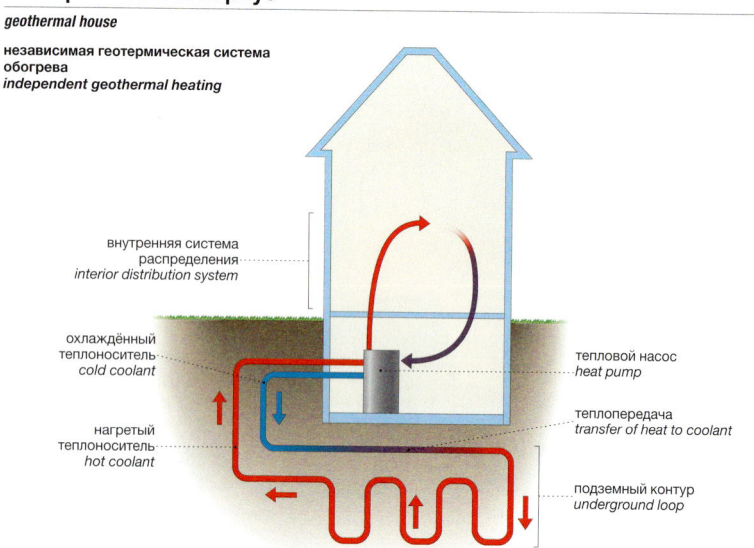

*geothermal house*

**независимая геотермическая система обогрева**
*independent geothermal heating*

- внутренняя система распределения / *interior distribution system*
- охлаждённый теплоноситель / *cold coolant*
- нагретый теплоноситель / *hot coolant*
- тепловой насос / *heat pump*
- теплопередача / *transfer of heat to coolant*
- подземный контур / *underground loop*

ЭНЕРГЕТИКА

ископаемое топливо | fossil energy

## тепловая энергия
### thermal energy

**производство электричества за счет преобразования тепловой энергии**
*production of electricity from thermal energy*

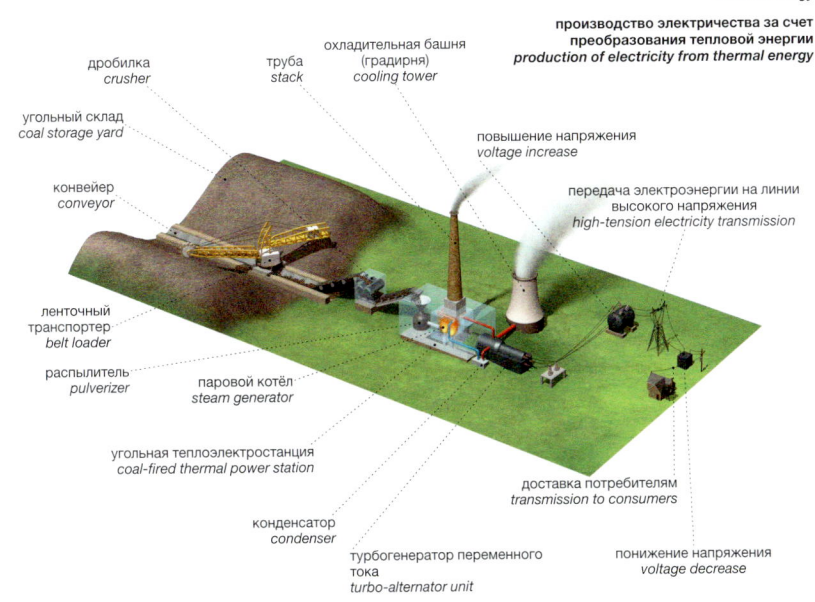

- дробилка / *crusher*
- труба / *stack*
- охладительная башня (градирня) / *cooling tower*
- угольный склад / *coal storage yard*
- повышение напряжения / *voltage increase*
- конвейер / *conveyor*
- передача электроэнергии на линии высокого напряжения / *high-tension electricity transmission*
- ленточный транспортер / *belt loader*
- распылитель / *pulverizer*
- паровой котёл / *steam generator*
- угольная теплоэлектростанция / *coal-fired thermal power station*
- доставка потребителям / *transmission to consumers*
- конденсатор / *condenser*
- турбогенератор переменного тока / *turbo-alternator unit*
- понижение напряжения / *voltage decrease*

## нефть
### oil

**наземная разведка**
*surface prospecting*

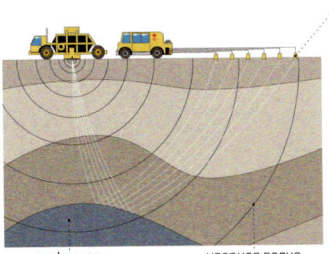

- сейсмографическая запись / *seismographic recording*
- нефтяное месторождение / *petroleum trap*
- ударная волна / *shock wave*

**разведка подводных месторождений**
*offshore prospecting*

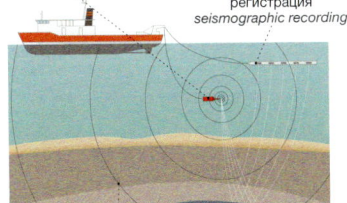

- взрывной заряд / *blasting charge*
- сейсмографическая регистрация / *seismographic recording*
- ударная волна / *shock wave*
- месторождение нефти / *petroleum trap*

ЭНЕРГЕТИКА

# ископаемое топливо | fossil energy

## нефть

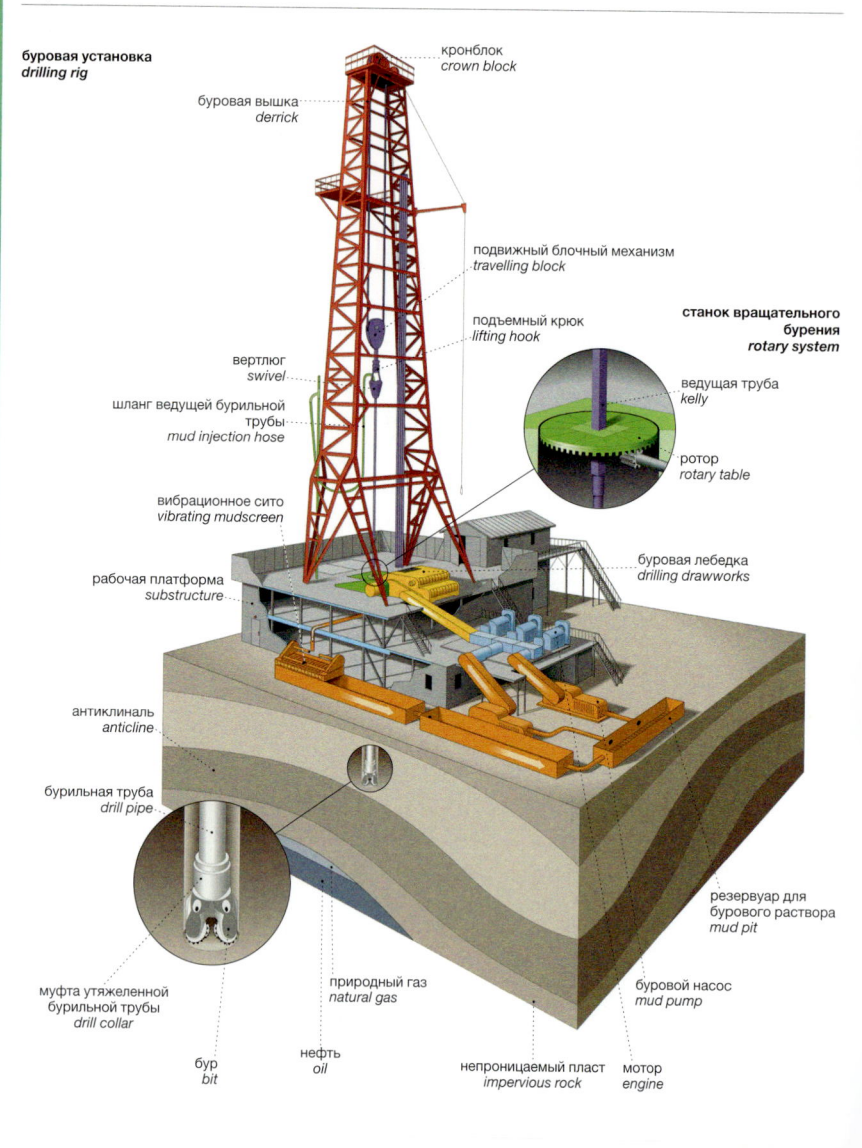

**буровая установка**
*drilling rig*

- кронблок / *crown block*
- буровая вышка / *derrick*
- подвижный блочный механизм / *travelling block*
- подъемный крюк / *lifting hook*
- вертлюг / *swivel*
- шланг ведущей бурильной трубы / *mud injection hose*
- вибрационное сито / *vibrating mudscreen*
- рабочая платформа / *substructure*
- антиклиналь / *anticline*
- бурильная труба / *drill pipe*
- муфта утяжеленной бурильной трубы / *drill collar*
- бур / *bit*
- природный газ / *natural gas*
- нефть / *oil*
- непроницаемый пласт / *impervious rock*
- мотор / *engine*
- буровой насос / *mud pump*
- резервуар для бурового раствора / *mud pit*
- буровая лебедка / *drilling drawworks*

**станок вращательного бурения**
*rotary system*

- ведущая труба / *kelly*
- ротор / *rotary table*

ископаемое топливо | fossil energy

## нефть

### трубопровод сырой нефти
### crude oil pipeline

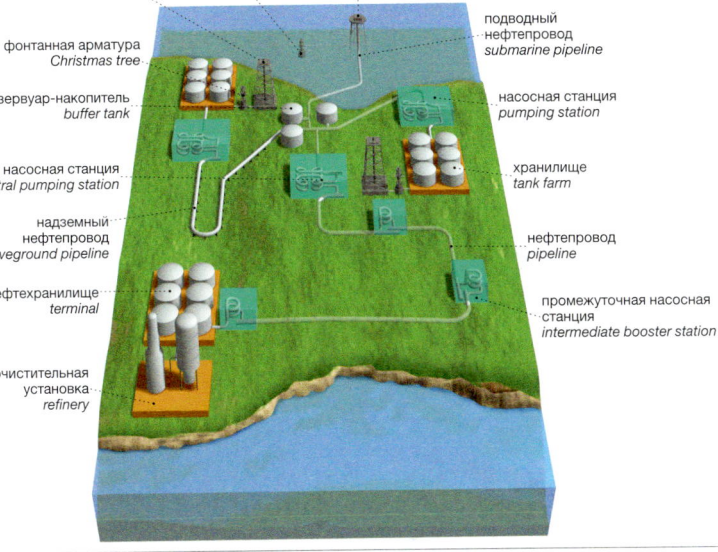

- буровая вышка — derrick
- подводная нефтедобывающая скважина — offshore well
- нефтедобывающая платформа — production platform
- фонтанная арматура — Christmas tree
- подводный нефтепровод — submarine pipeline
- резервуар-накопитель — buffer tank
- насосная станция — pumping station
- основная насосная станция — central pumping station
- хранилище — tank farm
- надземный нефтепровод — aboveground pipeline
- нефтепровод — pipeline
- нефтехранилище — terminal
- промежуточная насосная станция — intermediate booster station
- нефтеочистительная установка — refinery

### резервуар с плавающей крышей
### floating-roof tank

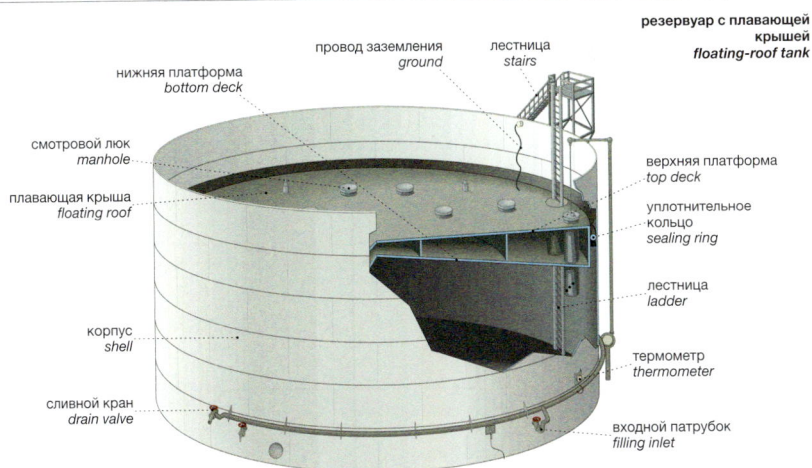

- нижняя платформа — bottom deck
- провод заземления — ground
- лестница — stairs
- смотровой люк — manhole
- верхняя платформа — top deck
- плавающая крыша — floating roof
- уплотнительное кольцо — sealing ring
- лестница — ladder
- корпус — shell
- термометр — thermometer
- сливной кран — drain valve
- входной патрубок — filling inlet

ЭНЕРГЕТИКА

446 | ископаемое топливо | fossil energy

## нефть

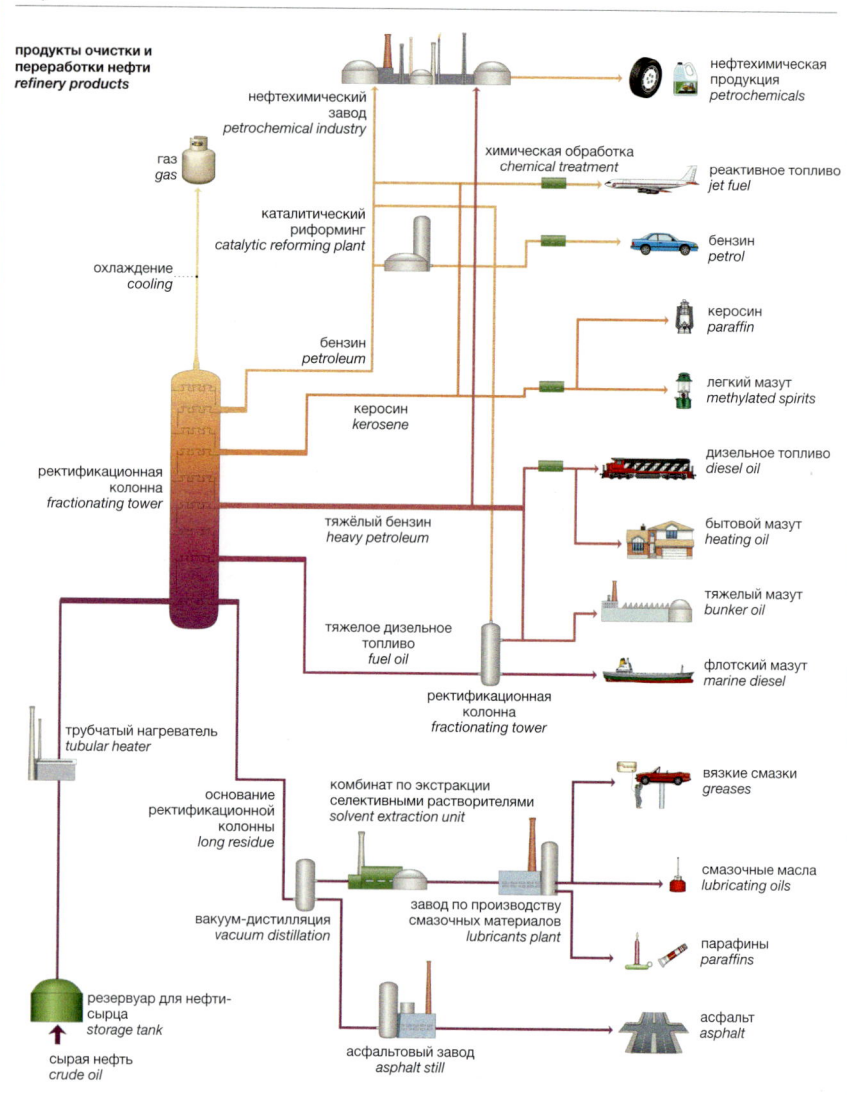

**продукты очистки и переработки нефти**
**refinery products**

- нефтехимический завод / petrochemical industry → нефтехимическая продукция / petrochemicals
- газ / gas
- химическая обработка / chemical treatment → реактивное топливо / jet fuel
- каталитический риформинг / catalytic reforming plant → бензин / petrol
- охлаждение / cooling
- бензин / petroleum
- керосин / kerosene → керосин / paraffin
- → лёгкий мазут / methylated spirits
- ректификационная колонна / fractionating tower
- тяжёлый бензин / heavy petroleum → дизельное топливо / diesel oil
- → бытовой мазут / heating oil
- тяжёлое дизельное топливо / fuel oil → тяжёлый мазут / bunker oil
- ректификационная колонна / fractionating tower → флотский мазут / marine diesel
- трубчатый нагреватель / tubular heater
- основание ректификационной колонны / long residue
- комбинат по экстракции селективными растворителями / solvent extraction unit → вязкие смазки / greases
- завод по производству смазочных материалов / lubricants plant → смазочные масла / lubricating oils
- вакуум-дистилляция / vacuum distillation → парафины / paraffins
- резервуар для нефти-сырца / storage tank
- сырая нефть / crude oil
- асфальтовый завод / asphalt still → асфальт / asphalt

ЭНЕРГЕТИКА

ископаемое топливо | fossil energy

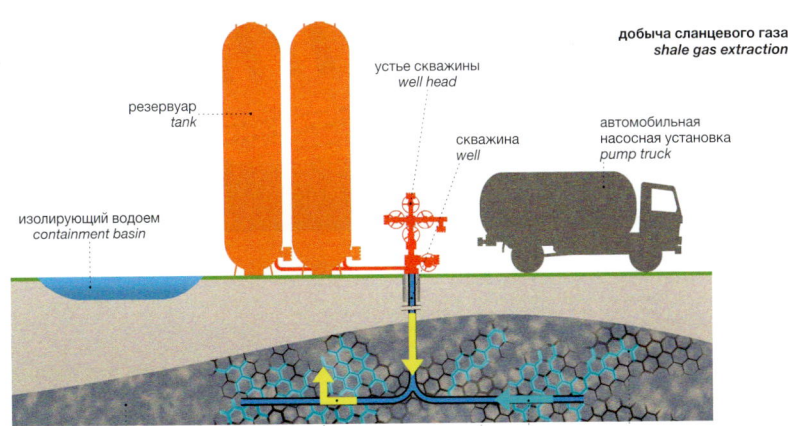

# природный газ
*natural gas*

**трубопровод природного газа**
*natural gas pipeline system*

- газовый счётчик / *gas meter*
- регулятор давления / *pressure regulator*
- шкала / *dial*
- площадка обслуживания / *regulating station*
- буровая вышка / *derrick*
- бытовое потребление / *domestic consumer*
- внешний резервуар-хранилище / *outdoor storage tank*
- колодец / *well*
- природный газ / *natural gas*
- станция выгрузки / *delivery station*
- перерабатывающий завод / *processing plant*
- компрессорная установка / *compressor station*
- компрессор / *compressor*
- введение меркаптанов / *mercaptan injection*
- газовая магистраль / *gas pipeline*
- подземное хранилище / *underground storage*
- разжижение, хранение и регазификационная установка / *liquefaction, storage and regasification plant*

**добыча сланцевого газа**
*shale gas extraction*

- устье скважины / *well head*
- резервуар / *tank*
- скважина / *well*
- автомобильная насосная установка / *pump truck*
- изолирующий водоём / *containment basin*
- сланец / *shale*
- вода, песок и химические вещества / *water, sand and chemicals*
- природный газ и отходы / *natural gas and waste*
- разрыв пласта / *fracturing*

ЭНЕРГЕТИКА

# комплекс гидротехнических сооружений гидроэлектростанции
*hydroelectric complex*

**внешний вид**
*exterior view*

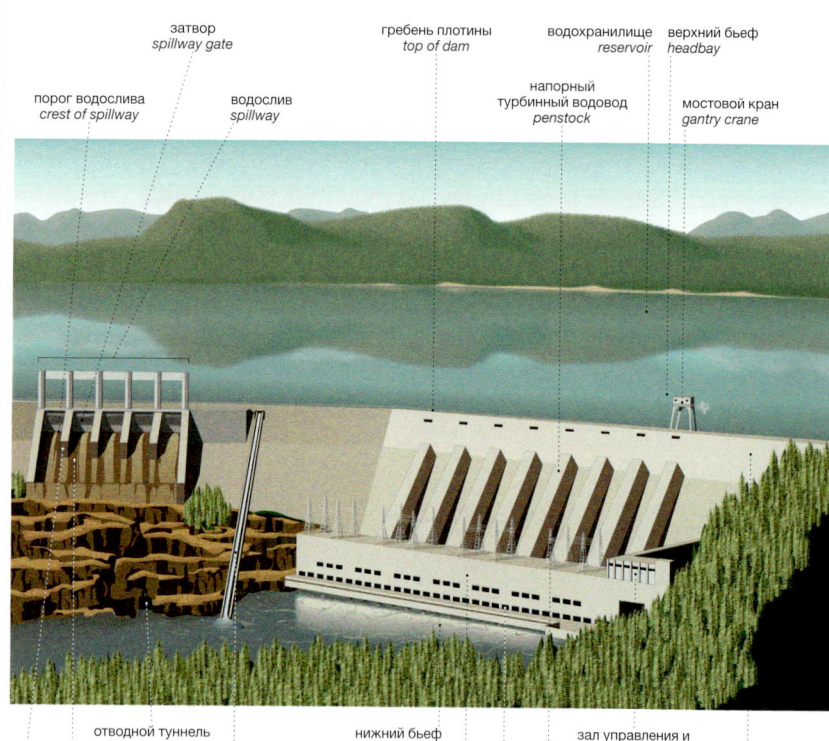

- затвор / *spillway gate*
- гребень плотины / *top of dam*
- водохранилище / *reservoir*
- верхний бьеф / *headbay*
- порог водослива / *crest of spillway*
- водослив / *spillway*
- напорный турбинный водовод / *penstock*
- мостовой кран / *gantry crane*
- отводной туннель / *diversion tunnel*
- нижний бьеф / *after-bay*
- зал управления и контроля / *control room*
- желоб водослива / *spillway chute*
- электростанция / *power station*
- проходной изолятор трансформатора / *bushing*
- устой / *training wall*
- лесопропускное отверстие / *log chute*
- машинный зал / *machine hall*
- плотина / *dam*

# гидроэлектростанция | hydroelectricity

## комплекс гидротехнических сооружений гидроэлектростанции

**гидроэлектростанция в разрезе**
*section of a hydroelectric power station*

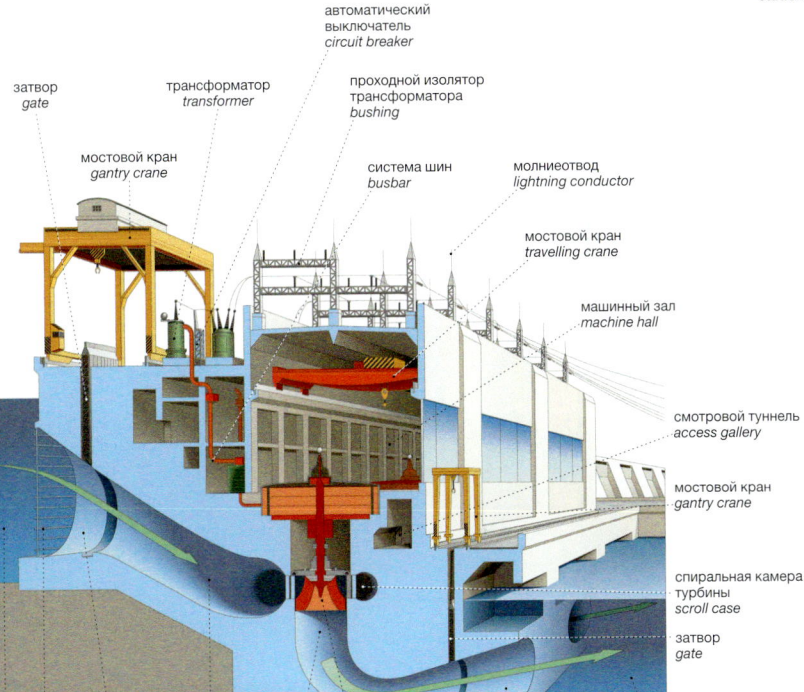

- автоматический выключатель — *circuit breaker*
- проходной изолятор трансформатора — *bushing*
- трансформатор — *transformer*
- затвор — *gate*
- мостовой кран — *gantry crane*
- система шин — *busbar*
- молниеотвод — *lightning conductor*
- мостовой кран — *travelling crane*
- машинный зал — *machine hall*
- смотровой туннель — *access gallery*
- мостовой кран — *gantry crane*
- спиральная камера турбины — *scroll case*
- затвор — *gate*
- водозабор — *water intake*
- отсасывающая труба — *draught tube*
- турбогенераторный агрегат — *generator unit*
- нижний бьеф — *after-bay*
- решетка — *screen*
- напорный турбинный водовод — *penstock*
- отводящий канал — *tailrace*
- водохранилище — *reservoir*

ЭНЕРГЕТИКА

# ядерная энергия | nuclear energy

## производство электроэнергии путем использования атомной энергии
*production of electricity from nuclear energy*

**теплоноситель** — *coolant*

**замедлитель** — *moderator*

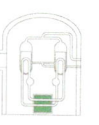

**топливо** — *fuel*

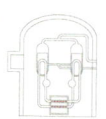

### выделение тепла
*heat production*

- защитно-охладительный резервуар — *dousing water tank*
- испарение воды — *transformation of water into steam*
- защитная оболочка — *containment building*
- теплопередача — *transfer of heat to water*
- реактор — *reactor*
- жиклеры — *sprinklers*
- предохранительный клапан — *safety valve*
- нагретый теплоноситель — *hot coolant*
- деление урана — *fission of uranium fuel*
- выделение тепла — *heat production*
- охлажденный теплоноситель — *cold coolant*

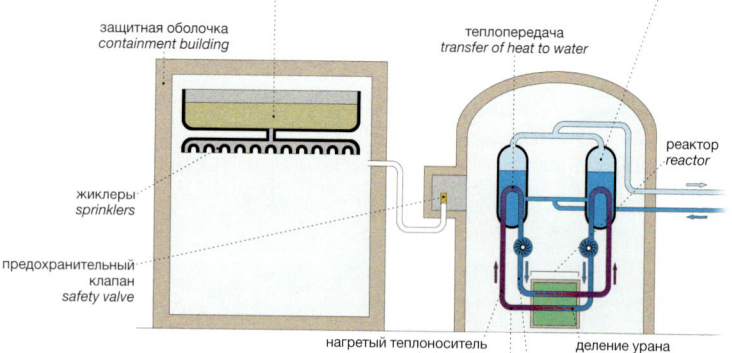

### выделение электричества
*electricity production*

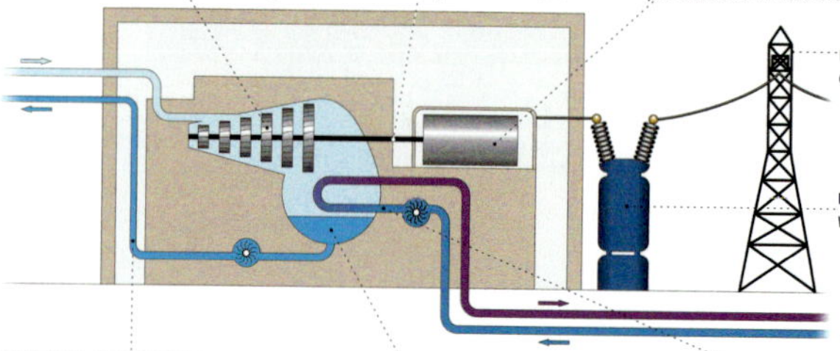

- турбина, работающая под давлением пара — *turbine driven by steam pressure*
- генератор, работающий от турбинного вала — *generator driven by turbine shaft*
- производство электрической энергии генератором — *production of electricity by generator*
- передача электроэнергии — *electricity transmission*
- повышение напряжения — *voltage increase*
- возвращение воды в парогенератор — *return of water to steam generator*
- конденсация пара — *condensation of steam into water*
- охлаждение пара водой — *cooling of steam by water*

ядерная энергия | nuclear energy

## тепловыделяющая сборка
### fuel bundle

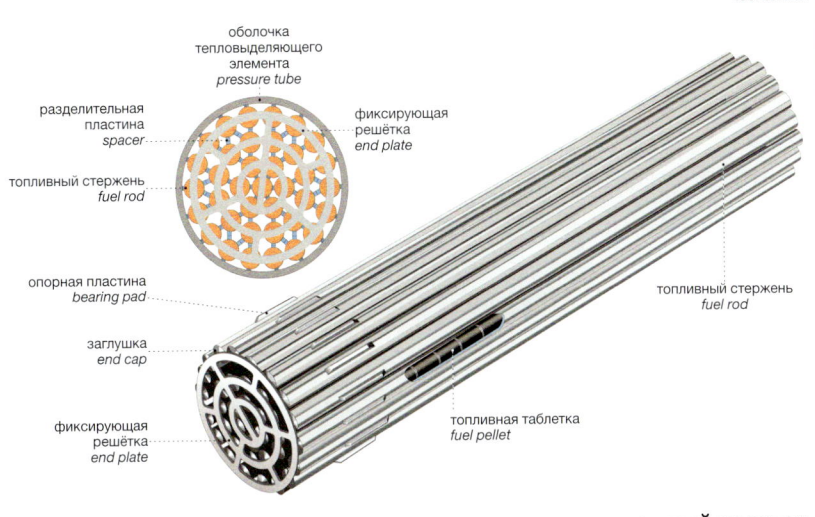

- оболочка тепловыделяющего элемента — pressure tube
- разделительная пластина — spacer
- топливный стержень — fuel rod
- фиксирующая решётка — end plate
- опорная пластина — bearing pad
- заглушка — end cap
- фиксирующая решётка — end plate
- топливная таблетка — fuel pellet
- топливный стержень — fuel rod

## атомный реактор
### nuclear reactor

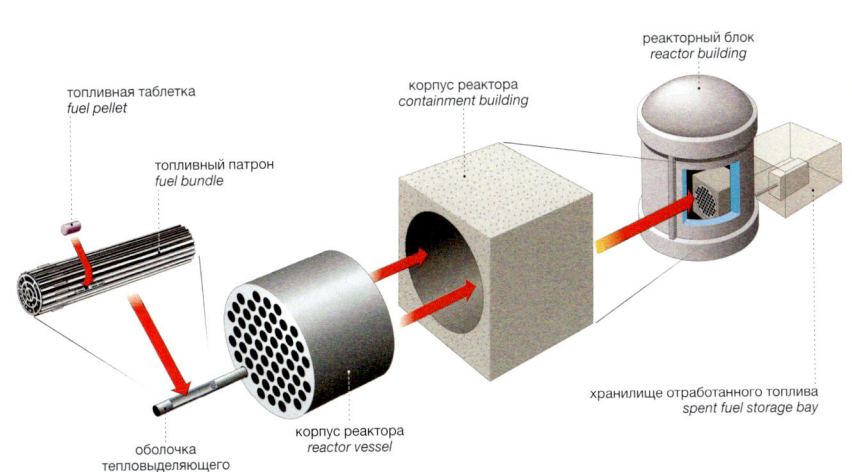

- топливная таблетка — fuel pellet
- топливный патрон — fuel bundle
- оболочка тепловыделяющего элемента — pressure tube
- корпус реактора — reactor vessel
- корпус реактора — containment building
- реакторный блок — reactor building
- хранилище отработанного топлива — spent fuel storage bay

ЭНЕРГЕТИКА

## фотоэлемент солнечной батареи

*solar cell*

- солнечное излучение / *solar radiation*
- противоотражающее покрытие / *anti-reflection coating*
- проводящая металлическая решётка / *metallic contact grid*
- отрицательная зона / *negative region*
- стык положительной и отрицательной зоны / *positive/negative junction*
- положительная зона / *positive region*
- отрицательный контакт / *negative contact*
- положительный контакт / *positive contact*

## плоская солнечная «ловушка»

*flat-plate solar collector*

- солнечное излучение / *solar radiation*
- выход теплоносителя / *coolant outlet*
- стеклянное покрытие / *glass*
- корпус / *frame*
- канал циркуляции / *flow tube*
- абсорбирующая пластина / *absorbing plate*
- вход теплоносителя / *coolant inlet*
- изоляция / *insulation*

## солнечная энергия | solar energy

# солнечный дом
### solar house

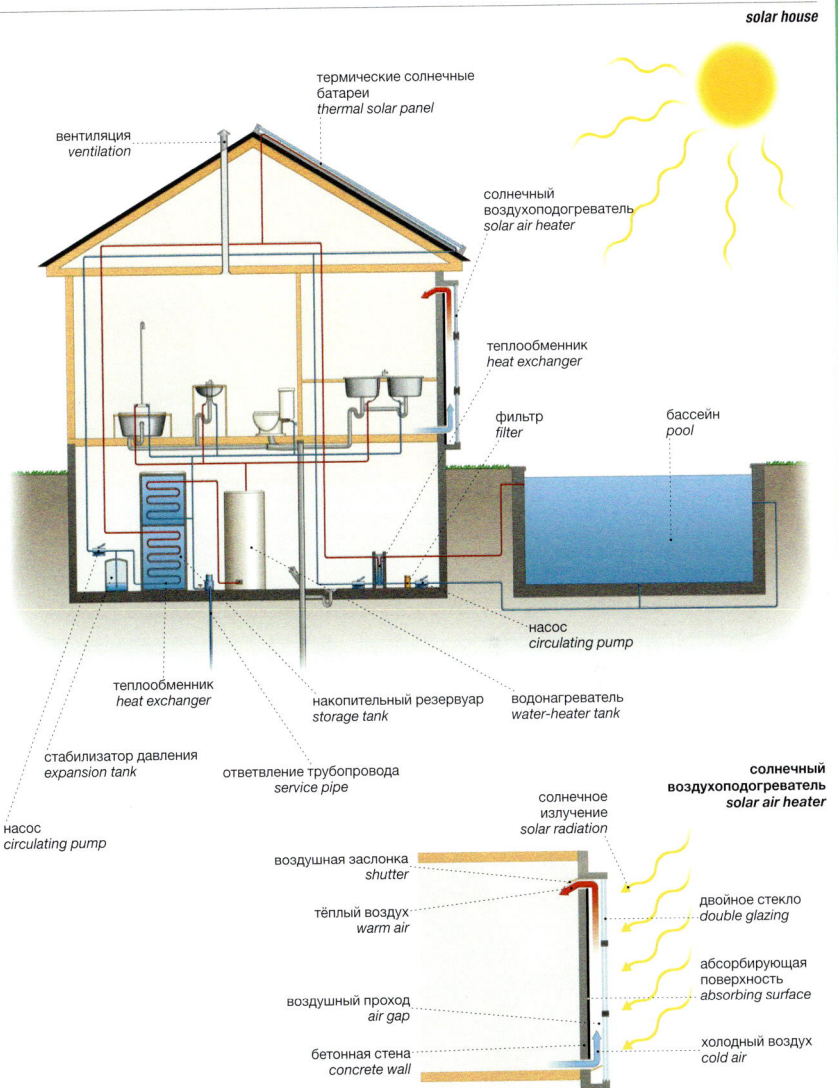

- термические солнечные батареи / thermal solar panel
- вентиляция / ventilation
- солнечный воздухоподогреватель / solar air heater
- теплообменник / heat exchanger
- фильтр / filter
- бассейн / pool
- насос / circulating pump
- теплообменник / heat exchanger
- накопительный резервуар / storage tank
- водонагреватель / water-heater tank
- стабилизатор давления / expansion tank
- ответвление трубопровода / service pipe
- насос / circulating pump

### солнечный воздухоподогреватель / solar air heater

- солнечное излучение / solar radiation
- воздушная заслонка / shutter
- тёплый воздух / warm air
- двойное стекло / double glazing
- абсорбирующая поверхность / absorbing surface
- воздушный проход / air gap
- бетонная стена / concrete wall
- холодный воздух / cold air

ЭНЕРГЕТИКА

энергия ветра | wind energy

# ветряные мельницы
*windmills*

**мельница-башня**
*tower mill*

- окантовка — *hemlath*
- рейка — *sailbar*
- парусное полотно — *sailcloth*
- крыло ветряной мельницы — *sail*
- купол — *cap*
- башня — *tower*
- хвост — *tail pole*
- ветровой щит — *windboard*
- плечо — *stock*

**поворачивающаяся мельница**
*post mill*

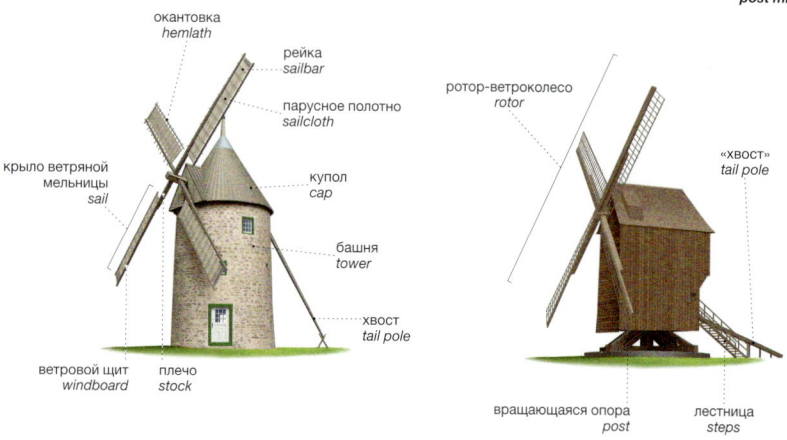

- ротор-ветроколесо — *rotor*
- «хвост» — *tail pole*
- вращающаяся опора — *post*
- лестница — *steps*

**ветряная мельница**
*smock mill*

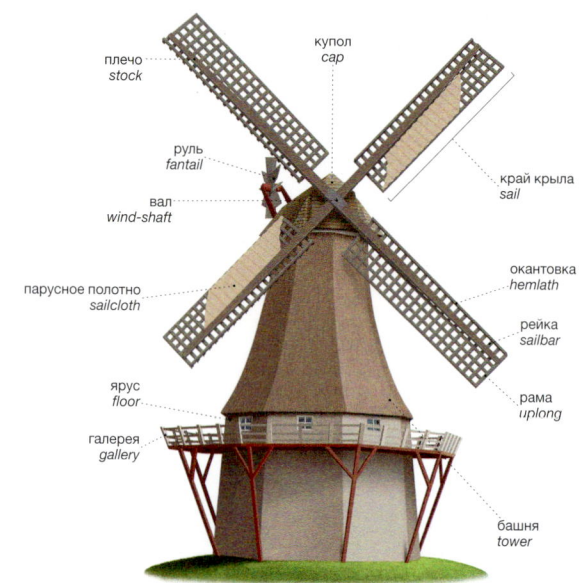

- плечо — *stock*
- купол — *cap*
- руль — *fantail*
- вал — *wind-shaft*
- край крыла — *sail*
- парусное полотно — *sailcloth*
- окантовка — *hemlath*
- рейка — *sailbar*
- ярус — *floor*
- рама — *uplong*
- галерея — *gallery*
- башня — *tower*

энергия ветра | wind energy 455

# ветряные двигатели и производство электричества
## wind turbines and electricity production

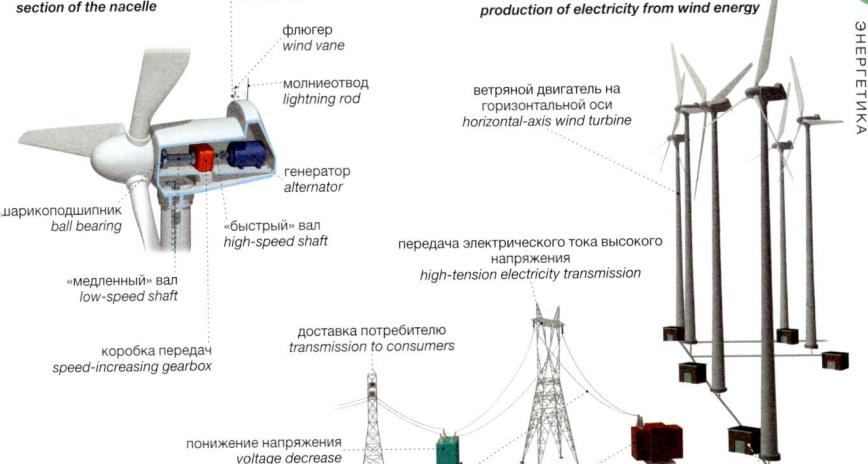

**ветряной двигатель на горизонтальной оси**
*horizontal-axis wind turbine*

- лопасть / blade
- гондола / nacelle
- втулка / hub
- башня / tower

**ветряной двигатель на вертикальной оси**
*vertical-axis wind turbine*

- центральная ось / central column
- поперечина / strut
- ротор-ветроколесо / rotor
- лопасть / blade
- цоколь / base
- оттяжка / guy wire
- аэротормоз / aerodynamic brake

**гондола в разрезе**
*section of the nacelle*

- анемометр / anemometer
- флюгер / wind vane
- молниеотвод / lightning rod
- генератор / alternator
- «быстрый» вал / high-speed shaft
- шарикоподшипник / ball bearing
- «медленный» вал / low-speed shaft
- коробка передач / speed-increasing gearbox

**производство электричества ветряными двигателями**
*production of electricity from wind energy*

- ветряной двигатель на горизонтальной оси / horizontal-axis wind turbine
- передача электрического тока высокого напряжения / high-tension electricity transmission
- доставка потребителю / transmission to consumers
- понижение напряжения / voltage decrease
- поступление электрического тока в общую сеть линий электропередачи / energy integration to transmission network
- вторичное повышение напряжения / second voltage increase
- первичное повышение напряжения / first voltage increase

ЭНЕРГЕТИКА

# материя
*matter*

## атом
*atom*

- ядро / *nucleus*
- нейтрон / *neutron*
- протон / *proton*
- электрон / *electron*
- кварк d / *d quark*
- кварк u / *u quark*
- **нейтрон** / *neutron*
- **протон** / *proton*

**молекула** / *molecule*
- атомы / *atoms*
- химическая связь / *chemical bond*

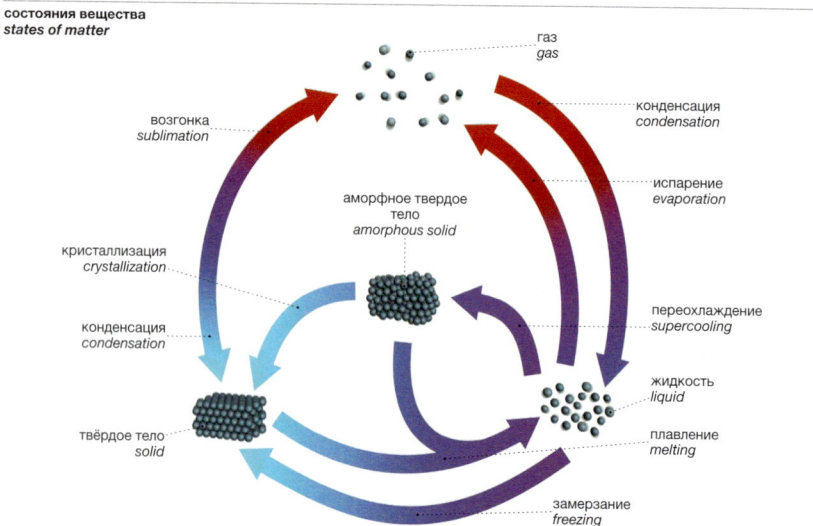

## состояния вещества
*states of matter*

- газ / *gas*
- конденсация / *condensation*
- испарение / *evaporation*
- возгонка / *sublimation*
- аморфное твёрдое тело / *amorphous solid*
- кристаллизация / *crystallization*
- переохлаждение / *supercooling*
- конденсация / *condensation*
- жидкость / *liquid*
- твёрдое тело / *solid*
- плавление / *melting*
- замерзание / *freezing*

химия | chemistry

## материя

### деление ядра / nuclear fission

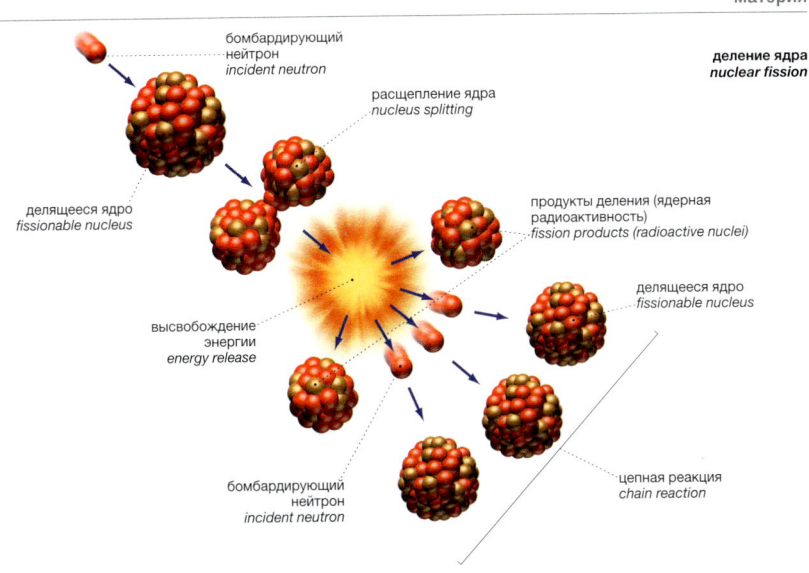

- бомбардирующий нейтрон / incident neutron
- расщепление ядра / nucleus splitting
- делящееся ядро / fissionable nucleus
- продукты деления (ядерная радиоактивность) / fission products (radioactive nuclei)
- делящееся ядро / fissionable nucleus
- высвобождение энергии / energy release
- бомбардирующий нейтрон / incident neutron
- цепная реакция / chain reaction

### теплообмен / heat transfer

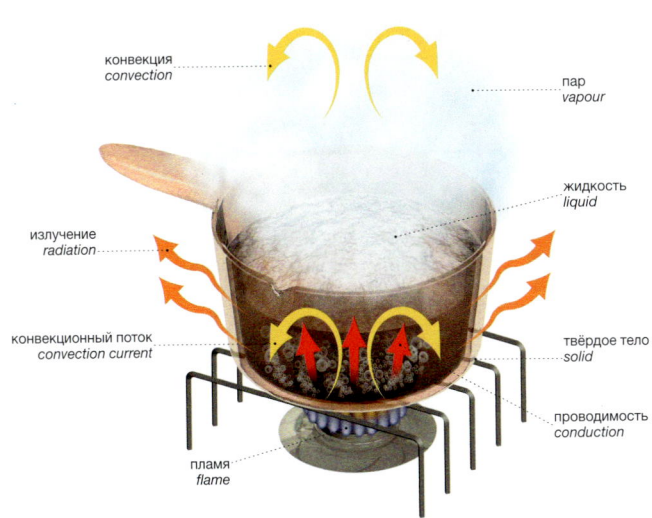

- конвекция / convection
- пар / vapour
- жидкость / liquid
- излучение / radiation
- конвекционный поток / convection current
- твёрдое тело / solid
- проводимость / conduction
- пламя / flame

НАУКА

физика: электричество и магнетизм | physics: electricity and magnetism

## магнетизм
*magnetism*

**магнит**
*magnet*

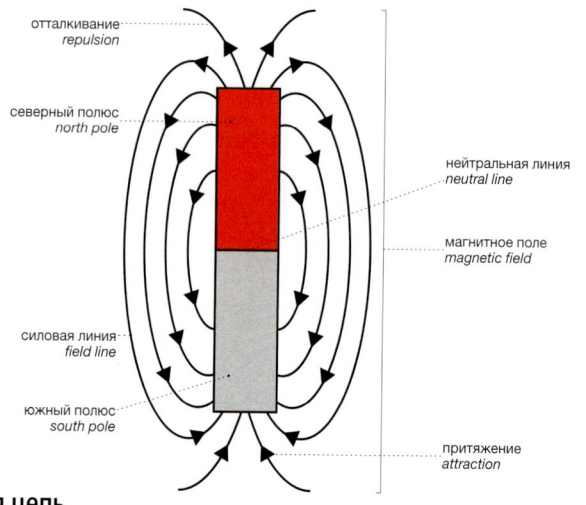

- отталкивание / *repulsion*
- северный полюс / *north pole*
- нейтральная линия / *neutral line*
- магнитное поле / *magnetic field*
- силовая линия / *field line*
- южный полюс / *south pole*
- притяжение / *attraction*

## электрическая цепь
*electrical circuit*

**параллельная цепь**
*parallel circuit*

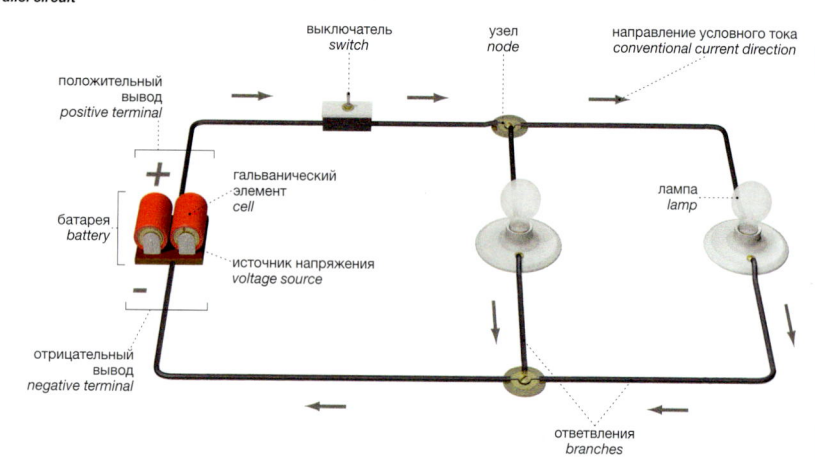

- выключатель / *switch*
- узел / *node*
- направление условного тока / *conventional current direction*
- положительный вывод / *positive terminal*
- гальванический элемент / *cell*
- батарея / *battery*
- источник напряжения / *voltage source*
- лампа / *lamp*
- отрицательный вывод / *negative terminal*
- ответвления / *branches*

физика: электричество и магнетизм | physics: electricity and magnetism

## сухие батарейки
*dry cells*

**угольно-цинковая батарейка**
*carbon-zinc cell*

- положительный вывод / positive terminal
- герметический спай / sealing plug
- верхняя крышка / top cap
- электролитный сепаратор / electrolytic separator
- корпус / jacket
- цинковый стакан (анод) / zinc can (anode)
- отрицательный вывод / negative terminal
- нижняя крышка / bottom cap
- графитовый стержень (катод) / carbon rod (cathode)
- шайба / washer
- деполяризационная масса / depolarizing mix
- направление движения электронов / direction of electron flow

**щелочная марганцево-цинковая батарейка**
*alkaline manganese-zinc cell*

- смесь цинка и электролита (анод) / zinc-electrolyte mix (anode)
- вещество для спая / sealing material
- цинковый стержень / electron collector
- стальной кожух / steel casing
- электролитный сепаратор / separator
- марганцевая смесь (катод) / manganese mix (cathode)
- герметический спай / sealing plug
- нижняя крышка / bottom cap
- направление движения электронов / direction of electron flow

## электроника
*electronics*

**печатная плата**
*printed circuit board*

- керамические конденсаторы / ceramic capacitor
- пленочный конденсатор / plastic film capacitor
- электролитические конденсаторы / electrolytic capacitors
- интегральная схема в корпусе / packaged integrated circuit
- печатная схема / printed circuit
- резисторы / resistors

**интегральная схема в корпусе**
*packaged integrated circuit*

- шапка / lid
- интегральная микросхема / integrated circuit
- проводник / wire
- корпус с двухрядным расположением выводов / dual-in-line package
- ножка микросхемы / connection pin

НАУКА

# электромагнитный спектр

*electromagnetic spectrum*

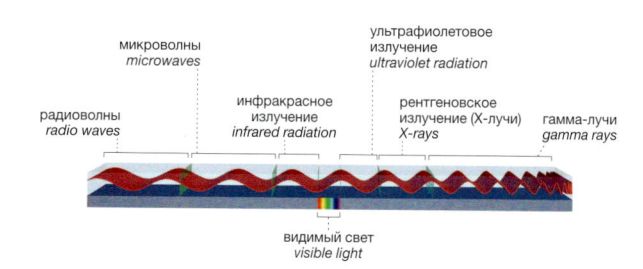

- радиоволны — *radio waves*
- микроволны — *microwaves*
- инфракрасное излучение — *infrared radiation*
- видимый свет — *visible light*
- ультрафиолетовое излучение — *ultraviolet radiation*
- рентгеновское излучение (Х-лучи) — *X-rays*
- гамма-лучи — *gamma rays*

# волна

*wave*

- колебательное смещение — *displacement*
- гребень (вершина) волны — *crest*
- амплитуда — *amplitude*
- впадина волны — *trough*
- положение равновесия — *mean position*
- длина волны — *wavelength*
- распространение — *propagation*

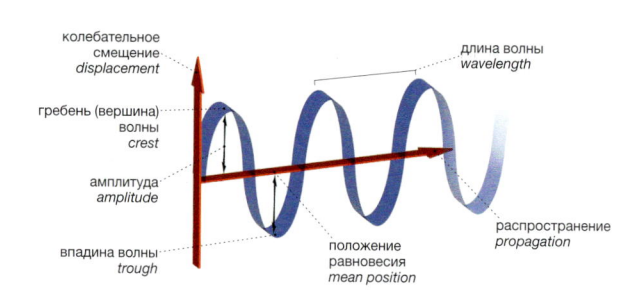

# синтез цвета

*colour synthesis*

## аддитивное (слагательное) смешение цветов
*additive colour synthesis*

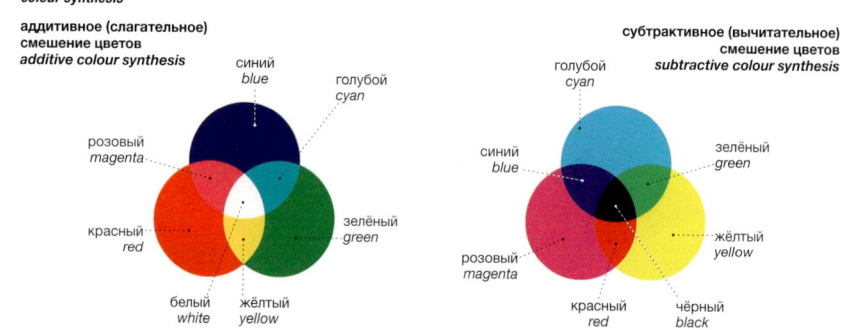

- синий — *blue*
- голубой — *cyan*
- розовый — *magenta*
- красный — *red*
- зелёный — *green*
- белый — *white*
- жёлтый — *yellow*

## субтрактивное (вычитательное) смешение цветов
*subtractive colour synthesis*

- голубой — *cyan*
- синий — *blue*
- зелёный — *green*
- розовый — *magenta*
- красный — *red*
- жёлтый — *yellow*
- чёрный — *black*

физика: оптика | physics: optics

## траектория световых волн
*trajectory of light waves*

### отражение света
*light reflection*

- падающий свет / *incident ray*
- отражённый свет / *reflected ray*
- отражающая поверхность / *reflecting surface*

### преломление света
*light refraction*

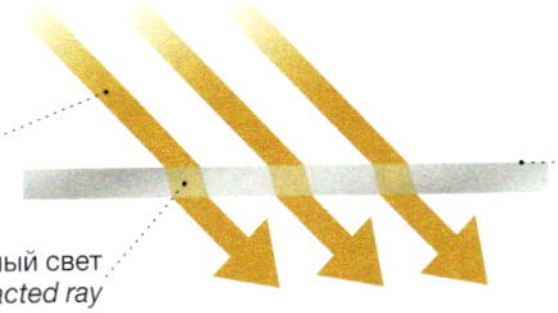

- падающий свет / *incident ray*
- преломляющая поверхность / *refracting surface*
- преломлённый свет / *refracted ray*

## зеркало
*mirror*

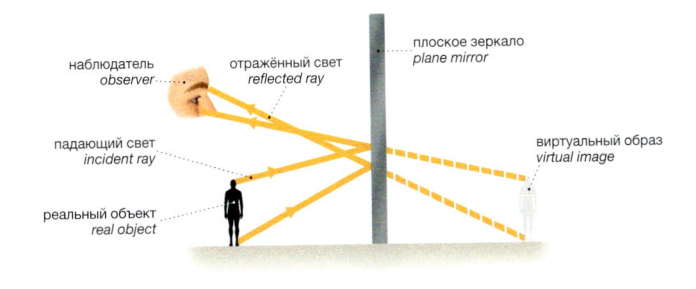

- наблюдатель / *observer*
- отражённый свет / *reflected ray*
- плоское зеркало / *plane mirror*
- падающий свет / *incident ray*
- виртуальный образ / *virtual image*
- реальный объект / *real object*

## линзы
*lenses*

### собирающая (положительная) линза
*converging lenses*

- выпуклая линза / *convex lens*
- двояковыпуклая линза / *biconvex lens* 
- плоско-выпуклая линза / *plano-convex lens* 
- выпуклый (собирающий) мениск / *positive meniscus* 

### рассеивающая (отрицательная) линза
*diverging lenses*

- вогнутая линза / *concave lens*
- двояковогнутая линза / *biconcave lens*
- плоско-вогнутая линза / *plano-concave lens* 
- вогнутый (рассеивающий) мениск / *negative meniscus*

# оптические приборы
*optical devices*

**бинокль**
*prism binoculars*

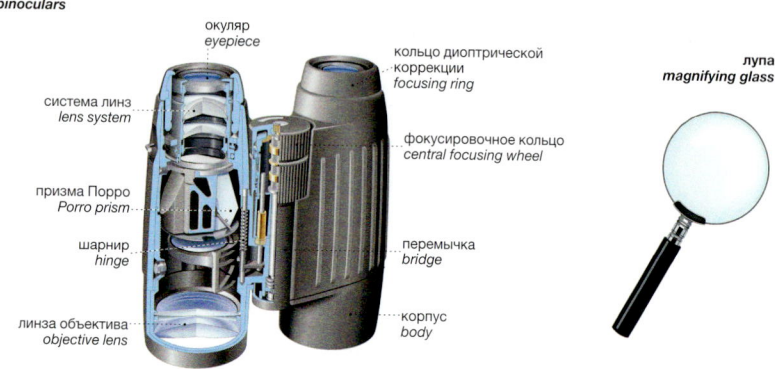

- окуляр / *eyepiece*
- кольцо диоптрической коррекции / *focusing ring*
- система линз / *lens system*
- фокусировочное кольцо / *central focusing wheel*
- призма Порро / *Porro prism*
- шарнир / *hinge*
- перемычка / *bridge*
- линза объектива / *objective lens*
- корпус / *body*

**лупа**
*magnifying glass*

**оптический прицел**
*telescopic sight*

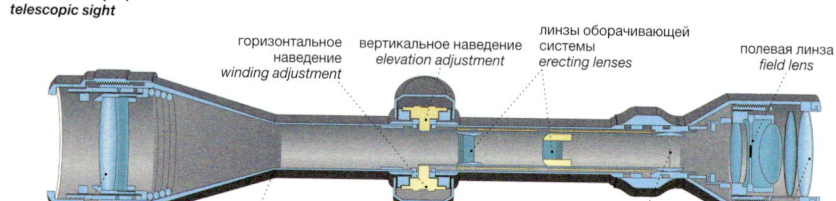

- горизонтальное наведение / *winding adjustment*
- вертикальное наведение / *elevation adjustment*
- линзы оборачивающей системы / *erecting lenses*
- полевая линза / *field lens*
- линза объектива / *objective lens*
- корпус / *main scope tube*
- защитная крышка / *turret cap*
- сетка / *reticle*
- окуляр / *eyepiece*

**импульсный рубиновый лазер**
*pulsed ruby laser*

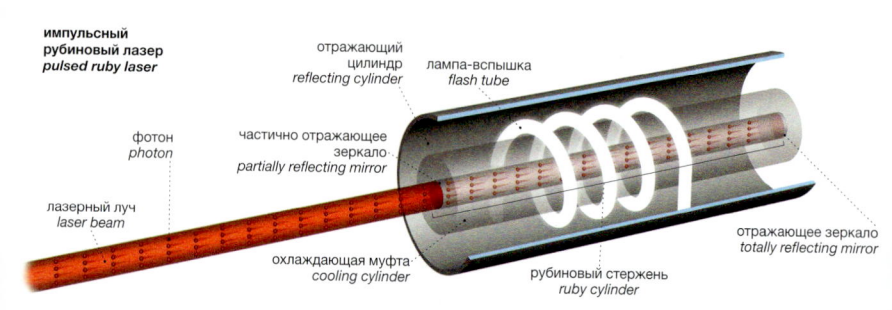

- отражающий цилиндр / *reflecting cylinder*
- лампа-вспышка / *flash tube*
- фотон / *photon*
- частично отражающее зеркало / *partially reflecting mirror*
- лазерный луч / *laser beam*
- охлаждающая муфта / *cooling cylinder*
- рубиновый стержень / *ruby cylinder*
- отражающее зеркало / *totally reflecting mirror*

**физика: оптика** | **physics: optics**

## оптические приборы

### микроскопы
### *microscopes*

**монокулярный микроскоп**
*monocular microscope*

- окуляр / *eyepiece*
- револьвер для объективов / *revolving nosepiece*
- тубус / *draw tube*
- прижимные лапки / *stage clip*
- макромеханизм (или макровинт) / *coarse adjustment knob*
- линза / *lens*
- микрометрический винт / *fine adjustment knob*
- предметное стекло / *glass slide*
- предметный столик / *stage*
- штатив / *arm*
- конденсор / *condenser*
- зеркало / *mirror*
- основание микроскопа / *base*

**бинокулярный микроскоп**
*binocular microscope*

- окуляр / *eyepiece*
- тубус / *draw tube*
- корпус / *body tube*
- револьвер для объективов / *revolving nosepiece*
- тубусодержатель / *limb top*
- штатив / *arm*
- линза / *lens*
- препаратоводитель / *mechanical stage*
- прижимные лапки / *stage clip*
- предметный столик / *stage*
- предметное стекло / *glass slide*
- микрометрический винт / *fine adjustment knob*
- регулировка диафрагмы / *field lens adjustment*
- макрометрический винт / *coarse adjustment knob*
- регулировочный винт конденсора / *condenser adjustment knob*
- управление препаратоводителем / *mechanical stage control*
- основание микроскопа / *base*
- лампа / *lamp*
- конденсор / *condenser*
- винт регулировки высоты конденсора / *condenser height adjustment*

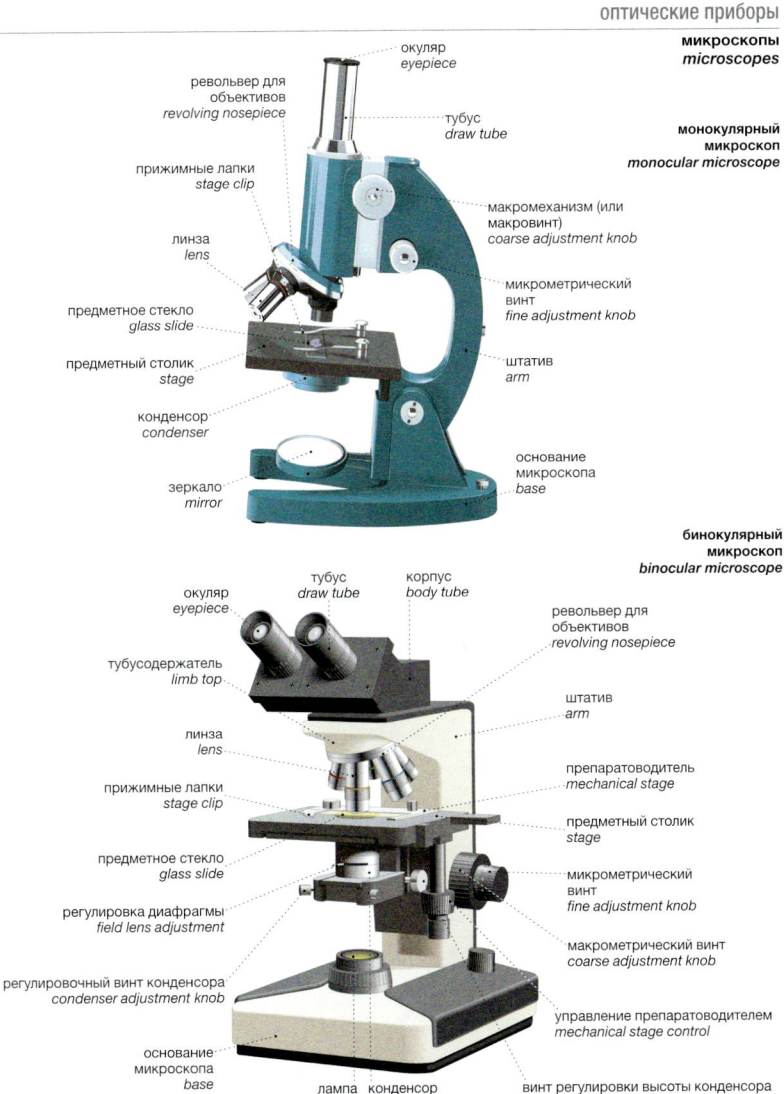

НАУКА

## измерение температуры
*measurement of temperature*

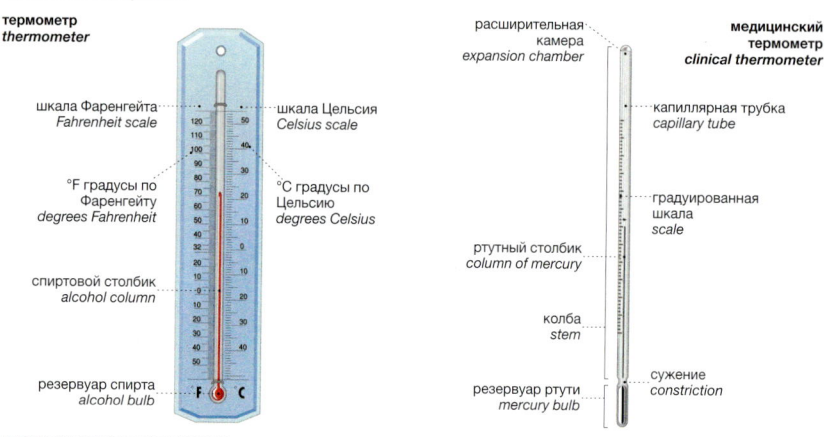

**термометр**
*thermometer*

- шкала Фаренгейта / Fahrenheit scale
- °F градусы по Фаренгейту / degrees Fahrenheit
- спиртовой столбик / alcohol column
- резервуар спирта / alcohol bulb
- шкала Цельсия / Celsius scale
- °C градусы по Цельсию / degrees Celsius

**медицинский термометр**
*clinical thermometer*

- расширительная камера / expansion chamber
- капиллярная трубка / capillary tube
- градуированная шкала / scale
- ртутный столбик / column of mercury
- колба / stem
- сужение / constriction
- резервуар ртути / mercury bulb

## измерение времени
*measurement of time*

**секундомер**
*stopwatch*

- дужка / ring
- кнопка включения / start button
- кнопка обнуления / reset button
- минутная стрелка / minute hand
- секундная стрелка / second hand
- стрелка десятых долей секунд / 1/10 second hand
- кнопка выключения / stop button
- корпус / case

**электронные часы**
*digital watch*

- жидкокристаллический (ЖК) экран / liquid crystal display (LCD)

**солнечные часы**
*sundial*

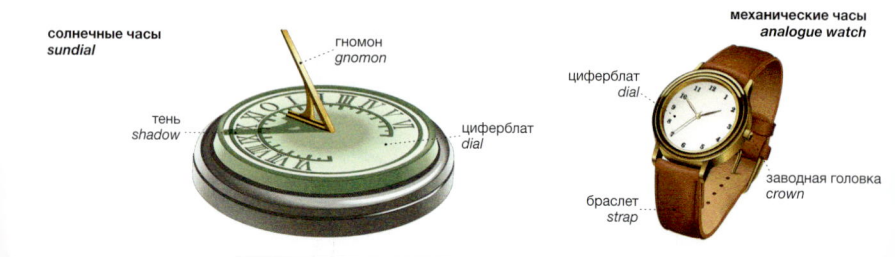

- гномон / gnomon
- тень / shadow
- циферблат / dial

**механические часы**
*analogue watch*

- циферблат / dial
- заводная головка / crown
- браслет / strap

**измерительные приборы** | **measuring devices**

## измерение расстояний
*measurement of distance*

**шагомер**
*pedometer*

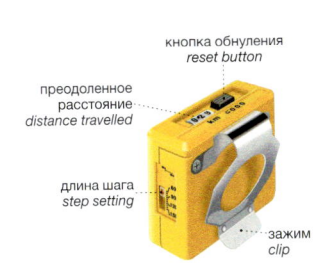

- кнопка обнуления / reset button
- преодолённое расстояние / distance travelled
- длина шага / step setting
- зажим / clip

**дальномер**
*distance measurer*

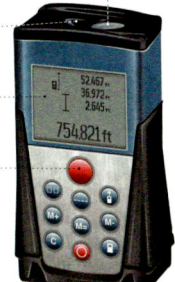

- принимающая линза / reception lens
- выход лазерного луча / laser beam outlet
- экран / display
- кнопка измерения / measuring button

## измерение длины
*measurement of length*

**линейка**
*ruler*

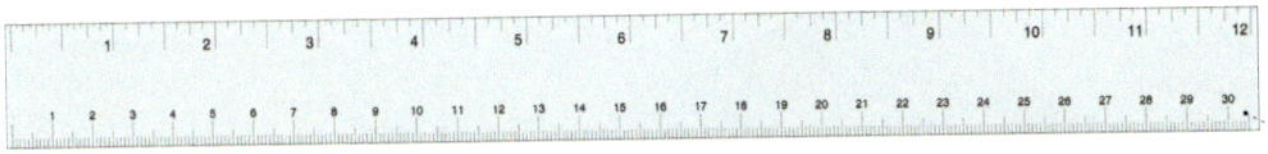

- шкала / scale

## измерение толщины
*measurement of thickness*

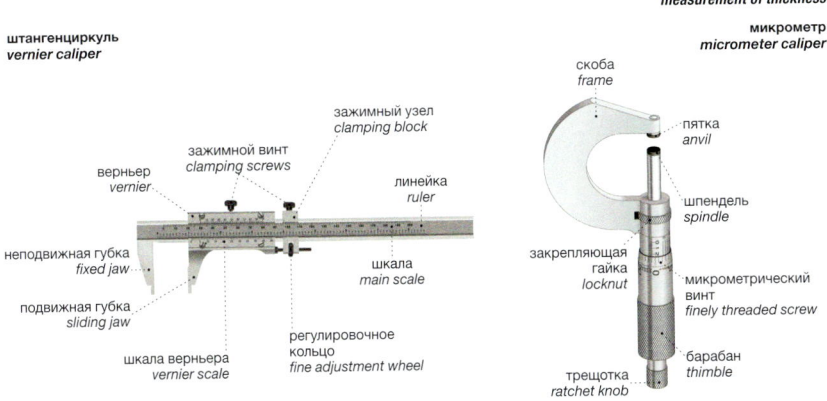

**штангенциркуль**
*vernier caliper*

- зажимной винт / clamping screws
- зажимной узел / clamping block
- вернье / vernier
- линейка / ruler
- неподвижная губка / fixed jaw
- шкала / main scale
- подвижная губка / sliding jaw
- шкала верньера / vernier scale
- регулировочное кольцо / fine adjustment wheel

**микрометр**
*micrometer caliper*

- скоба / frame
- пятка / anvil
- шпендель / spindle
- закрепляющая гайка / locknut
- микрометрический винт / finely threaded screw
- барабан / thimble
- трещотка / ratchet knob

НАУКА

# измерение массы
*measurement of weight*

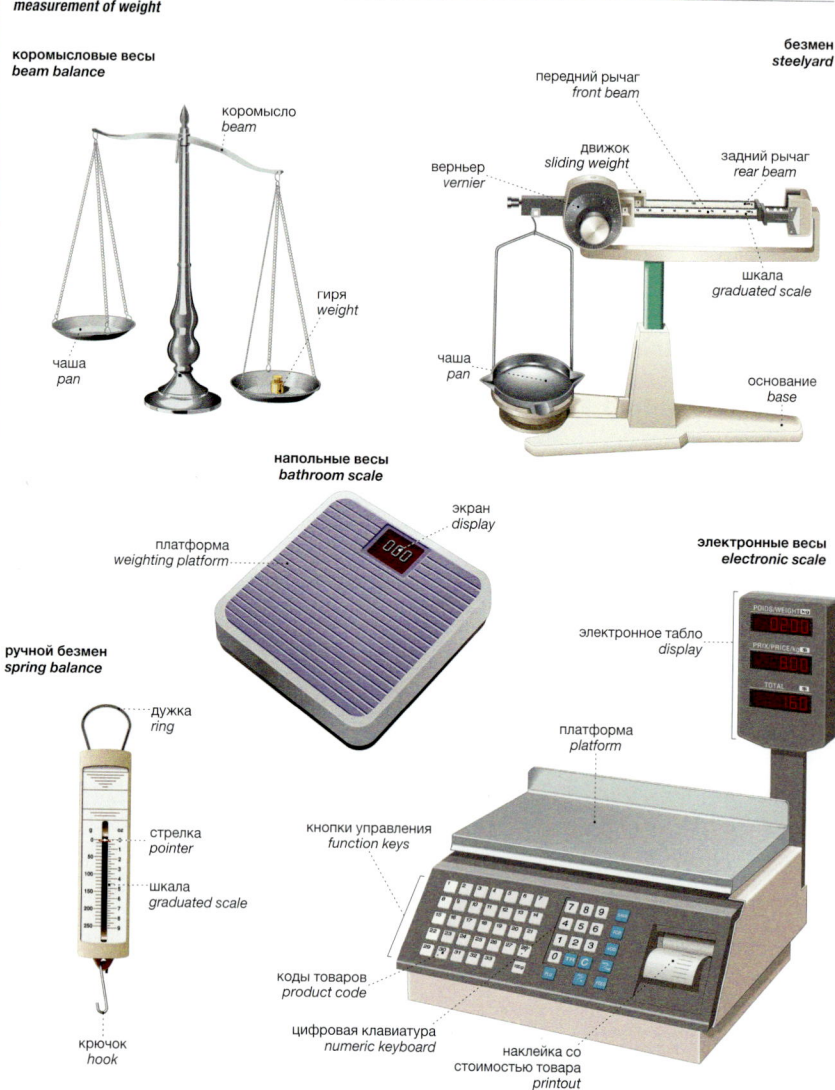

### коромысловые весы
*beam balance*

- коромысло / *beam*
- гиря / *weight*
- чаша / *pan*

### безмен
*steelyard*

- передний рычаг / *front beam*
- движок / *sliding weight*
- верньер / *vernier*
- задний рычаг / *rear beam*
- шкала / *graduated scale*
- чаша / *pan*
- основание / *base*

### напольные весы
*bathroom scale*

- платформа / *weighting platform*
- экран / *display*

### электронные весы
*electronic scale*

- электронное табло / *display*
- платформа / *platform*
- кнопки управления / *function keys*
- коды товаров / *product code*
- цифровая клавиатура / *numeric keyboard*
- наклейка со стоимостью товара / *printout*

### ручной безмен
*spring balance*

- дужка / *ring*
- стрелка / *pointer*
- шкала / *graduated scale*
- крючок / *hook*

# Международная система единиц (СИ)

*International System of Units (SI)*

**единица энергии**
*measurement of energy*

J

джоуль
*joule*

**единица электрического напряжения**
*measurement of electric potential difference*

V

вольт
*volt*

**единица электрического сопротивления**
*measurement of electric resistance*

$\Omega$

ом
*ohm*

**единица давления**
*measurement of pressure*

Pa

паскаль
*pascal*

**единица радиоактивности**
*measurement of radioactivity*

Bq

беккерель
*becquerel*

**единица силы электрического тока**
*measurement of electric current*

A

ампер
*ampere*

**единица количества вещества**
*measurement of amount of substance*

mol

моль
*mole*

**единица силы**
*measurement of force*

N

ньютон
*newton*

**единица мощности**
*measurement of power*

W

ватт
*watt*

**единица силы света**
*measurement of luminous intensity*

cd

кандела
*candela*

**единица температуры по шкале Цельсия**
*measurement of Celsius temperature*

°C

градус Цельсия
*degree Celsius*

**единица массы**
*measurement of mass*

kg

килограмм
*kilogram*

**единица электрического заряда**
*measurement of electric charge*

C

кулон
*coulomb*

**единицы длины**
*measurement of length*

m

метр
*metre*

**единица частоты**
*measurement of frequency*

Hz

герц
*hertz*

**единица термодинамической температуры**
*measurement of thermodynamic temperature*

K

кельвин
*kelvin*

## химия
*chemistry*

— минус / *negative charge*

\+ плюс / *positive charge*

⇌ обратимая реакция / *reversible reaction*

→ направление реакции / *reaction direction*

обозначение соединения / *compound notation*

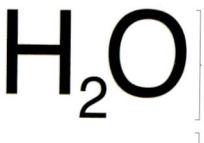

$H_2O$
- химическая формула / *chemical formula*
- вода / *water* — обиходное название / *common name*

## биология
*biology*

♀ женский пол / *female*

Rh− отрицательный резус-фактор / *Rhesus negative factor*

∗ дата рождения / *born*

♂ мужской пол / *male*

Rh+ положительный резус-фактор / *Rhesus positive factor*

† дата смерти / *died*

## геометрия
*geometry*

° градус / *degree*

′ минута / *minute*

″ секунда / *second*

π pi (пи) / *pi*

⊥ перпендикуляр / *perpendicular*

∥ знак параллельности / *is parallel to*

∦ знак непараллельности / *is not parallel to*

∟ прямой угол / *right angle*

⌒ тупой угол / *obtuse angle*

∠ острый угол / *acute angle*

## научные символы | scientific symbols

### римские цифры
*Roman numerals*

**I** — один / *one*

**V** — пять / *five*

**X** — десять / *ten*

**L** — пятьдесят / *fifty*

**C** — сто / *one hundred*

**D** — пятьсот / *five hundred*

**M** — тысяча / *one thousand*

### математика
*mathematics*

$-$ знак вычитания / *subtraction*

$+$ знак сложения / *addition*

$\times$ знак умножения / *multiplication*

$\div$ знак деления / *division*

$=$ знак равенства / *is equal to*

$\neq$ знак неравенства / *is not equal to*

$\approx$ знак приблизительного равенства / *is approximately equal to*

знак равнозначности / *is equivalent to*

$\equiv$ знак тождества / *is identical with*

$\not\equiv$ знак нетождества / *is not identical with*

$\pm$ плюс / минус / *plus or minus*

$\leqslant$ меньше или равно / *is equal to or less than*

$<$ меньше / *is less than*

$\geqslant$ больше или равно / *is equal to or greater than*

$>$ больше / *is greater than*

$\varnothing$ знак пустого множества / *empty set*

$\cup$ знак объединения множеств / *union*

$\cap$ знак пересечения множеств / *intersection*

$\subset$ знак подмножества / *is contained in*

$\%$ символ процента / *percent*

$\in$ знак вхождения во множество / *belongs to*

$\notin$ знак невхождения во множество / *does not belong to*

$\Sigma$ знак суммы элементов / *sum*

$\sqrt{\phantom{x}}$ знак радикала / *square root of*

$\frac{1}{2}$ дробь / *fraction*

$\infty$ знак бесконечности / *infinity*

$\int$ интеграл / *integral*

$!$ факториал / *factorial*

НАУКА

# графическое изображение
*graphic representations*

**углы**
*angles*

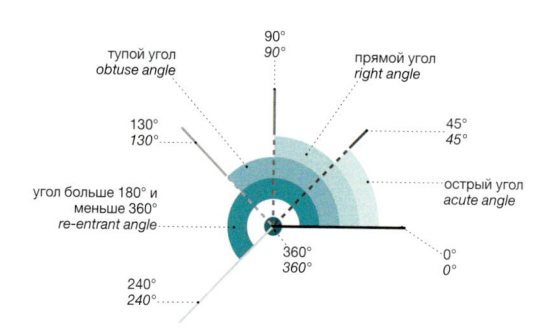

- тупой угол / *obtuse angle* — 130°
- прямой угол / *right angle* — 90°
- острый угол / *acute angle* — 45°
- 0°
- 360°
- 240°
- угол больше 180° и меньше 360° / *re-entrant angle*

**окружность**
*circle*

- дуга / *arc*
- центр / *centre*
- радиус / *radius*
- четверть / *quadrant*
- сектор / *sector*
- диаметр / *diameter*
- полукруг / *semicircle*
- окружность / *circumference*

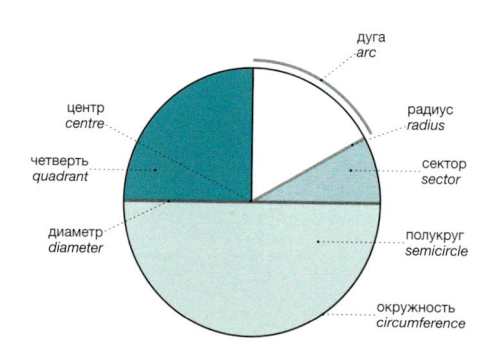

**статистика**
*statistics*

**дисковая диаграмма**
*circular chart*

**линейная диаграмма**
*line chart*

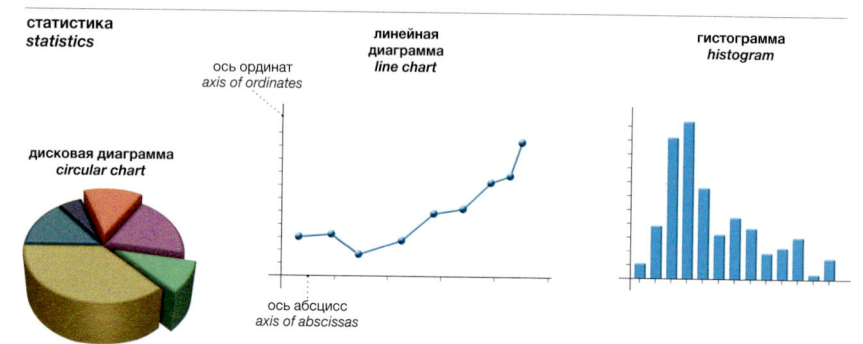

- ось ординат / *axis of ordinates*
- ось абсцисс / *axis of abscissas*

**гистограмма**
*histogram*

**научные символы** | scientific symbols

### графическое изображение

#### многоугольники / polygons

| треугольник | квадрат | прямоугольник | ромб | трапеция |
| --- | --- | --- | --- | --- |
| *triangle* | *square* | *rectangle* | *rhombus* | *trapezoid* |

| параллелограмм | четырехугольник | правильный пятиугольник | правильный шестиугольник | правильный семиугольник |
| --- | --- | --- | --- | --- |
| *parallelogram* | *quadrilateral* | *regular pentagon* | *regular hexagon* | *regular heptagon* |

| правильный восьмиугольник | правильный девятиугольник | правильный десятиугольник | правильный одиннадцатиугольник | правильный двенадцатиугольник |
| --- | --- | --- | --- | --- |
| *regular octagon* | *regular nonagon* | *regular decagon* | *regular hendecagon* | *regular dodecagon* |

#### геометрические тела / solids

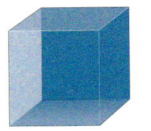

| спираль | тор | полусфера | сфера | куб |
| --- | --- | --- | --- | --- |
| *helix* | *torus* | *hemisphere* | *sphere* | *cube* |

| конус | пирамида | цилиндр | параллелепипед | правильный октаэдр |
| --- | --- | --- | --- | --- |
| *cone* | *pyramid* | *cylinder* | *parallelepiped* | *regular octahedron* |

НАУКА

# населённый пункт
*conurbation*

**основные составляющие**
*main components*

- деревня / *village*
- дорога / *road*
- поле для гольфа / *golf course*
- аэропорт / *airport*
- деловой квартал / *business district*
- зона сортировки / *marshalling yard*
- завод / *factory*
- вокзал / *railway station*
- пакгауз / *warehouse*
- пристань / *quay*
- выставочный центр / *exhibition centre*
- парковка / *parking*
- грузовой терминал / *container terminal*

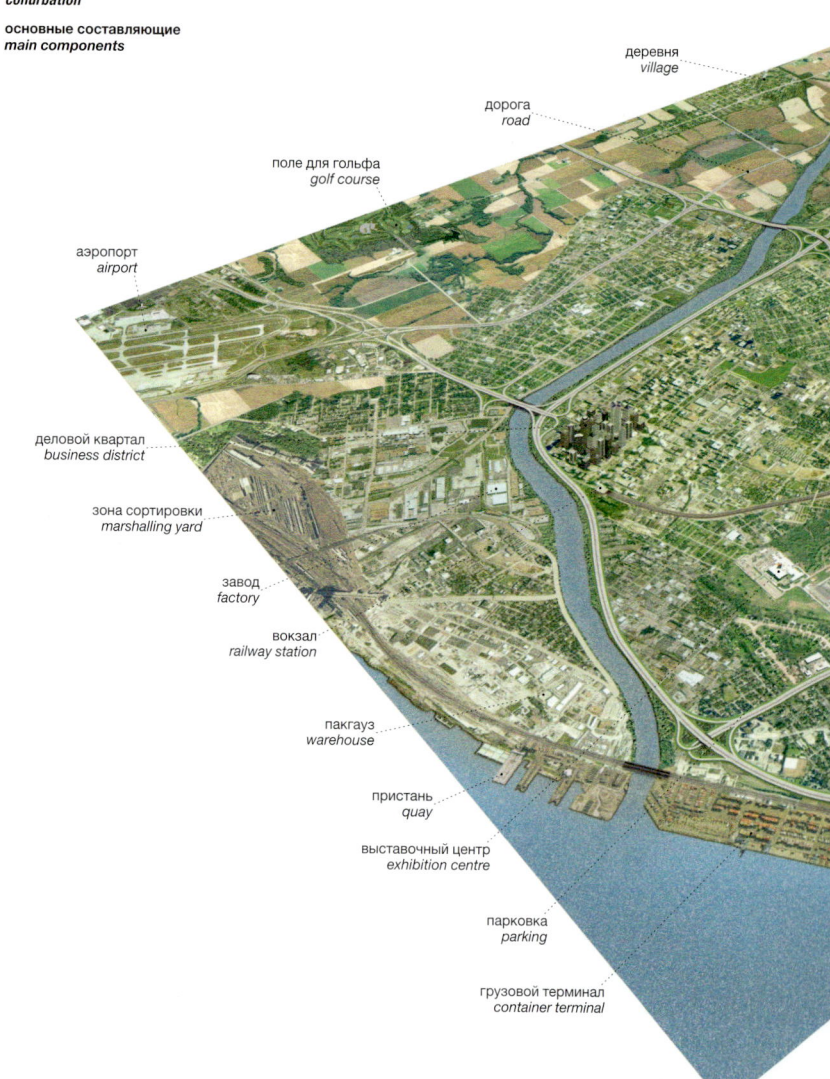

**город | city**

## населённый пункт

железнодорожный путь
*railway track*

окружная автодорога
*peripheral*

автострада
*motorway*

мусорная свалка
*landfill*

сельская местность
*country*

**основные зоны**
**main zones**

развязка
*interchange*

жилой массив
*residential district*

пригород
*suburb*

торговая зона
*commercial zone*

стадион
*stadium*

торговый центр
*shopping centre*

центр города
*city centre*

перерабатывающий завод
*refinery*

промышленная зона
*industrial area*

порт
*port*

спортивный комплекс
*sports complex*

ОБЩЕСТВО

474 **город** | city

# центр города
*city centre*

**общий вид**
*general view*

- здание суда / courthouse
- деловой квартал / business district
- гостиница / hotel
- мэрия / town hall
- административное здание / office building
- оперный театр / opera
- вокзал / railway station
- автовокзал / bus station
- железнодорожный путь / railway track
- учебный корпус / pavilion
- университет / university
- театр / theatre

ОБЩЕСТВО

**торговая улица**
*shopping street*

- магазин / shop
- бар / bar
- банк / bank
- кафе / coffee shop
- ресторан / restaurant
- станция метро / underground station
- кинотеатр / cinema

**город | city**

## центр города

- центр проведения выставок и конференций — *convention centre*
- бульвар — *boulevard*
- учебное заведение — *educational institution*
- полицейский участок — *police station*
- улица — *street*
- проспект — *avenue*
- пожарная часть — *fire station*
- кладбище — *cemetery*
- культовое здание — *religious building*
- переулок — *lane*
- жилой дом — *apartment building*
- парк — *park*
- библиотека — *library*
- почтовое отделение — *post office*
- супермаркет — *supermarket*
- фирменный автосалон — *car dealer*
- автозаправочная станция — *service station*
- музей — *museum*
- концертный зал — *concert hall*
- больница — *hospital*

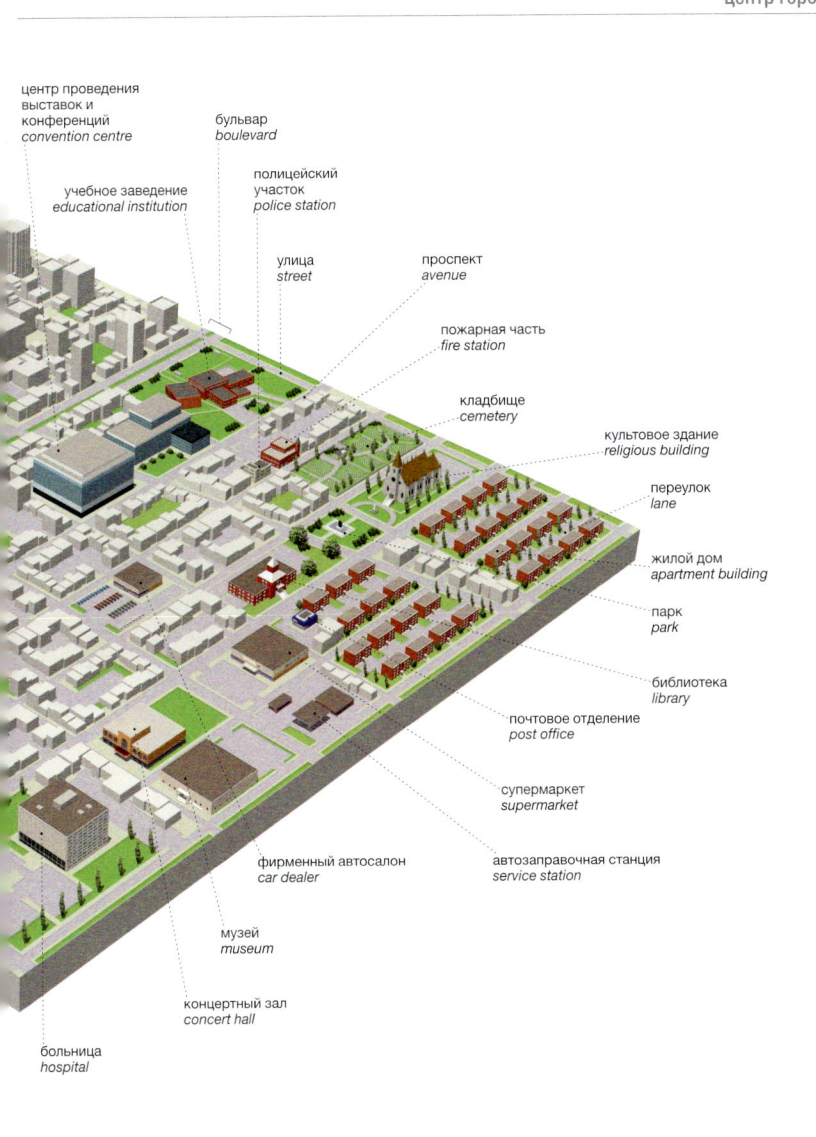

ОБЩЕСТВО

город | city

# улица
*street*

**участок улицы**
*section of a street*

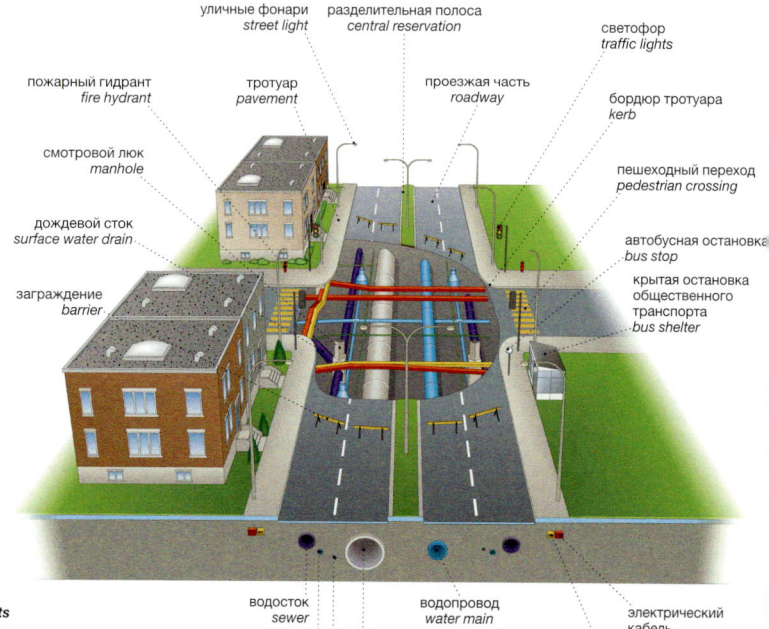

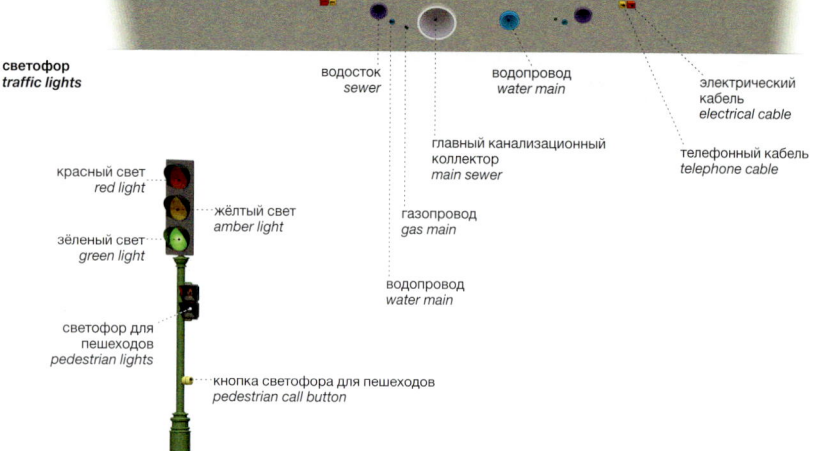

- уличные фонари / *street light*
- разделительная полоса / *central reservation*
- светофор / *traffic lights*
- пожарный гидрант / *fire hydrant*
- тротуар / *pavement*
- проезжая часть / *roadway*
- бордюр тротуара / *kerb*
- смотровой люк / *manhole*
- пешеходный переход / *pedestrian crossing*
- дождевой сток / *surface water drain*
- автобусная остановка / *bus stop*
- заграждение / *barrier*
- крытая остановка общественного транспорта / *bus shelter*
- водосток / *sewer*
- водопровод / *water main*
- электрический кабель / *electrical cable*
- главный канализационный коллектор / *main sewer*
- телефонный кабель / *telephone cable*
- газопровод / *gas main*
- водопровод / *water main*

**светофор**
*traffic lights*

- красный свет / *red light*
- жёлтый свет / *amber light*
- зёленый свет / *green light*
- светофор для пешеходов / *pedestrian lights*
- кнопка светофора для пешеходов / *pedestrian call button*

ОБЩЕСТВО

**город** | city

# офисное здание
*office building*

**общий вид**
*general view*

- панорамное окно / *panoramic window*
- высотное офисное здание / *office tower*
- главный вход / *main entrance*
- ротонда / *rotunda*

**наземная часть башни**
*podium*

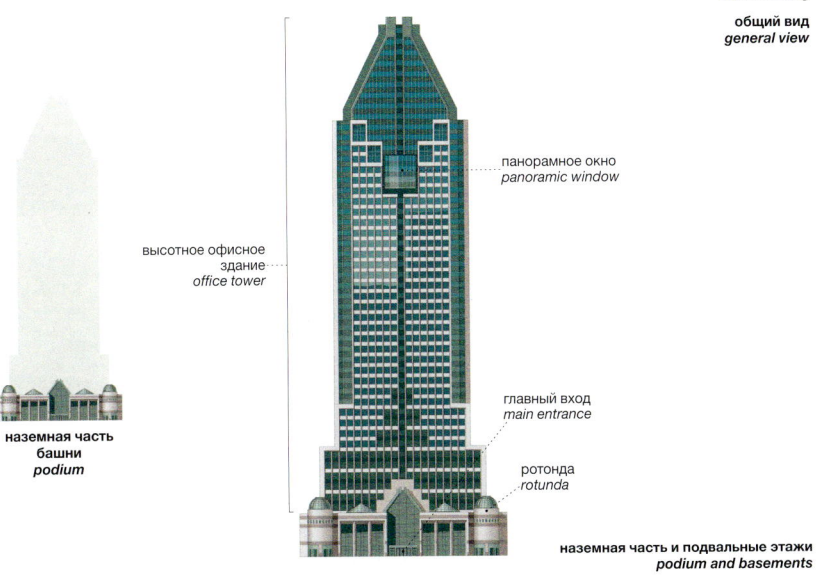

**наземная часть и подвальные этажи**
*podium and basements*

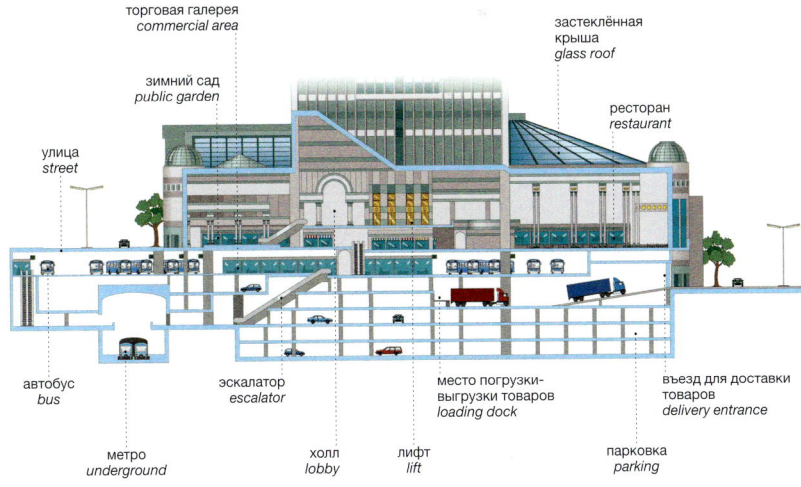

- торговая галерея / *commercial area*
- зимний сад / *public garden*
- застеклённая крыша / *glass roof*
- ресторан / *restaurant*
- улица / *street*
- автобус / *bus*
- метро / *underground*
- эскалатор / *escalator*
- холл / *lobby*
- лифт / *lift*
- место погрузки-выгрузки товаров / *loading dock*
- парковка / *parking*
- въезд для доставки товаров / *delivery entrance*

ОБЩЕСТВО

# город | city

## торговый центр
*shopping centre*

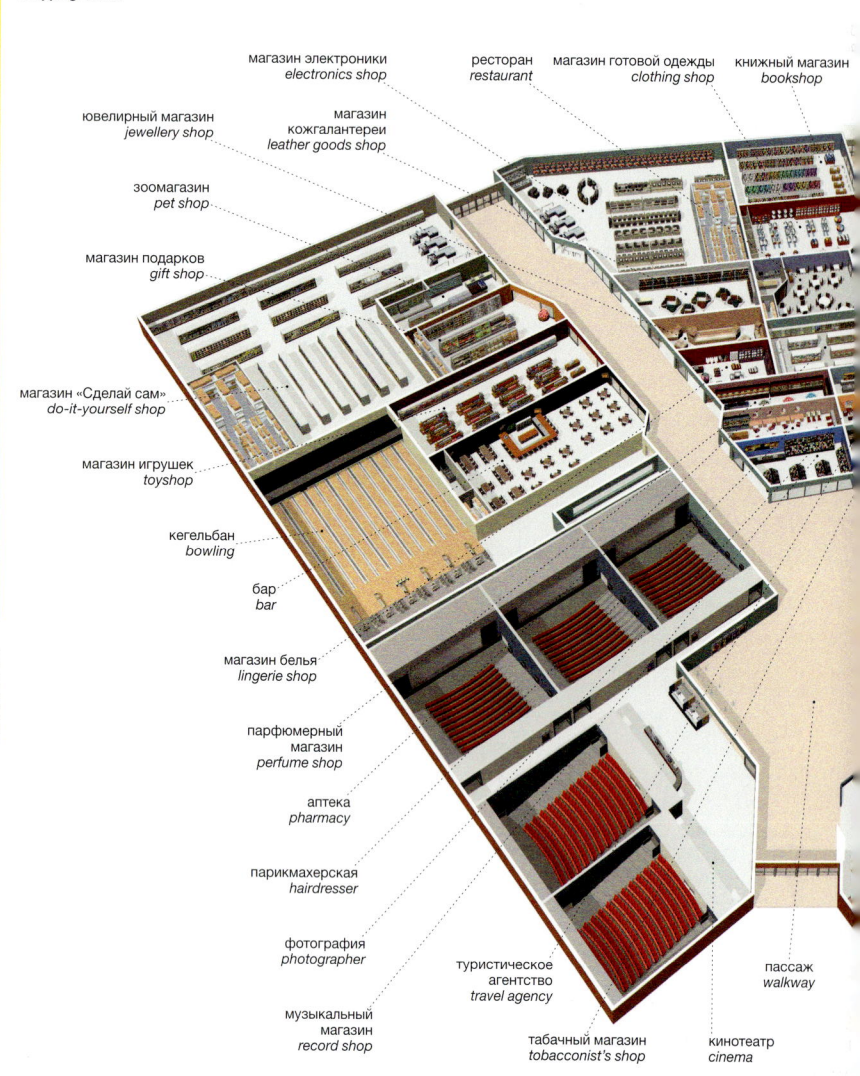

- магазин электроники / *electronics shop*
- ресторан / *restaurant*
- магазин готовой одежды / *clothing shop*
- книжный магазин / *bookshop*
- ювелирный магазин / *jewellery shop*
- магазин кожгалантереи / *leather goods shop*
- зоомагазин / *pet shop*
- магазин подарков / *gift shop*
- магазин «Сделай сам» / *do-it-yourself shop*
- магазин игрушек / *toyshop*
- кегельбан / *bowling*
- бар / *bar*
- магазин белья / *lingerie shop*
- парфюмерный магазин / *perfume shop*
- аптека / *pharmacy*
- парикмахерская / *hairdresser*
- фотография / *photographer*
- туристическое агентство / *travel agency*
- музыкальный магазин / *record shop*
- табачный магазин / *tobacconist's shop*
- кинотеатр / *cinema*
- пассаж / *walkway*

ОБЩЕСТВО

город | city

## торговый центр

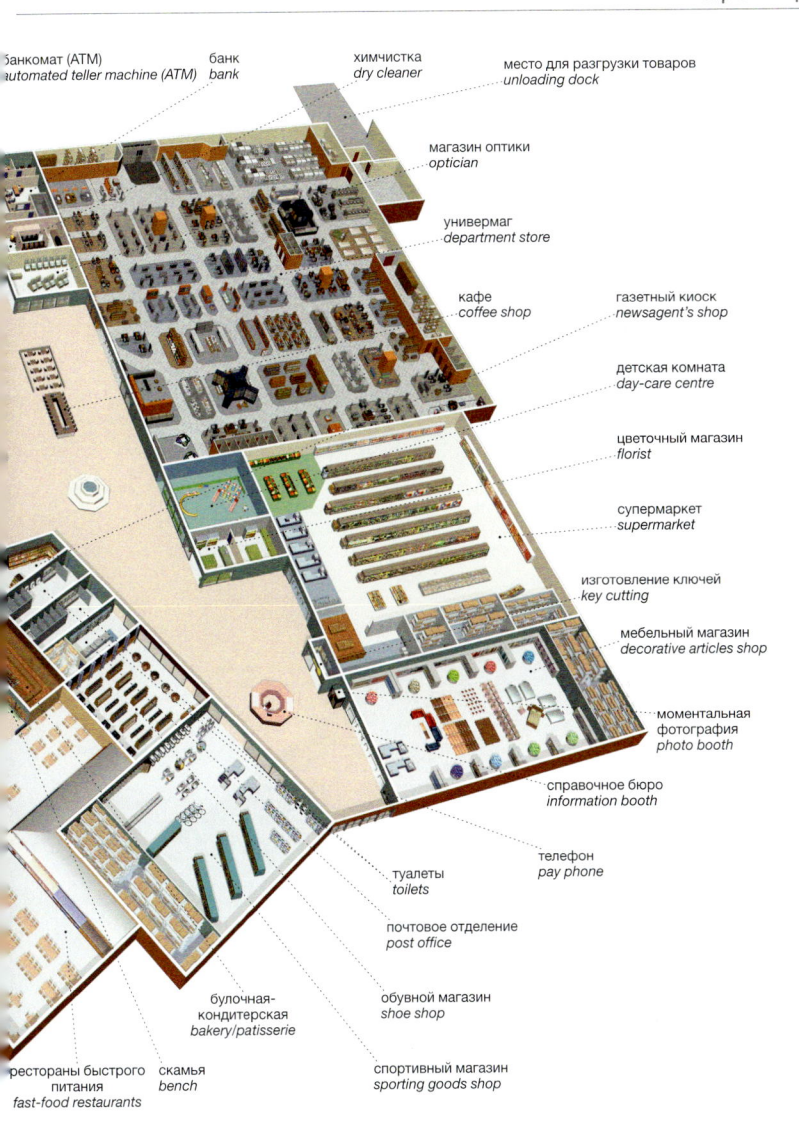

- банкомат (ATM) / *automated teller machine (ATM)*
- банк / *bank*
- химчистка / *dry cleaner*
- место для разгрузки товаров / *unloading dock*
- магазин оптики / *optician*
- универмаг / *department store*
- кафе / *coffee shop*
- газетный киоск / *newsagent's shop*
- детская комната / *day-care centre*
- цветочный магазин / *florist*
- супермаркет / *supermarket*
- изготовление ключей / *key cutting*
- мебельный магазин / *decorative articles shop*
- моментальная фотография / *photo booth*
- справочное бюро / *information booth*
- телефон / *pay phone*
- туалеты / *toilets*
- почтовое отделение / *post office*
- обувной магазин / *shoe shop*
- булочная-кондитерская / *bakery/patisserie*
- спортивный магазин / *sporting goods shop*
- скамья / *bench*
- рестораны быстрого питания / *fast-food restaurants*

ОБЩЕСТВО

479

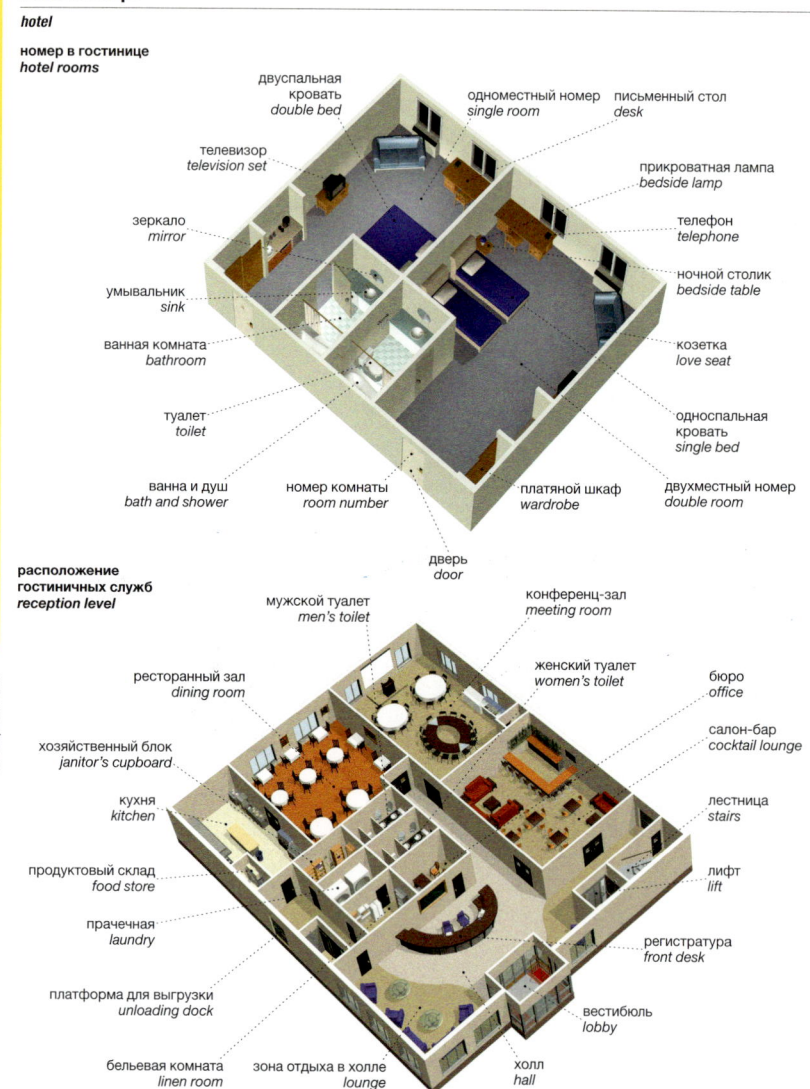

# гостиница
*hotel*

**номер в гостинице**
*hotel rooms*

- двуспальная кровать / *double bed*
- одноместный номер / *single room*
- письменный стол / *desk*
- телевизор / *television set*
- прикроватная лампа / *bedside lamp*
- зеркало / *mirror*
- телефон / *telephone*
- умывальник / *sink*
- ночной столик / *bedside table*
- ванная комната / *bathroom*
- козетка / *love seat*
- туалет / *toilet*
- односпальная кровать / *single bed*
- ванна и душ / *bath and shower*
- номер комнаты / *room number*
- платяной шкаф / *wardrobe*
- двухместный номер / *double room*
- дверь / *door*

**расположение гостиничных служб**
*reception level*

- мужской туалет / *men's toilet*
- конференц-зал / *meeting room*
- ресторанный зал / *dining room*
- женский туалет / *women's toilet*
- бюро / *office*
- хозяйственный блок / *janitor's cupboard*
- салон-бар / *cocktail lounge*
- кухня / *kitchen*
- лестница / *stairs*
- продуктовый склад / *food store*
- лифт / *lift*
- прачечная / *laundry*
- регистратура / *front desk*
- платформа для выгрузки / *unloading dock*
- вестибюль / *lobby*
- бельевая комната / *linen room*
- зона отдыха в холле / *lounge*
- холл / *hall*

**юстиция** | justice

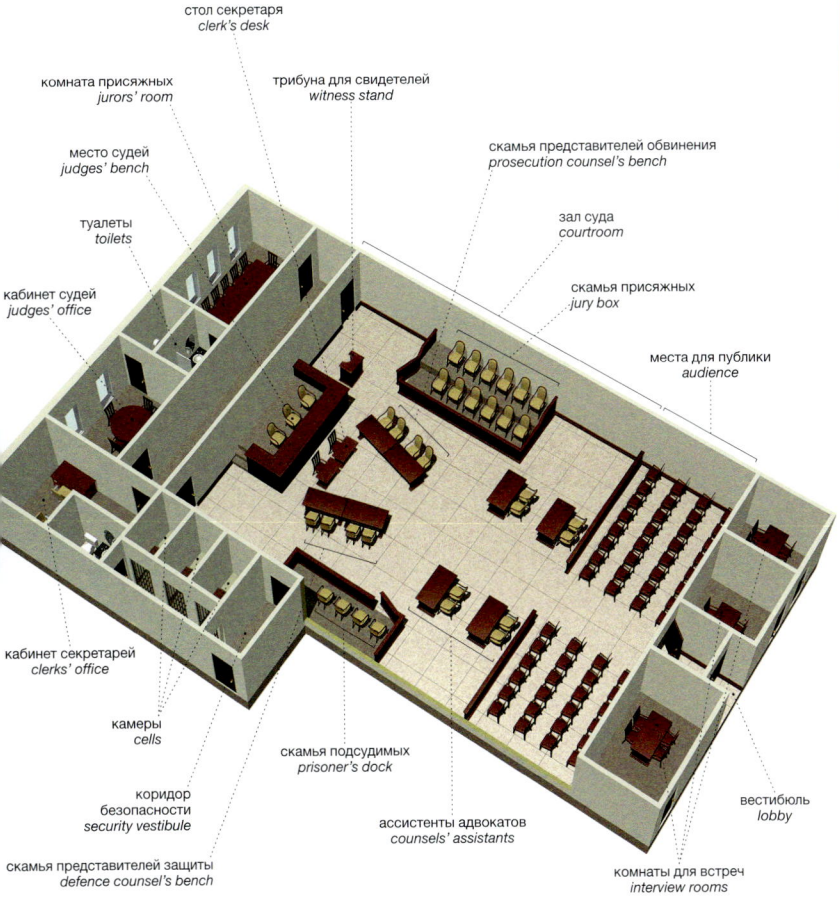

# суд
*court*

- стол секретаря | clerk's desk
- комната присяжных | jurors' room
- трибуна для свидетелей | witness stand
- место судей | judges' bench
- скамья представителей обвинения | prosecution counsel's bench
- туалеты | toilets
- зал суда | courtroom
- кабинет судей | judges' office
- скамья присяжных | jury box
- места для публики | audience
- кабинет секретарей | clerks' office
- камеры | cells
- коридор безопасности | security vestibule
- скамья подсудимых | prisoner's dock
- вестибюль | lobby
- скамья представителей защиты | defence counsel's bench
- ассистенты адвокатов | counsels' assistants
- комнаты для встреч | interview rooms

ОБЩЕСТВО

# экономика и финансы | economy and finance

## филиал банка
*bank branch*

**банкомат (АТМ)**
*automated teller machine (ATM)*

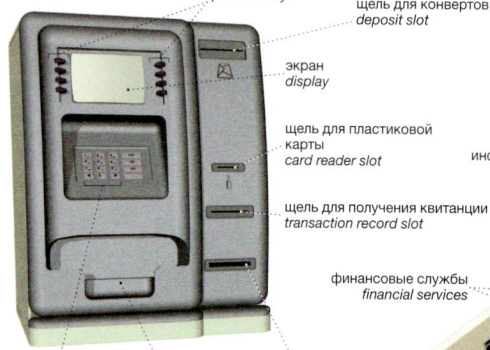

- клавиши управления / *operation keys*
- щель для конвертов / *deposit slot*
- экран / *display*
- щель для пластиковой карты / *card reader slot*
- щель для получения квитанции / *transaction record slot*
- финансовые службы / *financial services*
- клавиши с цифрами и буквами / *alphanumeric keyboard*
- щель для выдачи банкнот / *note presenter*
- щель для получения информации об остатке / *passbook update slot*
- кабинет профессионального обучения / *professional training office*
- службы страхования / *insurance services*
- информационный стенд / *brochure rack*
- конференц-зал / *conference room*
- копировальное оборудование / *reprography*
- место ожидания для клиентов / *waiting area*
- службы кредитования / *loan services*
- информационная стойка / *information desk*
- ресепшен / *reception desk*
- стойка дежурного администратора / *meeting room*
- решётка безопасности / *security grille*
- вестибюль / *lobby*

ОБЩЕСТВО

**экономика и финансы** | economy and finance

## филиал банка

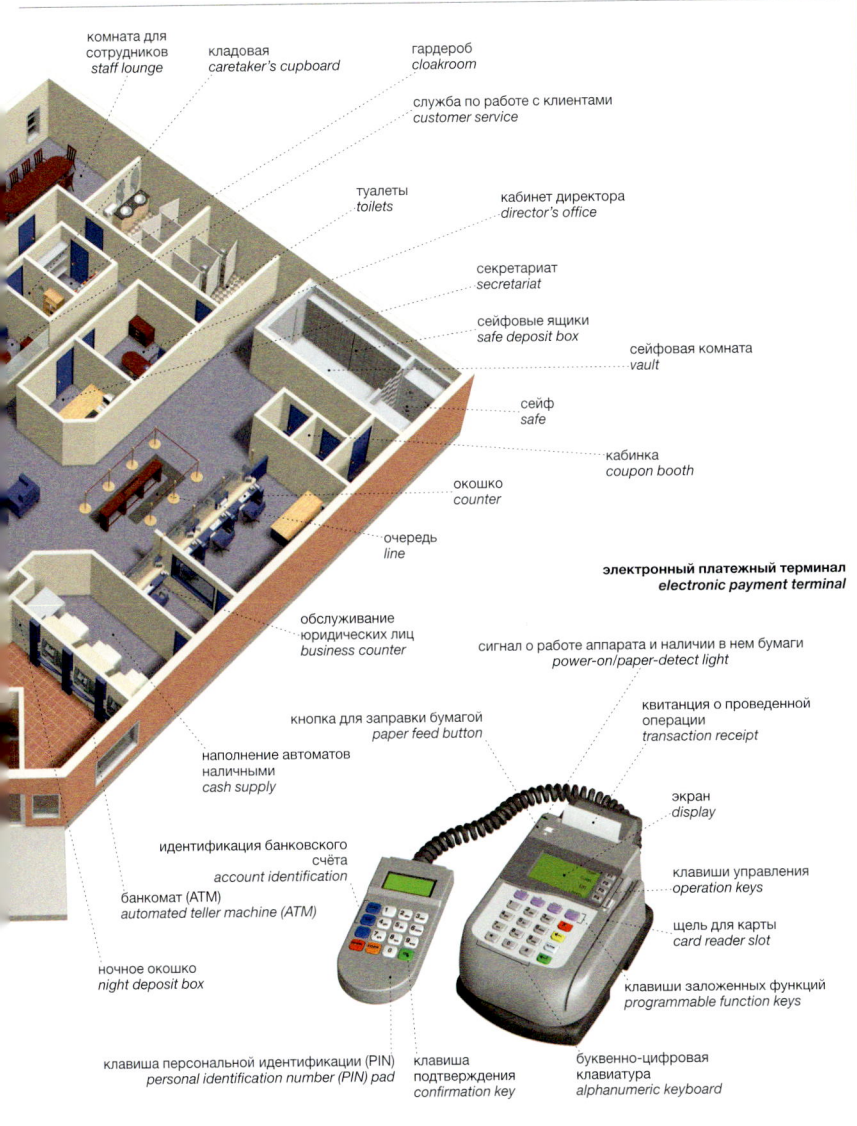

- комната для сотрудников / staff lounge
- кладовая / caretaker's cupboard
- гардероб / cloakroom
- служба по работе с клиентами / customer service
- туалеты / toilets
- кабинет директора / director's office
- секретариат / secretariat
- сейфовые ящики / safe deposit box
- сейфовая комната / vault
- сейф / safe
- кабинка / coupon booth
- окошко / counter
- очередь / line
- обслуживание юридических лиц / business counter

**электронный платежный терминал** / electronic payment terminal

- сигнал о работе аппарата и наличии в нем бумаги / power-on/paper-detect light
- кнопка для заправки бумагой / paper feed button
- квитанция о проведенной операции / transaction receipt
- наполнение автоматов наличными / cash supply
- экран / display
- клавиши управления / operation keys
- щель для карты / card reader slot
- идентификация банковского счёта / account identification
- банкомат (ATM) / automated teller machine (ATM)
- ночное окошко / night deposit box
- клавиши заложенных функций / programmable function keys
- клавиша персональной идентификации (PIN) / personal identification number (PIN) pad
- клавиша подтверждения / confirmation key
- буквенно-цифровая клавиатура / alphanumeric keyboard

ОБЩЕСТВО

# экономика и финансы | economy and finance

## виды денежных единиц
*examples of currency abbreviations*

цент
*cent*

евро
*euro*

песо
*peso*

фунт
*pound*

доллар
*dollar*

рупия
*rupee*

новый шекель
*new shekel*

иена
*yen*

юань
*yuan*

## валюта и способы платежей
*money and modes of payment*

монета: аверс
*coin: obverse*

ребро монеты
*edge*

обозначение года
*date*

чек
*cheque*

монета: реверс
*coin: reverse*

ободок
*outer ring*

достоинство
*denomination*

дорожный чек
*traveller's cheque*

экономика и финансы | economy and finance

## валюта и способы платежей

**аббревиатура банка-эмитента, выпустившего деньги в обращение**
*initials of issuing bank*

**голографическая металлизированная полоска**
*hologram foil strip*

**банкнота: лицевая сторона**
***banknote: front***

**нить безопасности**
*security thread*

**портрет**
*portrait*

**серийный номер**
*serial number*

**водяной знак**
*watermark*

**официальная подпись**
*official signature*

**меняющая цвет краска**
*colour shifting ink*

**серийный номер**
*serial number*

**банкнота: оборотная сторона**
***banknote: back***

**девиз**
*motto*

**наименование валюты**
*currency name*

**достоинство**
*denomination*

ОБЩЕСТВО

**магнитная полоска**
*magnetic strip*

**кредитная карта**
***credit card***

**подпись владельца**
*holder's signature*

**дебетовая карта**
***debit card***

**чип**
*chip*

**номер карты**
*card number*

**фамилия владельца**
*holder's name*

**окончание срока действия**
*expiry date*

**номер карты**
*card number*

# школа
*school*

**общий вид**
*general view*

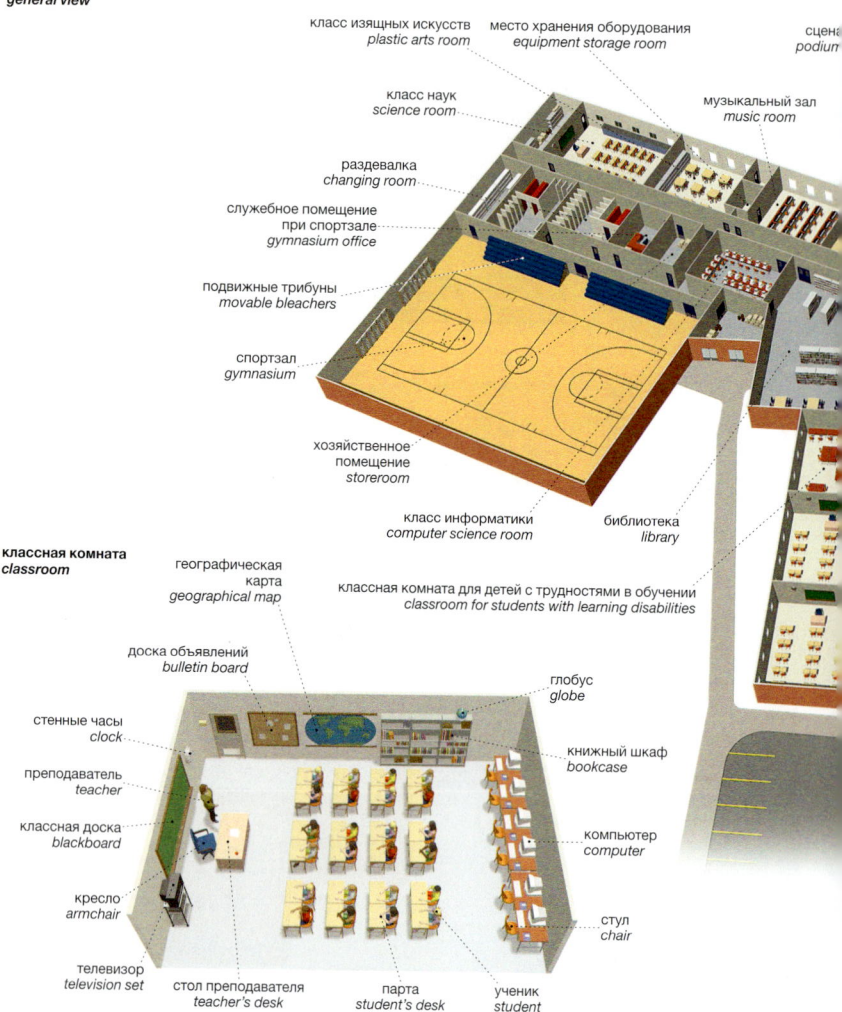

- класс изящных искусств / *plastic arts room*
- место хранения оборудования / *equipment storage room*
- сцена / *podium*
- класс наук / *science room*
- музыкальный зал / *music room*
- раздевалка / *changing room*
- служебное помещение при спортзале / *gymnasium office*
- подвижные трибуны / *movable bleachers*
- спортзал / *gymnasium*
- хозяйственное помещение / *storeroom*
- класс информатики / *computer science room*
- библиотека / *library*
- классная комната для детей с трудностями в обучении / *classroom for students with learning disabilities*

**классная комната**
*classroom*

- географическая карта / *geographical map*
- доска объявлений / *bulletin board*
- глобус / *globe*
- стенные часы / *clock*
- книжный шкаф / *bookcase*
- преподаватель / *teacher*
- классная доска / *blackboard*
- компьютер / *computer*
- кресло / *armchair*
- стул / *chair*
- телевизор / *television set*
- стол преподавателя / *teacher's desk*
- парта / *student's desk*
- ученик / *student*

**образование | education**

## школа

- столовая / cafeteria
- шкафчики / students' lockers
- кухня / kitchen
- главный вход / main entrance
- туалет / toilets
- кабинет дежурного / proctors' office
- школьный двор / playground
- классная комната / classroom
- фойе / students' room
- преподавательская комната, учительская / teachers' room
- администрация школы / administration
- парковка / parking
- вход для персонала школы / staff entrance
- стоянка велосипедов / bicycle parking
- кабинет директора / head teacher's office
- зал для собраний / meeting room
- секретариат / school secretary's office

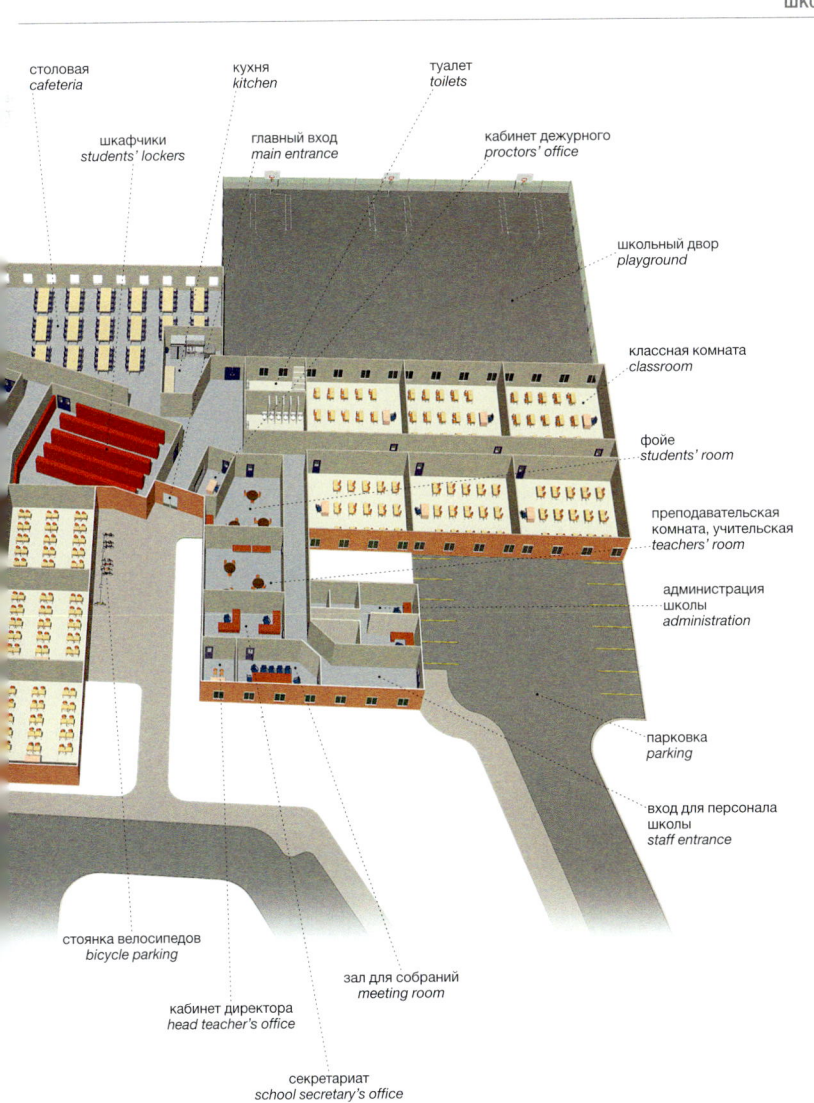

ОБЩЕСТВО

религия | religion

## синагога
*synagogue*

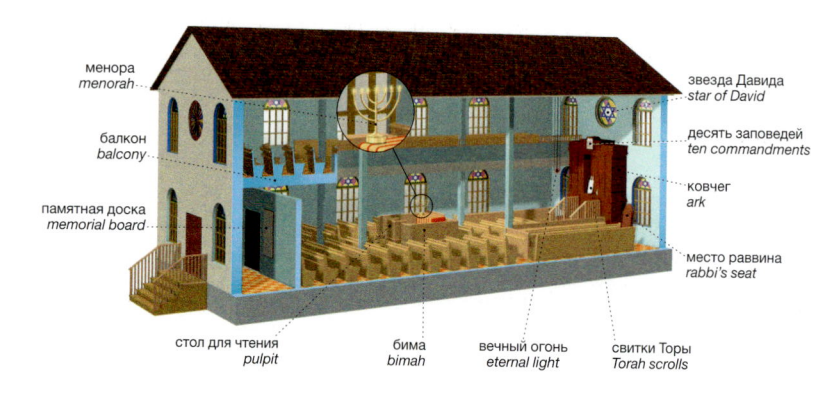

- менора / *menorah*
- балкон / *balcony*
- памятная доска / *memorial board*
- звезда Давида / *star of David*
- десять заповедей / *ten commandments*
- ковчег / *ark*
- место раввина / *rabbi's seat*
- стол для чтения / *pulpit*
- бима / *bimah*
- вечный огонь / *eternal light*
- свитки Торы / *Torah scrolls*

## мечеть
*mosque*

- купол над входом / *porch dome*
- центральный неф / *central nave*
- купол михраба / *Mihrab dome*
- направление на Мекку / *direction of Mecca*
- михраб / *Mihrab*
- молитвенный зал / *prayer hall*
- минарет / *minaret*
- минбар / *Minbar*
- стена кибла / *Qibla wall*
- вход / *door*
- портик / *porch*
- служебные помещения / *service room*
- фонтан омовения / *fountain for ritual ablutions*
- аркада / *arcades*
- зал приемов / *reception hall*
- оборонительная стена / *fortified wall*
- двор мечети / *courtyard*

ОБЩЕСТВО

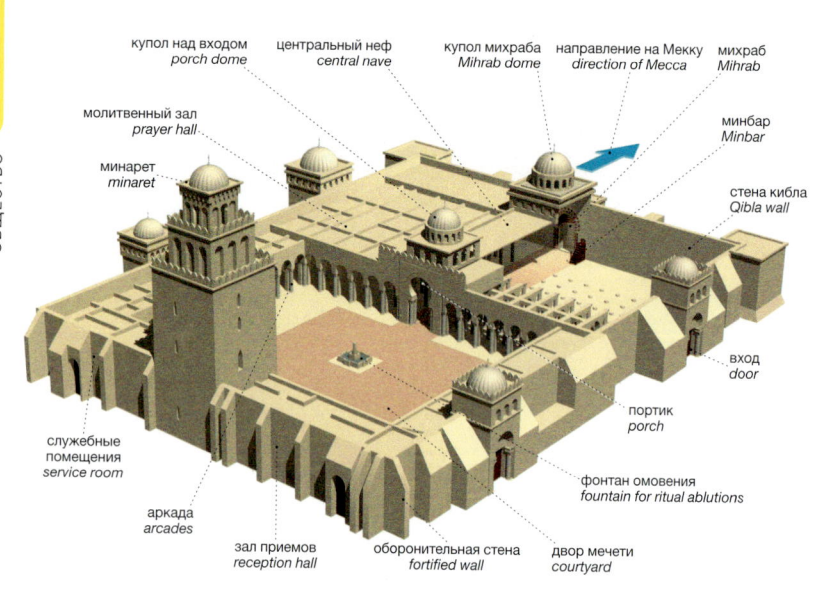

религия | religion

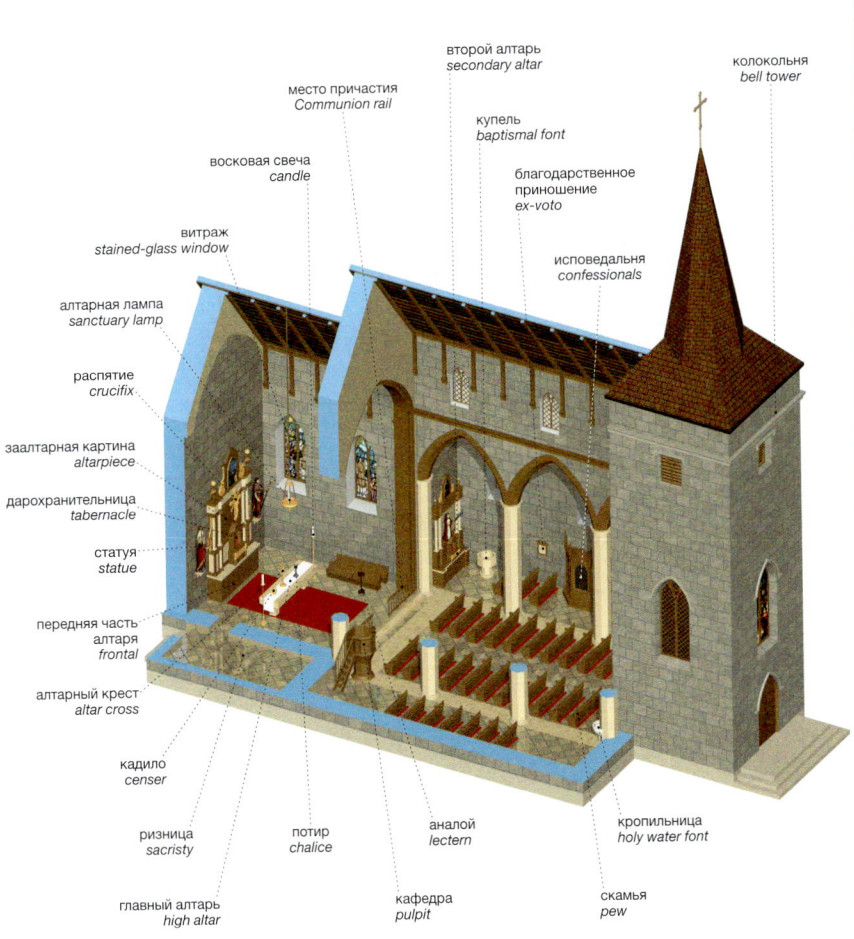

# церковь
*church*

- второй алтарь / *secondary altar*
- колокольня / *bell tower*
- место причастия / *Communion rail*
- купель / *baptismal font*
- восковая свеча / *candle*
- благодарственное приношение / *ex-voto*
- витраж / *stained-glass window*
- исповедальня / *confessionals*
- алтарная лампа / *sanctuary lamp*
- распятие / *crucifix*
- заалтарная картина / *altarpiece*
- дарохранительница / *tabernacle*
- статуя / *statue*
- передняя часть алтаря / *frontal*
- алтарный крест / *altar cross*
- кадило / *censer*
- ризница / *sacristy*
- потир / *chalice*
- аналой / *lectern*
- кропильница / *holy water font*
- главный алтарь / *high altar*
- кафедра / *pulpit*
- скамья / *pew*

ОБЩЕСТВО

# флаги стран-членов ООН

*flags of UN members*

**Америка**
*Americas*

1. Канада / *Canada*
2. США / *United States of America*
3. Мексика / *Mexico*
4. Гондурас / *Honduras*
5. Гватемала / *Guatemala*
6. Белиз / *Belize*
7. Сальвадор / *El Salvador*
8. Никарагуа / *Nicaragua*
9. Коста-Рика / *Costa Rica*
10. Панама / *Panama*
11. Колумбия / *Colombia*
12. Венесуэла / *Venezuela*
13. Гвиана / *Guyana*
14. Суринам / *Suriname*
15. Эквадор / *Ecuador*
16. Перу / *Peru*
17. Бразилия / *Brazil*
18. Боливия / *Bolivia*
19. Парагвай / *Paraguay*
20. Чили / *Chile*
21. Аргентина / *Argentina*
22. Уругвай / *Uruguay*

**Антильские острова**
*Caribbean Islands*

23. Багамы / *Bahamas*
24. Куба / *Cuba*
25. Ямайка / *Jamaica*
26. Гаити / *Haiti*
27. Сент-Китс и Невис / *Saint Kitts and Nevis*
28. Антигуа и Барбуда / *Antigua and Barbuda*
29. Доминика / *Dominica*
30. Сент-Люсия / *Saint Lucia*

политика | politics

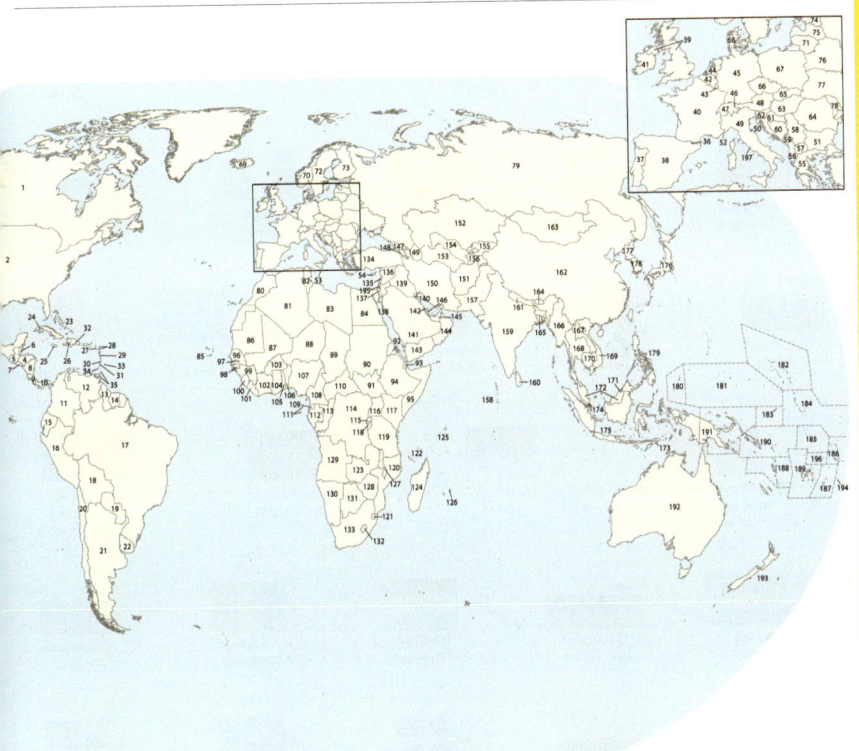

## флаги стран-членов ООН

| 31 | 32 | 33 | 34 | 35 |
|---|---|---|---|---|
| Сент-Винсент и Гренадины *Saint Vincent and the Grenadines* | Доминиканская Республика *Dominican Republic* | Барбадос *Barbados* | Гренада *Grenada* | Тринидад и Тобаго *Trinidad and Tobago* |

Европа
*Europe*

| 36 | 37 | 38 | 39 |
|---|---|---|---|
| Андорра *Andorra* | Португалия *Portugal* | Испания *Spain* | Соединённое Королевство Великобритании и Северной Ирландии *United Kingdom of Great Britain and Northern Ireland* |

ОБЩЕСТВО

492 — политика | politics

## флаги стран-членов ООН

40 Франция / *France*
41 Ирландия / *Ireland*
42 Бельгия / *Belgium*
43 Люксембург / *Luxembourg*
44 Нидерланды / *Netherlands*
45 Германия / *Germany*

46 Лихтенштейн / *Liechtenstein*
47 Швейцария / *Switzerland*
48 Австрия / *Austria*
49 Италия / *Italy*
50 Сан-Марино / *San Marino*

51 Болгария / *Bulgaria*
52 Монако / *Monaco*
53 Мальта / *Malta*
54 Кипр / *Cyprus*
55 Греция / *Greece*
56 Албания / *Albania*

57 Республика Македония / *The Former Yugoslav Republic of Macedonia*
58 Сербия / *Serbia*
59 Черногория / *Montenegro*
60 Босния и Герцеговина / *Bosnia and Herzegovina*

61 Хорватия / *Croatia*
62 Словения / *Slovenia*
63 Венгрия / *Hungary*
64 Румыния / *Romania*
65 Словакия / *Slovakia*

66 Чешская Республика / *Czech Republic*
67 Польша / *Poland*
68 Дания / *Denmark*
69 Исландия / *Iceland*
70 Норвегия / *Norway*

71 Литва / *Lithuania*
72 Швеция / *Sweden*
73 Финляндия / *Finland*
74 Эстония / *Estonia*
75 Латвия / *Latvia*

76 Беларусь / *Belarus*
77 Украина / *Ukraine*
78 Республика Молдова / *Moldova*
79 Российская Федерация / *Russian Federation*

ОБЩЕСТВО

## политика | politics

### флаги стран-членов ООН

**Африка / Africa**

| # | Название | Name |
|---|---|---|
| 80 | Марокко | Morocco |
| 81 | Алжир | Algeria |
| 82 | Тунис | Tunisia |
| 83 | Ливия | Libya |
| 84 | Египет | Egypt |
| 85 | Кабо-Верде | Cape Verde Islands |
| 86 | Мавритания | Mauritania |
| 87 | Мали | Mali |
| 88 | Нигер | Niger |
| 89 | Чад | Chad |
| 90 | Судан | Sudan |
| 91 | Республика Южный Судан | Republic of South Sudan |
| 92 | Эритрея | Eritrea |
| 93 | Джибути | Djibouti |
| 94 | Эфиопия | Ethiopia |
| 95 | Сомали | Somalia |
| 96 | Сенегал | Senegal |
| 97 | Гамбия | Gambia |
| 98 | Гвинея-Бисау | Guinea-Bissau |
| 99 | Гвинея | Guinea |
| 100 | Сьерра-Леоне | Sierra Leone |
| 101 | Либерия | Liberia |
| 102 | Берег Слоновой Кости | Ivory Coast |
| 103 | Буркина-Фасо | Burkina Faso |
| 104 | Гана | Ghana |
| 105 | Того | Togo |
| 106 | Бенин | Benin |
| 107 | Нигерия | Nigeria |
| 108 | Камерун | Cameroon |
| 109 | Экваториальная Гвинея | Equatorial Guinea |
| 110 | Центрально-Африканская Республика | Central African Republic |
| 111 | Сан-Томе и Принсипи | Sao Tome and Principe |
| 112 | Габон | Gabon |
| 113 | Республика Конго | Congo |
| 114 | Демократическая Республика Конго | Democratic Republic of Congo |
| 115 | Руанда | Rwanda |
| 116 | Уганда | Uganda |
| 117 | Кения | Kenya |
| 118 | Бурунди | Burundi |
| 119 | Объединенная Республика Танзания | Tanzania |

ОБЩЕСТВО

## политика | politics

### флаги стран-членов ООН

| № | Русское название | English |
|---|---|---|
| 120 | Мозамбик | Mozambique |
| 121 | Свазиленд | Swaziland |
| 122 | Коморские Острова | Comoros |
| 123 | Замбия | Zambia |
| 124 | Мадагаскар | Madagascar |
| 125 | Сейшельские Острова | Seychelles |
| 126 | Маврикий | Mauritius |
| 127 | Малави | Malawi |
| 128 | Зимбабве | Zimbabwe |
| 129 | Ангола | Angola |
| 130 | Намибия | Namibia |
| 131 | Ботсвана | Botswana |
| 132 | Лесото | Lesotho |
| 133 | Южно-Африканская Республика | South Africa |

### Азия | Asia

| № | Русское название | English |
|---|---|---|
| 134 | Турция | Turkey |
| 135 | Ливан | Lebanon |
| 136 | Сирийская Арабская Республика | Syria |
| 137 | Израиль | Israel |
| 138 | Иордания | Jordan |
| 139 | Ирак | Iraq |
| 140 | Кувейт | Kuwait |
| 141 | Саудовская Аравия | Saudi Arabia |
| 142 | Бахрейн | Bahrain |
| 143 | Йемен | Yemen |
| 144 | Оман | Oman |
| 145 | Объединённые Арабские Эмираты | United Arab Emirates |
| 146 | Катар | Qatar |
| 147 | Грузия | Georgia |
| 148 | Армения | Armenia |
| 149 | Азербайджан | Azerbaijan |
| 150 | Иран | Iran |
| 151 | Афганистан | Afghanistan |
| 152 | Казахстан | Kazakhstan |
| 153 | Туркменистан | Turkmenistan |
| 154 | Узбекистан | Uzbekistan |
| 155 | Кыргызстан | Kyrgyzstan |
| 156 | Таджикистан | Tajikistan |
| 157 | Пакистан | Pakistan |
| 158 | Мальдивы | Maldives |

общество

политика | politics

## флаги стран-членов ООН

| 159 Индия / *India* | 160 Шри-Ланка / *Sri Lanka* | 161 Непал / *Nepal* | 162 Китай / *China* | 163 Монголия / *Mongolia* | 164 Бутан / *Bhutan* |
| 165 Бангладеш / *Bangladesh* | 166 Мьянма / *Myanmar* | 167 Лаосская Народно-Демократическая Республика / *Laos* | | 168 Таиланд / *Thailand* | 169 Вьетнам / *Vietnam* |
| 170 Камбоджа / *Cambodia* | 171 Бруней-Даруссалам / *Brunei Darussalam* | 172 Малайзия / *Malaysia* | 173 Восточный Тимор / *East Timor* | 174 Сингапур / *Singapore* | |
| 175 Индонезия / *Indonesia* | 176 Япония / *Japan* | 177 Корейская Народно-Демократическая Республика / *Democratic People's Republic of Korea* | | 178 Республика Корея / *Republic of Korea* | 179 Филиппины / *Philippines* |

### Океания / *Oceania*

| 180 Палаос / *Palau* | 181 Микронезия / *Micronesia* | 182 Маршалловы Острова / *Marshall Islands* |
| 183 Науру / *Nauru* | 184 Кирибати / *Kiribati* | 185 Тувалу / *Tuvalu* | 186 Самоа / *Samoa* |
| 187 Тонга / *Tonga* | 188 Вануату / *Vanuatu* | 189 Фиджи / *Fiji* | 190 Соломоновы Острова / *Solomon Islands* |
| 191 Папуа — Новая Гвинея / *Papua New Guinea* | 192 Австралия / *Australia* | 193 Новая Зеландия / *New Zealand* |

ОБЩЕСТВО

## флаги наблюдателей ООН

*flags of UN observers*

**Острова Кука**
*Cook Islands*

**Палестина**
*Palestine*

**остров Ниуэ**
*Niue*

**Город-государство Ватикан**
*Vatican City State*

## флаги международных организаций

*flags of international organisations*

**Организация Объединённых Наций по вопросам образования, науки и культуры (ЮНЕСКО)**
*United Nations Educational, Scientific and Cultural Organization (UNESCO)*

**Европейский союз (ЕС)**
*European Union (EU)*

**Организация Объединённых Наций (ООН)**
*United Nations (UN)*

**Североатлантический альянс (НАТО)**
*North Atlantic Treaty Organisation (NATO)*

**Британское Содружество**
*Commonwealth*

**Международный олимпийский комитет (МОК)**
*International Olympic Committee (IOC)*

**Франкофония (международная организация)**
*International Organisation of La Francophonie*

**Красный Крест**
*Red Cross*

**Красный Полумесяц**
*Red Crescent*

**Суверенный военный Мальтийский орден**
*Sovereign Military Order of Malta*

**Африканский союз**
*African Union*

**Лига арабских государств**
*League of Arab States*

**Организация исламского сотрудничества**
*Organisation of the Islamic Cooperation*

## безопасность | safety

# предупреждение преступности
### crime prevention

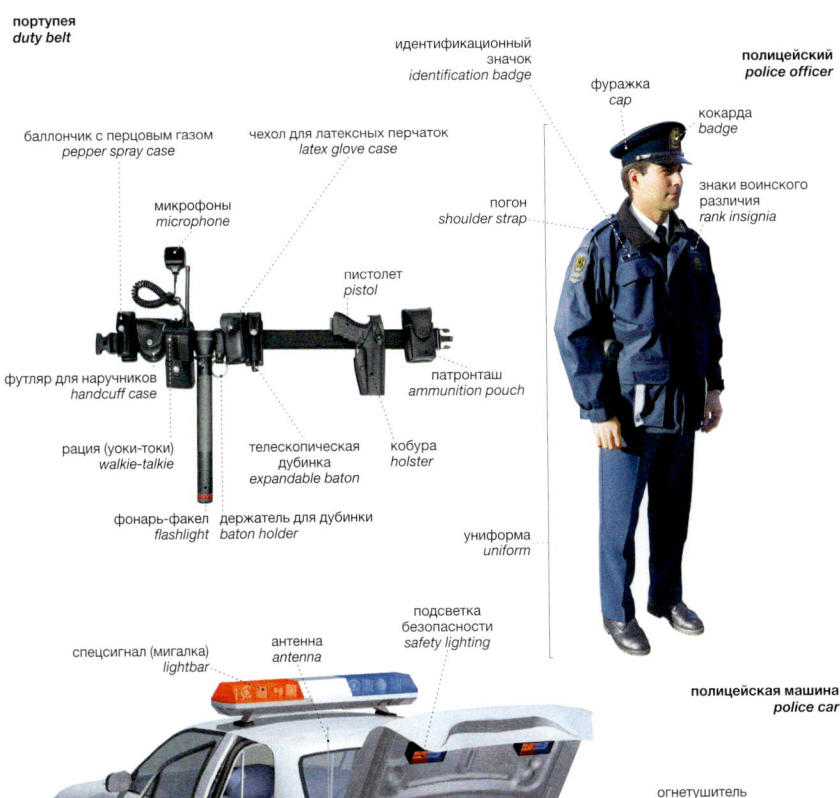

**портупея**
*duty belt*

идентификационный значок
*identification badge*

**полицейский**
*police officer*

баллончик с перцовым газом
*pepper spray case*

чехол для латексных перчаток
*latex glove case*

фуражка
*cap*

кокарда
*badge*

микрофоны
*microphone*

погон
*shoulder strap*

знаки воинского различия
*rank insignia*

пистолет
*pistol*

футляр для наручников
*handcuff case*

патронташ
*ammunition pouch*

рация (уоки-токи)
*walkie-talkie*

телескопическая дубинка
*expandable baton*

кобура
*holster*

фонарь-факел
*flashlight*

держатель для дубинки
*baton holder*

униформа
*uniform*

спецсигнал (мигалка)
*lightbar*

антенна
*antenna*

подсветка безопасности
*safety lighting*

**полицейская машина**
*police car*

огнетушитель
*fire extinguisher*

лента для оцепления
*barrier barricade tape*

осветительная ракета
*road flare*

перегородка
*partition*

спасательный круг
*lifebuoy*

аптечка
*first aid kit*

ящик для использованных шприцев
*used syringe box*

ОБЩЕСТВО

## безопасность | safety

# предупреждение пожаров
*fire prevention*

**датчик задымлённости**
*smoke detector*

- основание / *base*
- крышка / *cover*
- контрольная кнопка / *test button*
- световой индикатор / *indicator light*

**огнетушитель**
*portable fire extinguisher*

- предохранитель / *pin*
- защёлка замка / *trigger*
- шланг / *hose*
- резервуар / *tank*

**пожарный**
*firefighter*

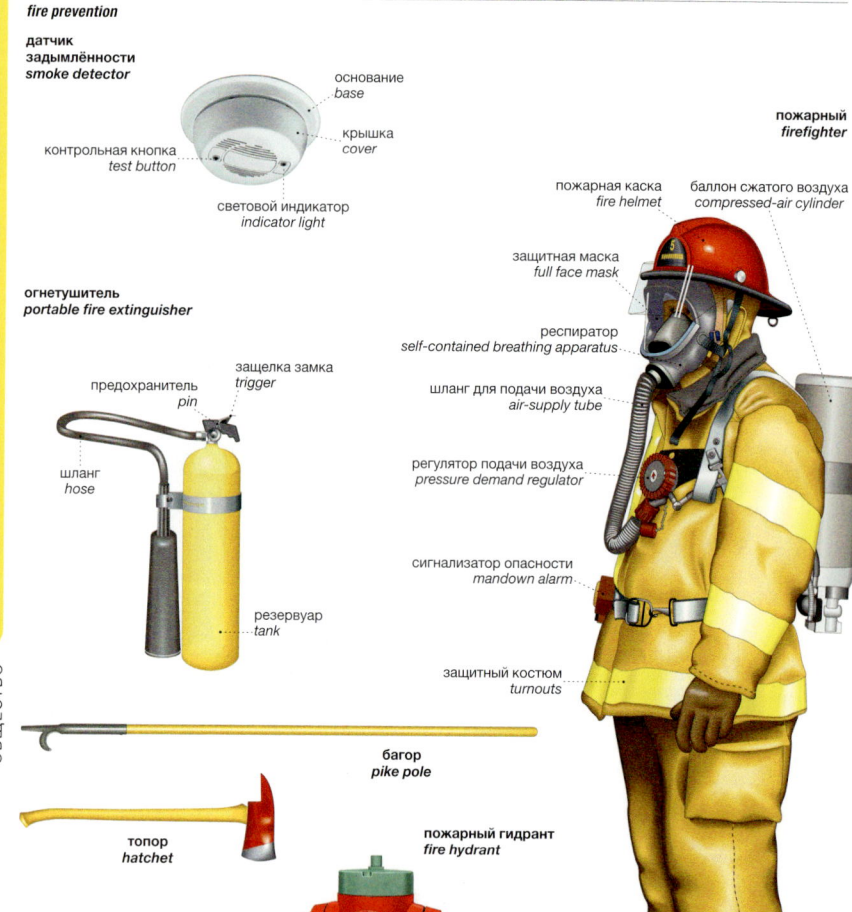

- пожарная каска / *fire helmet*
- баллон сжатого воздуха / *compressed-air cylinder*
- защитная маска / *full face mask*
- респиратор / *self-contained breathing apparatus*
- шланг для подачи воздуха / *air-supply tube*
- регулятор подачи воздуха / *pressure demand regulator*
- сигнализатор опасности / *mandown alarm*
- защитный костюм / *turnouts*
- резиновые сапоги / *rubber boot*

**багор** / *pike pole*

**топор** / *hatchet*

**пожарный гидрант** / *fire hydrant*

**рукав напорный** / *fire hose*

безопасность | safety

## предупреждение пожаров

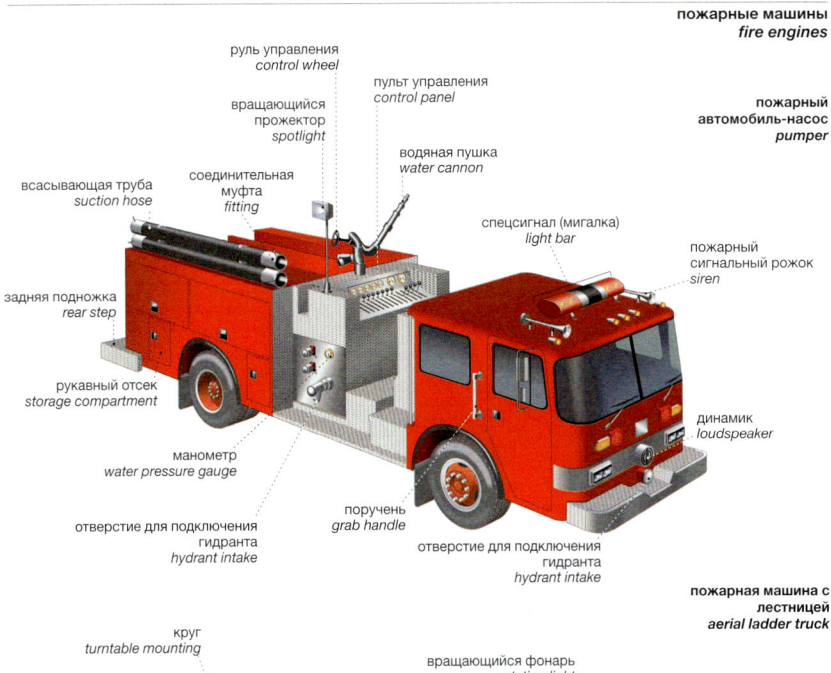

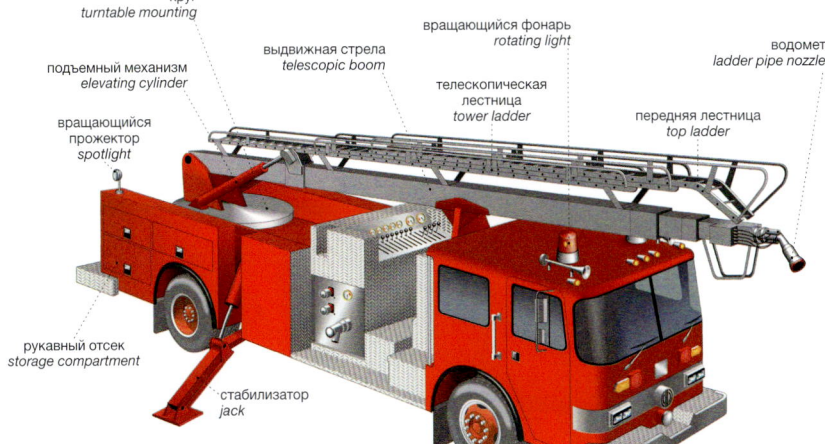

### пожарные машины
### *fire engines*

**пожарный автомобиль-насос**
***pumper***

- руль управления / *control wheel*
- пульт управления / *control panel*
- вращающийся прожектор / *spotlight*
- водяная пушка / *water cannon*
- всасывающая труба / *suction hose*
- соединительная муфта / *fitting*
- спецсигнал (мигалка) / *light bar*
- пожарный сигнальный рожок / *siren*
- задняя подножка / *rear step*
- рукавный отсек / *storage compartment*
- манометр / *water pressure gauge*
- динамик / *loudspeaker*
- поручень / *grab handle*
- отверстие для подключения гидранта / *hydrant intake*
- отверстие для подключения гидранта / *hydrant intake*

**пожарная машина с лестницей**
***aerial ladder truck***

- круг / *turntable mounting*
- выдвижная стрела / *telescopic boom*
- вращающийся фонарь / *rotating light*
- водомет / *ladder pipe nozzle*
- подъемный механизм / *elevating cylinder*
- телескопическая лестница / *tower ladder*
- передняя лестница / *top ladder*
- вращающийся прожектор / *spotlight*
- рукавный отсек / *storage compartment*
- стабилизатор / *jack*

ОБЩЕСТВО

# защитное снаряжение
*protective equipment*

**респираторная маска**
*respirator*

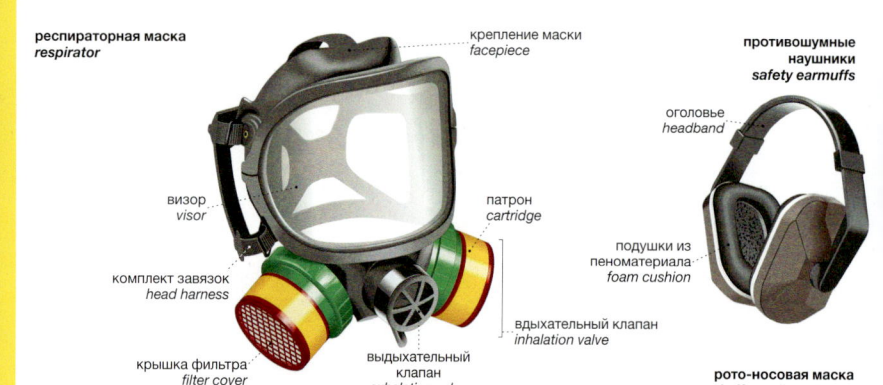

**крепление маски**
*facepiece*

**визор**
*visor*

**патрон**
*cartridge*

**комплект завязок**
*head harness*

**вдыхательный клапан**
*inhalation valve*

**крышка фильтра**
*filter cover*

**выдыхательный клапан**
*exhalation valve*

**противошумные наушники**
*safety earmuffs*

**оголовье**
*headband*

**подушки из пеноматериала**
*foam cushion*

**рото-носовая маска**
*half-mask respirator*

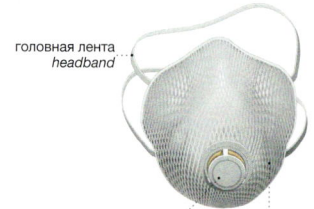

**головная лента**
*headband*

**защитные очки**
*safety goggles*

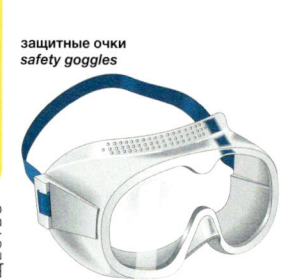

**накладка на носок ботинка**
*toe guard*

**выдыхательный клапан**
*exhalation valve*

**герметичная чашечка**
*cup gasket*

**защитная каска**
*hard hat*

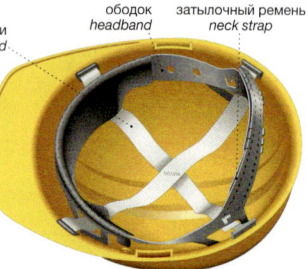

**защитный ботинок**
*safety boot*

**амортизационные ремни**
*suspension band*

**ободок**
*headband*

**затылочный ремень**
*neck strap*

**укрепленный носок**
*reinforced toe*

**медицина | health**

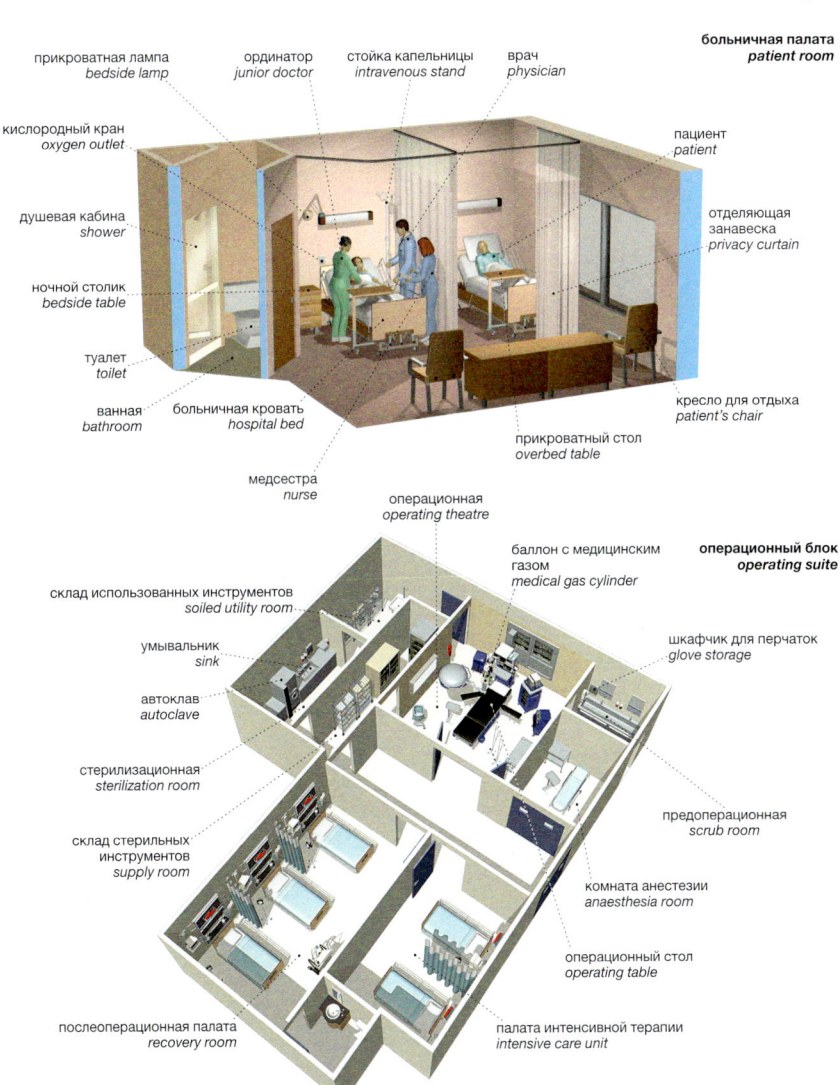

# больница
*hospital*

| | |
|---|---|
| прикроватная лампа | bedside lamp |
| ординатор | junior doctor |
| стойка капельницы | intravenous stand |
| врач | physician |
| **больничная палата** | **patient room** |
| кислородный кран | oxygen outlet |
| пациент | patient |
| душевая кабина | shower |
| отделяющая занавеска | privacy curtain |
| ночной столик | bedside table |
| туалет | toilet |
| ванная | bathroom |
| больничная кровать | hospital bed |
| кресло для отдыха | patient's chair |
| медсестра | nurse |
| прикроватный стол | overbed table |
| операционная | operating theatre |
| баллон с медицинским газом | medical gas cylinder |
| **операционный блок** | **operating suite** |
| склад использованных инструментов | soiled utility room |
| шкафчик для перчаток | glove storage |
| умывальник | sink |
| автоклав | autoclave |
| стерилизационная | sterilization room |
| предоперационная | scrub room |
| склад стерильных инструментов | supply room |
| комната анестезии | anaesthesia room |
| операционный стол | operating table |
| послеоперационная палата | recovery room |
| палата интенсивной терапии | intensive care unit |

ОБЩЕСТВО

# медицина | health

## больница

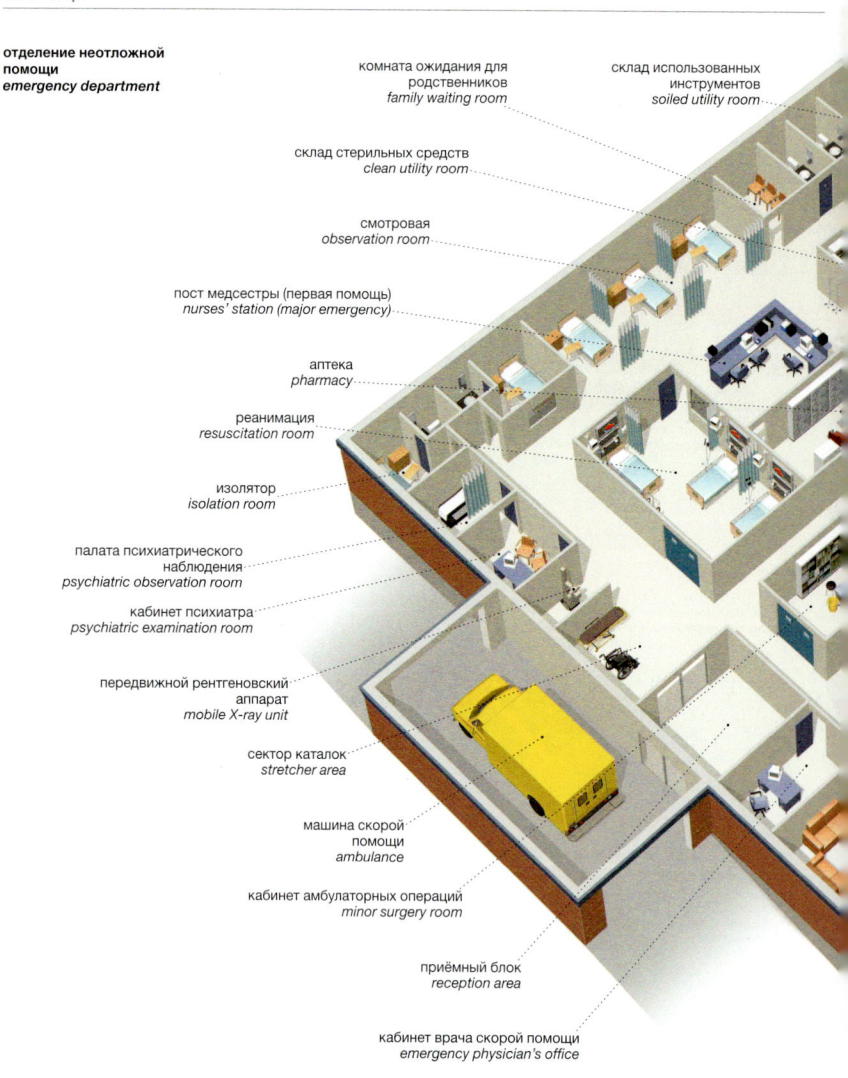

**отделение неотложной помощи**
*emergency department*

комната ожидания для родственников
*family waiting room*

склад использованных инструментов
*soiled utility room*

склад стерильных средств
*clean utility room*

смотровая
*observation room*

пост медсестры (первая помощь)
*nurses' station (major emergency)*

аптека
*pharmacy*

реанимация
*resuscitation room*

изолятор
*isolation room*

палата психиатрического наблюдения
*psychiatric observation room*

кабинет психиатра
*psychiatric examination room*

передвижной рентгеновский аппарат
*mobile X-ray unit*

сектор каталок
*stretcher area*

машина скорой помощи
*ambulance*

кабинет амбулаторных операций
*minor surgery room*

приёмный блок
*reception area*

кабинет врача скорой помощи
*emergency physician's office*

**медицина | health**

## больница

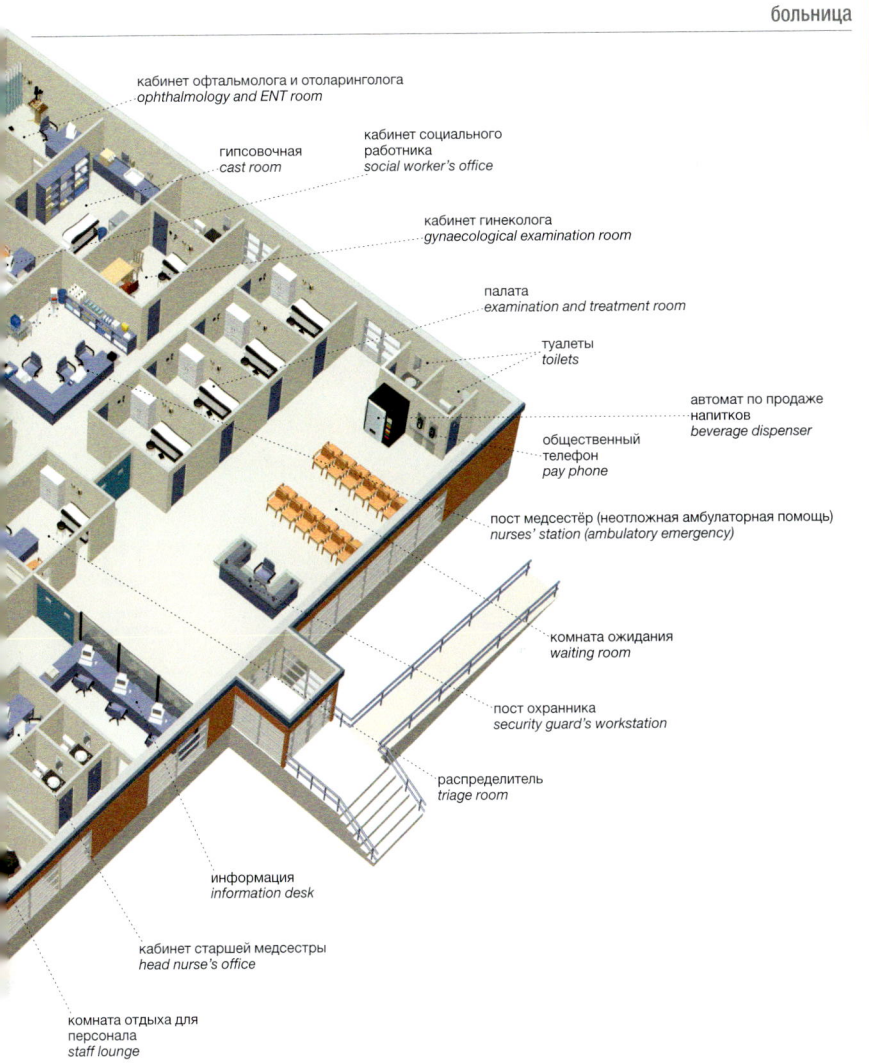

- кабинет офтальмолога и отоларинголога / *ophthalmology and ENT room*
- гипсовочная / *cast room*
- кабинет социального работника / *social worker's office*
- кабинет гинеколога / *gynaecological examination room*
- палата / *examination and treatment room*
- туалеты / *toilets*
- автомат по продаже напитков / *beverage dispenser*
- общественный телефон / *pay phone*
- пост медсестёр (неотложная амбулаторная помощь) / *nurses' station (ambulatory emergency)*
- комната ожидания / *waiting room*
- пост охранника / *security guard's workstation*
- распределитель / *triage room*
- информация / *information desk*
- кабинет старшей медсестры / *head nurse's office*
- комната отдыха для персонала / *staff lounge*

ОБЩЕСТВО

# медицинское оборудование
*medical equipment*

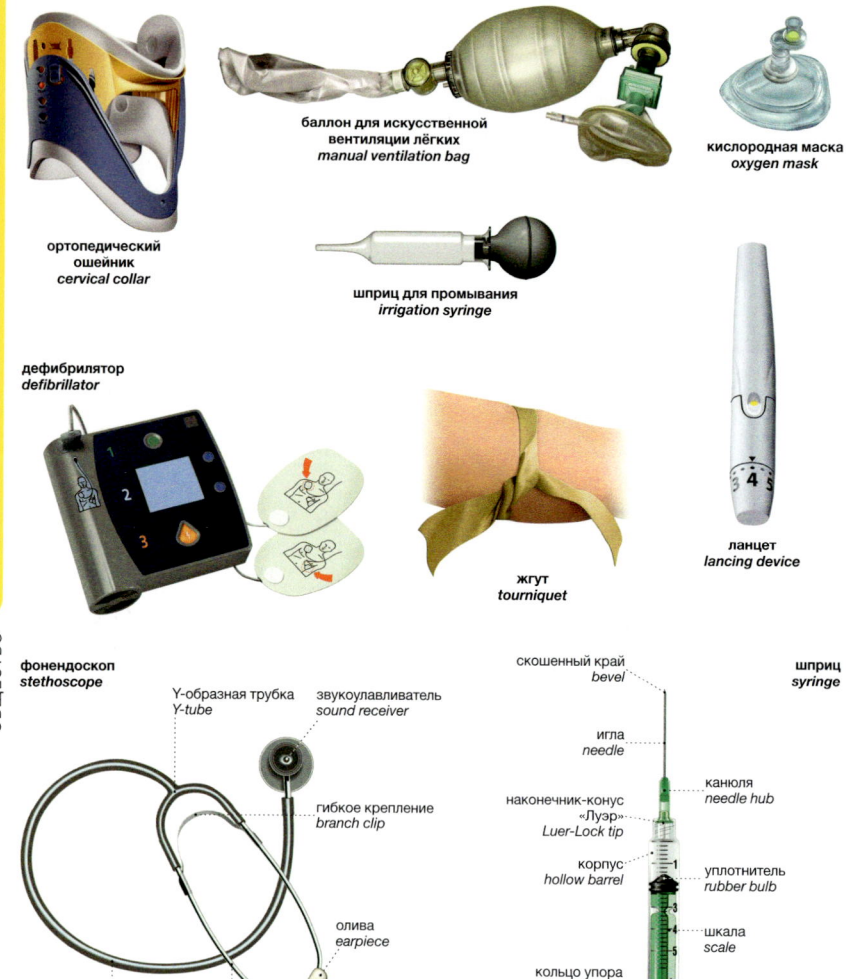

ортопедический ошейник
*cervical collar*

баллон для искусственной вентиляции лёгких
*manual ventilation bag*

кислородная маска
*oxygen mask*

шприц для промывания
*irrigation syringe*

дефибрилятор
*defibrillator*

жгут
*tourniquet*

ланцет
*lancing device*

фонендоскоп
*stethoscope*

Y-образная трубка — *Y-tube*
звукоулавливатель — *sound receiver*
гибкое крепление — *branch clip*
олива — *earpiece*
гибкая трубка — *flexible tube*
дужка — *branch*

шприц
*syringe*

скошенный край — *bevel*
игла — *needle*
наконечник-конус «Луэр» — *Luer-Lock tip*
канюля — *needle hub*
корпус — *hollow barrel*
уплотнитель — *rubber bulb*
шкала — *scale*
кольцо упора — *finger flange*
шток-поршень — *plunger*
пята поршня — *thumb rest*

**медицина | health**

## медицинское оборудование

**тонометр**
*blood pressure monitor*

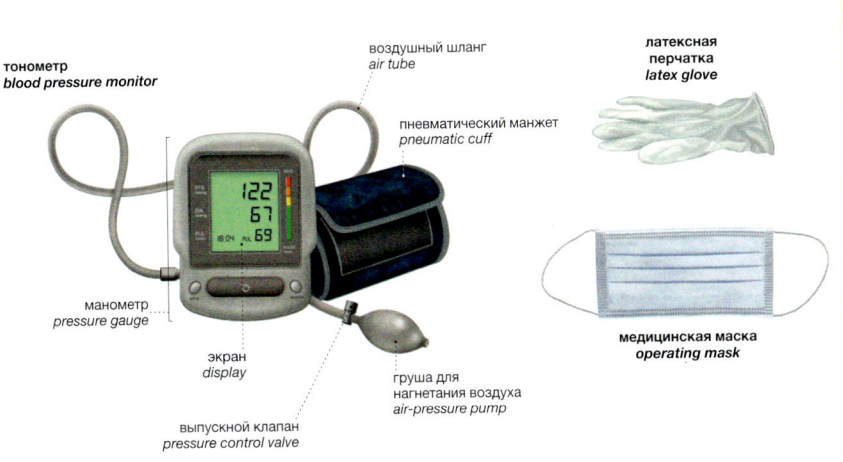

воздушный шланг
*air tube*

пневматический манжет
*pneumatic cuff*

манометр
*pressure gauge*

экран
*display*

груша для нагнетания воздуха
*air-pressure pump*

выпускной клапан
*pressure control valve*

**латексная перчатка**
*latex glove*

**медицинская маска**
*operating mask*

**каталка**
*stretcher*

**складные носилки**
*pole stretcher*

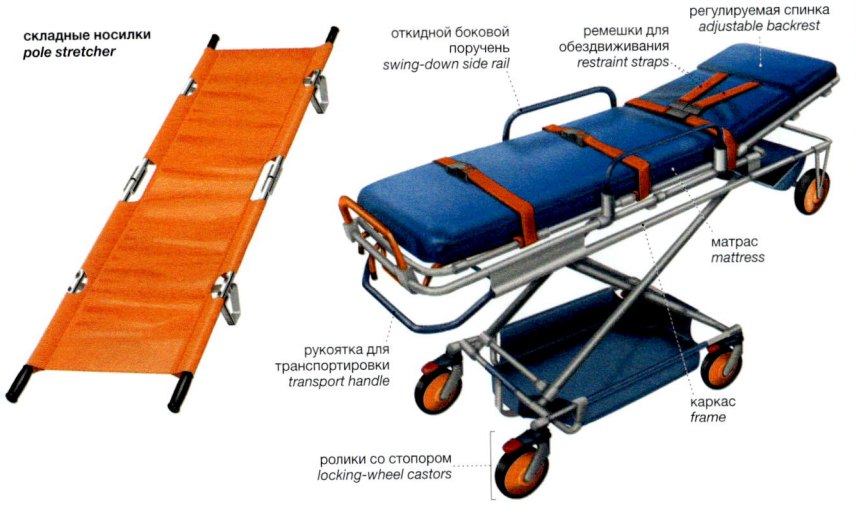

откидной боковой поручень
*swing-down side rail*

ремешки для обездвиживания
*restraint straps*

регулируемая спинка
*adjustable backrest*

матрас
*mattress*

рукоятка для транспортировки
*transport handle*

каркас
*frame*

ролики со стопором
*locking-wheel castors*

ОБЩЕСТВО

## медицинское оборудование

**термометры**
*thermometers*

цифровой термометр
*digital thermometer*

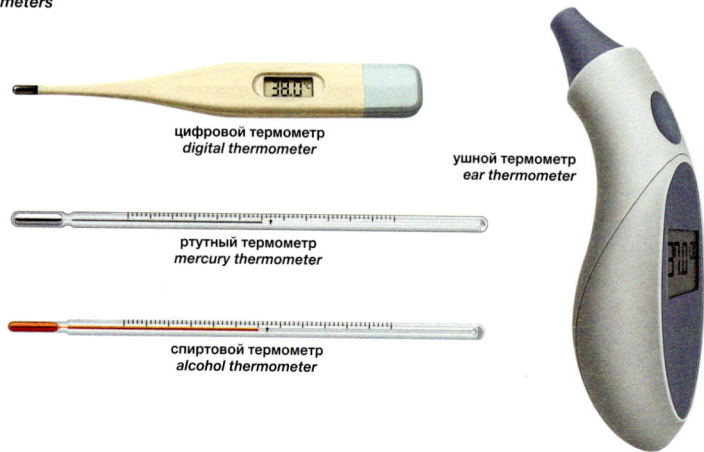

ртутный термометр
*mercury thermometer*

спиртовой термометр
*alcohol thermometer*

ушной термометр
*ear thermometer*

# фармацевтические формы лекарственных средств
*pharmaceutical forms of medication*

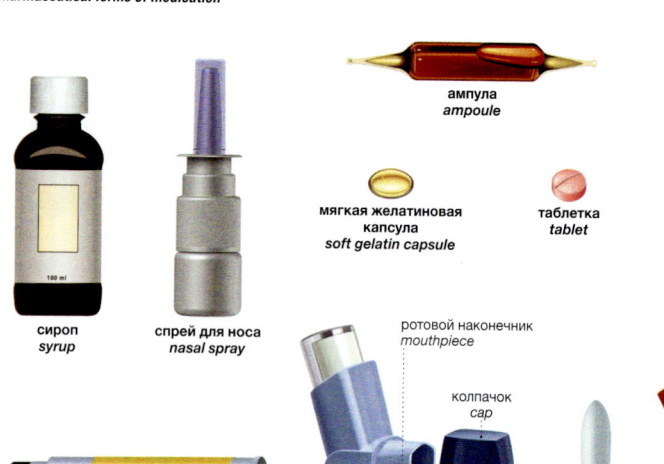

ампула
*ampoule*

твёрдая желатиновая капсула
*hard gelatin capsule*

мягкая желатиновая капсула
*soft gelatin capsule*

таблетка
*tablet*

трансдермальный пластырь
*transdermal patch*

сироп
*syrup*

спрей для носа
*nasal spray*

ротовой наконечник
*mouthpiece*

колпачок
*cap*

автоинжектор
*auto-injector*

ингалятор-дозатор
*metered dose inhaler*

суппозиторий
*suppository*

мазь
*ointment*

медицина | health

## аптечка
*first aid kit*

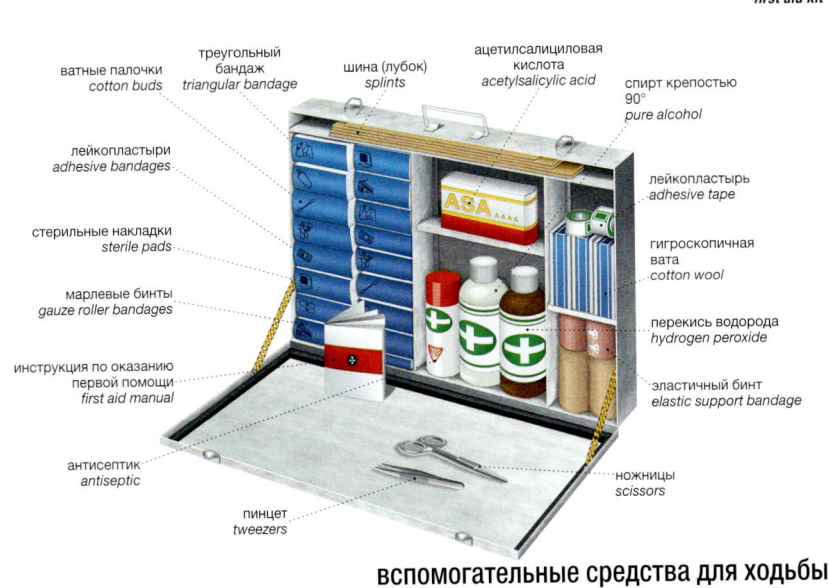

- ватные палочки / *cotton buds*
- треугольный бандаж / *triangular bandage*
- шина (лубок) / *splints*
- ацетилсалициловая кислота / *acetylsalicylic acid*
- спирт крепостью 90° / *pure alcohol*
- лейкопластыри / *adhesive bandages*
- лейкопластырь / *adhesive tape*
- стерильные накладки / *sterile pads*
- гигроскопичная вата / *cotton wool*
- марлевые бинты / *gauze roller bandages*
- перекись водорода / *hydrogen peroxide*
- инструкция по оказанию первой помощи / *first aid manual*
- эластичный бинт / *elastic support bandage*
- антисептик / *antiseptic*
- ножницы / *scissors*
- пинцет / *tweezers*

## вспомогательные средства для ходьбы
*walking aids*

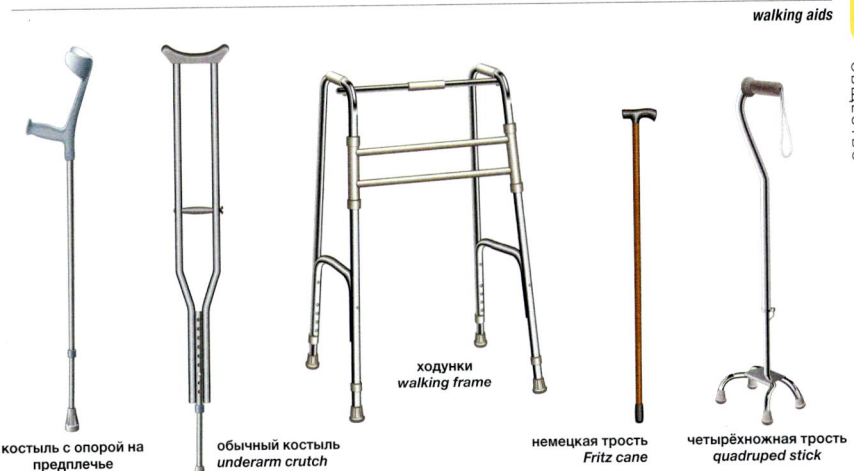

- костыль с опорой на предплечье / *forearm crutch*
- обычный костыль / *underarm crutch*
- ходунки / *walking frame*
- немецкая трость / *Fritz cane*
- четырёхножная трость / *quadruped stick*

ОБЩЕСТВО

# вспомогательные средства передвижения
*mobility aids*

**инвалидная коляска**
*wheelchair*

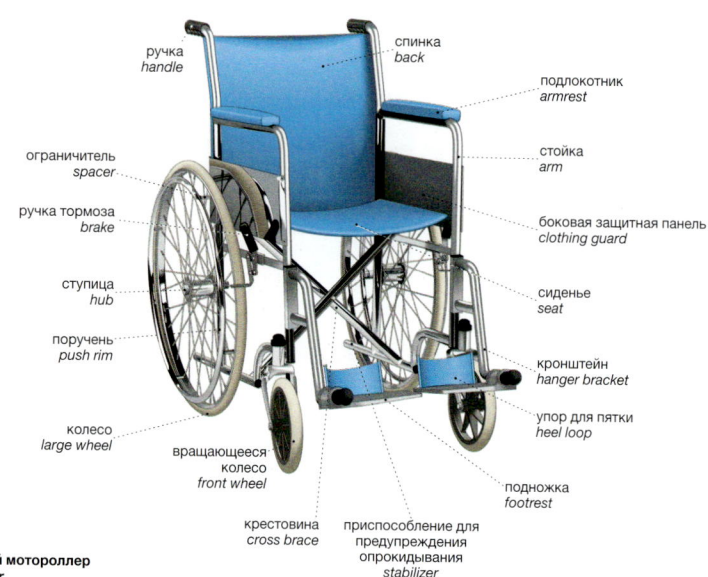

- ручка / *handle*
- спинка / *back*
- подлокотник / *armrest*
- ограничитель / *spacer*
- стойка / *arm*
- ручка тормоза / *brake*
- боковая защитная панель / *clothing guard*
- ступица / *hub*
- сиденье / *seat*
- поручень / *push rim*
- кронштейн / *hanger bracket*
- упор для пятки / *heel loop*
- колесо / *large wheel*
- вращающееся колесо / *front wheel*
- подножка / *footrest*
- крестовина / *cross brace*
- приспособление для предупреждения опрокидывания / *stabilizer*

**четырёхколёсный мотороллер**
*four-wheel scooter*

- подголовник / *headrest*
- зеркало / *mirror*
- панель / *console*
- сиденье / *seat*
- руль / *handlebars*
- подлокотник / *armrest*
- указатель поворотов / *indicator*
- кожух аккумуляторной батареи / *battery box*
- фара / *headlight*
- передний бампер / *front bumper*
- колесо / *wheel*
- пол / *floor*

медицина | health

## медицинское обследование
*medical examinations*

### рентген
### *X-ray*

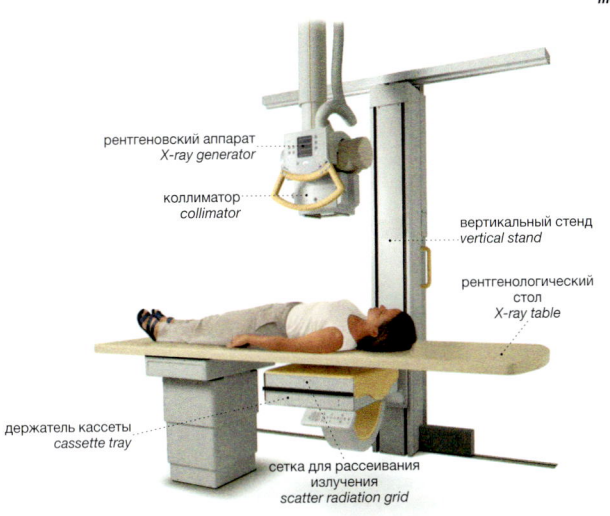

- рентгеновский аппарат / *X-ray generator*
- коллиматор / *collimator*
- вертикальный стенд / *vertical stand*
- рентгенологический стол / *X-ray table*
- держатель кассеты / *cassette tray*
- сетка для рассеивания излучения / *scatter radiation grid*

### магнитно-резонансная томография (МРТ)
### *magnetic resonance imaging (MRI)*

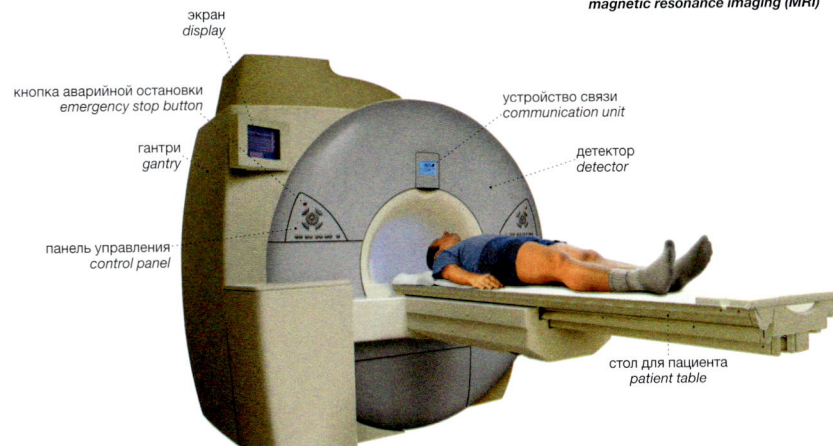

- экран / *display*
- кнопка аварийной остановки / *emergency stop button*
- гантри / *gantry*
- панель управления / *control panel*
- устройство связи / *communication unit*
- детектор / *detector*
- стол для пациента / *patient table*

ОБЩЕСТВО

## медицина | health

### медицинское обследование

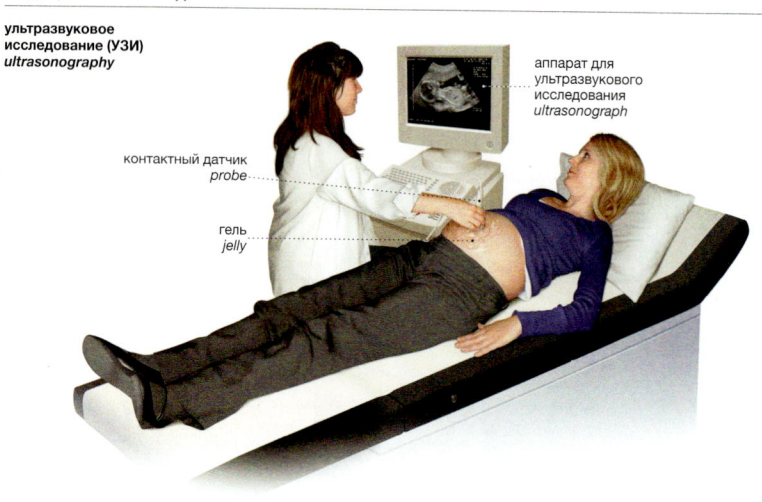

**ультразвуковое исследование (УЗИ)**
*ultrasonography*

- контактный датчик / *probe*
- гель / *jelly*
- аппарат для ультразвукового исследования / *ultrasonograph*

**эндоскопия**
*endoscopy*

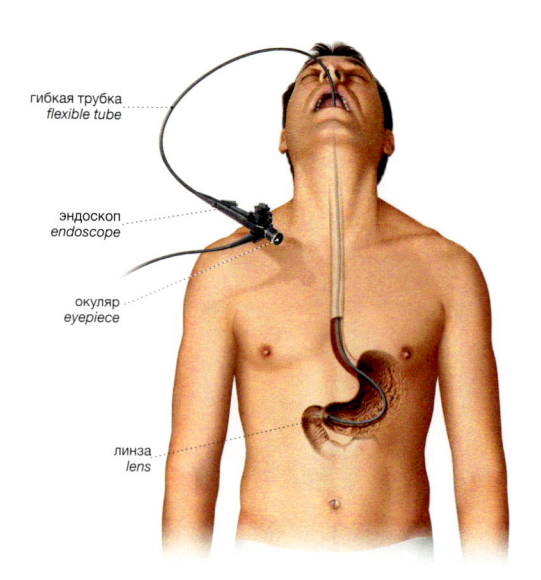

- гибкая трубка / *flexible tube*
- эндоскоп / *endoscope*
- окуляр / *eyepiece*
- линза / *lens*

медицина | health

# медицинская помощь
*medical treatment*

## лучевая терапия
*radiotherapy*

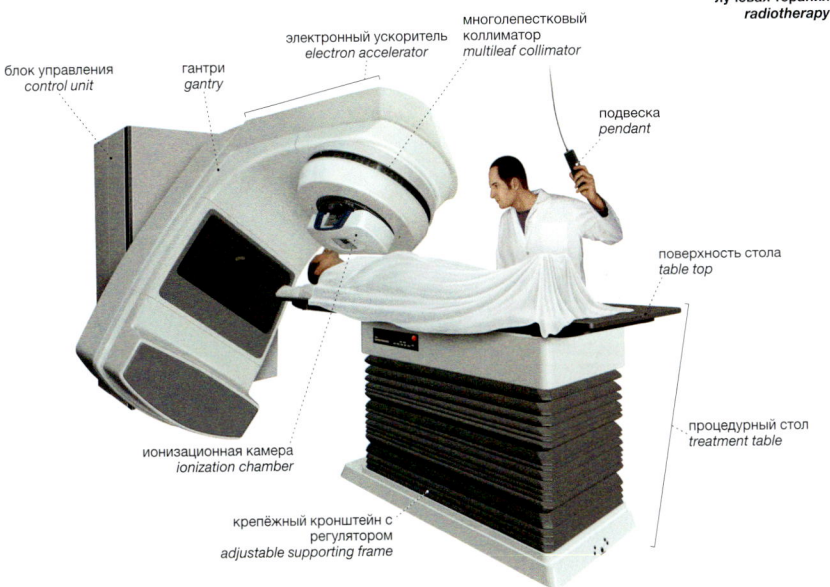

- блок управления — *control unit*
- гантри — *gantry*
- электронный ускоритель — *electron accelerator*
- многолепестковый коллиматор — *multileaf collimator*
- подвеска — *pendant*
- поверхность стола — *table top*
- процедурный стол — *treatment table*
- ионизационная камера — *ionization chamber*
- крепёжный кронштейн с регулятором — *adjustable supporting frame*

## диализатор
*dialyzer*

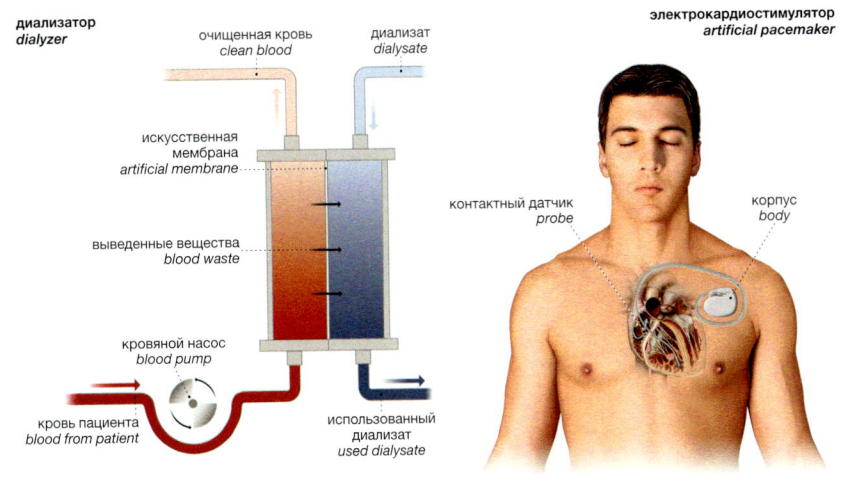

- очищенная кровь — *clean blood*
- диализат — *dialysate*
- искусственная мембрана — *artificial membrane*
- выведенные вещества — *blood waste*
- кровяной насос — *blood pump*
- кровь пациента — *blood from patient*
- использованный диализат — *used dialysate*

## электрокардиостимулятор
*artificial pacemaker*

- контактный датчик — *probe*
- корпус — *body*

ОБЩЕСТВО

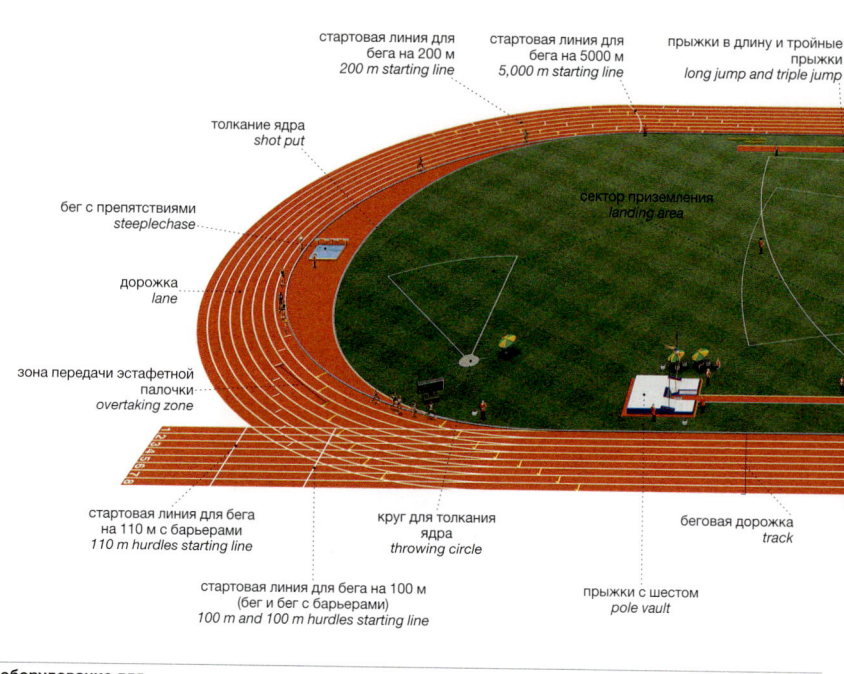

## стадион
*arena*

- стартовая линия для бега на 200 м / *200 m starting line*
- стартовая линия для бега на 5000 м / *5,000 m starting line*
- прыжки в длину и тройные прыжки / *long jump and triple jump*
- толкание ядра / *shot put*
- бег с препятствиями / *steeplechase*
- сектор приземления / *landing area*
- дорожка / *lane*
- зона передачи эстафетной палочки / *overtaking zone*
- стартовая линия для бега на 110 м с барьерами / *110 m hurdles starting line*
- круг для толкания ядра / *throwing circle*
- беговая дорожка / *track*
- стартовая линия для бега на 100 м (бег и бег с барьерами) / *100 m and 100 m hurdles starting line*
- прыжки с шестом / *pole vault*

### оборудование для беговой дорожки
*track equipment*

- стартовый пистолет / *starting pistol*
- эстафетная палочка / *baton*
- барьер для бега с препятствиями / *steeplechase hurdle*
- барьер / *hurdle*

лёгкая атлетика | track and field

## стадион

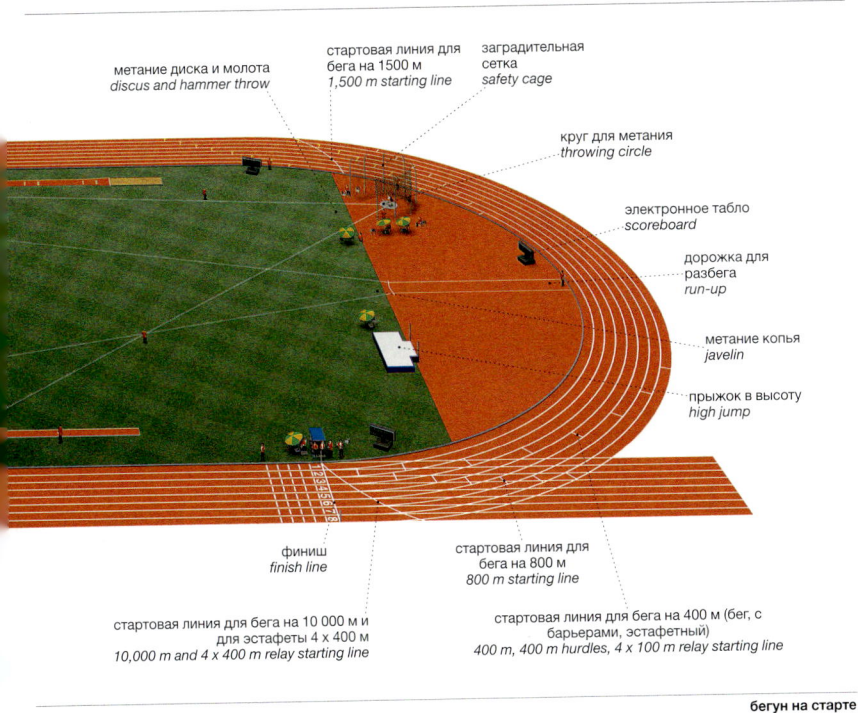

- метание диска и молота / discus and hammer throw
- стартовая линия для бега на 1500 м / 1,500 m starting line
- заградительная сетка / safety cage
- круг для метания / throwing circle
- электронное табло / scoreboard
- дорожка для разбега / run-up
- метание копья / javelin
- прыжок в высоту / high jump
- финиш / finish line
- стартовая линия для бега на 800 м / 800 m starting line
- стартовая линия для бега на 10 000 м и для эстафеты 4 x 400 м / 10,000 m and 4 x 400 m relay starting line
- стартовая линия для бега на 400 м (бег, с барьерами, эстафетный) / 400 m, 400 m hurdles, 4 x 100 m relay starting line

### бегун на старте / runner: starting block

- майка / shirt
- номер участника / number
- спортивные трусы / shorts
- упор / pedal
- туфли для бега, шиповки / running shoe
- стартовая линия / start line
- линия дорожки / lane line
- прорезь / notch
- крепление / anchor
- рамка / rack
- шип / spike
- стартовые колодки / block
- опорная поверхность / base

спорт и игры

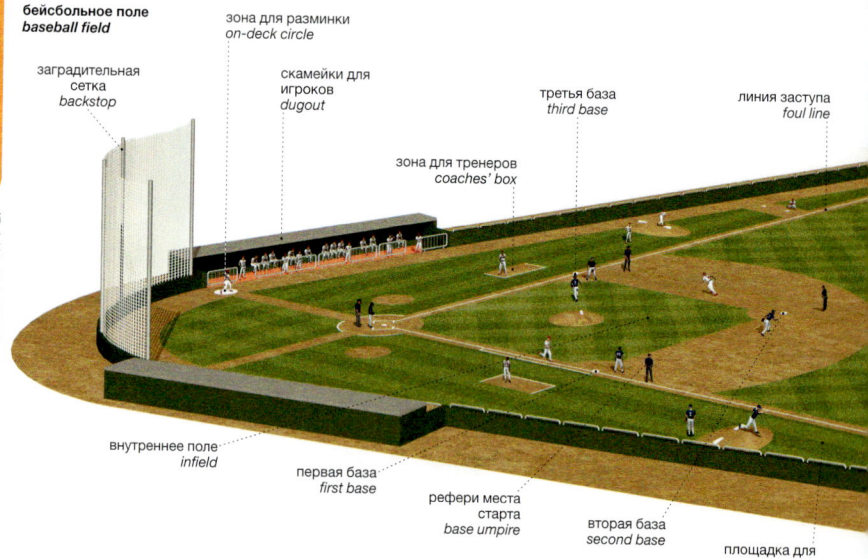

# бейсбол
*baseball*

**расположение игроков**
*player positions*

- левый полевой игрок — *left fielder*
- центральный полевой игрок — *centre fielder*
- шорт-стоп — *shortstop*
- правый полевой игрок — *right fielder*
- игрок третьей базы — *third baseman*
- игрок второй базы — *second baseman*
- принимающий подачи, кетчер — *catcher*
- подающий мяч, питчер — *pitcher*
- игрок первой базы — *first baseman*

**бейсбольное поле**
*baseball field*

- зона для разминки — *on-deck circle*
- заградительная сетка — *backstop*
- скамейки для игроков — *dugout*
- зона для тренеров — *coaches' box*
- третья база — *third base*
- линия заступа — *foul line*
- внутреннее поле — *infield*
- первая база — *first base*
- рефери места старта — *base umpire*
- вторая база — *second base*
- площадка для питчеров — *bullpen*

спортивные игры с мячом | ball sports

# бейсбол

**подача**
*pitch*

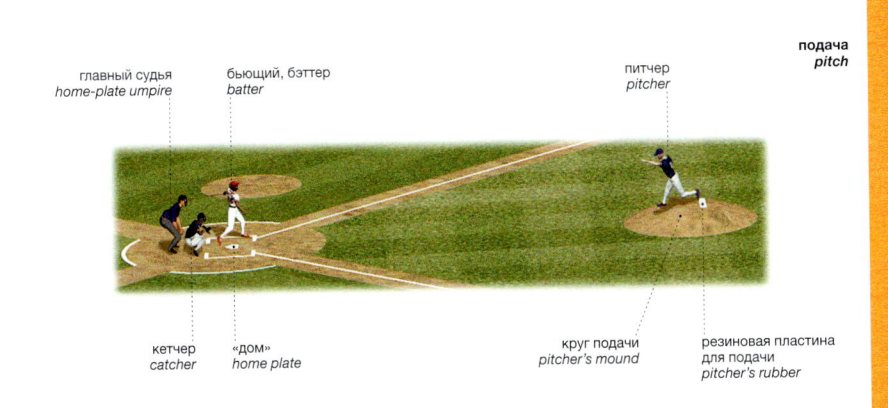

- главный судья — *home-plate umpire*
- бьющий, бэттер — *batter*
- питчер — *pitcher*
- кетчер — *catcher*
- «дом» — *home plate*
- круг подачи — *pitcher's mound*
- резиновая пластина для подачи — *pitcher's rubber*

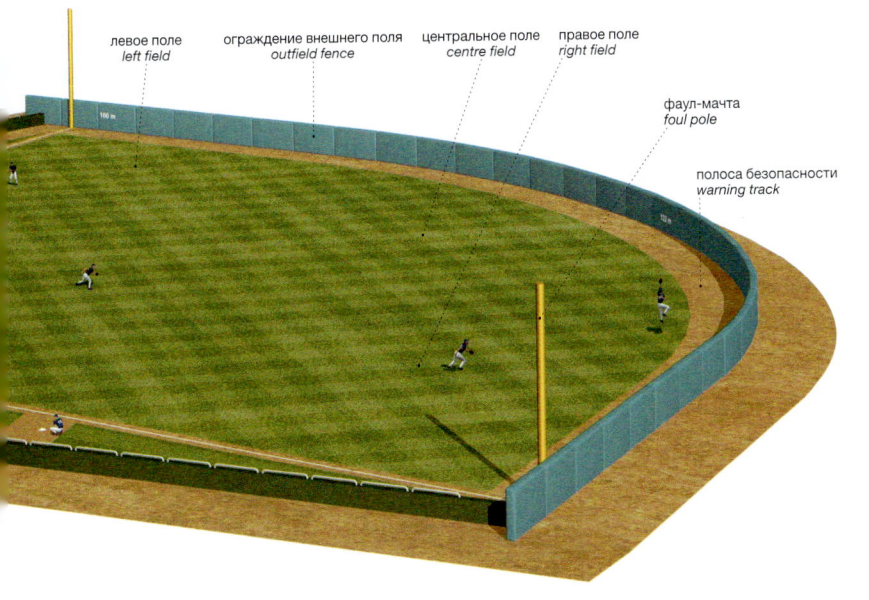

- левое поле — *left field*
- ограждение внешнего поля — *outfield fence*
- центральное поле — *centre field*
- правое поле — *right field*
- фаул-мачта — *foul pole*
- полоса безопасности — *warning track*

СПОРТ И ИГРЫ

## спортивные игры с мячом | ball sports

### бейсбол

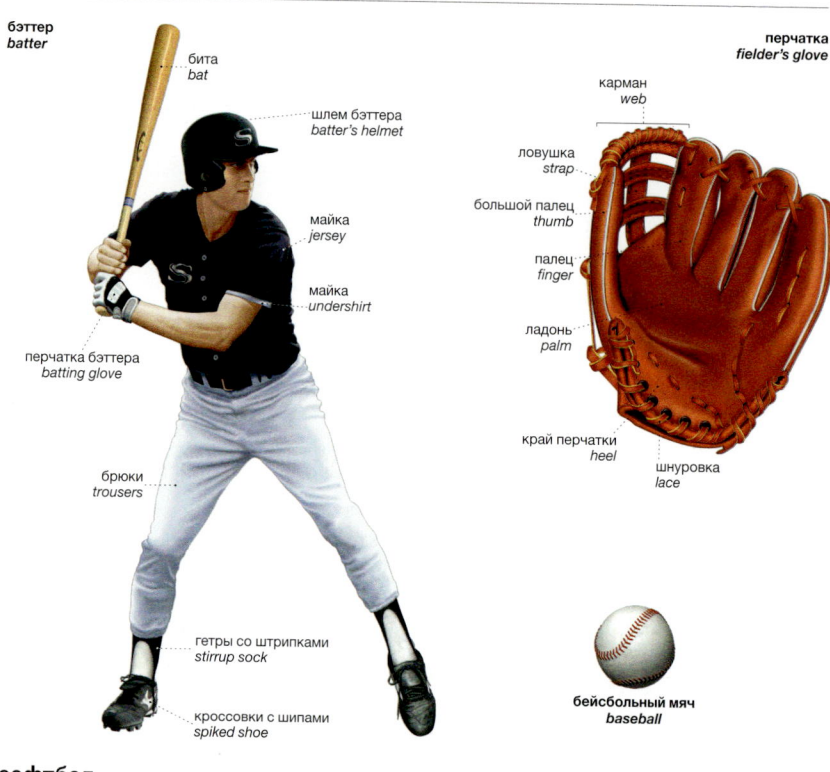

**бэттер**
*batter*

- бита / *bat*
- шлем бэттера / *batter's helmet*
- майка / *jersey*
- майка / *undershirt*
- перчатка бэттера / *batting glove*
- брюки / *trousers*
- гетры со штрипками / *stirrup sock*
- кроссовки с шипами / *spiked shoe*

**перчатка**
*fielder's glove*

- карман / *web*
- ловушка / *strap*
- большой палец / *thumb*
- палец / *finger*
- ладонь / *palm*
- край перчатки / *heel*
- шнуровка / *lace*

бейсбольный мяч / *baseball*

### софтбол
*softball*

перчатка для софтбола / *softball glove*

мяч для софтбола / *softball*

бита для софтбола / *softball bat*

спортивные игры с мячом | ball sports

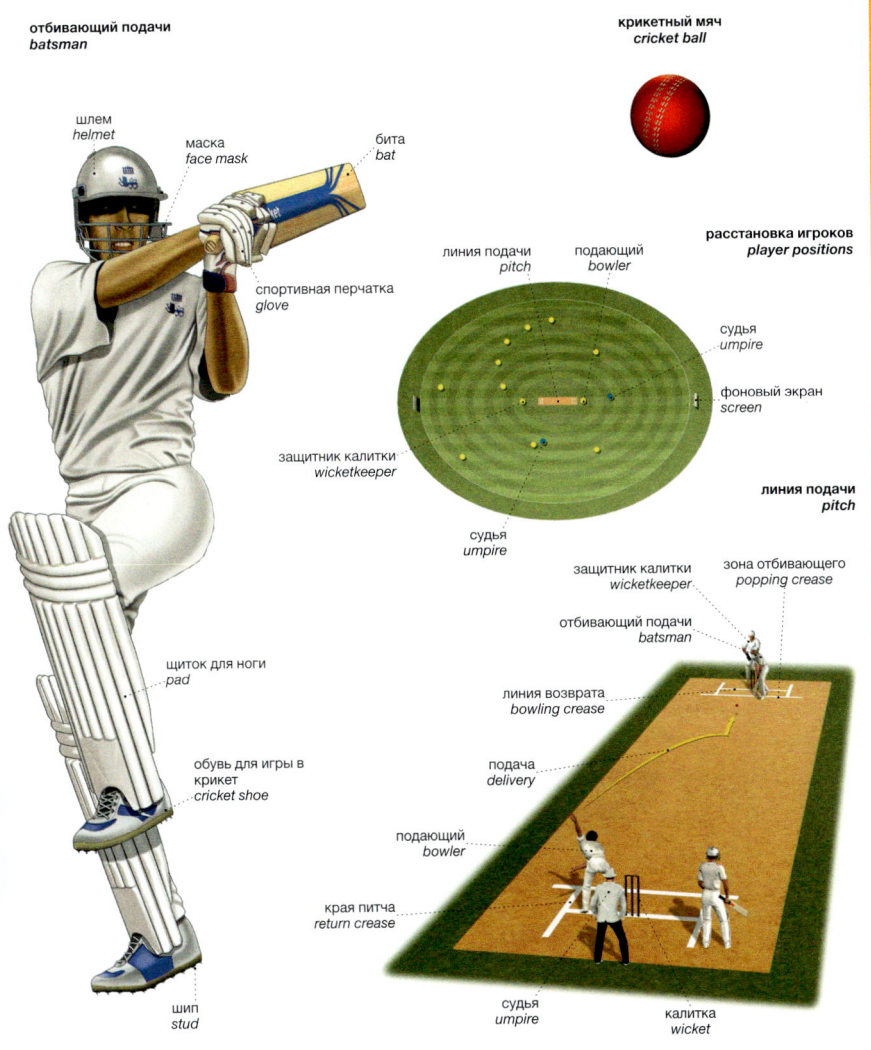

# крикет
*cricket*

**отбивающий подачи** / *batsman*

шлем / *helmet*
маска / *face mask*
бита / *bat*
спортивная перчатка / *glove*
защитник калитки / *wicketkeeper*
щиток для ноги / *pad*
обувь для игры в крикет / *cricket shoe*
шип / *stud*

**крикетный мяч** / *cricket ball*

**расстановка игроков** / *player positions*

линия подачи / *pitch*
подающий / *bowler*
судья / *umpire*
фоновый экран / *screen*
судья / *umpire*

**линия подачи** / *pitch*

защитник калитки / *wicketkeeper*
зона отбивающего / *popping crease*
отбивающий подачи / *batsman*
линия возврата / *bowling crease*
подача / *delivery*
подающий / *bowler*
края питча / *return crease*
судья / *umpire*
калитка / *wicket*

СПОРТ И ИГРЫ

# футбол
*association football*

**футболист**
*footballer*

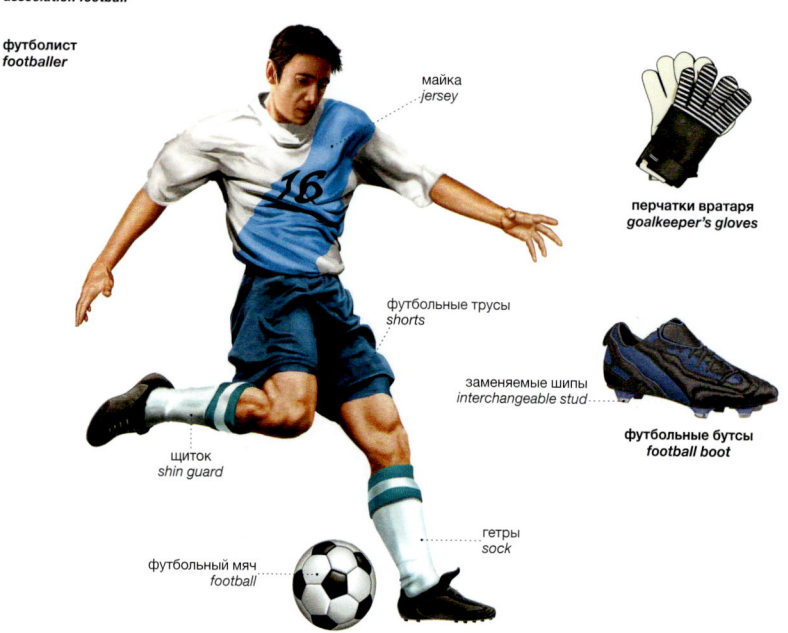

майка
*jersey*

**перчатки вратаря**
*goalkeeper's gloves*

футбольные трусы
*shorts*

заменяемые шипы
*interchangeable stud*

**футбольные бутсы**
*football boot*

щиток
*shin guard*

гетры
*sock*

футбольный мяч
*football*

**футбольное поле**
*football field*

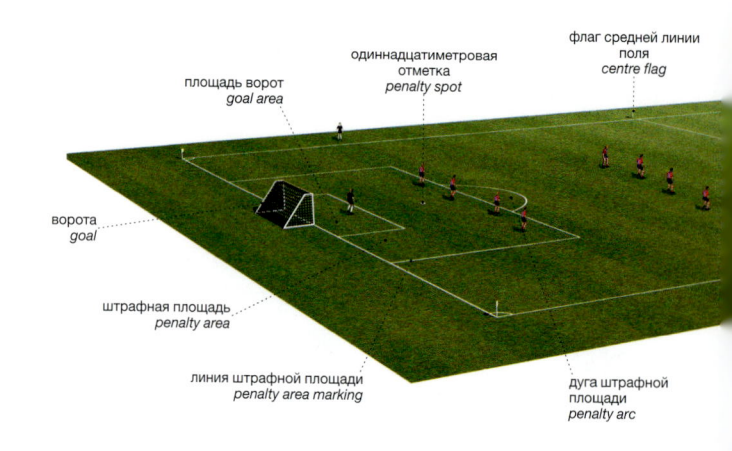

площадь ворот
*goal area*

одиннадцатиметровая отметка
*penalty spot*

флаг средней линии поля
*centre flag*

ворота
*goal*

штрафная площадь
*penalty area*

линия штрафной площади
*penalty area marking*

дуга штрафной площади
*penalty arc*

спортивные игры с мячом | ball sports

## футбол

**расстановка игроков**
*player positions*

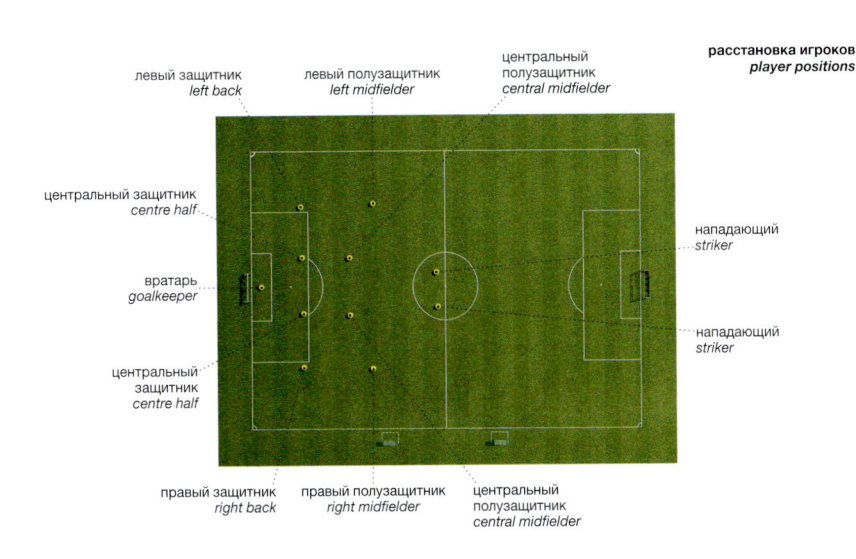

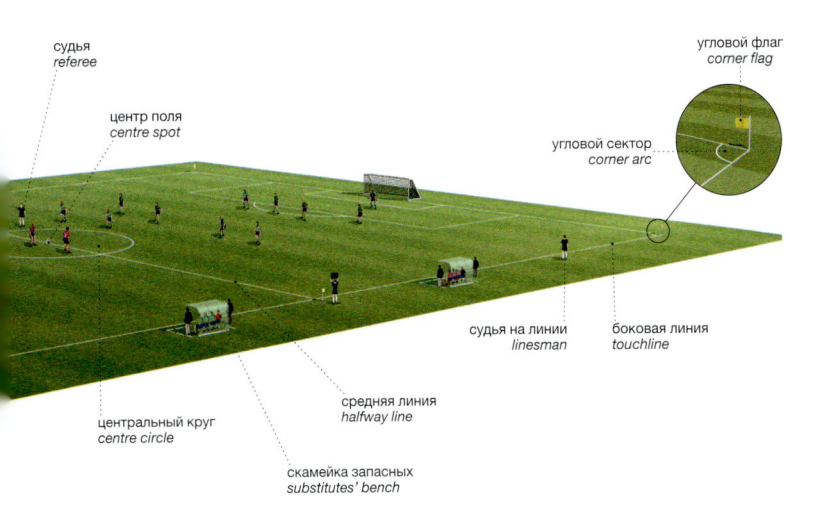

- левый защитник — *left back*
- левый полузащитник — *left midfielder*
- центральный полузащитник — *central midfielder*
- центральный защитник — *centre half*
- вратарь — *goalkeeper*
- центральный защитник — *centre half*
- нападающий — *striker*
- нападающий — *striker*
- правый защитник — *right back*
- правый полузащитник — *right midfielder*
- центральный полузащитник — *central midfielder*

- судья — *referee*
- центр поля — *centre spot*
- угловой флаг — *corner flag*
- угловой сектор — *corner arc*
- судья на линии — *linesman*
- боковая линия — *touchline*
- центральный круг — *centre circle*
- средняя линия — *halfway line*
- скамейка запасных — *substitutes' bench*

## футбол

**техника игры**
*techniques*

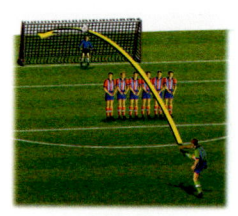

штрафной удар
*free kick*

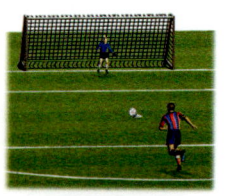

пенальти
*penalty kick*

ведение мяча
*dribbling*

удар головой
*heading*

перехват мяча
*tackling*

# регби
*rugby*

**регбийное поле**
*rugby field*

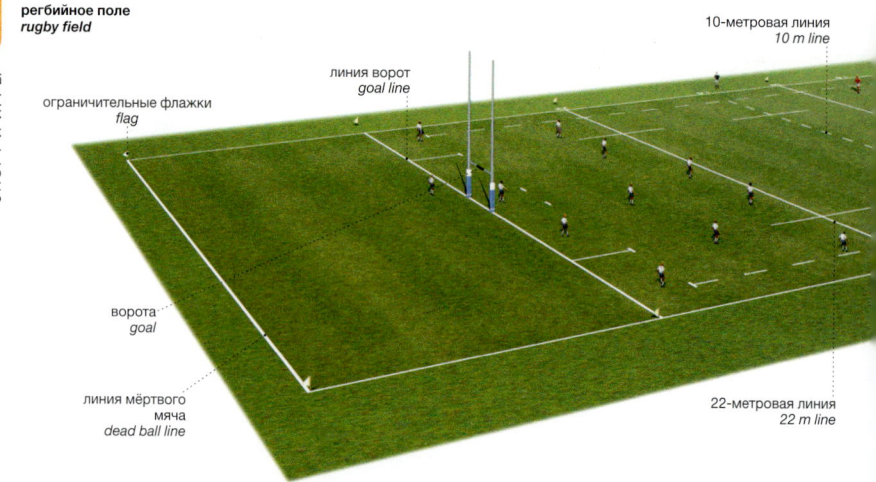

10-метровая линия
*10 m line*

линия ворот
*goal line*

ограничительные флажки
*flag*

ворота
*goal*

линия мёртвого мяча
*dead ball line*

22-метровая линия
*22 m line*

спортивные игры с мячом | ball sports

# регби

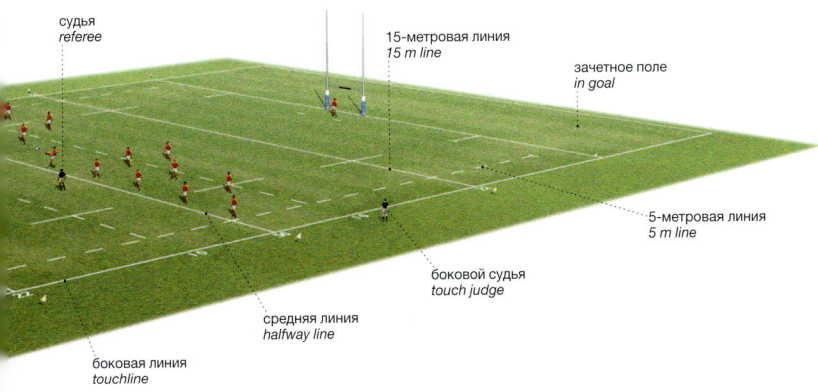

**регбийный мяч**
*rugby ball*

**регбист**
*rugby player*

рубашка
*jersey*

спортивные трусы
*shorts*

носки
*sock*

**рак**
*ruck*

шипованные бутсы
*cleated shoe*

судья
*referee*

15-метровая линия
*15 m line*

зачетное поле
*in goal*

5-метровая линия
*5 m line*

боковой судья
*touch judge*

средняя линия
*halfway line*

боковая линия
*touchline*

# американский футбол
*American football*

**скриммедж: защита**
*scrimmage: defence*

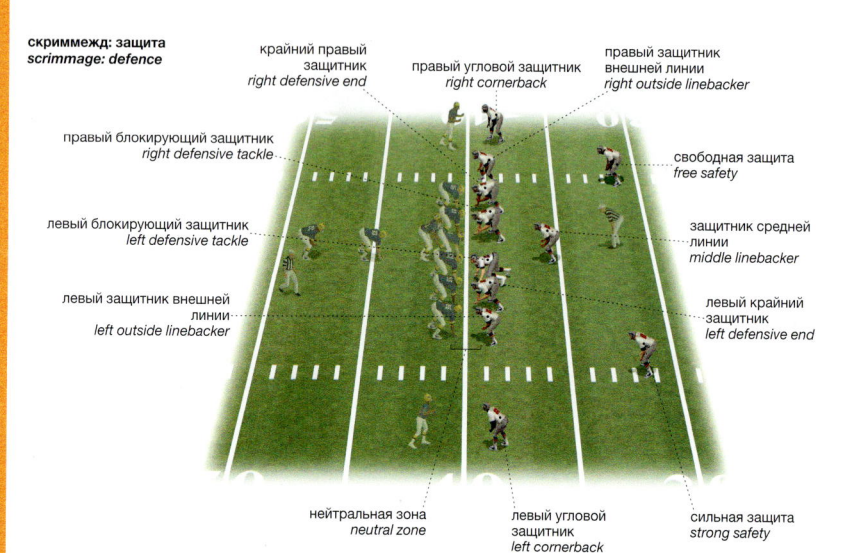

- крайний правый защитник / *right defensive end*
- правый угловой защитник / *right cornerback*
- правый защитник внешней линии / *right outside linebacker*
- правый блокирующий защитник / *right defensive tackle*
- свободная защита / *free safety*
- левый блокирующий защитник / *left defensive tackle*
- защитник средней линии / *middle linebacker*
- левый защитник внешней линии / *left outside linebacker*
- левый крайний защитник / *left defensive end*
- нейтральная зона / *neutral zone*
- левый угловой защитник / *left cornerback*
- сильная защита / *strong safety*

**поле для американского футбола**
*American football field*

- линии розыгрыша / *inbound line*
- голевая линия / *goal line*
- центральная линия / *centre line*
- конечная зона / *end zone*
- задняя линия / *end line*
- ярдовые линии / *yard line*
- боковая линия / *sideline*

спортивные игры с мячом | ball sports

## американский футбол

**скриммедж: нападение**
*scrimmage: offence*

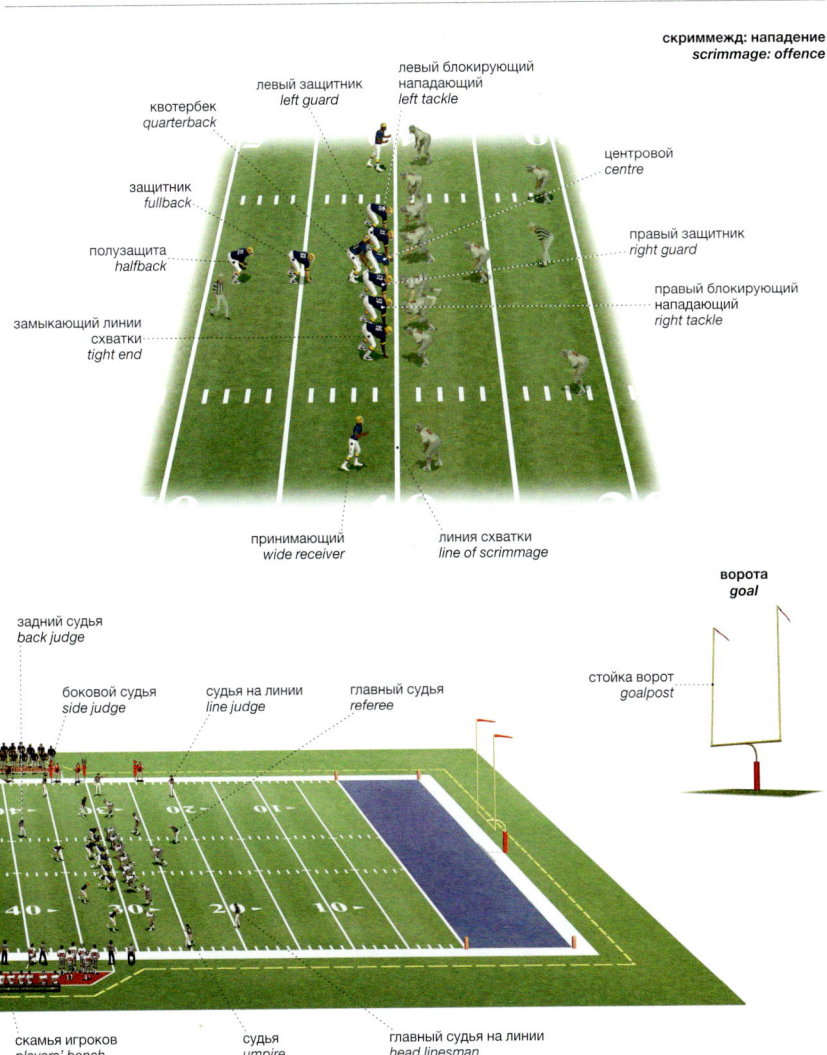

- квотербек / *quarterback*
- левый защитник / *left guard*
- левый блокирующий нападающий / *left tackle*
- центровой / *centre*
- защитник / *fullback*
- правый защитник / *right guard*
- полузащита / *halfback*
- правый блокирующий нападающий / *right tackle*
- замыкающий линии схватки / *tight end*
- принимающий / *wide receiver*
- линия схватки / *line of scrimmage*

- задний судья / *back judge*
- боковой судья / *side judge*
- судья на линии / *line judge*
- главный судья / *referee*
- скамья игроков / *players' bench*
- судья / *umpire*
- главный судья на линии / *head linesman*

- ворота / *goal*
- стойка ворот / *goalpost*

СПОРТ И ИГРЫ

# американский футбол

**футболист**
*American football player*

- шлем / helmet
- подбородный ремень / chin strap
- маска / face mask
- номер игрока / player's number
- майка / jersey
- повязка на запястье / wristband
- бриджи / trousers
- набедренная накладка / thigh pad
- наколенник / knee pad
- гетры / sock
- кроссовки с шипами / cleated shoe
- мяч / football

**защитное снаряжение**
*protective equipment*

- капа / mouth guard
- шейная накладка / neck pad
- наплечник / shoulder pad
- накладка для предплечья / arm guard
- нагрудник / chest protector
- накладка для защиты ребер / rib pad
- налокотник / elbow pad
- поясничная накладка / lumbar pad
- набедренная накладка / hip pad
- накладка для предплечья / forearm pad
- раковина / protective cup

спортивные игры с мячом | ball sports

# волейбол
*volleyball*

### волейбольная площадка
*volleyball court*

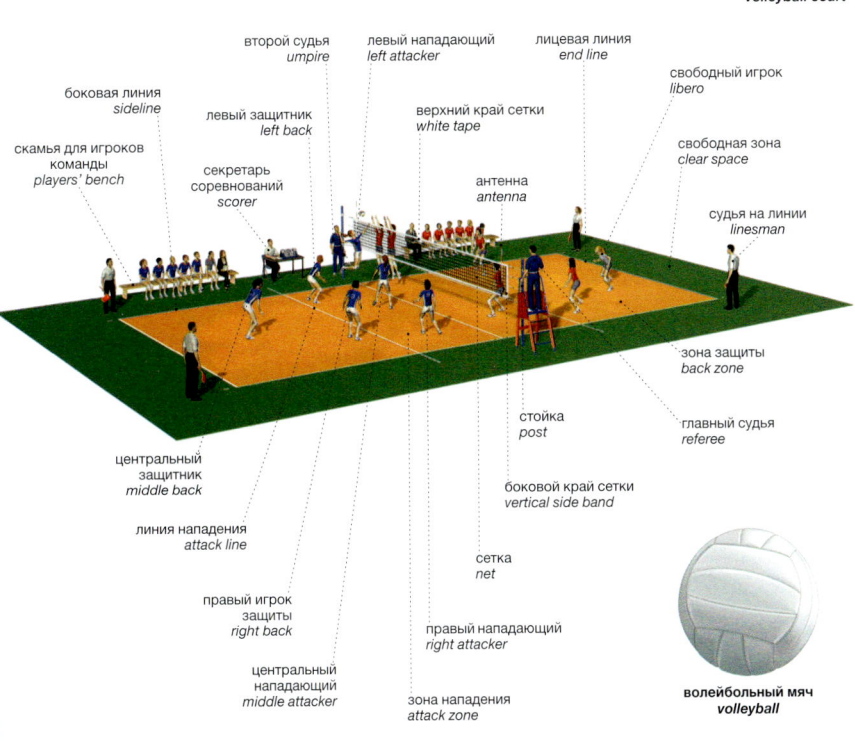

- боковая линия — *sideline*
- скамья для игроков команды — *players' bench*
- второй судья — *umpire*
- левый защитник — *left back*
- секретарь соревнований — *scorer*
- левый нападающий — *left attacker*
- верхний край сетки — *white tape*
- антенна — *antenna*
- лицевая линия — *end line*
- свободный игрок — *libero*
- свободная зона — *clear space*
- судья на линии — *linesman*
- зона защиты — *back zone*
- стойка — *post*
- главный судья — *referee*
- центральный защитник — *middle back*
- линия нападения — *attack line*
- правый игрок защиты — *right back*
- центральный нападающий — *middle attacker*
- боковой край сетки — *vertical side band*
- сетка — *net*
- правый нападающий — *right attacker*
- зона нападения — *attack zone*

**волейбольный мяч**
*volleyball*

### техника игры
*techniques*

**подача**
*serve*

**прием мяча двумя руками снизу**
*bump*

**прием мяча в падении**
*dig*

спортивные игры с мячом | ball sports

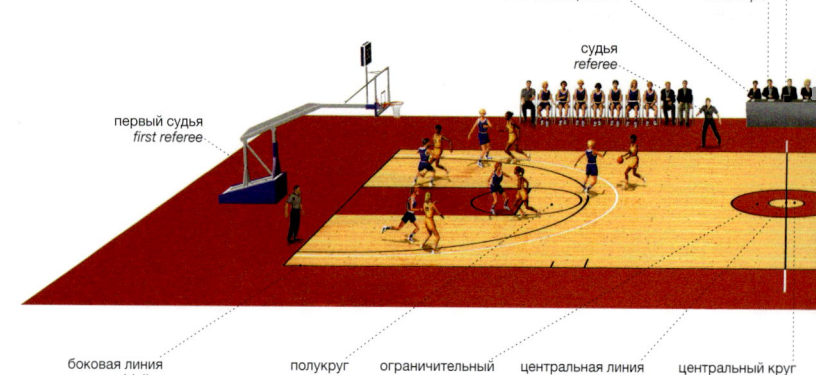

# баскетбол
*basketball*

**баскетболист**
*basketball player*

- майка — *jersey*
- баскетбольный мяч — *basketball*
- номер игрока — *player's number*
- спортивные трусы — *shorts*
- баскетбольные туфли — *shoe*

**баскетбольная площадка**
*basketball court*

- секретарь соревнований — *scorer*
- секундометрист времени на атаку — *shot clock operator*
- секундометрист — *timekeeper*
- судья — *referee*
- первый судья — *first referee*
- боковая линия — *sideline*
- полукруг — *semi-circle*
- ограничительный круг — *restraining circle*
- центральная линия площадки — *midcourt line*
- центральный круг — *centre circle*

спортивные игры с мячом | ball sports

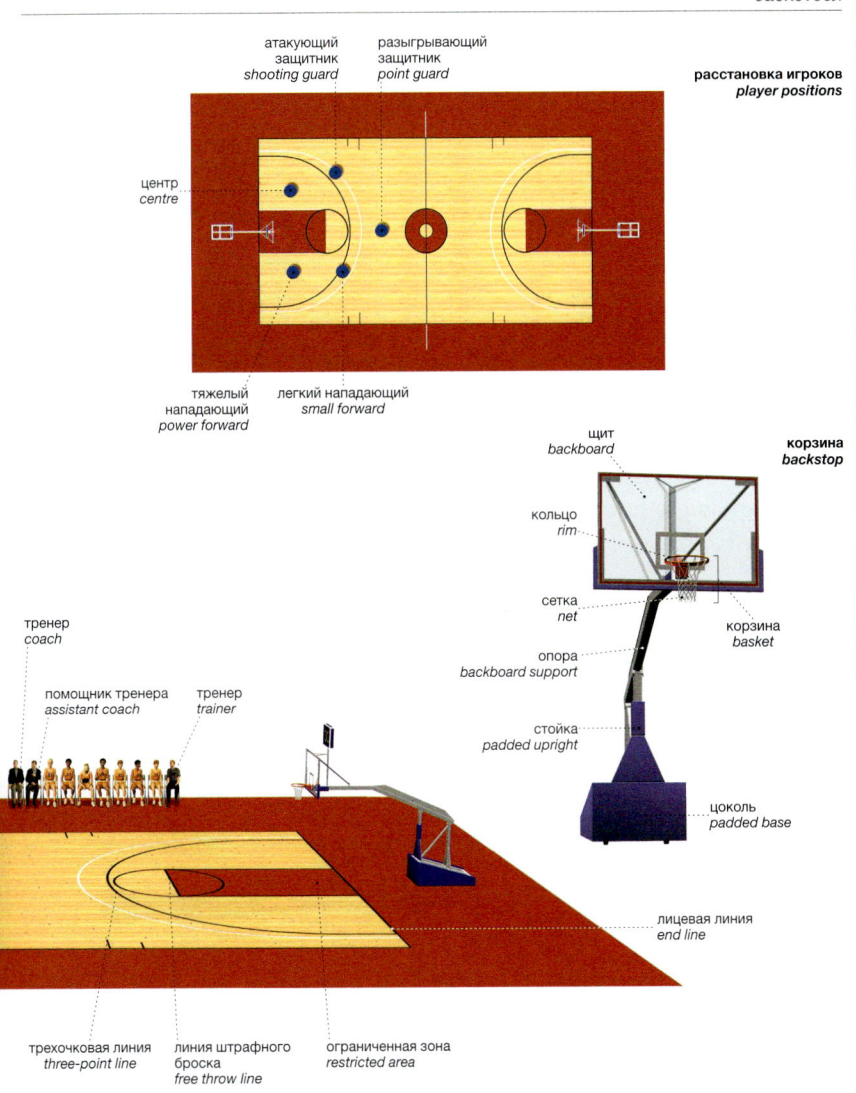

## баскетбол

**расстановка игроков**
*player positions*

- атакующий защитник / *shooting guard*
- разыгрывающий защитник / *point guard*
- центр / *centre*
- тяжелый нападающий / *power forward*
- легкий нападающий / *small forward*

**корзина**
*backstop*

- щит / *backboard*
- кольцо / *rim*
- сетка / *net*
- опора / *backboard support*
- стойка / *padded upright*
- корзина / *basket*
- цоколь / *padded base*

- тренер / *coach*
- помощник тренера / *assistant coach*
- тренер / *trainer*
- лицевая линия / *end line*
- трехочковая линия / *three-point line*
- линия штрафного броска / *free throw line*
- ограниченная зона / *restricted area*

СПОРТ И ИГРЫ

# бадминтон
*badminton*

**площадка для бадминтона**
*badminton court*

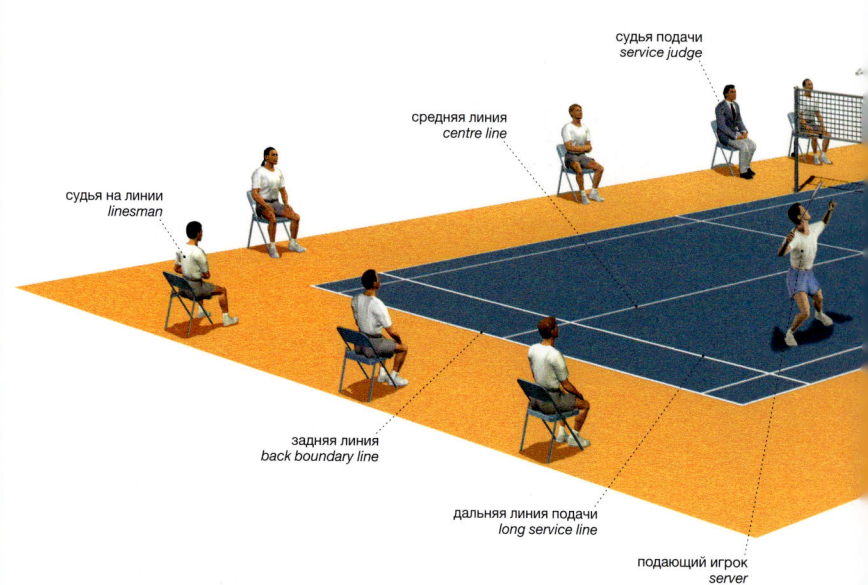

судья подачи
*service judge*

средняя линия
*centre line*

судья на линии
*linesman*

задняя линия
*back boundary line*

дальняя линия подачи
*long service line*

подающий игрок
*server*

**ракетка**
*badminton racket*

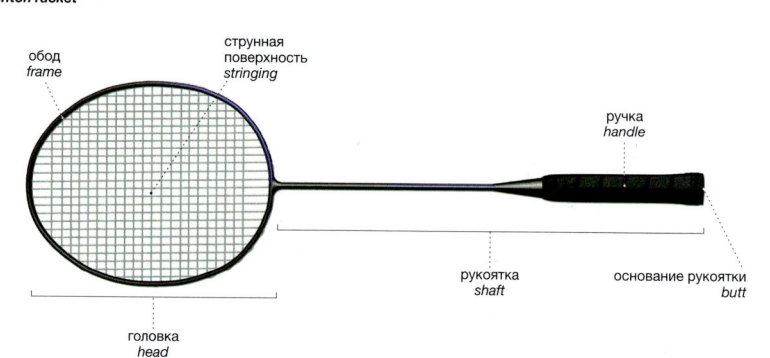

обод
*frame*

струнная поверхность
*stringing*

ручка
*handle*

рукоятка
*shaft*

основание рукоятки
*butt*

головка
*head*

спортивные игры с ракеткой | racket sports

# бадминтон

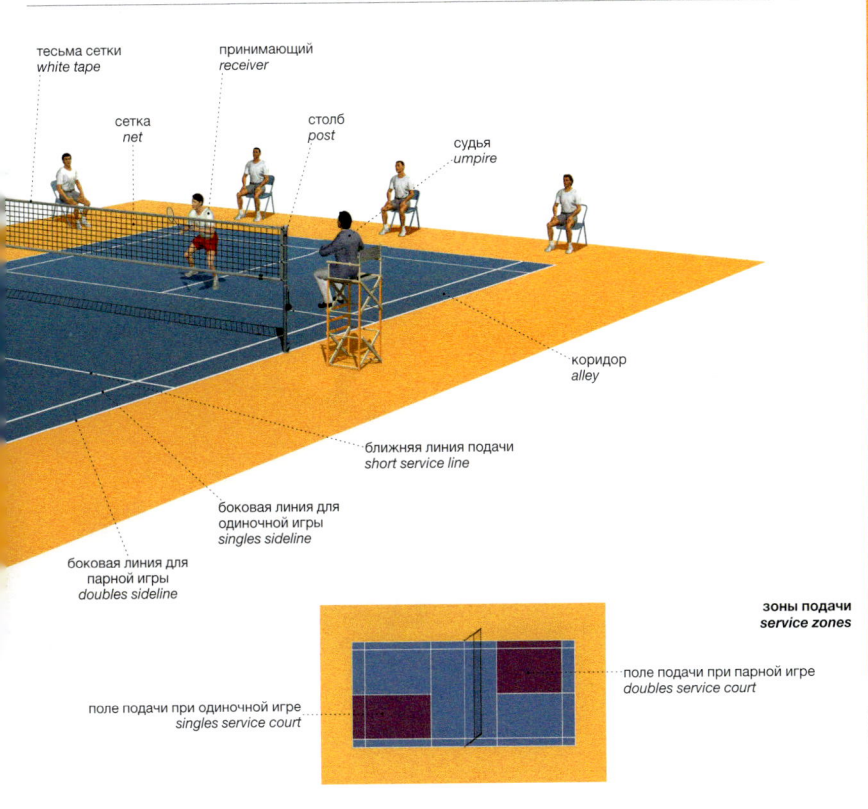

- тесьма сетки / white tape
- сетка / net
- принимающий / receiver
- столб / post
- судья / umpire
- коридор / alley
- ближняя линия подачи / short service line
- боковая линия для одиночной игры / singles sideline
- боковая линия для парной игры / doubles sideline

**зоны подачи**
*service zones*

- поле подачи при одиночной игре / singles service court
- поле подачи при парной игре / doubles service court

**волан**
*synthetic shuttlecock*

**перьевой волан**
*feathered shuttlecock*

- оперение / feather crown
- пробковая головка / cork tip

529

СПОРТ И ИГРЫ

**530** спортивные игры с ракеткой | racket sports

# ТЕННИС
*tennis*

**теннисный корт**
*tennis court*

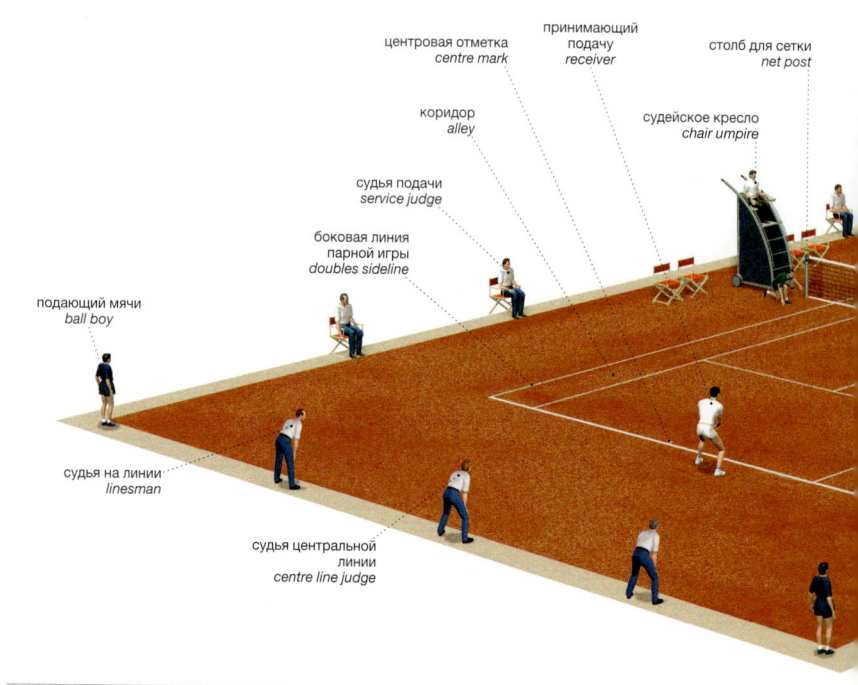

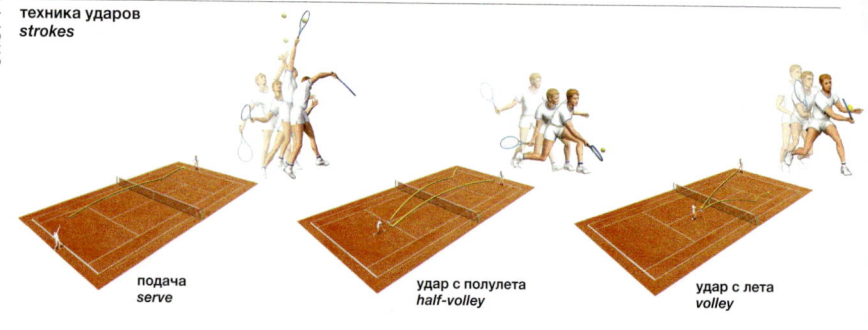

центровая отметка — *centre mark*
принимающий подачу — *receiver*
столб для сетки — *net post*
коридор — *alley*
судейское кресло — *chair umpire*
судья подачи — *service judge*
боковая линия парной игры — *doubles sideline*
подающий мячи — *ball boy*
судья на линии — *linesman*
судья центральной линии — *centre line judge*

**техника ударов**
*strokes*

подача — *serve*

удар с полулета — *half-volley*

удар с лета — *volley*

спортивные игры с ракеткой | racket sports

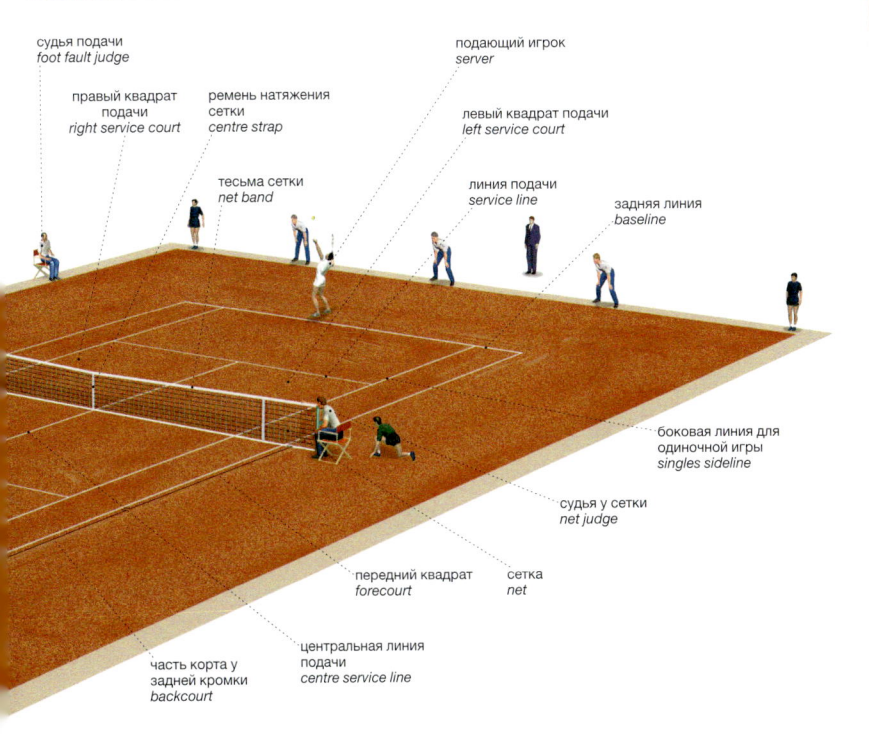

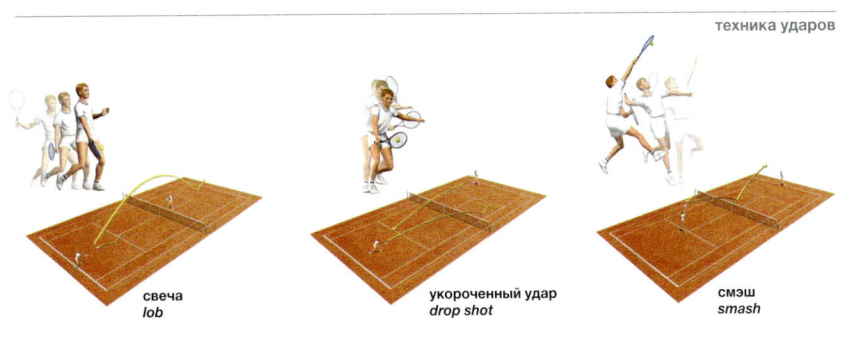

## теннис

судья подачи
*foot fault judge*

подающий игрок
*server*

правый квадрат подачи
*right service court*

ремень натяжения сетки
*centre strap*

левый квадрат подачи
*left service court*

тесьма сетки
*net band*

линия подачи
*service line*

задняя линия
*baseline*

боковая линия для одиночной игры
*singles sideline*

судья у сетки
*net judge*

передний квадрат
*forecourt*

сетка
*net*

центральная линия подачи
*centre service line*

часть корта у задней кромки
*backcourt*

### техника ударов

свеча
**lob**

укороченный удар
**drop shot**

смэш
**smash**

531

СПОРТ И ИГРЫ

**спортивные игры с ракеткой** | **racket sports**

## теннис

**теннисная ракетка**
*tennis racket*

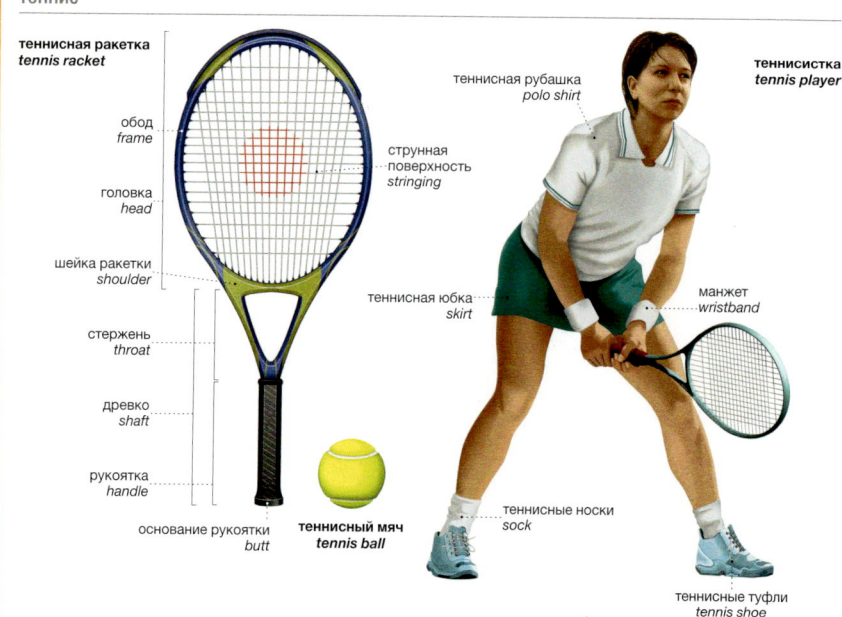

- обод / *frame*
- головка / *head*
- шейка ракетки / *shoulder*
- стержень / *throat*
- древко / *shaft*
- рукоятка / *handle*
- основание рукоятки / *butt*

струнная поверхность / *stringing*

**теннисный мяч** / *tennis ball*

**теннисистка** / *tennis player*

- теннисная рубашка / *polo shirt*
- теннисная юбка / *skirt*
- манжет / *wristband*
- теннисные носки / *sock*
- теннисные туфли / *tennis shoe*

**табло результатов** / *scoreboard*

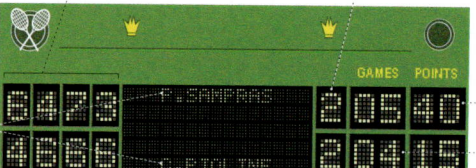

- предыдущие сеты / *previous sets*
- сет / *set*
- имена игроков / *players*
- счет очков / *points*
- гейм / *game*

**игровая поверхность** / *playing surfaces*

- газон / *grass*
- грунт / *clay* 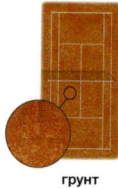
- твёрдое покрытие / *hard surface* 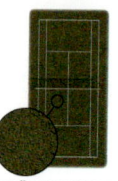
- синтетическое покрытие / *synthetic surface*

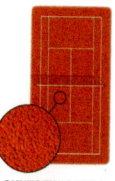

спортивные игры с ракеткой | racket sports

# настольный теннис
*table tennis*

**теннисный стол**
*tennis table*

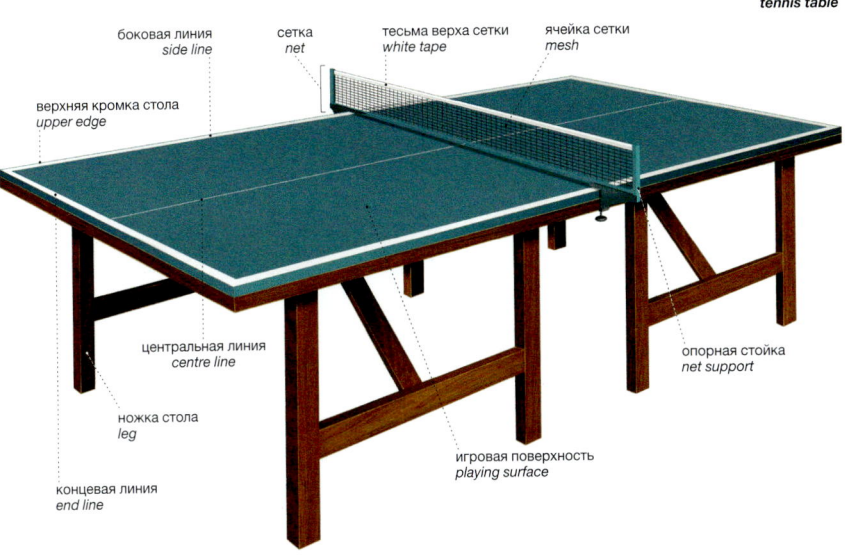

- боковая линия / side line
- сетка / net
- тесьма верха сетки / white tape
- ячейка сетки / mesh
- верхняя кромка стола / upper edge
- центральная линия / centre line
- ножка стола / leg
- концевая линия / end line
- игровая поверхность / playing surface
- опорная стойка / net support

**ракетка для игры в настольный теннис**
*table tennis bat*

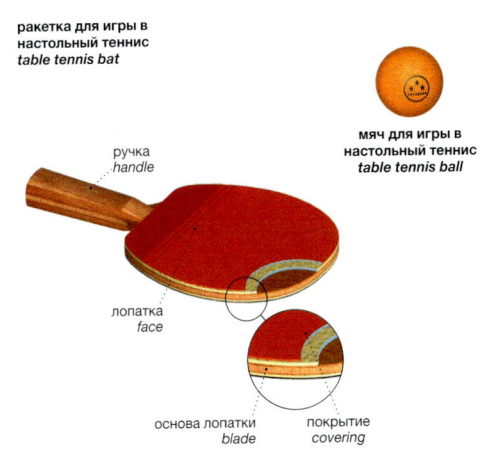

- ручка / handle
- лопатка / face
- основа лопатки / blade
- покрытие / covering

**мяч для игры в настольный теннис**
*table tennis ball*

**захват ракетки**
*types of grip*

захват «пером»
*penholder grip*

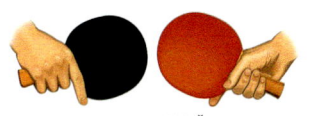

классический захват
*shake-hands grip*

СПОРТ И ИГРЫ

533

# спортивная гимнастика
*gymnastics*

**помост**
*event platform*

табло суммарных оценок
*overall standings scoreboard*

гимнастический конь
*pommel horse*

площадка для вольных упражнений
*floor exercise area*

бревно
*balance beam*

разновысокие брусья
*asymmetrical bars*

судьи
*judges*

маты
*floor mats*

перекладина
*horizontal bar*

боковой судья
*line judge*

конь
*vaulting table*

дорожка для разбега
*approach runs*

**разновысокие брусья**
*asymmetrical bars*

**перекладина**
*horizontal bar*

**кольца**
*rings*

гимнастика | gymnastics

## спортивная гимнастика

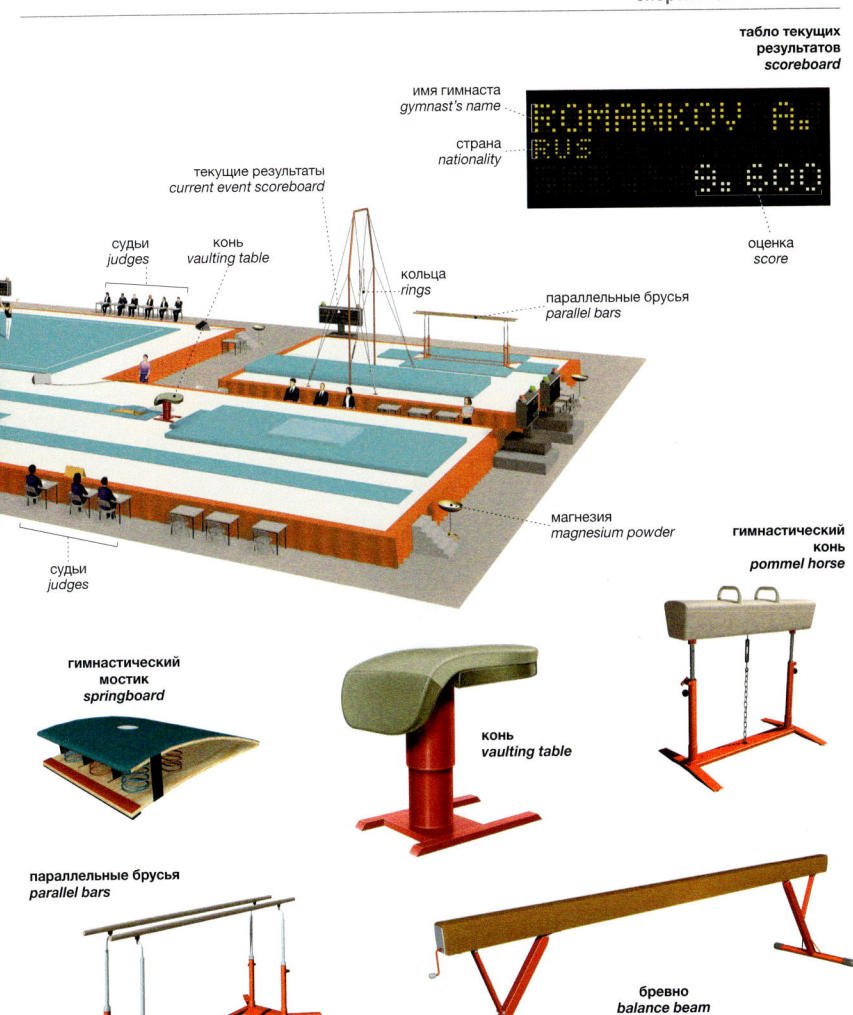

**табло текущих результатов** / *scoreboard*

**имя гимнаста** / *gymnast's name*
**страна** / *nationality*
**оценка** / *score*

- текущие результаты / *current event scoreboard*
- судьи / *judges*
- конь / *vaulting table*
- кольца / *rings*
- параллельные брусья / *parallel bars*
- магнезия / *magnesium powder*
- судьи / *judges*

**гимнастический конь** / *pommel horse*

**гимнастический мостик** / *springboard*

**конь** / *vaulting table*

**параллельные брусья** / *parallel bars*

**бревно** / *balance beam*

СПОРТ И ИГРЫ

536 | **гимнастика** | gymnastics

## батут
*trampoline*

**свободные прыжки на батуте**
*leisure trampoline*

- сетка безопасности / *safety net*
- шест верхней опоры / *upper support pole*
- мат для прыжков / *jumping mat*
- подушка рамы / *frame pad*
- ножка / *leg*

## подводное плавание
*scuba diving*

**дайвер**
*scuba diver*

- шлем / *hood*
- трубка / *snorkel*
- ранец / *harness*
- маска / *mask*
- регулятор первой ступени / *regulator first stage*
- регулятор второй ступени / *regulator second stage*
- компенсатор плавучести / *buoyancy compensator*
- насос / *inflator*
- баллон со сжатым воздухом / *compressed-air cylinder*
- наконечник / *mouthpiece*
- рукавицы / *diving glove*
- грузовой пояс / *weight belt*
- гидрокостюм / *wetsuit*
- консоль приборов / *information console*
- нижнее утяжеление / *ankle weight*
- ласты / *fin*
- боты / *boot*
- носок / *foot pocket*
- пластина / *rail*
- парус / *blade*

спорт и игры

**водный спорт** | aquatic and nautical sports

# прыжки в воду
*diving*

## исходное положение
*starting positions*

**прыжок из передней стойки назад**
*reverse dive*

**прыжок из задней стойки вперёд**
*inward dive*

**прыжок назад**
*backward dive*

**прыжок вперёд**
*forward dive*

**прыжок из стойки на руках**
*armstand dive*

## положения тела
*flight positions*

**сгруппировавшись**
*tuck position*

**целиком выпрямившись**
*straight position*

**с выпрямленными ногами**
*pike position*

## вышка для прыжков в воду
*diving apparatus*

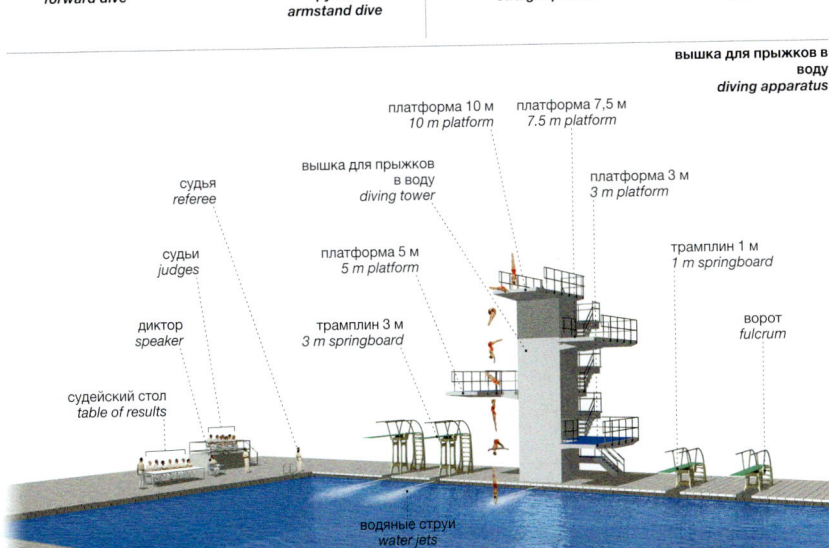

- платформа 10 м / *10 m platform*
- платформа 7,5 м / *7.5 m platform*
- вышка для прыжков в воду / *diving tower*
- платформа 3 м / *3 m platform*
- судья / *referee*
- платформа 5 м / *5 m platform*
- трамплин 1 м / *1 m springboard*
- судьи / *judges*
- трамплин 3 м / *3 m springboard*
- ворот / *fulcrum*
- диктор / *speaker*
- судейский стол / *table of results*
- водяные струи / *water jets*
- поверхность воды / *surface of the water*

СПОРТ И ИГРЫ

# плавание
*swimming*

**стартовый плот** / *starting block*

плавки / *swimsuit*
шапочка / *cap*
платформа / *platform*
очки для плавания / *swimming goggles*
стартовый захват для плавания на спине / *starting grip (backstroke)*

**бассейн для соревнований** / *competitive course*

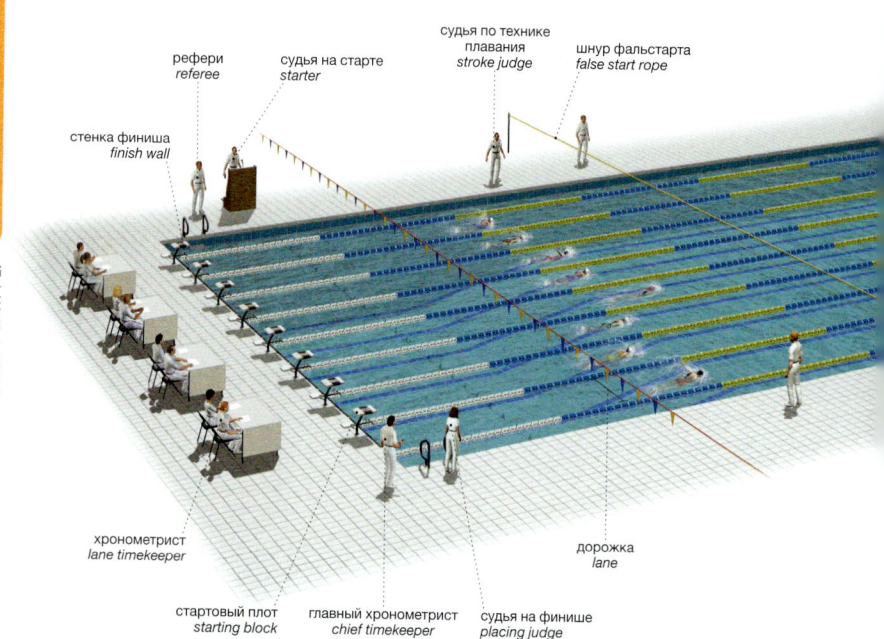

рефери / *referee*
судья на старте / *starter*
судья по технике плавания / *stroke judge*
шнур фальстарта / *false start rope*
стенка финиша / *finish wall*
хронометрист / *lane timekeeper*
дорожка / *lane*
стартовый плот / *starting block*
главный хронометрист / *chief timekeeper*
судья на финише / *placing judge*

**водный спорт** | aquatic and nautical sports

## плавание

**стили плавания**
*types of stroke*

**баттерфляй**
*butterfly stroke*

**кроль**
*crawl stroke*

**плавание на спине**
*backstroke*

**брасс**
*breaststroke*

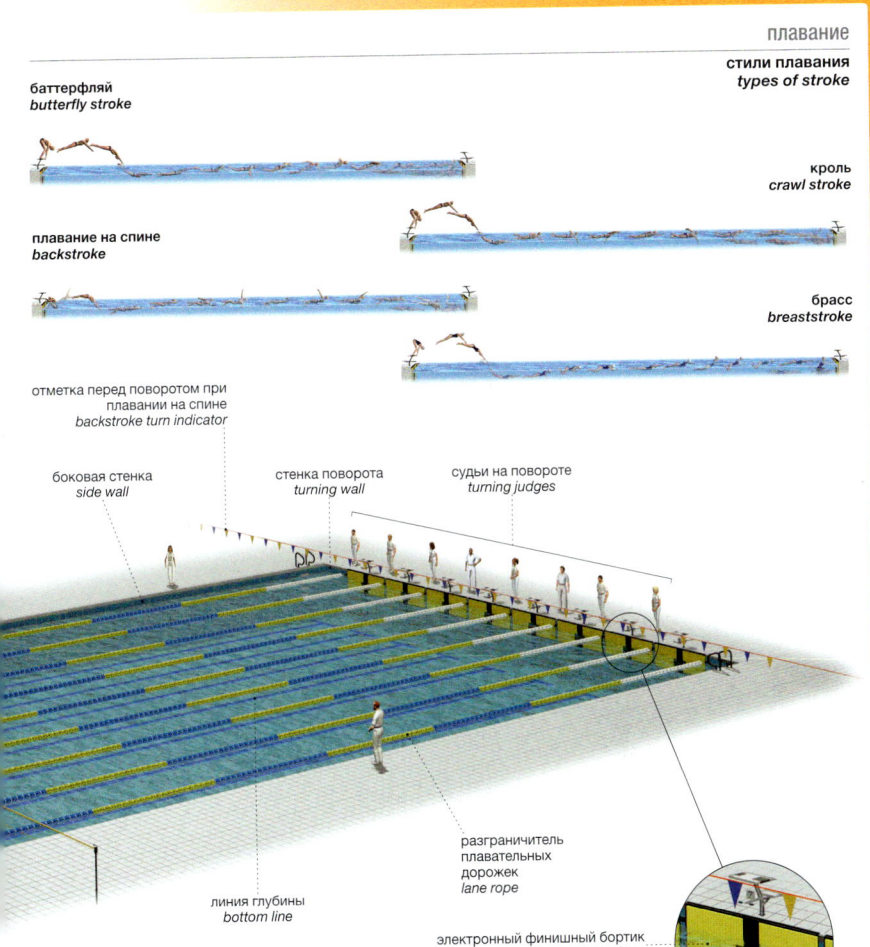

отметка перед поворотом при плавании на спине
*backstroke turn indicator*

боковая стенка
*side wall*

стенка поворота
*turning wall*

судьи на повороте
*turning judges*

разграничитель плавательных дорожек
*lane rope*

линия глубины
*bottom line*

электронный финишный бортик
*automatic electronic timer*

СПОРТ И ИГРЫ

**водный спорт** | aquatic and nautical sports

# парусный спорт

*sailing*

**швербот**
*sailing boat*

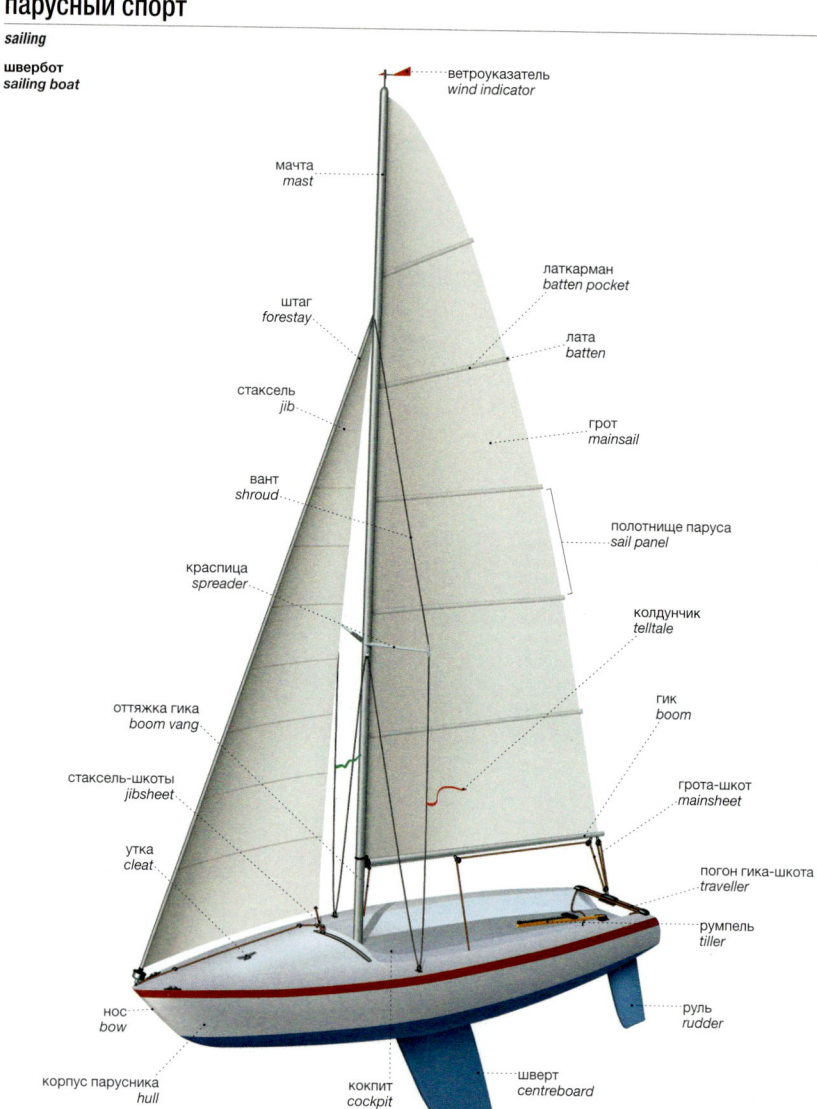

- ветроуказатель / *wind indicator*
- мачта / *mast*
- латкарман / *batten pocket*
- лата / *batten*
- штаг / *forestay*
- стаксель / *jib*
- грот / *mainsail*
- вант / *shroud*
- полотнище паруса / *sail panel*
- краспица / *spreader*
- колдунчик / *telltale*
- гик / *boom*
- оттяжка гика / *boom vang*
- стаксель-шкоты / *jibsheet*
- грота-шкот / *mainsheet*
- утка / *cleat*
- погон гика-шкота / *traveller*
- румпель / *tiller*
- нос / *bow*
- руль / *rudder*
- корпус парусника / *hull*
- кокпит / *cockpit*
- шверт / *centreboard*

**водный спорт** | aquatic and nautical sports

## парусный спорт

**многокорпусные суда**
*multi-hulls*

**однокорпусные суда**
*mono-hulls*

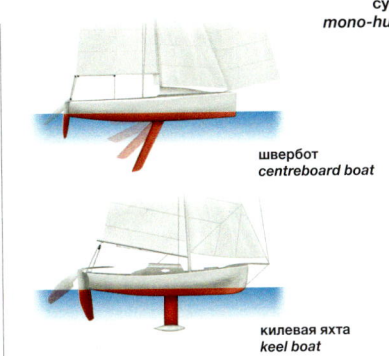

швербот
*centreboard boat*

килевая яхта
*keel boat*

катамаран
*catamaran*

тримаран
*trimaran*

**металлическое оборудование надводной части**
*upperworks*

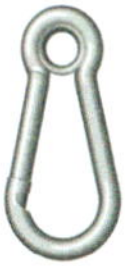

пружинный карабин
*snap shackle*

вертлюжный карабин
*hank*

мочка
*shackle*

полуклюз
*fairlead*

утка
*cleat*

талреп
*turnbuckle*

стопор
*clam cleat*

направляющая оковка для шкотов
*sheet lead*

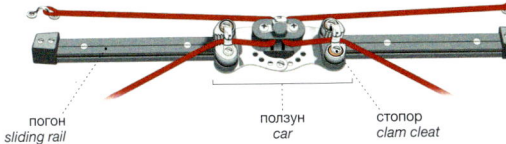

лебедка
*winch*

погон гика-шкота
*traveller*

погон
*sliding rail*

ползун
*car*

стопор
*clam cleat*

упор
*end stop*

СПОРТ И ИГРЫ

541

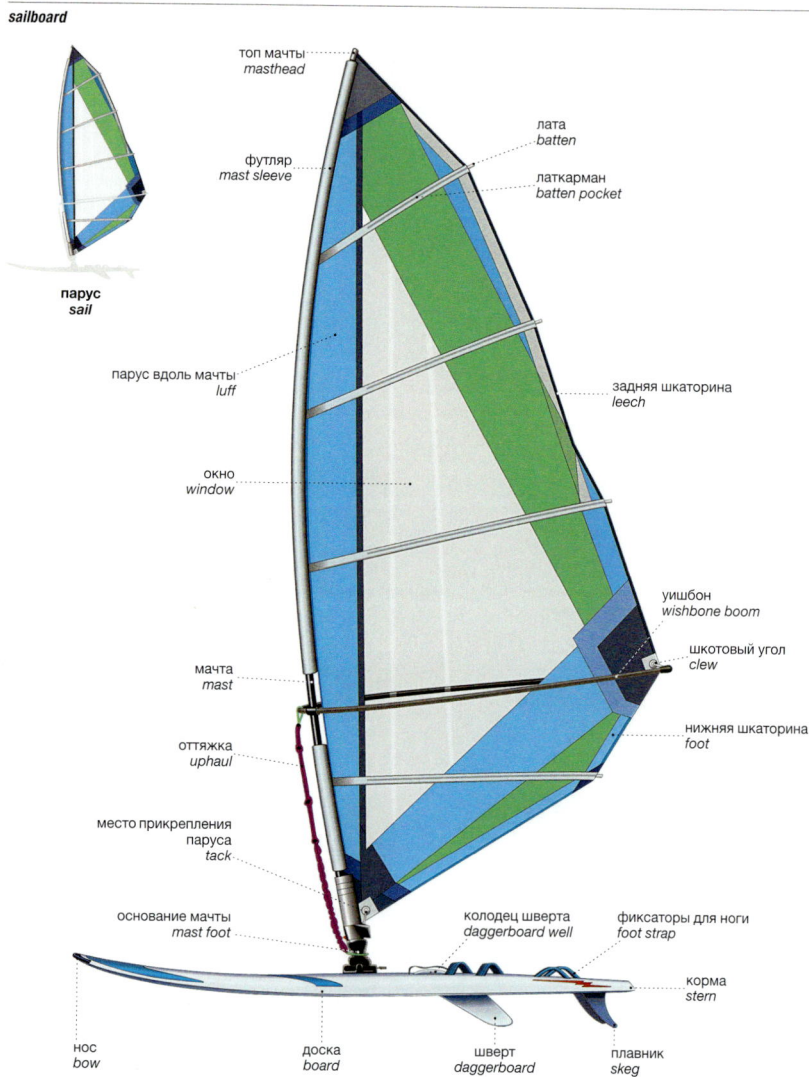

# виндсерфинг
*sailboard*

**парус**
*sail*

- топ мачты — *masthead*
- футляр — *mast sleeve*
- лата — *batten*
- латкарман — *batten pocket*
- парус вдоль мачты — *luff*
- задняя шкаторина — *leech*
- окно — *window*
- уишбон — *wishbone boom*
- шкотовый угол — *clew*
- мачта — *mast*
- нижняя шкаторина — *foot*
- оттяжка — *uphaul*
- место прикрепления паруса — *tack*
- основание мачты — *mast foot*
- колодец шверта — *daggerboard well*
- фиксаторы для ноги — *foot strap*
- корма — *stern*
- нос — *bow*
- доска — *board*
- шверт — *daggerboard*
- плавник — *skeg*

водный спорт | aquatic and nautical sports

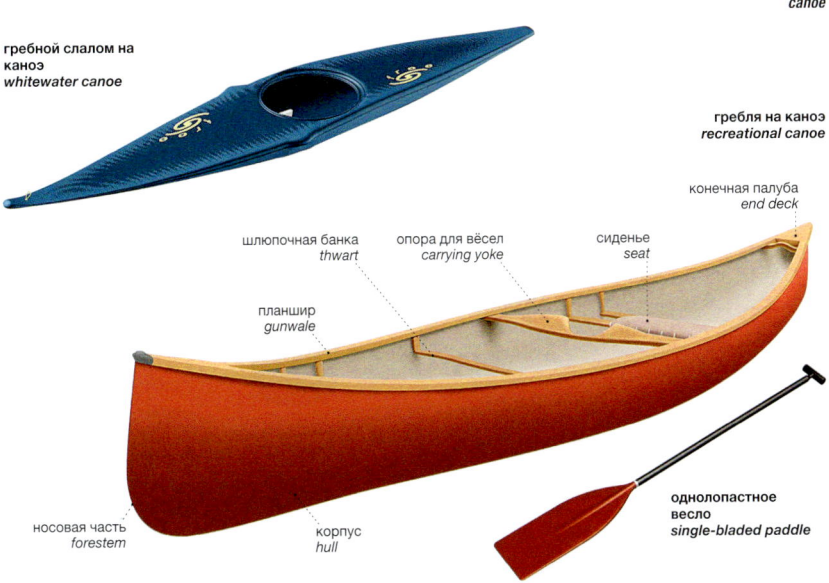

## каноэ
*canoe*

**гребной слалом на каноэ**
*whitewater canoe*

**гребля на каноэ**
*recreational canoe*

- конечная палуба / *end deck*
- шлюпочная банка / *thwart*
- опора для вёсел / *carrying yoke*
- сиденье / *seat*
- планшир / *gunwale*
- носовая часть / *forestem*
- корпус / *hull*
- однолопастное весло / *single-bladed paddle*

## байдарка
*kayak*

**байдарочное весло**
*double-bladed paddle*

**гребной слалом на байдарках**
*whitewater kayak*

- фартук / *spray skirt*

**морская двухвесельная байдарка**
*two-paddler sea kayak*

- кокпит / *cockpit*
- оттяжка пера руля / *rudder halyard*
- окантовка кокпита / *cockpit coaming*
- палубное снаряжение / *deck rigging*
- плавник / *skeg*
- петля захвата / *grab loop*
- люк с навесной крышкой / *day hatch with hinged cover*

СПОРТ И ИГРЫ

единоборства | combat sports

# бокс
*boxing*

**боксер**
*boxer*

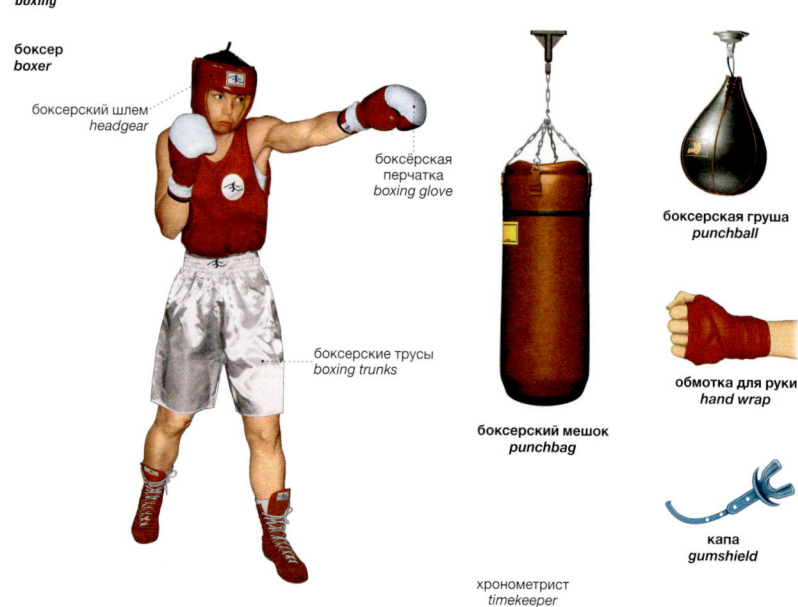

- боксерский шлем — *headgear*
- боксёрская перчатка — *boxing glove*
- боксерские трусы — *boxing trunks*

боксерский мешок
*punchbag*

боксерская груша
*punchball*

обмотка для руки
*hand wrap*

капа
*gumshield*

**ринг**
*ring*

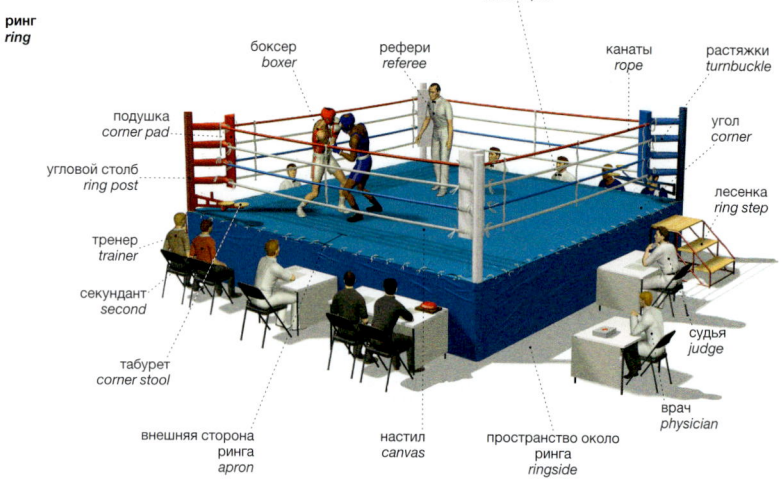

- хронометрист — *timekeeper*
- боксер — *boxer*
- рефери — *referee*
- канаты — *rope*
- растяжки — *turnbuckle*
- угол — *corner*
- подушка — *corner pad*
- угловой столб — *ring post*
- лесенка — *ring step*
- тренер — *trainer*
- секундант — *second*
- табурет — *corner stool*
- судья — *judge*
- врач — *physician*
- внешняя сторона ринга — *apron*
- настил — *canvas*
- пространство около ринга — *ringside*

спорт и игры

единоборства | combat sports

## ДЗЮДО
*judo*

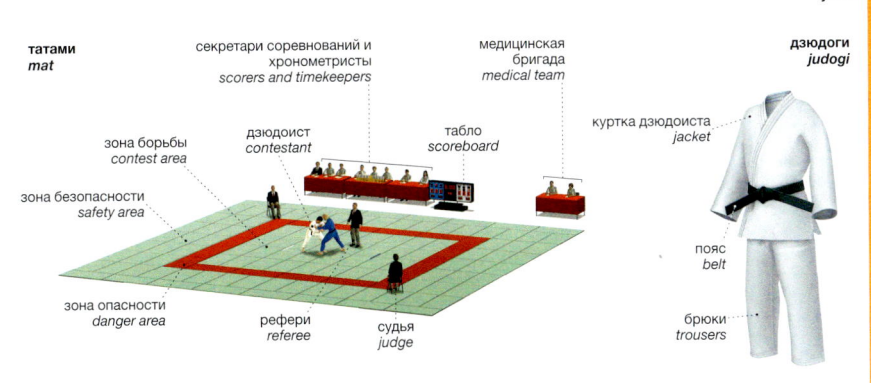

| | |
|---|---|
| татами | mat |
| секретари соревнований и хронометристы | scorers and timekeepers |
| медицинская бригада | medical team |
| дзюдоги | judogi |
| зона борьбы | contest area |
| дзюдоист | contestant |
| табло | scoreboard |
| куртка дзюдоиста | jacket |
| зона безопасности | safety area |
| пояс | belt |
| зона опасности | danger area |
| рефери | referee |
| судья | judge |
| брюки | trousers |

## каратэ
*karate*

| | |
|---|---|
| зона боя | contest area |
| положение соперников | competitors' line |
| линия рефери | referee's line |
| каратист | karateka |
| каратэги | karategi |
| оби | obi |

## ТХЭКВОНДО
*taekwondo*

площадка для состязаний
*competition area*

| | |
|---|---|
| угловой судья | corner judge |
| судья-хронометрист | timekeeper |
| регистратор | recorder |
| соперник | contestant |
| медицинская бригада | medical team |
| зона повышенного внимания | alert area |
| зона боя | contest area |
| тобок | dobok |
| центральный рефери | centre referee |
| линия границы | boundary line |

СПОРТ И ИГРЫ

# тяжёлая атлетика
*weightlifting*

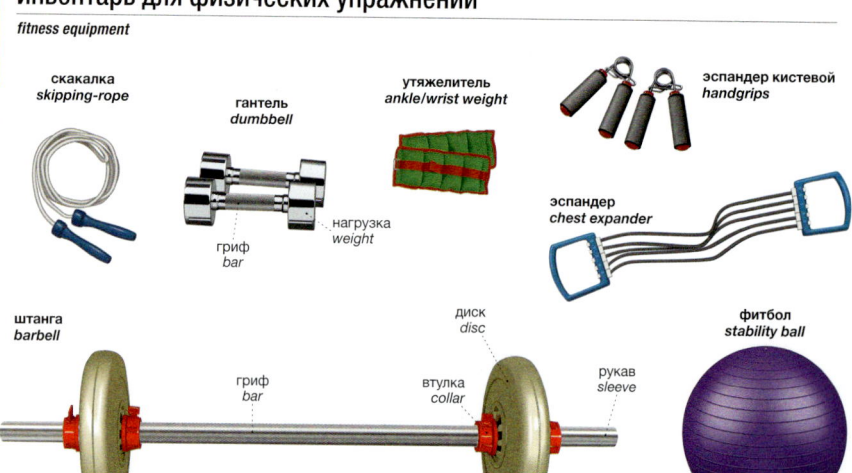

- тяжелоатлет — *weightlifter*
- штанга — *barbell*
- бандажи на запястья — *wrist band*
- пояс тяжелоатлета — *weightlifting belt*
- трико — *singlet*
- трусы — *shorts*
- наколенник — *knee wrap*
- ремешок — *strap*
- штангетки — *weightlifting shoe*
- толчок — *clean and jerk*
- рывок — *snatch*

# инвентарь для физических упражнений
*fitness equipment*

- скакалка — *skipping-rope*
- гантель — *dumbbell*
- нагрузка — *weight*
- гриф — *bar*
- утяжелитель — *ankle/wrist weight*
- эспандер кистевой — *handgrips*
- эспандер — *chest expander*
- штанга — *barbell*
- гриф — *bar*
- диск — *disc*
- втулка — *collar*
- рукав — *sleeve*
- фитбол — *stability ball*

## силовые виды спорта | strength sports

### инвентарь для физических упражнений

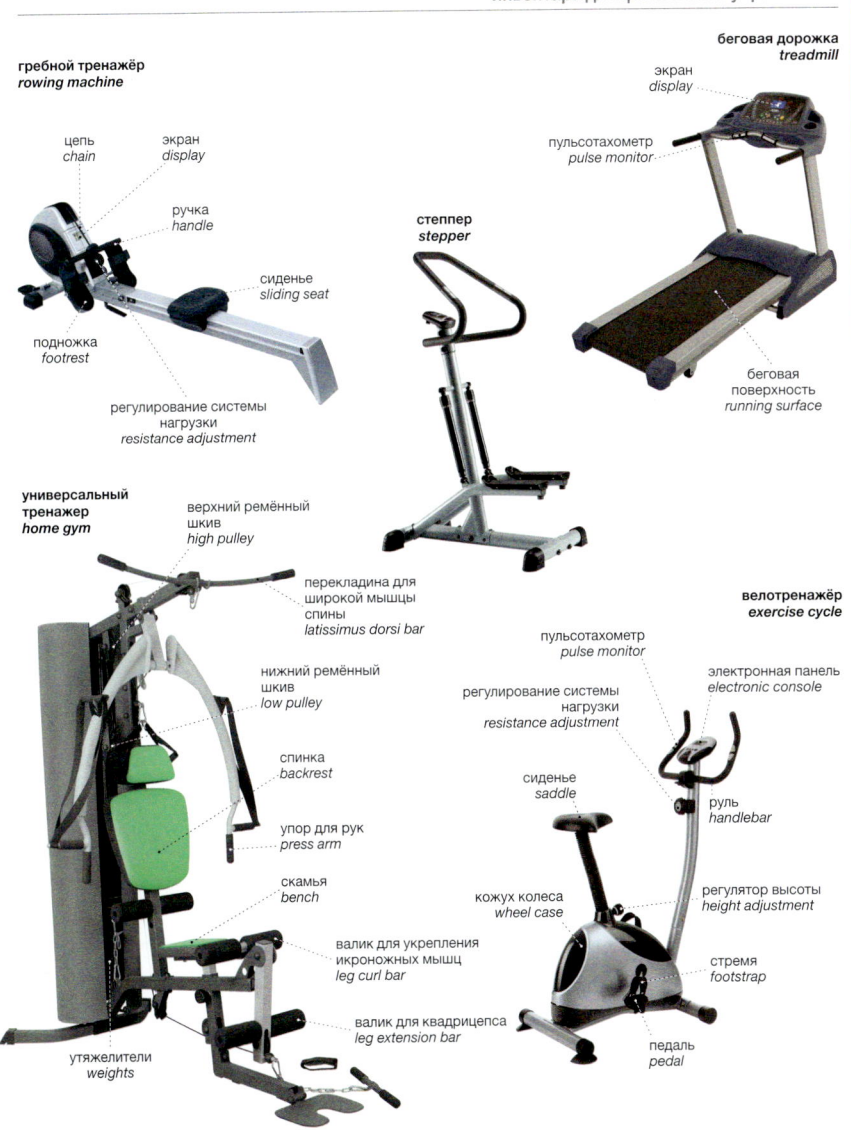

**беговая дорожка**
*treadmill*

- экран / display
- пульсотахометр / pulse monitor
- беговая поверхность / running surface

**гребной тренажёр**
*rowing machine*

- цепь / chain
- экран / display
- ручка / handle
- сиденье / sliding seat
- подножка / footrest
- регулирование системы нагрузки / resistance adjustment

**степпер**
*stepper*

**универсальный тренажер**
*home gym*

- верхний ремённый шкив / high pulley
- перекладина для широкой мышцы спины / latissimus dorsi bar
- нижний ремённый шкив / low pulley
- спинка / backrest
- упор для рук / press arm
- скамья / bench
- валик для укрепления икроножных мышц / leg curl bar
- валик для квадрицепса / leg extension bar
- утяжелители / weights

**велотренажёр**
*exercise cycle*

- пульсотахометр / pulse monitor
- электронная панель / electronic console
- регулирование системы нагрузки / resistance adjustment
- сиденье / saddle
- руль / handlebar
- кожух колеса / wheel case
- регулятор высоты / height adjustment
- стремя / footstrap
- педаль / pedal

СПОРТ И ИГРЫ

547

# верховая езда
*riding*

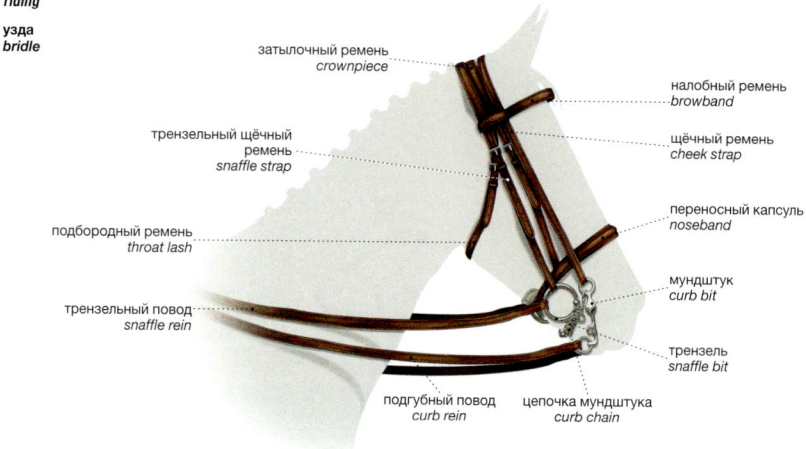

**узда**
*bridle*

- затылочный ремень / *crownpiece*
- налобный ремень / *browband*
- трензельный щёчный ремень / *snaffle strap*
- щёчный ремень / *cheek strap*
- подбородный ремень / *throat lash*
- переносный капсуль / *noseband*
- трензельный повод / *snaffle rein*
- мундштук / *curb bit*
- трензель / *snaffle bit*
- подгубный повод / *curb rein*
- цепочка мундштука / *curb chain*

**седло**
*saddle*

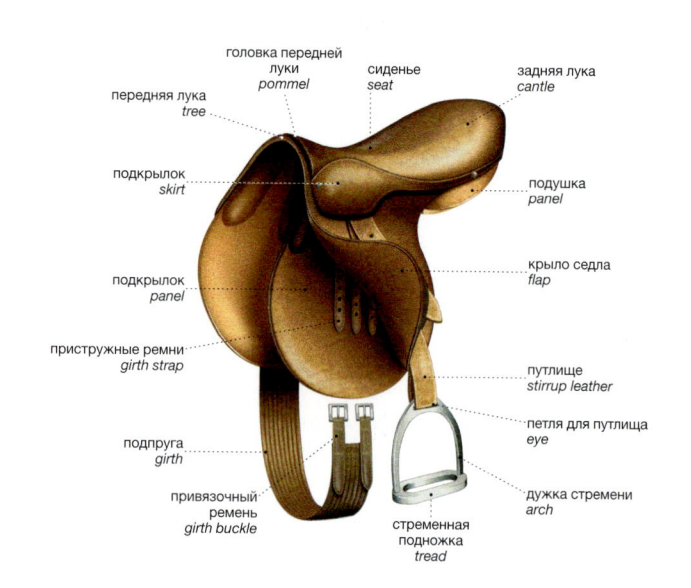

- головка передней луки / *pommel*
- сиденье / *seat*
- задняя лука / *cantle*
- передняя лука / *tree*
- подкрылок / *skirt*
- подушка / *panel*
- подкрылок / *panel*
- крыло седла / *flap*
- пристружные ремни / *girth strap*
- путлище / *stirrup leather*
- петля для путлища / *eye*
- подпруга / *girth*
- дужка стремени / *arch*
- привязочный ремень / *girth buckle*
- стременная подножка / *tread*

виды спорта на точность и меткость | precision and accuracy sports

# бильярд
*billiards*

**бильярдный стол**
*billiards table*

- зона Д — *D*
- передняя отметка — *baulk line spot*
- боковые передние лузы — *bottom pocket*
- центральная отметка — *centre spot*
- сукно — *baize*
- передняя зона — *baulk*
- передний короткий борт — *bottom cushion*
- задняя отметка — *pyramid spot*
- боковые задние лузы — *top pocket*
- передняя линия — *baulk line*
- центральная луза — *centre pocket*
- крюки — *hook*
- борт — *rail*
- отметка — *billiard spot*
- задний борт — *top cushion*

**треугольник** — *rack*

**мел** — *chalk*

**бильярдный кий**
*billiard cue*

- стык — *joint*
- наконечник — *ferrule*
- турник — *butt*
- наклейка — *tip*
- шафт — *shaft*

**машинка**
*bridge*

- зубец — *notch*
- подставка — *end-piece*
- ручка — *shaft*

СПОРТ И ИГРЫ

# гольф
*golf*

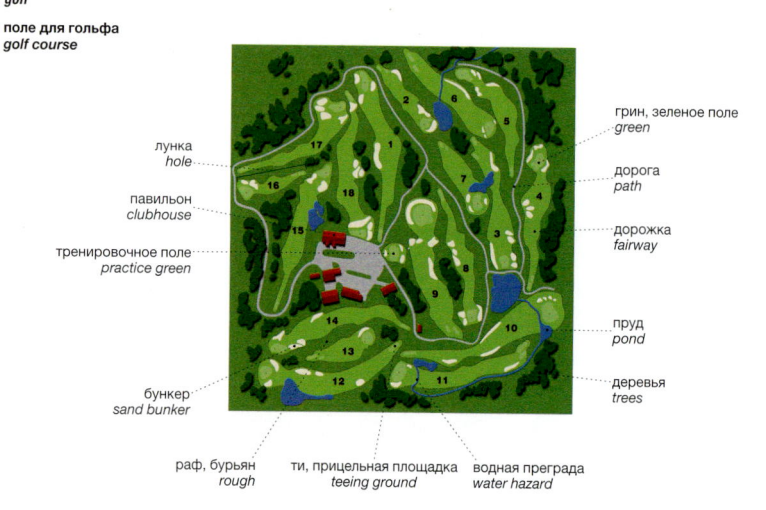

**поле для гольфа**
*golf course*

- лунка / *hole*
- павильон / *clubhouse*
- тренировочное поле / *practice green*
- бункер / *sand bunker*
- раф, бурьян / *rough*
- ти, прицельная площадка / *teeing ground*
- водная преграда / *water hazard*
- грин, зеленое поле / *green*
- дорога / *path*
- дорожка / *fairway*
- пруд / *pond*
- деревья / *trees*

**пар-5**
*par 5 hole*

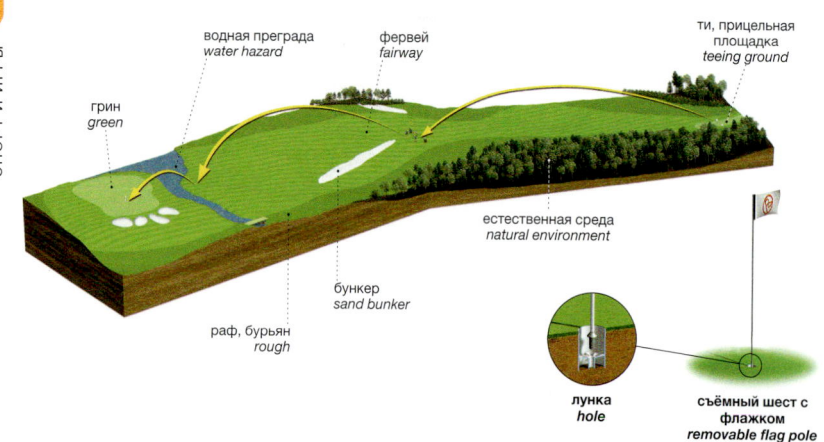

- водная преграда / *water hazard*
- фервей / *fairway*
- ти, прицельная площадка / *teeing ground*
- грин / *green*
- естественная среда / *natural environment*
- бункер / *sand bunker*
- раф, бурьян / *rough*
- лунка / *hole*
- съёмный шест с флажком / *removable flag pole*

виды спорта на точность и меткость | precision and accuracy sports  551

## гольф

**мяч**
*golf ball*

оболочка
*cover*

ячейка
*dimple*

прицельный колышек, ти
*tee*

рукоять
*grip*

стержень
*shaft*

**клюшки для гольфа**
*types of golf club*

головка
*head*

ударная поверхность
*face*

«драйвер»
*wood*

гибрид
*hybrid*

стальная
*iron*

«паттер»
*putter*

чехол
*head cover*

перчатка
*golf glove*

туфли для гольфа
*golf shoes*

тележка
*golf trolley*

багажник
*bag well*

подвесная система
*harness*

сумка для клюшек
*golf bag*

кар
*electric golf cart*

карман
*pocket*

подставка
*stand*

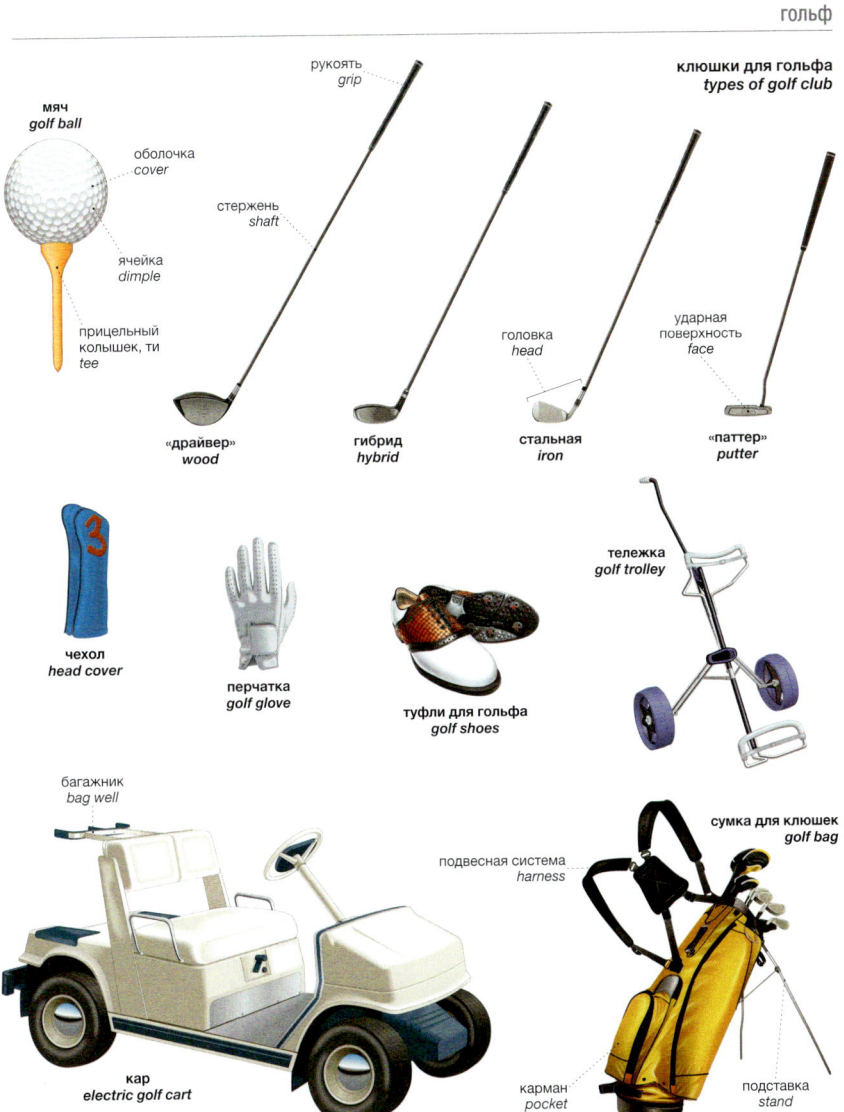

СПОРТ И ИГРЫ

# шоссейные велогонки

*road racing*

**гонщик и гоночный велосипед**
*road-racing bicycle and cyclist*

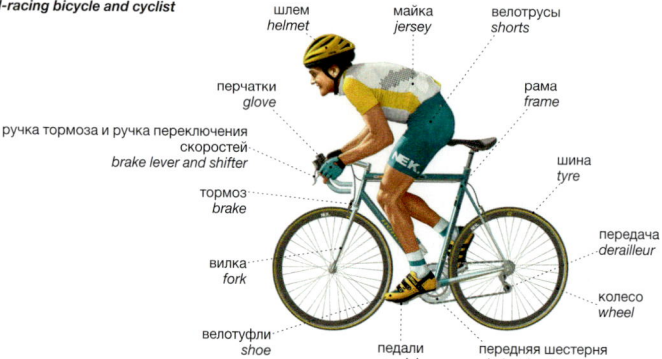

- шлем / *helmet*
- майка / *jersey*
- велотрусы / *shorts*
- перчатки / *glove*
- рама / *frame*
- ручка тормоза и ручка переключения скоростей / *brake lever and shifter*
- шина / *tyre*
- тормоз / *brake*
- передача / *derailleur*
- вилка / *fork*
- колесо / *wheel*
- велотуфли / *shoe*
- педали / *pedal*
- передняя шестерня / *chain wheel*

**шоссейные гонки**
*road-racing competition*

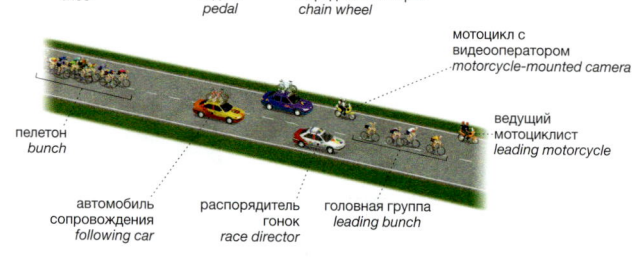

- мотоцикл с видеооператором / *motorcycle-mounted camera*
- ведущий мотоциклист / *leading motorcycle*
- пелетон / *bunch*
- автомобиль сопровождения / *following car*
- распорядитель гонок / *race director*
- головная группа / *leading bunch*

# горный велосипед

*mountain biking*

**гонщик и велосипед для гонок по пересечённой местности**
*cross-country bicycle and cyclist*

**гонщик и велосипед для спусков**
*downhill bicycle and cyclist*

- педали с широкой платформой / *pedal with wide platform*
- очки / *goggles*
- задняя подвеска / *back suspension*
- защитные очки / *protective goggles*
- подбородник / *chin strap*
- передняя вилка / *front fork*
- педаль без стремени / *clipless pedal*
- приподнятый руль / *raised handlebar*
- гидравлический дисковый тормоз / *hydraulic disc brake*

авто- и мотоспорт | motor sports

## скутер

*personal watercraft*

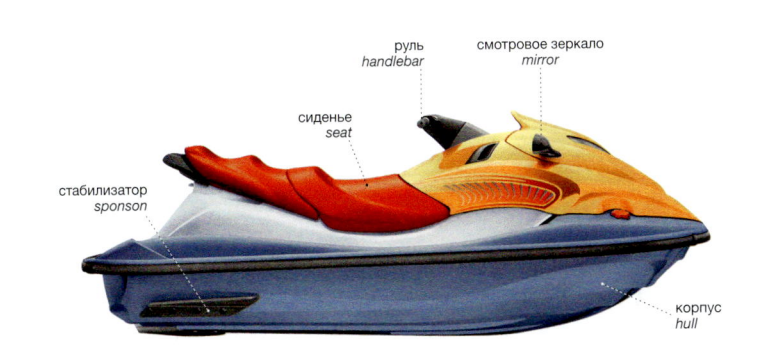

- руль / handlebar
- смотровое зеркало / mirror
- сиденье / seat
- стабилизатор / sponson
- корпус / hull

## снегоход

*snowmobile*

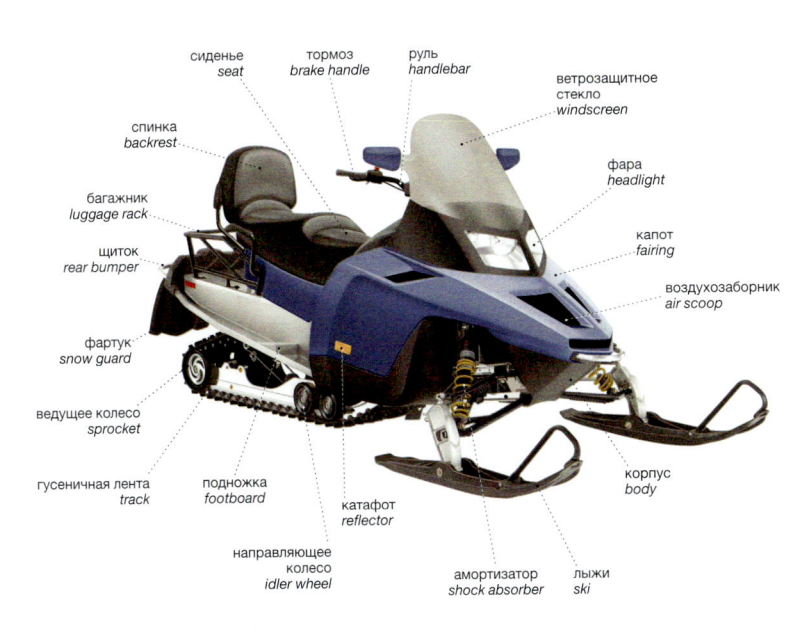

- сиденье / seat
- тормоз / brake handle
- руль / handlebar
- ветрозащитное стекло / windscreen
- спинка / backrest
- фара / headlight
- багажник / luggage rack
- щиток / rear bumper
- капот / fairing
- воздухозаборник / air scoop
- фартук / snow guard
- ведущее колесо / sprocket
- гусеничная лента / track
- подножка / footboard
- катафот / reflector
- направляющее колесо / idler wheel
- амортизатор / shock absorber
- лыжи / ski
- корпус / body

СПОРТ И ИГРЫ

# автогонки

*motor racing*

**гонщик**
*driver*

подшлемник
*balaclava*

нижнее бельё
*undergarment*

**машина для гонок «Индикар»**
*Indy car*

**гоночный автомобиль NASCAR**
*NASCAR car*

система защиты шеи и головы (HANS)
*head and neck support (HANS) system*

**автомобиль для ралли**
*rally car*

шлем
*crash helmet*

огнезащитный комбинезон
*flame-resistant driving suit*

**спортивный опытный автомобиль**
*sport prototype car*

обувь
*shoe*

**стартовая решётка**
*starting grid*

поул-позишн
*pole position*

**трасса**
*track*

**трасса Формулы-1**™
*Formula 1*™ *circuit*

линия старта
*starting line*

боксы
*pits*

шикана
*chicane*

гравийный участок
*gravel bed*

пит-лейн
*pit lane*

ограничительные индикаторы
*kerb*

ограждающие барьеры из покрышек
*tyre barrier*

авто- и мотоспорт | motor sports

## автогонки

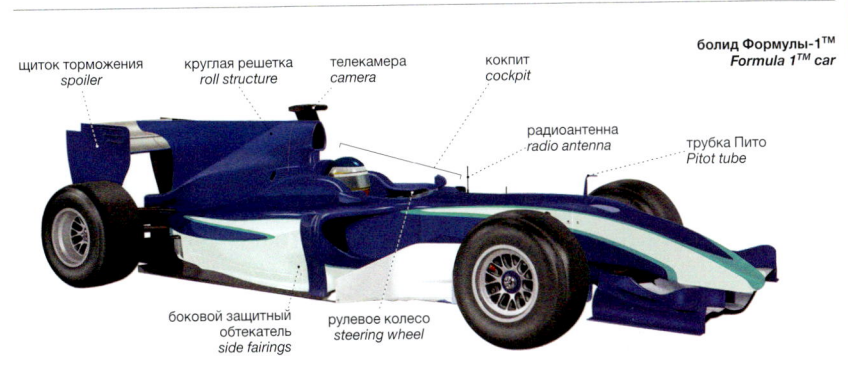

**болид Формулы-1™**
*Formula 1™ car*

- щиток торможения / *spoiler*
- круглая решетка / *roll structure*
- телекамера / *camera*
- кокпит / *cockpit*
- радиоантенна / *radio antenna*
- трубка Пито / *Pitot tube*
- боковой защитный обтекатель / *side fairings*
- рулевое колесо / *steering wheel*

## мотоспорт
*motorcycling*

**мотоцикл и гонщик мотокросса и суперкросса**
*motocross and supercross motorcycle and rider*

- перчатки / *glove*
- защита для рук / *hand protector*
- шлем / *helmet*
- защитный комбинезон / *protective suit*
- защитные очки / *protective goggles*
- штаны / *trousers*
- номер / *number plate*
- вилка / *fork*
- шипованная резина / *nubby tyre*
- мотобот / *boot*
- защита двигателя / *protective plate*

**гонщик и мотоцикл гонок Гран-при**
*Grand Prix motorcycle and rider*

- перчатки / *glove*
- полнопрофильный шлем / *full-face helmet*
- аэродинамический горб / *neck support*
- забрало шлема / *face shield*
- гоночный комбинезон / *racing suit*
- слайдер / *rub protection*
- мотобот / *boot*
- дисковый тормоз / *disc brake*
- колесо / *wheel*
- воздухозаборник охлаждения двигателя / *air intake for engine cooling*
- шина / *tyre*

СПОРТ И ИГРЫ

зимние виды спорта | winter sports

# хоккей с шайбой
*ice hockey*

**хоккеист**
*ice hockey player*

- шлем / *helmet*
- козырёк / *visor*
- эмблема команды / *team's emblem*
- краги / *glove*
- личный номер игрока / *player's number*
- трусы / *trousers*
- гамаши / *stocking*
- конёк / *skate*
- лезвие конька / *blade*

**клюшка полевого игрока**
*player's stick*

- верхняя часть клюшки / *butt end*
- палка / *shaft*
- пятка / *heel*
- крюк / *blade*

**каток**
*rink*

- точка вбрасывания / *face-off spot*
- линия ворот / *goal line*
- защитное стекло / *glass protector*
- скамья игроков / *players' bench*
- левый защитник / *left defence*
- угол поля / *rink corner*
- судья за воротами / *goal judge*
- вратарь / *goalkeeper*
- бортик / *boards*
- круг вбрасывания / *face-off circle*
- правый защитник / *right defence*

**зимние виды спорта | winter sports**

## хоккей с шайбой

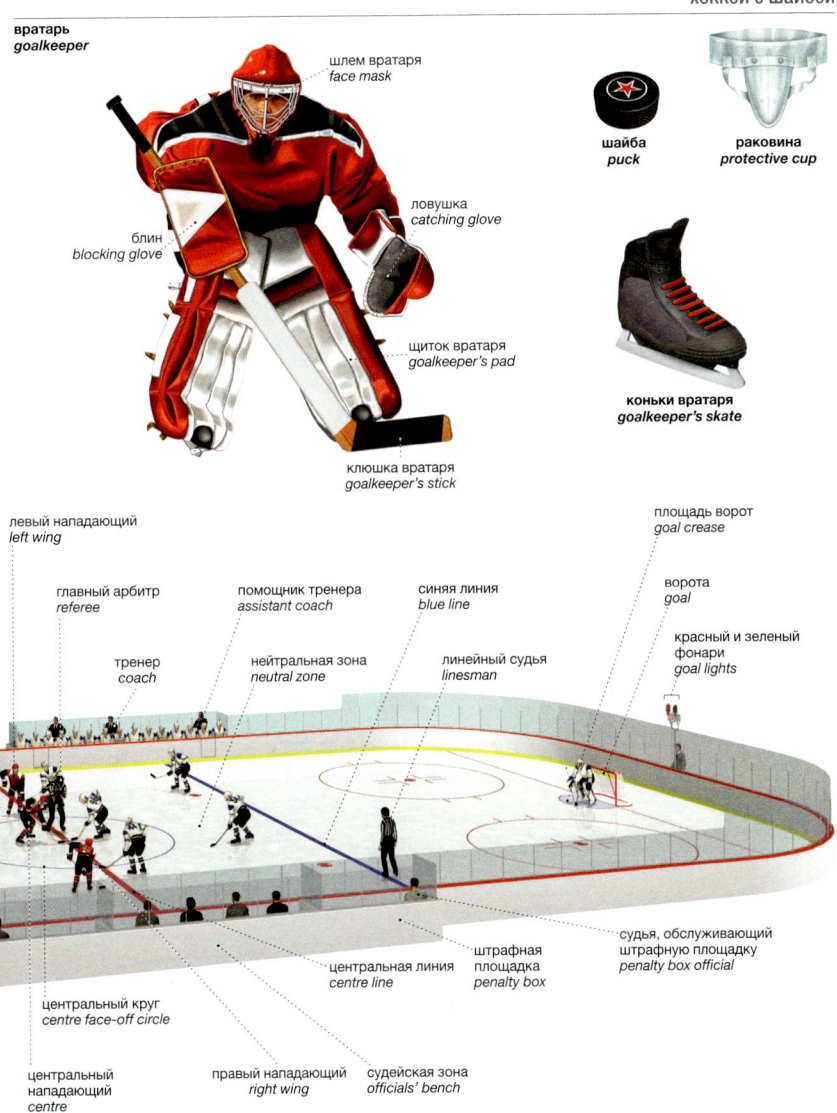

**вратарь**
*goalkeeper*

- шлем вратаря — *face mask*
- ловушка — *catching glove*
- блин — *blocking glove*
- щиток вратаря — *goalkeeper's pad*
- клюшка вратаря — *goalkeeper's stick*

**шайба** — *puck*

**раковина** — *protective cup*

**коньки вратаря** — *goalkeeper's skate*

- левый нападающий — *left wing*
- главный арбитр — *referee*
- помощник тренера — *assistant coach*
- синяя линия — *blue line*
- площадь ворот — *goal crease*
- ворота — *goal*
- тренер — *coach*
- нейтральная зона — *neutral zone*
- линейный судья — *linesman*
- красный и зеленый фонари — *goal lights*
- центральный круг — *centre face-off circle*
- центральная линия — *centre line*
- штрафная площадка — *penalty box*
- судья, обслуживающий штрафную площадку — *penalty box official*
- центральный нападающий — *centre*
- правый нападающий — *right wing*
- судейская зона — *officials' bench*

**СПОРТ И ИГРЫ**

# конькобежный спорт

*speed skating*

**конькобежец (длинная дистанция)**
*skater (long track)*

капюшон
*hood*

комбинезон
*racing suit*

**конькобежец (короткая дистанция)**
*skater (short track)*

перчатки
*glove*

**беговые коньки**
*speed skates*

клап
*clapskate*

конек для шорт-трека
*short track skate*

**шорт-трек**
*short track*

**400-метровая дорожка**
*long track*

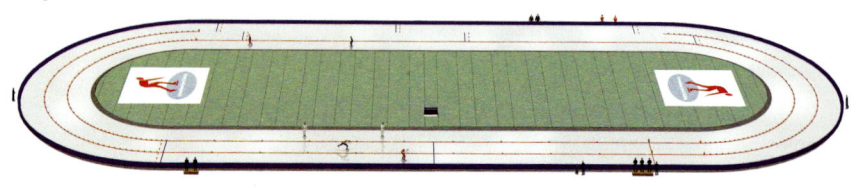

зимние виды спорта | winter sports

## фигурное катание
*figure skating*

**коньки для фигурного катания**
*figure skate*

- подкладка / lining
- язычок / tongue
- крючок / hook
- задник / backstay
- шнурок / lace
- ботинок / boot
- дырочка / eyelet
- каблук / heel
- подошва / sole
- стойка / stanchion
- ребро / edge
- лезвие конька / blade
- зубцы конька / toe pick

лезвие для танцев на льду / dance blade

лезвие для произвольной программы / free skating blade

**прыжки**
*examples of jumps*

- аксель / Axel
- сальхов / Salchow
- тулуп / toe loop
- флип / flip
- лутц / Lutz

**каток**
*rink*

- арбитр / referee
- помощник арбитра / assistant referee
- технические специалисты / technical delegates
- судьи / judges
- хронометрист / timekeeper
- технический специалист / technical specialist
- технический контролер / technical controller
- пара / pair
- тренеры / coaches

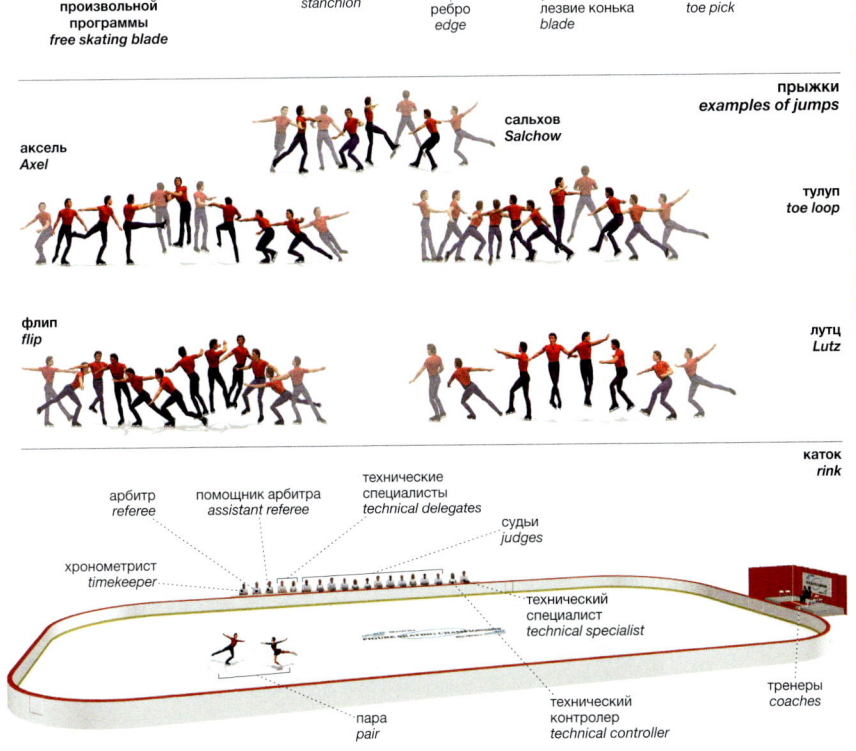

СПОРТ И ИГРЫ

**зимние виды спорта** | winter sports

# горнолыжный курорт
*ski resort*

**общий вид**
*general view*

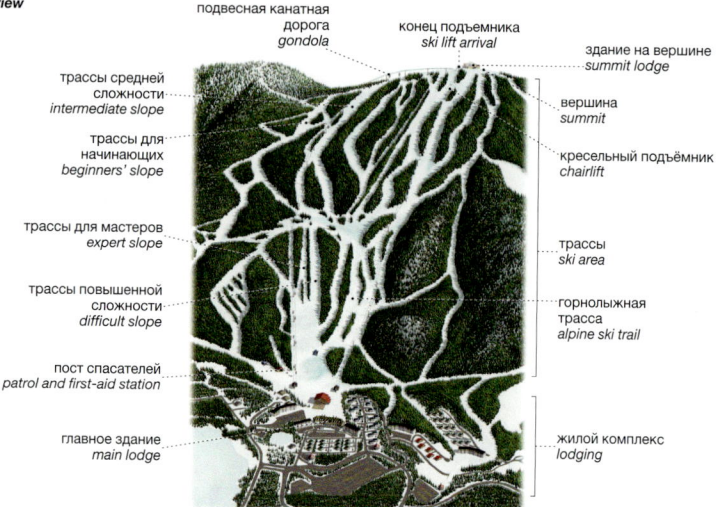

- подвесная канатная дорога — *gondola*
- конец подъемника — *ski lift arrival*
- здание на вершине — *summit lodge*
- трассы средней сложности — *intermediate slope*
- вершина — *summit*
- трассы для начинающих — *beginners' slope*
- кресельный подъёмник — *chairlift*
- трассы для мастеров — *expert slope*
- трассы — *ski area*
- трассы повышенной сложности — *difficult slope*
- горнолыжная трасса — *alpine ski trail*
- пост спасателей — *patrol and first-aid station*
- главное здание — *main lodge*
- жилой комплекс — *lodging*

**вид на основание горы**
*view of the base of the mountain*

- ратрак — *snow-grooming machine*
- павильон для лыжников — *skiers' lodge*
- место прибытия кресельного подъёмника — *chairlift departure area*
- школа обучения лыжников — *ski school*
- двухместный бугельный подъёмник — *T-bar*
- трасса для беговых лыж — *cross-country ski trail*
- начало канатной дороги — *gondola departure*
- каток — *ice rink*
- квартиры — *apartment block*
- шале — *mountain lodge*
- гостиница — *hotel*
- справочная служба — *information desk*
- деревня — *village*
- парковка — *parking*

**зимние виды спорта** | winter sports

# сноубординг
*snowboarding*

**сноубордист**
*snowboarder*

шлем — *helmet*
очки — *goggles*
перчатка — *glove*
щиток — *shin guard*
комбинезон — *coveralls*
сноуборд — *snowboard*

**жёсткий ботинок**
*hard boot*

**мягкий ботинок**
*flexible boot*

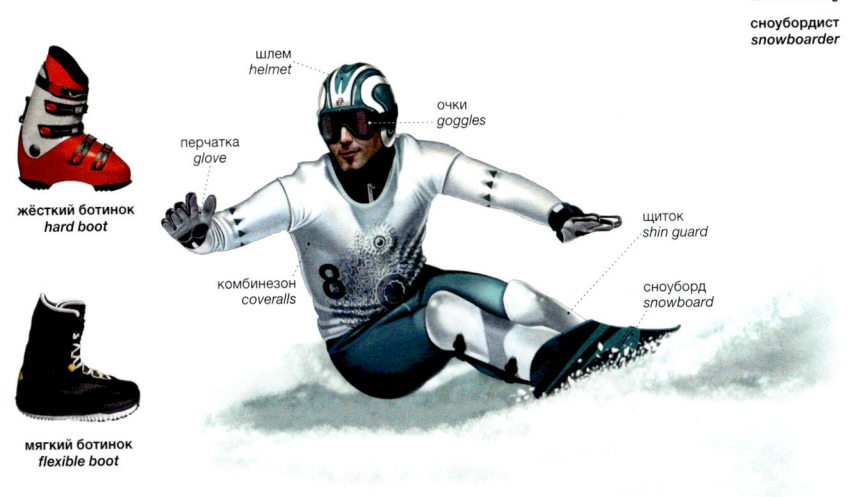

**доска для фристайла**
*freestyle snowboard*

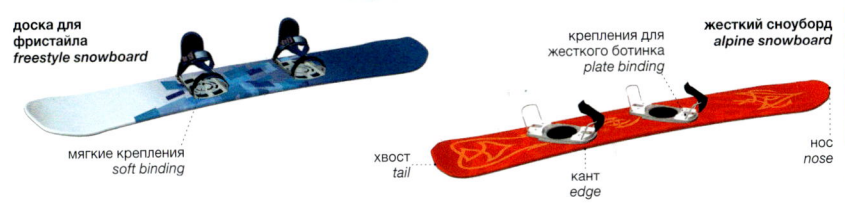

мягкие крепления — *soft binding*

**жесткий сноуборд**
*alpine snowboard*

крепления для жесткого ботинка — *plate binding*
хвост — *tail*
кант — *edge*
нос — *nose*

# прыжки на лыжах с трамплина
*ski jumping*

**лыжник**
*ski jumper*

комбинезон — *ski-jumping suit*
перчатки — *glove*
защитный шлем — *helmet*
ботинки для прыжков — *ski-jumping boot*
крепления — *binding*
лыжи для прыжков — *jumping ski*

СПОРТ И ИГРЫ

# горные лыжи
*alpine skiing*

**горнолыжник**
*alpine skier*

- очки горнолыжника — *ski goggles*
- комбинезон горнолыжника — *ski suit*
- кольцо — *basket*
- шлем — *helmet*
- лыжная палка — *ski pole*
- перчатки — *ski glove*
- петля — *wrist strap*
- лыжные ботинки — *ski boot*
- ручка — *handle*
- желобок — *groove*
- подошва — *bottom face*
- лыжи — *ski*

**горные лыжи**
*alpine ski*

- носок — *tip*
- пятка — *tail*
- лопата — *shovel*
- кант — *edge*
- крепление безопасности — *safety binding*

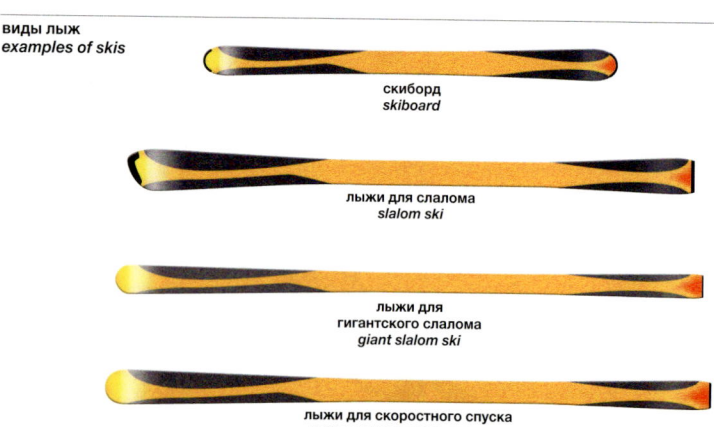

**виды лыж**
*examples of skis*

- скиборд — *skiboard*
- лыжи для слалома — *slalom ski*
- лыжи для гигантского слалома — *giant slalom ski*
- лыжи для скоростного спуска и супергигантского слалома — *downhill and super-G ski*

**зимние виды спорта** | winter sports

## горные лыжи

**соревнования**
*technical events*

**скоростной спуск**
*downhill*

**супергигант**
*super giant slalom*

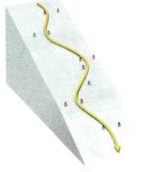

**гигантский слалом**
*giant slalom*

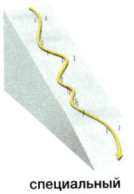

**специальный слалом**
*special slalom*

**горнолыжные ботинки**
*ski boot*

- внутренний ботинок — *inner boot*
- верхняя часть — *upper cuff*
- задник — *upper*
- язык — *tongue*
- ремень задника — *upper strap*
- верх внешнего ботинка — *upper shell*
- клипса — *buckle*
- застёжка клипсы — *adjustable catch*
- замок — *hinge*
- подошва — *sole*
- низ верхнего ботинка — *lower shell*

**крепление («маркер»)**
*safety binding*

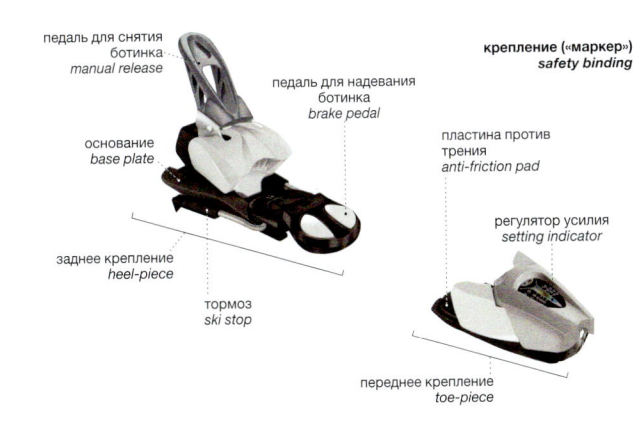

- педаль для снятия ботинка — *manual release*
- педаль для надевания ботинка — *brake pedal*
- основание — *base plate*
- пластина против трения — *anti-friction pad*
- регулятор усилия — *setting indicator*
- заднее крепление — *heel-piece*
- тормоз — *ski stop*
- переднее крепление — *toe-piece*

СПОРТ И ИГРЫ

# лыжные гонки
*cross-country skiing*

**лыжник**
*cross-country skier*

- лыжный костюм — *ski suit*
- высокий воротник — *polo neck*
- лыжная шапочка — *ski hat*
- рукоятка — *pole grip*
- трубка — *pole shaft*
- лыжная палка — *ski pole*
- петля — *wrist strap*
- кольцо — *basket*
- перчатки — *glove*
- ботинок для лыжных гонок — *cross-country skiing boot*
- крепления — *binding*
- беговые лыжи — *cross-country ski*
- носок лыжи — *shovel*

**принадлежности для смазки лыж**
*waxing kit*
- пробка — *cork*
- смазка — *wax*
- скребок — *scraper*

**коньковый стиль**
*skating step*
- коньковый ход — *skating kick*
- скольжение — *gliding phase*

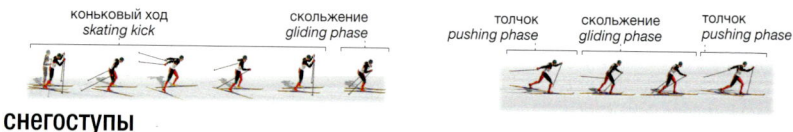

**попеременный шаг**
*diagonal step*
- толчок — *pushing phase*
- скольжение — *gliding phase*
- толчок — *pushing phase*

# снегоступы
*snowshoeing*

**снегоступ с загнутой передней частью**
*elliptical snowshoe*
- рама из алюминия — *aluminium frame*
- кошки — *crampon system*
- платформа — *deck*

**традиционный снегоступ**
*traditional snowshoe*
- место для ступни — *body*
- головка — *tip*
- обод — *frame*
- «ворота» — *toe hole*
- передняя перекладина — *front crossbar*
- сетка — *lacing*
- опора крепления — *master cord*
- крепление — *harness*
- задняя перекладина — *back crossbar*
- хвост — *tail*

зимние виды спорта | winter sports

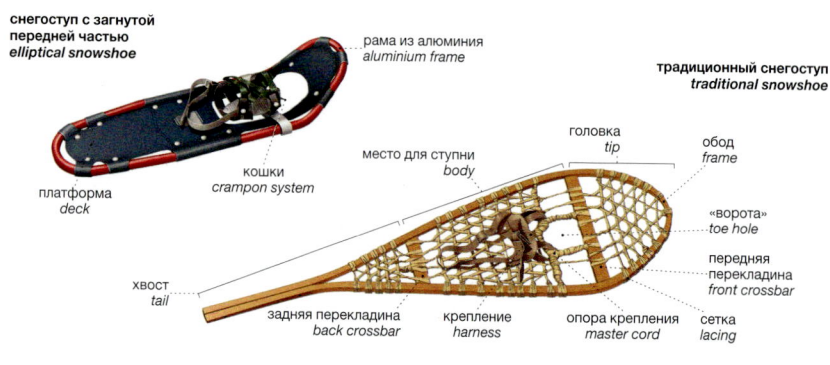

**ролики и скейтбординг** | sports on wheels

## скейтборд
*skateboarding*

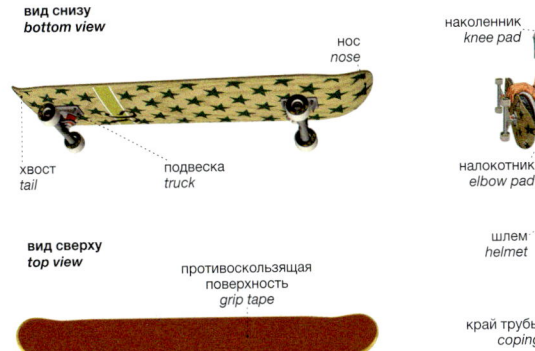

**вид снизу**
*bottom view*

нос
*nose*

хвост
*tail*

подвеска
*truck*

**вид сверху**
*top view*

противоскользящая поверхность
*grip tape*

колесо
*wheel*

наколенник
*knee pad*

**скейтер**
*skateboarder*

налокотник
*elbow pad*

шлем
*helmet*

край трубы
*coping*

## однорядные ролики
*inline skating*

**роликовый конек**
*roller skate*

застежка-липучка
*hook-and-loop fastener*

гибридный ботинок
*hybrid boot*

шнуровка
*lacing closure*

каркас
*frame*

пяточный тормоз
*heel brake*

подшипники
*bearings*

налокотник
*elbow pad*

колесо
*wheel*

щиток для запястья
*wrist guard*

**роллер**
*skater*

шлем
*helmet*

наколенник
*knee pad*

СПОРТ И ИГРЫ

## кемпинг
*camping*

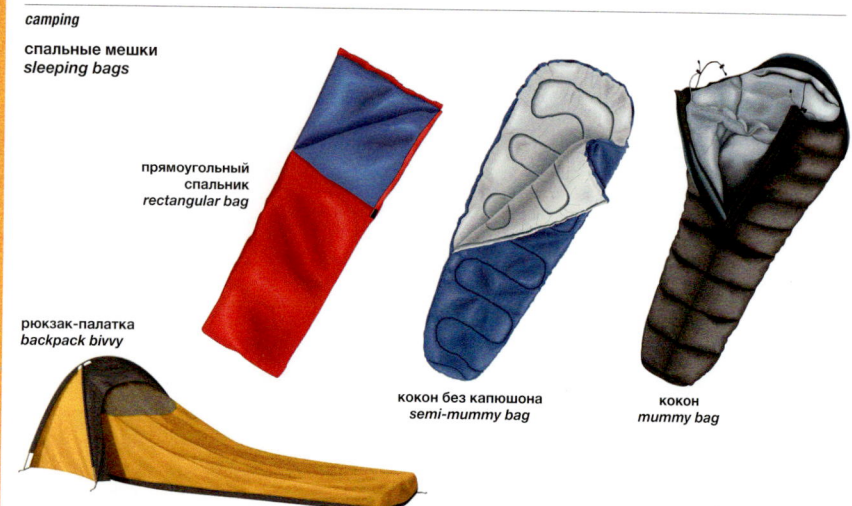

### спальные мешки
*sleeping bags*

прямоугольный спальник
*rectangular bag*

рюкзак-палатка
*backpack bivvy*

кокон без капюшона
*semi-mummy bag*

кокон
*mummy bag*

### спальные места
*bed and mattress*

раскладушка
*camp bed*

надувной матрас
*air mattress*

самонадувающийся матрас
*self-inflating mattress*

матрас из пеноматериала
*foam pad*

насос для надувания и сдувания
*inflator-deflator*

насос
*inflator*

отдых на свежем воздухе | outdoor leisure

## кемпинг

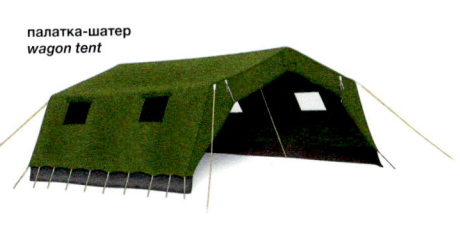

**виды палаток**
*examples of tents*

**двухместная палатка** / *two-person tent*

- растяжное устройство / line tightener
- распорка / guy line
- откидное полотнище палатки от дождя / rain fly
- колышек / peg
- пол / integrated groundsheet
- стойка / pole

**семейная палатка** / *family tent*

**палатка-павильон** / *wall tent*

**палатка-шатёр** / *wagon tent*

**канадская палатка** / *ridge tent*

**одноместная палатка** / *one-person tent*

**куполовидная палатка** / *dome tent*

**палатка-иглу** / *igloo tent*

спорт и игры

отдых на свежем воздухе | outdoor leisure

## кемпинг

### портативные горелки, плитки, фонари
*propane or butane appliances*

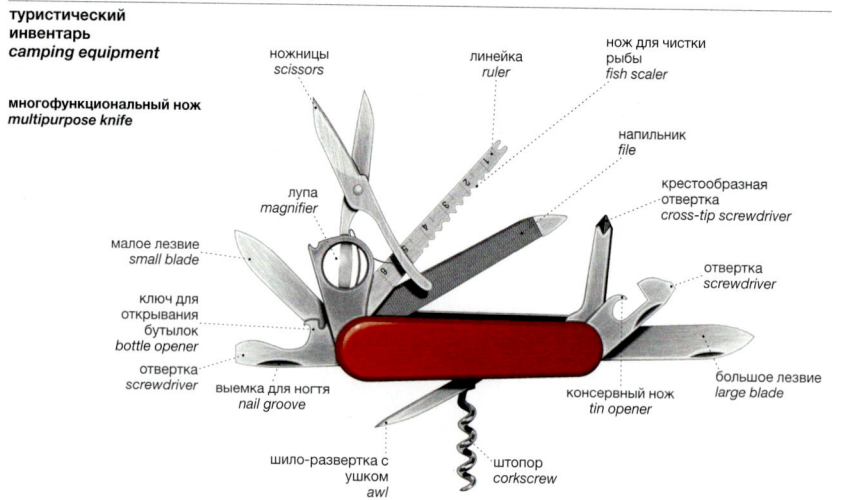

**фонарь**
*lantern*

- стеклянный колпак / *globe*
- корпус горелки / *burner frame*
- регулятор давления / *pressure regulator*
- насос / *pump*
- пробка / *leakproof cap*
- газовый баллон / *gas container*

**горелка**
*heater*

**горелка**
*single-burner camp stove*

**плитка с двумя конфорками**
*two-burner camp stove*

- газовый баллон / *gas container*
- конфорка / *burner*
- решётка / *wire frame*
- кран / *control valve*

### туристический инвентарь
*camping equipment*

**многофункциональный нож**
*multipurpose knife*

- ножницы / *scissors*
- линейка / *ruler*
- нож для чистки рыбы / *fish scaler*
- напильник / *file*
- крестообразная отвертка / *cross-tip screwdriver*
- отвертка / *screwdriver*
- большое лезвие / *large blade*
- консервный нож / *tin opener*
- штопор / *corkscrew*
- шило-развертка с ушком / *awl*
- выемка для ногтя / *nail groove*
- отвертка / *screwdriver*
- ключ для открывания бутылок / *bottle opener*
- малое лезвие / *small blade*
- лупа / *magnifier*

спорт и игры

отдых на свежем воздухе | outdoor leisure

### кемпинг

**топорик** / *hatchet*

**складная пила** / *folding saw*

**магнитный компас** / *magnetic compass*
- визирное приспособление / *sight*
- линия визирования / *sighting line*
- зеркало / *sighting mirror*
- крышка / *cover*
- игла / *pivot*
- магнитная стрелка / *magnetic needle*
- ориентир / *edge*
- линия меридиана / *compass meridian line*
- шкала / *scale*
- циферблат / *compass card*
- деления / *graduated dial*
- пластина / *base plate*
- ориентир направления движения / *base line*

**термос** / *thermos bottle*
- баллон / *bottle*
- пробка / *stopper*
- чашка / *cup*

**спортивная бутылка** / *sport bottle*

**водоочиститель** / *water purifier*
- фильтр / *filter*

**головной фонарь** / *head torch*

**штормовая лампа** / *hurricane lamp*

**сумка-холодильник** / *cooler*

**складная решётка для гриля** / *folding grill*

**канистра** / *water carrier*

СПОРТ И ИГРЫ

# рыбалка
*fishing*

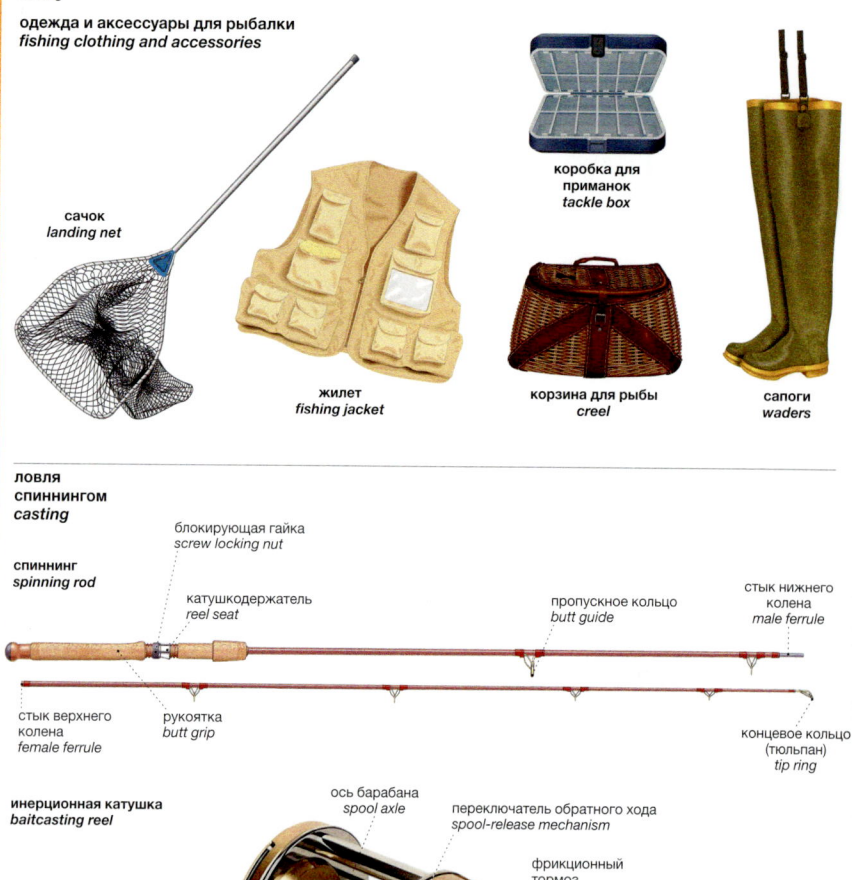

## одежда и аксессуары для рыбалки
*fishing clothing and accessories*

сачок — *landing net*

жилет — *fishing jacket*

коробка для приманок — *tackle box*

корзина для рыбы — *creel*

сапоги — *waders*

## ловля спиннингом
*casting*

**спиннинг** — *spinning rod*

- блокирующая гайка — *screw locking nut*
- катушкодержатель — *reel seat*
- пропускное кольцо — *butt guide*
- стык нижнего колена — *male ferrule*
- стык верхнего колена — *female ferrule*
- рукоятка — *butt grip*
- концевое кольцо (тюльпан) — *tip ring*

**инерционная катушка** — *baitcasting reel*

- ось барабана — *spool axle*
- переключатель обратного хода — *spool-release mechanism*
- фрикционный тормоз — *star drag wheel*
- барабан — *spool*
- рукоятка — *crank*
- лапка — *stand*

отдых на свежем воздухе | outdoor leisure

# рыбалка

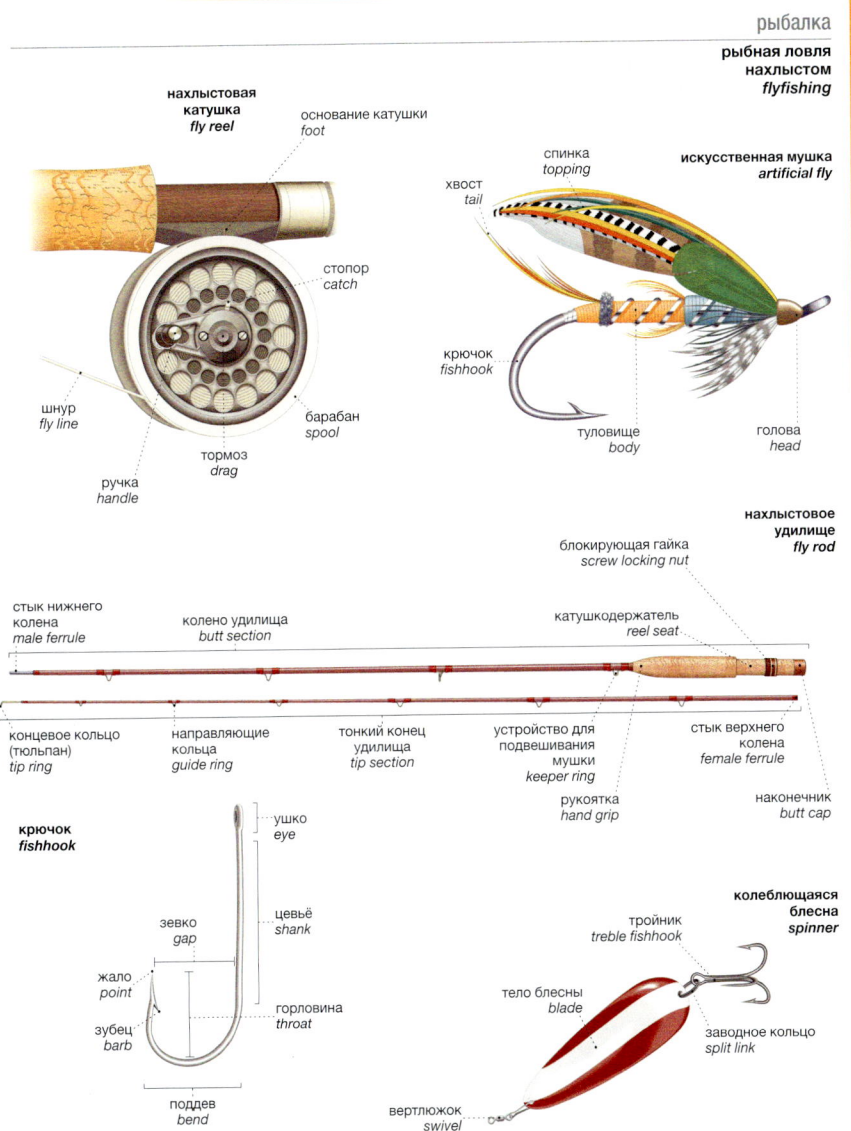

## рыбная ловля нахлыстом
### flyfishing

**нахлыстовая катушка** *fly reel*
основание катушки *foot*
стопор *catch*
шнур *fly line*
барабан *spool*
тормоз *drag*
ручка *handle*

**искусственная мушка** *artificial fly*
спинка *topping*
хвост *tail*
крючок *fishhook*
туловище *body*
голова *head*

## нахлыстовое удилище
### fly rod

блокирующая гайка *screw locking nut*
катушкодержатель *reel seat*
стык нижнего колена *male ferrule*
колено удилища *butt section*
концевое кольцо (тюльпан) *tip ring*
направляющие кольца *guide ring*
тонкий конец удилища *tip section*
устройство для подвешивания мушки *keeper ring*
стык верхнего колена *female ferrule*
рукоятка *hand grip*
наконечник *butt cap*

**крючок** *fishhook*
ушко *eye*
цевьё *shank*
зевко *gap*
жало *point*
зубец *barb*
горловина *throat*
поддев *bend*

**колеблющаяся блесна** *spinner*
тройник *treble fishhook*
тело блесны *blade*
заводное кольцо *split link*
вертлюжок *swivel*

спорт и игры

# игральные кости и домино

*dice and dominoes*

**игральная кость**
*ordinary die*

**кость для игры в покер**
*poker die*

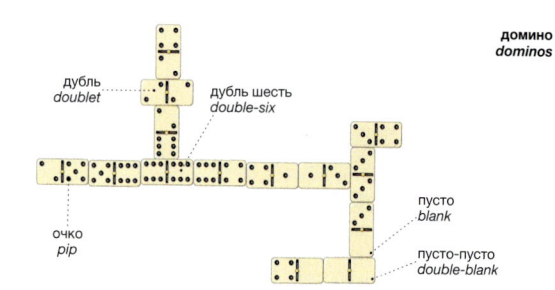

дубль
*doublet*

дубль шесть
*double-six*

домино
*dominos*

очко
*pip*

пусто
*blank*

пусто-пусто
*double-blank*

# игральные карты

*playing cards*

**масти**
*suits*

червы
*hearts*

бубны
*diamonds*

трефы
*clubs*

пики
*spades*

**карты-картинки**
*court and special cards*

туз
*ace*

джокер
*joker*

валет
*jack*

дама
*queen*

король
*king*

**комбинации в покере**
*standard poker hands*

старшая карта
*high card*

пара
*one pair*

две пары
*two pairs*

тройка
*three of a kind*

стрит
*straight*

флеш
*flush*

фулл-хауз
*full house*

каре
*four of a kind*

стрит-флеш
*straight flush*

флеш-рояль
*royal flush*

# игры | games

## настольные игры
*board games*

### шахматы
*chess*

**шахматные фигуры**
*chess pieces*

пешка — Pawn
ладья — Castle
слон — Bishop
конь — Knight
король — King
ферзь — Queen

**шахматная доска**
*chessboard*

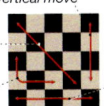

- ферзевый фланг — Queen's side
- королевский фланг — King's side
- белое поле — white square
- черное поле — black square
- запись — chess notation
- черные — Black
- белые — White

**виды перемещений**
*types of move*

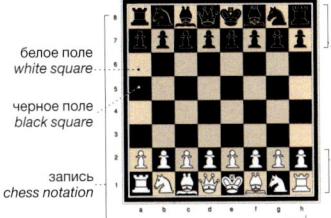

- перемещение по вертикали — vertical move
- перемещение по диагонали — diagonal move
- перемещение буквой Г — square move
- перемещение по горизонтали — horizontal move

---

**основные ходы**
*major motions*

- контакт — contact
- захват — capture
- соединение — connection

### го
*go*

**доска** — *board*
- центр — centre
- форовый пункт — handicap spot
- черный камень — black stone
- белый камень — white stone

---

### шашки
*draughts*

- шашки — chequer
- шашечница — chequerboard

СПОРТ И ИГРЫ

# видеоигры
*video games*

**видеоигры**
*video entertainment system*

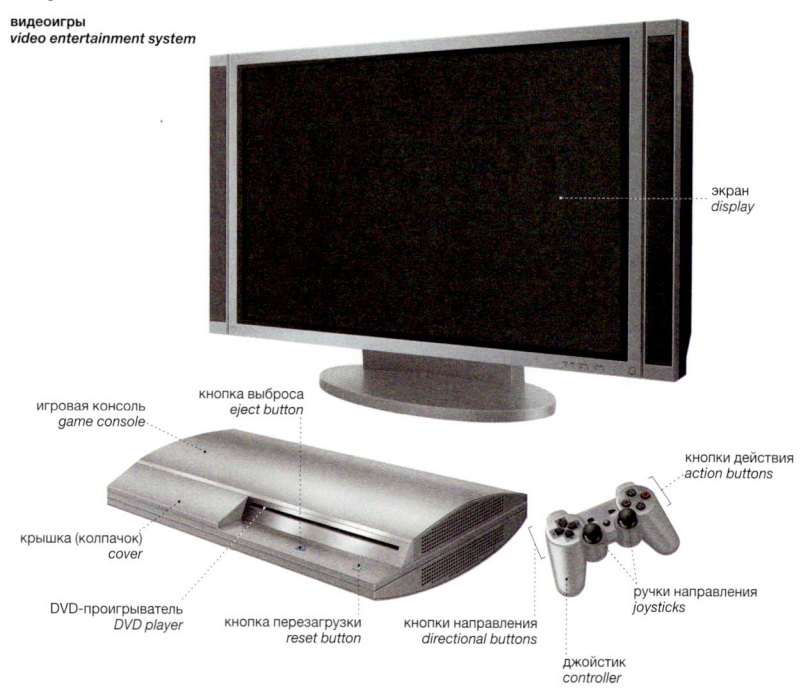

экран — *display*

игровая консоль — *game console*

кнопка выброса — *eject button*

кнопки действия — *action buttons*

крышка (колпачок) — *cover*

DVD-проигрыватель — *DVD player*

кнопка перезагрузки — *reset button*

кнопки направления — *directional buttons*

ручки направления — *joysticks*

джойстик — *controller*

**переносная игровая консоль**
*portable game console*

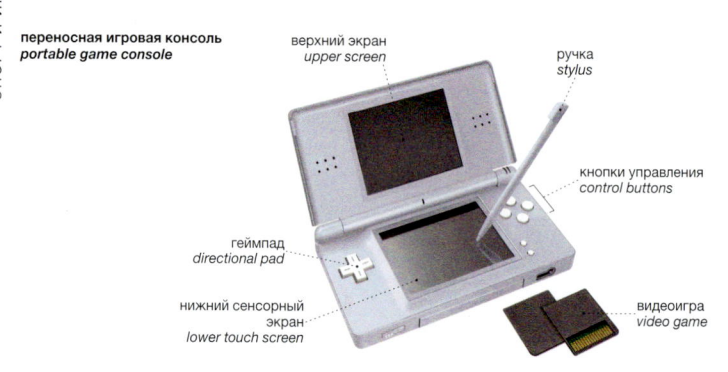

верхний экран — *upper screen*

ручка — *stylus*

кнопки управления — *control buttons*

геймпад — *directional pad*

нижний сенсорный экран — *lower touch screen*

видеоигра — *video game*

## дартс
### game of darts

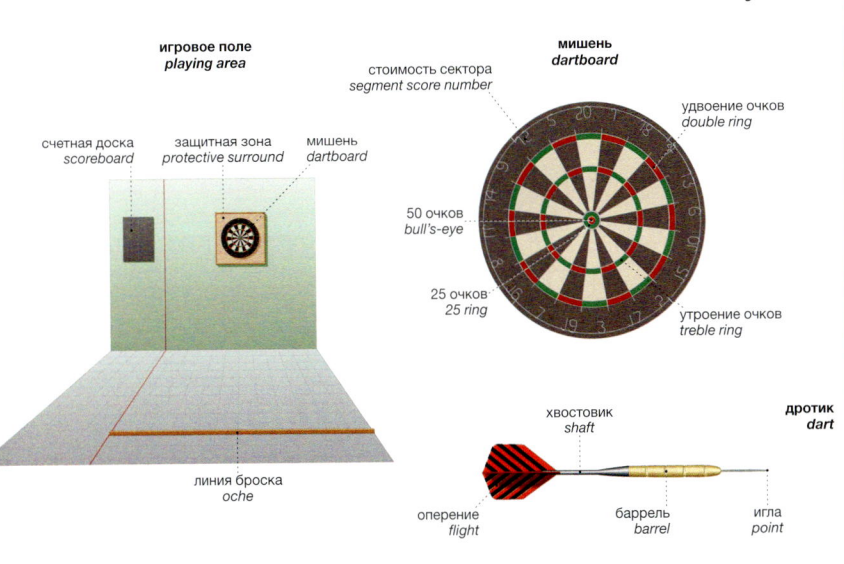

**игровое поле**
*playing area*

- счетная доска / scoreboard
- защитная зона / protective surround
- мишень / dartboard
- линия броска / oche

**мишень**
*dartboard*

- стоимость сектора / segment score number
- удвоение очков / double ring
- 50 очков / bull's-eye
- 25 очков / 25 ring
- утроение очков / treble ring

**дротик**
*dart*

- хвостовик / shaft
- оперение / flight
- баррель / barrel
- игла / point

## настольный футбол
### football table

- счётчик-счёты / score counter
- резиновый амортизатор / rubber bumper
- ворота / goal
- футболисты / player
- телескопический стержень / telescopic rod
- игровое поле / playing field
- мяч / ball
- ручка / handle

спорт и игры

## пинбол-автомат
*pinball machine*

- экран / *display*
- динамик / *speaker*
- мишень / *target*
- игровое поле / *playfield*
- рогатка / *slingshot*
- кнопка флиппера / *flipper button*
- задний бокс / *backbox*
- выводное отверстие / *outhole*
- бампер / *bumper*
- выводная дорожка / *outlane*
- поршень / *plunger*
- кнопка старта / *start button*
- флиппер / *flipper*
- ящик для денег / *cashbox*

## воздушный змей
*kite*

- головная часть / *nose*
- крыло / *wing*
- хвост / *tail*
- леєры / *flying lines*

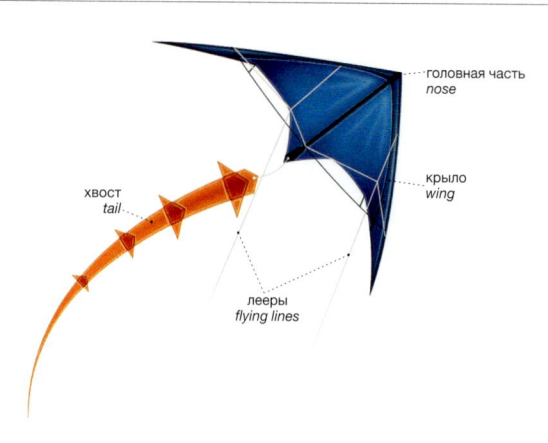

# УКАЗАТЕЛЬ

400-метровая дорожка 558
50 астрономических единиц 8
50 тысяч астрономических единиц 8
ATV 18
DJ-пульт 343
DVD-RW (многоразового использования) 373
DVD-диск 357
DVD-проигрыватель 574
DVD-проигрыватель, портативный 356
GPS 32
pi (пи) 468
shift 370
SUV 385
S-образная часть 440
USB-кабель 354, 377
USB-модем 372
USB-порт 354, 361, 362, 366, 367, 368, 372, 373
USB-штекер 354
V-образный вырез 266, 273

## А

абажур 234
абиссальная равнина 34
абиссальный холм 34
абиссинская 96
абразивные пилки 296
абразивный диск 253
абрикос 148
авансцена 312
авиалайнер дальнего сообщения 432
авокадо 142
Австралия 495
Австрия 492
авто- и мотоспорт 553
автобус 400, 401
автобусная остановка 476
автобус-перевозчик 431
автовокзал 474
автогонки 554
автодорожный транспорт 384
автозаправочная станция 475
автоинжектор 506
автокар 400
автоклав 501
автокран 437
автомагистраль 30, 31, 381
автоматическая дверь 430
автоматическая камера хранения 414
автоматическая раздвижная дверь 322
автоматический выключатель 449
автоматический грузовой корабль 18
автомобиль 385, 389
автомобиль, спортивный 554
автомобиль для ралли 554
автомобиль-внедорожник 385
автомобильная насосная установка 447
автомобильное сиденье, детское 307
автомобильные дороги 380
автомобильный чехол 399
автострада 473
автотрофы 50
агар 138

адамово яблоко (кадык) 104
адаптер 368
адаптер штепсельной вилки 226
аддитивное (слагательное) смешение цветов 460
Аденский залив 28, 29
административное здание 474
адрес URL 374
Адриатическое море 27
Азербайджан 494
азиатская лапша 177
Азия 22, 29, 494
аист 92
айва 149
айован душистый 155
акварель 326
аквариум 309
аккомпанирующие струны 334
аккорд 347
аккордеон 344
аккумулятор 249, 388, 394, 397
аккумуляторная батарея 252
аккумуляторная дрель-шуруповёрт 252
аккумуляторная отвёртка 249
акромион 111
акротерий 311
аксель 559
аксессуар 273
аксессуары для камина 221
аксиальная часовня 317
аксон 121
акстуальная гитара 334
актёр 328
актиния 75
актриса 329
акула 84
акустическая гитара 334
акустические колонки 360
акцент 347
Албания 492
Алеутские острова 25
Алжир 493
аллея 258
аллигатор 88
аллювий 35
аллюры 99
алоза 161
алтарная лампа 489
альбатрос 92
альвеолярная кость 113
Альпы 27
альт 333
альтерации 347
альтернативная клавиша 370
альты 332
алюминий 42
Аляска 24
амарант 157
амбулакральная ножка 75
амеба 75
Америка 490
американская горчица 180
американская короткошёрстная 96
американская штепсельная вилка 226
американский бекон 171
американский футбол 522
амортизатор 323, 389, 553
амортизационная вилка 411
аморфное твёрдое тело 456
ампер 467
амплитуда 460

ампула 506
амфибии 85
амфибии (земноводные) 85
анаконда 87
аналой 489
анальная лапка 78
анальный плавник 82, 84
ананас 152
анатомия 108
ангар 137, 429
английская горчица 180
английский рожок 336
Ангола 494
Андорра 491
андуйет 171
Анды (Андийские Кордильеры) 25
анемометр 455
анис 155
анорак 287
антаблемент 213, 311, 319
Антарктида 22, 24
Антарктическая плита 34
Антарктический полуостров 24
антенна 16, 362, 363, 364, 387, 409, 432, 435, 497, 525
антенна, параболическая 356
антефикс 311
антиблокировочная тормозная система (ABS) 395
Антигуа и Барбуда 490
антиклиналь 444
антилопа 100
Антильские острова 25, 490
антисептик 507
антистеплер 379
антициклон 44
анчоус 161
анчоус, светящийся 83
аорта 116
аорта, грудная 114
аорта, дуга 117
апельсин 150
апельсин, красный 150
апельсин в разрезе 64
«Аполлон» 19
апотеций 60
Аппалачи 25
аппарат Гольджи 56, 74
апрель 382
аппендикс 119
апсида 315, 317
аптека 478, 502
аптечка 497, 507
апя 91
Аравийская плита 34
Аравийский полуостров 29
Аравийское море 29
Аральское море 29
араме 138
арахис 146
арахисовое масло 178
арбитр 559
арбуз 151
Аргентина 490
ар-деко 320
арена 313
ареола 127
Ариель 9
арка 258, 319
арка, декоративная 315
арка, открытая 315
арка крестового свода 316
аркада 313, 316
аркатура 315

аркбутан 316, 317
Арктика 22, 24
Армения 494
арпеджио 347
артерия 114, 116
артерия, брыжеечная 114
артерия, лёгочная 116, 117
артерия, локтевая 114
артерия, лучевая 114
артерия, малоберцовая 114
артерия, подключичная 114
артерия, сонная 114
артерия стопы, тыльная 114
артистические уборные 331
артишок 145
арфа 332, 334
архипелаг 23
архитектура, древняя 310
архитектура, западная 315
архитектура Азии 321
архитектура доколумбовой Америки 321
архитрав 311, 319
асафетида 155
асбест 42
астеносфера 33
астрономическая обсерватория 13
астрономические наблюдения 13
асфальт 496
асфальтоукладчик 439
атлантическая сёмга 161
атлантическая треска 162
Атлантический океан 22, 24, 27, 28
Атласские горы 28
АТМ 482, 483
атмосфера 43, 50
атмосферное давление 44
атолл 36
атом 456
атомный реактор 451
атомы 456
атрий 312
atrium 315
аудиогнездо 367
аурикулярия уховидная 138
Афганистан 494
Африка 22, 28, 493
Африканская плита 34
Африканский союз 496
ахиллово сухожилие 109
аэратор для газона 264
аэровокзал 430
аэропорт 428, 472
аэротормоз 455

## Б

бабка 99
бабочка 78, 267
бабуин 103
багаж 304
багажная тележка 414
багажник 387, 405, 409, 410, 551
багажник на крышу 399
багажное отделение 400, 417
багажный отсек 423, 433, 435
Багамы 490
багет 173
багет-колос 173
багор 498
бадминтон 528
бадьян 63

базальтовый слой 33
базилик 156
байдарка 543
байдарка, морская 543
байдарочное весло 543
бак 240, 242
бак, топливный 389
баклажан 142
балаклава 289
балалайка 345
балка 215
балка пола 215, 218
балкон 217, 318, 331
балкон 437
балласт 437
баллон 256, 569
баллон сжатого воздуха 498
баллон со сжатым воздухом 536
баллонный ключ 399
балочный мост 382
Балтийское море 27
бальзам для волос 297
бальзамический уксус 181
балюстрада 318, 321
бампер 402, 409, 508, 576
бампер безопасности 400
банан 152
Бангладеш 494
бандажи на запястья 546
банджо 344
бак 474, 479, 482
банк данных 375
банка, консервная 183
банка, шлюпочная 543
банка для консервирования 183
банка для напитков 183
банки для продуктов 183
банкнота: лицевая сторона 485
банкнота: оборотная сторона 485
банкомат 482, 483
банная щётка 297
банное полотенце 297
баночка 12
баобаб 70
бар 186, 231, 474, 478
барабан 197, 240, 241, 395, 570, 571
барабанная перепонка 85, 129
барабанный тормоз 395
барабулька 161
баранина 168
Барбадос 491
барбакан 314
бардачок 392
Баренцево море 24, 27
баржа, самоходная 425
барная табуретка 229
барочный 318
барсук 97
барьер 512
барьер для бега с препятствиями 512
барьерного борта 36
бас-гитара 335
баскетбол 526
баскетболист 526
баскетбольные туфли 526
баскетбольный мяч 526
бас-кларнет 336
басовый ключ (ключ фа) 346
басовый штег 338
бассейн 212

УКАЗАТЕЛЬ

бассейн для
  соревнований 538
батарея 413, 458
батарея, солнечная 453
батат 139
баттерфляй 539
батут 536
Баффинова земля 25
Бахрейн 494
бахчевые культуры 151
башенка 314
башенный кран 437
башня 316, 437, 454, 455
башня командно-
  диспетчерского пункта 428
бег с препятствиями 512
бегемот (гиппопотам) 101
беговая дорожка 512
беговая поверхность 512
беговые коньки 558
беговые лыжи 564
бегония 67
бедренная артерия 114
бедренная вена 115
бедренная кость 110
бедро 94, 99, 105, 107, 168
безмен 466
безопасность 497
безопасные ножницы 296
безрукавка 273
безымянный палец 131
бейсбол 514
бейсбольный мяч 516
бекар 347
беккерель 467
Беларусь 492
белая акула 84
белая горчица 154
Белиз 490
белка 93
белое вещество 123, 124
белокочанная капуста 141
белуха 103
белый 460
белый камень 573
белый карлик 12
белый лук 139
белый медведь 98
белый перец 154
белый рис 177
белый шоколад 179
Бельгия 492
бельё 270
бельэтаж 331
бемоль 347
бенгальская кошка 96
Бенгальский залив 29
бензин 446
бензиновая
  газонокосилка 265
бензиновый двигатель 394
бензиновый двигатель
  внутреннего сгорания 396
бензобак 394, 406, 409
бензозаправочная станция
  комплексного
  обслуживания 384
бензопила 263
Бенин 493
бергамот 150
бергшрунд (присклоновая
  трещина) 38
Берег Слоновой Кости 493
береговой обрыв 36
береговой устой 382
берёза 69

берет 289
Берингов пролив 24, 25
Берингово море 25
бермуды 269, 277
беседка 258
беспозвоночные 75
беспроводная сетевая
  карта 372
бессемянный огурец 142
бетономешалка 404
библиотека 475, 486
бигуди 298
биде 224
бизон 101
билетная касса 327
билетный карман 266
бильярд 549
бильярдный кий 549
бима 488
бинокль 462
бинокулярный микроскоп 463
бинт, марлевый 507
биологическая
  классификация 74
биология 468
биомасса 51
биплан 434
бирка для имени 304
бита 517
бита для софтбола 516
бифштекс 170
благодарственное
  приношение 489
благородный олень 100
блейзер 278
блендер 204
блеск для губ 295
блин 557
блог 375
блок двигателя 417
блок настройки с
  усилителями 361
блок питания 204, 205, 208
блок цилиндров 396
блокировка цифр 370
блокнот 376
блоха 81
блуза, длинная 276
блузка 276
блузка с запахом 276
блузка-поло 276
блузка-фартук 276
блузки и рубашки 276
блюдо 193
блюдо для пирога 201
блюдо для рыбы 193
блюдо для чайной ложки 193
блюдце 192, 195
боб 63, 146
боб, турецкий 147
бобина 261
бобовые 146
бобр 93
богомол 80
боди 276, 280, 284
божья коровка 81
бойлер 219
бок 89, 99, 169
бокал 194, 195
бокал для белого вина 188
бокал для бордо 188
бокал для воды 188
бокал для игристых вин 188
бокал для красного вина 188
боковая вытяжка 223
боковая морена 38

боковая пластина 86
боковая подножка 416
боковая прожилка 62
боковая стойка створки 214
боковая часовня 316
боковина 398
боковое вентиляционное
  отверстие 392, 405
боковое зеркало заднего
  вида 386
боковой защитный
  обтекатель 555
боковой люк 19
боковой полукруглый
  канал 129
боковой придел 317
боковой пролёт моста 382
боковой резец 113
боковой судья 521, 523, 534
боковой упор 409
боковой электрод 397
боковые задние лузы 549
боковые карманы 272, 279
боковые передние лузы 549
боковые указатели
  поворотов 390
бокс 544
боксер 544
боксерская груша 544
боксерские трусы 286, 544
боксерский мешок 544
боксерский шлем 544
боксы 554
Болгария 492
болеро 278
Боливия 490
болт 246
болт с крылышками 249
болт с усиленной «юбкой» 246
болты 246
больница 475, 501
больничная кровать 501
больничная палата 501
большая галерея 310
большая грудная мышца 108
большая губа 126, 127
большая круглая мышца 109
Большая Песчаная пустыня 30
большая приводящая
  мышца 109
Большая пустыня Виктория 30
большая ягодичная
  мышца 109
больше 469
больше или равно 469
большеберцовая кость 110
большеберцовая передняя
  артерия 114
большие коренные зубы 113
Большой Австралийский
  залив 30
большой барабан 332, 340
Большой Барьерный риф 31
большой вертел 111
Большой Водораздельный
  хребет 30
большой зелёный кузнечик 80
Большой каньон 25
большой палец 131
бомбардирующий
  нейтрон 457
бонго 341
бордюр 210
борозда 123
борт 398
бортик 556

бортовая балка 215
Босния и Герцеговина 492
босоножки 291
ботильоны 290
ботинки 290
ботинки, туристические 286
ботинки для прыжков 561
ботинки на шнурках 290
ботинок 17, 559
ботинок, гибридный 565
ботинок, лыжные гонки 564
Ботнический залив 27
Ботсвана 494
ботфорты 291
боты 536
бра 235
Бразилия 490
бразильский орех 149
Брайля, шрифт 391
браслет 294, 464
браслет-цепочка 294
браслеты 294
брасс 539
браузер, навигатор 374
браузер (навигатор) 374
брашинги 424
бревно 73, 534, 535
бретели на пуговицах 285
бретели регулируемые 284
бретелька 281
бри 175
бриджи 269, 277
бриджи, спортивные 271
Британское Содружество 496
бритва 300
бритвенные
  принадлежности 300
брови 96
брокколи 145
Бруней-Даруссалам 495
брус 439
брусника 148
брызговик 387, 402, 403
брюква 145
брюки 268, 269, 277
брюки, свободные 277
брюки, укороченные 277
брюки клёш 277
брюки с грудкой 277
брюки-дудочки 277
брюки-трансформеры 269
брюссельская капуста 140
брюхо 99
брюшина 125, 126
брюшко 77, 78, 79, 80
брюшная аорта 114, 120
брюшная лапка 78
брюшная полость 125, 126
брюшная часть 89
брюшной плавник 82, 84
бубен 341
бубенчики 341
бублик 173
бубны 572
бугорок 113
бугорок Венеры 126
буйвол, африканский 101
бук 69
буквенно-цифровая
  клавиатура 363, 483
буквенно-цифровые
  клавиши 370
буковый орех 149
буксир 424
букцинум 159

булгур 172
бульба 13
бульвар 475
бульдог 95
бульдозер 438
бумага 349
бумага, рисовая 348
бумагоделательная
  машина 73
бумажная
  промышленность 73
бумажная фабрика 73
бумажник 303
бумбокс 362
бункер 439, 550
бур 444
бурав для кирпично-каменных
  работ 252
бурачник 156
бурая водоросль 59
бурдон 344
Буркина-Фасо 493
буровая вышка 422, 444, 445
буровая установка 444
буровой насос 444
Бурунди 493
бурундук 93
бусы средней длины 294
Бутан 495
бутс, футбольный 518
бутылка 411
бутылка, спортивная 569
бутылочка 307
бутылочка, детская 307
буфер 237
буфет 216, 231
буфетный ков 196
буфетчица 186
бухта 11, 23
бык 316
быстрое питание 479
бытовая техника 236
бытовой мазут 445
бьющий, бэттер 515
бэттер 515
бювар 303
бюстгальтер 281
бюстгальтер для платья с
  декольте 281
бюстгальтер с эффектом
  пуш-ап 281
бюстье без бретелек 281

## В

в конец 371
вагон, грузовой 416
вагон для перевозки
  животных 416
вагон метрополитена 420
вагон-контейнеровоз 416
вагон-платформа для
  перевозки транспорта 416
вагон-ресторан 416
вагон-рефрижератор 416
вади (узд) 39
вайя 59
вакаме 138
вакуоль 56, 74
вакуумная кофеварка 209
вал 11
валет 572
валец 439
валик 232, 257
валиковидный сосочек 135

валторна 337
валторны 332
вальва 63
валюта и способы
  платежей 484
ванна 217, 224
ванна и душ 480
ванная 501
ванная комната 217, 224, 480
вант 540
вантуз 254
Вануату 495
варан 88
варган 345
варежка, рукавица 293
варежки 284
вареный окорок 171
васаби 181
ватные палочки 507
ватт 467
вафельница 206
вдыхательный клапан 500
веб-камера 369
ведение мяча 520
ведро 243
ведущее колесо 439, 553
ведущее колесо гусеницы 438
ведущие колёса 441
ведущий вал 435
веерные грабли 264
веко 86
Великие озера 21
велосипед 410
велосипед, вида лёжа 413
велосипед, электрический 413
велосипедный BMX 412
велосипедное детское
  сиденье 412
велосипедный спорт 552
велотренажёр 547
велотрусы 552
велотуфли 552
вена 115, 116
вена, лёгочная 116, 117
вена, подвздошная 115
вена, подключичная 115, 116
вена, подкожная 115
вена, подколенная 115
вена, полая 116
Венгрия 492
Венера 8, 9
венерка 159
Венесуэла 490
венечный шов 112
вентиль 337
вентилятор 219, 241, 388, 394, 396, 398
вентилятор блока питания 367
вентилятор испарителя 223
вентилятор конденсатора 223
вентилятор корпуса 367
вентиляционный люк
  крыши 405
вентиляция 453
венчик 66
венчик для взбивания 200
венчик копыта (волосень) 99
вербена 158
вербляд, двугорбый 101
верньер 465, 466
верстак 247
вертикальная проекция 211
вертикальный зрачок 86
вертикальный пылесос 237

вертикальный чемодан 305
вертлюг 444
вертлюжный карабин 541
вертлюжок 571
вертолёт 435
вертушка, USB 343
верх внешнего ботинка 563
верхнее веко 85, 96, 132
верхнее крыло биплана 434
верхнее перо рамы 410
верхние кроющие крыла 89
верхний бьеф 448
верхний защитный кожух 251
верхний порожек 333, 334, 335
верхний слой основания
  проезжей части 380
верхний этаж автобуса 401
верхняя брыжеечная
  артерия 115
верхняя брыжеечная вена 115
верхняя губа 133
верхняя доля 118
верхняя зажимная щека 247
верхняя зубная дуга 133
верхняя мантия 10
верхняя носовая раковина 134
верхняя панель 218
верхняя панель плиты 187
верхняя перекладина 213, 229
верхняя полая вена 115, 117
верхняя правая мышца 132
верхняя часть рукоятки 197
верхняя часть упаковки 481
верхняя челюсть 82, 110, 112
верховая езда 548
верхушечная почка 61
верхушка 68
вершина 37, 76, 560
вершок побега 144
весеннее равноденствие 44
весна 44
вестибулярный нерв 129
вестибюль 312, 480, 481
весы для писем 376
ветвь 68
ветка 68, 70
ветровка 272
ветроуказатель 540
ветрозащитное стекло 553
ветряной двигатель на
  вертикальной оси 455
ветряной двигатель на
  горизонтальной оси 455
ветряные двигатели и
  производство
  электричества 455
вешенка 138
взбивалка 204
взбивалка для яиц 200
взлётно-посадочная
  полоса 430
вибрационное сито 444
вибрационный
  опрыскиватель 261
вигвам 324
вигна 146
вигна-черноглазка 146
вид 74
видеоигра 574
видеокамера 358
видеокамера DVD 358
видеокамера miniDV 358

видеокамера с жестким
  диском 358
видеокассета 357
видеомагнитофон 357
видеоприёмник 356
видеопроектор 372
видеорегистратор 356
видеотелефония 375
видимый свет 460
видоискатель 14, 15
виды велосипедов 412
виды грузовых
  автомобилей 404
виды дверей 322
виды затмений 10
виды лыж 562
виды мотоциклов 409
виды наконечников 249
виды окон 323
виды очков 302
виды пассажирских
  вагонов 417
виды перемещений 573
виды полуприцепов 402
виды самолётов 435
виды свёрл и буравов 252
виды спорта на точность и
  меткость 549
виды столов 230
виды стульев 229
виды судов и плавучих
  средств 422
виды телефонов 364
виды товарных вагонов 416
виды шляпок 249
визирное приспособление 569
визитница 303
визор 500
вилка 189, 194, 195, 436, 552, 555
вилка для рыбы 189
вилка для устриц 189
вилка для фондю 189
вилки 189
вилла, стиль ренессанс 319
вилочковая железа 124
вилочный автопогрузчик 431
вилы 260
виндсерфинг 542
винный уксус 181
виноград 148
виноград в разрезе 64
виноградные листья 141
винтовая крышка 183
винтовое сверло 252
винтовой буров 252
винтовой цоколь 226
винтовые серьги 294
винтообразное сверло с
  двойной нарезкой 252
виолончель 332
виолончели 333
виргинский филин 91
висок 104
височная доля 123
височная кость 110, 112
висячая лампа 231
витраж 317, 489
витрина 303
вкладыш 207
вкусовые рецепторы 135
влагалище 62, 126, 127

влагопоглотитель 223
внедорожник 385
внешние планеты 9
внешний вид дома 210
внешняя стойка 213
внешняя сторона ринга 544
внутреннее поле 514
внутреннее ухо 128
внутреннее ядро 10
внутреннее ядро 33
внутренние границы 31
внутренние планеты 9
внутренний двор замка 314
внутренний ботинок 563
внутренний палец 89
внутренняя плечевая вена 115
внутренняя подошва 286
внутренняя стойка 213
вогнутая линза 461
вогнутый (рассеивающий)
  мениск 14
вогнутый окуляр 14
вода 468
водительские перчатки 293
водная птица 89
водный резервуар 223
водный спорт 536
водомерка 81
водомет 499
водонагреватель 453
водоочиститель 569
водопад 35
водоросли 139, 148
водослив 240, 448
водосток 476
водосточный желоб 210
водоток 35
водохранилище 448, 449
водяная баня 203
водяная пушка 499
водянистая влага 132
водяной знак 485
водяной смерч 47
возгонка 456
воздуховодник 386
воздухоподогреватель 453
воздухораспределительная
  камера 219
воздушная заслонка 453
воздушная циста 59
воздушный винт 423
воздушный змей 576
воздушный транспорт 428
воздушный фильтр 219, 223, 388
вок 202
вокзал 415, 472, 474
вол 101
волан 529
волейбол 525
волейбольный мяч 525
волк 98
волна 460
волос 130, 333
волосы 105, 107, 298
волосяной покров 101
волосяной фолликул 130
волынка 334
вольва 58
вольт 467
волюта 228, 318
вонголе 159
вонтоны 177
воробей 90
ворон 91

воронка 77, 198, 205, 208
ворот 257
ворота 518, 520, 523, 557, 575
ворота-затвор 421
воротник 266, 267, 271
воротничок с пуговицами 267
восковая свеча 489
восковые карандаши 326
воспроизведение 13
Восточное полушарие 21
Восточно-Китайское море 23
Восточно-Сибирское море 24
Восточный Тимор 495
восходящий коридор 310
восьмая доля паузы 347
вошь 81
вощёная бумага 182
впадина волны 460
вратарь 519, 556, 557
врач 501, 544
вращающаяся дверь 322
вращающаяся задвижка 403
вращающаяся картотека 376
вращающаяся опора 435
вращающееся колесо 508
вращающееся окно 323
вращающийся купол 13
вращающийся
  опрыскиватель 261
вращающийся проектор 499
вращающийся фонарь 499
врез 350
времена года 44
всасывающая труба 499
всесезонная покрышка 398
вспомогательная
  аккумуляторная
  батарея 394
вспомогательная боковая
  рукоятка 252
вспомогательные средства
  для ходьбы 507
вспышка 10
вставка 281, 371
вставная доска 230
вторая база 514
вторичная переработка 55
вторичное веко 13
второй алтарь 489
второй большой коренной зуб
  (второй моляр) 113
второй малый коренной зуб
  (второй премоляр) 113
второй свет 211
второй спинной плавник 84
второй судья 525
второй этаж 211, 217
вторые скрипки 332
втулка 305, 411, 455
втяжной душевой шланг 224
вулкан 40
вулканические породы 33
вулканический остров 34
вустерширский соус 180
вута 317
входная дверь 213
входное гнездо 255
входной турникет 418
выбор программ 240, 241
выводное отверстие 576
выгон 137

выдвижная ножка 230
выдвижная ручка 305
выдвижная стрела 499
выдвижной ящик 187
выездной клапан 317, 454
выемка для ногтя 568
выезд с автомагистрали 381
выключатель 205, 209, 226, 234, 236, 237, 239, 241, 253, 255, 256, 257, 263, 299, 300, 301, 342, 353, 361, 458
выключатель, курковой 248
выполнить 371
выпуклая линза 461
выпуклая шляпка 249
выпуклый (собирающий) мениск 461
вырезка 166, 170
вырубка лесов 53
высокая кастрюля 203
высокая перчатка 293
высокие ботинки 291
высокие сапоги 291
высокие звуки 360
высокий воротник 564
высокий комод 231
высокий стул 233
высокорасположенное крыло или крыло-парасоль 434
высота воды 41
высотное офисное здание 477
высотные облака 46
выступ на боковине покрышки 398
вытяжка 187, 220, 238
вытяжная труба 220
выхлопная система 389
выхлопная труба 389, 402, 438, 441
выходной лоток для бумаги 372
вышка для прыжков в воду 537
Вьетнам 495
вьетнамки 292
вьющееся растение 258
вяз 70
вязкие смазки 446
вязь 228

# Г

габаритные огни 390, 402, 403, 417
Габон 493
гагарка 92
гадюка 87
гаечные ключи 246
гаечный ключ со сменными торцевыми головками 246
газ 227, 446, 456
газ, природный 444, 447
газ, ручка 408
газ, сланцевый 447
газета 350
газовая магистраль 447
газовая плита 238
газовый баллон 568
газовый счётчик 447
газон 258, 532
газы с парниковым эффектом 52
Гаити 490
гайка 246

гайка, закрепляющая 465
гайки 246
галактика 13
галактиктическое ядро 13
галерея 317, 454
галерея, крытая 319
гало 13
галогенная лампа 227
галон 99
галоши 290
галстук 267
гальванический элемент 394
гамаши 556
гамарнитура 152
гамма 346
гамма-лучи 460
Гана 493
ганаши 99
Ганимед 8
гантель 546
гараж 210
гарам масала 155
гардероб 231
гардеробная 216, 217
гардеробная 217
гармошка 306
гарнитура «хэндс-фри» 363
гарциния 152
гауда 175
Гватемала 490
Гвиана 490
Гвинейский залив 27
Гвинея 493
Гвинея-Бисау 493
гвозди 248
гвоздика 67, 154
гвоздодёр 248
гвоздь 248
гвоздь винтовой 248
гвоздь для кирпичных работ 248
гвоздь обойный 248
гвоздь обычный 248
гвоздь отделочный 248
гвоздь срезанный 248
гейзер 42
гейзерная кофеварка для эспрессо (мока) 209
геймпад 332
геккон 88
гель 510
гель для душа 297
генератор 388, 396, 455
генератор переменного тока 442
генуэзская салями 171
географическая карта 486
география 20
геологические явления 40
геология 33
геометрические тела 471
геометрия 468
гепард 98
герань 67
гербициды 53
Германия 492
герметическая камера с устройством для поддержания давления 383
герметическая чашечка 500
гермошлем 17
герц 467
гетеротрофы 50
гетры 518, 524

гетры со штрипками 516
гиббон 103
гибкая пластина 322
гибкий шланг 237
Гибралтарский пролив 27
гибрид 551
гибридный автомобиль 394
гигантский слалом 563
гигиена полости рта 301
гигиеническая помада 297
гигроскопичная вата 507
гигростат 223
гидрант, пожарный 476, 498
гидроизоляционный колпак 221
гидрокостюм 536
гидросамолёт 434
гидросфера 50
гидроэлектростанция 448, 449
гиена 97
Гималаи 29
гимнастика 534
гимнастический конь 534, 535
гимнастический мостик 535
гинкго 149
гиперссылка 374
гипокотиль 58
гипоталамус 123
гипофиз 123
гиря 466
гистограмма 470
гифа 58
главная палуба 425
главная прожилка 62, 63
главное вогнутое зеркало 13
главное зеркало 16
главное шасси 433
главные помещения дома 216
главный алтарь 489
главный арбитр 557
главный бронх 118
главный двигатель 423
главный звукооператор 329
главный корень 61
главный мануал 339
главный механик 523
главный судья 523, 525
главный судья на линии 523
главный фокус 13
главный хронометрист 538
главный цилиндр 395
глаз 76, 77, 80, 86, 102, 106, 132
«глаз бури» 47
глазное пятно 75
глазное яблоко 85, 132
глинобитный дом 324
глиняная посуда 291
глобальное потепление 52
глобус 23
глотка 118, 119
глубокая сковорода 203
глубокая тарелка 192
глубоководный удильщик 83
глубокое кресло 233
глушитель 389, 406, 408, 409, 435

глюкоза 56
гнездо для наушников 362
гнездо для подключения 335
гнездо для подключения наушников 342
гномон 464
го 470
гобои 332
гобой 336
говядина 166
голенастая птица 89
голень 89, 99
голец 163
голова 76, 78, 105, 107
головка 66, 125, 227
головка передней луки 548
головка сцепного устройства 416
головная группа 552
головная лента 500
головная повязка 293
головная часть 576
головной аэронавигационный фонарь 432
головные уборы 288, 289
гололёд (обледенение) 48
голосовая связка 118
голосовая щель 86
голотурия 75
голубика 148
голубой 418
голубь 91, 165
гольф 550
гольфы 269, 282
голяшка 167, 168
гомбо 142
гомогенизированное молоко 174
гонг 332, 341
гондола 455
гондола в разрезе 455
Гондурас 490
гонки, шоссейные 552
гоночный автомобиль NASCAR 554
гоночный велосипед 413
гоночный комбинезон 555
гонщик 554
гонщик и велосипед для гонок по пересечённой местности 552
гонщик и велосипед для спусков 552
гонщик и гоночный велосипед 552
гора, основание 560
горб 280
горелка 202, 219, 238, 568
горелка с плоским пламенем 256
горелка с узким пламенем 256
горизонт грунтовых вод 54
горизонтальная проекция 21
горилла 103
горло 89
горловина 270, 389
горн 337
горная гряда 11
горная река 37
горная цепь 23, 33
горнолыжная трасса 560
горнолыжник 562
горнолыжные ботинки 563
горнолыжный курорт 560
горные лыжи 562
горный велосипед 552

горный велосипед-внедорожник 413
горный климат 45
горный оползень 42
город 472
Город-государство Ватикан 496
городские дома 325
городской велосипед 413
горох 63, 146
горох, зелёный 146
горох, лущёный 146
горох, стручковый 146
гортань 118
горчица 63, 180
горчица по-старинному 180
горшочек для тушения мяса (тажин) 202
горы 37
гостиная комната 216
гостиница 474, 480
готический собор 316
грабли 260
гравийный участок 554
градуированная шкала 464
градуировка ленты 244
градус 468
градус Цельсия 467
градусы по Фаренгейту 464
градусы по Цельсию 464
гранат 152
гранитный слой 33
граница 31
грануляция 10
графин 188
графитонизированный стержень (катод) 459
графическое изображение 470
грация 280
грация с трусиками 280
гребень 37, 41, 298
гребень (вершина) волны 460
гребля 543
гребной винт 424, 426, 427
гребной тренажёр 547
грейдер 441
грейпфрут 150
греко-римская борьба 552
гремучая змея 87
Гренада 491
Гренландия 24, 25
Гренландское море 26
Греция 492
грецкий орех 69, 149
грецкий орех в разрезе 63
греческий театр 310
греческий хлеб 173
греческий храм 311
гречиха 72
гречка 157
гриб 58
гриб, белый 138
гриб, смертельно ядовитый 58
гриб, ядовитый 58
грибы 58, 138
грива 96
гриль 202
грин 550
грин, зелёное поле 550
Гринвичский меридиан 20
гриф 91, 333, 334, 335, 345
грозовое небо 48
грот 36, 540
грота-шкот 540
грудина 110

грудинка 166, 167, 168
грудная клетка 104, 106
грудной плавник 82, 84, 102
грудные конечности (ходильные ноги) 77
грудь 89, 99, 104, 106, 127
Грузия 494
грузовая стрела 425
грузовик 385
грузовик-самосвал 404, 441
грузовик-фургон 404
грузовик-цистерна 404
грузовой пояс 536
грузовой самолет 434
грузовые перевозки 402
грунт 532
группа деревянных 332
группа медных 332
группа новостей 375
группа струнных 332
группетто 347
груша 149
груша для нагнетания воздуха 505
грушевое яблоко 153
грызун 93
грызуны и зайцеобразные 93
грюйер 175
грязевый поток (сель) 42
гуайява 153
гуашь 326
губа 96, 99
губки 75, 249
губная гармоника 344
губная помада 295
губной желобок 133
губы 255
Гудзонов залив 25
гусеница 78
гусеничная лента 553
гусеничная цепь 438
гусеничный секатор 262
гусиная печёнка 171
гусиное перо 348
гусиное яйцо 164
гусь 91, 165
гьойо (подводная плоскогорная впадина) 34

## д

дайвер 536
дайка 40
дайкон 145
далматин 95
дальномер 465
дама 572
данаида монарх 81
Дания 492
дарохранительница 489
дартс 575
дата рождения 468
дата смерти 468
датский голубой сыр 175
Датский пролив 24
датский ржаной хлеб 172
датчик, контактный 510, 511
датчик задымлённости 498
датчик опасности 392
датчик столкновения 392
дафлкот 272, 278
две пары 572
дверная петля 213, 230
дверная рама 213

дверца 220, 238, 241
дверца с полками 239
дверь 217, 323, 387, 390
дверь, противопожарная 322
дверь из гибких пластин 322
дверь с противомоскитной сеткой 405
дверь-гармошка 322
двигатель 407, 436, 441
двигатель, дизельный 438
двигатель внутреннего сгорания 389
движения самолёта 435
движок 466
движок для снега 265
движущаяся лента 430
двойка 278
двойная байка 215
двойное сиденье 420
двойное стекло 453
двойной зубчатый 62
двойной котелок 203
двойной язычок 336
двор 137
двояковогнутая линза 461
двояковыпуклая линза 461
двоякодышащая рыба 83
двубортный пиджак 266
двуглавая мышца плеча (бицепс) 108
двуспальная кровать 480
двустворчатое окно 323
двустворчатое окно, открывающееся внутрь 323
двухдверный седан 385
двухколёсная тележка 436
двухколёсный велосипед, детский 412
двухлопастный винт 434
двухместная палатка 567
двухместный бугельный подъёмник 512
двухместный диван 228
двухместный номер 480
двухпролётный разводной подъёмный мост 383
двухуровневая дорожная развязка типа «клеверный лист» 380, 381
двухуровневая дорожная развязка типа «кольцо» 380
двухуровневая дорожная развязка типа «ромб» 380
двухуровневая дорожная развязка типа «четверть клеверного листа» 380
двухэтажный автобус 401
двухэтажный дом 325
деамбулаторий 317
дебетовая карта 485
девиз 485
дезодорант 297
Деймос 8
дека 333, 334
декоративная капуста 140
декоративное дерево 137, 210, 258
декоративный наконечник 218, 229
декоративный сад 258
декоративный шов 284
декорации 179
джонсонова горчица 180
дизельное топливо 405
дизельный двигатель 416, 438, 440, 441
дизельный подъёмный двигатель 423

дельтовидная мышца 108
дельфин 102
деляющееся ядро 457
Демократическая Республика Конго 493
демонстрационный экран 327
дендрит 121
денежные единицы 484
дентин 113
деревенский хлеб 172
деревня 472, 560
дерево 68
деревья 69
дереза 157
держатель бутылки 411
держатель для дубинки 497
держатель для полотенец 224
держатель для туалетной бумаги 224
держатель зубной нити 301
держатель ножовочного полотна 250
держатель ножовочного полотна с регулятором 250
держатель руля 411
дерма 130, 131
десертная вилка 189
десертная ложка 191
десертный нож 190
десна 113, 133
десять 469
десять заповедей 488
детектор движения 322
детская коляска 307
детская кроватка 233
детская мебель 233
детская одежда 284
детский трехколесный велосипед 412
дефибриллятор 504
дефлектор 222, 223
дефлектор горячего воздуха 220
дефлектор дыма 220
джаботикаба 153
джакузи ™ 212
джембе 345
Джибути 493
джинсы 269, 277
джойстик 343, 574
джокер 467
джоуль 467
дзюдо 545
дзюдоги 545
дзюдоист 545
диагональная арка 316
диагональная расселина 43
диагональный раскос 215
диаграмма, дисковая 470
диаграмма, линейная 470
диализат 511
диализатор 511
диаметр 470
диафрагма 118
диван 228
диванная подушка 232
диваны 228
дивергентные платформы 34
диджериду 344
диез 347
дизельный двигатель 416, 438, 440, 441
дизельный подъёмный двигатель 423

дикий рис 157
дикобраз 93
диктор 537
динамики 356, 362, 363, 365, 368
динамик объёмного звука 358
динамо 410
Диона 9
диск 13, 373, 546
дисиантовый шлег 338
диски 205
дисковод для DVD и CD 366, 368
дисковый тормоз 395, 555
дископриёмник 357
дискус 83
Дисномия 9
дисплей 222, 356, 357, 359, 360, 361, 362, 364, 365
дистальная фаланга 131
дистанционное зондирование Земли 32
дистанционный манипулятор 18, 19
дитали 176
дифференциал 389
дихазий (двойной верхоцветник) 66
дичь 165
длина волны 41, 460
длинная блузка 276
длинная дистанция 558
длинная вечерняя перчатка 293
длинная перчатка 293
длинное кейв 294
длинное пальто 271
длинное филе 167
длинный носок 282
длительность нот 347
длительность пауз 347
до 469
добойник гвоздя 248
дог 95
дождевой червь 75
дождь 48
дождь со снегом 48
дозорный путь 314
док-станция 363
долгота 20
долевой бронх 118
долина 35, 37
доллар 484
долька 64
дом 213, 515
дом на две семьи 325
дом на сваях 324
дома 324
домашние животные, содержание 308
домашний кинотеатр 358
домик 308
Доминика 490
Доминиканская Республика 491
домино 572
домкрат 399, 404
домкрат лапы-рычага 440
домкрат плуга-рыхлителя 438
донжон 314
донная (основная) морена 38
дополнительная «юбка» 246
дополнительное зеркало 15, 16

дополнительные отопительные системы 222
дополнительный заголовок (над основным) 350
дорадо 161
дорическая колонна 313
дорога 31, 380, 472
дорожка 512, 538, 550
дорожка, беговая 512, 547
дорожка вырыливания 428, 429
дорожка вырыливания, объездная 428
дорожная карта 31
дорожный сундук 304
дорожный тоннель 383
дорожный чек 484
доска 542, 573
доска для фристайла 561
доска объявлений 379, 486
достоинство 484, 485
дощечка, восковая 348
драйвер 551
драм-машина 343
древесная птица 89
древко 532
древовидный папоротник 59
дренажный слой 380
дробилка 443
дробь 469
дровяная печь 220
дровяное отопление 220
дротик 573
друмлин 37
ДУ 17
дуб 69
дублёнка 272
дубль-бемоль 347
дубль-диез 347
дуга 470
дуга Кубы 114, 117
дужка 302, 464
дуриан 153
душлар 198
душлар-воронка 198
душлар-сеточка 198
духовка 187, 238
духовой контроллер синтезатора 342
духовые инструменты 336
душ 217
душевая кабина 224, 501
душевой шланг 224
дымка 48
дымовая труба 211, 422
дымовая фильтрующая труба 426
дыня 151
дыня, бразильская 151
дыня Касаба 151
дыня Ожен 151
дырки 285
дырокол 379
дырочка 179
дыхало 102
дыхальце (стигма) 78
дыхание 51
дюна 36, 39
дюна, пирамидальная 39
дюнный вал (барханная цепь) 39
дюны и барханы 39
дятел 91

## Е

Евразийская плита 34
Евразия 22
евро 484
Европа 8, 22, 27, 491
европейская штепсельная вилка 226
Европейский союз 496
европейское штепсельное соединение 226
евстахиева труба 129, 134
Египет 493
египетская вигна 146
единица давления 467
единица количества вещества 467
единица массы 467
единица мощности 467
единица радиоактивности 467
единица силы 467
единица силы света 467
единица силы электрического тока 467
единица температуры по шкале Цельсия 467
единица термодинамической температуры 467
единица частоты 467
единица электрического заряда 467
единица электрического напряжения 467
единица электрического сопротивления 467
единица энергии 467
единицы длины 467
единоборства 544
ежевика 148
ежедневник 376
еловые иголки 70
ель 71
ёмкость для готовки 207
емкость для охлаждения воды 239
енот-полоскун 97
ермолка 288
ЕС 496
естественный парниковый эффект 52

## Ж

жаба обыкновенная 85
жаберная крышка 82
жало 79, 571
жаровня 321
жарящая поверхность 207
жгут 504
жгучий перец 155
железа, вилочковая 124
железа, сальная 131
железная подставка для дров 221
железнодорожная цистерна 416
железнодорожный вокзал 414
железнодорожный переезд со шлагбаумом 415
железнодорожный путь 414, 473, 474
железнодорожный транспорт 414

железо 42
желоб 387
желобок 562
желтая стручковая фасоль 147
желтое пятно 132
жёлтый 460
желтый перец 142
желудок 119
желудочек 116, 123
желчный пузырь 119
женская обувь 291
женская одежда 274
женская шишка 70
женские головные уборы 289
женские наружные половые органы (вульва) 106
женские перчатки 293
женские половые органы 126
женский пол 468
женщина 106
жёрдочка 309
жерло 40
жердик 286, 290, 330, 331, 559
жертвенный камень 321
жёсткий ботинок 561
жесткий браслет 294
жёсткий диск, внешний 373
жёсткий диск, внутренний 373
жёсткий сноуборд 561
жетон 308
живая изгородь 211, 258
живопись и графика 326
живот 104, 106
животная клетка 74
животноводство 136
жидкость 456, 457
жидкость для снятия лака 296
жизнь растений 56
жиклеры 450
жилет 266, 278, 570
жилетный карман 266
жилка 78
жилой автофургон 405
жилой дом 137, 475
жираф 101
жировая ткань 127, 130
ЖК 464
журнал 350

## З

заалтарная картина 489
заболонь 68
заварочный чайник 192
завиток 128, 333
завод 472
завязь 57, 66
заглавные буквы 370
заглавные буквы: выбор второго уровня 370
заглушка 97
заголовок 350
загон 137
заградительная сетка 513
заграждение 476
загрузочный бункер 404
загрязнение воды 54
загрязнение воздуха 53
загрязнение почвы 53
запасное колесо 405
запирательный нерв 122
записывающее устройство DVD 357
запор 239

задние дублирующие габаритные огни 390
задние указатели поворотов 390
задний багажник 409
задний бокс 576
задний карман 268
задний катафот 410
задний палец 89
задний переключатель скорости 410
задний план 331
задний полукружный канал 129
задний проход 119, 125, 126
задний родничок 112
задний рычаг 466
задний тормоз 410
задний фонарь 406, 408
задний щиток 240, 241
задний экран 16
задняя декорация 330
задняя доска 338
задняя конечность 78
задняя кромка крыла 432
задняя лапа 85
задняя лука 548
задняя ножка 79, 229
задняя отметка 549
задняя перекладина 564
задняя подвеска 552
задняя часть бедра 286, 290
задняя часть сцены 330
зажигалка 256
зажим 252, 268, 348, 379, 465
зажим для волос 298
зажим «невидимка» 298
зажимной патрон 249
заземление 226
заколка для волос 298
закругление перил 218
зал 331
зал ожидания 414
зал ожидания вылета 431
зал суда 481
залив 23
залив Аляска 25
залив Карпентария 30
Замбия 494
замедлитель 450
замена 370
замена: выбор третьего уровня 370
замерзание 456
замок 213, 214, 304, 314, 387, 390, 412, 563
замок зажигания 392, 408
замок ремня безопасности 391
замок свода 316
замочная задвижка (ригель) 214
замыкающий линии схватки 523
заостренный лацкан 266
Западное полушарие 21

запястье 94, 99, 105, 107, 108, 131
зародыш 58, 72
зародышевый мешок 57
зародыши пшеницы 172
зарядное устройство 252, 363, 394
застежка-липучка 565
застежка-молния 272, 278, 304
застежка-петля 272
застеклённая крыша 477
застекленный потолок 216
засушливый климат 45
затвор 336, 448, 449
затылок 105, 107
затылочная доля 123
затылочная кость 111, 112
затылочная мышца 109
затылочный ремень 548
заушник 302
захват 573
захват «пером» 533
зачетное поле 521
зачистка проводов 255
зашеек 89
защелка 303
защелка замка 498
защита, свободная 522
защита, сильная 522
защита для рук 555
защитная каска 500
защитная маска 498
защитная насадка на ботинок 17
защитник 523
защитник, атакующий 527
защитник калитки 517
защитник линии 522
защитник средней линии 522
защитное снаряжение 500, 524
защитно-охладительный резервуар 450
защитные очки 256, 500, 552, 555
защитный ботинок 528
защитный комбинезон 555
защитный шлем 147, 561
защитный экран 16
защищенная цифровая карта 351
заяц 93, 165
звезда 12
звезда, массивная 12
звезда главной последовательности 12
звезда Давида 488
звёзды 12
звуковая колонка 361
звуковой сигнал 392, 408, 416
звукосниматель 335
здание вокзала 415
здание суда 474
зебра 100
зеленая водоросль 59
зеленая стручковая фасоль 147
зелёные зёрна кофе 158
зелёный 460
зелёный лук 139
зеленый перец 142, 154
зелёный чай 158

землетрясение 41
Земля 8, 9, 33
Земля Королевы Мод 24
Земля Мэри Бэрд 24
Земля Уилкса 24
земная кора 35
зеркало 224, 309, 461, 463, 508
зеркало, главное 16
зеркало, дополнительное 16
зеркало, плоское 461
зеркало заднего вида 392, 401, 407, 408, 409
зеркало заднего вида широкого обзора 400
зеркальце 392
зерно 72
зерновая культура 72
зерновая промышленность 72
зерновая птица 89
зерновая 398
зима 44
Зимбабве 494
зимнее солнцестояние 44
зимние виды спорта 556
зимний комбинезон 285
зимняя покрышка 398
зимняя шипованная покрышка 398
зимородок 92
злаковые зерна 157
змеевик кондиционера 223
змея 85
знак бесконечности 469
знак вхождения во множество 469
знак вычитания 469
знак деления 469
знак невхождения во множество 469
знак непараллельности 468
знак неравенства 469
знак нетождества 469
знак объединения множеств 469
знак параллельности 468
знак пересечения множеств 469
знак повтора 346
знак положительная 469
знак приблизительного равенства 469
знак пустого множества 469
знак равенства 469
знак равнозначности 469
знак радикала 469
знак сложения 469
знак суммы элементов 469
знак тождества 469
знак умножения 469
золотая рыбка 82
золотистый ретривер 95
золото 42
зона боя 545
зона отдыха в холле 480
зона парковки 472
зонт 305
зонтик 66
зонты и трости 305
зоны подачи 529
зоопланктон 50
зрачок 96, 132
зрительный зал 327
зрительный нерв 132
зуб 84, 86

зуб, коренной 113
зуб мудрости 113
зубец 549, 571
зубная альвеола 113
зубная нить 301
зубная паста 301
зубная щётка, межзубная 301
зубная щётка, ручная 301
зубная щётка, сменная головка 301
зубная щётка, электрическая 301
зубной ряд человека 113
зубной цемент 113
зубной эликсир 301
зубцы 250, 251, 263
зубцы конька 559
зубчатая пара 245
зубчатый 62
зубы 113
зубя 189
зюйдвестка 289
зяблик 90

## И

ИВЛ 504
иврит, символы 349
игла 36, 39, 504, 575
игла, еловая 70
игла для зашивания 199
игла для шпигования 199
иглобрюх 83
иглу 324
иглы для чистки 256
игральная кость 572
игральные кости и домино 572
игровая консоль 574
игровая консоль, переносная 574
игровая поверхность 532
игровое поле 571
игрок второй базы 514
игрок первой базы 514
игрок третьей базы 514
игрушка 103
игры 572
игры онлайн 375
игуана 88
иена 484
иероглиф, китайский 349
изба 324
извилина 123
изгиб свода стопы 290
изголовье 232, 233
излучина 33
измельчитель бумаги (шредер) 379
измерение времени 464
измерение длины 465
измерение массы 466
измерение расстояний 465
измерение температуры 464
измерение толщины 465
измерительные приборы 464
изножье 233
изобара 44
изображение 354
изобразительное искусство 326
изогнутая губа 245
изогнутая ножка 228
изогнутый накидной ключ 246

изолированная ручка 207, 255
изолированное полотно 255
изолирующая пластина 255
изолирующий водоем 447
изолятор 397, 502
изоляция 218, 452
изотермическое ведерко 208
Израиль 494
икра 105, 107
иллюминатор 426, 432
имплювий 312
импульсный рубиновый лазер 462
имя домена 374
инвалидная коляска 508
инвентарь для физических упражнений 546
ингалятор-дозатор 506
индейка 165
Индийский океан 22, 24, 28, 29, 30
«Индикар» 554
Индия 495
Индо-Австралийская плита 34
Индонезия 29, 495
индюк 90
иней 48
инертный газ 227
инерционная катушка 570
инжектор 396
инжир 153
иноходь 99
инструмент, слесарный 254
инструмент, снегоуборочный 265
инструмент, строительный 254
инструмент для забивания гвоздей 248
инструмент для заточки 199
инструмент для затяжки 245
инструмент для захвата 245
инструменты для закручивания винтов 249
инструменты для измерений 244
инструменты для письма 348
инструменты для разметки 244
инструменты для распила 250
инструменты для сверления 252
интеграл 469
интегральная микросхема 459
интегральная схема в корпусе 459
интервалы 346
Интернет 374
интрузивные горные породы 33
инфильтрация (просачивание) 51
информация об издании 350
инфракрасное излучение 460
инфракрасный датчик 511
инфузория туфелька 75
Ио 8
ионическая колонна 313
Иордания 494
Ирак 494
Иран 494
Ирландия 492

ирландский мох 138
ирландский хлеб 173
Ирландское море 27
искусственная вентиляция легких, ручное устройство 504
искусственная мушка 571
искусственное озеро 35
исламское сотрудничество, организация 496
Исландия 24, 27, 492
Испания 491
испанский артишок 144
испарение 51, 456
исповедальня 489
исполнительские искусства 327
использование Интернета 375
исследование, ультразвуковое 510
иссоп 156
исток 35
исходное положение 537
Италия 492
итальянская брокколи 145
итальянский цикорий 140

## Й

Йемен 494
йогурт 174
йоркширский терьер 94

## К

кабан 100
кабачок 143
кабачок желтоплодный 143
кабачок спагетти 143
кабель, USB 354, 377
кабель для соединения цифровых музыкальных инструментов (MIDI) 343
кабельная линия 375
кабельный модем 375
кабель-«прикуриватель» 399
кабина 438, 440, 441
кабина лифта 323
кабина управления 416, 417, 432, 435, 437, 439
кабина экипажа 19
кабинет 217
кабинет амбулаторных операций 502
кабинка 483
каблук 286, 289, 291, 292
каблук, шпилька 292
каблуки 292
Кабо-Верде 493
кабриолет 385
каджунские специи 155
кадило 489
кадка для растений 258
Казахстан 494
кайма 284
кайман 88
какаду 91
какао 179
каландрование 73
калитка 517
Калифорнийский залив 25
Каллисто 8

калькулятор, графический 377
калькулятор, карманный 377
кальмар 159
кальсоны 270
камамбер 175
камбала обыкновенная 162
камбаловидная мышца 108
камбий 68
Камбоджа 495
каменная куница 97
каменный, выступающий 320
камень, выступающий 320
камера 65, 313, 328
камера, зеркальная 352
камера, пленочная 352
камера, цифровая 353
камера сгорания 396
Камерун 493
камеры 481
камин 216, 220
каминная полка 220
Канада 24, 490
канадская палатка 567
канадский бекон 171
канадский олень 100
канал, мочеиспускательный 125
канаты 544
кандела 467
канистра 569
каннеллони 176
каннелюры 320
каноэ 288
каноэ 543
кант 561, 562
канталупа 151
кануни 332, 341
капелька (фильтрационная) кофеварка 209
капельница 501
каперсы 180
капилляр 116
капиллярная трубка 464
капитанский мостик 422, 426, 427
капитель 334
каплун 165
капот 237, 386, 402, 553
капри 277
капсула, желатиновая 506
капуцин 103
капюшон 272, 278, 284, 307, 558
капюшон с кулиской 285
кар 551
каракатица 159
карамбола 153
карандаш 349
карандаш, отбеливающий ногти 296
карандаш для бровей 295
карандаш для губ 295
карапакс (спинной щит) 86
каратист 545
карате 545
каратэги 545
карбюратор 406
кардамон 154
кардиган 273, 278
кардиган с V-образным вырезом 273
кардинал 90
каре 572

Карибская плита 34
Карибское море 22, 25
карийон 332, 341
карикатура 350
каркас 229, 232, 235, 257, 281
карман 244, 266, 271, 273, 279, 390, 516
карман в боковом шве 279
карман с клапаном 271, 272
кармашек 303
карниз 211, 213, 220, 230, 311, 319, 321
карп 163
Карпаты 27
карри 154
Карское море 24
карта, игральная 572
карта, политическая 31
карта, физическая 23
карта xD-снимка 351
карта автодорог 31
карта города 30
карта памяти 351, 353, 354, 372
карта памяти USB 351
картер 222, 396
картографическая сетка 20
картографические проекции 20
картонный пакет 183
картофелемялка 201
картофель 139
карты-картинки 572
касатка 102
каска, пожарная 498
Каспийское море 22, 29
касса 185
кассир 185
кассовый аппарат 185
кассы 185
кастаньеты 332, 341
кастрюля 203
кастрюля для варки яиц 203
кастрюля с одной ручкой 203
касты 79
каталка 505
каталог 374
катамаран 541
Катар 494
катафот 403, 410, 411, 553
каток 556, 559, 560
каток, дорожный 439
катран 84
катран приморский 140
катушка 357
катушка с клейкой лентой 379
катушкодержатель 570, 571
кафе 474, 479
кафедра 489
кашалот 102
кашпо 258
каштан 149
каюта 426
квадрат 214, 471
квадратная подушка 232
квадратный наконечник 249
квадроцикл 409
кваква 85
кварк d 456
кварк u 456
кварта 346
квинта 346
квотербек 523

кегельбан 478
кедровый орех 149
кеды 292
кейс 303
кельвин 467
кемпинг 566
Кения 493
кепка 288, 289
керамические конденсаторы 459
кервель 156
керосин 446
кетчер 515
кетчуп 181
кешью, или акажу 149
кивано 152
киви 152
килевая яхта 541
килограмм 467
килт 275
киль 84, 433, 435
кинескоп 355
кино 157
кинопроектор 327
кинотеатр 327, 474, 478
кипарис 71
Кипр 492
кипятильник для кофе 209
Кирибати 495
кириллица 349
кирка 260
кислород 51
кислородная маска 504
кислородный цикл 51
кислота, ацетилсалициловая 507
кислотные дожди 53, 54
кислотный снег 54
кисточка 200, 326
кисточка «веер» 295
кисточка для губ 295
кисточка для пудры 295
кисточка для румян 295
кисть 66, 105, 107, 257, 348
кисть руки 103, 131
кит, горбатый 102
кит, японский 102
Китай 495
китайская брокколи 145
китайская горькая тыква 142
китайская зимняя дыня 142
китайский артишок 139
кишечник, толстый 119
кишечник, тонкий 119
киянка 248
клавесин 339
клавиатура 338, 342, 363, 364, 368
клавиатура и пиктограммы 370
клавиша 338, 344
клавиша Backspace 371
клавиша Control 370
клавиша Delete (удаление) 371
клавиша Enter 371
клавиша Enter (ввод) 371
клавиша Escape 370
клавиша Home (в начало) 371
клавиша Insert (вставка) 371
клавиша включения 370
клавиша включения цифровой клавиатуры 371
клавиша вычитания 377
клавиша деления 377

клавиша квадратного корня 377
клавиша персональной идентификации (PIN) 483
клавиша процентов 377
клавиша «равно» 377
клавиша сложения 377
клавиша табуляции 370
клавиша умножения 377
клавиши с цифрами и буквами 482
клавишные инструменты 338
кладбище 30, 475
клан 558
клапан 202, 225, 266, 336
клапан, аортальный 117
клапан, лёгочного ствола 117
клапан, митральный 117
клапан, трёхстворчатый 117
клапан кармана на пуговице 271
клапаны 342
кларнет 336
кларнеты 332
класс 74
классическая дверь 322
классический захват 533
классная доска 486
классная комната 486, 487
клей 218
клей-карандаш 379
клементин 150
клемма 226
клён 69
кленовый сироп 179
клетка 313
клетка для животных 308
клетка для птиц 309
клеточная оболочка 56
клёцки (ньокки) 176
клешня 77
клещ 80
клещи 245
клещи, регулируемые 245
клещи-тиски 245
климат 45
климат умеренно жаркий 45
климат умеренно холодный 45
клиновидная пазуха 134
клиновидный родничок 112
клипса 563
клипсы 294
клитор 126
клоп 81
клош (колокол) 289
клубневые овощи 139
клубника 148
клубника в разрезе 64
клубное кресло 228
клык 113
клюв 89, 102
клюква 148
ключ для открывания бутылок 568
ключ до 346
ключи 346
ключица 110
клюшка вратаря 557
клюшка полевого игрока 556
клюшки для гольфа 551
кнехт 425
книга, электронная 373
книжный магазин 478

книжный шкаф 486
кнопка 272, 344, 379
кнопка блокировки замка 390
кнопка быстрой перемотки назад 356
кнопка включения 366, 367, 368
кнопка включения/выключения 208, 355, 356, 357, 360, 362, 363, 365, 367, 369
кнопка воспроизведения 357, 360
кнопка воспроизведения / паузы 362
кнопка воспроизведения в случайном порядке 360
кнопка выключения 357
кнопка записи 356, 357
кнопка контроля: выбор группы 370
кнопка многократного экспонирования 352
кнопка остановки 356
кнопка остановки воспроизведения 360
кнопка отключения звука 357
кнопка паузы 360
кнопка перезагрузки 367
кнопка переключения заглавных букв (Caps Lock) 370
кнопка перемотки вперёд 356
кнопка следующего трека/перемотки вперед 362
кнопка «Стоп» 357
кнопочный выключатель 251
кнопочный телефон 364
кнопочный элемент 351
кобра 87
коврик 399
коврик для мыши 369
ковш 438
коготок 77
коготь 86, 89, 93
кодовый замок 303
кожа 101
кожаная петля 268
кожгалантерея 303
кожное сало 130
кожура 64, 65
кожух 265
коза 100
козелец 145
козелец испанский 145
козелок 128
козырек 288, 320, 441, 556
козье молоко 174
козьи сыры 174
кокарда 497
кокетка 267, 272, 276
кокосовый орех 149
коклит 540, 543, 555
кола 149
колба 227, 355, 464
колбаса, полукопчёная 171
колбаса, свиная 171
колбаски чиполата 171
колбасные изделия 171
колбочка 132
колготы 282
колдунчик 540
колеблющаяся блесна 571

коленная чашечка 110
коленный сустав 99
колено 94, 104, 106
коленчатый вал 396
колесико 233, 237, 304
колесо 402, 508, 552, 555, 565
колесо, беговое 308
колесо прокрутки 369
колесо с шиной 398
колибри 90
коллектор для бумаги 55
коллектор для стекла 55
колли 95
коллиматор 509, 511
колодец 310, 447
колок 334, 338
колокол 75
колоколенка 314, 317
колокольня 317, 489
колокольчики 341
колонка 350
колонка обозревателя 350
колонна 311, 318
колонна, ионическая 319
колос 66
колосники 330
колотушка 345
колпак 220, 221
колпак дымовой трубы 211
колпак колеса 387
колпачок 226, 349
Колумбия 490
колумелла (стержень) 76
колыбелька 567
кольраби 144
Кольский полуостров 27
кольца 294, 534, 535
кольцевая дорога 30
кольцевидная насадка 204
кольцеобразное затмение 10
кольцо 58, 183, 202, 527, 562, 564
кольцо без камня 294
кольцо-солитер 294
кома 12
комар (москит) 81
комбинация в покере 572
комбинация 280
комбинезон 270, 277, 558, 561
комбинезон горнолыжника 562
комбинезон для сна 284
комбинезон с перекрестными бретелями 285
комбинезон со спинкой 284
комбинезон-мешок 285
комбу 137
комета 12
комната анестезии 501
комната ожидания 503
комната отдыха 219
комнатный кондиционер 223
комнатный термостат 222
комод 230
Коморские Острова 494
компакт-диск 354
компактная пудра 295
компактная стереосистема 361
компенсатор плавучести 536
комплекс гидротехнических сооружений гидроэлектростанции 448

комплект съемных насадок 246
комплювий 312
компрессор 309, 447
компьютер, бортовой 392
компьютер, универсальный 366
компьютерное оборудование 366
конвейер 443
конвектор 222, 356
конвекционный поток 457
конвекция 457
конвергентные платформы 34
конверт для бумаги 55
конверт на подкладке 376
конденсатор 442, 443
конденсация 51, 456
конденсор 463
кондиционеры 223
кондиционирование воздуха 222
кондоминиум 325
кондор 91
конек 215, 556, 559
конек для шорт-трека 558
конечная бронхиола 118
конечная морена 38
коническая проекция 21
конный спорт 548
конопля 72
консервная банка 183
консервный нож 197, 208, 568
консервы, рыбные 164
консилер 295
консоль 314, 334
консольная ферма 315
консумент 50
контакт 227, 573
контактная сеть 417
контактная сеть высокого напряжения 419
контактная фишка 255
контактные линзы 301
контактные приспособления 226
контейнер 182, 204, 205
контейнер, пищевой 182
контейнер для бумаги 55
контейнер для металлических банок 55
контейнер для сбора травы 265
контейнер для скрепок 55
контейнер для стекла 55
контейнер для цветов 258
контейнер на 199
контейнеровоз 431
контейнеры для селективного сбора мусора 55
континент 11
континентальный влажный, с жарким летом 45
континентальный влажный, с прохладным летом 45
контрабас 333
контрабасы 332
контрафагот 332
контрмарш 218
контролер 414
контроль 370
контрольно-измерительные приборы 393
контрольные лампочки 393

контрольный экран 352
контрфорс 315, 316, 318
контур тормозной системы 388, 395
конус 471
конус и насадки 200
конус на палец 376
конфорка 238, 568
концентрированное молоко 174
концертный зал 475
концертный рояль 339
конъюнктива 132
конь 534, 535, 573
коньки вратаря 557
коньки для фигурного катания 559
конькобежец 558
конькобежный спорт 558
коньковый стиль 564
конюшня 137
координаты, земные 21
копчёный окорок 169
копчик 111
копытные 100
копытные, земные 99
копыто 99
копьевидный 62
кора 68, 345
кора головного мозга 123
корабль на воздушной подушке 423
Коралловое море 30
коралловый аспид 87
кордегардия 314
корейка 166
Корейская Народно-Демократическая Республика 495
Корейский полуостров 29
корень 61
корень, опорный 61
корень, первичный 58
корень зуба 113
корень сельдерея 145
корешок 68
корзина 239, 242, 413, 527
корзина для бумаг 379
корзина для приборов 242
корзина для рыбы 570
корзинка-пароварка 203
кориандр 156
коридор 529, 530
коринфская колонна 313
корифена 161
корица 154
корки, носовая 133
корковое вещество почки 120
корма 426, 542
кормушка 309
корневая мочка 68
корневая шейка 61
корневище 59, 61
корневой чехлик 61
корнеплодные овощи 145
корнет-а-пистон 337
корнеудалитель 259
корни 71
корнишон 142
короб, капуста кочанная 333
коробка для документов 378
коробка для приманок 570
коробка для сыра 183

коробка для яиц 182
коробка передач 388
коробочка 60, 63
корова 101
королевский морской гребешок 159
король 572, 573
коромысло 396, 466
коромысловые весы 466
корона 10
коронка зуба 113
короткая дистанция 558
короткая перчатка 293
короткая пижама 283
короткие носки 269
короткие трусы (мини-слип) 270
короткий носок 282
короткий чулок 282
короткое ожерелье 294
короткое пальто 271, 279
корпус 220, 240, 241, 335, 338, 352, 355, 366, 464, 543, 553
корпус, геотермический 442
корпус крыши 387
корпус парусника 540
корпус стула 250
корсет 281
корсетная кость 114
корт, теннисный 530
корыто 259
корюшка 161
коса 36, 262
косая борозда 118
косметика 304
космическая лаборатория 19
космический корабль 19
космический скафандр 17
космический телескоп 16
космический телескоп Джеймса Уэбба 16
космический телескоп Хаббла 16
космонавтика 17
косой воротник 267
Коста-Рика 490
костные рыбы 82
костный мозг 170
косточка 63, 64, 65
косточка, слуховая 129
косточковые фрукты 148
костыль с опорой на предплечье 507
кость, носовая 110
кость, скуловая 110, 112
кость для игры в покер 572
костюм 279, 328
костюмер 328
костюмерная 328
костяночка 64
котёл 340
котел для рыбы 202
котелок 202, 288
котловина 37
кофе 158
кофе и настои 158
кофеварки 209
кофейная кружка 192
кофейная ложка 191
кофейная чашка 192

кофемашина для эспрессо 209
кофемолка 197, 208
кофр 230
кочанная капуста зеленая 141
кочанный салат 140
кочерга 221
кошка 96
кошка, бенгальская 96
кошка, норвежская лесная 96
кошка острова Мэн 96
кошки 564
краб 160
краги 556
край 166
край листа 62
край трубы 565
крайний правый защитник 522
крайняя плоть 125
кран 224
краны 437
крапива 141
красная водоросль 59
красная смородина 148
красная фасоль 147
Красное море 22, 28, 29
краснокочанная капуста 141
красный 460
красный гигант 12
красный карлик 12
Красный Крест 496
красный лук 139
красный перец 142
Красный Полумесяц 496
круассан 173
крат 499
круг кровообращения, большой 116
круг кровообращения, малый 116
круг подачи 515
круглая рукоятка 253
круглая шляпка 249
круглая щетка 298
круглый винт 257
круглый пронатор 107
круговорот воды 51
кружка 205, 209
кружка для бритья 300
кружки 143
крупная соль 181
крыжовник 148
крыло 19, 78, 79, 89, 241, 386, 402, 433, 434, 576
крыло седла 548
крыло-брызговик 410
крыльцо 211, 216
крылышко 433, 434
крылья 434
крылья носа 133
крыса 93
крытая остановка общественного транспорта 476
крыша 211, 321
крыша, плоская 211
крышка 202, 224, 239, 240, 243, 244
крышка бензобака 387
крюк 404, 437, 556
крючок 466, 571
крючком 332, 341
куб 471
Куба 490

крестец 110, 111
крестовина 508
крестообразная отвертка 568
крестообразная шляпка 249
крестцовое сплетение 122
крикет 517
крикетный мяч 517
кристаллизация 456
кроватка 232, 233
кровать-трансформер 233
кровеносная система 114
кровеносный сосуд 117
кровообращение, большой круг 116
кровообращение, малый круг 116
кровь, артериальная 116
кровь, венозная 116
кровяная колбаса 171
крокодил 88
крокус 67
кролик 93, 165
кроль 539
кропильница 489
кроссовер 385
кроссовки с шипами 516, 524
кротен-де-Шавиньоль 174
кроющий куст 63
круассан 173
круг 499
круг кровообращения, большой 116
круг кровообращения, малый 116
круг подачи 515
круглая рукоятка 253
круглая шляпка 249
круглая щетка 298
круглый винт 257
круглый пронатор 107
круговорот воды 51
кружка 205, 209
кружка для бритья 300
кружки 143
крупная соль 181
крыжовник 148
крыло 19, 78, 79, 89, 241, 386, 402, 433, 434, 576
крыло седла 548
крыло-брызговик 410
крыльцо 211, 216
крылышко 433, 434
крылья 434
крылья носа 133
крыса 93
крытая остановка общественного транспорта 476
крыша 211, 321
крыша, плоская 211
крышка 202, 224, 239, 240, 243, 244
крышка бензобака 387
крюк 404, 437, 556
крючок 466, 571
крючком 332, 341
куб 471
Куба 490

кубикула 312
Кувейт 494
кувшин 188, 192
кувшинчик 208
кудрявый эндивий 140
кузов 386, 405
кузов самосвала 404
кузов-пресс 404
кузов-самосвал 441
куколка 78
кукуруза 72, 157
кукуруза: початок 72
кукурузная мука 172
кукурузное масло 178
кукурузный сироп 175
кукурузный хлеб 173
кукушкин лён 60
кулик-сорока 92
кулисы 330
куломбе 175
кулон 294, 467
культивация 136
культура, зерновая 72
культура, текстильная 72
кумкват 150
кунжутное масло 178
куница 97
куньи акула 160
купальня 286
купальник 286
купейный вагон 417
купель 489
купол 319, 454
куполовидная палатка 567
куриное яйцо 164
курица 91, 165
курица, курильская хохлатая 165
курковый выключатель 251, 252, 253
куркума 154
куропатка 91, 165
куртина 314
куртка дзюдоиста 545
куртки и жакеты 278
курятник 137
кусачки для когтей 308
кусачки электрика 255
кускус 172
кускусьер 203
кусок без кожи 164
кусочки 170
куст 258
кустарник 49
кустистый лишайник 60
кутикула 130
кухня 187, 216, 417
кухонная посуда 202
кухонная утварь 196
кухонное оборудование 196
кухонное полотенце 243
кухонные весы 192
кухонные ножи 196
кухонные ножницы 199
кухонные принадлежности 201
кухонный комбайн 205
кухонный нож 196
кухонный шкаф 187
кухонный шприц 199
кучевые облака 46
Кыргызстан 494
кювет 380
кювета 239, 334

## Л

лабрадор-ретривер 94
лаваш 173
лавка 312
лавровый лист 156
лагуна 36, 57
лад 334, 335, 344
Ладожское озеро 27
ладонь 131
ладья 331
лазанья 176
лазерный датчик 369
лазерный луч 462
лайм 150
лак для ногтей 296
лакколит 40
лама 100
ламбдовидный шов 112
лампа 227, 255
лампа, светодиодная 227
лампа для чтения 234
лампа дневного света 227
лампа накаливания 227
лангуст 160
лангустин 160
ландыш 67
ланцет 504
ланцетовидный 62
Лаосская Народно-
  Демократическая
  Республика 495
лапша 177
лапша, бобовая 177
лапша, гречневая 177
лапша, длинная 176
лапша сомен 177
лапша чоу мейн 177
ласка 97
ластик 379
ласточка 270, 276
ласточка 9
ласты 536
лата 540, 542
Латвия 492
латексная перчатка 505
латинница 349
лацкан 266, 271
лебедка 323, 404, 541
лебедь 92
левая клавиатура 344
левая педаль 338
левая почка 120
левая сторона 331
левое легкое 118
левое поле 511
левое полушарие 123
левое предсердие 117
левретка 95
левый блокирующий
  защитный 522
левый блокирующий
  нападающий 523
левый борт 427
левый желудочек 117
левый защитник 519, 523,
  525, 556
левый крайний защитник 522
левый нападающий 523
левый полузащитник 519
левый угловой защитник 522

лёгкая атлетика 512
лёгкие 118
легкие сандалии,
  босоножки 292
легкий мазут 446
легкий самолет 434
легкое 116
легочная артерия 114
легочная вена 115
лед 51
ледник 38, 49
ледниковый цирк 38
ледниковый язык 38
ледокол 424
ледяной дождь 48
леерное ограждение 424
лееры 576
лезвие 190, 196, 205, 257, 299, 300
лезвие для танцев на
  льду 559
лезвие конька 556, 559
лейка 261
лейка душа 224
лейкопласт 56
лейкопластырь 507
лейкоциты 117
лемур 103
лён 72
лента 244, 288, 370
лента-корректор 379
ленточный транспортер 415
леопард 98
леопардовая лягушка 85
лепесток 66
лепиота 58
лес средней полосы 49
леска, нейлоновая 264
лесная лягушка 85
лесной орех 148
лесной орех в разрезе 63
лесопильный завод 73
Лесото 494
лестница 218
лестницы и стремянки 257
лестничная клетка 217
лестничная площадка 217
летнее солнцестояние 44
летняя покрышка 398
лето 44
летучая рыба 83
лечебная ромашка 158
Либерия 493
Ливан 494
ливанский кедр 71
Ливия 493
лига 347
Лига арабских государств 496
ликёрная рюмка 188
лилии 67
лимон 150
лимузин 385
лимфатическая система 124
линейка 346, 350, 465, 568
линейный бой 62
линейный судья 557
линза 302, 351, 352, 463, 510
линза, принимающая 465
линза объектива 14, 462
линзы 461
линзы оборачивающей
  системы 462
линия подачи 517

липа 70, 158
липидная капелька 56
лира 345
лиса 97
лисичка обыкновенная 138
лист 60, 61, 62, 144
лист аканта 228
листва 68
лиственница 71
листовая капуста 140
листовая душа 365, первичная 58
листовая кудрявая
  капуста 140
листовая пластинка 59, 62
листовая свекла
  (мангольд) 144
листовка 63
листовой салат 140
листовые овощи 140
листочка 266
литавра 340
литавры 332
Литва 492
литосфера 33, 50
литосферные плиты 34
литторина 159
лифт 323
Лихтенштейн 492
лицо 103, 104
личи 153
лоб 104
лобзик 250
лобковая область 104
лобная доля 123
лобная кость 110, 112
лобная мышца 108
лобная пазуха 134
лобовое стекло 386, 402, 407, 409, 432
лобок 106
ловля спиннингом 570
ловушка 557
лодочки 291
ложа 331
ложбина в барическом
  поле 44
ложка 191, 194, 195
ложка для мороженого 199
ложка для снятия пробы 199
ложка-решётка 201
ложки 191
ложконожка 74
ложный карман 279
ложное сочленение 125, 126
лонган 152
лонжерон 403, 432
лонное сочленение 125, 126
лопастной 62
лопасть 223, 455
лопасть винта 435
лопата 562
лопата, лавинная 265
лопата для кромки газона 260
лопата для снега 265

лопата-движок для снега 265
лопатка 105, 107, 110, 111, 167, 168, 169, 201, 308
лопатообразный 62
лопаточка для чистки
  ногтей 296
лопаточная часть 166
лось 308
лосьон после бритья 300
лоток 308
лоток, кошачий 308
лоток для бумаги 365
лоток для краски 257
лоток для подачи бумаги 372
лоханка, почечная 120
лошадь 99, 100
луг 137
лужайка 211
лук для маринада 139
луковица 144
луковица в разрезе 58
луковица форшипина 427
луковицеобразный
  форштевень 425
луковичка 58
луково-пещеристая
  мышца 125
луковые овощи 139
лук-перо 139
лук-порей 139
лук-скорода 139
лук-шалот 139
Луна 8, 11
лунка 131, 550
лунка ногтя 131
лунное затмение 11
лупа 462, 568
лути 559
лупать 161
луч 75
лучевая кость 110
лучевая нить (луч) 80
лучевая подкожная вена 115
лучевая терапия 511
лучевой нерв 122
лыжа 562
лыжа, супергигантский
  слалом 562
лыжи 553, 562
лыжи для прыжков 561
лыжи для слалома 562
лыжная маска 289
лыжная палка 562
лыжная шапочка 564
лыжник 561, 562
лыжные ботинки 562
лыжные гонки 561
лыжный костюм 564
любистик 139
люк 330, 387
Люксембург 492
люмисфера 351
люпин 146
люстра 235
лютик 67
люцерна 146
ля 346
лягушка 85
лягушка-бык 85

## М

Маврикий 494
Мавритания 493
магазин 248, 474
магазин кожгалантереи 478
магазин оптики 479
магистраль, газовая 447
магма 34, 40
магматический массив 40
магнезия 535
магнетизм 458
магнит 388, 458
магнитная пленка 357
магнитная полоска 485
магнитное поле 458
магнитный жук 81
магнитно-резонансная
  томография 509
магнитный компас 569
Мадагаскар 28, 494
мазь 506
майка 270, 286, 513, 516, 518, 524, 526, 552
майский жук 81
мак 63, 155
макадамия 149
макака 103
макаронные изделия 176
Макемаке 9
макинтош (дождевик) 271
макияж 295
мак-самосейка 67
Малави 494
Малайзия 495
маланга 139
Мали 493
малина 148
малина в разрезе 64
малиновка 90
малоберцовая кость 110
малоберцовая мышца,
  короткая 109
малые коренные зубы 113
малый барабан 332, 340
Мальдивы 494
Мальта 492
малярные работы 257
манго 153
мангуст 97
мандарин 150
мандибула (жвала) 78
мандолина 345
манжет 532
манжет, пневматический 505
манжета 267, 284
маникюр 296
маникюрные ножницы 296
маникюрные щипчики
  (кусачки) 296
маникюрный набор 296
маниок 139
манометр 499, 505
мантия 77
мануал позитив 339
мануалы 339
маракуйя 152
марганцевая смесь
  (катод) 459
маргарин 178
маркер 349
марлевый бинт 507
марлин, синий 82

Марокко 493
Марс 8, 9
Маршалловы Острова 495
маршрутизатор 375
маска 517, 524, 536
маска, лыжная 289
масла и жиры 178
масленка 192
маслёнок 138
масляная краска 326
масляная пастель 326
масляный радиатор 222
массажная мочалка 297
массажная щетка 298
мастерок для расшивки швов 254
мастерок каменщика 254
мастерок штукатура 254
мастихин 326
масть 572
мат 536
математика 469
материал для малярных работ 257
материковая кора 33
материковый склон 34
материя 456
матка 79, 126, 127
матка, оболочка 127
матрас 232, 233
матрас, пеленальный 233
матрас из пеноматериала 566
матроска 276
маты 534
маховик 396
маховик, ручной 261
маца 172
мачта 356, 540, 542
мачтовый кран 425
машикули 312
машина для гонок «Индикар» 554
машина скорой помощи 502
машинка 549
машинка для вынимания косточек 199
машинка для печати ярлыков 378
машинка для стрижки 300
машинка для стрижки волос 299
маяк 421
меблировка и домашнее оборудование 228
мёд 179
медальон 170, 294
медиатор (плектр) 345
медицина 501
медицинская маска 505
медицинская помощь 511
медицинский термометр 464
медицинское оборудование 504
медицинское обследование 509
медленноварка (для тушения на медленном огне) 207
медоносная пчела 79
медсестра 501
медуза 75
медь 42
межальвеолярная перегородка 117

междоузлие 61
международная космическая станция 18
международная организация 496
Международная система единиц 467
Международный олимпийский комитет 496
межрёберный нерв 122
мезокарпий 64, 65
мезонин 211, 217
мезопауза 43
мезосфера 43
мезоторакс (среднегрудь) 78
Мексика 490
Мексиканский залив 25
мексиканский красноколенный паук-птицеед 80
мел 549
Меланезия 30
мелизмы 347
мелисса 79
мелкая соль 181
мелкие корешки 61
мелование 73
мелодическая труба 344
мелодические струны 344
мельница, ветряная 154
мельница для овощей 197
мельница для перца 197
мельница-башня 313
мембрана 340, 341, 345
менажница 193
менора 488
меньше 469
меньше или равно 469
меридиан, восточный 20
меридиан, западный 21
Меркурий 8, 9
мерин 162
мерная кружка 198
мерные ложечки 198
мерные чашки 198
мерный стакан 198
меса (столовая гора) 39
места для публики 481
место 406, 409
место для двора 220
место оператора 439
место подсоединения переносного цифрового аудиоплеера 361
место равнина 488
место слияния рек 35
месяц 11
металлическая метелочка 341
металлическое оборудование надводной части 541
метаморфические горные породы 33
метание диска 513
метание копья 513
метание молота 513
метаторакс (заднегрудь) 78
метёлка для пыли 243
метельник 416, 417
метеорологическая карта 44
метеорологический радиолокатор 432
метеорология 43
метла для канавок 404
метла для сбора 404

метр 467
метрдотель 186
метрополитен 418
меха 344
механизм, подъёмный 323
механизм управления поворотом отвала 441
механическая сеялка 264
механические часы 464
механический карандаш 349
мехи 344
мечеть 488
меч-рыба 161
мешалка 200
мешок, спальный 566
ми 346
мигалка 497, 499
мидия 159
миелиновая оболочка 121
мизинец 131
микроавтомобиль 385
микроволновая печь 187, 206
микроволны 460
микрометр 465
микроскоп, монокулярный 463
микротрубочка 74
микрофиламент 74
микрофон 343, 363, 364, 365, 369
микрофонный оператор 329
микрофоны 497
миксер на подставке 204
миксирование 343
Мимас 9
минарет 488
минбар 488
миндалина 124, 133
миндаль 149
минерал, чистый 42
минералы 42
миниатюрная кодирующая карта 351
миниатюрный фотоаппарат 353
минивэн 385
мини-грузовик 385
минус 468
минута 468
минутная стрелка 464
миокард 117
Миранда 9
миска 192, 204, 308
миски для замешивания 200
мисо 180
митенки (полуперчатки) 293
митохондрия 56, 74
михраб 488
мицелий 58
мишень 575, 576
мия 159
Млечный Путь 13
многокорпусные суда 541
многоножка обыкновенная 59
многоугольники 471
многофункциональный раствор 301
многоэтажный дом 325
мобильный затвор 13
модем 372, 374
модем, USB 372
мозаика 312
Мозамбик 494

Мозамбикский пролив 28
мозг 121, 123
мозг, головной 123
мозг, спинной 121
мозга головного кора 123
мозги 170
мозговое вещество почки 120
мозжечок 123
мозолистое тело 123
мойка 187
МОК 496
мокасины 292
молдинг бампера 386
молекула 456
моллюски 159
молниеотвод 211, 449, 455
молния 48, 278
молоко 174
молоко, коровье 174
молокопродукты 174
молочная ферма 131
молозистое яйце 341
молотый перец 155
молоточек 129, 338, 340, 341
молоточки 341
молотый перец 155
молочная железа 127
молочная ферма 131
молочник 192
молочные продукты 174
молочные протоки 127
молочный шоколад 179
моль 467
моментальная фотография 479
Монако 492
Монголия 495
монета 484
монитор 367
морда 84, 85, 96
мордент 347
море 11, 23, 35
море Баффина 25
море Бофорта 24, 25
море Лабрадор 25
море Лаптевых 24
море Уэдделла 24
морена 38
морепродукты 164
морж 103
морковь 145
мороженица 208
морозильная камера 186, 239
морозильник 187
морская звезда 75
морская свинка 93
морская свинка 159
морская соль 181
морские млекопитающие 102
морское блюдечко 159
морское ушко 159
морской вокзал 421
морской гребешок 159
морской еж 75
морской конёк 83
морской лев 102
морской окунь 161
морской петух-куму 161
морской порт 421
морской салат 138
морской транспорт 421
морской черенок 159
морской чёрт 161
морской язык 162
морская оболочка матки 127
мортаделла 171

мост с консольной фермой 382
мостки 314, 330
мостовой кран 449
мотобот 555
мотокросс 555
мотор 219, 223, 240, 241, 242, 265, 444
мотор, гидравлический 439
моторная лодка 425
моторная тележка 417
моторная яхта 425
моторный блок 236
мотороллер, четырёхколёсный 508
мотоспорт 555
мотоцикл 406
мотоцикл-внедорожник 409
мотыга 260
мотыга-волокуша 260
мох 60
моцарелла 174
мочалка 297
мочалка из люфы 297
мочевой пузырь 120, 125, 126
мочевыделительная система 120
мочеиспускательный канал 120, 125, 126
мочеточник 120
мочка 128, 141
мошонка 104, 125
МРТ 509
мужская обувь 290
мужская одежда 266
мужская шишка 70
мужские головные уборы 288
мужские перчатки 293
мужские половые органы 125
мужской пол 468
мужчина 104
музей 475
музыка 332
музыка, электронная 342
музыкальный магазин 478
мука, гречневая 172
мука, кукурузная 172
мука и пшеничная крупа 172
мул 100
мундштук 336, 337, 342, 548
муравей 81
мускатный орех 154
мускусная дыня 151
муслин 198
мусор 55
мусорная свалка 473
мусоровоз 404
муфлон 102
муфта утяжеленной бурильной трубы 444
муха 81
муха цеце 81
мухомор вонючий 58
мухомор красный 58
мучнистое ядро (эндосперм) 72
мхи 60
мыс 35
мыс Горн 26
мыс Доброй Надежды 28
мышечная оболочка матки 127
мышца, грудинно-ключично-сосцевидная 108, 109

мышца, длинная малоберцовая 108
мышца, длинная приводящая 108
мышца, икроножная 108, 109
мышца, передняя большеберцовая 108
мышца, плечевая 108
мышца, плечелучевая 108, 109
мышца, подкостная 109
мышца, поднимающая волос 130
мышца, подошвенная 109
мышца, полуостистая 109
мышца, полуперепончатая 109
мышца, полусухожильная 109
мышца, портняжная 109
мышца, тонкая 109
мышца бедра, двуглавая 109
мышца бедра, латеральная широкая 108
мышца бедра, медиальная широкая 108
мышца бедра, прямая 108
мышца глаза, круговая 108
мышца головы, ременная 109
мышца живота, наружная косая 108, 109
мышца живота, прямая 108
мышца ладонная, длинная 108
мышца ладонная, короткая 108
мышца рта, круговая 108
мышца шеи, подкожная 108
мышцы 108
мышь, беспроводная 369
мышь, лазерная 369
мыщелок бедренной кости 111
Мьянма 495
мэйн-кун 96
мэрия 474
мюнстер 175
мягкая контактная линза 301
мягкая мозговая оболочка 124
мягкие крепления 561
мягкие сыры 175
мягкий ботинок 561
мягкий кант 286
мягкий луч 82
мякоть 64, 65
мясные продукты 170
мясо 165
мясорубка 197
мята 156, 158
мяч 520, 524, 551, 575
мяч для игры в настольный теннис 533
мяч для софтбола 516

## Н

наан 172
набедренная накладка 524
наблюдатели ООН 496
наблюдательный пост командно-диспетчерского пункта 428
набойка 290
набор для суши 193
набор для фондю 202

навес 313
навесная бойница 314
навесной шкаф 187
навигационный прожектор 423
навигационный фонарь 433, 435
наволочка 232
нагнетатель 404
нагревательный элемент 219, 241, 242
нагретый теплоноситель 450
нагрудник 284, 285, 524
нагрудный карман 267, 271
нагрузка 546
надгортанник 118, 135
надземный нефтепровод 445
надмыщелок 111
надпочечник 128
надпяточная кость 111
надувная спасательная лодка 423
надувной матрас 566
надхвостье 89
наждачная бумага 253
нажимная кнопка 348
название газеты и дата выхода 350
название частей обуви 290
названия тропических циклонов 57
накаливатель 379
накидка 279
накипной лишайник 60
накладка 214, 226, 333
накладка, стерильная 507
накладка для защиты ребер 524
накладка для полива 261
накладка для увеличения объема 529
накладка для шланга 261
накладка-валик 257
накладка на носок ботинка 500
накладная часть берца 290
накладной замок 304
накладной карман 266, 284
наклейка 549
наклейка со стоимостью товара 466
наколенник 524, 546, 565
наконечник 190, 254, 256, 257, 286, 290, 549
наконечник крестообразный 249
накопитель 395
наличник 214
налобный ремень 548
налокотник 524, 565
Намакуа 9
Намибия 494
намордник 308
наносник 302
наос 311
нападающий 519
нападающий, легкий 527
нападающий, тяжелый 527
напильник 253, 568
напяточник 561
наплечник 524
наплечный ремень 304
наполнитель для лотка 308

напольные весы 466
напольный электрический обогреватель 222
направление волн 41
направление реакции 468
направляющая оковка для шкотов 541
направляющая планка 250
направляющая пневматическая шина 420
направляющее колесо 438
направляющее острие 252
направляющее полотно цепи 263
направляющий домкрат 440
направляющий стержень 253
напрягатель широкой фасции бедра 108
нарвал 102
нарезка 252
народные инструменты 344
наружная застекленная дверь 187, 276
наружная подошва 286
наружное боковое зеркало заднего вида 402
наружное зеркало заднего вида 400
наружное зеркало заднего вида широкого обзора 401
наружное ухо 128
наружное ядро 33
наружный палец 89
наружный слуховой проход 128
нарцисс 67
насадка 190, 196, 204, 236, 237
насадка для пола и ковра 237
насадка для полива 261
насадка для увеличения объема 529
насадка для шланга 261
насадка-валик 257
насадки 204
насекомоядная птица 89
насекомые 80
насекомые и паукообразные 78
населённый пункт 472
насос 219, 240, 242, 410, 453, 536, 566, 568
насос, кровяной 511
насос для надувания и сдувания 566
насос для накачивания колес 384
настенный фонарь 235
настил 544
настольная галогенная лампа 234
настольная лампа 234
настольные игры 573
настольный теннис 573
настольный футбол 575
насыпь 381
НАТО 496
натуральная губка 297
Науру 495
научные символы 467
наушник 293, 343, 359, 360, 363

наушники 293, 360, 361, 362
нахлыстовая катушка 571
нахлыстовое удилище 571
национальный парк 31
начало отверстия между зубьями 189
неаполитанская кофеварка 209
небесные тела 8
нёбная миндалина 135
нёбо 133, 134
небольшой салатник 193
неопускающееся стекло 387
неочищенный рис 177
Непал 495
непанопериристый 62
неподвижная губа 246, 247
неподвижная щека 247
Нептун 8, 9
неразводные мосты 382
неразрывный пробел 370
нерв 121
нерв, бедренный 122
нерв, большеберцовый 122
нерв, зрительный 123
нерв, локтевой 121
нерв, малоберцовый 122
нерв, подвздошно-паховый 122
нерв, подвздошно-подчревный 122
нерв, подкожный 122
нерв, подмышечный 122
нерв, преддверно-улитковый 129
нерв, седалищный 122
нерв, спинномозговой 121, 122
нерв, черепно-мозговой 121
нерв бедра, латеральный кожный 122
нерва зрительного, диск 132
нервная система 121
нервная система, периферическая 121
нервная система, центральная 121
нервюра готической стрелки 316
несколькущая набойка 257
несущая конструкция 215, 311, 312
несущая пневматическая шина 420
несущий трос 382
неф 317
нефтеочистительная установка 445
нефтепровод 445
нефть 443, 444
Нигер 493
Нигерия 493
Нидерланды 492
нижнее бельё 280, 554

нижнее веко 85, 96, 132
нижнее крыло биплана 434
нижний бьеф 448, 449
нижний защитный кожух 251
нижний слой основания проезжей части 380
нижний спойлер 407
нижняя губа 133
нижняя доля 118
нижняя зубная дуга 133
нижняя мантия 33
нижняя носовая раковина 134
нижняя перекладина 213
нижняя полая вена 115, 117, 120
нижняя часть 269
нижняя челюсть 82, 110, 112
нижняя юбка 280
низ верхнего ботинка 563
низкая стремянка с подножкой 257
низкие звуки 360
низкие облака 46
низкочастотный полуприцеп 403
низкочастотные колонки 358
Никарагуа 490
никель 42
Нил, остров 28
ниппель 411
нисходящий коридор 310
нитевидный сосочек 135
нитки шва 286
нить накала 227
Ниуэ, остров 496
ниша 318
новая 12
Новая Зеландия 30, 495
Новая Земля 24
Новая Каледония 30
новолуние 11
новый шекель 484
нога 76, 86, 103, 105, 107
ноготь 131
ногтевидные
ножик для срезания кутикулы 296
ножка 58, 144, 230, 232, 234
ножка, выдвижная 230
ножка микросхемы 459
ножницы 507, 568
ножницы для кутикулы 296
ножницы для педикюра 296
ножницы для птицы 199
ножовка 250
нож 190, 194, 195, 204, 205, 208, 253
нож, многофункциональный 568
нож для бифштекса 190
нож для бумаги 376
нож для мяса 190, 199
нож для окорока 196
нож для пиццы 199
нож для разрезания теста 200
нож для резки 190
нож для рубки мяса 196
нож для рыбного филе 196
нож для устриц 196
нож для цедры 196
нож для чистки овощей 199
нож для чистки рыбы 568
нож шеф-повара 199
ножи 190

ножовочное полотно 250, 251
ноздря 82, 84, 85, 86, 99, 133
номер в гостинице 480
номер участника 513
Норвегия 24, 492
Норвежское море 22, 24, 25
нори 138
норка 97
нос 93, 96, 99, 106, 133, 427, 432, 540, 542, 561, 565
носик 208, 209, 243
носки 269, 521
носовая кость 112
носовая полость 118
носовая часть 543
носоглотка 134
носок 269, 282, 536, 562
носок, короткий 269
носок лыжный 564
носорог 101
нотное письмо 346
нотный стан 346
ноутбук 368
ночная одежда 283
ночная рубашка 283
ночной столик 480, 501
нумератор 376
нут 146
ньютон 467
Ньюфаундленд, остров 25

# О

оазис 35, 39
обвал 42
обвязка нижнего каркаса 215
обеденный стол 187
обеденный уголок 216
обезвоживание 73
Оберон 9
обечайка 333, 334
обжаренные зёрна кофе 158
обои 545
обиходное название 468
облака 46
облака, высококучевые 46
облака, высокослоистые 46
облака, кучево-дождевые 46
облака, перисто-кучевые 46
облака, перисто-слоистые 46
облака, слоисто-дождевые 46
облака, слоисто-кучевые 46
облака вертикального развития 46
облака средней высоты 46
облако Оорта 8
облачный рукав 47
обмотка для руки 544
обогреватель 222
обод 407, 411, 528, 532, 564
ободок 184
обозначение года 484
оболочка 407
оболочка, паутинная 124
оболочка, семенная 58
оболочка мозговая, мягкая 124
обонятельная луковица 134
обонятельная слизистая оболочка носа 134
обонятельный нерв 134
обонятельный эпителий 134
оборудование, медицинское 504

оборудование, электрическое 255
оборудование для садовых работ 259
обочина (бровка) 380
обоюдоострое лезвие 300
обработка поверхности 253
образование 486
обратимая реакция 468
обратный ковш 438, 440
обручальное кольцо 294
обрыв 36, 37
обсерватория, астрономическая 13
обследование, медицинское 509
обтекатель воздуха 402
обувь 290, 291, 292, 554
обувь для игры в крикет 517
обшивка 215
общий разгибатель пальцев 109
Объединённая Республика Танзания 493
Объединённые Арабские Эмираты 494
объекты 363, 369, 372
объективы для макросъёмки 351
объективы 351
обычный костыль 507
овёс 72, 157
овощерезка 197
овощи со съедобными соцветиями 145
овощная валерианица 141
овсяная мука 172
овца 100
овчарня 137
огнезащитный комбинезон 554
огнетушитель 497, 498
огнеупорный кирпич 220
оголовье 293, 360, 500
огород 137, 210
ограда 137, 210, 258
ограничитель флажки 520
огурец 166, 167, 170
огурцы 142
одежда, ночная 283
одежда, специализированная 284
одежда, спортивная 286
одежда для разминки и тренировки 287
одеколон 297
одеяло 232
один 469
одинарное сиденье 420
одна астрономическая единица 9
одна восьмая 347
одна тридцать вторая 347
одна четвёртая 347
одна шестнадцатая 347
одна шестьдесят четвёртая 347
однобортный пиджак 266
одногорбый верблюд (дромадер) 101
одноковшовый гидравлический экскаватор 440

однокорпусные суда 541
однолетний побег 68
однолопастное весло 543
одноместная палатка 567
одноместное ковшеобразное кресло: вид спереди 391
одноместное ковшеобразное сиденье: вид сбоку 391
одноместный номер 480
однополётный подъёмный мост 383
одноразовая бритва 300
одноразовая контактная линза 301
одноразовый подгузник 285
одноразовый фотоаппарат 352
однорядные ролики 565
односпальная кровать 480
одностворчатая раковина 257
одноэтажный дом 325
одуванчик 67, 141
ожерелье вечернее 294
ожерелье «ошейник» 294
ожерелье 294
озеро 11, 23, 35
озеро Байкал 29
озеро Виктория 28
озеро вулканического происхождения 35
озеро ледникового происхождения 35
озеро Ньяса (Малави) 28
озеро Танганьика 28
озеро тектонического происхождения 35
озеро Титикака 26
озеро Чад 28
озеро Эйр 30
окантовка 220, 257, 304, 454
окапи 100
океан 11, 23
океаническая кора 33
океанический 45
Океания 22, 30, 495
окно 206, 207, 214, 217, 323, 387, 390
окно, круглая арка 315, 318
окно, угловое 320
окно-гармошка 323
окно-жалюзи 323
окно-фрамуга 323
оковалок 166, 167, 168
оконная коробка 214
окорка 73
окорок 168, 169
окорок, копчёный 169
окошко 483
округ 30
округлозубчатый 62
округлый 62
окружающая среда 49
окружная автодорога 473
окружность 470
оксфорды 290
октава 346
окулюс 315
окуляр 14, 15, 353, 462, 463, 510
окулярное щупальце 76
окунь 82, 163
окунь обыкновенный 163

оливковое масло 178
олово 42
ом 467
Оман 494
Оманский залив 29
омар 77, 160
омыватель лобового стекла 386
ООН 496
опасная бритва 300
опёнок зимний 138
оператор 328, 329
операторская крановая тележка 328
операционная 501
операционный блок 501
операционный стол 501
оперение 529, 575
оперное колье 294
оперный театр 474
опилки 73
оплодотворение 57
оползень 42
опора 313, 315, 316
опора крепления 564
опорная балка 215
опорная панель 251
опорная плита 251
опорная стойка 382, 403, 405
опорные стойки 251
опорный столб 317, 321, 382
оправа 302
опрокидывающийся кузов-ковш 440
опрыскиватель 261
оптический прицел 462
опускающаяся штора 399
опускная дверца 313
опускное окно 323
опыление 57
орангутан (орангутанг) 103
органы дыхания 118
органы зрения 132
органы обоняния и вкуса 133
органы осязания 130
органы слуха 128
органы чувств 128
ординатор 501
орегано 156
орёл 81
орех 149
орех пекан 149
орехи 149
ориентир 569
«Орион» 19
оркестр 310
оркестровая яма 330
ортопедический ошейник 504
орхидея 67
оса 81
осадки 48, 51
осадки, зимние 48
осадочные горные породы 33
осветитель 329
осветительная ракета 497
осветительная рампа 235
осветительная решётка 329
осветительные приборы 227, 234
осёл 100
осеннее равноденствие 44
осень 44

осётр 160
основа лопатки 533
основание 218, 230, 234, 253, 380
основная кость 112
основной трансформатор 417
основные узлы и агрегаты различных систем автомобиля 388
основные ходы 573
основные части велосипеда 410
остистый луч 82
остистый отросток 124
остриё 248, 249
остров 23
остров, барьерный 36
остров Ниуэ 496
остров Ньюфаундленд 25
Острова Кука 496
Острова Фиджи 30
островок 381
острый гребень 37
острый перец 142
острый угол 468, 470
ость 205
ось 470
ось абсцисс 470
ось ординат 470
осьминог 77, 159
осязательный щупальце 76
осязательный волосок 93
отбеливание 73
отбивающий подачи 517
отбивная 167, 168, 169
отбивная на рёбрышке 167, 168
отвал 441
отверстие 226
отверстие уретры 125
отвёртка 249, 568
отвёртка со спиральной пружиной 249
отвес 244
отводной 59
отводящий канал 449
отворот 268
отделение для масла 239
отделение для молочных продуктов 239
отделение для мяса 239
отделение для ручек 303
отдельно стоящий шкафчик 199
отдельный отсек 186
отделяющая занавеска 501
отдушина 210
отдых на свежем воздухе 566
откидная гаражная дверь 322
откидная доска 230
откидная панель 230
откидной руль 225
откидывающаяся челюсть 86
отель 317, 380
открывалка 197
открытая палуба 425
отложенная кутикула 296
отопление 219
отражатель 255
отражатель звука 317
отражающая поверхность 461

отражающее зеркало 462
отрицательный вывод 458, 459
отрицательный контакт 452
отрог 37
отряд 74
отсасывающая труба 449
отсек, багажный 425
отсек, спальный 402
оттоманка 228
оттяжка 455, 542
оттяжка гика 540
офис 376
офисное здание 477
офисные принадлежности 376
офисный компьютер 374
официант 186
оформитель 328
охладительная башня (градирня) 442, 443
охлажденный теплоноситель 450
охота 136
охотничья шапка 288
оценка 535
очаг 41, 220
очертания континентов 22
очечник 302
очиститель воздуха 223
очистительная установка 73
очищение от краски 419
очки 302, 552, 561
очки горнолыжника 552
очки для плавания 538
ошейник 308

## П

павильон 418, 550
павлин 90
павлиноглазка атлас 81
погода 321
пажитник 154
пазухи, носовые 134
пазушная почка 61
пайка 256
пакгауз 472
пакет 183
пакет для замораживания 183
пакетик 182
пакетик, чайный 183
Пакистан 494
Палавас 495
палата интенсивной терапии 501
палатка 567
палатка-иглу 567
палатка-павильон 567
палатка-шатер 567
палатки 567
Палестина 496
палец 85, 89, 93, 94, 108, 131
палец, большой 108
палец ноги 104, 106
палец с лопастями 89
палитра с чашечкой 326
палитра с ячейками 326
палка 556
палка, лыжная 564
палочка, барабанная 341
палочка, ватная 507
палочки для еды 193, 195

палочки для письма 348
палтус 162
палуба, конечная 543
пальма 69
пальметта 228
пальмовая роща 39
пальто 278, 279
пальто и куртки 271
пальто реглан 279
пальцевой нерв 122
пальцы с перепонкой 85
пальчатый 62
панама 288, 289
Панама 490
Панамский залив 26
Панамский перешеек 25
пандус 311
панель 213, 365
панель, солнечная 14
панировочные сухари 173
панорамное окно 477
пантограф 417, 420
панцирь 77
панчетта 171
папайя 153
папаха 288
паперть 315, 317
папиллярная мышца 129
папирус 348
папка 59
папка для бумаг 303
папка для документов 378
папка с зажимом 378
папка с «салазками» 378
папка-каталог 378
папка-регистратор 378
папоротник 59
папоротник «птичье гнездо» 59
папоротники 59
паприка 155
пачка 183
пашина 166
паштет 171
пар 137, 457
пар-5 520
пара 559, 572
парабола 39
параболическая дюна 39
Парагвай 490
параллелепипед 471
параллелограмм 471
параллели швеллеров 339
параллель 20
параллельные брусья 535
парапет 217, 314, 318, 320
парафины 446
парео 275
парижская ложка 199
парижские скрепки 379
парижский батон 278
парикмахер 328
парикмахерская 478
парикмахерская расческа 298
парикмахерские ножницы 299
парк 30, 475
парка 272, 278
паркет 218
паркет на бетонном основании 218
паркет на деревянном основании 218
паркетная доска 218
парковка 472, 477
пармезан 175
пармская ветчина 171
парноперистый 62
пароварка 203

паровой утюг 236
паром 426
партер 331
парус 536, 542
парус вдоль мачты 542
парусная полоса 350
парусный спорт 540
парфюмерный магазин 478
паскаль 467
пассаж 478
пассажирский вагон 417
пассажирский круизный лайнер 426
пассатижи 245
паста 348
паста-машина 197
пастернак 145
Патагония 26
патера 228
патио 210, 258
патиссон 143
патока 179
патрон 226, 252, 500
патрон лампы 226
патронный ключ 252
паттер 551
пауза 347, 370
паук 80
паук-краб 80
паук-крестовик 80
паукообразные 80
паук-серебрянка 80
паутина 80
паутинная бородавка 80
паутинная мозговая оболочка 124
пах 104, 106
пахта (обезжиренные сливки) 174
пациент 501
пачка 183
пашина 166
паштет 171
паяльная лампа 256
паяльная работа 256
педали 552
педали с широкой платформой 552
педали швеллеров 339
педаль 334, 340, 410, 547
педаль, создание эффектов 335
педаль forte 342
педаль piano 342
педаль для стремени 552
педаль газа 392
педаль заднего тормоза 408
педаль крещендо 339
педаль сцепления 392
педаль тормоза 388, 392, 395, 406
педальная клавиатура 339
педипальпа (ногощупальце) 80
пекан 149
пекари 100
пекинская капуста 140
пелерина 279
пелетон 552
пеликан 92
пена 41
пена для бритья 300
пена для ванн 297
пенальти 520
пенис 104
пень 68

пеньюар 283
пепино 153
пеппероны 171
первая база 514
первая полоса 350
первая четверть 11
первое вогнутое зеркало 15
первые скрипки 332
первый большой коренной зуб (первый моляр) 113
первый малый коренной зуб (первый премоляр) 113
первый спинной плавник 84
первый судья 526
первый этаж 211, 216
пергаментная бумага 182
пергола 258
перевал 37
перегородка 64, 133
передача 409
передвижной рентгеновский аппарат 502
переднее колесо 441
переднее крепление 563
переднее крыло 78, 407
переднее освещение 390
переднее шасси 432
передний амортизатор 409
передний переключатель скоростей 410
передний поворотник 408
передний полукружный канал 129
передний родничок 112
передний рычаг 466
передний спойлер 409
передний тормоз 411
передний фартук 283
передняя вилка 552
передняя конечность 87
передняя кромка крыла 433
передняя лапа 85
передняя лука 548
передняя мачта 425
передняя ножка 79, 229
передняя носовая ость 112
передняя отметка 549
передняя переключатель 564
передняя шестерня 552
передовица 350
перекись водорода 507
перекладина 229, 230, 321, 534
перекладина, соединенная в гребень 214
переключатель 249, 255
переключатель передач 409
перекрёст зрительных нервов 123
переливная труба 225
перемычка 217
переноска для домашнего животного 308
переносный капсуль 548
перехлажывание 456
перепел 91
перепелиное яйцо 164
перепелка 165
перепонка 63
перепончатый палец 89
перерабатывающий завод 473
пересыпь 36
переулок 475
переход 419

переходник 300
перец, кайенский 155
перец Халапеньо 155
перец чили 155
перечница 192
перешеек 23, 36
перикарпий 63
перила 218, 382, 425
периодонтальная связка 113
перистиль 311, 312
перистые облака 46
перистый 62
периферийные устройства: накопители 373
перо 326, 349
перо надхвостовое, кроющее 89
перо подхвостовое, кроющее 89
перо рули 424
перпендикуляр 468
перрон 414, 415, 419, 430
персидская 96
Персидский залив 29
персик 148
персик в разрезе 65
перстень с печаткой 294
Перу 490
перфорированный поливочный шланг 261
перчатка 293, 516, 551, 561
перчатка, боксёрская 544
перчатка бэттера 516
перчатка для софтбола 516
перчатка для умывания 297
перчатка с крагой 293
перчатки 293, 552, 555, 558, 561, 562, 564
перчатки, резиновые 243
перчатки вратаря 518
перышко 59
перьевая ручка 349
перьевой волан 529
перья (мех) 176
песо 484
песочник 285
песочница 416
песочные часы 198
пестик 57, 66, 197
пестициды 53, 54
песчаная ракушка 159
песчаный остров 36
песчаный перешеек 36
петелька 267
петля 214, 267, 268, 271, 286, 304, 562, 564
петрушка 156
петух 91
печатная плата 459
печатная схема 459
печатное устройство 377
печень 119, 170
пешеходный мост 415
пешеходный переход 476
пешка 573
пиала для риса 193, 195
пивная кружка 188
пиджак 266, 279
пиджак, двубортный 266
пиджак, однобортный 266, 279
пижама 283, 285
пик 37
пики 572

пикша 162
пила, складная 569
пила для живой изгороди 263
пила для спиливания ветвей деревьев 262
пила по металлу 250
пила-ножовка 250
пилка 296
пилочка для ногтей 296
пильный диск 251
пилястр, выступающий 318
пилястр в коринфском стиле 313
пинакль 316
пинбол-автомат 576
пингвин 92
пинетки 284
пиния 71
пинцет 296, 507
пирамида 310, 471
пирамида, почечная 120
пирамидальный тополь 69
пиранья 82
Пиренеи 71
Пиренейский полуостров 27
пистолет 254, 497
пистолет топливного шланга 261
пистоны комбинаций 339
письменность, греческая 349
письменность и печать 348
письмо 348
пита 172
питон 87
питчер 514
пихта 71
пишущий узел 348
пицца, происхождение 136
пищеварительная система 119
пищевая плёнка 182
пищевая промышленность 136
пищевая цепь 50
пищевод 119
пищуха 93
плавание 514
плавание на спине 539
плавательная перепонка 85, 89
плавающая крыша 445
плавки 270, 286, 538
плавление 456
плавник 542, 543
плавучая буровая вышка 422
плавучий дом 425
плавучий подъёмный кран 421
плазма 117
плазмодесма 56
плакучая ива 69
планетарная туманность 12
планисфера 22
планка 213, 233, 267, 273
планка для пуговиц 267
плантан (кормовой банан) 152
планшет 373
планшетка с зажимом 376
планшир 543
пласт 447
пластина 206, 536
пластинка 58, 341
пластрон 86, 267

пластырь, трансдермальный 506
платина 42
плато 23, 37
платочек 266
платформа 416, 466, 537, 564
платформа, нефтедобывающая 445
платье 274
платье, коктейльное 274
платье, свободное 274
платье в обтяжку 274
платье с заниженной талией 274
платье с запахом 274
платье с швами «принцесса» 274
платье-пальто 274
платье-рубашка 274
платье-сарафан 274
платье-трапеция 274
платье-туника 274
платяной шкаф 231, 480
плафон 234
плащ 271
плевра 118
плёнка, пищевая 182
пленочная камера 352
пленочный конденсатор 459
плечевая артерия 114
плечевая кость 110
плечевая часть 166, 167
плечевое сплетение 122
плечо 94, 99, 104, 105, 106, 107, 454
плинтус 218
плита 187
плита Кокосовых островов 34
плита Наска 34
плита перекрытия 213
плита Скотия 34
плитка 258
плитка с двумя конфорками 568
плоская насадка 237
плоская папка 303
плоская подошва 292
плоская солнечная «ловушка» 452
плоская шайба 245
плоская шляпка 249
плоские листики кипариса 70
плоский двигатель 425
плоский бант 288
плоский накидной ключ с храповиком 246
плоский наконечник 249
плоский полунакидной ключ 246
плоский рожковый ключ 246
плоско-вогнутая линза 461
плоско-выпуклая линза 461

плоскошлифовальная машина со смещающимся центром 253
плотина 448
плотницкая работа 244
плотоядный 97
плотоядные млекопитающие 94
плотоядный 50
площадка 218, 257
площадка, бадминтон 527
площадка, баскетбол 526
площадка, волейбол 525
площадка, тхэквондо 545
площадка для вольных упражнений 534
площадка стойки — «башмак» 403
плоутод 8
Плутон 9
плюс 468
плюс / минус 469
плюска 63
плюсна 99
пляж 36
пневмомашина 259
пневмомолоток 248
ПО для графического дизайна 354
ПО для хранилища 354
побег 144
побег бамбука 144
побег папоротника 144
поверхностный сток 51
поверхность, отражающая 461
поверхность Мохоровичича 33
поводок 308
поворачивающаяся мельница 454
поворачивающееся бра 235
поворотник 406, 407, 408
поворотный разводной мост 382
повседневные туфли 291
повязка на глаза 524
погон 271, 497
погон гика-шкота 540, 541
погрузочная техника 436
подача 515, 517, 525, 530
подающий 517
подающий игрок 528, 531
подающий мяч, питчер 514
подающий мяч 530
подбородник 333, 407, 552
подбородный ремень 524, 548
подбородок 89, 106
подвал 211
подвеска 235, 420
подвески 294
подвесная картотека 378
подвесная ферма 382
подвесная канатная дорога 560
подвесной двигатель 425
подвесной мост с несущим тросом 382
подвесной трос 382
подвешенная тарелка 340
подвешивающая связка хрусталика 131
подвздошная внутренняя артерия 114
подвздошная кость 110

подвздошная общая артерия 114, 120
подвздошная губа 246, 247
подвижные мосты 382
подвижная щека 247
подвижный язычок 214
подводка для глаз 295
подводная впадина 34
подводное плавание 536
подводный каньон 34
подводный нефтепровод 445
подводный пик 34
подвязки 281
подголовник 391, 399, 508
поддержка 202
поддон для почтовых отправлений 376
поддон с крылышками 436
поджелудочная железа 119
подзаголовок 350
подзор 232
подкастинг 375
подкладка 266, 267, 286, 290, 559
подключаемые устройства 369, 372
подключение 335
подкожная ткань 130, 131
подколенок 94
подкос крыла 434
подлокотник 228, 233, 390, 391, 508
подмостки 311
подмышечная артерия 114
подмышечная вена 115
подмышечная впадина 104, 106
поднимающая волос мышца 130
поднимающий пролёт 383
поднос 233
поднос для еды 183
пододеяльник 232
подошва 215, 236, 253, 286, 290, 559, 562, 563
подпись 350
подпечье 309
подпорка 215, 258, 264, 304
подпруга 518
подпружиненное крылышко 249
подрезатель 252
подсолнечное масло 178
подсолнух 67
подставка 333, 334, 335, 345, 551
подставка для дров 221
подставка для зонтов 221
подставка для книг 379
подставка для палочек 195
подстройка 337
подтяжки 268
подушечка для полирования ногтей 296
подушка 232, 380
подушка безопасности 392
подушка для кормления 307

подушка сиденья 391
подчашие 64
подшлемник 554
подъем 104
подъёмная лебёдка 437
подъёмник 313
подъёмник, кресельный 560
подъёмник для инвалидных кресел 401
подъёмник плоского ковша 441
подъёмный механизм 499
подъёмный мост 314, 383
подъёмный трос 323, 437
поезд 414
поезд-экспресс 417
пожарная машина с лестницей 499
пожарная часть 475
пожарные машины 499
пожарный 498
пожарный автомобиль-насос 499
пожарный гидрант 476, 498
пожарный сигнальный рожок 499
позвонок, грудной 111
позвонок, поясничный 111
позвонок, шейный 111
позвоночная пластина 86
позвоночник 110, 124
поилка 308, 309
поиск 35
пойма 35
покрышка 402, 411
покрышка улучшенных параметров 398
покрышки 398
пол 567
пола 267, 272
поле, бейсбольное 514
поле, гольф 550
поле, футбольное 518
поле для гольфа 472
поле подачи при одиночной игре 529
поле подачи при парной игре 529
полевая линза 462
полевка 93
полевой игрок 514
ползун 541
ползунки 284
ползунки 284
поливочный пистолет 261
поливочный шланг 261
политика 490
полицейская машина 497
полицейский 497
полицейский участок 475
полка 231, 239
полная фаза Луны 11
полнолуние 11
поло 273
половая щётка 237
половик 347
половина паузы 347
половинка черенка 196
половник 201
половой член 125
положения тела 537
положительный вывод 458, 459
положительный контакт 452

полоса движения с максимальной скоростью 381
полосы движения 381
полотенце 243
полотнище 305
полотнище паруса 540
полотно 249
полотно, парусное 454
полотно-насадка 393
полудиван 228
полузащита 523
полуклюз 541
полукомбинезон 285
полукруг 470, 526
полукруглая щётка 298
полуостров 23
полуостров Камчатка 29
полуостров Юкатан 25
полуприцеп-автовоз 402
полуприцеп-контейнеровоз 403
полуприцеп-платформа 403
полуприцеп-рефрижератор 402
полуприцеп-самосвал 403
полуприцеп-фургон 402
полуприцеп-цистерна 402
полусфера 501
полусферическая оправа 302
полушарие 123
полушария 21
пользователь Интернета 374
Польша 492
поляризационный светофильтр 351
полярная шапка 45
полярное сияние 43
полярный климат 45
поляроид 352
помада, гигиеническая 297
помазок 93
помело 150
помидор 142
помидор черри 142
помидоры черри 142
помойное ведро 243
помост 321, 534
помощник арбитра 559
помощник режиссера 329
помощь, медицинская 511
помощь, неотложная 502
пон л'Эвек 175
пончо 279
поперечный шаг 564
поперечина 229, 455
поперечная арка 316
поперечная арка 39
поперечная распорная планка 257
поперечная флейта 336
поперечник 302
поперечный отросток 124
поплавок 434
попьет 170
пора 56, 63
порог 213
порожек 235
порожек лада 334, 335
порсоль 68
порошковое молоко 174
порт 473
порт, USB 354, 361, 362, 366, 368, 372, 373

порт USB 342
портал 317
портальный кран 421
портативные горелки, плитки, фонари 568
портативные звуковые устройства 361
портативный CD-плеер 361
портативный радиоприемник 361
портик 211
портмоне 303
портплед 304
Португалия 491
портулак 141
портупея 497
портфель 303
поручень 218, 257, 323, 499, 508
поручни 416
порционная формочка 192
поршень 396, 576
посадочная тяпка 260
посадочная фара 435
посадочная причал-галерея 429
последняя четверть 11
послеоперационная палата 501
постановочная часть 331
постельные принадлежности 232
посуда 192
посуда для жаркого 202
посудный шкаф-витрина 231
посудомоечная машина 187, 242
потерна 314
потир 489
поток лавы 40
потолочная балка 215
потолочный вентилятор 223
поул-позишн 554
початок 66, 72
почворазрыхлитель для цветов 259
почечная артерия 114, 120
почечная вена 115, 120
почечная лоханка 120
почечная пирамида 120
почечная чашка 120
почечный столб 120
почка 58, 120
почка листовая, первичная 58
почки 170
почковидная кость 82
почтовое отделение 475, 479
пояс 244, 268, 281, 545
пояс астероидов 9
пояс, хранение денег 306
пояс для подвязок 281
пояс Койпера 8
пояс на резинке 272
пояс с кулиской 272
пояс тяжелоатлета 546
поясница 99, 105, 107
поясничная накладка 524
поясничное сплетение 122
поясок 228, 229, 230
пояс-трусики 281
правая клавиатура 344
правая педаль 338
правая почка 120
правая сторона 331

правильный восьмиугольник 471
правильный двенадцатиугольник 471
правильный девятиугольник 471
правильный десятиугольник 471
правильный одиннадцатиугольник 471
правильный октаэдр 471
правильный пятиугольник 471
правильный семиугольник 471
правильный шестиугольник 471
правое легкое 118
правое поле 515
правое полушарие 123
правое предсердие 117
правый блокирующий защитник 522
правый блокирующий нападающий 523
правый борт 427
правый желудочек 117
правый игрок защиты 525
правый квадрат подачи 521
правый защитник 519, 523, 556
правый нападающий 525, 557
правый полузащитник 519
правый угловой защитник 522
прачечная 480
прачечная комната 216
преддверие 129
преддверно-улитковый нерв 129
предзавиток 128
предметное стекло 463
предметный столик 463
предметы личного обихода 300
предохранитель 263, 498
предохранительная цепочка 225
предохранительный щиток 120
предплечье 94, 105, 107
предсердие 116
предупредительные сигнальные огни 400
предупреждение пожаров 498
предупреждение преступности 497
предчелюстная кость 82
преломляющая поверхность 461
препаратоводитель 463
преподаватель 486
прерия 23
прерывание 371
прессование 73
прибор, оптический 462
приборная панель 392, 407, 408
приборы 188
прибрежная зона 36
прививочный нож 262
привод для CD/DVD-ROM 342
приводной ремень 240
привязочный ремень 548
пригород 30, 473
пригодный поезд 415

придаток яичка 125
придаточные корни 59, 61
придел 316, 317
прием мяча в падении 525
прием мяча двумя руками снизу 525
приёмник 363
приёмник GPS 32
приемник для избытка воды 224
приемник спутникового радиовещания 362
приемное устройство 363, 364
прижимные лапки 463
призма Порро 462
прикроватная лампа 480, 501
прикроватный стол 501
прилистник 62
прима 346
приматы 103
примула 67
принадлежности для смазки лыж 564
принимающий 523, 529
принимающий подачи, кетчер 514
принимающий подачу 530
приподнятый руль 552
припой 256
приправа чили 155
приправы 180
припуск под застежку 268
природный газ 447
присоска 77, 85
приспособление для удаления сердцевины яблок 199
приспособления для выпечки 201
приставной стульчик 233
пристань 472
пристрельная часть 68
приток 35
прихожая 216
прицельный колышек, ти 505
прицепка 59
прицепное устройство 405
прицеп-полуприцеп 412
прицеп-трейлер 412
причал 421
причастие 489
пробел 370
пробка 564, 569
провансаль 31
простенвочный столб 317
простой глаз 78
простой лист 51
простой монохазий (одноцветник верхоцветник) 66
пространство между зубьями 189
пространство под сценой 330
простыль 218
простыня 232
противень 200, 207
противовес 323, 383
противовесная консоль 437
противокозелок 128
противопожарный хомут 221
противопожарный экран 221
противопоставляемый большой палец 103
противосолнечный козырек 392
противотуманная фара 390
противотуманные огни 402

проезжая часть 380, 383, 476
проезжая часть моста 382
проекционная будка 327
проем, двойной 315
прожектор 328, 331, 417
прозрачная оболочка 126
проигрыватель компакт-дисков 361
проигрыватель компакт-дисков (CD-дисков) 360
производство бумаги 73
производство электричества ветряными двигателями 455
производство электричества за счет преобразования тепловой энергии 443
производство электроэнергии путем использования атомной энергии 450
пройма 270
прокрутка 371
пролёт 218
пролив 23
пролив Басса 30
пролив Дрейка 24, 26
пролив Кука 30
пролив Ла-Манш 27
пролив Торреса 30
промежуток между линиями 346
промежуточная перекладина 213
промышленный фен 257
пронасс 311
пропаренный рис 177
прорастание 57
прорези для рук 279
прорезная пила 250
прорезной боковой карман 271, 279
прорезной карман 273
прорезной нагрудный карман 266
прорезь 206, 266
прорезь шляпки 249
просо 72
проспект 30, 475
проспект, бульвар 30
простата 125

противошумные
 наушники 500
проток, грудной 124
проток, лимфатический 124
проток, семенной 125
протокол связи 374
протон 456
проторакс (переднегрудь) 78
протуберанец 10
проход 184
проход вдоль всего борта 85
прошутто 171
пруд, искусственный 258
пружинная шайба 245
пружинный карабин 541
прыжки 559
прыжки в воду 537
прыжки в длину и тройные
 прыжки 512
прыжки на лыжах с
 трамплина 561
прыжки с шестом 512
прыжок 537
прыжок в высоту 513
прыжок из передней стойки
 назад 537
пряжка 268
пряжка для регулирования
 длины 268, 306
прямая губа 268
прямая кишка 119, 125, 126
прямая юбка 275
прямой соединительный путь
 развязки 381
прямой угол 468, 470
прямоугольник 471
прямоугольный лацкан 271
пряности 154
пряные травы 156
птенец 91
птица 89, 165
птицы 89
птицы, болотные 92
птицы, водоплавающие 92
птицы, обитающие на суше 90
пуговица 265
пуговицы 271
пуговицы на двубортном
 пальто 271
пудель 87
пудра рассыпчатая 295
пудреница 295
пуловер 278
пульверизатор 236, 261
пульпа 113
пульсар 12
пульсохронометр 547
пульт дистанционного
 управления 356, 357
пульт органа 339
пульт управления 416
пума 97
пункт первой помощи 383
пупок 104, 106
пустыня 39, 49
пустыня Атакама 26
пустыня Гоби 28
пустыня Калахари 28
пустыня Намиб 28
пустыня Сахара 28
путевой сигнал 415
путлище 548
путовый сустав 99
путь 418

пуф 229
пуховка 295
пуховое одеяло 232
пучок 144
пшеница 72, 157
пшеница, зародыши 172
пшеничная крупа 172
пшеничная мука с
 отрубями 172
пшеничный хлеб 173
пшеничное зерно в разрезе 72
пшеничный хвост 172
пшено 157
пылесос 237
пыльник 57, 66
пюпитр 339, 342
пюпитр дирижёра 332
пята поршня 504
пятка 105, 107, 248
пятно 10
пятно, жёлтое 132
пятно, слепое 132
пяточная кость 111
пять 469
пять китайских специй 155
пятьдесят 469
пятьсот 469

## Р

рабочая пчела 79
рабочий 328
равиоли 176
равнина 23, 35
радиатор 388, 398, 416
радиаторы 18
радиоантенна 422, 424, 426, 427, 555
радиобудильник 361
радиоволны 460
радиолокатор 422, 423, 426, 427
радиолокационная мачта 424
радиус 470
радуга 48
радужная оболочка 132
разбрызгиватель 242
разведка подводных
 месторождений 443
разводной ключ 254
развязка 473
развязка в форме кольца 381
разгибатель, длинный 108
разгибатель, короткий 108
разгибатель запястья,
 длинный лучевой 109
разгибатель запястья,
 короткий лучевой 109
разгибатель запястья,
 локтевой 109
раздвижная дверь 224, 322, 400
раздвижная лестница 257
раздвижное окно 323
раздвижное отделение 303
раздвижной ключ с роликом
 (шведский ключ) 246
раздвижной механизм 257
раздвижной стол 231
раздвоенный язык 86
разделка 486
раздел 350
разделитель-
 классификатор 378

разделительная полоса 381, 476
разделительные стикеры 378
разделочная вилка 199
разделочная доска 199
разделочный нож 196
разлом 41
разметочный шнур 244
разновидности клавишных
 инструментов 339
разновидности клювов 89
разновидности ног 89
разновидности побережий 35
разновысокие брусья 534
разрез земной коры 33
разрывная проекция 21
разъём 363
разъём, USB 363, 373
разъём, входной 361
разъём HDMI 359
разъём RS 359
разъём питания 367
разыгрывающий
 защитник 527
рак 160
рак (регби) 521
Рака, тропик 25, 29
ракетка 528, 533
ракетка для игры в
 настольный теннис 533
раклет 175
раклетница 207
раковина 76, 224, 524, 557
ракообразные 160
ракушка 228
ракушки 176
рама 406, 454, 552
рама из алюминия 564
рамбутан 153
рампа 331
ранец 259, 536
ранцевая система
 жизнеобеспечения 17
рас эль ханут 155
раскладушка 566
раскос 215
распашонка 285
расписание гостиничных
 служб 480
расположение игроков 514
распорка 215, 567
распылитель 443
распятие 489
рассеивающая
 (отрицательная) линза 461
рассекатель 265, 404
расстановка игроков 517, 519, 527
растворение 51, 73
растение 61
растение, простое 58
растительная клетка 56
раструб 336, 337
растущая Луна 11
растущий месяц 11
растяжное устройство 567
растяжной карман 278
расческа «2 в 1» 298
расчёска с рукояткой 298
расчёска для начёса 298

расчёска с ручкой 298
расчёски 298
расширительная камера 464
расширяющийся болт
 (анкер) 249
ратрак 560
рация (уоки-токи) 497
ре 346
реактивное топливо 446
реактор 450
реанимация 502
реберная пластина 86
ребра 110
ребристый конус 205
ребро 222, 559
ребро, баранье 168
ребро, колеблющееся или
 подвижное 110
ребро, ложное 111
ребро монеты 484
ребрышки 169
ревень 144
реверс 240
револьвер для
 объективов 463
регби 520
регбийное поле 520
регбийный мяч 521
регбист 521
регистратор 545
регистратура 480
регулируемое сиденье 417
регулятор второй ступени 536
регулятор высоты 240, 241, 242
регулятор давления 447, 568
регулятор первой ступени 536
регулятор скорости «круиз-
 контроль» 392
регулятор электрической
 мощности 226
рединготт 278
редис 145
редуцент 50, 51
редька 145
режиссер 329
режущая кромка 190, 440
режущая пластина 252
режущая цепь 263
режущая часть 196, 299
режущее полотно 263
резервуар 223, 498
резервуар для бурового
 раствора 445
резервуар для нефти-
 сырца 445
резервуар ртути 464
резервуар с плавающей
 крышей 445
резервуар спирта 464
резец 252
резинка 252, 378
резиновые сапоги 498
резиновый штамп 376
резисторы 459
резка 73
резонансная труба 341
резонансный корпус 334, 344, 345
резонатор 350
резонирующий корпус 334
резус-фактор 468
резцы 113
резчик проводов 255

резьба 249
рейка 454
рейка с креплениями для
 полок 239
рейсовый автобус 400
река 23, 35, 37
река Амазонка 26
река Висла 27
река Волга 27
река Днепр 27
река Дунай 27
река Конго 28
река Маккензи 25
река Миссисипи 25
река Нигер 28
река Ориноко 26
река Парана 26
река Святого Лаврентия 25
река Сенегал 28
реквизитор 329
религия 488
релиш (фруктово-овощная
 приправа) 180
рельеф 320
рельеф Земли 35
ремень 268
ремень, страховочный 307, 399
ремень безопасности 391
ремень на плечо 306
ремешок 291
ремонтный набор 412
рентген 509
рентгеновское излучение
 (X-лучи) 460
репа 145
репейник (лопух) 145
репродуктивная система 125
репродуктивный цикл 52
репродуктор 327, 343
рептилии 86, 87
репчатый лук 139
реснитчатый 62
ресница 132
ресницы 96
ресничное тело 132
респираторная маска 500
Республика Конго 493
Республика Корея 495
Республика Македония 492
Республика Молдова 492
ресторан 186, 474, 478
ресторанный зал 186, 480
ресторанный штопор 197
реферы 514, 538, 544, 545
рефлектор 15, 351, 356
рефрактор 17
речная выдра 97
решётка 222, 223, 233, 238, 311, 568
решётка безопасности 482
решётка для вьющихся
 растений 258
решётка для жарки 207
решётка радиатора 386, 402
решётка увлажнителя 223
решётка электрода 355
решето 198
Рея 9
ржаной хлеб 173
риа 37
рибосома 56, 74
ригель 215, 317

ригель (поперечный скалистый порог) 38
ризница 489
ризоид 60
рикотта 174
римские цифры 469
римский амфитеатр 313
римский дом 312
римское стальное перо 348
ринг 544
рис 72, 157, 177
рис басмати 177
рисовая вермишель 177
рисовая лапша 177
рисовое поле 53
рисовые лепешки 177
рисовый уксус 181
риф 36
ров 314
роговица 132
роговой клюв 86
род 74
родимения лапчатая 138
родник 35
рожки 176
рожки (ригатони) 176
рожково-накидной ключ 246
рожок, английский 332
рожь 72, 157
роза 67
розетка 214, 226, 255, 334
розетка голубая 96
розетка питания 366
розмарин 156
розовый 460
розовый перец 154
рокарий 258
рокфор 175
ролик 246
ролики и скейтбординг 565
роликовый конек 565
роллер 565
романо 175
романский стиль 315
ромашка 67
ромб 471
ромен-салат 140
роса 48
росомаха 97
Российская Федерация 492
Россия 492
рост растения 58
ростбиф из лопаточной части 164
ростбиф из плечевой части без кости 164
ростки сои 178
росток 61
рот 76, 85, 106, 133
ротини 176
ротовая полость 118, 119
ротовое щупальце 75
ротонда 477
рото-носовая маска 500
ротор-ветроколесо 454, 456
рояль 332
рояль кабинетный 339
рояль «миньон» 339
ртутный термометр 506
ртуть 42
Руанда 493
рубанок 253
рубашечный воротник 279
рубашка 267, 521

рубка, рулевая 425
рубчик семени 58
рука 103
рукав 266
рукав напорный 498
рукав реглан 271, 279, 284
рукавицы 293, 536
рукоятка 197, 246, 248, 249, 253, 263, 528, 532, 564, 570, 571
рукоятка двери 322
рукоятка для транспортировки 505
рукоятка-пистолет 252
рукоять 237, 305, 551
рулевая колонка 388
рулевая рубка 423, 424, 425
рулевое колесо 555
рулевое перо 89
рулетка 244
рулон 73
руль 388, 392, 411, 423, 424, 426, 454, 508, 540, 547, 553
руль высоты 433
руль управления 433
рулька 166, 167, 168, 169
румпель 549
Румыния 492
румяна 271
рупия 484
русская голубая 96
русский ржаной хлеб 172
ручей 35
ручка 190, 197, 204, 205, 206, 207, 208, 213, 214, 220, 230, 232, 236, 237, 238, 239, 243, 244, 249, 250, 251, 253, 255, 257, 261, 299, 300, 303, 304, 305, 307, 333, 348, 387, 399, 405, 407, 409, 508, 528, 533, 547, 549, 562, 571, 574, 575
ручка переключения скоростей 411
ручка тормоза 411, 508
ручка тормоза и ручка переключения скоростей 552
ручка управления 265, 435
ручка-держатель 255
ручка-пистолет 256
ручка-поручень 402
ручки 245, 259
ручки направления 574
ручки управления 253
ручная сажалка 264
ручная сеялка 264
ручная тележка 304
ручная тележка для перевозки поддонов 436
ручное стусло 252
ручной барабан 345
ручной безмен 466
ручной культиватор 260
ручной маховик 261
ручной миксер 204
ручной пылесос 236
ручной стартер 265
ручной тормоз 388
рыба, двоякодышащая 83
рыба, копчёная 164
рыба, кусок без кожи 164
рыба, летучая 83
рыба, маринованная 164
рыба, морская 160

рыба, пресноводная 163
рыба, солёная 164
рыба-клоун 82
рыба-луна 82
рыба-пила 84
рыба-попугай 83
рыбная ловля нахлыстом 571
рыбные консервы 164
рыбные продукты 164
рыбный нож 190
рыбный стейк 164
рыбы, костные 82
рыбы, хрящевые 84
рывок 546
рыжик 138
рыльце 57, 63, 66
рыскание 435
рысь 97, 99
рыхлитель 259
рычаг 245
рычаг переднего тормоза 408
рычаг переключения передач 392, 408
рычаг переключения скоростей 388
рычаг ручного тормоза 392
рычаг сцепления 408
рычаг тормоза 407
рюкзак 305, 412
рюкзак-палатка 516
рюмка 188
рюмка, рейнвейная 188
рюмка для коктейля 188
рюмка для коньяка 188
рюмка для портвейна 188
ряд 331

## С

с выпрямленными ногами 537
саванна 49
савойская капуста 141
сад 137, 258, 312
садовые ножницы 262
садовые перчатки 259
садовые работы 259
садовый нож 262
садовый разбрызгиватель 261
садовый совок 259
садовый уж 87
садовый чабёр 156
сажалка для клубней и луковиц 264
сайда 162
саквояж 304
саксгорн 337
саксофон 336
салазки 242
саламандра 85
салат айсберг 140
салатная вилка 189
салатник 193
салон 435
салфетка 194, 195
салфетка, бамбуковая 195
салфетка, очки 302
салфетка для умывания 297
Сальвадор 490
сальная железа 130
сальхов 559
самбал олек 181
Самоа 495
самозажимающийся патрон 252

самоклеящаяся лента 376
самолет, широкофюзеляжный 434
самолет для деловых полетов 434
самолёт-амфибия 434
самонадувающийся матрас 566
самосвал 403
сандалетки 292
сандалии 292
сандалии на деревянной подошве 291
Сан-Марино 492
сантехника 224
сантехнический ключ 254
Сан-Томе и Принсипи 493
сапоги 291, 570
сапоги, ковбойские 290
сапоги, резиновые 292
саподилла 153
сарай 210
сарафан 274
сардина 161
сатанинский гриб 58
Сатурн 8, 9
Саудовская Аравия 494
сахар 175
сахар-кандис 179
сахарная пудра 179
сахарница 192
сахарный песок 179
сачок 309, 570
сбор 136
сборки 276
Свазиленд 494
свалка 53
свалки 53
сварочная маска 256
сварочная работа 256
свёкла 145
сверло центровое с плоской головкой 252
сверхгигант 12
сверхминиатюрный фотоаппарат 353
сверхновая 12
сверчок 77
свет, отражение 461
свет, преломление 461
светильник на «клипсе» 234
светильник направленного действия 235
световая волна, траектория 461
световой индикатор 206, 207, 208, 209, 236, 242
световой радиатор 222
световой рельс 235
светодиод 227
светофильтр 17
светофор 17
светящийся анчоус 83
свеча 531
свеча зажигания 396, 397
свинарник 137
свинец 42
свинина 169
свиное сало 178
свинцовый карандаш 348
свинья 100
свитер с высоким воротником 273

свитер с круглым вырезом 273, 278
свитки Торы 477
свободный игрок 525
свод 316
сгибатель, лучевой 108
сгибатель запястья, локтевой 109
сгруппировавшись 537
сдвоенный автобус-«гармошка» 401
Северная Америка 22, 25
Северное море 22, 27
Северное полушарие 21
Северный Ледовитый океан 22, 24
северный олень 100
северный полюс 458
Северный полюс 20
Северный полярный круг 20, 24, 25, 27, 29
Североамериканская плита 34
североамериканский мохноногий сыч 91
Североатлантический альянс 496
седалищная борозда 105, 107
седалищная кость 111
седельный тягач 402
седло 409, 410, 548
сейсмическая волна 41
сейф 483
сейфовая комната 483
сейфовые ящики 483
Сейшельские Острова 494
секатор 262
секатор для обрезания ветвей деревьев 262
секвенсер 343
секвойя 71
секретари соревнований и хронометристы 545
секретариат 487
секретарь соревнований 525, 526
секретер 230
секста 346
сектор 470
секунда 468
секундант 544
секундная стрелка 464
секундомер 464
секундомеры 526
секционная гаражная дверь 322
селезёнка 124
селективный сбор 55
сельдерей 144
сельдь 161
сельская местность 473
семейная палатка 567
семейные трусы 270
семейство 74
семенная оболочка 58, 72
семечко 64, 65
семечковые фрукты 149
семплер 343
сема 57, 58, 63, 65
семядоля 58
семянка 61
семяножка 63, 64
семяпочка 57, 66
сенбернар 95

Сенегал 493
сеновал 137
сенсорная мышь 368
сенсорный экран 363, 373, 574
Сент-Винсент и Гренадины 491
Сент-Китс и Невис 490
Сент-Люсия 490
сепаратор 442
серак 38
Сербия 492
сервер 374, 375
сервер доступа 374
сервировка 194
сервировочное блюдо 193
сервировочный стол 186
сервировочный столик 230
сервисно-технический путь 428
сердце 117, 170
сердцевидная 159
сердцевидный 62
сердцевина 65, 68
серебро 42
серое вещество 123, 124
серп 262
серповидная дюна 39
серьги 294
серьги-гвоздики 294
серьги-кольца 294
сет 532
сетевая карта 372
сетевые технологии 374
сетка 182, 360, 462, 525, 527, 529, 531, 533, 564
сетка безопасности 536
сетка осветительного прибора 328
сетка-гриль 202
сетчатка 132
сетчатый фильтр 240, 241
сеть навигационных спутников GPS 32
сеялка 264
сжигание отходов 55
си 346
СИ 467
сиамская 96
сибас 162
сигнальный поплавок 225
сиденье 228, 229, 233, 406, 409, 508, 547, 553
сиденье, автомобильное 399
сиденья 229
силиконово-клеевой пистолет 252
силовые виды спорта 546
силосная башня 137
силосный корпус 137
символ 31
символ процента 469
симфонический оркестр 332
синагога 488
Сингапур 495
синий 460
синтез цвета 460
синтезатор 342
синтетическая губка 295
синтетическое покрытие 532
синус, млечный 127
синяя линия 557
Сирийская Арабская Республика 494

сироп 506
система, лимфатическая 124
система, подвесная 551
система, половая 125
система HANS 554
система безопасности 392
система глобального позиционирования 32
система защиты шеи и головы 554
система координат Земли 20
система линз 462
система охлаждения 389
система письма 349
система подвески 389
система рулевого управления 389
система трансмиссии 389
системный блок, компьютерный 367
системный блок (вид сзади) 367
системный блок (вид спереди) 367
системы автомобиля 389
систр 341
ситечко 205
сито для муки 200
сифон 225
сияющий венец 126
скакалка 546
скакательный сустав 99
скала 49
Скалистые горы 25
скалка 200
скамейка 189
скамьи амфитеатра 310, 313
скамья 229, 489
скамья-сундук 229
Скандинавский полуостров 27
сканер 369
скарабей 81
скат 84, 160, 311
скважина 442, 447
скворец 91
скейтборд 565
складная пилочка 296
складная решётка для гриля 569
складной угольник 244
складной широкопленочный аппарат 352
складные носилки 505
складывающаяся дверь 517
склера 132
склон 37
скобы для степлера 379
сковорода 207
сковорода для блинов 203
сковорода для жарки 203
скользящее соединение 245
скорлупа 63
скороварка 202
скоростной спуск 563
скорпион 80
скошенный край 504
скраб 297

скребок 257, 564
скрепер 440
скрепки 379
скретч-регулятор 343
скриммедж: защита 522
скриммедж: нападение 523
скрипичные инструменты 333
скрипичный ключ (ключ соль) 346
скрипичный колок 333
скрипка 333
скрытые пуговицы 279
скуловая кость 110
скульптура 319
скумбрия 161
скунс (вонючка) 97
скутер 409, 553
сладкое мясо 170
слалом, гребной 543
сланец 447
слезное мясцо 132
слепая кишка 119
слепень 81
слепое отверстие 135
слесарная работа 254
слива 148
сливки 174
сливки для взбивания 174
сливная скважина 442
сливной бачок 224
сливной шланг 240, 242
сливовидный помидор 142
сливовый соус 181
сливочное масло 174
сливочный сыр 174
слизистая оболочка матки 127
слинг 307
слип 281
Словакия 492
Словения 492
сложный лист 62
слоистые облака 46
слой Гутенберга 33
слон 101, 573
служба по работе с клиентами 443
слух 129
слуховое окно 210
слуховой проход 112, 128, 129
слуховые косточки 129
слюнная железа 135
слюнные железы 119
слюнявчик 285
смазка 564
смазочные глазные капли 301
смазочные масла 446
смартфон 363
сменный пишущий стержень 348
смерчевая воронка 47
смеситель 204
смесь цинка и электролита (анод) 459
сметана 174
смещение горных пород 42
смог 53
смокинг 276
смородина 138
смотровая 502
смотровое зеркало 553
смотровое окно 238
смотровой люк 445

смычок 333, 345
смэш 531
снег 48
снегирь 90
снегоступ, традиционный 564
снегоступ с загнутой передней частью 564
снегоступы 564
снегоуборочная машина 404
снегоход 553
сноуборд 561
сноубординг 561
сноубордист 561
соба 177
собака 94
собирающая (положительная) линза 461
собор, готический 317
совковая лопата 260
совок 221, 243, 259
содержание 350
соевое масло 178
соевое молоко 178
соевые продукты 178
соевый соус 180
соевый творог 178
соединение 468, 573
Соединённое Королевство Великобритании и Северной Ирландии 491
соединительная коробка 226
соединительная ткань 130
соединительный колпачок 225
соединительный путь 415
соединительный участок развязки 381
сойка 90
соковыжималка 208
соковыжималка для цитрусовых 197, 205
соковый мешочек 64
сокол 91
сокровищница 311
солёное озеро 39
солнечная блёнда 351
солнечная панель 16
солнечная система 8
солнечная энергия 452
солнечник 162
солнечное затмение 10
солнечные батареи 16, 18
солнечные часы 464
солнечный день 453
Солнце 8, 10
солнцезащитные очки 302
солнцезащитные очки, насадка 302
солнцезащитный козырёк 405
солнцезащитный экран 399
соловей 90
солодовый уксус 181
соломинка 183
Соломоновы Острова 495
солонка 192
соль 346
сольный мануал 339
сом 73
Сомали 493
сомелье 186
соперник 545
сопло 423
сопро 72
соревнования 563
сороконожка 75

сорокопут 91
сорочка 276, 280
сорочка с трусами 280
сортировка мусора 55
сорус 59
сосиски мергез 171
соска 307
соска-пустышка 307
сосна, белая восточная 71
сосновые иголки 71
сосок 104, 106, 127
сосочек, грибовидный 135
состав крови 117
состав метрополитена 418
состояния вещества 456
сосцевидный отросток 112
сосцевидный родничок 112
сотейник 203
сотейник для овощей 193
соус Табаско 180
соус хойсин 180
соус чили 181
соусник 192
софа 228
софит 230
софтбол 516
«Союз» 19
союзка 286, 290
соя 178
спагетти 176
спагетти, сладкий месяц 11
спайка губ 133
спальное место 417
спальные места 566
спальные мешки 285, 566
спальный мешок, прямоугольный 566
спальный мешок-кокон 566
спальный мешок-кокон, без капюшона 566
спальный отсек 402
спальня 217
спаниель 95
спаржа 144
спаржевая вигна 146
спаржевый салат 140
спасательная шлюпка 422, 426
спасательный круг 427, 497
спенсер 278
сперматозоид 125
специализированная одежда 284
специальный слалом 563
специи для маринада 155
спецсигнал 497, 499
спидометр 393, 408
спикула 10, 75
спина 89, 94, 99, 105, 107, 168
спинка 228, 229, 233, 391, 508, 547, 553
спинка кресла 166, 167
спинка седла 409
спинка, регулируемая 505
спинная часть 124
спинной мозг 124
спинной плавник 102
спинномозговая жидкость 124
спиралевидная насадка 204
спираль 80, 471
спиральная пружина 249
спиральный рукав 13
спирт крепостью 90° 507

спирулина 138
спица 305, 411
сплетение, крестцовое 122
спойлер 406
спортзал 486
спортивная вязаная шапка 289
спортивная гимнастика 534
спортивная обувь 286
спортивная одежда 286
спортивная перчатка 517
спортивные брюки 287
спортивные игры с мячом 514
спортивные игры с ракеткой 528
спортивные трусы 513, 521, 526
спортивные штаны 277
спортивный автомобиль 385
спортивный комплекс 473
споры 58
спрей для носа 506
спусковой механизм 352
спутник 8
спутник GPS 32
спутниковая антенна 426, 427
Средиземное море 22, 27, 28
средиземноморский 45
срединная морена 38
срединно-океанический хребет 34
среднее ухо 128
средние звуки 360
средний кильсон 425
средний палец 89, 131
средний нерв 122
средний резец 113
средняя доля 118
средняя конечность 78
средняя ножка 79
средняя носовая раковина 134
средняя педаль 338
средокрестная башня 315
средство передвижения 508
стабилизатор 426, 433, 435, 437, 440, 499, 553
стабилизирующий противовращательный винт 435
ставень 214
ставни-жалюзи 214
стадион 473, 512
стакан для виски 188
стакан для джина 188
стальная 551
стальное перо 349
стамеска 253
станция метро 418, 474
старица 37
стартер, ручной 259
стартерная аккумуляторная батарея 394
стартовая линия 513
стартовая решётка 554
стартовые колодки 513
стартовый пистолет 512
стартовый плот 538
старшая карта 572
статистика 470
статуя 489
статуя Чак-Мооля 321

статья 350
ствол 59, 68, 235, 249
ствол, лёгочный 117
ствол, мозговой 123
ствол, черевный 114
ствол в поперечном разрезе 68
створка 63, 214, 322
стебелёк 60
стебель 58, 60, 61, 144, 227
стебель, боковой 61
стеблевые овощи 144
стейк, рыбный 164
стейк из грудинки 166
стейк из лопаточной части 166
стейк из огузка 166, 167, 170
стейк из пашины 166
стейк из филейного края 166
стейк с Т-образной костью 166
стейк шатобриан (из вырезки) 166
стекло 393
стекло окна сканирования 369
стекловидное тело 132
стеклоочистители 386
стеклоочиститель 393
стеклянная бутылка 183
стеклянная посуда 185
стеклянное покрытие 452
стеклянный колпак 568
стеллаж 185
стелющийся (ползучий) корень 68
стена, внутренняя 217
стена кибла 488
стенка поворота 539
степлер 379
степной 45
степпер 547
степь 49
стереобат 311
стереосистема 359
стержень 348, 551
стержень, утопленный в ручку 190
стержень с резьбой 246
стержневой корень 68
стерилизационная 501
стигма 78
стикер, самоклеящийся листок 376
стикеры 378
стили плавания 539
стило 348
стилобат 311
стилтон 175
стиль ренессанс 319
стиральная машина, с вертикальной загрузкой 240
стиральная машина с фронтальной загрузкой 240
сто 469
стойка 215, 218, 220, 229, 407, 508, 567
стойка капельницы 501
стойка крыла 427
стойка регистрации 430
стол 217, 230, 231
стол, бильярд 549
стол, теннисный 533
стол для пеленания 233

столб, почечный 120
столбец 350
столбик 63, 64, 65, 66, 218
столешница 230
столик 257
столица 31
стол-матрёшка 230
столовая 216, 417, 487
столовая вилка 189
столовая ложка 191
столовые овощи 144
столовые приборы 188
столовый нож 190
столон 61
столообразный (плосковершинный) останец 39
столярная работа 244
стопа 103, 104, 105, 106, 107
стопка бумаги 73
стоп-кран 420
стопор 541, 571
стоп-сигнал 390
стоп-сигналы 390
сточные воды 54
страна 31
стратопауза 43
стратосфера 43
страус 90
страусиное яйцо 164
стрекоза 80
стрела 437, 438, 440
стрелка 268, 466
стреловой кран 421
стрелочная развязка 415
стрельчатый фронтон 317
стремя 129, 410, 547
стремянка 257
стремянка-табурет 257
стриж 90
стринги 281
стрит 572
стрит-флеш 572
строение акулы 84
строение бабочки 78
строение гориллы 103
строение гриба 58
строение дельфина 102
строение дерева 68
строение Земли 33
строение земной атмосферы 43
строение крысы 93
строение листа 62
строение лошади 99
строение лягушки 85
строение медоносной пчелы; рабочая пчела 79
строение одностворчатой раковины 76
строение окуня 82
строение омара 77
строение осьминога 71
строение паука 81
строение папоротника 59
строение птицы 89
строение растения 61
строение собаки 94
строение улитки 75
строение уха 129
строение цветка 66
строение черепахи 86
строение ядовитой змеи: голова 86

строительно-монтажный пояс 244
строительные работы 254
строительство укреплений 314
стропило 215
строчено-клеепрошивной метод крепления 290
струбцина 247
струбцина винтовая 247
стружколоматель 253
струйный принтер 372
структура биосферы 50
структура водорослей 51
структура дома 215
структура лишайника 60
структура мха 60
структура Солнца 10
струна 333, 334
струнная поверхность 528, 532
струнные инструменты 333
струнодержатель 333, 345
струны 338, 345
стручок 63
стул 229
стул-качалка 229
стул-лесенка 229
стулья, укладываемые штабелем 229
ступень 218
ступенька 257
ступенька-подножка 257
ступеньки 257
ступица 508
ступка 197
стык 549
стык верхнего колена 570, 571
стык нижнего колена 570, 571
стык транспсепта и нефа 316, 317
стяжной винт 247
субарктический 45
субдукция 34
субпродукты 170
субтрактивное (вычитательное) смешение цветов 460
субтропический влажный 45
Суверенный военный орден, Мальта 496
суд 481
судак 163
Судан 493
судно на подводных крыльях 422
судно-контейнеровоз 422
судьи 534, 535, 537, 559
судья 515, 517, 519, 521, 523, 529, 537, 544, 545
судья за воротами 556
судья на линии 519, 523, 525, 528, 530
судья на старте 538
судья по технике плавания 538
судья подачи 528, 530, 531
судья центральной линии 530
судья-хронометрист 545
сужение 464
сук 68
сукно 549
сумах 155

сумка 305, 306
сумка, поясная 306
сумка для клюшек 551
сумка для подгузников 307
сумка для покупок 306
сумка на ремне 306
сумка-валик 306
сумка-гармошка 306
сумка-кенгуру, трикотажная 307
сумка-кисет 306
сумка-мешок 304, 306
сумка-морозильник 239
сумка-портфель 306
сумка-холодильник 569
сумки 306
супергигант 563
суперкросс 555
супермаркет 136, 184, 475, 479
супница 193
суппозиторий 506
суппорт 395
суппорт тормоза 407
сурдина 337
сурепка 141
Суринам 490
сурок 93
сухари, панировочные 173
сухая пастель 326
сухие батарейки 459
сухогруз 422
сухожилие, ахиллово 109
суши 193
сушилка 241
сушка 73
сфагнум 60
сфера 471
сфинкс 96
сцена 310, 330, 331, 486
сцепление 388
сцепное устройство - «седло» 402
сцепной болт 403
счётно-печатный аппарат 377
счётчик, газовый 447
счетчик общего километража 393
счётчик-счёты 375
считывающее устройство 185
считывающее устройство для CD и DVD-дисков (дисковод) 367
считывающее устройство для компакт-дисков 362
считывающее устройство карты памяти 373
США 490
съедобные соцветия 145
съёмная подставка для рук 370
съёмный шест с флажком 550
съёмочная площадка 328
сыр, ока 175
сыр, адамский 175
сырая нефть 446
сырный нож 190
сыроежка зеленая 138
сыры с голубой плесенью 175
Сьерра-Леоне 493

## Т

таблетка 506
таблиний 312
табло 545
табло результатов 532
табло текущих результатов 535
таблоид 350
табуляция влево 370
табуляция вправо 370
табурет 187, 229, 544
табуретка 229
Таджикистан 494
Таиланд 495
тайга 49
таймер 198, 206, 207, 208
тайм-код 329
тайфун 47
такт 346
тактовая черта 346
таллом 59, 60
талпел 541
талия 105, 107
тамариллоу 152
тамарин 103
тамариндовый мармелад 180
танга 281
тангаж 435
тандем 413
танкер 424
танкетка 292
тапочки 292
таро 139
Тасмания 30
Тасманово море 30
татами 545
таунхаус 325
тахинная паста 180
тахометр 393, 408
тачка 259
твёрдая контактная линза 301
твёрдая мозговая оболочка 124
твердая тушь для ресниц 295
твёрдое покрытие 532
твёрдое тело 456, 457
твердые сыры 175
творог 174
творожистые сыры 174
театр 330, 474
театральный бинокль 302
театральный занавес 330, 331
текстильная культура 72
текстильная промышленность 72
телевидение 355
телевидение, аналоговое 355
телевидение, цифровое 356
телевизор, широкоэкранный 358
телевизор с жидкокристаллическим (ЖК) экраном 356
телевизор с плазменным экраном 356
телевизор с электронно-лучевой трубкой (ЭЛТ) 355
телевизор с ЭЛТ 355
тележка 437, 551
тележка для шланга 261
тележка для сахара 198
тележка с настилом 436
тележки 185
теленок 101
телеобъектив 351
телескоп 13
телескопическая антенна 361
телескопическая дубинка 497
телескопическая передняя стойка 409
телескопическая стрела 437
телескопический коридор 429
телескоп-рефлектор 15
телескоп-рефрактор 14
телефон, беспроводной 364
телефон, сотовый 363
телефон, функция памяти 364
телефония 363, 375
телефонная линия 374
телефонная трубка 364
тело блесны 571
тело позвонка 124
тельсон 71
тельце, луковицеобразное 130
тельце Мейснера 130
тельце Пачини 130
тельце Руффини 130
телятина 167
теменная доля 123
теменная кость 111, 112
темный шоколад 179
тени для век 295
теннис 530
теннисистка 532
теннисная ракетка 532
теннисная рубашка 532
теннисная юбка 532
теннисные носки 532
теннисные туфли 532
теннисный мяч 532
теноровый барабан 340
тент 405
тень 464
теплица 137
тепловая энергия 443
тепловентилятор 222
тепловой насос 442
теплоповышающая сборка 451
теплозащитная обшивка 19
теплозащитный экран 16, 19
теплоноситель 442, 450
теплообмен 457
теплообменник 219, 453
терапия, лучевая 511
терка 197
терка для мускатного ореха 197
терминал, взлётно-посадочный 429
терминал, пассажирский 429
терминал самостоятельной регистрации 430
терминал электронной оплаты 185
терминал аксона 121
термит 81
термически закрывающаяся крышка 182
термометр 464, 506
термометр, спиртовой 506
термометр, ушной 506
термометр для мгновенного измерения 506
термометр для мяса 198
термометр для сахара 198
термометр духовки 198
термопауза 43
термос 569
термостат 206, 207, 239, 398
термосфера 43
терция 346
тесак 169
тестер напряжения 255
тестер цепи 255
тестер штепсельной розетки 255
тесьма 288
тетива лестницы 218
тетрадь со спиралью 376
Тефия 9
тефлоновая лента 254
тефтеля 170
техника игры 525
техника ударов 530
ти, прицельная площадка 550
тигр 98
тигровая акула 84
тилапия 163
тимпан 311, 317, 319
типи 74
типи 324
типы вулканов 40
типы двухуровневых развязок 380
типы затмений 11
типы покрышек 398
типы соцветий 66
тиски 247
титан 42
Титан 9
Титания 9
Тихий океан 22, 24, 29, 30
Тихоокеанская плита 34
Тихоокеанская полая устрица 159
тихоокеанская сёмга 162
ткань, жировая 130
ткань, подкожная 130, 131
ткань, соединительная 130
тмин 154
тмин обыкновенный 154
тобок 545
товарная станция 415
Того 493
ток 289
ток, условный 458
толкание ядра 512
толкающий винт 424
толкающий винт форштевня 427
толчок 546
томатная паста 180
томатный концентрат 180
том-том 340
тональный крем 295
тонарм 343
Тонга 495
тонкий конец удилища 571
тонкий филейный край 168
тоннель 418
тонометр 505
топинамбур 139
топка 220
топлёное масло 174

топлёное свиное сало 178
топливная система 389
топливная таблетка 451
топливный бак 389, 402, 435
топливный патрон 451
топливный резервуар 416
топливный шланг 384
топливо 443, 450
топливораспределительная колонка (ТРК) 384
топор 262, 498
топорик 569
тор 471
торакс 78
торакс (грудь) 78, 79
торговая улица 474
торговый центр 473, 478
тормоз 407, 552, 553, 563, 571
тормоз, пяточный 565
тормозная колодка 388, 395
тормозная система 389, 395
тормозной диск 395
торнадо 47
торнадо и водяной смерч 47
тортеллини 176
тортилья 172
торшер 234
тостер 206
тостер-гриль 206
тофу 178
точилка 379
точильный камень 199
точка доступа в Интернет 372
травоядные 50
травяная лягушка 85
травяные чаи 158
традиционные дома 324
трактор 439
трамблёр 388, 396
трамвай 415
трамплин 212
трамплин 1 м 537
трамплин 3 м 537
Трансантарктические горы 24
трансепт 315, 317
трансмиссия 240, 394
транспирация (испарение) 51
транспорт 410, 414
трансфлектор 351
трансформатор 235, 449
трансформерные плиты 34
трап 212
трапециевидная мышца 108, 109
трапеция 471
трасса 554
трасса для беговых лыж 560
трассы для мастеров 560
трассы для начинающих 560
трассы повышенной сложности 560
трассы средней сложности 560
траулер 424
трахея 118
требуха 170
трейлер 405
трейлер-палатка 405
трейлер-прицеп 405
трель 347
тренажер, универсальный 547
тренер 527, 544, 557
тренеры 559
трензель 548

трензельный повод 548
треножник 14
третье веко 96
треть база 514
треугольная насадка для тканей 237
треугольная сцепка 405
треугольник 332, 341, 471, 549
треугольный бандаж 507
трефы 572
трехглавая мышца плеча 109
трехдверный хетчбэк 385
трёхколёсный велосипед 413
трехлопастный винт 434
трёхлопастной винт 434
трещотка 345
трибуна для свидетелей 481
тридцать вторая доля паузы 347
триклиний 312
трико 546
трикотажная рубашка 276
трикотажные изделия 273
трилистник 317
Тринидад и Тобаго 491
тримаран 521
триммер 264
тритикале 157
тритон 85
Тритон 9
трог (корытообразная долина) 38
тройка 572
тройник 571
тройчатосложный 62
тромбон 337
тромбоны 332
тромбоцит 117
тропик Козерога 20, 26, 28, 30
тропик Рака 20, 25, 28, 29
тропические фрукты 152
тропический влажный 45
тропический влажный и сухой (саванна) 45
тропический влажный лес 49
тропический климат 45
тропический пустынный 45
тропический циклон 47
тропопауза 43, 52
тропосфера 43
тросик 254
тростниковое перо 348
трость 305, 333
трость, немецкая 507
тротуар 211, 476
труба 211, 337, 443
труба, выхлопная 389
труба, фаллопиева 128
труба выхлопной системы 388
трубка 364, 536, 564
трубка, выдувная 344
трубка, гибкая 510
трубка Пито 555
трубопровод 445
трубопровод, газ 447
трубороез 254
трубочка 298
трубчатый нагреватель 446
трубы 332
труднооткручиваемая шляпка 249
трусики 281
трусы 270, 546, 556

## УКАЗАТЕЛЬ

597

трутень 79
трюфель 138
туалет 216, 479, 480, 501
туалетная вода 297
туалетное мыло 297
туалетное полотенце 297
туалетный шкафчик 224
туба 254, 332, 337
тубус 463
тубусодержатель 463
Тувалу 495
тужурка 279
туз 572
тукан 90
туловище 85, 105, 107
тулузские сосиски 171
тулуп 559
тулья 288, 289
туман 48
тумбочка 231
тундра 45, 49
тунец 162
туника 58
Тунис 493
турбина 442
турбогенератор переменного тока 443
турбогенераторный агрегат 449
турбореактивный двигатель 433
туристический велосипед 412
туристический инвентарь 568
туристический мотоцикл 409
Туркменистан 494
турнедо 170
турник на выходе 418
Турция 494
туфли для бега, шиповки 513
туфли для гольфа 551
туфли с открытой пяткой 291
туфли с ремешком 291
туфли с Т-образной перепонкой 291
туфли-балетки 291
туча (грозовое облако) 48
тушканчик 93
тушь 295
тхэквондо 545
тыква, змеиная 143
тыква, обыкновенная 143
тыква мускатная 143
тысяча 469
тычинка 66
тычинки 65
тычиночная нить 66
тюбик 183
тюлень 102
тюльпан 67
тюрбан 289
тюрбо 162
тяговый брус 440
тяжёлая атлетика 546
тяжелоатлет 546
тяжелое дизельное топливо 446
тяжёлый бензин 446
тяжёлый мазут 446
тянущий винт 424
тяпка 260

## У

убежище 383
убирающееся внутрь плоское зеркало 13
уборная 312
уборочная машина 404
убывающая Луна 11
увлажнитель 223
увлажнитель воздуха 223
увлажняющее средство 297
Уганда 493
углекислый газ 51
углеродный цикл 51
угловая сторожевая вышка 314
угловой шкаф 231
угол 470
угол больше 180° и меньше 360° 470
угольная теплоэлектростанция 443
угольник 244
угольно-цинковая батарейка 459
угольный карандаш 326
угорь 163
угорь, электрический 83
удав 87
удаление 371
удар, штрафной 520
удар головой 520
удар с лета 530
удар с полулета 530
ударная поверхность 345, 551
ударные инструменты 332, 340
удильщик, глубоководный 83
удлинитель 237
удон 177
Узбекистан 494
узда 548
узел 61, 458
узел Ранвье 121
УЗИ 510
узконосые кусачки 255
уишбон 164
указатель поворотов 508
указательный палец 131
укороченный удар 531
Украина 492
украшения и уход за собой 294
укрепленный замок 314
укроп 156
уксус 181
улей 137
улитка 76, 129, 159
улица 30, 475, 476
уличные фонари 476
уличный фонарь 235
ультрафиолетовое излучение 460
Умбриель 9
умывальник 497
универсал 385
универсальные кусачки 255
универсальный измерительный прибор 255
университет 474
унисекс 273
унитаз 217, 224, 225
униформа 497
упаковка 182, 183
уплотнитель 504
упор 259
упорный ограничительный буфер 415
управление конфорками 238
ураган 47
Уральские горы 27
уран 42
Уран 8, 9
уретра 125
уровень 225
уропод 77
Уругвай 490
ус 334
усик 61, 77, 78, 79
усилитель звука 343
усилитель с тюнером (вид сзади) 359
усилитель с тюнером (вид спереди) 359
усилитель тормоза 388
усилитель тормозной системы 395
ускоритель 511
установка, барабанная 340
устой 448
устрица 159
устройство для записи DVD-дисков 373
устройство для подвешивания мушки 571
устройство для считывания карт памяти 367
устройство для чтения карт памяти 354, 366
устройство для чтения компакт-дисков 354
устройство и элементы дороги 380
устройство подключения 372
уступ 224
усы 96
утес 11
утиное яйцо 164
утка 92, 165, 540, 541
утюжок для распрямления волос 299
утяжеление, нижнее 536
утяжелитель 546, 547
ухо 104, 129
уход за волосами 298
уход за газоном 264
уход за ребенком 307
уход за телом 297
участок снижения скоростного режима 381
участок увеличения скоростного режима 381
учебное колесо 412
учебный корпус 474
ушанка 288
ушко 286, 290
ушная раковина 93, 128, 129
ущелье 35

## Ф

фа 346
фагот 336
фаготы 332
фазан 91, 165
фазанье яйцо 164
фазы Луны 11
факс 374, 378
факел 10
факсимильный аппарат (факс) 365
факториал 469
фаллопиева труба 126
фара 386, 402, 407, 408, 416, 439, 508, 553
фара ближнего света 390
фара дальнего света 390
Фаренгейт, градус 464
фаркоп 399
фармацевтические формы лекарственных средств 506
фартук 543, 553
фарш, мясной 170
фасад 315
фасеточный глаз 78
фасоль 147
фасоль лима 147
фасоль мунг 147
фасоль-адзуки 147
фасоль-пинто 147
фасоль-ромен 147
фасонная гайка 246
фасонная закрытая гайка 246
фасонная шайба с внешними зубцами 245
фасонная шайба с внутренними зубцами 245
фейхоа 153
фен 299
фенек (сахарная лисица) 97
фенхель 144
фервей 550
ферзь 573
ферма 137
фермата 347
фестон 318
фета 174
фетровая шляпа 288
феттучине 176
фиалка 67
фигура, шахматная 573
фигурное катание 559
Фиджи 495
физалис 148
физалис овощной 142
физика: оптика 460
физика: электричество и магнетизм 458
фиксатор 305
фиксаторы для ноги 542
филе 164
филей 166, 167, 168, 169
филейная вырезка 169, 170
филейный край 168
Филиппинская плита 34
Филиппины 29, 495
филировочная бритва 299
фильтр 212, 236, 238, 453, 569
филь 148
Финляндия 24, 492
фирменный автосалон 475
фирн 38
фисташки 149
фитбол 546
фитопланктон 50
флаг 490, 496
флажолет 147
флакон 297
фламинго 92
фланговая башня 314
фланец 221
флейта Пана 345
флейта-пикколо 332, 336
флейты 332
флеш 572
флеш-рояль 572
флип 559
флиппер 576
флисовая куртка 287
фломастер 326, 349
флотский мазут 446
флоэма 68
флюгер 455
Фобос 9
фойе 331
форстерьер 94
фокус Кассегрена 13
фокус куда 13
Фолклендские (Мальвинские) острова 26
фолликул, волосяной 130
фольга 267
фонари заднего хода 390
фонари освещения заднего номерного знака 390
фонарь 17, 235, 411, 434, 568
фонарь, головной 569
фонарь-факел 497
фонендоскоп 504
фоновый звон 517
фонтан омовения 488
фонтанная арматура 445
форель 163
форма для булочек 201
форма для пиццы 203
форма для сладкого пирога 201
форма для суфле 200
форма для хлеба 201, 207
форма для шарлотки 201
форма со съёмным дном 201
формовка материала 73
формочка 192
формочки для печенья 200
формула, химическая 468
Формула-1 554, 555
фортепьяно 338
форшлаг 347
форштевень 424
форштевень, луковицеобразный 425
фотоаппарат, зеркальный 353
фотоаппарат, цифровой 354
фотограф 329
фотография 351, 478
фотон 462
фотопринадлежности 351
форамка, цифровая 351
фотосинтез 51, 56
фотосфера 10
фотоэлемент 351
фотоэлемент солнечной батареи 452
Франкофония 496
Франкфуртские сосиски 171
Франция 492
фрезерный станок 253
френч-пресс 209
фреска 312
фриз 311, 319
фритюрная сеточка 198
фритюрница 206
фронтон 311, 318, 319
фужер для шампанского 188
фузилли 175
фулл-хауз 572
фумарола 40
фундамент 215
фунгицид 53
фунт 484
фуражка 497
фуражная кукуруза 137
футбол 518, 520
футбол, американский 522
футболист 518, 524
футболисты 575

футболка 286
футбольные трусы 518
футбольный мяч 518
футляр 377
футляр для ключей 303
футляр для контактных линз 301
футляр для лезвий 300
футляр для чековой книжки 303
футон 232
фуфайка 287
фьорды 36
фюзеляж 433

## Х

хала 173
халат 283
хамелеон 88
харисса 181
Харон 9
Хаумеа 9
хватательный палец 103
хвойные 71
хвойные деревья 70
хвост 86, 93, 94, 99, 102, 433, 454, 571, 576
хвостовая нога 77
хвостовая пластина 86
хвостовик 196, 252, 575
хвостовое оперение 433
хвостовой вагон 416
хвостовой костыль 433
хвостовой плавник 82, 84, 102
хвоя 70
хелицеры 80
хетчбэк, четырёхдверный 385
хиджики 138
хижина 324
Химера 9
хикама 139
химическая связь 456
химия 456, 468
химчистка 479
хищная птица 89
хлеб 172
хлеб, сдобный 173
хлеб, формовой 173
хлеб из нескольких злаков 173
хлеб с отрубями 173
хлебец, хрустящий 173
хлебный амбар 137
хлебный нож 196
хлебопечка 207
хлев 137
хлопушка 329
хлопчатник 72
хлопчатобумажная куртка 278
хлоропласт 56
хлястик 271
хоботок 81
ходильная конечность 78
ходильная нога 80
ходунки 507
хозяйственная сумка 306
хозяйственная утварь 243
хозяйственный блок (сарай) 258
хоккеист 556
хоккей с шайбой 556
хокку 94, 99
холл 216, 477

холм 37
холодильная камера 184, 185, 239
холодильник 186, 187, 239
холодильники 186
холщовые туфли 291
хомяк 180
Хорватия 492
хорёк 97
хориоидеа 132
хоры 316, 317
хохолок 72
храм, греческий 311
храм ацтеков 321
хрен 145
хром 42
хромосфера 10
хронометрист 538, 544, 559
хрусталик 132
хрустальный шарик 235
хрящ 134
хрящевые рыбы 84
художник-декоратор 329
хумус 180
хурма 153

## Ц

цапля 92
царство 74
цветная капуста 145
цветник вдоль аллеи 258
цветной фильтр 351
цветные карандаши 326
цветок 57, 61, 66
цветоложе 64, 66
цветоножка 66
цветочная почка 61
цветочный магазин 479
цветы 67
цевка 89
цевьё 571
цедильный бак 208
цедра 94
целая 347
целиком выпрямившись 537
целлюлоза, механическая варка 73
целлюлоза, химическая варка 73
целлюлозная фабрика 73
целостный 62
цепь, электрическая 458
Цельсий, градус 464
цемент 484
центр 470, 527
центр города 473, 474
центр поля 519
центр проведения выставок и конференций 475
центр сортировки 55
Центральная Америка 22, 25
центральная луза 549
центральная отметка 549
центральная спираль 80
центральная фара 417
центральная часть 331
Центрально-Африканская Республика 493
центральное поле 515
центральный защитник 519, 525
центральный нападающий 525, 557

центральный неф 488
центральный полевой игрок 514
центральный полузащитник 519
центральный пролёт моста 382
центральный электрод 397
центриоль 74
центрифуга для салата 198
центровой 523
цепное звено 263
цепочка мундштука 548
цепь, параллельная 458
Церера 8
церковь 489
церковь, барочная 318
церковь, романский стиль 315
цесарка 90, 165
цефалоторакс (головогрудь) 77, 80
цикада 81
цикл 344
циклон 44, 47
цикорий салатный 141
цилиндр 288, 439, 471
цилиндрическая проекция 21
цилиндрическая тёрка для сыра 197
цилиндрический свод 313
цинк 42
цинковый стакан (анод) 459
цирк 11
циркулярная пила 251
цистерна 402, 404, 425
цитоплазма 56, 74, 126
цитоплазматическая мембрана 56
цитра 344
цитрон 150
цитрусовые 150
циферблат 464
цифроаналоговый конвертер 355
цифровая камера 353
цифровая клавиатура 371, 466
цифровая фотография 354
цифровой автотестер 365
цифровой плеер 362
цифровой термометр 506
цифровой фотоаппарат 354
цоколь 227, 321, 355
цоколь со штекерами 227
цукини 143
цунами 41
цыплёнок 91

## Ч

чабрец 156
Чад 493
чай 158
чай оолонг 158
чайка 92
чайная ложка 191
чайная чашка 192
чайник 208
чайник, заварочный 195
чайный пакетик 183
чайот 143
чапати 172
часовня 316
часовня Пресвятой Девы 316

часовой карман 268
части очков 302
части растения 61
частично отражающее зеркало 462
частичное затмение 10, 11
часток 314
часы 206, 464
чат 375
чатни из манго 181
чау-чау 94
чаша 225, 466
чашелистик 64, 65, 66
чашечка 63, 64, 66, 235, 281, 326
чашечка для масла 183
чашечка для молока/сливок 183
чашка 195, 336, 569
чашка, почечная 120
чеддер 175
чек 484
челка 72
человеческое тело 104
челюстная кость 134
челюсть 110, 112
чемодан 304
червы 572
черенок 189, 191
черепно-мозговой нерв 122
черешковая капуста 140
черешня 148
черешок 59, 62, 64, 65, 144
черимойя 152
чёрная вдова 80
чёрная горчица 154
чёрная дыра 12
чёрная редька 145
чёрная смородина 148
чёрная фасоль 147
черника 148
чернила 326
чернильная подушка 376
чернильный картридж 372
Черногория 492
Чёрное море 22, 27, 29
чёрный 460
чёрный камень 573
чёрный карлик 12
чёрный маш 147
чёрный медведь (барибал) 98
чёрный перец 154
чёрный пол 215, 218
чёрный таракан 81
чёрный чай 158
черпачок 191
чертёжная лампа 234
чертополох 67
чеснок 139
четверть 470
четверть паузы 347
четырёхдверный седан 385
четырёхлопастная насадка 204
четырёхножная трость 507
четырёхугольник 471
чехол 232, 551
чехол наматрасника 232
чехол подушки 232
чечевица 146
Чешская Республика 492

чешуйка 86, 89, 130
чешуйчатый лист 58
чешуйчатый шов 112
чешуя 82, 86
чибис 90
Чили 490
чилим (водяной орех) 139
чип 485
чиркающая поверхность 256
чистящая губка 243
чистящая щётка 300
член, половой 125
члены ООН 490
чоризо 171
чоу-мейн, лапша 177
чувствительность 352
Чукотское море 24
чулки 281
чулки и носки 282
чулок 282
чулок-сеточка 282

## Ш

шаг 99
шагомер 465
шайба 557
шайба, фасонная, с внутренними зубцами 245
шайба, фасонная, с внешними зубцами 245
шайбы 245
шалаш 324
шалфей 156
шампиньон 138
шампиньон двуспоровый 138
шампиньон двуспоровый коричневый 138
шампунь 297
шапка 288, 350
шапка вязаная, спортивная 288
шапка-ушанка 288
шапочка 138
шапочка, плавательная 286
шапочка для новорождённого 284
шарик 348
шариковая ручка 348
шарнир 206, 242, 303, 462
шарф 293
шарф-ошейник 293
шатун 396
шафран 154
шахматная доска 573
шахматы 573
шашечница 573
шашки 573
швабра 243
швартовный клюз 427
швартовочная лебёдка 425
шведский стол 186
Швейцария 492
швербот 540, 541
шверт 540, 542
Швеция 24, 492
шезлонг 229
шейка 254, 334
шейка зуба 113
шейка матки 126, 127
шейная накладка 524
шейкер 200
шельф 34
Шельфовый ледник Росса 24

Шельфовый ледник Фильхнера 24
Шельфовый ледник Эймери 24
шерсть 93
шершень 81
шестигранная гайка 246
шестнадцатая доля паузы 347
шестьдесят четвёртая доля паузы 347
шея 86, 99, 105, 106, 107, 169
шиитаке 138
шикана 554
шиловидный отросток 112
шило-развертка с ушком 568
шимпанзе 103
шина 387, 552, 555
шина (лубок) 507
шип 513, 517, 518
шипованная покрышка 409
шипованная резина 555
шипованные бутсы 521
шипы 286
ширина лестницы 218
ширинка 268, 270
широкая мышца спины 109
широколиственные деревья 69
широкополая шляпа 289
широкоугольный объектив 351
широта 20
шишка 70
шкала 465, 504
шкаф 187, 217, 224, 230, 231
шкаф для провизии 216
шкафчик для провизии 187
шкафчики 487
шкафы 230
шкафы-холодильники 184
шляк 396
школа 486
школьный автобус 400
школьный двор 487
шланг 261
шлевка 268, 271
шлевки 268
шлем 517, 524, 536, 552, 554, 555, 556, 561, 562, 565
шлем, полнопрофильный 407, 556
шлем бэттера 516
шлем вратаря 557
шлюз 421
шляпа 288, 289
шляпа-таблетка 289
шляпка 58, 249
шляпка с выемкой 249
шмель 81
шнауцер 95
шнек 404
шнековое сверло 252
шнур 244, 255, 264, 272, 399, 571

шнур питания 236, 251, 252, 253, 256, 263, 264, 299, 300
шнур фальстарта 538
шнуровка 516, 565
шнурок 286, 290, 505
шнурок для очков 302
шов 63, 266, 290
шоколад 179
шорт-стоп 515
шорт-трек 558
шорты 269, 277
шорты (только мн.ч.) 286
шоссейные велогонки 552
шпатель 201
шпиль 315, 316, 321
шпилька 292, 298, 395
шпингалет 141
шпиц 95
шпора 340
шприц 504
шприц для глазури 200
шприц для промывания 504
Шри-Ланка 495
шрифт, арабский 349
шрифт 269, 277
шрифт Брайля 349
штаг 540
штамп-датировщик 376
штанга 546
штангенциркуль 465
штангетки 546
штаны 287
штат 31
штатив 463
штекер 226, 227, 360
штекер USB 373
штенгель 227
штепсель 362
шток-поршень 504
штопор 197, 568
штормовая лампа 569
штрафная площадь 518
штрафной удар 520
штрипка 271
штукатурная лопатка 254
штыковая лопата 260
штыковой цоколь 226
шумовка 201
шуруп 249

## З

эвакуатор 404
эвфинтерия 311
Эгейское море 27
Эквадор 490
экватор 20, 26, 28
Экваториальная Гвинея 493
экзосфера (сфера рассеяния) 43
экологическая пирамида 50
экономика и финансы 482
экран 342, 353, 355, 356, 362, 363, 365, 366, 368, 372, 377, 463, 482, 483, 505, 509, 574

экран, жидкокристаллический 464
экран, сенсорный 363, 373, 574
экран, теплозащитный 16
экран с фоновой подсветкой 377
экскаватор-погрузчик 438
экспандер 343
эксплозивное извержение 40
экспозиция 352
экспонометр 351
экстракт ванили 180
эластичная кромка 219
эластичный пояс 270, 281
элеватор 421, 440
электрическая бритва 300
электрическая дрель 252
электрическая плита 238
электрическая работа 255
электрическая система 389
электрический гриль 207
электрический двигатель 394
электрический двигатель-генератор 394
электрический котел 219
электрический лобзик 251
электрический мотор 398
электрический нож 205
электрический паяльник 256
электрический паяльник-пистолет 256
электрический проводник 227
электрический разъем 219
электрическое оборудование 226
электрогитара 335
электродизельный локомотив 416
электроды 227
электрокардио-стимулятор 511
электролитические конденсаторы 459
электролитный сепаратор 459
электромагнитный спектр 460
электромобиль 394
электромотор 251, 253, 263, 264
электрон 456
электроника 335
электронная вспышка 351
электронная книга (ридер) 373
электронная мембрана 342
электронная почта 335
электронная пушка 355
электронная торговля 335
электронное пианино 342
электронное табло 466, 513
электронные весы 466
электронные часы 464
электронный платежный терминал 483

электронный финишный бортик 539
электропароварка 207
электроприбор, кухонный 204
электросковорода 207
электростанция 448
электротехник 329
элемент, гальванический 458
элементы патрона для электрической лампы 226
элерон 432
эмаль 113
эмменталь 175
эндивий 140
эндокард 117
эндокарпий 65
эндоплазматический ретикулум 74
эндоплазматический ретикулум 56
эндоскоп 510
эндоскопия 510
эндосперм 58
энергетика, геотермическая 442
энергия ветра 454
эпидерма 131
эпидермис 130
эпикарпий 64, 65
эпителий, обонятельный 134
эпицентр 41
Эрида 9
Эритрея 493
эритроциты 117
эрху 345
эс 333
эскалоп 167
эспандер 546
эспандер кистевой 546
эстафетная палочка 512
Эстония 492
эстрагон 156
эстуарий 23, 36
этикетный пистолет 483
Эфиопия 493
эффузивное извержение 40

## Ю

юань 484
юбка 275, 279
юбка в складку 275
юбка из клиньев 275
юбка на кокетке 275
юбка с запахом 275
юбка с рядами воланов 275
юбка-брюки 275
юбка-карандаш 275
юбка-шорты 275
ювелирные изделия 294
ювелирный магазин 478
Южная Америка 22, 26
Южная Георгия 26
Южноамериканская плита 34

Южно-Африканская Республика 494
Южное полушарие 21
Южно-Китайское море 22, 29
южный полюс 458
Южный полюс 20, 24
Южный полярный круг 20, 24
ЮНЕСКО 496
Юпитер 8
юрта 324
юстиция 481

## Я

яблоко 149
яблоко в разрезе 65
яблочный уксус 181
ягода можжевельника 154
ягодица 105, 107
ягодицы 125, 126
ягоды 148
ягуар 98
ядерная оболочка 56
ядерная энергия 450
ядовитая железа 86
ядовитый зуб 86
ядро 10, 12, 56, 456
ядро клетки 74
ядровая древесина 68
ядрышки 70
ядрышко 56, 65, 126
язык 119, 133, 134, 135, 170, 563
язычная миндалина 135
язычок 133, 134, 268, 286, 290, 336, 559
яичко (тестикул) 125
яичник 126, 127
яйцеклетка 126
яйцеобразный 62
яйцерезка 199
як 101
Ямайка 490
ямайский перец 154
ямс 139
Янет 9
Япония 29, 495
Японское море 29
яремная внутренняя вена 115
яремная наружная вена 115
ярлсберг 175
ярлык приложения 363
ясень 71
ячейка 551
ячмень 72, 157
ящерица 88
ящик 182, 230, 231, 233, 238
ящик для вторсырья 55
ящик для денег 576
ящик для инструментов 244, 409
ящик для компоста 259
ящик для овощей 239
ящичек 182

# English Index

## A

a 346
abalone 159
abdomen 77, 78, 79, 80, 89, 104, 106
abdominal rectus 108
ABS 395
abscissas, axis 470
abutment 316, 382
Abyssinian 96
accelerator pedal 392
accent mark 347
access road 381
accidental 347
accordion 344
accumulator 395
accuracy sports 549
ace 572
acetylsalicylic acid 507
achene 64
Achilles tendon 109
acid rain 53, 54
acid snow 54
acoustic meatus, external 112, 128, 129
acromion 111
acroterion 311
actor 328
actress 329
Adam's apple 104
adapter, plug 226
addition 469
addition key 377
adductor, great 109
adductor, long 108
adhesive disc 85
adjustment slide 268
adornment 294
Adriatic Sea 27
Aegean Sea 27
aerial 362, 363, 364, 387, 409, 426, 427, 432, 435
aerial, parabolic 356
aerial, radio 422, 424, 426, 427
aerial, telescopic 361
aerocyst 59
affluent 35
Afghanistan 494
Africa 22, 28, 493
African Plate 34
African Union 496
Afro pick 298
after-bay 448, 449
aftershave 300
agar 138
agitator 240
aiguillette 170
aileron 432
air bag 392
air conditioner, room 223
air conditioning 222, 223
air filter 388
air purifier 223
air transport 428
airbag 392
airbag, curtain 392
aircraft 434
aircraft, amphibious firefighting 434
aircraft, business 434
aircraft, cargo 434

aircraft, light 434
aircraft, movements 435
airliner, long-range 432
airport 428, 472
aisle 184, 317
ajowan 155
ala 133
Alaska 24
Albania 492
albatross 92
alcohol, pure 507
alcohol bulb 464
Aleutian Islands 25
alfalfa 146
alga 59
alga, brown 59
alga, green 59
alga, red 59
Algeria 493
alley 529, 530
alligator 88
allspice 154
alluvial deposits 35
almond 149
alpine ski trail 560
alpine skier 562
alpine skiing 562
alpine skiing, technical events 563
Alps 27
altar 489
altar, high 489
altarpiece 489
alternate 370
alternator 388, 396, 455
altocumulus 46
altostratus 46
aluminium 42
aluminium foil 182
alveolus, dental 113
amaranth 157
Amazon River 26
amble 99
ambulance 502
ambulatory 317
amoeba 75
ampere 467
amphibian 85
amphitheatre, Roman 313
amplifier 343
amplitude 460
ampli-tuner 359, 361
ampoule 506
anaconda 87
anaesthesia room 501
anatomy 108
anchor 213
anchovy 161
anconeus 109
Andes Cordillera 26
andiron 221
Andorra 491
andouillette 171
anemometer 455
anemone 75

angle 470
angle, acute 468, 470
angle, obtuse 468, 470
angle, re-entrant 470
angle, right 468, 470
anglerfish, deep-sea 83
Angola 494
anise 156
ankle 104, 106
ankle-strap 291
anode 459
anorak 287
answering machine, digital 365
ant 81
Antarctic Circle 20, 24
Antarctic Peninsula 24
Antarctic Plate 34
Antarctica 22, 24
antefix 311
antelope 100
antenna 16, 77, 78, 79, 497, 525
antenna, radio 555
antennule 77
anther 57, 66
anticline 444
anticyclone 44
Antigua and Barbuda 490
antihelix 128
antilock braking system 395
antiseptic 507
anti-slip foot 257
antitragus 128
anus 119, 125, 126
aorta 116
aorta, abdominal 114, 120
aorta, arch 114, 117
aorta, thoracic 114
apartment building 475
apex 76
Apollo 9
apothecium 60
Appalachian Mountains 25
apple 65, 149
apple corer 199
appliance, home 236
appoggiatura 347
appointment book 376
approach run 534
apricot 148
apron 228, 229, 230, 409, 544
apse 315, 317
apsidiole 316, 317
aquarium 309
aquatic sports 536
Arabian Peninsula 29
Arabian Plate 34
Arabian Sea 29
Arabic script 349
arachnid 78, 80
arachnoid 124
Aral Sea 29
arame 138
arc 470
arcade 313, 316
arcature 315
arch 319
arch, blind 315
arch, dental 133
arch, garden 258
arch, open 315
arch, traverse 316

archipelago 23
architecture, ancient 310
architecture, Asian 321
architecture, military 314
architecture, pre-Columbian 321
architecture, Western 315
architrave 311, 319
Arctic 22, 24
Arctic Circle 20, 24, 25, 27, 29
Arctic Ocean 22, 24
arena 313, 512
areola 127
Argentina 490
Ariel 9
arm 75, 99, 103, 228, 234, 463, 508
arm, spiral 13
arm, upper 105, 107
arm slit 279
armchair 228
Armenia 494
armhole 270
armoire 230
armpit 104, 106
armrest 233, 390, 391, 508
arpeggio 347
art, fine 326
art, performing 327
art deco 320
art director 328
artery 114, 116
artery, axillary 114
artery, brachial 114
artery, carotid 114
artery, dorsal 114
artery, femoral 114
artery, fibular 114
artery, iliac 114
artery, mesenteric 114, 120
artery, pulmonary 114, 116, 117
artery, radial 114
artery, renal 114, 120
artery, subclavian 114
artery, tibial 114
artery, ulnar 114
artichoke 145
article 350
asafetida 155
asbestos 42
asphalt 446
asteroid belt 9
asthenosphere 33
astrakhan cap 288
astronauts 17
astronomical observation 13
astronomical observatory 13
astronomical unit 8, 9
Atacama Desert 26
Atlantic Ocean 22, 24, 27, 28
atlas moth 81
Atlas Mountains 28
ATM 482, 483
atmosphere 43, 50
atoll 36
atom 456
atrium 312, 315

atrium, left 116, 117
atrium, right 116, 117
attaché case 303
attacker 525
ATV 18
aubergine 142
audience 481
audio jack 367
auger 404
auk 92
auricle 128, 129
Australia 495
Australian-Indian Plate 34
Austria 492
authorized landfill site 53
autoclave 501
auto-injector 506
automated teller machine 482, 483
Automated Transfer Vehicle 18
automobile road transport 384
autotroph 50
autumn 44
avenue 30, 475
avocado 142
awl 568
axe 262
Axel 559
axon 121
axon terminal button 121
Azerbaijan 494

## B

b 346
baboon 103
baby carrier, cloth 307
baby carrier, wrap 307
baby doll 283
baby grand 339
back 89, 94, 99, 105, 107, 229, 233, 508, 519, 525
back panel 241
back rib 166
backboard 527
backbox 576
backdrop 330
backguard 240
backpack 305
backpack bivvy 566
backrest 409, 547, 553
backrest, adjustable 505
backspace 371
backstay 559
backstop 527
backstroke 539
bacon 171
badge 497
badger 97
badminton 528
badminton court 528
baffle 220
Baffin Bay 24
Baffin Island 25
bag, accordion 306
bag, drawstring 306
bag, duffel 305
bag, flight 304
bag, freezer 183
bag, golf 551
bag, mesh 182
bag, mummy 566
bag, pannier 412

# ENGLISH INDEX

bag, rectangular 566
bag, sandwich 183
bag, satchel 306
bag, semi-mummy 566
bag, shopping 306
bag, shoulder 306
bag, sleeping 566
bag, snack 183
bag, toilet 304
bag, tote 306
bag, travel 304
bag, vegetable 183
bag well 551
bagel 173
baggage check-in counter 430
baggage compartment 400
bagpipes 344
baguette 173
Bahamas 490
Bahrain 494
bailey 314
baize 549
baking 200
balaclava 289, 554
balalaika 345
balance, beam 466
balance, spring 466
balcony 217, 318
Balkan Peninsula 27
ball 348, 575
ball, cricket 517
ball, golf 551
ball, rugby 521
ball, stability 546
ball, table tennis 533
ball, tennis 532
ball boy 530
ball sports 514
balmoral 290
Baltic Sea 27
baluster 218, 318
balustrade 318, 321
bamboo shoot 144
banana 152
bandage, adhesive 507
bandage, gauze roller 507
bandage, triangular 507
Bangladesh 495
bangle 294
banister 218
banjo 344
bank 380, 474, 479
bank branch 482
banknote 485
banner 350
baptismal font 489
bar 186, 302, 341, 474, 478
bar, horizontal 534
bar, push 322
bar line 346
bar stool 229
barb 571
Barbados 491
barbell 546
barbican 314
Barents Sea 24, 25
barge, self-propelled 425
bark 68
barley 72, 157
barmaid 186
barn 137
barometric pressure 44

Baroque 318
barrier 233, 476
barrier beach 36
barrow 436
bars, asymmetrical 534
bars, parallel 535
bartizan 314
basaltic layer 33
base 234, 251, 253, 321, 355, 514
base plate 251
baseball 514, 516
baseball, players 514
baseball field 514
baseman 514
basement 211, 477
basil 156
basket 239, 413, 527, 562, 564
basket, hanging 258
basketball 526
basketball, players 526
basketball court 526
basketball player 526
basmati rice 177
bass 163
bass clarinet 332
Bass Strait 30
bassoon 332, 336
baster 199
bat 517
bat, softball 516
bat, table tennis 533
bath 217, 224, 480
bath platform 224
bath sheet 297
bathrobe 283
bathroom 217, 224, 480, 501
baton 512
baton, expandable 497
baton holder 497
batsman 517
batten 330, 540, 542
batter 515, 516
batter skin 345
battery 249, 388, 394, 397, 413, 458
battery charger 363
battery pack 252
battlement 314
bay 11, 23, 156
bay filler panel 367
Bay of Bengal 29
bayonet cap 226
beach 36
bead 398
beak, horny 86
beaker, measuring 198
beam 321, 466
beam, balance 534, 535
beam, continuous 382
bean 147
bean, adzuki 146
bean, black 147
bean, broad 146
bean, dolicho 146
bean, green 147
bean, lablab 146
bean, Lima 147
bean, mung 147
bean, pinto 147
bean, red kidney 147
bean, roman 147
bean, scarlet runner 147
bean, wax 147

bean, yard-long 146
bean thread 177
beanbag chair 229
bear, black 98
bear, polar 98
beater 204, 341
beater, egg 200
beater, four-blade 204
beater, spiral 204
beater, wire 204
Beaufort Sea 24, 25
becquerel 467
bed 232, 380, 480, 566
bed, camp 566
bed, hospital 501
bed chamber 312
bed linen 232
bedroom 217
beech 69
beechnut 149
beef 166
beehive 137
beetle, scarab 81
beetroot 145
begonia 67
Belarus 492
Belgium 492
Belize 491
bell 336, 337
bell, set 341
bell, sleigh 341
bell, tubular 341
bell bottoms 277
bell tower 317, 489
bellows 344
belly 99
belongs to 469
below-stage 330
belt 244, 268, 545
belt, duty 497
belt, money 306
belt, seat 391
belt, shoulder 391
belt, tool 244
belt, weight 536
belt, weightlifting 546
bench 229
bench, storage 229
Benin 493
beret 289
bergamot 150
bergère 228
bergschrund 36
Bering Sea 22
Bering Strait 24, 25
Bermuda shorts 269, 277
berry 148
berth 417
bevel 504
bevel square 244
beverage can 183
Bhutan 495
bib 284, 285
biceps 108, 109
bicycle 410, 412
bicycle, all-terrain 413
bicycle, child's 412
bicycle, city 413
bicycle, cross-country 552
bicycle, downhill 552
bicycle, electric 413
bicycle, recumbent 413
bicycle, road 413

bicycle, road-racing 552
bicycle, touring 412
bidet 224
bike, BMX 412
bike, trailer 412
bike carrier 399
biking, mountain 552
bikini 281
bilberry 148
bill 89
billhook 262
billiard cue 549
billiards 549
bimah 488
binder 288, 561, 564
binder, fastener 378
binder, ring 378
binder, spiral 376
binding 288, 561, 564
binding, safety 562, 563
binoculars, prism 462
biological classification 74
biology 468
biomass 51
biosphere 50
biplane 434
birch 69
bird 89
bird, aquatic 89, 92
bird, granivorous 89
bird, insectivorous 89
bird, perching 89
bird, terrestrial 90
bird, wading 89
bird of prey 89
birdcage 309
Bishop 573
bison 101
bit 252, 444
bit, auger 252
bit, curb 548
bit, snaffle 548
bit, spade 252
bit, tool 244
bit, twist 252
bitt 425
bitter melon 142
black 460
black hole 12
black pudding 171
Black Sea 22, 27, 29
black widow 80
blackberry 148
blackboard 486
blackcurrant 148
bladder, urinary 120, 126
blade 59, 62, 190, 196, 205, 208, 223, 249, 250, 251, 253, 255, 257, 263, 299, 300, 438, 441, 455, 533, 536, 556, 559, 571
blade, circular saw 251
blade, dance 559
blade, double-edged 300
blade, free skating 559
blade dispenser 300
blade guard 251
blade roast 167
blanket 232
blazer 278
bleaching 73
blender 204
blender, immersion 204
blender, pastry 200
blending attachment 204

block 513
blog 375
blood 117
blood, arterial 116
blood, venous 116
blood cell, red 117
blood cell, white 117
blood circulation 114
blood pressure monitor 505
blood vessel 117
blouse, classic 276
blower 219, 223, 404
blowfish 83
blowhole 102
blowpipe 344
blowtorch 256
blue 460
blue line 557
blueberry 148
bluefish 83
bluestreak cleaner wrasse 83
blusher 295
boa 87
board 542, 573
board, bulletin 486
board, printed circuit 459
boarding walkway 429
boards 556
boat 422
boat, centreboard 541
boat, hydrofoil 427
boat, keel 541
boat, sailing 540
boater 288
body 276, 335, 386, 405, 553
body, ciliary 132
body, vitreous 132
body care 297
bodysuit 280, 284
bogie 417
boiler, double 203
boiler, gas-fired 219
bole 68
bolero 278
Bolivia 490
bolster 190, 196, 232
bolt 246, 249
bolt, dead 214
bolt, knurled 257
bolt, latch 214
bolt, shoulder 246
bone 417
bone, alveolar 113
bone, frontal 110, 112
bone, nasal 112, 134
bone, occipital 111, 112
bone, parietal 111, 112
bone, sphenoid 112
bone, temporal 110, 112
bone, zygomatic 110, 112
bongos 341
bonnet 386, 402
book 438, 440, 540
bookcase 217, 486
bookends 379
bookshop 478
boom 438, 440, 540
boom, telescopic 437, 499
boom box 362
boom operator 329
boom vang 540
booster seat 233
boot 17, 291, 387, 536, 555, 559
boot, ankle 291
boot, cowboy 290

boot, cross-country skiing 564
boot, flexible 561
boot, football 518
boot, hard 561
boot, hiking 286
boot, hybrid 565
boot, inner 563
boot, rubber 498
boot, safety 500
boot, ski 562, 563
boot, ski-jumping 561
boot, thigh 291
boot, work 290
boot, wellington 292
bootee 284, 290
booth 186
booth, coupon 483
borage 142
border 210, 330, 331
born 468
Bosnia and Herzegovina 492
bosses 320
Botswana 494
bottle 297, 307, 569
bottle, baby 307
bottle, glass 183
bottle, sport 569
bottle, thermos 569
bottle opener 568
bottom face 562
boudoir grand 339
boulevard 30, 475
boundary, internal 31
bow 156
bow tie 267
bowl 191, 205, 208, 308
bowl, mixing 200, 204
bowl, rice 193, 195
bowl, rim soup 192
bowl, salad 193
bowl, soup 192
bowl with serving spout 205
bowler 288, 517
bowling 478
box 220, 308, 331
box, filing 378
box office 327
boxer 544
boxer shorts 270
boxing 544
bra 281
bra, décolleté 281
bra, push-up 281
brace 215, 257
brace clip 268
bracelet 294
bracelet, charm 294
braces 268
brachial 108
brachioradial 108, 109
bracket 321
bracket base 230
bract 63
Braille 349
brain 121, 123
brain stem 123
brains 170
brake 395, 410, 411, 508, 552
brake, aerodynamic 455
brake, disc 388, 395, 407, 555
brake, drum 395
brake, emergency 420
brake, heel 565

brake, hydraulic disc 552
brake booster 388, 395
brake caliper 407
brake handle 553
brake lever 407, 408, 411, 552
brake pad 395
brake pedal 388, 392, 395, 406, 408
braking circuit 388, 395
braking system 389
branch 68, 70, 144
brass family 332
brassiere, strapless 281
brassiere cup 281
brattice 314
brazier 321
Brazil 490
Brazil nut 149
bread 172
bread, batch 173
bread, black 172, 173
bread, egg 173
bread, French 173
bread, Greek 173
bread, Irish soda 173
bread, multigrain 173
bread, rye 172, 173
bread, unleavened 172
bread, white 173
bread, wholemeal 173
bread guide 206
bread maker 207
breadcrumbs 173
break 371
breaker, circuit 449
breast 89, 104, 106, 127, 167, 168
breast, rolled 168
breaststroke 539
breech 336
bridge 333, 334, 335, 338, 345, 549
bridge, bascule 383
bridge, beam 382
bridge, cantilever 382
bridge, compass 422, 426, 427
bridge, fixed 382
bridge, lift 383
bridge, loading 421
bridge, movable 382
bridge, suspension 382
bridge, swing 382
bridging 215
bridle 548
briefcase 303
briefs 270, 281
briefs, mini 270
Brie 175
bristle 300, 301
bristles 257
broad bean 142
broccoli 145
broccoli raab 145
bronchiole 118
bronchus 118
brook 35
brook char 163
broom 221, 243
broom, gutter 404
broom, pickup 404
browband 548
brown sugar 179
browser 374
Brunei Darussalam 495
brush 72, 237, 243, 295, 326

brush, back 297
brush, bath 297
brush, bow 295
brush, cleaning 300
brush, dusting 237
brush, flat-back 298
brush, floor 237
brush, interdental 301
brush, lip 295
brush, mushroom 199
brush, pastry 200
brush, quill 298
brush, round 298
brush, shaving 300
brush, snow 399
brush, two-sided 308
brush, vegetable 199
brush, vent 298
brush, wire 341
brush, writing 348
brushhead 301
Brussels sprout 140
bubble bath 297
bucket 223, 243, 438
bucket, backward 438, 440
buckle 268, 306, 391, 563
buckwheat 72, 157
bud 58, 61
bud, flower 61
buffalo, Cape 101
buffer 323
buffers 415
buffet 186
bug, stink 81
bugle 337
bulb 58, 144, 227
bulb, olfactory 134
bulb, red 504
bulb, tungsten-halogen 227
bulb vegetables 139
bulblet 58
bulgar 172
Bulgaria 492
bulge 13
bulk carrier 422
bulldog 95
bulldozer 438
bullfinch 90
bullhorn 90
bulmag 382
bumblebee 81
bump 525
bumper 237, 402, 409, 508, 553, 576
bumper moulding 386
bunch 144
bundle 144
buoy, life 427
buoyancy compensator 536
burdock 145
bureau 230
Burkina Faso 493
burner 202, 219, 238, 568
burner, gas 219
burner control knobs 238
burner ring 202
Burundi 493
bus 400
bus, articulated 401
bus, city 400
bus, double-decker 401
bus, school 400
bus, specialised transportation 401

bus shelter 476
bus station 474
bus stop 476
bush 258
bush-cricket 80
business district 474
butane appliances 568
butt 169
butte 39
butter 174
butter compartment 239
buttercup 67
buttercup squash 143
butterfly 78
butterfly, monarch 81
butterfly stroke 539
butterhead lettuce 140
buttermilk 174
buttock 105, 107, 125, 126
button 227, 344
button cell 351
button facing 273
button loop 268
button placket 267
buttonhole 271
buttoning 271
buttress 315, 316, 318
buttress, diagonal 316
buttress, flying 316, 317
bud, 61

## C

c 346
cab 438, 439, 440, 441
cab, driver's 416, 417
cab, operator's 437
cabbage, green 141
cabbage, red 141
cabbage, savoy 141
cabbage, white 141
cabin 426, 435
cabinet 187, 239, 240, 241, 355
cabinet, cocktail 231
cabinet, display 231
cable 399
cable, jumper 399
cable, MIDI 343
cable, musical instrument digital interface 343
cable, suspension 382
cable line 375
cafeteria 487
cafetière with plunger 209
cage 313
cage, animal 308
cage, safety 513
caiman 88
cajun spice 155
calcaneus 111
calculator, graphing 377
calculator, pocket 377
calculator, printing 377
calendering 73
calf 101, 105, 107
caliper 395
caliper, micrometer 465
caliper, vernier 465
Callisto 8
calyx 63, 64, 66

calyx, renal 120
cambium 68
Cambodia 495
camcorder 358
camcorder, DVD 358
camcorder, hard disk drive 358
camcorder, miniDV 358
camel, Bactrian 101
Camembert 175
camera 328
camera, compact 353
camera, digital 353, 354
camera, disposable 352
camera, film 352
camera, Polaroid® Land 352
camera, reflex 352, 353
camera, ultracompact 353
camera, view 352
camera body 352
camera operator 328
Cameroon 493
camisole 276, 280
camp stove, single-burner 568
camp stove, two-burner 568
camping 566
camping equipment 568
camshaft 396
Canada 24, 490
canal, root 113
canal, semicircular 129
candela 467
candle 489
canine 113
canister 182
cannelloni 176
cannon 99
cannon, water 499
canoe 543
canoe, recreational 543
canoe, whitewater 543
canopy 305, 405, 434, 441
cantaloupe 151
cantle 548
canvas 544
canyon, submarine 34
cap 58, 218, 226, 227, 288, 289, 349, 454, 497, 538
cap, hunting 288
cap, screw 183
cap, stocking 289
cap, swim 286
cap iron 253
Cape Horn 26
Cape of Good Hope 28
Cape Verde Islands 493
caper 180
capillary 116
capillary tube 464
capital 31
capitals lock 370
capitulum 66
capon 165
capsule 60, 63
capsule, gelatin 506
caption 350
capture 573
capuchin 103
car 385, 541

car, electric 394
car, estate 385
car, Formula 1 555
car, hybrid 394
car, Indy 554
car, intermodal 416
car, micro compact 385
car, NASCAR 554
car, passenger 417, 420
car, rally 554
car, restaurant 417
car, sleeping 417
car, sport prototype 554
car, sports 385
car cover 399
car dealer 475
car seat, infant 307
car systems 388, 389
car transporter 402
car wash 384
carafe 188
carambola 153
carapace 77, 86
caravan 405
caraway 154
carbon cycle 51
carbon dioxide 51
carburettor 406
card, high 572
card, playing 572
card, special 572
cardamom 155
cardigan 273, 278
cardinal 90
cardoon 144
cargo hold 425, 433
cargo trousers 277
Caribbean Islands 490
Caribbean Plate 34
Caribbean Sea 22, 25
carina 84
carnation 67
carnivore 50
carnivorous mammal 94, 97
carp 163
Carpathian Mountains 27
carpentry 244
carrier 409, 410
carrier, suit 304
carrot 145
cart, golf 551
cartilage 134
cartography, physical 23
cartography, political 31
carton 183
carton, brick 183
carton, egg 182
carton, small 183
cartoon 350
cartridge 254, 348, 500
caruncle, lachrymal 132
case 338, 377, 464
case, lens 301
case, writing 303
casement 214
cash register 185
cashbox 154
cashew 149
cashier 185
casing 214, 222, 265, 366
Caspian Sea 22, 29

cassava 139
casserole 203
castanet 332
caste 79
castenet 331
caster 233, 237
casting 570
castle 314
Castle 573
cat 96
cat, leopard 96
cat, Norwegian forest 96
catamaran 541
catch 305, 571
catcher 514, 515
caterpillar 78
catfish 83
cathedral, Gothic 316, 317
cathode 459
catwalk 330
cauliflower 145
caulking gun 254
cave 36
cavity, abdominal 125, 126
cavity, nasal 118, 134
cavity, oral 118, 119
cayenne pepper 155
CD/DVD-ROM drive 342, 366, 367, 368
cedar of Lebanon 71
ceiling fitting 234
celeriac 145
celery 144
celestial body 8
Celsius, degree 464, 467
celtuce 140
cell 313, 394, 458, 481
cell, alkaline-manganese-zinc 459
cell, animal 74
cell, carbon-zinc 459
cell, dry 459
cell, plant 56
cell membrane 56
cell nucleus 74
cell wall 56
cello 332, 333
Celsius, degree 464, 467
celtuce 140
cement screed 218
cementum 113
cemetery 30, 475
censer 489
cent 484
centipede 75
Central African Republic 493
Central America 22, 25
central reservation 476
centre 431, 470, 523, 527, 557
centre half 519
centre spot 519
centreboard 540
centring point 252
centriole 74
cephalothorax 77, 80
cereal 157
cereal product 172
cerebellum 123
cerebro-spinal fluid 124
cerebrum 123
Ceres 8
cervix of uterus 126, 127
Chac-Mool 321

Chad 493
chain 410, 547
chain, lift 225
chain wheel 552
chainsaw 263
chainsaw chain 263
chair 229
chair, beanbag 229
chair, club 228
chair, director's 228
chair, folding 229
chair, high 233
chair, rocking 228, 229
chair, side 229
chair, squat 228
chair, stacking 229
chair, Voltaire 228
chair, Wassily 228
chair, Windsor 229
chair bed 228
chaise longue 228
chalice 489
chalk 549
chalk line 244
challah 173
chameleon 88
chamomile 158
champagne flute 188
chandelier 235
changing pad, contour 233
changing room 486
changing table 233
chanter 344
chanterelle 138
chapati 172
chapel 314, 316, 317
charcoal 326
charger 252
Charon 9
chart, circular 470
chart, line 470
chat room 375
Chateaubriand 166
chayote 143
check-in kiosk 430
checkout 185
Cheddar 175
cheek 99, 106
cheese, blue-veined 175
cheese, cottage 174
cheese, cream 174
cheese, fresh 174
cheese, goat's-milk 174
cheese, pressed 175
cheese, soft 175
cheese box 183
chemical key 252
chemical formula 468
chemistry 456, 468
cheque 484
cheque, traveller's 484
cheque book cover 303
chequer 573
chequerboard 573
cherimoya 152
cherry 148
chervil 156
chess 573
chess, move 573

chess pieces 573
chessboard 573
chest 99
chest of drawers 230
chesterfield 228
chestnut 149
chevet 317
chèvre 174
chicane 554
chick 89
chicken 165
chickpea 146
chicory 141
chiffonier 231
child carrier 412
childcare 307
Chile 490
chili 155
chili, bird's eye 155
chili, jalapeño 155
chilli 142
chilli sauce 181
chilli powder 155
chimney 211, 221
chimney cap 211
chimpanzee 103
chin 89, 106
chin bar 407
chin rest 333
China 495
Chinese character 349
Chinese soup spoon 195
chinois 198
chip 485
chipmunk 93
chipolata 171
chips 73
chive 139
chloroplast 56
chocolate 179
chocolate, dark 179
chocolate, milk 179
chocolate, white 179
choir 316, 317
choker 294
chop 167, 168, 169
chopstick 193, 195
chopstick rest 195
chord 347
chorizo 171
choroid 132
Chow Chow 94
chow mein noodle 177
Christmas tree 445
chromium 42
chromosphere 10
chrysalis 78
chuck 166, 249, 252
chuck key 252
Chukchi Sea 24
chukka 290
church 489
church, Baroque 318
church, romanesque 315
chutney 181
cicada 81
ciliate 62
cinema 327, 474, 478
cinnamon 154
circle 470
circuit, electrical 458

circuit, integrated 459
circuit, packaged integrated 459
circuit, parallel 458
circuit, printed 459
circulation, pulmonary 116
circulation, systemic 116
circumference 470
cirque 11, 38
cirrocumulus 46
cirrostratus 46
cirrus 46
cistern 224
cistern ball 225
citron 150
city 472
city centre 473, 474
clam 159
clam, hard-shell 159
clam, razor 159
clamp 299
clapper 329
clapskate 558
clarinet 332, 336
clasp 303
clasper 61
class 74
classroom 486, 487
clavicle 110
claw 77, 86, 89, 93, 248
claw-hammer 248
clay 532
clean and jerk 546
cleat 540, 541
cleat, clam 541
cleaver 196
clef 346
clef, alto 346
clef, bass 346
clef, treble 346
cleg 81
clementine 150
cliff 11, 36, 37
climate 45
climate, dry 45
climate, highland 45
climate, polar 45
climate, temperate 45
climate, tropical 45
cling film 182
clip 348, 379, 465
clip, hair 298
clip, paper 379
clip, wave 298
clippers 299
clipboard 379
clitoris 126
cloakroom 216
cloche 289
clock timer 206
clog 291
closing 279
cloth, lens cleaning 302
clothing, children 284
clothing, men 266
clothing, specialty 284
clothing, unisex 273
clothing, women 274
cloud 46, 48
cloud, high 46
cloud, low 46

cloud, middle 46
cloverleaf 380, 381
clove 154
clown fish 82
club, golf 551
clubhouse 550
clubs 572
clutch 388
clutch lever 408
clutch pedal 392
coach 400, 527, 557, 559
coach, open-plan 417
coach, passenger 417
coat 271, 278
coat, car 279
coat, duffel 278
coat, duffle 278
coat, riding 278
coat, three-quarter 271
coat, trench 271
coating 73
cob 72
cobra 87
coccyx 111
cochlea 129
cockatoo 91
cockchafer 81
cockle 159
cockleshell 228
cockpit 540, 543, 555
cockpit coaming 543
cockroach 81
cocoa 179
coconut 149
Cocos Plate 34
cod 162
coffee 158
coffee bean 158
coffee grinder 208
coffee maker 209
coffee maker, automatic filter 209
coffee maker, Neapolitan 209
coffee maker, vacuum 209
coffee shop 474, 479
coil 223
coin 484
cola nut 149
colander 198
cold storage chamber 184, 185
collar 61, 266, 267, 271, 286, 308
collar, button-down 267
collar, ceiling 215
collar, cervical 504
collar, spread 267
collar, storm 221
collar, tailored 279
collar, two-way 271
collards 140
collection unit 55
collie 95
collimator 509, 511
Colombia 490
colonette 315
colour synthesis 460
colour synthesis, subtractive 460
columella 76
column 235, 311, 318, 350

column, renal 120
coma 12
comb 298
comb, barber 298
comb, lash 295
comb, pitchfork 298
comb, rake 298
comb, tail 298
comb, teaser 298
comb binding 378
Commandments, Ten 488
commissure of lips of mouth 133
common name 468
Commonwealth 496
communication, written 348
communication protocol 374
Communion rail 489
Comoros 494
compact 295
compact disc 354
compact disc player 360, 361, 362
compact disc player, portable 361
compact disc reader 354
compact flash card 351
compass, magnetic 569
compluvium 312
compost bin 259
compound notation 468
compressor 447
computer, all-in-one 366
computer, desktop 374
computer, laptop 366
computer, onboard 392
computer, tablet 372
computer, tower case 367
computer equipment 366
concealer 295
concert grand 339
concert hall 475
concha 128
concha, nasal 134
conchiglie 176
condensation 51, 456
condenser 442, 443, 463
condiment 180
condor 91
conduction 457
conductor 332
condyle 111
cone 70, 132, 471
confessionals 489
confluent 35
Congo 493
Congo, Democratic Republic 493
Congo River 28
conifer 70, 71
conjunctiva 132
connecting rod 396
connection 73
connection device 372
connection pin 459
connector 363

connector, HDMI 359
connector, RS 359
connector, USB 363
constriction 464
consumer 50
contact 227, 573
contact device 226
contact lens, disposable 301
contact lens, hard 301
contact lens, soft 301
contact lense 301
contained 469
container 182, 204, 259
containment basin 447
contest area 545
contestant 545
continent 22
continental crust 33
continental shelf 34
continental slope 34
continuity person 329
contrabassoon 332
control 370
control deck 423
control knob 240
control room 331
control stand 416
control stick 435
controller 574
conurbation 472
convection 457
convector, electric 222
convector heater 222
convention centre 475
convertible 385
conveyor 443
conveyor belt 430
Cook Islands 496
Cook Strait 30
cooker, electric 238
cooker, gas 238
cooker, pressure 202
cooker, slow 207
cooker hood 187
cooking plate 207
cooking surface 207
cooking unit 238
coolant 442, 450
cooler 569
cooling system 389
cooling tower 442, 447
coordinate system, earth 20
coping 565
copper 42
cor anglais 336
Coral Sea 30
corbeille 331
corbel 220, 314
cord, master 564
cordate 62
core 10, 65
coriander 156
Corinthian column 313
Corinthian pilaster 313
cork 564
corkscrew 197, 568
corn 72, 157
corn, fodder 137
corn, sweet 72

corn salad 141
cornbread 173
cornea 132
corner cupboard 231
corner stool 544
cornerback 522
cornet 337
corn-flour 172
cornice 211, 213, 230, 311, 319
Cornish hen 165
corolla 66
corona 10
corona radiata 126
coronet 99
corpus callosum 123
corpuscle, bulboid 130
corpuscle, Meissner's 130
corpuscle, Pacinian 130
corpuscle, Ruffini's 130
corselette 280
corset 281
corset, wasp-waisted 281
cortex, cerebral 123
cortex, renal 120
corymb 66
Costa Rica 490
costal features 36
costume 328
cot 233
cottage cheese 174
cotton bud 507
cotton plant 72
cotton wool 507
cotyledon 58
cougar 97
coulomb 467
Coulommiers 175
coulour synthesis, additive 460
counter 286, 483
counterjib 437
counterweight 323, 383, 437
country 31, 473
coupé 385
coupling 416
courgette 143
course, base 380
court 291, 481, 572
courthouse 474
courtroom 481
couscous 172
couscous kettle 203
cover, seat 224
coveralls 561
covert, under tail 89
covert, upper tail 89
covert, wing 89
cow 101
cowboy boot 290
cowshed 137
crab 160
crampon system 564
cranberry 148
crane 437
crane, floating 421
crane, quayside 421
crane, tower 437
crane, travelling 449
crane, truck 437
crank 197, 570

crank, hand 261
crankshaft 396
crash sensor 392
crate, small 182
crater 11, 40
cravat 267
crawl stroke 539
crayfish 160
crayon, wax 326
cream 174
cream, whipping 174
cream cheese 174
cream jug 192
crease 268
credit card 485
creel 570
creep 42
cremaster 78
cremini mushroom 138
crenate 62
crepidoma 311
crescent 11
crest 37, 41, 460
crevasse 38
crevice tool 237
cricket 517
cricket, players 517
crime prevention 497
crispbread 173
crisper, salad 239
Croatia 492
crockery 192
crocodile 88
crocus 67
croissant 173
crook 336
cropped trousers 277
crosne 139
cross brace 508
crossbar 564
cross-country ski trail 560
cross-country skier 564
cross-country skiing 564
crossing 316, 317
crossing arm 400
crossover 415
crossover vehicle 385
crosspiece 230
crotch 270
crotch piece 276
crotchet 347
Crottin de Chavignol 174
croup 99
crowbar 248
crown 68, 113, 288, 289, 334
crownpiece 548
CRT television 355
crucifix 489
cruise control 392
cruiseliner 426
crusher 443
crustacean 160
crutch, forearm 507
crutch, underarm 507
crystal button 235
crystal drop 235
crystallization 456
Cuba 490
cube 170, 471
cucumber 142

cuff 267
cuff, pneumatic 505
culottes 275
cultivation 136
cultivator, hand 259
cumin 154
cumulonimbus 46
cumulus 46
cup 182, 569
cup, butter 183
cup, measuring 198
cup, milk 183
cup, protective 524, 557
cup, tea 192
cup gasket 500
cupboard 187
cupule 63
curb bit 548
curb chain 548
curler, butter 199
currency abbreviation 484
current, conventional direction 458
curry 154
curtain, privacy 501
curtain, stage 330, 331
curtain wall 314
cushion 232
cusp 113
customer service 483
cuticle 130
cuticle nippers 296
cuticle pusher 296
cuticle trimmer 296
cutlery 188
cutlery basket 242
cutlet 167
cutter, pipe 254
cutter, wire 255
cutter link 263
cutters, biscuit 200
cutting 73
cutting blade 204
cutting board 199
cutting edge 169, 196, 299, 440
cutting wheel, pastry 200
cuttlefish 159
cyan 460
cycle, exercise 547
cycle lock 412
cycling 552
cycling road transport 410
cyclist 552
cyclone 47
cylinder 438, 439, 440, 441, 471
cylinder, compressed-air 498, 536
cylinder, elevating 404, 499
cylinder, master 395
cylinder vacuum cleaner 237
cymbal 332, 340, 341
cyme, biparous 66
cyme, uniparous 66
cypress 71
Cyprus 492
Cyrillic character 349
cytoplasm 56, 74, 126
Czech Republic 492

## D

d 346
daffodil 67
daggerboard 542
daikon 145
dairy 137
dairy compartment 239
dairy product 174
daisy 67
Dalmatian 95
dam 448
dandelion 67, 141
Danish Blue 175
Danube River 27
dart 575
dartboard 575
darts 575
darts playing area 575
dashboard 408
data panel 352
data storage device 373
database 375
date 148, 484
date stamp 376
davit 424
debarking 73
debit card 485
debris 47
decagon 471
decanter 188
deck 350, 382, 564
deck, end 543
deck, flight 432, 435
deck, main 425
deck, promenade 426
deck, upper 401
decomposer 50, 51
deer, white-tailed 100
defence 522, 556
defibrillator 504
deflector 222, 265, 404
deflector, wind 402
deforestation 53
degree 468
degree Celsius 464, 467
degree Fahrenheit 464
dehumidifier 223
dehydration 73
deinking 73
delete 371
delicatessen 171
delivery 517
delta 35, 36
deltoid 108
demisemiquaver 347
demitasse 192
dendrite 121
Denmark 492
Denmark Strait 24
denomination 484, 485
dental care 301
dental floss 301
dental floss holder 301
dentin 113
denture 113
deodorant 297
departure lounge 431
deposit box, safe 483
depression 44
derailleur 410, 552

dermis 130, 131
derrick 422, 425, 444, 445
desert 39, 45, 49
desk 217
desk tray 376
destroying angel 58
dew 48
diable 203
dial 464
dialysate 511
dialyzer 511
diameter 470
diamonds 572
diaphragm 118
dibber 264
dibber, bulb 264
didgeridoo 344
die 572
die, ordinary 572
die, poker 572
died 468
diesel, marine 446
diesel oil 446
differential 389
diffuser 299, 328
dig 525
digestive system 119
digit 85, 93, 103
digital audio player, portable 362
digital book reader 373
digital camera 353
digital photo 354
digital versatile disc 357
digital-to-analogue converter box 355
Dijon mustard 180
dill 156
dilution 73
dimmer switch 226
dimple 551
dinette 187
dining room 186, 216, 312, 480
dining section 417
Dione 5
dipper 326
director 329
director of photography 329
directory 374
disc 205, 395, 546
disc tray 357
discharge tube 227
discus 83
discus throw 513
dish 207, 356
dish, butter 192
dish, cooking 207
dish, fish 193
dish, hors d'œuvre 193
dish, salad 193
dish, snail 193
dish, soufflé 200
dish, vegetable 193
dishwasher 187, 242
disk 13, 373
display 222, 242, 353, 356, 357, 359, 360, 361, 362, 363, 364, 365, 366, 368, 372, 377, 466, 482, 483, 505, 509, 574
display cabinet 231

display cabinet, glass-fronted 231
dissolution 51
distance, measurement 465
distance measurer 465
distributor 396
distributor cap 388
district 30
ditali 176
ditch 380
dive, armstand 537
dive, backward 537
dive, forward 537
dive, inward 537
dive, reverse 537
diver 537
diving, positions 537
diving, scuba 536
diving apparatus 537
diving board 212
division 469
division key 377
DJ console 343
djembe 345
Djibouti 493
dock 361
docking station 363
document case 303
dodecagon 471
dog 94
dogfish, larger spotted 160
dogfish, spiny 84
dollar 484
dolly 328
dolphin 102
domain 374
dome 205, 319
dome, rotating 13
dome shutter 13
Dominica 490
Dominican Republic 491
domino 572
donkey 100
door 238, 241, 322, 323, 387, 390
door, automatically-controlled 430
door, conventional 322
door, exterior 213
door, fire 322
door, folding 322
door, garage 322
door, loading 220
door, revolving 322
door, screen 405
door, sliding 224, 322
door, strip 322
door, two-leaf 400
door handle 213
door lock button 390
doorknob 214
Doric column 313
dormer window 210
double bass 332, 333
dousing water tank 450
downhill 563
drag 571
dragonfly 80

Drake Passage 24, 26
draught arm 440
draught tube 449
draughts 573
draw tube 463
drawbridge 314
drawer 187, 230, 231, 233, 238
drawing 326
drawing pin 379
drawstring 272
drawstring hood 285
dress 274
dress, A-line 274
dress, coat 274
dress, cocktail 274
dress, drop waist 274
dress, princess 274
dress, sheath 274
dress, shift 274
dress, shirtwaist 274
dress, tunic 274
dress, wrap-over 274
dress accessories 293
dress circle 331
dresser 328
dressing room 328, 331
dribbling 520
drill 252
drill, masonry 252
drill, twist 252
drill collar 444
drilling rig 444
drilling tool 252
drink box 183
drive belt 240
drive shaft 435
driver 252, 554
driveshaft 389
driveway 211
driving suit, flame-resistant 554
dromedary 101
drone 79
drone pipe 344
drop shot 531
drop-leaf 230
droplight 295
drum 197, 240, 241, 395, 439
drum, bass 332, 340
drum, snare 332, 340
drum, talking 345
drum, tenor 340
drum kit 340
drum machine 343
drum pad, electronic 342
drumhead 340
drumlin 37
drumstick 341
drupelet 64
dry cleaner 479
dry climate 45
dryer 241
drying 73
duck 92, 165
duct, deferent 125
duct, lactiferous 127
duct, lymphatic 124
duct, thoracic 124
duffel coat 278
duffle coat 272
dulse 138

dumbbell 546
dummy, baby's 307
dumper body 403, 404
dune 36, 39
dune, crescentic 39
dune, parabolic 39
dune, star 39
dunes, chain 39
dunes, longitudinal 39
dunes, transverse 39
dungarees 277, 285
dungarees, high-back 284
dungarees with crossover back straps 285
dura mater 124
durian 153
dustpan 243
Dutch oven 203
DVD 357
DVD, rewritable 373
DVD burner 373
DVD player 574
DVD player, portable 356
DVD recorder 357
dwarf, black 12
dwarf, brown 12
dwarf, white 12
dwelling, traditional 324
dyke 40
dynamo 410
Dysnomia 9

# E

e 346
eagle 91
ear 104, 129, 229
ear, external 128
ear, internal 128
ear, middle 128
ear covering 293
ear flap 288
ear loaf 173
ear stud 294
eardrum 129
earlobe 128
earmuffs 293
earmuffs, safety 500
earphone 360
earphone, portable 363
earphones 361, 362
earpiece 302, 363
earring 294
earring, drop 294
earring, hoop 294
earth 8, 9
Earth 33
Earth, structure 33
Earth features 35
earth terminal 226
earthflow 42
earthing pin 226
earthquake 41
earthworm 75
earth's crust 33
Earth's crust 33
East China Sea 29
East Sea 29
East Siberian Sea 24
East Timor 495
eau de parfum 297
eau de toilette 297
eave 321

eclipse, annular 10
eclipse, lunar 11
eclipse, partial 10, 11
eclipse, solar 10
eclipse, total 10, 11
ecological pyramid 50
e-commerce 375
economy 482
Ecuador 490
Edam 175
edge 484, 559, 561, 562, 569
edger, lawn 260
editorial 350
education 486
eel 163
eel, electric 83
effects pedal 335
effluent 35
egg 126, 164
egg, duck 164
egg, goose 164
egg, hen 164
egg, ostrich 164
egg, pheasant 164
egg, quail 164
Egypt 493
eiderdown 232
El Salvador 490
elastic 232
elbow 94, 99, 105, 107, 176
electric car 394
electric charge, measurement 467
electric circuit 227
electric current, measurement 467
electric grill, indoor 207
electrical box 226
electrical system 389
electricity 226, 255, 458
electrode 227, 397
electromagnetic spectrum 460
electron 456
electron accelerator 511
electron gun 355
electronic music 342
electronic payment terminal 185, 483
electronics 459
elephant 101
elevation 211
elevator 433, 440
elk 100
elk, Canadian 100
elm 70
email 375
email software 374
embankment 380
embryo 161
embryo sac 57
emery board 296
Emmenthal 175
empty set 469
enamel 113
enclosure 137
end 371
end, defensive 522
end, tight 523
endive, curly 140
endocardium 117
endocarp 65
endometrium 127

endoplasmic reticulum 56, 74
endoscope 510
endoscopy 510
endosperm 58
energy, measurement 467
engine 407, 444
engine, diesel 416, 423, 438, 440, 441
engine, outboard 425
engine, petrol 389, 394
engine, turbojet 433
engine block 396
engine compartment 436, 441
English Channel 27
enoki mushroom 138
entablature 213, 311, 319
enter 371
entrance hall 216
envelope, padded 376
environment 49
epaulet 271
epicalyx 64
epicentre 41
epicondyle 111
epidermis 130, 131
epididymis 125
epiglottis 118, 135
epithelium, olfactory 134
equal 469
equals 469
equals key 377
equator 20, 26, 28
equestrian sports 548
equinox 44
equivalent 469
eraser 379
erhu 345
Eris 9
Eritrea 493
escape 370
escarole 140
escutcheon 214
escutcheon plate 226
espadrille 291
espresso machine 209
espresso maker 209
estate car 385
Estonia 492
estuary 23, 36
Ethiopia 493
EU 496
Eurasia 22
Eurasian Plate 34
euro 484
Europa 8
Europe 22, 27, 491
European Union 496
eustachian tube 129
Eustachian tube 134
euthynteria 311
evaporation 51, 456
ex-voto 489
exfoliant 297
exhaust pipe 389
exhaust stack 402, 441
exhaust system 389
exit 381
exocarp 64, 65
exosphere 43
expandable file pouch 303
expander 343
expander, chest 546
expansion chamber 464
exposure adjustment 352

exposure meter 351
extension 230
extension tube 237
extensor, common 109
extensor, long 108
extensor, radial 109
extensor, short 108
extensor, ulnar 109
extractor hood 238
eye 47, 76, 77, 80, 86, 102, 106, 132
eye, compound 78, 79
eye, simple 78
eye drop, lubricant 301
eyeball 85, 132
eyebrow 320
eyebrow tweezers 296
eyelash 96, 132
eyelash curler 295
eyelet 286, 290, 559
eyelet tab 290
eyelid 85, 86, 132
eyeliner 295
eyepiece 14, 15, 462, 463, 510
eyeshadow 295
eyespot 75
eyestalk 76

# F

f 346
face 103, 104, 248, 551
face flannel 297
face mask 289, 517
face shield 555
facepiece 500
faceplate 214
factorial 469
factory 472
faculae 10
Fahrenheit, degree 464
fairing 406, 553
fairlead 541
fairway 550
falcon 91
Falkland Islands 26
fall front 230
fallopian tube 126, 127
fallow land 137
false tuck 284
family 74
fan 223, 241, 367
fan, ceiling 223
fan, cooling 388, 394, 396, 398
fang 80, 86
fantail 454
farmhouse 137
farmstead 137
farmyard 137
fascia 386
fast rewind button 356
fastener, hook-and-loop 565
fastener, paper 379
fast-forward button 356, 362
fat 178
fault 41
fax machine 365
feather crown 529
feather duster 243
feed tube 205, 208
feeder 309
feeder lane 381
feedhorn 356

feijoa 153
female 468
femur 110
fence 137, 210, 250, 258
fennec 97
fennel 144
fenugreek 154
fermata 347
fern 59
fern, bird's nest 59
fern, tree 59
ferret 97
ferrule 257, 549, 570, 571
ferry boat 426
fertilization 57
festoon 318
feta 174
fetlock 99
fetlock joint 99
fettuccine 176
fibres 243
fibula 110
fibular, long 108
fibular, short 109
fiddlehead 59
fiddlehead fern 144
field, centre 515
field, left 515
field, right 515
field mouse 93
fielder 514
fifth 346
fifth wheel 402
fifty 469
fig 153
figure skating 559
Fiji 495
Fiji Islands 30
filament 66, 227
Filchner Ice Shelf 24
file 253, 374, 568
file, concertina 378
file, suspension 378
file guide 378
filler neck 389
fillet 176
film camera 352
filo 173
filter 212, 219, 236, 238, 453, 569
filter, air 223
filter, colour 351
filter, polarizing 351
fin 222, 536
fin, anal 82, 84
fin, caudal 82, 84, 102
fin, dorsal 84, 102
fin, pectoral 82, 84, 102
fin, pelvic 82, 84
final drive 438
finance 482
finch 90
finderscope 14, 15
finger 131
finger, index 131
finger, little 131
finger, middle 131
finger, third 131
finger cone 376
fingerboard 333, 335, 344
fingernail 131
finial 321
Finland 24, 492
fir 71

fire engine 499
fire extinguisher 497
fire extinguisher, portable 498
fire hydrant 476, 498
fire irons 221
fire prevention 498
fire station 475
firebox 220
firebrick 220
firefighter 498
fireplace 216, 220
fireplace screen 221
first aid kit 497, 507
first referee 526
fish, bony 82
fish, cartilaginous 84
fish, clown 82
fish, flying 83
fish, freshwater 163
fish, lantern 83
fish, marinated 164
fish, parrot 83
fish, salted 164
fish, sea 160
fish, smoked 164
fish, tinned 164
fish net 309
fish presentation 164
fish scaler 169
fish steak 164
fishhook 571
fishing 136, 570
fishing clothing and accessories 570
fission, nuclear 457
fission of uranium fuel 450
fissure, longitudinal 123
fissure, oblique 118
fitness equipment 546
five 469
five spice powder 155
fjords 36
flag 490, 496, 520
flag pole, removable 550
flageolet 147
flagstone 258
flame spreader 256
flamingo 92
flank 89, 99, 166
flank steak 166
flap 266, 548
flare 10
flare, road 497
flash, electronic 351
flashing 221
flashlight 497
flashtube 351
flat 347, 416
flat, freehold 325
flatbed truck 403
flea 81
flesh 64, 65
fleshy scale leaf 58
flex 255, 300
flexor, radial 108
flexor, ulnar 109
flight 575
flight deck 19, 432, 435
flight of stairs 218
flint 256
flip 559
flip-flop 292
flipper 576
float 434

float ball 225
floatplane 434
floodplain 35
floor, first 211, 217
floor, ground 211, 216
flooring, wood 218
flooring strip 218
florist 479
flour 172
flour, buckwheat 172
flour, oat 172
flour, whole wheat 172
flower 57, 61, 66, 67
flower bed 258
flower container 258
fluff trap 241
fluorescent tube 227
flush 572
flute 252
fluted leaf 252
fluting 320
fly 81, 268, 270, 330
fly, artificial 571
fly, tsetse 81
fly agaric 58
fly line 571
flyfishing 571
flying line 576
flywheel 396
foam 41
focus 13, 41
fog 48
foie gras 171
folder 378
folder, document 378
foliage 68
follicle 63
follicle, hair 130
fondue pot 202
fondue set 202
fontanelle 112
food, origin 136
food chain 50
food container 182
food industry 136
food processor 205
food tray 183
foot 76, 89, 103, 104, 105, 106, 107
foot, tube 75
foot, webbed 85
foot pocket 536
foot strap 277
football 518, 524
football, American 522
football, association 518
football field 518
football table 575
football techniques 520
footballer 518
footboard 232, 416
footbridge 314, 415, 419
footing 215
footlight 331
footrest 233, 406, 408, 508, 547
footstool 187, 229
footstrap 547
foramen caecum 135
force, measurement 467
fore-and-aft passage 425
forearm 94, 105, 107
forehead 104

foreleg 78, 79
forelimb 85
forelock 99
foremast 425
foreskin 125
forest, boreal 49
forest, temperate 49
forestay 540
forestem 543
forewing 78
fork 189, 407, 409, 411, 436, 552, 555
fork, carving 199
fork, dessert 189, 194, 195
fork, digging 260
fork, dinner 189, 194, 195
fork, fish 189, 194
fork, fondue 189
fork, hand 259
fork, oyster 189
fork, salad 189
forklift truck 436
formeret 316
forming fabric 73
Formula 1™ car 555
Formula 1™ circuit 554
forward, power 527
forward, small 527
fossil energy 443
foundation 215, 295
fountain for ritual ablutions 488
fountain pen 349
four of a kind 572
fourth 346
fox 97
fox terrier 94
foyer 331
fraction 469
fracturing 447
frame 202, 232, 250, 257, 406, 528, 532, 552, 564
frames 302
France 492
Francophonie 496
frankfurter 171
free kick 520
freezer 186, 187
freezer, chest 239
freezer, reach-in 184
freezer compartment 239
freezing 456
freezing rain 48
freight van 416
frequency, measurement 467
fresco 312
fret 334, 335
friction strip 256
frieze 311, 319
frog 85, 272, 333
frog, common 85
frog, leopard 85
frog, tree 85
frog, wood 85
frond 59
front desk 480
front page 350
front pipe 388
frontal 108
frontier 31
fruit 63, 148
fruit, berry 64
fruit, citrus 64, 150
fruit, dry 63, 149
fruit, fleshy 64

fruit, fleshy pome 65
fruit, fleshy stone 65
fruit, pome 149
fruit, stone 148
fruit, tropical 152
fruticose lichen 60
fryer, deep 206
frying basket 198
fuel 450
fuel, jet 446
fuel bundle 451
fuel injector 396
fuel pellet 451
fuel supply system 389
fuel tank 389, 394, 402, 406, 409, 416, 435
fuel tank flap 387
full house 572
fullback 523
fulte 332
fumarole 40
function selection switch 255
fungicide 53
funiculus 63, 64
funnel 198, 355, 422, 426
funnel cloud 47
fur 93, 103
furnace, electric 219
furnishing, house 228
furniture, children's 233
furniture, storage 230
fuselage 433
fusilli 176
futon 232

# G

g 346
gable 210, 317
gabletop 183
Gabon 493
gaffer 329
gai lan 145
gait 99
galaxy 13
gall-bladder 119
gallery 310, 317, 454
gallop 99
galosh 290
Gambia 493
game 165, 572
game, board 573
game console 574
game console, portable 574
ganglion, spinal 121
Ganymede 5
garage 210
garam masala 155
garden 258, 312
garden cress 141
garden line 264
garden sorrel 141
gardening 259
garlic 139
gas 346
gas, inert 227
gas, natural 444, 447
gas, shale 447
gas container 568
gas cylinder 256
gas meter 447
gaskin 99
gastrocnemius 108, 109
gate 421, 449

gateleg 230
gather 276
gathering 136
gauge, pressure 505
gauge, water pressure 499
gauntlet 293
gauze roller bandage 507
gazebo 258
G-clamp 247
gear lever 388, 392, 409, 411
gearbox 388
gearshift lever 408
gecko 88
generator 394, 416, 442
generator unit 449
genital organs, female 126
genital organs, male 125
genus 74
geography 20
geological phenomena 40
geology 33
geometry 468
Georgia 494
geothermal energy 442
geothermal heating 442
geothermal house 442
geranium 67
germ 72
German shepherd 95
Germany 492
germination 57
geyser 40
Ghana 493
ghee 174
gherkin 142
giant, red 12
giant slalom 563
gibbon 103
gibbous 11
gill 58
ginger 155
ginkgo nut 149
giraffe 101
girder 215
girdle 281
girth 548
girth buckle 548
glacier 38
glacier tongue 38
gland, adrenal 120
gland, mammary 127
gland, pituitary 123
gland, salivary 119, 135
gland, sebaceous 130
gland, suprarenal 120
glans penis 125
glass 452
glass, beer 188
glass, brandy 188
glass, champagne 188
glass, cocktail 188
glass, liqueur 188
glass, platen 372
glass, port 188
glass, scanning 369
glass, wine 188, 194, 195
glass slide 463
glasses, opera 302
glassware 188
glazed frost 48
glazing 453
global positioning system 32
global warming 52
globe 486, 568

glottis 86
glove 293, 517, 552, 555, 556, 558, 561, 564
glove, batting 516
glove, blocking 557
glove, boxing 544
glove, catching 557
glove, diving 536
glove, driving 293
glove, evening 293
glove, fielder's 516
glove, gardening 259
glove, goalkeeper's 518
glove, golf 551
glove, latex 505
glove, massage 297
glove, men 293
glove, rubber 243
glove, short 293
glove, ski 562
glove, softball 516
glove, women 293
glove, wrist-length 293
glove compartment 392
glucose 56
glue 218
glue stick 379
gluteus maximus 108
gnocchi 176
gnomon 464
go 573
go, motions 573
goal 518, 520, 523, 557, 575
goalkeeper 519, 556, 557
goat 100
goatfish 161
Gobi Desert 29
goblet, water 188, 194, 195
goggles 256, 552, 561
goggles, protective 552, 555
goggles, safety 500
goggles, ski 562
goggles, swimming 538
gold 42
golden retriever 95
goldfinch 90
goldfish 82
golf 550
golf course 472, 550
Golgi apparatus 56, 74
gondola 315
gong 332, 341
goose 91, 165
gooseberry 148
gooseberry, Cape 148
gooseneck 440
goose-neck 218
gorge 35
Gorgonzola 175
gorilla 103
Gothic 316
gouache 326
Gouda 175
goundsheet 567
GPS 32
GPS navigation satellite network 32
GPS receptor 32
GPS satellite 32
gracilis 109
grader 441
grain industry 72
gram, black 147
Grand Canyon 25

granitic layer 33
granulation 10
grape 64, 148
grapefruit 150
graphic representation 470
grass 532
grassbox 265
grasshopper 81
grassland, temperate 49
grate 238
grater 197
gravel bed 554
gravy boat 192
grease 446
great, lateral 108
great, medial 108
Great Australian Bight 30
Great Barrier Reef 30
Great Dane 95
Great Dividing Range 30
Great Lakes 25
Great Sandy Desert 30
Great Victoria Desert 30
greater than 469
Greece 492
Greek character 349
green 460, 550
green russula 138
green walnut 63
greenhouse 137
greenhouse effect 52
greenhouse gas 52
Greenland 25
Greenland 24
Greenland Sea 24
Grenada 491
grey matter 123, 124
greyhound 95
grid 355
grid system 20
griddle 207
grill, folding 569
grille 223, 311, 386
grille, outlet 222
grille, security 482
grille, vaporizing 223
grinder, coffee 197
grip 328, 551
grip, penholder 533
grip, pole 551
grip, shake-hands 533
grip handle 250
gripping tool 245
groin 104, 106
groove 562
groundhog 93
grounding pin 226
Gruyère 175
G-string 267
guard 523
guard, arm 524
guard, cheek 527
guard, point 527
guard, shin 518, 561
guard, shooting 527
guard, snow 553
guard, toe 500
guard, wrist 565
guardhouse 314
guardrail 424
Guatemala 490
guava 153
guide bar 263
Guinea 493

Guinea, Equatorial 493
guinea fowl 90, 165
guinea pig 93
Guinea-Bissau 493
guitar, acoustic 334
guitar, bass 335
guitar, electric 335
gulf 23
Gulf of Aden 28, 29
Gulf of Alaska 25
Gulf of Bothnia 27
Gulf of California 25
Gulf of Carpentaria 30
Gulf of Guinea 28
Gulf of Mexico 25
Gulf of Oman 29
Gulf of Panama 26
gull 92
gum 113, 133
gumshield 544
gun 254
gun flap 271
gunwale 543
gurnard 161
gusset 306
Gutenberg discontinuity 33
gutter 210
guy line 567
guy wire 455
Guyana 497
guyot 34
gymnasium 486
gymnastics 534
gymnastics, event platform 534
gyratory system 380
gyrus 123

# H

hacksaw 250
haddock 162
hair 105, 107, 130, 333
hair conditioner 297
hair dryer 299
hair grip 298
hair roller 298
hair slide 298
hair stylist 328
hairbrush 298
hairdresser 478
hairdressing 298
hairpin 298
Haiti 490
half handle 196
halfback 523
half-glasses 302
half-slip 280
half-volley 530
halibut 162
hall 216
halo 13
ham 169
ham, cooked 171
hammer 338
hammer, bricklayer's 254
hammer loop 244
hammer throw 513
hamster 93
hand 103, 105, 107, 131
hand grip 571
hand protector 263
hand wrap 544
handbag 306
handbrake 388

handbrake lever 392
handgrip 407, 409, 546
handle 189, 190, 191, 197, 204, 205, 206, 207, 208, 220, 230, 232, 236, 237, 238, 239, 243, 244, 245, 246, 248, 249, 250, 251, 252, 253, 255, 257, 259, 261, 263, 265, 300, 303, 304, 305, 307, 333, 399, 508, 528, 532, 533, 547, 562, 571, 575
handle, door 387
handle, grab 402, 405, 499
handle, insulated 207
handle, retractable 305
handle, starter 259
handle, transport 505
handlebar 547, 552, 553
handlebar stem 411
handlebars 411, 508
handling 436
handrail 218, 323, 401, 425
handsaw 250
handset 364
hangar, maintenance 429
hanger bracket 508
hanging cupboard 231
hanging pendant 234
hank 541
HANS system 554
hapteron 59
harbour 421
hard drive, external 373
hard drive, internal 373
hard hat 500
hard surface 532
hare 93, 165
harissa 181
harmonica 344
harness 259, 307, 399, 536, 551, 564
harp 332, 334
harp, Jew's 345
harpsichord 339
hasp 304
hastate 62
hat, cartwheel 289
hat, newborn 284
hat, pillbox 289
hat, sailor's 289
hat, ski 564
hat, top 288
hatband 288
hatchback 385
hatchback, four-door 385
hatchet 498, 569
hawk 254
hawse pipe 423, 427
hayloft 137
hazelnut 63, 149
head 76, 78, 105, 107, 144, 249, 341
head, countersunk 249
head, cross 249
head, one way 249
head, raised 249
head, round 249
head, socket 249
head and neck support system 554
head cover 551
head support 399

headband 293, 360, 500
headbay 448
headboard 232, 233
headgear 288, 544
headgear, men 288
headgear, unisex 289
headgear, women 289
heading 350, 520
headland 36
headlight 386, 402, 407, 408, 416, 417, 439, 508, 553
headlight, beam 390
headline 350
headphone jack 342, 343, 359, 362
headphones 360
headrest 391, 508
health 501
hearing 128, 129
heart 117, 170
hearts 572
heartwood 68
heat exchanger 219, 453
heat gun 257
heat pump 442
heat shield 16, 19
heat transfer 457
heater 568
heater, fan 222
heater, radiant 222
heater, tubular 446
heating 219
heating, auxiliary 222
heating element 219, 241, 242
heat-sealed film 182
Hebrew character 349
hedge 211, 258
hedge trimmer 263
heel 105, 107, 286, 290, 291, 292
heel, flat 292
heel, kitten 292
heel, low 292
heel, spike 292
heel, wedge 292
heel grip 290
heel-piece 563
helicopter 435
helix 128, 471
helmet 17, 256, 517, 524, 552, 555, 556, 561, 562, 565
helmet, batter's 516
helmet, crash 554
helmet, cycling 412
helmet, fire 498
helmet, full-face 407, 555
hemidemisemiquaver 347
hemisphere 9
hemisphere, cerebral 123
hemlath 454
hemp 72
hen 91
hendecagon 471
henhouse 137
heptagon 471
herb 156
herbicide 53
herbivore 50
heron 92
herring 161
hertz 467
heterotroph 50
hexagon 471
highland 11, 45

highland climate 45
highlighter 349
high-rise block 325
hijiki 138
hill 37
hill, abyssal 34
hilum 58
Himalayas 29
hinge 206, 213, 214, 230, 242, 303, 462, 563
hip 105, 107
hippopotamus 101
histogram 470
hitch ball 399
Hiʻiaka 9
hob 187, 238
hob edge 238
hock 94, 99, 169
hockey, ice 556
hockey player 556
hoe 260
hoe, draw 260
hoe, scuffle 260
hoe, weeding 260
hoe-fork 260
hoisin sauce 180
hoisting block 437
hoisting rope 437
holdall 306
hole 550
hole, par 5 550
holothurian 75
holy water font 489
home 371
home gym 547
home plate 515
home theatre 358
Honduras 490
honey 179
honeybee 79
hood 220, 237, 272, 278, 284, 307, 536, 558
hooded towelling robe 284
hoof 99
hook 404, 437, 466
hook, dough 204
hopper 439
horn 392, 408, 416
horn, English 332
horn, French 332, 337
hornet 81
horse 99, 100
horse, pommel 534, 535
horseradish 145
hose 282
hose, drain 240, 242
hose, emptying 240
hose, fire 498
hose, flexible 237
hose, garden 261
hose, sprinkler 261
hose, suction 499
hose reel cart 261
hospital 475, 501
hot tub 212
hotel 474, 480
hotel room 480
house 210, 213, 215, 331
house, adobe 324
house, one-storey 325
house, Roman 312
house, rooms 216
house, semi-detached 325
house, terraced 325

house, town 325
house, two-storey 325
houseboat 425
household equipment 243
housing 324
hovercraft 423
hub 80, 411, 455, 508
Hubble Space Telescope 16
Hudson Bay 25
hull 63, 540, 543, 553
human body 104
humerus 110
humid continental climate 45
humid subtropical climate 45
humidifier, portable 223
humidistat 223
hummingbird 90
hummus 180
humour, aqueous 132
hundred, five 469
hundred, one 469
Hungary 492
hunting 136
hurdle 512
hurdle, steeplechase 512
hurricane 47
husbandry, animal 136
hut 324
hybrid 551
hybrid car 394
hydroelectric complex 448
hydroelectricity 448
hydrologic cycle 51
hydrosphere 50
hyena 97
hyperlink 374
hypha 58
hypocotyl 58
hypothalamus 123
hyssop 156

## I

Iapetus 9
Iberian Peninsula 27
ice 49, 51
ice cream container 208
iceberg lettuce 140
icebreaker 424
ice-cream maker 208
ice-cream scoop 199
Iceland 24, 27, 492
icon, application 363
identical 469
identity tag 304
igloo 324
ignition switch 392, 400
iguana 88
ileum 119
ilium 110
image editor 354
impluvium 312
in goal 521
incineration 55
incisor 113
incus 129
index 350
index finger 131
India 495
Indian Ocean 22, 24, 28, 29, 30
indicator 390, 508
indicator light 206, 207, 208, 209, 236, 242
Indonesia 29, 495
Indy car 554

infield 514
infiltration 51
infinity 469
inflator 536, 566
inflator-deflator 566
inflorescence 66
infraspinatus 109
infusion 158
inhaler, metered dose 506
ink 326, 348
ink cartridge 372
inline skating 565
inner core 33
input device 369
input jack 343
input paper tray 372
input terminal 255
insect 78, 80
insert 207, 371
instep 104
instrument cluster 392, 407
instrument panel 393
insulating material 218
insulation 452
insulator 397
integral 469
intensive care unit 501
interchange 380, 473
interchange, diamond 380
interchange, trumpet 380
International Olympic Committee 496
international organisation 496
international space station 18
International System of Units 467
Internet 374, 375
Internet stick 372
Internet user 374
intersection 469
interval 346
intestine, large 119
intestine, small 119
intravenous stand 501
Io 8
IOC 496
Ionic column 313, 319
Iran 494
Iraq 494
Ireland 491
iris 132
Irish moss 138
Irish Sea 27
iron 42, 551
iron, curling 299
iron, straightening 299
isba 324
Islamic Cooperation, Organisation of 496
island 23, 187, 381
island, barrier 36
island, volcanic 34
isobar 44
isolation room 502
Israel 494
isthmus 23
Isthmus of Panama 25
Italy 492
Ivory Coast 493

## J

jaboticaba 153
jack 399, 437, 440, 499, 572
jack, stabilizer 405
jacket 266, 278, 279, 545
jacket, double-breasted 266
jacket, fishing 570
jacket, fleece 287
jacket, pea 279
jacket, safari 278
jacket, sheepskin 272
jacket, single-breasted 266
jackfruit 152
jalapeño chilli 155
jalousie 214
jamb 213, 220
Jamaica 490
James Webb Space Telescope 16
Japan 29, 495
Japanese persimmon 153
Jarlsberg 175
javelin 513
jaw 245, 246, 247, 249, 252, 255
jay 90
jeans 269, 277
jelly 510
jellyfish 75
jerboa 93
jersey 516, 518, 521, 524, 526, 552
Jerusalem artichoke 139
jewellery 294
jewellery shop 478
jib 437, 540
jibsheet 540
jicama 139
jigsaw 251
jingle 341
John dory 161
johns, long 270
joint 549
joint filler 254
joist 215, 218
joker 572
joule 467
joystick 343, 574
judge 521, 523, 528, 530, 531, 534, 535, 537, 538, 544, 545, 556, 559
judge, line 530, 534
judo 545
judogi 545
jug 209
jug, measuring 198
jug, water 192
juice extractor 208
juice sac 64
jujube 153
jump 559
jump, high 513
jump, long 512
jump, triple 512
jumping, ski 561
jumpsuit 277
junior doctor 501
juniper berry 154
Jupiter 8
justice 481

## K

Kalahari Desert 28
kale, curly 140
kale, ornamental 140
kale, sea 140
Kamchatka Peninsula 29
Kara Sea 24
karate 545
karategi 545
karateka 545
kayak 543
kayak, sea 543
kayak, whitewater 543
Kazakhstan 494
Keelson 425
keep 314
keeper 267
keeper ring 571
kelvin 467
Kenya 493
kernel 65, 72
kerosene 446
kettle 37, 208
kettle, couscous 203
kettle, fish 202
kettledrum 340
key 336, 338, 342, 344
key case 303
key grip 328
keyboard 338, 342, 344, 363, 368, 370, 466
keyboard, alphanumeric 482, 483
keyboard instrument 338, 339
keypad 363, 365
keypad, alphanumeric 370
keypad, numeric 371
keystone 316
kicker 350
kickstand 406, 409
kidney 120, 170
kielbasa 171
kilogram 467
kilt 275
king 573
King 573
kingdom 74
kingfisher 92
kingpin 403
Kiribati 495
kitchen 187, 216, 417
kitchen appliance 204
kitchen equipment 196
kitchen towel 243
kitchen-diner 216
kite 576
kiwi 152
knee 94, 99, 104, 106
knickerbockers 269, 277
knife 190
knife, boning 196
knife, bread 196
knife, butter 190
knife, carving 196
knife, cheese 190
knife, cook's 196
knife, dessert 190, 194, 195
knife, dinner 190, 194, 195
knife, electric 205
knife, filleting 196
knife, fish 190, 194
knife, grafting 262

knife, grapefruit 196
knife, ham 196
knife, kitchen 196
knife, multipurpose 568
knife, oyster 196
knife, paring 196
knife, pruning 262
knife, steak 190
Knight 573
knob 230, 253
kohlrabi 144
Kola Peninsula 27
kombu 138
kora 345
Korea, Democratic People's Republic 495
Korea, Republic 495
Korean Peninsula 29
Kuiper belt 8
kumquat 150
Kuwait 494
Kyrgyzstan 494

# L

label maker 378
labium majus 126, 127
labium minus 126, 127
Labrador retriever 94
Labrador Sea 24
laccolith 40
lace 516, 559
lace-up 290
lacing 564
lacing closure 565
ladder 212, 257
ladder, extension 257
ladder, platform 257
ladle 201
ladybird 81
lagomorph 93
lagomorphs, rodents and 93
lagoon 36, 57
lake 11, 23, 35
lake, artificial 35
lake, glacial 35
lake, oxbow 35
lake, salt 39
lake, tectonic 35
lake, volcanic 35
Lake Baikal 29
Lake Chad 28
Lake Eyre North 30
Lake Ladoga 27
Lake Malawi 28
Lake Tanganyika 28
Lake Titicaca 26
Lake Victoria 28
lamb, cuts 168
lamb, pieces 168
lamb, rack 168
lamina 59
lamp, adjustable 234
lamp, bed 234
lamp, bedside 480, 501
lamp, compact fluorescent 227
lamp, desk 234
lamp, fog 390
lamp, front 411
lamp, halogen 227
lamp, hurricane 569
lamp, LED 227
lamp, light-emitting diode 227
lamp, sanctuary 489

lamp, standard 234
lamp, table 234
lamp, wall 235
lamp-holder 226
lanceolate 62
lancing device 504
land 252
landfill 473
landing 217, 218
landing gear 403, 405, 432, 433
landslide 42
lane 475, 512, 538
lane, acceleration 381
lane, centre 381
lane, deceleration 381
lane, feeder 381
lane, overtaking 381
lane, traffic 381
langoustine 160
lantern 258, 568
lantern, post 235
lantern, wall 235
Laos 495
lap belt 391
lapel 266, 271
laptop computer 368
lapwing 90
larch 71
lard 178
larynx 118
lasagne 176
laser, pulsed ruby 462
laser beam 462
laser sensor 369
Latin character 349
latissimus dorsi 109
latitude 20
latrines 312
Latvia 492
Laptev Sea 24
laundry 480
laundry room 216
lava flow 40
lawn 211, 258
lawn aerator 264
lawn care 264
LCD 464
LCD television 356
lead 42, 308, 350
leading edge 433
leaf 60, 61, 62, 70, 144
leaf, acanthus 228
leaf, compound 62
leaf, cypress 70
leaf, simple 62
leaf, vine 141
leaf blower 259
leaf margin 62
League of Arab States 496
leather end 268
leather good 303
leather goods shop 478
Lebanon 494
lectern 489
ledger board 215
leek 139
leg 86, 103, 105, 107, 167, 168, 229, 230, 232, 259
leg, cabriole 228
leg, hind 78, 79
leg, middle 78, 79
leg, thoracic 77

leg, upper 168
leg, walking 78, 80
leg roast 168
legume 63, 146
lemon 150
lemon balm 156
lemon squeezer 197, 205
lemur 103
length, measurement 465, 467
lens 132, 302, 351, 352, 363, 369, 372, 461, 463, 510
lens, biconcave 461
lens, biconvex 461
lens, concave 461
lens, converging 461
lens, convex 461
lens, diverging 461
lens, erecting 462
lens, field 462
lens, macro 351
lens, plano-concav 461
lens, plano-convex 461
lens, reception 465
lens, telephoto 351
lens, wide-angle 351
lens, zoom 351
lens hood 351
lens system 462
lentil 146
leopard 98
leopard cat 96
Lesotho 494
less than 469
letter opener 376
lettuce, butterhead 140
lettuce, cos 140
lettuce, iceberg 140
lettuce, leaf 140
lettuce, sea 138
leucoplast 56
leukoplast 56
level, spirit 244
level crossing 415
levelling foot 240, 241, 242
lever 206, 245
Liberia 493
libero 525
library 475, 486
Libya 493
lichen 60
lichen, crustose 60
lichen, foliose 60
lid 202, 239, 240, 243, 244
Liechtenstein 492
lierne 316
life buoy 427
life support system 17
lifeboat 422, 426
lifebuoy 497
lift 313, 323
lift car 323
ligament, periodontal 113
ligament, suspensory 132
light 17, 234, 435
light, anticollision 432
light, blinking 499
light, brake 390
light, fog 402
light, front 390
light, navigation 423, 433
light, number plate 390
light, position 417, 435
light, rear 390, 406, 408
light, reversing 390
light, rotating 499

light, side marker 390, 402, 403
light, street 476
light, traffic 476
light, visible 460
light, wall 235
light, warning 393
light bar 499
light bulb, incandescent 227
light shield 16
light wave, trajectory 461
lightbar 497
light-emitting diode 227
lighthouse 421
lighting 227
lighting, track 235
lighting grid 329
lighting technician 329
lightning 48
lightning conductor 211, 449
lightning rod 455
lily 67
lily of the valley 67
limb 68
limb, hind 85
limb top 463
lime 150
limpet 159
linden 70, 158
line 72
line 244, 346
line tightener 567
linear 62
linebacker 522
linen 72
linen chest 230
linesman 519, 523, 525, 528, 530, 557
lining 182, 266, 267, 286, 290, 559
lint filter 240
lintel 213, 215, 220, 317
lion 98
lip 96, 99, 133
lip balm 297
lip gloss 295
lip liner 295
lipid droplet 56
lipstick 295
liquid 456, 457
liquid crystal display 464
lithosphere 33, 50
Lithuania 492
litter 308
litter box 308
liver 119, 170
living room 216
lizard 88
llama 100
loader, backhoe 438
loader, belt 443
loading hopper 404
loaf, farmhouse 172
lob 531
lobate 62
lobby 477, 480, 481
lobe 118
lobe, frontal 123
lobe, occipital 123
lobe, parietal 123
lobe, temporal 123
lobster 77, 160
lobster, spiny 160
lock 213, 214, 239, 390
lock, canal 421

lock, combination 303
lock, door 387
lock, twist 403
locker 487
locker, luggage 414
locket 294
locknut 465
locomotive 417
locomotive, diesel-electric 416
loculus 65
log 73
log carrier 221
loin chop 167, 169
loin roast 167, 169
longan 152
longitude 20
loofah 297
loop 286, 381
loop, belt 268, 271
loop, sleeve strap 271
loquat 149
loudspeaker 343, 360, 361
loudspeaker, surround 358
lounge 480
louse 81
louvre 223
louvre-board 317
lovage 156
luff 542
luggage 304
luggage compartment 417, 435
luggage rack 423
luggage trolley 304, 414
luminous intensity, measurement 467
lumisphere 351
lung 116, 118
lungfish 83
lunula 131
lupine 146
Lutz 559
Luxembourg 492
lychee 153
lymphatic system 124
lynx 97
lyre 345

# M

macadamia nut 149
macaque 103
macaw 91
Macedonia, Former Yugoslav Republic 492
machicolation 314
machinery shed 137
Mackenzie River 25
mackerel 161
macular area 132
Madagascar 28, 494
magazine 248, 350
magenta 460
magma 34, 40
magnesium powder 535
magnet 388, 458
magnetic field 458
magnetic resonance imaging 509
magnetic strip 485
magnetic tape 357
magnetism 458

magnifier 568
magnifying glass 462
Maine Coon 96
mains connection 219
mainsail 540
mainsheet 540
maître d'hôtel 186
Makemake 9
make-up 295
make-up artist 328
malanga 139
Malawi 494
Malaysia 495
Maldives 494
male 468
Mali 493
mallet 248, 340, 341, 345
malleus 129
Malta 492
Malta, Sovereign Military Order 496
mammal, carnivorous 94, 97
mammal, marine 102
mammal, ungulate 99, 100
man 104
mandarin 150
mandible 78, 82, 110, 112
mandolin 345
mandoline 197
mane 99
mango 153
mangosteen 152
manhole 445
manicure 296
manicure set 296
mantelpiece 220
mantid 80
mantle 77, 220
mantle, lower 33
mantle, upper 33
manual 339
Manx 96
map, geographical 486
map, physical 23
map, political 31
map, road 31
map, urban 30
map, weather 44
map projection 21
maple 69
margarine 178
Marie Byrd Land 24
marinade spices 155
marine climate 45
maritime transport 421
marker 349
marking tool 244
marlin, blue 82
marmoset 103
marrow 170
marrow squash 143
Mars 8, 9
Marshall Islands 495
marshalling yard 472
marten 97
Mary Jane shoe 291
mascara 295
masher, potato 201
mask 536
mask, face 524, 557
mask, full face 498
mask, oxygen 504
mason jar 183
masonry 254
mass, measurement 467

mast 313, 540, 542
mast, derrick 425
mast, radar 424
masthead 350
mat 545
mat, floor 399, 534
mat, jumping 536
mathematics 469
matter 456
matter, states 456
matter, white 123, 124
mattress 232, 233, 566
mattress, air 566
mattress, self-inflating 566
mattress cover 232
Mauritania 493
Mauritius 494
maxilla 82, 110, 112, 134
maxillary, movable 86
meadow 137
meander 35
measuring devices 464
measuring tool 244
meat 165
meat, minced 170
meat keeper 239
meat presentation 170
meatballs 170
mechanical stage 463
médaillon 170
medical equipment 504
medical examination 509
medical treatment 511
medication, pharmaceutical form 506
Mediterranean Sea 22, 27, 28
Mediterranean subtropical climate 45
medulla, renal 120
Melanesia 30
melon 151
melon, Canary 151
melon, casaba 151
melon, honeydew 151
melon, horned 152
melon, Ogen 151
melon baller 199
melting 456
membrane, nictitating 95
memo pad 376
memory card 351, 353, 354
memory card reader 354, 366, 367, 373
memory card slot 372
Memory Stick 351
menhaden 488
meniscus, negative 461
meniscus, positive 461
menorah 488
mercury 42
Mercury 8, 9
mercury bulb 464
merguez 171
meridian, eastern 20
meridian, prime 20
meridian, western 20
meridienne 228
mesa 39
mesh strainer 199
mesocarp 64, 65
mesopause 43
mesosphere 43
mesothorax 78
metathorax 78
meteorology 43
metre 467

Mexico 490
mezzanine floor 211, 217
microfilament 74
Micronesia 495
microphone 363, 365, 369, 497
microphone jack 343
microscope 463
microscope, binocular 463
microscope, monocular 463
microtubule 74
microwave 460
microwave oven 187, 206
midfielder 519
midfielder, central 519
mid-ocean ridge 34
midrib 62, 63
midriff band 281
Mihrab 488
mileometer 393
milk 174
milk, cow's 174
milk, evaporated 174
milk, goat's 174
milk, homogenized 174
milk, powdered 174
milk, soybean 178
Milky Way 13
mill, food 197
mill, post 454
mill, smock 454
mill, tower 454
millet 72, 157
Mimas 9
minaret 488
Minbar 488
mincer 197
minerals 42
mini stereo sound system 361
minim 347
minivan 385
mink 97
mint 156, 158
minute 468
minute hand 464
Miranda 9
mirror 224, 309, 386, 400, 407, 408, 409, 461, 462, 463, 508, 553
mirror, blind spot 400, 401
mirror, flat 13
mirror, plane 461
mirror, primary 13, 15, 16
mirror, rearview 392
mirror, secondary 13, 15, 16
mirror, trail-view 401, 402
mirror, vanity 392
miso 180
Mississippi River 25
mist 48
mitochondrion 56, 74
mitre box 250
mitt, fingerless 293
mitten 284, 293
mixer, hand 204
mixer, table 204
mixing 343
moat 314
mobility aid 508
moccasin 292
modem 372, 374
moderator 450
Mohorovicic discontinuity 33
moisturiser 297

molar 113
molasses 179
Moldova 492
mole 467
molecule 456
mollusc 159
money 484
Mongolia 495
mongoose 97
monitor 367
monitor lizard 88
monkfish 161
mono-hull 541
mons pubis 106, 126
Montenegro 492
moon 8, 11
moon, full 11
moon, new 11
Moon, phase 11
mop 243
moped 409
moraine 38
mordent 347
morel 138
Morocco 493
mortadella 171
mortar 197
mosaic 312
mosque 488
mosquito 81
moss 60
moss, common hair cap 60
moth, atlas 81
motion detector 322
motor 219, 223, 240, 241, 242, 251, 253, 263, 264, 265
motor, electric 394
motor, fan 398
motor, hydraulic 439
motor home 405
motor racing 554
motor sports 553
motor unit 204, 205, 208, 236, 417
motorcycle 406, 409
motorcycle, Grand Prix 555
motorcycle, motocross and supercross 555
motorcycle, off-road 409
motorcycle, touring 409
motorcycling 555
motorway 39, 31, 381, 473
motto 485
mouflon 100
mould, charlotte 201
moulding, drip 387
mountain 37
mountain range 11, 23, 33
mountain slope 37
mouse, cordless 369
mouse, laser 369
mouse pad 369
moutain, base 560
mouth 76, 85, 102, 106, 133
mouthpiece 336, 337, 342
mouthwash 301
mower, power 265
Mozambique 494
Mozambique Channel 28
mozzarella 174
MRI 509
mucosa, olfactory 134
mud flap 387, 402, 403

mud pit 444
mudflow 42
mudguard 407, 410
mudscreen, vibrating 444
mug, coffee 192
mule 100, 292
multi-hull 541
multimeter 255
multipack 183
multiple exposure 352
multiple light fitting 235
multiplication 469
multiplication key 377
multi-purpose solution 301
multipurpose tool 255
Munster 175
muscle 108
muscle, arrector pili 130
muscle, bulbocavernous 125
muscle, papillary 117
muscle, straight 108
muscle, superior rectus 132
museum 475
mushroom 58, 138
mushroom, cultivated 138
mushroom, deadly poisonous 58
mushroom, enoki 138
mushroom, oyster 138
mushroom, poisonous 58
music 332
music rest 339, 342
musical instrument, traditional 344
musical notation 346
muskmelon 151
muslin 198
mussel 159
mustard 63, 154, 180
mustard, Dijon 180
mute 337, 357
muzzle 96, 308
Myanmar 495
mycelium 58
myelin sheath 121
myocardium 117
myometrium 127

## N

nacelle 455
nail 248
nail, common 248
nail, cut 248
nail, finishing 248
nail, masonry 248
nail, spiral 248
nail, strip 248
nail buffer 296
nail cleaner 296
nail clipper 296, 308
nail file 296
nail groove 568
nail polish 296
nail polish remover 296
nail set 248
nail shaper 296
nailer 248
nailing tool 248
Namaka 9
Namib Desert 28
Namibia 494
nan 172
naos 311

nape 89, 105, 107
napkin 194, 195
nappy 285
nappy, disposable 285
nappy bag 307
narwhal 102
nasal spine 112
NASCAR car 554
nasopharynx 134
national park 31
NATO 496
natural 347
Nauru 495
nautical sports 536
nave 317
nave, central 488
navel 104, 106
Nazca Plate 34
nebula, planetary 12
neck 86, 99, 105, 106, 107, 113, 333, 334, 335, 345
neck warmer 293
neck-hole 270
necklace 294
necklace, bib 294
neckroll 232
necktie 267
nectarine 148
needle 39, 504
needle, fir 70
needle, larding 199
needle, pine 70
needle, spruce 70
needle, trussing 199
negative charge 468
negative contact 452
negative terminal 458, 459
negligée 283
Nepal 495
Neptune 8, 9
nerve 122
nerve, axillary 122
nerve, cochlear 129
nerve, cranial 121, 122
nerve, cutaneous 122
nerve, digital 122
nerve, femoral 122
nerve, fibular 122
nerve, iliohypogastric 122
nerve, ilioinguinal 122
nerve, intercostal 122
nerve, median 122
nerve, obturator 122
nerve, olfactory 134
nerve, optic 132
nerve, radial 122
nerve, saphenous 122
nerve, sciatic 122
nerve, spinal 121, 124
nerve, tibial 122
nerve, ulnar 122
nerve, vestibular 129
nervous system 121
nervous system, central 121
nervous system, peripheral 121
net 525, 527, 529, 531, 533
net, landing 570
net, safety 536
Netherlands 492
nettle 141
network access point transceiver 372
network interface card 372
networking 374

neuron 121
neutron 456, 457
névé 38
New Caledonia 30
New Zealand 30, 495
newel post 218
Newfoundland, Island 25
newsgroup 375
newspaper 350
newt 85
newton 467
next button 362
nib 349
Nicaragua 490
niche 318
nickel 42
Niger 493
Niger River 28
Nigeria 493
nightcloth 283
nightgown 283
nightingale 90
Nile River 28
nimbostratus 46
nipple 104, 106, 127, 307
Niue 496
node 61, 458
node of Ranvier 121
nonagon 471
noodle, Asian 177
noodle, chow mein 177
noodle, rice 177
noodle, somen 177
nori 138
North America 22, 25
North American Plate 34
North Atlantic Treaty Organisation 496
north pole 458
North Pole 20
North Sea 22, 27
Norway 24, 492
Norwegian Sea 22, 24, 27
nose 98, 99, 103, 133, 432, 561, 565, 576
nose leather 95
nose pad 302
noseband 548
nostril 82, 84, 85, 86, 99, 133
notch 266, 549
noticeboard 379
note 347
nova 12
Novaya Zemlya 24
nozzle 200, 236, 237, 254, 257
nozzle, ladder pipe 499
nozzle, pistol 261
nozzle, pump 384
nozzle, spray 261
nozzle cleaner 256
nuclear energy 450
nuclear membrane 56
nuclear reactor 451
nucleolus 56, 126
nucleus 13, 56, 456
nucleus, fissionable 457
number 513
numbering stamp 376
numeral, Roman 469
numeric lock 370, 371
nurse 501
nursery 233
nut 246, 333, 334, 335
nut, cap 246

nut, hexagon 246
nut, wing 246
nutcracker 197
nutmeg 154

# O

oak 69
oasis 35, 39
oats 72, 157
Oberon 9
obi 545
obituary 350
objective lens 14, 462
oblique, external 108, 109
oboe 332, 336
observation room 502
occipital 109
ocean 11, 23
Oceania 22, 30, 495
oceanic crust 33
octagon 471
octahedron 471
octave 346
octopus 77, 159
oculus 315
odd pinnate 62
oesophagus 119
offal 167
offence 523
office 376
office building 474, 477
office tower 477
off-road vehicle 385
ohm 467
oil 178, 443, 444
oil, bunker 446
oil, corn 178
oil, crude 446
oil, diesel 446
oil, fuel 446
oil, heating 446
oil, lubricating 446
oil, olive 178
oil, peanut 178
oil, sesame 178
oil, soybean 178
oil, sunflower-seed 178
oil paint 326
ointment 506
Oka cheese 175
okapi 100
okra 142
olecranon 111
olive 142
olive tree 70
Oman 494
one 469
onion, green 139
onion, pickling 139
onion, red 139
onion, spring 139
onion, white 139
onion, yellow 139
on-off button 355, 356, 357, 360, 362, 363, 365, 367, 369
on-off switch 205, 208, 209, 234, 236, 237, 239, 253, 256, 257, 299, 300, 301, 342, 353, 361
online game 375
on-off button 355, 356, 357,
Oort cloud 8

opener, bottle 197
opener, tin 197, 208
opening, twin 315
opera 474
operating mask 505
operating suite 501
operating theatre 501
operator station 439
operculum 82
opisthodomos 311
opposite prompt side 331
optic chiasm 123
optic disk 132
optical device 462
optical scanner 185
optician 479
optics 460
oral arm 75
orange 64, 150
orange, blood 150
orangutan 103
orbicular of eye 108
orbicular of mouth 108
orbiculate 62
orchard 137
orchestra 310
orchestra pit 330
orchid 67
order 74, 317
ordinates, axis 470
oregano 156
organ 339
orifice, urethral 125
Orinoco River 26
Orion 19
ornament 347
ossicle, auditory 129
ostrich 90
ottoman 229
outdoor leisure 566
outer core 33
outhole 576
outlet 255
outlet, American 226
outlet, European 226
output device 372
output jack 335
output tray 372
outsole 286, 290
ovary 57, 66, 126, 127
ovate 62
oven 187, 238
overblouse 271
overcoat 271, 276
overflow 224
overflow pipe 225
overhead wire 420
overhead wires 417
overshirt 276
overtaking lane 381
ovule 57, 66
owl, great horned 91
owl, northern saw-whet 91
ox 101
oxbow 35
oxygen 51
oxygen cycle 51
oyster 159
oyster mushroom 138
oystercatcher 92

# P

pacemaker, artificial 511
Pacific Ocean 22, 24, 29, 30
Pacific Plate 34
package 183
packer body 404
pad 517, 557
pad, directional 574
pad, elbow 524, 565
pad, foam 566
pad, forearm 524
pad, hip 524
pad, knee 524, 565
pad, lumbar 524
pad, neck 524
pad, rib 524
pad, shoulder 524
pad, sterile 507
pad, thigh 524
paddle, double-bladed 543
paddle, single-bladed 543
paddy field 53
pagoda 321
paint roller 257
paintbrush 257
painting 257, 326
painting knife 326
pair 559, 572
pak-choi 140
Pakistan 494
Palau 495
Palestine 496
palette 326
pallet, wing 436
pallet truck 436
palm 131
palm grove 39
palm rest 370
palm tree 69
palmar, long 108
palmar, short 108
palmate 62
palmette 228
pam, tart 201
pan 466
pan, bread 201
pan, drip 202
pan, frying 203
pan, loaf 207
pan, pancake 203
pan, pizza 203
pan, roasting 202
pan, sauté 203
panama 288
Panama 490
pancetta 171
pancreas 119
pane 214
panel 213, 281
panel, middle 213
panpipe 345
pansy 67
pantograph 417, 420
pantry 216
pants, cigarette 277
pants, ski 277
panty corselette 280
panty girdle 281
papaya 153
paper 349
paper, parchment 182

paper, rice 348
paper, waxed 182
paper industry 73
paper machine 73
paper mill 73
paper punch 379
paper shredder 379
paper tray 365
paper-clip holder 379
papermaking 73
papilla, circumvallate 135
papilla, filiform 135
papilla, fungiform 135
paprika 155
Papua New Guinea 30, 495
papyrus 348
paraffin 446
Paraguay 490
parallel 20, 468
parallelepiped 471
parallelogram 471
paramecium 75
Paraná River 26
parapet 382
parapet walk 314
parcel tape dispenser 379
paripinnate 62
park 30, 475
parka 272, 278
parking 472, 477
Parmesan 175
parsley 156
parsnip 145
parterre 331
partition 63
partridge 91, 165
pascal 467
pass 37
passage 310
passenger platform 414
passenger terminal 429
passenger transfer vehicle 431
passion fruit 152
pasta 176
pasta maker 197
pastel 326
pastern 99
pastry bag 200
pasture 137
Patagonia 26
patch, transdermal 506
patella 110
patera 228
path 252
patient 501
patient room 501
patio 210, 258
patio door 187, 216
paupiette 170
pause 370
pause button 362
pause key 360
pavement 211, 476
paver, asphalt 439
pavilion 474
Pawn 573
payment, mode 484
pea 63, 146
pea, black-eyed 146
pea, green 146
pea, snow 146
pea, split 146
peach 65, 148
peacock 90
peak 37, 288

peanut 146
pear 149
pear, Asian 153
pecan nut 149
peccary 100
pectoral, greater 108
pedal 334, 338, 339, 340, 342, 410, 547, 552
pedal, clipless 552
pedal keyboard 339
pedal pushers 277
pedestal 334
pedestrian crossing 476
pedicel 64
pediment 311, 318, 319
pedipalp 80
pedometer 465
peduncle 64, 65, 66
peel 64
peeler 199
peg 333, 334, 567
peg, tuning 334
pegbox 333
pe-tsai 140
pelerine 279
pelican 92
peltate 62
pelvis, renal 120
pen, ballpoint 348
pen, cane 348
pen, Egyptian reed 348
pen, felt-tip 326
pen, fountain 349
pen, metal 348
pen, reservoir-nib 326
pen, steel 348
pen holder 303
penalty area 518
penalty kick 520
pencil 349
pencil, colouring 349
pencil, eyebrow 295
pencil, nail 296
pencil sharpener 349
pendant 294
penguin 92
peninsula 23
penis 104, 125
penne 176
pentagon 471
pepino 153
pepper 154, 155
pepper, sweet 142
pepper mill 197
pepperoni 192
pepperpot 192
per cent key 377
percent 469
percentage 469
perch 82, 163, 309
percolator 209
percussion instrument 332, 340
perfume shop 478
pergola 258
pericarp 63
peripheral 473
peristyle 311, 312
peritoneum 125, 126
periwinkle 163
peroxide, hydrogen 507
perpendicular 468
Persian 96
Persian Gulf 29
personal article 300

personal identification number pad 483
Peru 490
peso 484
pesticide 53, 54
pestle 197
pet care 308
pet carrier 308
petal 66
petiole 59, 62
petrol 396
petrol engine 396
petrol pump 384
petrol pump hose 384
petroleum 446
petroleum, heavy 446
pew 489
phalanx, distal 131
pharmacy 478, 502
pharynx 118, 134
pheasant 91, 165
Philippine Plate 34
Philippines 29, 495
philtrum 133
phloem 68
Phobos 8
photo booth 479
photo frame, digital 351
photoelectric cell 351
photographer 478
photographer, still 329
photographic accessories 351
photography 351
photon 462
photosphere 10
photosynthesis 51, 56
photovoltaic array 18
phylum 74
physician 501, 544
phytoplankton 50
pi 468
pia mater 124
piano 332
piano, electronic 342
piano, upright 338
piccolo 332, 336
pick 260
pick, toe 559
pickup 335
pickup truck 385
picnic 169
picnic roast 169
pictogram 370
picture tube 355
pier 317, 382
pig 100
pigeon 91, 165
pigsty 137
pika 93
pike 163
pike perch 163
pike pole 498
pike position 537
pilaster, projecting 318
pile dwelling 324
pillar 316, 321
pillow 232
pillow, nursing 307
pillow cover 232
pillowcase 232
pilot house 425
pin 226, 227, 498
pin base 227
PIN pad 483

pinafore 274
pinball machine 576
pinch 227
pine, Eastern white 71
pine nut 149
pine seed 70
pineapple 152
pinna 59, 93
pinnacle 314, 316, 317
pinnatifid 62
pip 64, 65
pipe clamp 247
pipeline 445
pipeline, gas 447
piranha 82
pistachio nut 149
pistil 57, 66
piston 396
pit 554
pitch 435, 515, 517
pitcher 514, 515
pitcher's mound 515
pith 68
Pitot tube 555
pitta bread 172
pizza cutter 199
place mat 194, 195
place mat, bamboo 195
place setting 194
plaice, common 162
plain 23, 35
plain, abyssal 34
plane 253
planet 8, 9
planisphere 22
plant 61
plant, climbing 258
plant, fibre 72
plant, grain 72
plant, simple 58
plant growth 58
plant life 56
plantain 152
plantaris 109
plasma 117
plasmodesma 56
plastron 86
plate 206, 215
plate, bread and butter 194, 195
plate, dessert 192
plate, dinner 192, 194, 195
plate, pie 201
plate, salad 192
plate boundaries 34
plateau 23, 37
platelet 117
platform 419, 430, 466, 537
platform, production 445
platinum 41
platter, cheese 193
platysma 108
play 357
play button 357, 362
play key 360
player 575
playground 487
playing surface 532
plectrum 345
plenum 219
pleura 118

plexus, brachial 122
plexus, lumbar 122
plexus, sacral 122
pliers 245
pliers, combination 255
pliers, groove joint 245
pliers, needle-nose 255
pliers, slip joint 245
plimsoll 292
plug 360, 362
plug, American 226
plug, charging 394
plug, European 226
plug adapter 300
plum 148
plum sauce 181
plumb line 244
plumber's snake 254
plumbing 224, 254
plumule 58
plunger 254, 504, 576
plus or minus 469
Pluto 9
plutoid 9
poacher, egg 203
pocket 244, 303, 549
pocket, back 268
pocket, breast 267, 271
pocket, door 390
pocket, flap 266, 271, 272
pocket, front top 268
pocket, gusset 278
pocket, hand warmer 279
pocket, hand-warmer 272
pocket, mock 279
pocket, patch 266, 284
pocket, seam 279
pocket, ticket 266
pocket, welt 266, 271, 273, 279
pocket handkerchief 266
pod 63
podcasting 375
podium 321, 477, 486
point 348, 571, 575
pointed tab end 267
pointer 466
points 415
poker 221
poker hands 572
Poland 492
polar climate 45
polar ice cap 45
polar lights 43
Polaroid® Land camera 352
pole 356, 567
pole, ski 562, 564
pole position 554
pole shaft 564
pole vault 512
pole car 497
police officer 497
police station 475
politics 490
pollack 162
pollination 57
pollution, air 53
pollution, land 53
pollution, water 54
polo neck 564
polo shirt 276, 532
polygon 471
polypody, common 59
pomegranate 152
pomelo 150
Pomeranian 95

pommel 548
pommel horse 534, 535
poncho 279
pond, artificial 258
Pont-l'Évêque 175
poodle 94
pool 212
poplar 69
poppy 63, 67
poppy seed 155
porch 211, 315, 317
porcini 138
porcupine 93
pore 56, 63
pork 169
porpoise 102
Porro prism 462
port 473
port hand 427
portal 317
portale sound system 361
porthole 426
portico 319
portobello 138
Portugal 491
positive charge 468
positive contact 452
positive terminal 458, 459
post 454
post office 475, 479
postern 314
potato 139
potential difference, measurement 467
pouch 182
poultry 165
pound 484
pouring spout 243
powder, loose 295
powder, presses 295
powder puff 295
power, measurement 467
power adapter 368
power button 366, 367, 368
power cable plug 367
power outlet 205, 236, 251, 252, 253, 256, 263, 264, 299, 368
power outlet 366
power sation, hydroelectric 449
power station 448
power station, thermal 443
prairie 23
pram 307
prawn 160
precipitation 48, 51
precision sports 549
premaxilla 82
premolar 113
press, garlic 197
pressing 73
pressure, measurement 467
pressure regulator 447, 568
prickly pear 152
primate 103
primitive animal 75
primrose 67
printer 377
printer, inkjet 372
printout 466
probe 255, 510, 511
proboscis 78
process, mastoid 112
process, spinous 124
process, styloid 112
process, transverse 124

producer 329
production designer 328
program selector 241
projection, conic 21
projection, cylindrical 21
projection, interrupted 21
projection, plane 21
projection booth 327
projection room 327
projector 327, 372
proleg 78
proleg, anal 78
prominence 10
prompt side 331
pronaos 311
pronator, round 108
propane appliances 568
propeller 423, 424, 426, 427
propeller, three-blade 434
propeller, two-blade 434
propeller duct 423
property man 329
proscenium 330
prosciutto 171
prospecting, offshore 443
prospecting, surface 443
prostate 125
protective charge 468
protective equipment 500
protective suit 555
protector, chest 524
protector, hand 555
prothorax 78
proton 456
province 31
pruner, tree 262
pseudopodium 74
pubic region 104
pubic symphysis 125, 126
Raclette 175
raclette grill 207
puck 557
pull strap 304
pulley 257, 396
pullover 278
pulp 64, 113
pulp mill 73
pulping 73
pulpit 489
pulsar 12
pulse monitor 547
pulverizer 443
pump 240, 242, 291, 568
pump, air 309
pump, air-pressure 505
pump, blood 511
pump, circulating 219, 453
pump, mud 444
pump, tyre 410
pumper 499
pumpkin 143
punch hole 268
punchbag 544
punchball 544
pupil 96, 132
pupil, vertical 86
purfling 334
purse, coin 303
purslane 141
push button 364
pusher 197
putter 551
pyjamas 283, 285
pyramid 370, 471
pyramid, renal 120
Pyrenees 27
python 87

# Q

Qatar 494
Qibla wall 488
quad bike 409
quadrant 470
quadrilateral 471
quail 91, 165
quark 456
quarter 11, 286, 290
quarterback 523
quaver 347
quay 421, 472
queen 79, 572
Queen 573
Queen Maud Land 24
quill 348
quince 149
quinoa 157

# R

rabbit 93, 165
rabbi's seat 488
raccoon 97
raceme 66
racing, motor 554
racing, road 552
racing suit 555, 558
rack 168, 202, 242, 549
rack, cargo 409
rack, luggage 405, 409
rack, roof 399
rack, ski 399
racket, badminton 528
racket, tennis 532
racket sports 528
radar 422, 423, 426, 427, 432
radial thread 80
radiation, infrared 460
radiation, ultraviolet 460
radiator 18, 388, 398, 416
radiator, oil-filled 222
radiator grille 402
radicchio 140
radicle 58, 61
radio, clock 361
radio, portable 361
radioactivity, measurement 467
radiotherapy 511
radish 145
radish, black 145
radius 110, 470
raft, life 423
rafter 215
raglan 279
rail 213, 229, 536
rail, safety 416
rail, side 403
rail transport 414
rail transport, urban 418
railing 217, 320
railway, underground 418
railway station 415, 472, 474
railway track 414, 473, 474
rain 48
rain cap 221
rain fly 567
rain forest 45
raincoat 271
rainforest 49
rake 260

rake, lawn 264
rambutan 153
ramekin 192
ramen 177
ramp 311
ramp, approach 382
rampart 314
ras el hanout 155
raspberry 64, 148
rat 93
ratchet 249, 345
rattlesnake 87
raven 91
ravioli 176
ray, gamma 460
ray, soft 82
ray, spiny 82
razor, cut-throat 300
razor, disposable 300
razor, electric 300
razor, multi-edge 300
razor, thinning 299
reaction, reversible 468
reaction direction 468
reactor 450
ream 73
receiver 363, 364, 529, 530
receiver, wide 523
receptacle 64, 66
reception level 480
receptor, taste 135
recliner 229
record button 356, 357
record shop 478
recorder 545
recovery room 501
rectangle 471
rectum 119, 125, 126
recycling 55
recycling bin 55
recycling container 55
red 460
Red Crescent 496
Red Cross 496
Red Sea 22, 28, 29
redcurrant 148
redfish 162
redwood 71
reed 336
reel 261, 357
reel, baitcasting 570
reel, fly 571
reel seat 570, 571
referee 519, 521, 523, 525, 537, 538, 544, 545, 557, 559
refill 348
refiner 73
refinery 445, 473
refinery products 446
reflecting surface 461
reflector 255, 403, 410, 411, 553
reflexion, light 461
refracting surface 461
refraction, light 461
refrigerator 186, 187, 239
refrigerator compartment 239
refuge, pressurized 383
refuse container 243
regulator 536
rein 548
reindeer 100
reinforced edging 304
religion 488
relish 180
remote control 356, 357

remote manipulator system 18, 19
remote sensing 32
remote sensor 372
Renaissance 319
reniform 62
repeat sign 346
reproductive cycle 57
reproductive system 125
reptile 86, 87
Republic of South Sudan 493
reservation 381
reservoir 448, 449
reset button 367
resistance, measurement 467
resistor 459
resonator 341, 360
respiration 51
respirator 500
respirator, half-mask 500
respiratory system 118
rest 347
rest, crotchet 347
rest, demisemiquaver 347
rest, hemidemisemiquaver 347
rest, minim 347
rest, quaver 347
rest, semibreve 347
rest, semiquaver 347
restaurant 186, 474, 478
restaurant, fast-food 478
resuscitation room 502
reticle 462
retina 132
return 371
revolving nosepiece 463
Rhea 9
Rhesus factor 468
rhinoceros 101
rhizoid 60
rhizome 59, 61
rhombus 471
rhubarb 144
rias 36
rib 103, 144, 166, 167, 305, 333, 334
rib, false 111
rib, floating 110
rib chop 167, 168
rib roast 166
ribbing 273, 284
ribosome 56, 74
rice 72, 157, 177
rice, basmati 177
rice, brown 177
rice, parboiled 177
rice, white 177
rice, wild 157
rice paper 177
ricotta 174
rider 555
ridge 37
riding 548
riegel 38
rigatoni 176
rillettes 171
rim 407, 411, 527
rim, push 508
rime 48
rinceau 228
rind 64
ring 58, 294, 305, 337, 464, 544
ring, band 294
ring, engagement 294
ring, outer 484

ring, signet 294
ring, solitaire 294
ring, wedding 294
ring pull 183
ring road 30
rings 534, 535
rink 556, 559
rink, ice 560
riser 218
river 23, 35
river otter 97
road 31, 380, 472
road, access 381
road, main 381
road, service 428
road system 380
road transport 380
roadway 380, 383, 476
roast 166, 167, 168
robin, European 90
rock 49
rock, igneous 33
rock, intrusive 33
rock, metamorphic 33
rock, sedimentary 33
rock basin 38
rock candy 179
rock garden 258
rocker arm 396
rocket 141
rocking chair 228, 229
rockslide 42
Rocky Mountains 25
rod 132
rod, fly 571
rod, spinning 570
rodent 93
rodents and lagomorphs 93
roll 435
roller 298
roller, road 439
roller frame 257
roller sleeve 257
rolling pin 200
Roman numeral 469
romanesce 315
Romania 492
Romano 175
rompers 284, 285
roof 211, 321, 387
roof, flat 324
roof, floating 445
roof, glass 216, 477
roof timber 311
room, double 480
room, patient 501
room, single 480
rooster 91
root 58, 61, 113, 189
root, adventitious 59
root, buttress 61
root, shallow 68
root cap 61
root-hair zone 68
rootlet 68
rope 294, 544
rope, false start 538
rope, hoisting 323
Roquefort 175
rose 67, 214, 261
rosemary 156
rosette 334
Ross Ice Shelf 24
rotary file 376
rotini 176
rotor 454, 455

rotor, anti-torque 435
rotor blade 435
rotunda 477
round 166
round steak 166, 167, 170
router 253, 375
row 331
rowing machine 547
royal agaric 138
royal flush 572
rubber stamp 376
ruck 521
rudder 423, 424, 426, 433, 540
rudder blade 424
rugae, posterior 105, 107
rugby 520
rugby field 520
rugby player 521
rule 350
ruler 465, 568
rump 89
run 218
runabout 425
rung 257
runner 513
running shoe 286, 513
running shorts 286
running surface 547
run-up 513
runway 430
rupee 484
Russia 24
Russian blue 96
Russian Federation 492
Rwanda 493
rye 72, 157

## S

sacristy 489
sacrum 110, 111
saddle 410, 547, 548
saddlebag 409
safe 483
safety 497
safety, free 522
safety rail 257
saffron 154
saffron milk cap 138
sage 156
Sahara Desert 28
sail 454, 542
sail panel 540
sailbar 454
sailboard 542
sailcloth 454
sailing 540
sailor tunic 276
Saint Bernard 95
Saint Kitts and Nevis 490
Saint Lawrence River 25
Saint Lucia 490
Saint Vincent and the Grenadines 491
salad spinner 198
salamander 85
salami 171
Salchow 509
salmon 162
saloon, four-door 385
salsify 145
salsify, black 145
salt, coarse 181

salt, sea 181
salt, table 181
saltcellar 192
sambal oelek 181
Samoa 495
sampler 343
San Marino 492
sand bunker 550
sand island 36
sand shoe 403
sandal 286, 292
sandbox 416
sander, random orbit 253
sanding disc 253
sandpaper 253
Sao Tome and Principe 493
sapodilla 153
sapwood 63
sardine 161
sarong 275
sartorius 108
sash frame 214
Satan's mushroom 58
satellite 8
satellite radio receiver 362
Saturn 8, 9
saucepan 203
saucer 192, 195
Saudi Arabia 494
sausage, Toulouse 171
savannah 45, 49
savory 156
saw, back 250
saw, circular 251
saw, compass 250
saw, coping 250
saw, folding 569
saw, mitre 251
saw, pruning 262
sawfish 84
sawing tool 250
sawmill 73
saxhorn 337
saxophone 336
scale 82, 86, 89, 244, 346, 464, 465, 504
scale, bathroom 466
scale, electronic 466
scale, kitchen 198
scale, letter 376
scallop 159
scallop, great 159
Scandinavian Peninsula 27
scanner, optical 369
scapula 105, 107, 110, 111
scarab beetle 81
scarf 293
scene 310
schnauzer 95
school 486
school secretary's office 487
scissors 296, 507, 568
scissors, cuticle 296
scissors, haircutting 299
scissors, nail 296
scissors, toenail 296
sclera 132
sconce 235
scoop 308
scooter, four-wheel 508
scooter, motor 409
score 535
score counter 575
scoreboard 513, 532, 535, 545

scorer 525, 526, 545
scorpion 80
Scotia Plate 34
scouring pad 243
scraper 257, 440, 564
scratch jog wheel 343
screed 439
screen 355, 356, 517, 574
screen, backlight 377
screen, projection 327
screen, touch 363, 574
screw 249
screw, clamping 247
screw cap 226
screwdriver 249, 568
screwdriver, cordless 249
screwdriver, cross-tip 568
screwdriver, spiral 249
screwdriver, tester 255
screwdriving tool 249
scrimmage 522, 523
scroll 333
scroll foot 228
scroll wheel 369
scrolling 371
scrotum 104, 125
scrub 49
scuba diver 536
scuba diving 536
scuff rib 398
sculpture 319
scuttle panel 386
scythe 262
sea 11, 23, 35
sea bass 162
sea bream 161
sea horse 83
sea lion 102
sea urchin 75
Sea of Japan 29
seafood 164
seal 102
seaming 266
seamount 34
search 375
seasons 44
seat 225, 228, 229, 233, 327, 391, 406, 409, 420, 508, 553
seat, adjustable 417
seat, bench 391
seat, booster 233
seat, bucket 391
seat, car 399
seat, rear 391
seat, sliding 547
seat back 391
seat belt 391
seat stay 410
seaweed 138
sebum 130
secateurs 262
second 468, 544
second hand 464
section 350
sector 470
Secure Digital card 351
security trigger 252
seed 57, 58, 63, 64, 65
seed coat 58, 72
seeder 264
segment 64
seismic wave 41
selective sorting of waste 55
self-adhesive label 378

self-sealing flap 376
self-stick note 376
semaphore signal 415
semibreve 347
semicircle 470
semi-circle 526
semimembranous 109
semiquaver 347
semispinalis 109
semitendinosus 109
semi-trailer, refrigerated 403
semolina 172
Senegal 493
Senegal River 28
sense organs 128
sensitivity 352
sepal 64, 65, 66
separate collection 55
separator 397, 442, 459
septum 133
septum, interventricular 117
sequencer 343
serac 38
Serbia 492
serrate 62
serve 525, 530
server 374, 375, 528, 531
server, access 374
service court 529, 531
service station 384, 475
service zone 529
serving dish 193
serving trolley 230
set 329, 532
set dresser 329
setsquare 244
sewer 476
Seychelles 494
shackle 541
shackle, snap 541
shad 161
shade 234
shade, roller 399
shadow 464
shaft 310, 528, 532, 549, 551, 556, 575
shaker 200
shale 447
shallot 139
sham 232
shampoo 297
shank 166, 167, 168, 249, 252, 299, 571
shaping tool 253
shapka 288
shark 84
shark, tiger 84
shark, white 84
sharp 347
sharpener, pencil 379
sharpening steel 199
sharpening stone 199
shaving 300
shaving foam 300
shaving mug 300
shears, garden 262
shears, kitchen 199
shears, lopping 262
shears, poultry 199
sheath 62
sheathing 215
shed 210, 258
sheep 100
sheep shelter 137

sheet, baking 200
sheet, fitted 232
sheet, flat 232
sheet load 541
sheet protector 378
shekel 484
shelf 231, 238, 239, 257
shelf channel 239
shell 63, 76, 340, 407, 563
shell, univalve 76
shelter 308, 383
shield, costal 86
shield, marginal 86
shield, pygal 86
shield, vertebral 86
shift 370
shifter 552
shiitake 138
ship 422
ship, container 421, 422
ship, drill 422
shirt 267, 285, 513
shirt, polo 273, 532
shirttail 267
shock absorber 389, 409, 553
shoe 290, 291, 526, 546, 552, 554
shoe, casual 291
shoe, cleated 521, 524
shoe, cricket 517
shoe, golf 551
shoe, mary jane 291
shoe, men 290
shoe, slingback 291
shoe, spiked 516
shoe, tennis 532
shoe, T-strap 291
shoe, unisex 292
shoe, women 291
shoelace 286, 290
shoot 61, 68
shooting stage 328
shop 312, 474
shopping centre 473, 478
shopping trolley 185
shore cliff 36
shoreline 36
short 350
short loin 166
short plate 166
short track 558
shortening 178
shorts 269, 277, 286, 513, 518, 521, 526, 546, 552
shorts, boxer 270
shorts, running 286
shortstop 514
shot clock operator 526
shot put 512
shoulder 94, 99, 104, 106, 167, 168, 246, 334, 380
shoulder, rolled 168, 169
shoulder roast 167
shoulder strap 304, 306
shovel 221, 260, 562, 569
shovel, hydraulic 440
shovel, mountain mover 265
shovel, snow 265
shower 217, 480, 501
shower cubicle 224
shower gel 297
shower head 224
shower head, portable 224
shower hose 224

shrike 91
shroud 16, 540
shuffle play button 360
shutter 214, 453
shutter release button 352
shuttlecock, feathered 529
shuttlecock, synthetic 529
SI 467
Siamese 96
sickle 262
side 169
side fairings 555
side hatch 19
side panel 271
side rail 257
sideboard 216, 231
sidepiece 302
sidewall 398
Sierra Leone 493
sieve 198
sifter 200
sight 132, 569
silencer 389, 406, 408, 409, 435
silencer stack 438
silique 63
silk 72
sill 40
sill plate 215
silo 421
silo, bunker 137
silo, tower 137
silver 42
Singapore 495
singlet 546
sink 187, 206, 224
sinus, frontal 134
sinus, lactiferous 127
sinus, sphenoidal 134
siphon 77
siren 499
sirloin 166, 167, 168
sirloin steak 166
sistrum 341
sitting room 216
sixth 346
skate 84, 160, 556
skate, figure 559
skate, goalkeeper's 557
skate, roller 565
skate, short track 558
skate, speed 558
skateboard 565
skateboarder 565
skateboarding 565
skater 558, 565
skating, figure 559
skating, inline 565
skating, speed 558
skeg 542, 543
skeleton 110
skerry 36
ski 553, 562
ski, alpine 562
ski, cross-country 564
ski, downhill 562
ski, giant slalom 562
ski, jumping 561
ski, slalom 562
ski, super-G 562
ski jumper 561
ski resort 560
ski stop 563
ski suit 562, 564
skiboard 562

skid 435
skiing, alpine 562
skiing, cross-country 564
ski-jumping suit 561
skimmer 201, 212
skin 64, 65, 130
skip 440
skipping-rope 546
skirt 275, 279, 532
skirt, gathered 275
skirt, gored 275
skirt, pencil 275
skirt, ruffled 275
skirt, spray 543
skirt, straight 275
skirt, wrap-over 275
skirt, yoke 275
skirt steak 166
skirting board 218
skort 275
skull 104, 112
skullcap 288
skunk 97
skylight 211, 217
slat 233
slate 329
sleep sack 285
sleeper cab 402
sleeping bag 566
sleepsuit 284
sleet 48
sleeve 266
sleeve, raglan 271, 279, 284
sleeve, set-in 267
sleeve strap 271
slice 201
slicer, egg 199
slide 242
sliding weight 466
slip 280
slip, foundation 280
slip joint 245
slip-on 292
slipover 273
sliproad 381
slope 380, 560
sloping cornice 311
slot 189, 206, 249
Slovakia 492
Slovenia 492
smartphone 363
smash 531
smell 133
smelt 161
smock 276
smock, button-through 276
smog 53
smoke detector 498
smooth hound 160
snaffle bit 548
snail 76, 159
snake 86
snake, coral 87
snake, garter 87
snap fastener 272
snare head 340, 345
snatch 545
snorkel 536
snout 84, 85
snow 48
snow pusher 265
snow removal 265
snow scoop 265
sou'wester 289
snowblower 404

snowboard 561
snowboard, alpine 561
snowboard, freestyle 561
snowboarder 561
snowboarding 561
snow-grooming machine 560
snowmobile 553
snowshoe, elliptical 564
snowshoe, traditional 564
snowshoeing 564
snowsuit 285
snuggle suit 284
soap, toilet 297
soba 177
soccer, players 519
sock 269, 282, 518, 521, 524, 532
sock, ankle 269, 282
sock, knee 282
sock, knee-length 269
sock, mid-calf length 269
sock, short 282
sock, stirrup 516
socket 226, 246
socket, lamp 226
socket tester 255
socket-contact 226
sofa 228
softball 516
software, graphic design 354
software, storage 354
solar array 16
solar cell 453
solar collector, flat-plate 452
solar energy 452
solar house 453
solar panel 16, 453
solar shield 17
solar system 8
solder 256
soldering 256
soldering gun 256
soldering iron 256
sole 162, 253, 269, 559, 563
sole, middle 286
soleplate 236
soleus 108
solid 456, 457, 471
solid, amorphous 456
solid body 335
Solomon Islands 495
solstice 44
Somalia 493
somen noodle 177
sorghum 72
sorting plant 55
sorus 59
sound engineer 329
soundboard 333, 334, 338, 344, 345
soundbox 334, 345
soup spoon 191
soup tureen 193
sour cream 174
South Africa 494
South America 22, 26
South American Plate 34
South China Sea 22, 29
South Georgia 26
south pole 458
South Pole 20, 24
soy sauce 180

soybean 178
soybean sprout 178
Soyuz 19
space 346, 370
space, non-breaking 370
space bar 370
space shuttle 19
spacelab 19
spaceship 19
spacesuit 17
spade 260
spades 572
spadix 66
spaghetti 176
spaghetti squash 143
spaghettini 176
Spain 491
span, cantilever 382
span, suspended 382
spaniel 95
spanner, adjustable 246
spanner, combination 246
spanner, flare nut 246
spanner, open-ended 246
spanner, ratchet type 246
spanner, ring 246
spar 432
spareribs 169
spark plug 396, 397
sparrow 90
spatula 201
spatulate 62
speaker 327, 356, 360, 362, 363, 365, 368, 537
speaker cover 360
spear 144
special slalom 563
species 74
spectacles 302
spectacles case 302
spectacles retainer 302
speed skating 558
speedometer 393, 408
spelt wheat 157
spencer 278
spermatozoon 125
sphagnum 60
sphere 471
sphynx 96
spice 154
spicule 10, 75
spider 80
spider, crab 80
spider, garden 80
spider, water 80
spider web 80
spike 66, 513
spike file 379
spillway 448
spillway gate 448
spinach 141
spinal column 110, 124
spinal cord 121, 124
spindle 205, 229
spinner 571
spinneret 80
spiracle 78
spiral 249
spiral thread 80
spire 315, 316
spirits, methylated 446
spirulina 138
spit 36

splat 228
splay 317
spleen 124
splenius of head 109
splint 507
spoiler 407, 432, 555
spoke 411
sponge 75, 295, 297
sponson 553
spool 570, 571
spoon 191
spoon, coffee 191
spoon, dessert 191
spoon, draining 201
spoon, measuring 198
spoon, soup 191, 195
spoon, sundae 191
spoon, tasting 199
spore 58
sports complex 473
sports on wheels 565
sportswear 286
sport-utility vehicle 385
spot 235, 549
spotlight 328, 499
spotlight, clamp 234
spotliht 331
spout 208, 209
spray 236
spray, nasal 506
spray arm 242
sprayer 261
sprayer, pump 261
spreader 264, 540
spring 35, 44
spring toggle 249
springboard 535, 537
sprinkler 450
sprinkler, oscillating 261
sprinkler, revolving 261
sprocket 553
spruce 71
sprung base 232
spur 37, 252, 340
squame 130
square 471
square root 469
square root key 377
squash, acorn 143
squash, buttercup 143
squash, crookneck 143
squash, pattypan 143
squash, spaghetti 143
squash, straightneck 143
squash, summer 143
squash, winter 143
squid 159
squirrel 93
Sri Lanka 495
stabilizer 412, 426
stable 137
stack 36, 443
stadium 473
staff 346
stage 310, 330, 331, 463
stage clip 463
stained glass 317
stairs 218
stairwell 217
stake 258, 264
stalk 60, 64, 65, 144
stamen 65, 66
stamp pad 376
stand 234, 304, 551

stapes 129
staple 379
staple remover 379
stapler 379
star 12
star, main-sequence 12
star, neutron 12
star anise 63
star dapperling 58
star diagonal 14
star of David 488
starboard hand 427
starch 72
starfish 75
starling 91
start 370
start switch 241
starter 265, 408, 538
starting block 513, 538
starting grid 554
state 31
station, bus 474
station, goods 415
station, passenger 414, 415
station, railway 472, 474
station, underground 418
station concourse 414
station entrance 418
station platform 415
stationery 376
statistics 470
statue 489
steak 166, 167, 170
steam iron 236
steamer 203
steamer, electric 207
steamer basket 203
steel 281
steelyard 466
steeplechase 512
steering column 388
steering system 389
steering wheel 388, 392, 555
stem 58, 60, 61, 424, 464
stem, lateral 61
stem bulb 425, 427
step 257, 402, 405
step, diagonal 564
step, skating 564
step chair 229
step stool 257
stepladder 257
steppe 45
stepper 547
steps 216
steps, stone 211
stereo sound system 359
sterilization room 501
stern 426, 542
sternocleidomastoid 108, 109
sternum 110
stethoscope 504
stick 237, 305, 333
stick, goalkeeper's 557
stick, player's 556
stick, quadruped 507
stick, walking 305
stifle 91
stigma 57, 63, 66
stile 213, 214, 229
stile groove of sash 214
Stilton 175
sting 79

stink bug 81
stipule 62
stirrup leather 548
stitch 290
stitching 284, 286
stock 454
stock pot 203
stockade 314
stocking 281, 282, 556
stocking, fishnet 282
stocking, thigh 282
stocking cap 289
stolon 61
stomach 119
stone 65, 573
stone, projecting 320
stone deflector 416, 417
stone for sacrifice 321
stone marten 97
stoner 199
stop 357
stop button 356, 357
stop key 360
stopper 569
stopwatch 464
storage door 239
stork 92
stormy sky 48
stove, slow-burning 220
straight 572
straight flush 572
straight position 537
straight ribbed top 269
strainer 202, 205, 208
strait 23
Strait of Gibraltar 27
strap 284, 285, 291, 464
strap, chin 524, 552
strap, foot 542
strap, shoulder 281, 497
strap, wrist 562, 564
stratocumulus 46
stratopause 43
stratosphere 43
stratus 46
straw 183
strawberry 64, 148
street 30, 475, 476
street, shopping 474
streetcar 420
strength sports 546
stretcher 230, 505
stretcher, pole 505
stretch-limousine 385
striker 256, 519
string 218, 333, 334, 338, 344, 345
string, nylon 264
stringed instrument 333
stringing 528, 532
strip 322
strip sirloin 168
stripper, wire 255
stroke 539
strut 215, 427, 455
stud 215, 286, 395, 517, 518
stud, gable 215
study 217
stump 68
sturgeon 160
style 63, 64, 65, 66
stylobate 311
stylus 348, 574
subarctic climate 45

subbase 380
subduction 34
subfloor 215, 218
subgrade 380
subhead 350
sublimation 456
substance, measurement of amount 467
subtraction 469
subtraction key 377
suburb 30, 473
subwoofers 358
sucker 77
Sudan 493
sugar 179
sugar, caster 179
sugar, granulated 179
sugar, powdered 179
sugar, vanilla 179
sugar bowl 192
suit 279, 572
suitcase 304
suitcase, upright 305
sulcus 123
sum 469
sumac 155
summer 44
summit 37, 560
sump 396
Sun 8, 10
Sun 10
sun deck 425
sun roof 387
sun visor 392, 399, 405
sundial 464
sundress 274
sunfish 82
sunflower 56
sunglasses 302
sunglasses, clip-on 302
sunspot 10
super giant slalom 563
supercooling 456
supergiant 12
superjumbo 434
supermarket 136, 184, 475, 479
supernova 12
support 229
suppository 506
suqash, marrow 143
surface insulation 19
surface run-off 51
surgery room 502
Suriname 490
sushi set 193
suspender 281, 382
suspender belt 281
suspension 420, 552
suspension system 389
suture 63
suture, coronal 112
suture, lambdoid 112
suture, squamous 112
SUV 385
swallow 90
swan 92
Swaziland 494
sweater 273
sweater, crew neck 273, 278
sweater, polo-neck 273
sweatpants 287
sweatshirt 287
sweatshirt, hooded 287

swede 145
Sweden 24, 492
sweeper, street 404
sweet potato 139
sweetbreads 170
sweetstuffs 286
swift 90
swimming 538
swimming, competitive course 538
swimming pool, above-ground 212
swimming pool, in-ground 212
swimming trunks 286
swimsuit 286, 538
Swiss chard 144
switch 226, 458
switch, dimmer 226
Switzerland 492
swivel 444, 571
swordfish 161
symbol, scientific 467
symphony orchestra 332
synagogue 488
synthesizer 342
synthetic surface 532
Syria 494
syringe 504
syringe, icing 200
syringe, irrigation 504
syrup 506
syrup, corn 179
syrup, maple 179

T

tab 271, 378
tab, window 378
Tabasco® sauce 180
tabernacle 489
table 230
table, bedside 231, 480, 501
table, billiards 549
table, changing 233
table, coffee 230
table, dressing 231
table, extending 230
table, gateleg 230
table, nesting 230
table, operating 501
table, overbed 501
table, service 186
table, tennis 533
table tennis 533
table tennis, grips 533
tablespoon 191, 194, 195
tablet 506
tablet, wax 348
tablinum 312
tabloid 350
tabulation 370
tachometer 393, 408
tack 248
tackle 523
tackle, defensive 522
tackle box 570
tackling 520
taekwondo 545
taekwondo, competition area 545
tag 286, 290, 308
tagliatelle 176
tahini 180
tail 77, 86, 93, 94, 99, 102, 433, 571, 576

tail assembly 433
tail feather 89
tail fin 433, 435
tail pipe 389
tail pole 454
tail skid 437
tailpiece 333, 345
tailplane 433, 435
tailrace 449
Tajikistan 494
tajine 202
talon 89
talus 111
tamarillo 152
tamarin 103
tamarind paste 180
tambourine 341
tandem 413
tang 190, 196, 254
tanga 281
tangerine 150
tank 223, 425, 498
tank, floating-roof 445
tank, storage 446
tanker 404, 424
tanker, road 402
tanker body 402, 404
Tanzania 493
tap 224
tape 244, 379
tape, correction 379
tape, Teflon® 254
tape dispenser 379
tape measure 244
taproot 68
tarantula 80
target 576
taro 139
tarragon 156
tarsus 89
Tasman Sea 30
Tasmania 30
taste 133
taxiway 428, 429
taxiway, bypass 428
T-bar 560
T-bone steak 166
tea 158
tea, black 158
tea, green 158
tea, herbal 158
tea, oolong 158
tea infuser 199
teabag 183
teacher 486
teacup 195
teapot 192, 195
teaspoon 191
tectonic plate 34
teddy 280
tee 77
teeing ground 550
telephone 364
telephone, cellular 363
telephone, cordless 364
telephone, memory 364
telephone, push-button 364
telephone line 374
telephony 363, 375
telescope 13
telescope, reflecting 14
telescope, refracting 14
telescope, space 16
telescopic corridor 429

telescopic sight 462
television 355
television, analogue 355
television, cathode ray tube 355
television, digital 356
television, liquid crystal display 356
television, plasma 356
television, wide-screen 358
telltale 540
telson 77
temperate climate 45
temperature, measurement 464, 467
temperature control 239
temperature sensor 398
temple 104
temple, Aztec 321
temple, Greek 311
ten 469
tenderloin 169, 170
tenderloin roast 166
tennis 530
tennis, table 533
tennis court 530
tennis player 532
tennis strokes 530
tensor of fascia lata 108
tent 567
tent, dome 567
tent, family 567
tent, igloo 567
tent, one-person 567
tent, ridge 567
tent, two-person 567
tent, wagon 567
tent, wall 567
tepee 324
teres major 109
teres minor 109
terminal 226
terminal, passenger 421, 430
terminal, satellite 429
termite 81
tern 92
terrine 202
testicle 125
test-lamp 255
textile industry 72
Thailand 495
thallus 59, 60
theatre 330, 474
theatre, Greek 310
thermal energy 443
thermometer 198, 464, 506
thermometer, alcohol 506
thermometer, clinical 464
thermometer, digital 506
thermometer, ear 506
thermometer, mercury 506
thermopause 43
thermos bottle 569
thermosphere 43
thermostat 206, 207
thermostat, programmable 222
thermostat, room 222
thick rib 166
thickness, measurement 465
thigh 89, 94, 99, 105, 107
third 346
thistle 67

thorax 78, 79, 104, 106
thousand, one 469
thread 249
threaded rod 246
three of a kind 572
threshold 213
throat 89
throat lash 548
throttle, twist grip 408
thruster, bow 427
thumb 103, 131
thumb rest 504
thumbscrew 246
thwart 543
thyme 156
thymus 124
tibia 110
tibial, anterior 108
tick 80
ticket collector 414
ticket counter 430
tie 347
tie, bow 267
tie beam 215
tier 313
tierceron 317
Tierra del Fuego 26
tiers 310
tiger 98
tightening tool 245
tights 282
tilapia 163
tile 311, 312, 321
tiller 540
timber 312
timber frame 215
time, measurement 464
time code 329
time signature 346
timekeeper 526, 538, 544, 545, 559
timer 206, 207, 208
timer, automatic electronic 539
timer, egg 198
timer, kitchen 198
timpani 332
tin 42, 183
tin, bun 201
tin, cake 201
tin, removable-bottomed 201
tin opener 568
tine 189
tip 144, 248, 249, 256, 549, 562
tip, cross-headed 249
tip, flat 249
tip, square-headed 249
tip section 571
tipper body 441
tissue, adipose 127, 130
tissue, connective 130
tissue, subcutaneous 130, 131
tissue holder 224
Titan 9
Titania 9
titanium 42
toad, common 85
toaster 206
toaster oven 206
toe 89, 94, 104, 106
toe, hind 89
toe, lobed 89
toe, webbed 89
toe cap, insulated 17

toe clip 410
toe loop 559
toe piston 339
toe-piece 563
toe-strap 292
tofu 178
toggle 272
Togo 493
toilet 216, 217, 224, 225, 479, 480, 501
toilet bowl 225
tomatillo 142
tomato 142
tomato, cherry 142
tomato, Italian 142
tomato, vine 142
tomato coulis 180
tomato paste 180
tombolo 36
tom-tom 340
tone arm 343
Tonga 495
tongs 199, 221
tongs, snail 199
tongs, spaghetti 199
tongue 119, 133, 134, 135, 170, 268, 286, 290, 559, 563
tongue, forked 86
tonsil 124, 133
tonsil, lingual 135
tonsil, palatine 135
tool holder 253
tool kit 412
toolbox 244
tooth 84, 86, 113, 250, 251, 263
tooth, wisdom 113
toothbrush, manual 301
toothbrush, power 301
toothed, doubly 62
toothpaste 301
top 68, 230, 257, 276
top lift 290
toque 289
Torah scrolls 488
torch, head 569
tornado 47
torrent 37
Torres Strait 30
tortellini 176
tortilla 172
torus 471
touch 130
touch pad 368
touch screen 363, 373, 574
toucan 90
tournedos 170
tourniquet 504
tow bar 405
towel, bath 297
towel rail 224
tower 316, 382, 454, 455
tower, crossing 315
tower, flanking 314
tower case 367
tower control room 428
tower mast 437
town hall 474
tracery 317
trachea 105
track 418, 438, 512, 553, 554
track and field 512
track equipment 512

track frame 235
track idler 438
tractor 439
tractor unit 402
trailer, child bike 412
trailer caravan 405
trailer tent 405
trailing edge 432
train, commuter 415
train, high-speed 417
train, passenger 414
train, underground 418
trainer 527, 532
training suit 287
trampoline 536
trampoline, leisure 536
Transantarctic Mountains 24
transept 315, 317
transformer 235, 417, 449
transmission 240, 394
transmission system 389
transmitter 364
transpiration 51
transverse flute 336
trap 225, 330
trapdoor 313
trapezius 108, 109
trapezoid 471
traveller 540, 541
travelling crab 437
trawler 424
tray 233, 257
tread 218
treadmill 547
tree 68, 548
tree, broadleaved 69
tree, fruit 137
tree, ornamental 137, 210, 258
trefoil 317
trellis 258
trench 34
trench coat 271
triage room 503
triangle 332, 341, 471
triceps 109
tricycle 412, 413
trifoliate 62
trigger 263, 498
trigger switch 248, 251, 252, 253
trilby 288
trill 347
trimaran 541
trimmer 264, 300
Trinidad and Tobago 491
tripe 170
tripod 14
triticale 157
Triton 9
trochanter, greater 111
trolley, golf 551
trolley, platform 436
trombone 332, 337
tronçon 164
Tropic of Cancer 20, 25, 28, 29
Tropic of Capricorn 20, 26, 28, 30
tropical climate 45
tropical rain forest 45
tropopause 43, 52
troposphere 43
trot 99
trough 44, 460

trousers 268, 269, 277, 287, 556
trousers, cargo 277
trousers, convertible 269
trousers, cropped 277
trout 163
trowel 254, 259
truck 404
truck, aerial ladder 499
truck, articulated 402
truck, cement mixer 404
truck, collection 404
truck, container 403, 416
truck, double drop lowbed 403
truck, dumper 403
truck, flatbed 403
truck, pump 447
truck, tipper 404, 441
truck, tow 404
truck, van body 402
trucking 402
truffle 138
trumpet 332, 337
trunk 59, 68, 85, 105, 107, 304
trunk, celiac 114
trunk, pulmonary 117
trunks, boxing 544
T-shirt 286
tsunami 41
tub 240, 242
tuba 332, 337
tube 183
tube, flexible 510
tuber vegetable 139
tubular bells 332
tuck position 537
tugboat 424
tulip 67
tumbler, tall 188
tumbler, whisky 188
tuna 162
tundra 45, 49
tungsten filament 227
tunic 58
tuning pin 338
tuning slide 337
tunnel 418
tunnel, road 383
turban 289
turbine 442
turbine, wind 455
turbo-alternator unit 443
turbot 162
ture, winter 398
turkey 90, 165
Turkey 494
Turkmenistan 494
turmeric 154
turn 347
turn indicator 406, 407, 408
turnbuckle 541
turnip 145
turnstile 418
turn-up 268
turret 314
turtle 86
Tuvalu 495
tweeter 360
tweezers 507
twig 68
twinset 278

twist 252
two-seater settee 228
tympanum 85, 311, 317, 319
typhoon 47
tyre 387, 398, 402, 411, 420, 552, 555
tyre, all-season 398
tyre, knobby 409
tyre, nubby 555
tyre, performance 398
tyre, spare 405
tyre, studded 398
tyre, touring 398
tyre inflator 384

## U

udon 177
Uganda 493
Ukraine 492
ulna 110
ultrasonograph 510
ultrasonography 510
umbel 66
umbrella 75, 305
umbrella pine 71
umbrella stand 305
Umbriel 9
umpire 514, 515, 517, 523, 525, 529, 530
UN 496
UN members 490
UN observers 496
undergarment 554
underground railway 418
underground station 418, 474
undershirt 516
underwear 270, 280
underwiring 281
UNESCO 496
uniform 497
uniform resource locator 374
union 469
unison 346
United Arab Emirates 494
United Kingdom 491
United Nations 496
United States of America 490
university 474
uphaul 542
uplong 454
upperworks 541
upstage 330, 331
Ural Mountains 27
uranium 42
Uranus 8, 9
ureter 120
urethra 120, 125, 126
urinary bladder 125
urinary system 120
URL 374
uropod 77
Uruguay 490
USB cable 354, 377
USB connector 373
USB key 354, 373
USB port 342, 354, 361, 362, 366, 367, 368, 372, 373
utensil, cooking 202
utensil, kitchen 196, 201
uterus 126, 127
uvula 133, 134
Uzbekistan 494

## V

vacuole 56, 74
vacuum cleaner, accessories 237
vacuum cleaner, hand 236
vacuum cleaner, upright 237
vagina 126, 127
valance 232
valley 35, 37
valve 63, 337
valve, aortic 117
valve, exhalation 500
valve, inhalation 500
valve, mitral 117
valve, pulmonary 117
valve, safety 202
valve, shutoff 225
valve, tricuspid 117
valve, tyre 411
vamp 286, 290
van 404
van, brake 416
van, livestock 416
van, refrigerator 416
vane 241
vanilla extract 180
vanity cabinet 224
Vanuatu 495
vaporizer 223
vapour 457
Vatican City State 496
vault 316, 483
vault, barrel 313
vaulting table 534, 535
veal 167
vegetable, bulb 139
vegetable, fruit 142
vegetable, inflorescence 145
vegetable, leaf 140
vegetable, root 146
vegetable, stalk 144
vegetable, tuber 139
vegetable garden 137, 210
vegetation regions 49
vein 62, 115, 116
vein, axillary 115
vein, basilic 115
vein, cephalic 115
vein, femoral 115
vein, iliac 115
vein, jugular 115
vein, mesenteric 115
vein, popliteal 115
vein, pulmonary 115, 116, 117
vein, renal 115, 120
vein, saphenous 115
vein, subclavian 115, 124
vein, wing 78
velarium 313
velvet-band choker 294
vena cava, inferior 115, 116, 117, 120
vena cava, superior 115, 116, 117
Venezuela 490
venom gland 86
vent 210, 223, 392, 405
vent, main 40
ventilation 453
ventilation bag, manual 504
ventricle, lateral 123
ventricle, left 116
ventricle, right 116, 117

ventricle, third 123
Venus 8, 9
verbena 158
vermicelli 177
vermiform appendix 119
vernier 465, 466
vertebra, cervical 111
vertebra, lumbar 111
vertebra, thoracic 111
vertebral body 124
vessel, blood 117
vest 270, 286
vestibule 129, 312
vibrissa 93
vice 247
video cassette 357
video entertainment system 574
video game 574
video recorder/receiver 356
videocassette recorder 357
videophony 375
Vietnam 495
viewfinder 353
villa, Renaissance 319
village 472, 560
vinegar, balsamic 181
vinegar, cider 181
vinegar, malt 181
vinegar, rice 181
vinegar, white 181
vinegar, wine 181
viola 332, 333
violet 67
violin 332, 333
viper 87
visor 500, 556
visor 407
Vistula River 27
vocal cord 118
volcano 40
volcano, effusive 40
volcano, explosive 40
Volga River 27
volley 530
volleyball 525
volleyball court 525
volleyball techniques 525
volt 467
volute 228, 318
volva 58
vulture 91
vulva 106

## W

wader 92
waders 570
wadi 39
waffle iron 206
wagon, bogie tank 416
wagon, freight 416
waist 105, 107, 290, 333
waistband 268, 270, 272
waistband extension 268
waistcoat 266, 278
waiter 186
waiting room 503
wakame 138
walk 99
walkie-talkie 497
walk-in wardrobe 217
walking aid 507

walking frame 507
walkway 478
wall 11, 64
wall, training 448
wall, turning 539
wallet 303
wallet, credit card 303
walnut 63, 69, 149
walrus 102
wardrobe 217, 231, 480
warehouse 472
warning light 393
wasabi 181
wash tower 242
washbasin 224
washer 245
washer, flat 245
washer, spring 245
washer nozzle 386
washing machine, front-load 240
washing machine, top-loading 240
wastepaper basket 379
wastewater 54
watch, analog 464
watch, digital 464
water 468
water bottle 411
water bottle clip 411
water carrier 569
water chestnut 139
water dispenser 239, 308, 309
water purifier 569
water strider 81
water table 54
watercolour 35
watercourse 35
watercraft, personal 553
watercress 141
waterfall 35
water-heater tank 453
watering can 261
watering wand 261
watermark 485
watermelon 151
waterspout 47
watt 467
wave 460
wave, direction 41
wave, radio 460
wave height 41
wave length 41
wavelength 460
wax 504
wax gourd 142
waxing kit 564
weasel 97
web 73, 85, 89, 516
webcam 369
Weddell Sea 24
weeder 259
weeping willow 69
weight 466, 546, 547
weight, ankle 536
weight, ankle/wrist 546
weight, measurement 466
weighting platform 466
weightlifter 546
weightlifting 546
well 447
well, injection 442
well, production 442
welt 266, 290

West Indies 25
wetsuit 536
whale, humpback 102
whale, killer 102
whale, northern right 102
whale, sperm 102
whale, white 102
wheat 72, 157
wheat, grain 72
wheatgerm 172
wheel 304, 402, 441, 508, 552, 555, 565
wheel, drive 439
wheel, driving 441
wheel, exercise 308
wheel trim 387
wheelbarrow 259
wheelchair 508
wheelchair lift 401
wheelhouse 424, 425
whelk 159
whisk 200
whiskers 96
white 460
white pudding 171
whiting 162
whortleberry, red 148
wicket 517
wicketkeeper 517
wigwam 324
wild boar 100

Wilkes Land 24
winch 323, 404, 541
winch, mooring 425
wind energy 454, 455
wind indicator 540
wind instrument 336
wind synthesizer controller 342
wind turbine 455
wind turbine, horizontal-axis 455
wind turbine, vertical-axis 455
wind vane 455
windbag 344
windboard 454
windcheater 272
windmill 454
window 206, 207, 214, 238, 323, 387, 390, 432
window, casement 323
window, corner 320
window, louvred 323
window, panoramic 477
window, picture 217
window, pivoting 323
window, round-arched 315, 318
window, sash 323
window, sliding 323
window, stained-glass 489

windscreen 386, 402, 407, 409, 432, 553
windscreen wiper 386, 393
wine cabinet 231
wine waiter 186
wing 19, 78, 79, 89, 322, 386, 402, 433, 434, 557, 576
wing strut 434
winglet 433, 434
wings 330
winter 44
winter precipitation 48
winter sports 556
wiper blade rubber 393
wire 459
wire frame 568
wire nut 255
wishbone boom 542
withers 94, 99
witness stand 481
wok 202
wok set 202
wolf 98
wolfberry 148
wolverine 97
woman 106
wonton 177
wood 551
wood chisel 253
wood ear 138
wood firing 220

wood storage space 220
woodpecker 91
woodwind family 332
woofer 360
Worcestershire sauce 180
workbench and vice 247
worker 79
wrap 182
wrap, knee 546
Wrap-over top 276
wrench 246
wrench, four-way lug 399
wrench, mole 245
wrench, pipe 254
wrench, plumbing 254
wrench, ratchet socket 246
wrist 94, 105, 107, 131
wrist band 546
wristband 524, 532
writing 348
writing instruments 348
writing system 349

**X**

xD-Picture card 351
X-ray 460
X-ray 509
X-ray unit 502
xylophone 332, 341

**Y**

yacht, motor 425
yak 101
yaw 435
yellow 460
yellowjacket 81
Yemen 494
yen 484
yogurt 174
yoke 267, 272, 276
Yorkshire terrier 94
yuan 484
Yucatan Peninsula 25
yurt 324

**Z**

Zambia 494
zebra 100
zester 196
Zimbabwe 494
zinc 42
zip 278, 304
zip fastener 272
zither 344
zona pellucida 126
zooplankton 50